眉山年鉴

MEISHAN
YEARBOOK

2023

眉山市党史和地方志编纂中心　编

方志出版社
Publishing House of Local Records

图书在版编目（CIP）数据

眉山年鉴 . 2023 / 眉山市党史和地方志编纂中心编 .
北京 : 方志出版社 , 2023.12
ISBN 978-7-5144-5994-4

Ⅰ . ①眉… Ⅱ . ①眉… Ⅲ . ①眉山市— 2023 —年鉴
Ⅳ . ① Z527.13

中国国家版本馆 CIP 数据核字（2023）第 232270 号

责任编辑：罗滔
责任校对：张玉霞
责任印制：梅中英
出 版 者：方志出版社
地　　址：北京市朝阳区潘家园东里 9 号（国家方志馆 4 层）
邮　　编：100021
网　　址：http://www.zgfzcb.cn
发　　行：方志出版社图书营销中心（010-67110500）
印　　刷：成都市新都华兴印务有限公司
开　　本：889 毫米 ×1194 毫米 1/16
印　　张：23.25
字　　数：1047 千字
版　　次：2023 年 12 月第 1 版
印　　次：2023 年 12 月第 1 次印刷
定　　价：260.00 元

“史志眉山”微信公众号

市城区图

2022年版

责任编辑：游世龙　电脑制图：卢宜兵、叶秋黎　校　对：杨嘉惠　审图号：川S【2022】17004号　开本：787mm×1092mm　全开　印张：1　2022年11月第2版　2022年11月第2次印刷

眉山市行

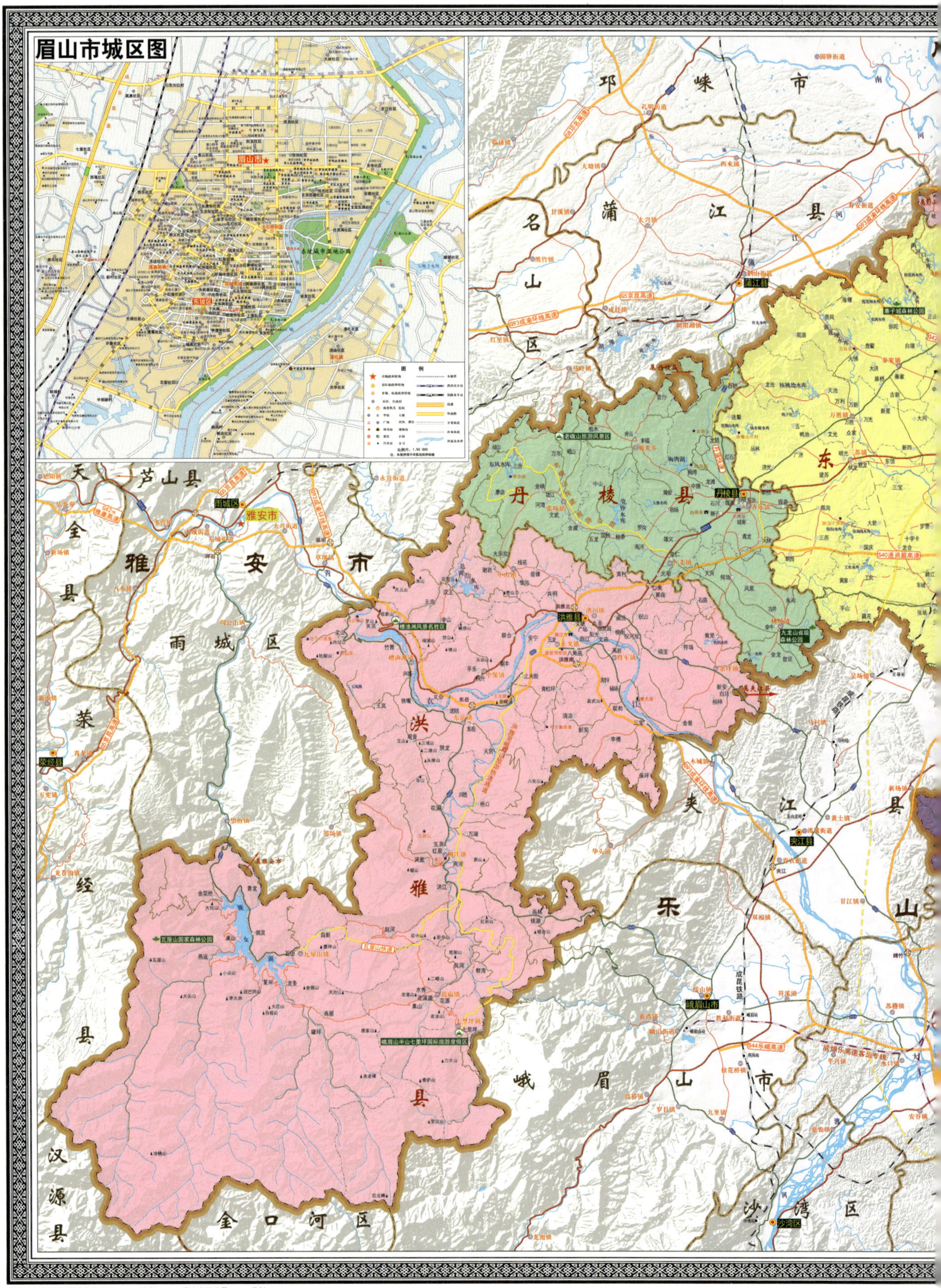

速度时空信息科技股份有限公司 编制 眉山市民政局 监制

政区划图

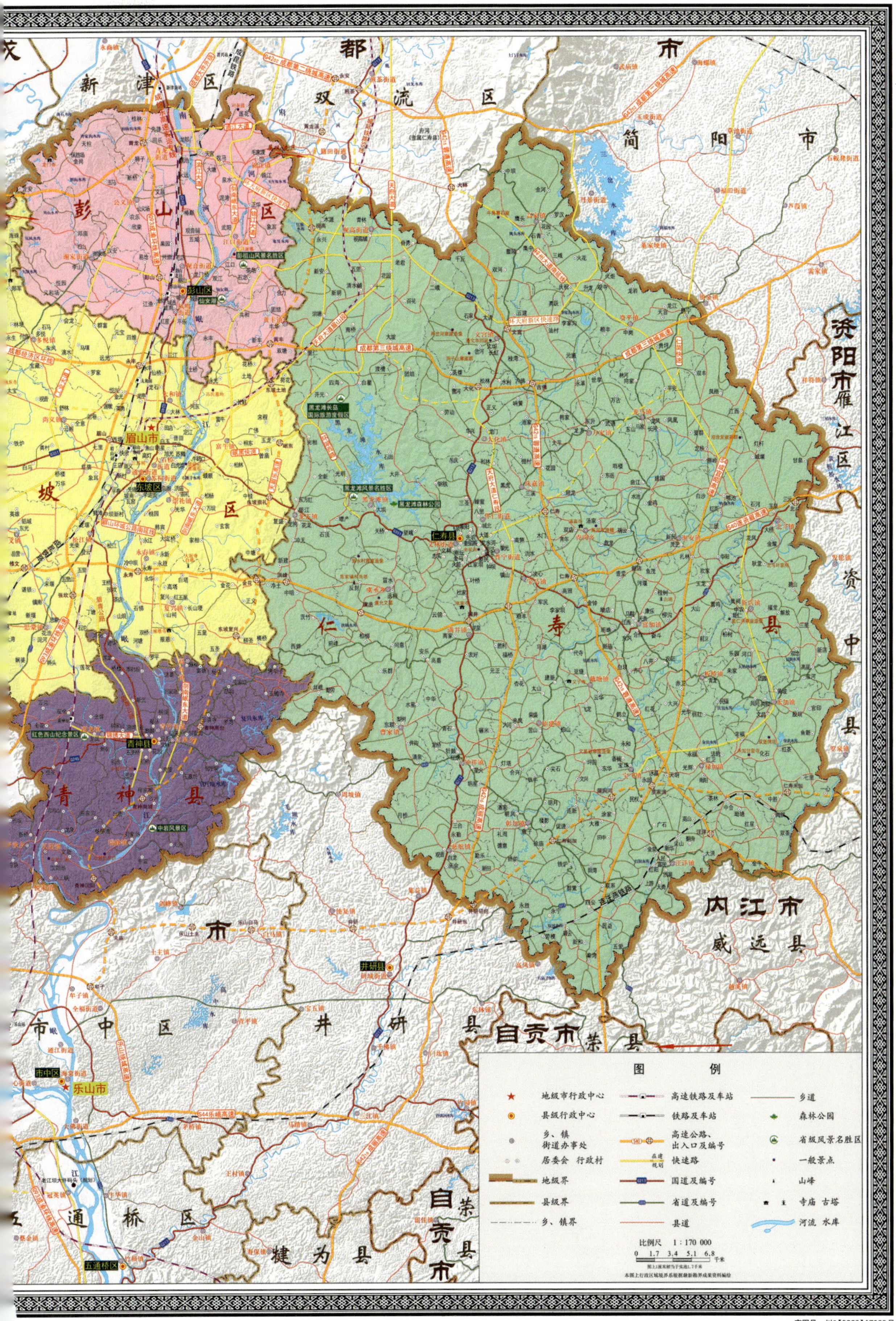

审图号 川S【2023】17003号

眉 山 市

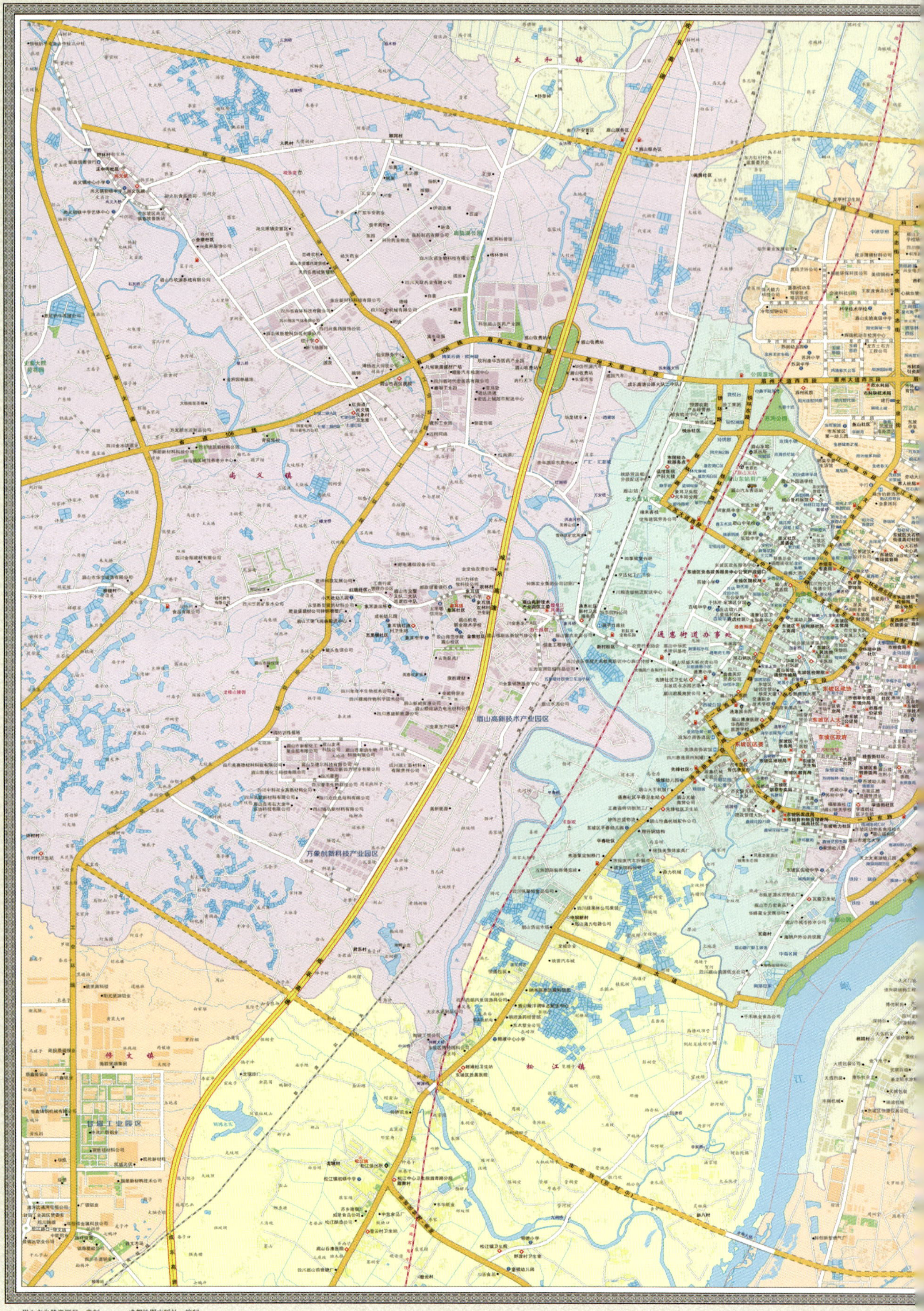

眉山市自然资源局 监制 成都地图出版社 编制

《眉山年鉴（2023）》编辑部

《眉山年鉴（2023）》部门供稿人员名单

中共眉山市纪律检查委员会　眉山市监察委员会
　　游　鹏
眉山市中级人民法院
　　刘慧彬
眉山市人民检察院
　　戴宇恒
中共眉山市委员会办公室
　　肖　宇
眉山市人民代表大会常务委员会办公室
　　刘　荣
眉山市人民政府办公室
　　朱霈露
中国人民政治协商会议眉山市委员会办公室
　　姚迪雅
中共眉山市委组织部
　　李佳鑫
中共眉山市委宣传部
　　李昕晔
中共眉山市委统一战线工作部
　　赖自力
中共眉山市委政法委员会
　　李　林
中共眉山市委外事工作委员会
　　祝　庆　卢　健
中共眉山市委机构编制委员会办公室
　　陈思翰
中共眉山市直属机关工作委员会
　　彭雪麟
中共眉山市委巡察工作领导小组办公室
　　毛利强
中共眉山市委老干部局
　　杨志东
中共眉山市委保密机要局
　　唐　娜　张　龙
中共眉山市委目标绩效管理办公室
　　李承欣
眉山市发展和改革委员会
　　李旭平
眉山市经济和信息化局
　　周宇乐
眉山市教育和体育局
　　辜乾刚
眉山市科学技术局
　　刘桥华
眉山市公安局
　　钟丽娟
眉山市民政局
　　刘　洁
眉山市司法局
　　张师斌
眉山市财政局
　　张　天
眉山市人力资源和社会保障局
　　黄　霞
眉山市规划和自然资源局
　　高嘉翔
眉山市生态环境局
　　刘泠池
眉山市住房和城乡建设局
　　沈宁雪　杨　竹
眉山市交通运输局
　　魏　平
眉山市水利局
　　方　媛
眉山市农业农村局
　　王　飞
眉山市商务局
　　黄华伦
眉山市文化广播电视和旅游局
　　张丛文
眉山市卫生健康委员会
　　刘　璇
眉山市退役军人事务局
　　周异峰
眉山市应急管理局
　　李松懋
眉山市审计局
　　郑田铧
眉山市国有资产监督管理委员会
　　周茂林
眉山市市场监督管理局
　　张　建
眉山市经济合作局
　　郑　洁
眉山市统计局
　　彭　杰　刘雪萍
眉山市信访局
　　李　堃
眉山市林业局
　　邓　伟
眉山市机关事务管理局
　　徐　杰
眉山市金融工作局
　　陈　茜
眉山市医疗保障局
　　秦圆皓
眉山市政务服务管理局
　　王婷婷
中共眉山市委党校
　　徐　娟

眉山日报社
何海娟
眉山市档案馆
汤丹艺
眉山市党史和地方志编纂中心
苗　慧　李　霞
眉山职业技术学院
张若梅
眉山市住房公积金管理中心
江　欢
眉山市广播电视台
李　霞
国家税务总局眉山市税务局
何　凯
眉山市气象局
黄保云　高珩洲
国家统计局眉山调查队
杨廷渝
眉山市邮政管理局
何思齐
眉山市总工会
李艾伦
中国共产主义青年团眉山市委员会
邓　平
眉山市妇女联合会
时嵩杰
眉山市文学艺术界联合会
胡志蓉
眉山市科学技术协会
李韵玲
中国国际贸易促进委员会眉山市委员会
钟嘉琦
眉山市残疾人联合会
彭　川
眉山市红十字会
曾忠成
眉山市工商业联合会
谭晓芳
眉山市社会科学界联合会
宋　强　罗　轩
眉山高新技术产业园区管理委员会
邓　佳
甘眉工业园区管理委员会
邓彦聪
中国人民银行眉山市中心支行
费冬梅
中国银行保险监督管理委员会眉山监管分局
钟　莹
国网四川省电力公司眉山供电公司
李　征
眉山市烟草专卖局（公司）
付　玉
中国电信股份有限公司眉山分公司
石　耘
中国邮政集团有限公司眉山市分公司
邹　凤
中国移动通信集团四川有限公司眉山分公司
王　捷
中国联合网络通信有限公司眉山市分公司
李远芬
中国铁塔股份有限公司眉山市分公司
陈　涛
中国石油天然气股份有限公司四川眉山销售分公司
彭新竹
眉山市人民政府国防动员办公室
秦崇波
眉山市消防救援支队
黄雨晴
四川省眉山军分区
蒲　佳
武装警察部队四川总队眉山支队
李文汉
眉山市人民医院（四川大学华西医院眉山医院）
代　姣
眉山市妇幼保健院（四川大学华西第二医院眉山市妇女儿童医院）
曾小玲
眉山市中医医院（成都中医药大学附属眉山医院）
程诗和
中国国民党革命委员会四川省直属眉山市总支部委员会
牟隽逸
中国民主同盟眉山市委员会
任学东
中国民主建国会眉山市委员会
欧　庆
中国民主促进会眉山市委员会
余艾佳
中国农工民主党四川省直属眉山市总支部委员会
伍志攀
九三学社眉山市委员会
钟　伟
中国致公党四川省委员会直属眉山支部
胡　萍
眉山市无党派知识分子联谊会
朱　丽
四川天府新区眉山管理委员会
王　伟
东坡区
张　科
彭山区
廖涔岑　徐莉岚
仁寿县
吴俊霞
洪雅县
白银福　王　璇
丹棱县
万　玲
青神县
曾　怡

编辑说明

一、《眉山年鉴》以马克思列宁主义、毛泽东思想、邓小平理论、“三个代表”重要思想、科学发展观、习近平新时代中国特色社会主义思想为指导，坚持辩证唯物主义和历史唯物主义的立场、观点和方法，紧紧围绕全市发展战略和市委、市政府中心工作目标，全面、系统、翔实地记录眉山市年度经济社会发展现状及取得的成就和经验，为社会各界人士了解眉山、认知眉山提供可靠的基本市情资料，为各级各部门决策与研究提供重要的参考依据。

二、《眉山年鉴》是由眉山市人民政府主办，眉山市党史和地方志编纂中心编纂的年度资料性文献。《眉山年鉴》于2003年首次编纂出版，以出版年号为卷次名称，每年出版一卷，至2023年共编纂出版21卷。

三、《眉山年鉴（2023）》（简称本卷年鉴）收录资料时限原则为2022年1月1日至2022年12月31日，部分史实适当上溯或下延。

四、本卷年鉴采用分类编辑法编纂，主体内文按类目、分目、条目三个层次编排，以条目为基本记述层次。以不同字体、字号区别不同层次，条目标题均加【 】表示。为方便读者查阅，书中配有三重检索系统，即书前有目录、书中有页眉、书后有索引。

五、本卷年鉴设特载、大事记、市情概览、中共眉山市委员会、眉山市人民代表大会、眉山市人民政府、政协眉山市委员会、中共眉山市纪律检查委员会　眉山市监察委员会、民主党派、群众团体、法治、军事、外事·侨务·港澳台事务、综合经济管理、农业农村、工信产业、商贸业、旅游业、金融业、交通、城乡建设与管理、生态环保、教育·科技、文化·体育、卫生健康、社会民生、应急管理、眉山天府新区·县（区）、人物、附录30个类目，共有224个分目、1529个条目、75张图表、156幅随文照片、114幅前置彩页照片。

六、本卷年鉴数字用法、标点符号用法采用国家标准《出版物上数字用法》（GB/T 15835—2011）、《标点符号用法》（GB/T 15834—2011），计量单位采用国家技术监督局1993年12月发布的《量和单位》系列国家标准。考虑到社会使用习惯，全书中“亩”不统一换算。

七、本卷年鉴的基本数据以市统计局提供数据为准。市统计局无法提供的数据，以各部门、各县（区）、市属及驻市相关企事业单位的数据为准。所用稿件均由供稿单位提供，编辑部除对文稿按年鉴规范做相关技术处理外，基本事实和数据不予改动。图片主要由眉山日报社和各部门提供，并予以标注、署名。使用的机构名称及简称，原则上以各级编制机构核实名称为准。

习近平总书记在眉山的足迹

6 月 8 日上午，习近平总书记在眉山市东坡区太和镇永丰村考察

习近平来到眉山市东坡区太和镇永丰村考察调研。永丰村依托水稻产业和技术优势，建成了全省规模最大的水稻新品种新技术中试基地。在高标准水稻种植基地，习近平听取村整体情况介绍，对他们坚持粮食种植助力保障国家粮食安全的做法表示肯定。习近平强调，成都平原自古有“天府之国”的美称，要严守耕地红线，保护好这片产粮宝地，把粮食生产抓紧抓牢，在新时代打造更高水平的“天府粮仓”。

习近平走进试验田，察看水稻长势。农技人员向总书记介绍水稻试验育种和种植推广情况。习近平指出，水稻良种育种周期长，需要反复试验筛选，我国广大农业科技工作者付出了艰辛努力，为保障国家粮食安全、确保老百姓丰衣足食作出了重要贡献，功不可没。推进农业现代化，既要靠农业专家，也要靠广大农民。要加强现代农业科技推广应用和技术培训，把种粮大户组织起来，积极发展绿色农业、生态农业、高效农业。我们有信心、有底气把中国人的饭碗牢牢端在自己手中。

习近平十分关心推进乡村振兴情况。他步行察看永丰村污水处理池和村容村貌，考察村卫生站，详细了解该村改善人居环境、做好农村疫情防控等情况。习近平强调，乡亲们吃穿不愁后，最关心的就是医药问题。要加强乡村卫生体系建设，保障好广大农民群众基本医疗。要把党的基层组织建设好，团结带领乡亲们脱贫之后接续推进乡村振兴。

离开村子时，总书记同村民们亲切道别。习近平对乡亲们说，中国共产党执政，就是要把中国特色社会主义事业一步步向前推进，全心全力把老百姓的事一件一件办好，让老百姓过上更加美好的生活。

——摘自《人民日报》（2022 年 06 月 10 日　第 01 版）

2022年10月15日，东坡区太和镇永丰村高标准农田　　（供图：市农业农村局）

2022年6月10日，东坡区永丰村 （摄影：侯建明）

永丰村有耕地6320亩，村民2133户5176人，2021年农民人均纯收入2.8万元，位于四川全省前列。这一片区的高标准农田面积达3100亩，连片规模种植1500亩，已在省内率先实现水稻“耕、种、播、收”全程机械化生产，是四川标准化程度最高的高标准农田示范样板之一。

永丰村种植的水稻类型是籼稻。籼稻耐热、耐强光、耐湿，适宜眉山的气候条件。2017年，马均教授在这里种植的试验田测产969公斤，这也成为2017年至今成都平原地区水稻超高产记录。2018年，以永丰村高标准水稻种植基地为重要组成部分的东坡区现代农业产业园，是首批认定的国家现代农业产业园。

——摘自《眉山日报》（2022年6月10日 第05版）

2022年8月，骑游队在永丰村 （供图：太和镇）

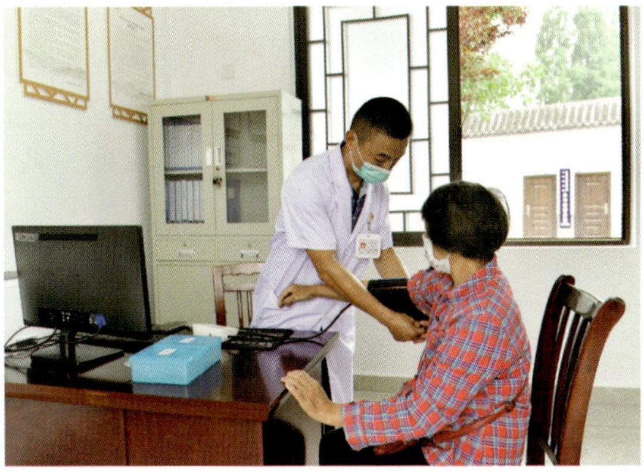

2022年6月10日，东坡区太和镇永丰村乡村医生周良伦（左）正在为村民量血压　　（摄影：廖波）

2022年6月，永丰村党群综合服务中心　　（供图：太和镇）

2022年7月，幸福和谐永丰村　　（供图：太和镇）

三苏祠　　（供图：市文广旅局）

6 月 8 日上午，习近平总书记在三苏祠考察

在眉山市中心城区，坐落着北宋著名文学家苏洵、苏轼、苏辙父子三人的故居三苏祠。习近平来到这里，了解三苏生平、主要文学成就和家训家风，以及三苏祠历史沿革、东坡文化研究传承等。习近平指出，中华民族有着五千多年的文明史，我们要敬仰中华优秀传统文化，坚定文化自信。要善于从中华优秀传统文化中汲取治国理政的理念和思维，广泛借鉴世界一切优秀文明成果，不能封闭僵化，更不能一切以外国的东西为圭臬，坚定不移走中国特色社会主义道路。家风家教是一个家庭最宝贵的财富，是留给子孙后代最好的遗产。要推动全社会注重家庭家教家风建设，激励子孙后代增强家国情怀，努力成长为对国家、对社会有用之才。党员、干部特别是领导干部要清白做人、勤俭齐家、干净做事、廉洁从政，管好自己和家人，涵养新时代共产党人的良好家风。

——摘自《人民日报》（2022 年 06 月 10 日　第 01 版）

三苏祠——苏宅古井　　（供图：市文广旅局）

2022年6月10日，古韵三苏祠　　（摄影：杨槐）

三苏祠位于眉山市中心城区纱縠行南街，曾是苏家故居，元代改宅为祠，明末毁于兵火，清康熙四年在原址重建。三苏祠主要由前厅、飨殿、启贤堂、来凤轩、东西厢房等构成三进四合院，占地106亩。

三苏祠保存有16处古建筑及木假山堂、古井、洗砚池等苏家遗迹，收藏有数千件有关三苏的文物文献，是国内规模最大、保存最完好的三苏纪念祠堂。

苏氏三父子又称“三苏”，堪称中国古代文坛最著名的“父子档”，三人均位列唐宋八大家。其中，尤以苏轼成就卓著，被誉为“全才式的艺术巨匠”。在诗歌领域，他与黄庭坚并称“苏黄”，是宋代诗歌最高成就的代表；在作词方面，他与辛弃疾并称“苏辛”，同为豪放词派的开创者；在散文方面，他与欧阳修并称“欧苏”，是宋代古文运动的核心人物；在书法领域，他又与黄庭坚、米芾、蔡襄名列“北宋四大家”。

苏轼与父亲苏洵、弟弟苏辙一道，共同书写了三苏文化的传奇。三苏文化，既是巴蜀人文的历史结晶，也是中华文明的一座丰碑。

——摘自《眉山日报》（2022年6月10日 第05版）

2022年6月16日，三苏故居 （摄影：王澄琳）

喜迎中共二十大

2022年10月16日，东坡区太和镇永丰村党员干部群众集中收看中共二十大开幕会　（供图：眉山日报社）

2022年10月16日，洪雅县祝山村村民集中收看中共二十大开幕会　（摄影：彭威楠）

2022年10月16日，青神县青竹街道兰沟村村民收看中共二十大开幕会

（供图：眉山日报社）

2022年10月16日，洪雅公安特巡警收看中共二十大开幕会

（供图：眉山日报社）

2022年10月16日，中建二局中创新航锂电正极材料项目现场工人收看中共二十大开幕会　（供图：眉山日报社）

2022年11月1日，中共二十大精神宣传进农村 （供图：眉山日报社）

2022年11月16日，洪雅县纪检监察干部在中保镇联合村向群众宣讲中共二十大精神 （摄影：姚永亮）

2022年12月13日，仁寿县怀仁街道“小板凳”微宣讲队在黑虎社区易地扶贫搬迁集中安置点宣传中共二十大精神 （摄影：郭侨）

2022年11月1日，中共二十大精神宣传进车间　　（供图：眉山日报社）

2022年11月3日，仁寿县委党校基层党员骨干示范轮训班的学员们正在集中聆听中共二十大精神宣讲　　（摄影：郭侨）

开放发展

2022年8月4日，眉山国际铁路港 （摄影：李幸）

2022年12月16日，由中车集团眉山车辆有限公司制造的国内首列C70E型铁路货车，在眉山市成功下线并实现交付 （摄影：姚永亮）

2022年8月8日，眉山市制造业招商引资“百日攻坚”投资推介会在无锡举办 （供图：眉山日报社）

2022年9月2日，万华四川乙炔装置首台乙炔炉投氧成功　　（供图：眉山高新区）

2022年11月29日，通威太阳能（眉山）有限公司三期高效晶硅电池项目第一片电池片顺利下线　　（供图：甘眉工业园区）

2022年3月17日，四川德恩精工科技股份有限公司生产现场
（摄影：杨槐）

2022年8月7日，格力电工全自动包装线 （摄影：李幸）

2022年8月4日，四川泡菜企业生产线 （供图：眉山日报社）

2022年8月10日，眉山“天府星座”东坡01—07号卫星　　（供图：中国航天科技集团）

◁ 2022年8月10日，眉山“天府星座”东坡01—07号卫星在太原卫星发射中心发射　（供图：中国航天科技集团）

2022年10月11日，甘眉工业园区锦源晟新能源电池正极材料全产业链项目建设现场　　（摄影：廖波）

2022年10月19日，甘眉工业园区通威三期8吉瓦高效晶硅电池项目建设现场 （摄影：姚永亮）

2022年3月17日，眉山高新区顺应材料年产15万吨锂电三元正极材料项目建设现场 （供图：眉山日报社）

2022年11月8日，彭山经开区中创新航锂电正极材料项目2号主厂房顺利封顶　　（摄影：马诗雨）

2022年8月15日，彭山经开区杉杉年产20万吨锂离子电池负极材料一体化基地项目（一期）项目正式投产。该项目从2022年1月开工到投产，仅用7个月时间，实现“当年开工、当年投产”承诺　　（供图：眉山日报社）

2022年11月27—30日，2022第十三届中国泡菜食品国际博览会在眉山会展中心举行
（供图：眉山日报社）

2022年11月28日，泡菜菜品创意交流大赛现场　（供图：眉山日报社）

2022年12月8—12日，2022中国国际竹产业交易博览会在眉山市青神县举行　　（供图：眉山日报社）

2022年12月10日，全国各地客商云集竹产业交易博览会　　（供图：眉山日报社）

交通枢纽

2022年9月26日，成眉市域铁路S5线在眉山天府新区举行开工仪式　（供图：天府新区眉山管委会）

2022年12月，市域（郊）铁路成都至眉山线（S5）跨眉山岷江特大桥施工现场　（摄影：侯建明）

2022年10月26日，眉山天府新区锦江大桥正式通车（供图：眉山日报社）

2022年12月，彭山区岷江大桥正式通车（摄影：马诗雨）

2022年8月15日，虎渡溪航电枢纽工程（摄影：古良驹）

2022年11月10日，洪雅县大峨眉国际旅游西环线 （摄影：王鸿飞）

2022年5月27日，眉山环城公路南环线（东段）正式通车 （摄影：侯建明）

2022年1月15日，成乐高速公路青神北收费站完成建设并顺利开通运行
（摄影：古良驹）

2022年11月，彭山北综合交通枢纽站建成投用　　（摄影：侯建明）

2022年12月26日，新成昆铁路全线贯通运营，C53次复兴号列车首次停靠彭山站　　（供图：眉山日报社）

2022年12月8日，四通八达的交通路网 （摄影：罗俊涵）

2022年11月9日，改建后的洪雅县中山镇茶产业观光路

2022年8月13日，瓦屋山快速通道项目控制性工程麻柳坪特大桥主跨合龙　　（摄影：彭威楠）

（摄影：彭威楠）

高标准农田建设

2022年9月23日，东坡区复兴镇高塔村制种基地 （供图：眉山日报社）

2022年8月22日，彭山区观音街道五湖社区高标准农田 （供图：彭山区摄影家协会）

2022年7月13日，彭山区谢家街道田园风光　（摄影：向庆森）

2022年3月1日，仁寿县青岗乡瑞云村高标准农田　（摄影：郭侨）

2022年3月14日，仁寿县珠嘉镇棚村村粮食种植基地 （摄影：郭侨）

2022年9月28日，仁寿县方家镇水池村高标准农田 （供图：眉山日报社）

2022年12月8日，丹棱县退园还耕示范基地 （摄影：罗俊涵）

2022年8月6日，青神县西龙镇光辉村高标准农田 （摄影：姚永亮）

2022年7月13日，洪雅县中保镇高标准农田

（摄影：张锐红）

现代农业

2022年5月10日，机械化插秧　　（摄影：郭侨）

2022年9月23日，农技人员开展水稻田间测产工作　　（摄影：廖波）

2022年11月3日，无人机植保　　（摄影：古良驹）

2022年6月14日，喷杆喷雾机正在秧田里作业　　（摄影：马诗雨）

2022年8月16日，机械化收割水稻　　（摄影：郭侨）

2022年5月5日，机械化收割小麦　　（摄影：郭侨）

2022年8月22日，稻谷装车 （摄影：姚永亮）

2022年8月23日，刚刚收割好的水稻被转运到烘干机房进行烘干（摄影：廖波）

2022年9月8日，洪雅县止戈镇莲花坝万亩大豆玉米带状复合种植片区 （摄影：张锐红）

2022年11月23日，东坡区思蒙镇莲花村通过开展“稻—药”“稻—菜”轮作模式，让冬闲田变成增收田。图为村民正在采摘豌豆尖

（供图：眉山日报社）

2022年9月16日，青神县青竹街道利用收割玉米后的沙土地，抓紧种植白萝卜等优质蔬菜 （摄影：姚永亮）

新农村建设

2022年11月，丹棱县幸福古村幸福岭

（供图：眉山日报社）

2022年9月23日，洪雅县茶客空间　（供图：市商务局）

2022年9月15日，仁寿县大化镇水利社区　（摄影：郭侨）

2022年7月9日，彭山区公义镇新桥村聚居区（摄影：马诗雨）

2022年12月9日，全国文明村、“中国竹编第一村”——青神县青竹街道兰沟村 （摄影：罗端）

2022年12月8日，青神县青竹街道兰沟村竹里巷子一隅 （摄影：古良驹）

2022年12月16日，东坡区崇礼镇大定桥村通过墙画开展垃圾分类、环境保护宣传 （供图：眉山日报社）

社会民生

2022年12月，国家区域医疗中心——四川大学华西第二医院天府医院·四川省儿童医院 （供图：市卫健委）

2022年9月27日，西南医科大学附属天府医院项目建设现场 （供图：眉山日报社）

2022年6月26日，四川大学华西第二医院眉山市妇女儿童医院开诊仪式举行　（供图：市卫健委）

2022年12月19日，四川大学华西第二医院天府医院·四川省儿童医院揭牌开诊　（供图：市卫健委）

2022年3月30日，眉山人专属的普惠型商业补充医疗保险“东坡惠民保”正式上线 （供图：眉山日报社）

2022年4月27日，东坡区第二幼儿园建成投用 （摄影：王琴）

2022年10月，眉山市第一托育园园区一角 （供图：眉山日报社）

2022年1月13日，市民在24小时智能微型图书馆借阅图书 （摄影：马诗雨）

2022年11月10日，东坡区多悦镇全民健身运动场 （供图：眉山日报社）

2022年12月21日，彭山区公义镇新桥村综合性文化设施——科普馆
（供图：眉山日报社）

2022年11月10日，彭山区公义镇乡村振兴人才驿站培训班课堂
（供图：眉山日报社）

2022年11月16日，东坡水街 （摄影：王长生）

2022年11月21日，仁寿县城区“生活新地标”——栖西里

（供图：眉山日报社）

2022年7月5日，旭光小区助老餐厅 （摄影：李幸）

2022年8月17日，老旧小区加装电梯 （摄影：向哲

2022年10月21日，话剧《苏东坡》巡演剧照 （摄影：古良驹

2022年11月1日，眉山“东坡文化月”系列活动——“礼赞新时代 奋进新征程”首届文艺新作大赛优秀节目展演在眉山会展中心举行。图为舞蹈《面向党旗永生》剧照
（供图：眉山日报社）

2022年11月2日，首届文艺新作大赛节目展演——舞蹈《桂之树》剧照
（供图：眉山日报社）

2022年11月2日，首届文艺新作大赛节目展演——舞蹈《唢呐》剧照
（供图：眉山日报社）

生态文明

2022年8月17日，眉山城区东坡湖 （摄影：周军）

2022年10月，崇礼新城 （供图：眉山日报社）

2022年8月11日，眉山城区东坡湖亲水平台 （摄影：周军）

2022年11月16日，眉州文化村 （摄影：张辉）

2022年5月19日，“川西第一海”——仁寿黑龙滩 （摄影：谭立新）

2022年3月22日，彭山区龚家堰水库　　（供图：市水利局）

2022年5月28日，洪雅县发现世界濒危鸟类——钳嘴鹳
（摄影：周学峰）

2022年7月13日，丹棱县安溪河现代农业园区，白鹭飞翔田间
（摄影：刘敬宗）

2022年9月，升级打造后的彭祖山　　（供图：市文广旅局）

2022年12月，瓦屋山　　（摄影：崔宗喜）

2022年11月，洪雅县瓦屋山高山红叶 （供图：眉山日报社）

2022年12月18日，瓦屋山雪景 （摄影：张忠苹

2022年7月21日，鸟瞰彭山区 （摄影：翁光建）

2022年8月27日，玉屏山滑翔伞　（供图：眉山日报社）

2022年7月9日，洪雅县城市风光　（摄影：何泽琼）

2022年10月24日，大美青神县　（摄影：古良驹）

数字眉山·5年数据对比

常住人口

（万人）

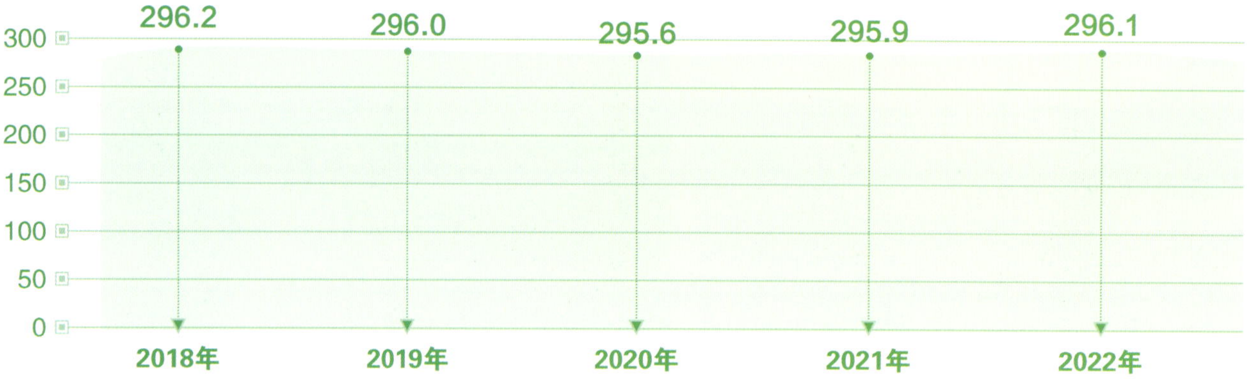

地区生产总值

（亿元）

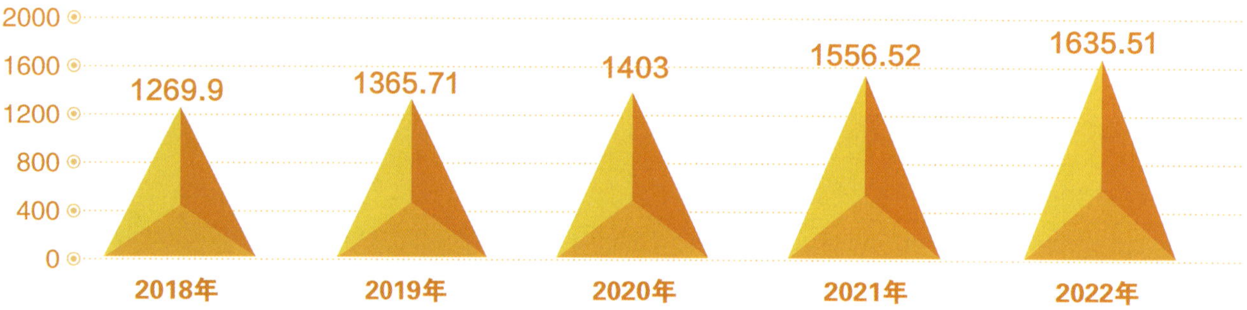

社会消费品零售总额

（亿元）

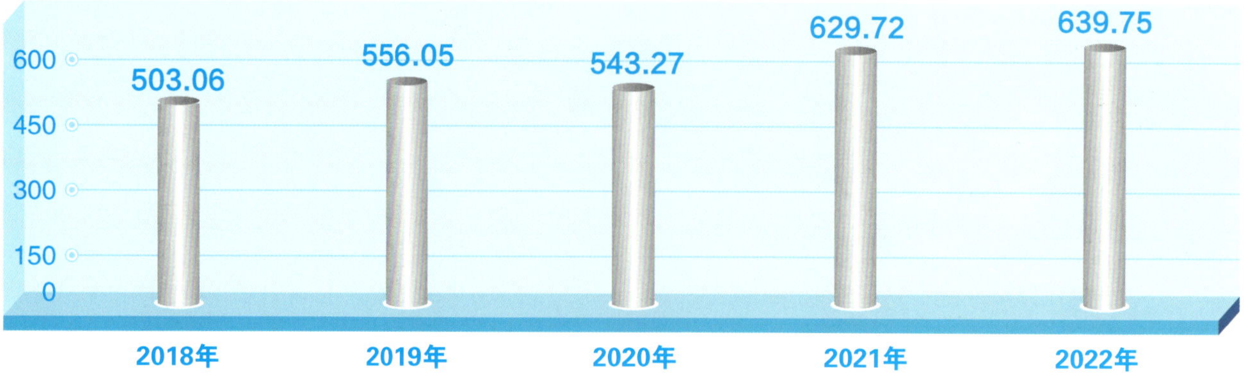

一般公共预算收入

（亿元）

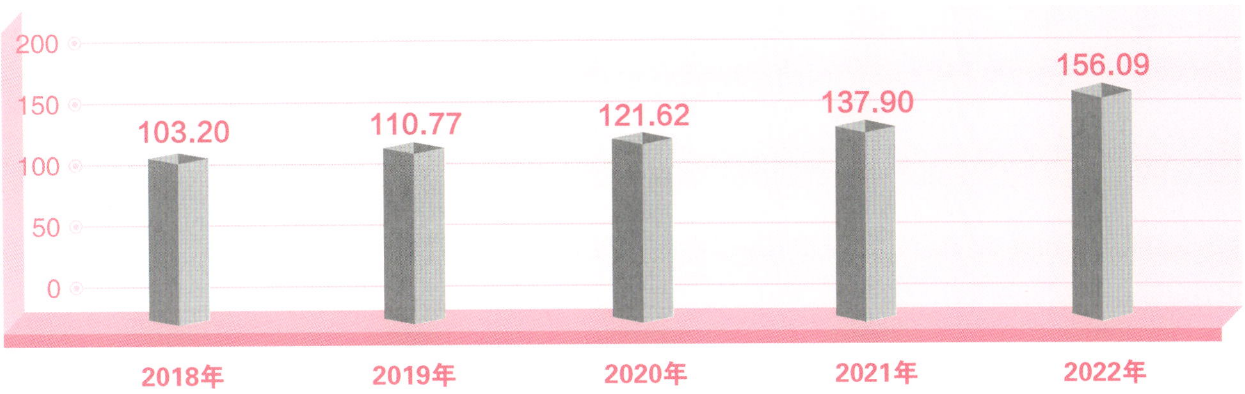

城镇居民人均可支配收入

（元）

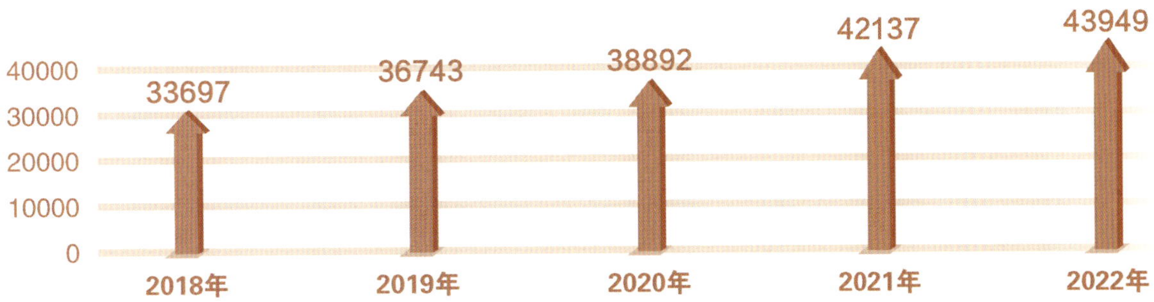

农村居民人均可支配收入

（元）

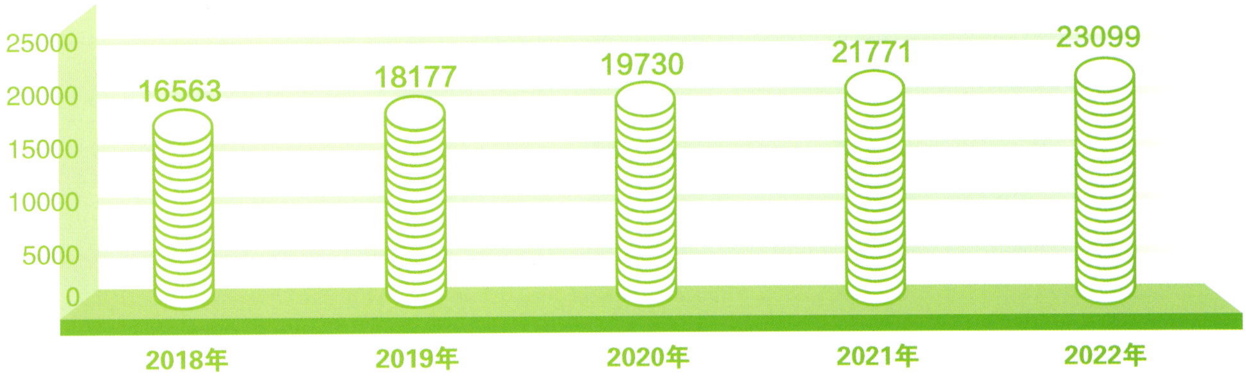

数字眉山·2022

辖区面积：7140 平方千米

户籍人口：338.61 万人

常住人口：296.1 万人

城镇化率：51.61%

森林覆盖率：50.25%

已建成高标准农田：214.13 万亩

地区生产总值：1635.51 亿元

第一产业增加值：242.31 亿元

第二产业增加值：657.61 亿元

第三产业增加值：735.59 亿元

民营经济增加值：935.18 亿元

个体工商户：19.73 万户

私营企业：4.44 万户

规模以上工业企业：829 户

进出口总额：119.24 亿元

实际到位外资金额：10067.53 万美元

全社会固定资产投资：1322.97 亿元

社会消费品零售总额：639.75 亿元

地方一般公共预算收入：156.09 亿元

地方一般公共预算支出：310.71 亿元

本外币存款余额：3187.68 亿元

城镇居民人均可支配收入：43949 元

农村居民人均可支配收入：23099 元

保险公司：34 家

财险公司：15 家

寿险公司：19 家

幼儿园数、在校生数：416 所、8.71 万人

小学数、在校生数：171 所、17.18 万人

初中数、在校生数：138 所、8.26 万人

高中数、在校生数：26 所、4.61 万人

中职数、在校生数：16 所、3.98 万人

特殊学校数、在校生数：7 所、0.06 万人

文化馆：7 座

文化站：133 个

公共图书馆：7 座

博物馆：17 座

老年学校：7 所

医疗卫生机构：2151 个

实有病床位：21561 张

医疗卫生机构技术人员：21845 人

目　录

特　载

大 事 记

市情概览

国民经济和社会发展

中共眉山市委员会

市委重要会议

重要决策

市委调研与督查

组织建设

宣传工作

精神文明建设

统一战线工作

目标和绩效管理

保密机要

机构编制

眉山市人民代表大会

眉山市人民政府

政务服务

机关事务管理

信访工作

政协眉山市委员会

重要会议

政治协商

民主监督

参政议政

中共眉山市纪律检查委员会
眉山市监察委员会

重要会议

纪检监察事务

巡察监督

民主党派

民革眉山市总支委员会

乡村振兴

工信产业

工业经济运行

工业产业结构调整

工业企业培育

工业产业发展

工业项目建设

工业企业选介

电网建设与电力供应

信息化建设与管理

无线电管理

中国电信

旅游业

旅游业发展

旅游项目推进

旅游管理与服务

旅游营销与旅游节会

旅游景区选介

金融业

金融业发展

金融管理

银保监管

银行业

保险业

交 通

交通规划

交通建设

区域交通

交通运输管理

交通安全管理

邮政管理

城乡建设与管理

生态环保

卫生健康

社会民生

社会管理

社会服务

老龄服务

民生工程

应急管理

应急预案管理

安全生产管理

防灾减灾救灾

消防救援管理

眉山天府新区·县（区）

眉山天府新区

东坡区

彭山区

仁寿县

洪雅县

丹棱县

青神县

人　　物

领导人物

先进人物

去世人物

附　　录

组织机构·负责人名录

·组织机构·

CONTENTS

SPECIAL REPORTS

A CHRONICLE OF MAJOR EVENTS

GENERAL INTRODUCTION OF THE CITY

THE CPC MEISHAN MUNICIPAL COMMITTEE

MEISHAN MUNICIPAL PEOPLE'S CONGRESS

MEISHAN MUNICIPAL PEOPLE'S GOVERNMENT

THE CPPCC MEISHAN MUNICIPAL COMMITTEE

DISCIPLINE INSPECTION AND SUPERVISION

OTHER PARTIES

MASS ORGANIZATIONS

RULE OF LAW

MILITARY

FOREIGN AFFAIRS, OVERSEAS CHINESE AFFAIRS, CHINA'S HONG KONG, MACAU AND TAIWAN AFFAIRS

COMPREHENSIVE ECONOMIC MANAGEMENT

AGRICULTURE AND RURAL AREAS

INDUSTRY AND INFORMATION INDUSTRY

COMMERCE AND TRADE INDUSTRY

TOURISM

FINANCIAL INDUSTRY

TRANSPORTATION AND POSTAL INDUSTRY

URBAN-RURAL CONSTRUCTION AND MANAGEMENT

ECOLOGICAL ENVIRONMENTAL PROTECTION

EDUCATION & SCIENCE AND TECHNOLOGY

CULTURE AND SPORTS

HYGIENE AND HEALTH

SOCIETY AND PEOPLE'S LIVELIHOOD

EMERGENCY MANAGEMENT

MEISHAN TIANFU NEW AREA AND COUNTIES (DISTRICTS)

PERSONAGES

APPENDICES

INDEXES

特 载

SPECIAL REPORTS

新时代更高水平“天府粮仓”示范区建设 / 成都都市圈高质量发展新兴城市建设 /

深入推进制造强市　再造一个“工业眉山” / 坚持党建引领　深化创新城乡基层治理

新时代更高水平“天府粮仓”示范区建设

2022年6月8日，习近平总书记到四川眉山市视察，对眉山市坚持粮食种植助力保障国家粮食安全的做法给予肯定，并作出在新时代打造更高水平“天府粮仓”的重要指示。眉山市牢记习近平总书记嘱托，勇担使命，8月30日召开市委五届五次全会，作出《关于深入贯彻习近平总书记来川视察重要指示精神建设新时代更高水平“天府粮仓”示范区的决定》，锚定“六化六突破”的现代化农业产业体系，启动实施“六大工程”，着力打造“美田弥望、稻谷飘香、物阜民丰、幸福和乐”的“天府粮仓”示范区，把建设新时代更高水平“天府粮仓”示范区作为服务“国之大者”的重大政治任务。2022年，眉山市以建设新时代更高水平“天府粮仓”示范区推进农业农村现代化发展，成功创建全省乡村振兴先进市。全市粮食播种面积303.44万亩、比上年增加5.98万亩、同比增长1.98%；粮食产量125.43万吨，单产实现413.36公斤／亩，全省第一。

一、建立一套领导机制。市委五届五次全会作出决定，建设新时代更高水平“天府粮仓”示范区。成立以市委书记、市长为双组长的打造新时代更高水平“天府粮仓”工作领导小组，先后召开12次领导小组会议、专题会议研究部署。市、县、乡逐级组建工作专班，形成市级统筹协调、县级推进落实、镇村具体实施的工作格局。建立市、县（区）领导挂帅包片推进“3+5”重点示范片建设工作机制，落实12个市级领导和4个区（县）委书记或区（县）长挂帅包片3个市级示范片、5个县级示范片。重点抓好东坡永丰村、仁寿珠嘉粮油园区、青神粮油园区3个市级示范片建设。东坡区示范片完成永丰村1500亩高标准农田沟渠道路修复建设任务，召开2023年第八届水稻“一优两高”生产竞赛启动会；仁寿县示范片完成9.2万亩高标准农田建设项目36%的工程量，完成粮油园区核心区烘干中心、育秧中心、农事服务中心、仓储中心提升改造；青神县示范片新建高标准农田项目完成80%工程量，200亩粮油新品种示范基地示范展示油菜、小麦等46个品种，粮食科技转化中心完成大楼主体工程建设任务。

二、制定一个总揽文件。市委、市政府主要领导先后召开市委常委会、市政府常务会、理论学习中心组学习会、保地稳粮座谈会等，专题学习研究习近平总书记来川视察重要指示精神。按照市委统一部署，组建3个调研组，走访种粮大户、农业企业、农资经销商、农民合作社、小农户等150余户，召开各类经营主体座谈会10余次，全面摸清粮食生产方面存在种粮不赚钱、耕地撂荒、高标准农田建设质量不高、社会化服务体系不健全等110余个问题，形成《关于打造新时代更高水平“天府粮仓”的调研报告》。以调研报告发现的具体问题为基础，先后召开20余次研讨会，先后邀请中国农科院、四川农科院专家到眉山问症把脉，赴农业农村厅、农业农村部听取院士、领导、专家意见，形成《深入贯彻习近平总书记来川视察重要指示精神建设新时代更高水平“天府粮仓”示范区的决定》。同时，制定示范区建设年度任务和阶段成果“两张清单”，将耕地保护、农田建设、科技引领、主体培育、示范带动、延链融合等重点内容分解细化为35项工作目标、112条具体措施，逐一明确牵头领导、责任单位和完成时限，确保2023年6月形成阶段成果，2025年全面完成。

三、编制两项专项规划。一是编制全市“天府粮仓”示范区建设规划，2月13日召开专家评审会，按照评审会专家意见进行修改完善，征求各县（区）和市级相关部门意见后印发。二是编制东坡区永丰村专项建设规划，于2022年12月正式对外发布。规划围绕“田、粮、钱、村、人、文”六大要素，构建“一廊双环、三心四片”总体空间结构，确定“农业产业、文旅场景、田园生态、和美乡村”四类空间布局，全力创建高标准农田提质改造示范、粮经复合示范、农旅融合示范、宜居宜业和美乡村建设示范等。

四、建立一个专项资金。出台《眉山市建设新时代更高水平“天府粮仓”示范区专项资金（暂行）管理办法》，市县财政每年安排专项扶持奖补资金7亿元，重点支持市、县级示范片建设。逐年提高土地出让收入用于农业农村的比例，2022年土地出让收入用于农业农村13.86亿元、占比5.24%，超过省定目标，新增部分主要用于“天府粮仓”示范区建设。

五、夯实四大保障措施。一是组织保障。市、县（区）成立工作领导小组，各部门成立工作专班，建立“一把手”首要负责、直接谋划和定期督办机制。二是政策保障。出台《眉山市建设新时代更高水平“天府粮仓”示范区专项资金（暂行）管理办法》，市财政每年拨款2亿元，县（区）配套7亿元，重点支持“天府粮仓”示范区中示范片建设。三是机制保障。市委、市政府督查室对责任不落实、工作不作为、措施不到位、任务未完成的县（区）和市级部门进行通报，督察结果作为粮食安全党政同责考核和粮食生产先进评比的重要依据。四是人才保障。筹建粮油类高层次人才引进平台、农业类全国科技小院、省级科技小院、东坡区永丰村水稻专家大院和专家工作站，科技人才引领示范区建设。

（王　飞）

成都都市圈高质量发展新兴城市建设

2022年,眉山市深入贯彻中共二十大和习近平总书记到四川视察重要指示精神,全面落实中央和省委经济工作会议精神及省同城化领导小组第四、五次会议决策部署,抢抓国、省重大战略机遇,牢牢把握成德眉资同城化战略支撑,全面融入成渝地区双城经济圈建设,加快建设成都都市圈高质量发展新兴城市,着力构建"三区协同、竞相发展"新格局,形成"融入成都、全域开放"新态势。

一、经济运行

2022年,眉山市地区生产总值1635.51亿元,同比增长3.8%,居全省第七位。其中,第一产业增加值242.31亿元,增长4.6%,居全省第二位;第二产业增加值657.61亿元,增长4.6%,居全省第十位;第三产业增加值735.59亿元,增长2.9%,居全省第九位。全社会固定资产投资增长11.4%,居全省第二位;规上工业增加值增长7%,居全省第七位;社会消费品零售总额639.75亿元,同比增长1.6%,居全省第十位;地方一般公共预算收入156.09亿元,同比增长13.2%;地方一般公共预算支出310.71亿元,同比增长12.2%。城镇居民人均可支配收入4.4万元,同比增长4.3%;农村居民人均可支配收入2.3万元,同比增长6.1%。

二、成眉同城化发展

(一)加快基础设施互联互通。市域铁路S5线、天眉乐高速开工建设,成(都)乐(山)高速扩容青龙至双流机场段、梓州大道南延线等快速推进;与成(都)德(阳)资(阳)三市实现公交"一码通乘",成(都)眉(山)间稳定开行跨市公交线路5条,日开行动车增加至105列。

(二)聚力现代产业协作共兴。联合编制产业协同发展三年实施方案,成(都)眉(山)合作重点工业项目竣工投产42个,两地配套企业达401户;编制天府大道南延线科创走廊专项规划方案,启动建设新能源新材料融合创新中心;积极融入巴蜀文旅走廊,联合推出成眉11条精品旅游线路。

(三)坚持对外开放协同共进。规划建设眉山国际铁路港,累计开行中欧、中老等国际班列37列,深化四川自贸试验区眉山协同改革先行区建设,加快推进保税物流中心(B型)和跨境电商综试区建设;出台协同优化成(都)德(阳)眉(山)资(阳)区域营商环境决定,发布第三批同城化无差别受理清单,实现166个政务服务高频事项跨城通办。

(四)深化公共服务便利共享。四川大学眉山校区、清华附中天府学校开工建设,西南医科大学附属天府医院完成主体工程,国家区域医疗中心落户眉山,市人民医院、市中医医院纳入同城检查检验结果互认名单,全面取消成眉毗邻乡镇卫生院异地就医备案。

三、成渝双城经济圈建设

四川省委把推动成渝地区双城经济圈建设作为事关全局的战略性工程和四川现代化建设的总牵引,为加快融入双城建设,眉山市扎实推进《成渝地区双城经济圈建设规划纲要》中涉眉的内容,其中:成德眉资同城化发展完成第一个三年行动计划;成眉市域铁路S5线开工建设;虎渡溪航电枢纽、杉杉锂电超额完成年度投资任务;李记和吉香居等新建重点项目年内试生产,协同重庆全力打造全球泡(榨)菜出口基地。争取到成都都市圈环线铁路、眉山东综合客运枢纽等重大项目,眉山国际铁路港、眉东新城等重大平台分别纳入7个国省级规划和实施方案盘子。与重庆两江新区、渝北区、涪陵区、大足区、重庆大学等县(区)和单位(部门)建立合作关系,推动签订的20个合作协议落地落实。2022年,重庆市政协、酉阳县,四川省发改委、成都市、绵阳市等多地代表团先后到眉山考察调研,推动"双城""同城"深度互动合作。

四、信用体系建设

(一)信用信息整合推进有力。截至2022年年底,眉山市社会信用信息共享平台归集市场监管局、市人社局等36个市级部门(单位)信用信息以及其他信用数据8392.3万余条。2022年,市信易贷融资综合信用服务平台办理30笔应急转贷业务,合计7.79亿元;办理45笔风险补偿贷款,合计2.83亿元。

(二)深入开展联合奖惩。2022年在失信被执行人、重大税收违法和拖欠农民工工资领域依法开展联合惩戒,在金融领域开展联合激励,各金融机构为眉山市"红名单企业"提供贷款88笔,共计7.97亿元;为"白名单企业"提供贷款112笔,共计15.85亿元。

(三)信用修复有序开展。眉山市全年有84家符合条件的企业通过整改完善,完成信用修复,消除不良影响。

(李旭平)

深入推进制造强市　再造一个“工业眉山”

2022年，眉山市深入贯彻落实制造强国、制造强省部署，坚持以新型工业化为主导狠抓制造业发展，聚焦新能源新材料和电子信息、机械及高端装备制造、医药食品“1+3”产业，着力构建现代化工业体系，加快建设成渝地区新能源新材料制造基地。全市规上工业增加值同比增长7%，工业占GDP比重较上年提升1.6个百分点，工业税收首次超过房地产业。

一、健全工作机制，统筹资源强力推进

坚定制造强市首位战略，成立由市委、市政府主要负责人任“双组长”的领导小组，组建要素保障、招商引资、项目建设、产业和园区发展4个专项指挥部。召开全市制造业发展大会，印发《制造强市“三年提升行动”实施方案（2022—2024年）》，围绕一年突破、两年攻坚、三年冲刺，部署筑圈强链、育苗壮干、低碳转型等七大任务，举全市之力再造一个现代化“工业眉山”。创新“三抓三手”工作法，从党政主官入手抓压力传导、从包保联系入手抓问题解决、从逗硬奖惩入手抓工作落实，推动165个工业项目开工建设、137个项目竣工投产。2022年，全市工业投资414亿元、增长23.3%。

二、瞄准细分领域，抢抓新兴产业赛道

紧跟国省政策导向、产业变革趋势，组织开展眉山制造业发展课题研究，把主攻方向聚焦到锂电、晶硅光伏、化工新材料三大千亿元产业上来。制定主导产业“五图七单”，编制完善新能源新材料产业发展规划，深研上下游行业领域，摸清技术路线、前沿市场、企业布局，为产业发展明晰方向路径。全面推行链长制，由市领导担任链长、龙头企业担任链主，研究出台项目招引、企业培育、人才引进等18条支持政策，对重大问题实行市县联动、提级办理，集中力量加快产业发展。2022年，全市新能源新材料产业产值突破1000亿元，其中锂电、晶硅光伏、化工新材料产值增速分别达417%、58.5%、20.1%。

三、链式精准招商，打造优势产业集群

围绕延链补链强链，梳理关键领域和企业清单，形成17个细分领域产业链导图，着力招引带动能力强、发展潜力大的制造业项目。调整优化全市招商工作机制，创新“市领导包片+驻外分局+小分队”招商模式，聚焦长三角、珠三角、京津冀、东北老工业基地等重点区域，大力开展“一把手”招商、以商招商、活动招商，持续发起链式精准招商强劲攻势。2022年，市县两级党政“一把手”外出招商400余次，全市新签约中创新航、石大胜华、中科电气等制造业项目205个、总投资1357亿元，两次斩获全省制造业招商引资百日攻坚“流动红旗”。截至目前，全市已落户锂电项目53个、总投资超1000亿元，形成了覆盖上游材料到动力电池的完整产业链。

四、深化创新驱动，推动产业提档升级

围绕主导产业链布局创新链，深入开展重点工业企业研发全覆盖行动，加快推进新能源新材料融合创新中心、万华化学研发中心、顺应电池研究院等研发机构建设。坚持政府引导、企业主体、市场化运作，与清华大学、四川大学等高校共建示范基地、研发团队，设立院士（专家）工作站9个，认定国家级企业技术中心1个。建成德恩精工“1+3+N”工业互联网，做好行业协同、数字工厂整体解决方案等SaaS化服务，赋能产业升级和企业数字化转型。高标准筹办新能源新材料产业学院，首批招生1500余人，加快培养产业发展紧缺急需人才。2022年，全市新培育省级及以上企业技术中心11户、省级工业设计中心4户、省级技术创新示范企业2户。

五、加强园区建设，优化产业承载空间

坚持专业化、特色化、差异化，制定工业园区主导产业指导目录及产业布局导引图，明确8个重点工业园区产业发展定位，积极推动眉山高新区、甘眉工业园区争创国家级园区，加快构建错位互补、协同配套发展格局。制定园区标准化专业化建设指南，深化工业用地“标准地”和“亩均论英雄”改革，深入推进近零碳排放试点园区建设，全年挖掘能耗存量48万吨、清理处置低效和闲置工业用地5626亩。持续完善配套设施，园区污水处理厂实现全覆盖，建成投用全市首个集居住、休闲、商业等为一体的园区城镇综合体，建成人才公寓2300余套。制发《打造千亿化工产业园区规划方案》，实施园区主导产业培育提升行动，提高产业集中度和发展竞争力。2022年，全市重点工业园区规上工业企业新增109户，甘眉工业园区规模突破500亿元，成功认定省级化工园区3个、省级绿色园区2个。

六、提升服务效能，培育壮大企业雁阵

把惠企纾困、促企生产摆在突出位置，开展“万名干部上门、万户企业暖心”专项行动，制定停工停产报备、规范和减少企业检查、“发点球”解决困难、工业攻坚专项约谈“四个制度”，实施负增长企业“一对一”包联服务，全年累计减税降费60亿元。深化涉企审批制度改革，推行“一件事”套餐服务、“零跑腿”清单，55个涉企事项压减办理时限20%以上，杉杉锂电项目从开工到投产仅7个月，中创新航项目用地报批速度刷新全省纪录。建立重点企业梯次培育库，现有国家高新技术企业117户、国省级“专精特新”企业107户，2022年新培育百亿元企业1户、10亿元企业18户。

（市委办）

坚持党建引领　深化创新城乡基层治理

2022年，眉山认真落实中央、省委关于深化和创新基层治理的决策部署，坚定以党建引领城乡基层治理，大力实施基层治理攻坚年行动，坚持见人见事、以事聚人、聚人成事、为民解忧，不断提升基层治理效能和服务群众水平。

一、深化改革创新，在破解梗阻中建机制强领导

持续完善党领导基层治理的体制机制，着力破解九龙治水、条块分割、权责失衡等难题。构建党委统揽领导体制。优化设置市、县、乡三级城乡基层治理委员会，由各级党（工）委主要负责人担任主任，负责基层治理重大问题研究、重大事项决策、重大改革推进。全覆盖组建市县两级城乡基层治理委员会办公室，由组织部部长兼任主任，定人定编实体运行，专门负责基层治理统筹指导、协调推进、督促落实。创新块统条推指挥体系。深化乡镇（街道）管理体制改革，在乡镇大力推进综合执法片区化、派驻机构属地化、机构运行平台化，在街道实施力量下沉、街县联动、平台增效“三项行动”，有序下放权力181项，进一步增强乡镇（街道）指挥协调能力。建立系统配套政策体系。出台《深化和创新基层治理　建设高品质美好生活家园的意见》，制发政策配套分工方案，明确建设活力、宜居、生态、人文、平安、智慧“6大家园”任务分工和45项量化指标，制定“五社联动”机制、网格管理服务、有机更新办法等政策文件，推动构建系统完备、科学规范、运行高效的基层治理政策体系。

二、聚焦群众关切，在攻坚治薄中优服务惠民生

紧扣群众急难愁盼，大力实施社区空间品质提升、人居环境整治、服务体系升级、小区治理攻坚、平安建设提升“五大工程”，让治理成效更加有形可感。问需于民定项目。坚持问题导向和目标导向相统一，汇总分析各级领导干部深入基层掌握了解的群众操心事、烦心事，研究制定“五大工程”实施方案，以3年为周期，系统谋划5个方面113项重点项目。清单调度抓推进。建立治理攻坚重点任务阶段调度、主要指标季度盘点、进度成效定期通报工作机制，将年度建设任务细化为考评细则纳入目标考核体系，每月制发工作任务清单，通过专题调度、专项督导压实工作责任，统筹推动小区电梯加装、卫生厕所改建、助老餐厅建设等3万余项群众家门口的民生实事落地见效。示范引领提品质。按照“集中资源力量、整体谋划规划、突出特色亮点”的原则，统筹资源力量，高质量推进23个村（社区）、18个小区示范创建，以点带面、连线成片形成整体提升效应，6个乡镇（街道）、22个村（社区）、3个小区获评省级基层治理示范单位。

三、突出一核多元，在共建共治中建组织强功能

围绕提升基层党组织的政治功能和组织功能，引领多元主体共建美好家园、共享发展成果、共担社会责任。增强党建引领能力。切实把党的领导延伸至微单元，推进“乡镇（街道）—村（社区）—村民小组（小区）—党员联系户（党员中心户）”组织体系建设，建立4687个村民小组党支部、1391个小区（片区）党组织，成立13个街道“大工委”、133个城市社区区域党委，党在城乡基层的组织覆盖达到100%。健全组织发动体系。注重将治理力量凝聚在第一线，探索“微网格”“邻里长”工作机制，将3.9万名党员骨干配属至2572个网格内，常态开展联系群众、志愿服务等工作。激活多元共治效能。注重将多元主体打造为共同体，全覆盖设置村（社区）公共卫生、环境物业、治安防控等自治组织，打造“居民夜话”“百家说事”等协商议事品牌，“五社联动”推动成立社会组织110个、社区慈善基金43个，组建志愿服务队伍600余支，培育持证社工653名。

四、注重赋能增效，在系统集成中夯基础强保障

坚持在内部挖潜提质和外部借势借力上强化统筹、细化举措，不断夯实基层治理现代化的底部支撑。加强队伍能力建设。将深化和创新城乡基层治理纳入兴眉优培、干部提能等培训教程，深入实施新时代基层干部三年培训行动计划，分层分类组织专场授课173场次、培训治理骨干4万余人次，试点建设“社区名师工作室”7个，邀请成都实操能手来眉开办基层治理讲坛3期，分批组织调研考察团赴蓉学习3次。抓实村社减负提能。深入基层一线开展村（社区）负担情况专项调研，深入分析指派事务多、报表台账多、检查考核多、信息终端多等突出问题，研究提出“两减四提一强化”（减控工作事项、减轻行政事务，提优服务阵地、提振发展动能、提高信息化水平、提升干部动力，强化保障举措）村（社区）减负提能20条措施，修订完善城乡社区准入事项“依法履职、协助办理、工作负面”三张清单，持续规范村级组织工作事务、机制牌子和证明事项。强化理论实践结合。与川大城市治理研究院签署战略合作框架协议，借助其理论研究、资源链接、智库建设等方面优势，协同开展干部教育培训、重点课题研究和重大活动策划，联合研发永丰村乡村治理、三苏祠“三治融合”课程教案，推动纳入全国干部教育培训基地现场教学点。

（市委办）

大事记

A CHRONICLE OF MAJOR EVENTS

1—12月

1月 January

6日 市委经济工作会议举行。

7日 眉山市关心下一代工作会议召开。

10—12日 中国人民政治协商会议第五届眉山市委员会第二次会议召开。

11—13日 眉山市第五届人民代表大会第二次会议召开。

14日 眉山市18家企业入选2021年度四川省“专精特新”中小企业，25家企业通过期满复核申请。

是日 总投资15亿元，眉山高新区年产5万吨磷酸铁锂锂电正极材料项目开工。

21日 苏东坡985周年诞辰，“吾家东坡——苏轼题材文物特展·《苏轼书法全集》（四十五册本）图录特展”在三苏祠式开展。

23日 眉山2022年首个医药产业重点项目、东坡区首个院士项目——成都川宇健维生物科技产业基地项目正式落户眉山经开区新区（西部药谷），该项目总投资10亿元。

是月 眉山市彭山区被国家中医药管理局命名为县级全国基层中医药工作先进单位。

2月 February

8日 眉山市获批设立跨境电子商务综合试验区，全国共27个，四川省共2个。

9日 眉山市获评2021年度全省深化“放管服”改革优化营商环境工作先进市（州）。

是日 眉山市人民政府授予张文成（眉山市环境卫生管理处纪律监察室副主任）、周建勇（仁寿县彰加镇铧炉村3组村民）、王学文（洪雅县中保镇联丰村5组村民）、敖建华（丹棱县齐乐镇狮子社区3组居民）4人“眉山市见义勇为勇士”称号。

15日 眉山市入选四川省大型区域商品分拨配送中心试点。

是日 工信部公布2021年信息消费示范城市名单，眉山入选特色型信息消费示范城市（行业类），成为全省继成都、泸州之后，第三个入选信息消费示范城市的城市。

是日 “相遇时光里 千里共婵娟”时光邮局开业。该邮局位于东坡区“东坡印象”水街，采用苏轼代表作“水调歌头”中著名诗句“但愿人长久 千里共婵娟”命名，毗邻远景楼、眉山东坡城市湿地、音乐喷泉等旅游景点，共同构建眉山“宋城文化”旅游打卡地标景观。

16日 全市宣传部长会议召开。

17—18日 四川省“新农水”暨春灌用水工作会议在眉山市召开。

18日 共青团眉山市第四届委员会第四次全体（扩大）会议召开。

23日 中国共产党眉山市第五届纪律检查委员会第二次全体会议召开。

25日 市委应对新冠肺炎疫情工作领导小组召开领导小组会议，听取仁寿县、相关工作组（工作专班）疫情防控工作情况汇报，安排部署下一步工作。

是月 东坡泡菜入选“2021四川十大美食地标”，东坡肘子入选“2021年四川十大美食地标”提名。

3月 March

1日 彭山区学院路幼儿园2个托班建成招生，标志着眉山市首家公办公营幼儿园托育班正式建成投用。

3日 市委民族工作会议暨全市宗教工作会议在眉山举行。

4日 全省农村产权交易统一大平台首宗农村闲置资产履约保证保险在眉山签约。

是日 眉山市东坡区人民法院、彭山区公义镇人民政府、仁寿县市场监督管理局、仁寿县人民法院、洪雅县瓦屋山镇人民政府、青神县人民医院6个单位获评2021年四川省“逐梦计划”优秀实习基地。

9日 眉山市创建全国禁毒示范城市工作汇报会召开。

10日 全市组织部长会议召开。

11日 四川天府新区眉山管委会与西南医科大学举行签约仪式，合作共建西南医科大学附属天府医院。西南医科大学附属天府医院（眉山天府新区人民医院）是眉山市重点民生工程，按照三级甲等综合性教学医院标准设计。一期工程建设医院门急诊医技大楼、住院大楼、传染病楼、行政办公楼等建筑及附属设施；二期工程建设教学、科研大楼及附属设施。

14日 全市510个村民委员会、337个居民委员会完成换届选举。

15日 全市大气污染防治工作推进会召开。

是日 2021四川花卉（果类）生态旅游节暨丹棱不知火桔橙（桃花）节第九届不知火种植技术大比武决赛在丹棱县举行。

16日 眉山市制造业发展大会召开。会议通报全市制造业发展情况，宣读《关于制造业高质量发展标杆企业和2021年度贡献突出企业的通报》，并为受表扬的企业授牌。

18日 全市退役军人工作会议召开。

19日 眉山市“蓝天保卫战”誓师大会召开。会议传达学习省委、省政府关于大气污染防治工作要求，研究有关文件，通报全市大气污染防治工作情况。

22日 中创新航动力电池及储能系统眉山基地项目签约仪式在成都举行，标志着眉山市锂电产业从材料到应用链式发展实现新突破。

23日 眉山市“奋进新征程、建功新时代”大学习大实践大提升活动动员大会召开。

28日 全省项目投资工作暨“十四五”规划重大工程项目建设推进现场会在眉山召开。现场会以现场考察和会议交流发言形式展开。

30日 跨区公交66路正式开行，14辆高端纯电动公交车投放使用。

是日 眉山市专属补充医保“东坡惠民保”正式上市。

31日至4月2日 市级领导干部和县级主要负责人读书班举行。会议传达学习习近平新时代中国特色社会主义思想和习近平总书记对四川工作系列重要指示精神、党的十九届六中全会和省委十一届十次全会、市第五次党代会精神。

4月
April

1日 四川省第31个全国税收宣传月启动仪式在眉山市举行。

7日 市委农村工作会议暨两项改革“后半篇”文章工作推进会议召开。会议宣读《关于2021年度眉山市乡村振兴先进县（区）和先进单位的通报》《关于命名2021年度市级实施乡村振兴战略先进乡镇（街道）、示范村（社区）的通报》《关于命名眉山市2021年度市级现代农业园区的通报》。

15日 眉山市耕地和林业资源保护大会召开。

18日 眉山通威太阳能（眉山）有限公司、信利光电仁寿有限公司、中车眉山车辆有限公司、千禾味业食品股份有限公司、四川环龙新材料有限公司、四川金象化工产业集团股份有限公司、万华化学（四川）有限公司7家企业入选四川制造业“贡嘎培优”名单。

19日 四川省钢构智造产业基地项目建设开工仪式暨公司揭牌仪式在眉山市举行。该项目一期位于眉山市东坡区甘眉工业园区南区，以生产钢箱梁、钢桁梁、钢管拱为主营业务，设计产能12万吨/年。

27日 市文明委2022年第一次全体会议暨未成年人思想道德建设工作会议召开。

28日 中国共产党眉山市代表会议召开，选举眉山市出席中国共产党四川省第十二次代表大会代表。

是日 眉山市2022年第二季度重大项目集中开工仪式在彭山经开区举行，共集中开工重大项目93个，总投资578亿元。其中，省重点项目4个、总投资74.5亿元，市重点项目33个、总投资217.3亿元。从投资领域看，产业项目51个、总投资474.3亿元，基础设施项目15个，民生和社会事业项目20个，生态环保项目7个。

29日 眉山市中医院思蒙分院正式成立。

是月 彭山江口明末战场遗址入选全国“新时代百项考古新发现”。“江口明末战场遗址”位于眉山市彭山区的岷江河道内，2005年被发现，2017年进行首次考古发掘。

5月
May

5日 眉山市人民政府、甘孜藏族自治州人民政府、四川发展（控股）有限责任公司在成都签署合作框架协议。根据协议，三方将坚持生态优先、优势互补、市场主导、政府推动、互利互惠原则，发挥各自优势，在甘眉工业园区建设锂电新能源材料项目。

7日 眉山市普通高校招生全国统一考试暨高中阶段学校招生考试安全工作会议召开，安排部署2022年全市高考、中考工作。

8日 仁寿县人民医院、青神县人民医院入选全国“千县工程”县医院综合能力提升工作县。

11日 全省工业稳增长现场会在眉山召开，眉山市在会上作主题交流发言。

是日 眉山市彭山区、仁寿县、青神县3个县（区）入围第四批天府旅游名县候选县名单。

是日 洪雅通用机场场址正式获得空军参谋部审核批复，成为眉山市首个获得批准建设的通用机场。项目总投资5亿元，一项飞行区规划一条1200米×23米的非仪表目视跑道，机场用地约566亩。主要开展农林作业、森林防火、旅游观光，同时根据需要开展医疗救护、抢险救灾等通航飞行服务。

12日 四川天华时代年产6万吨电池级氢氧化锂项目开工仪式举行。该项目位于甘眉工业园区，是省、市重点项目，总投资25亿元，以锂辉石为原料，采用锂辉石硫酸法冶炼工艺和硫酸锂苛化冷却结晶法工艺，生产电池级单水氢氧化锂。

13日 甘眉工业园区、湖南中科电气股份有限公司年产10万吨锂电池负极材料一体化项目签约仪式在眉山市举行。

17日 全市春耕生产、撂荒地整治工作现场会暨农村疫情防控工作会召开。会前，与会人员到仁寿县藕塘镇、宝飞镇等地，实地参观了解撂荒地整治、农村疫情防控、高标准农田建设、玉米大豆带状复合种植等工作开展情况。

是日 眉山市城乡基层治理攻坚大会召开。

17—19日 2022年眉山市防汛抗旱业务培训会在洪雅县举行。

18日 由四川省交通运输厅、眉山市人民政府联合主办的“交通使命-2022”地震应急联合演练在眉山市彭山区举行。

是日 眉山市精神文明建设暨文明城市创建工作推进会议召开。会议强调，要扎实抓好精神文明建设和全国文明城市、国家卫生城市巩固提升工作。

20日 眉山天府新区与清华大学附属中学通过视频连线方式，举行合作办学签约仪式。根据协议，双方将合作筹建小学、初中、高中十二年一贯制公办学校，采用清华附中本部教学育人模式进行管理。

是日 眉山市决策咨询委员会第一次全体会议召开。会议宣读市决策咨询委员会成立通知及市决策咨询委员会副主任分工和专业组成员名单，审议《眉山市决策咨询委员会章程》等文件，举行市决策咨询委员会授牌仪式。

23日 眉山市撂荒地整治暨粮食生产、耕地保护工作会议召开。

25日 眉山市退役军人创业基金成立，为全省首支退役军人创业基金慈善项目。

31日 眉山市传达贯彻省第十二次党代会精神大会召开。

6月
June

1日 眉山市出台《关于促进房地产业良性循环和健康发展政策措施的补充通知》，明确从2022年6月1日至12月31日，凡在眉山中心城区购买新建商品房和二手住宅的新型实用人才给予相应补贴，最高补贴600元/平方米。

是日 眉山市首家公建民营的普惠托育服务示范园——眉山东坡星辰美育培能托育中心建成投用。

2日 全省泡菜（酱腌菜）质量安全

企业公开承诺活动在眉山举办，主会场设在眉山，通过网络进行现场直播，其余各市州设立分会场。

7—8日 2022高考开考，眉山市参加高考考生18941人，比上年增加2706人。全市共设6个考区，11个常规考点，6个备用考点，1个医院考点。共设637个常规考场，129个备用考场。

8日 上午，习近平总书记在眉山市东坡区太和镇永丰村、三苏祠考察调研，了解推进高标准农田建设、加强粮食生产、推动乡村振兴、做好疫情防控、保护历史文化遗产等情况。

17日 中创新航系列合作协议签约仪式在眉山市举行。根据协议，眉山市人民政府、甘孜藏族自治州人民政府、中创新航科技股份有限公司三方将在甘眉工业园区建设锂电池西南生产基地，打造锂电池及相关电池材料项目基地和全国绿色循环经济典范。

18日 四川省推进成德眉资同城化发展领导小组第五次会议在眉山市召开。

20—21日 川西北及攀西经济区科协天府科技云服务高质量发展专场推进会在眉山市召开。

20日起 眉山东站新增日常线12趟，分别为西安北、贵阳北、珠海、杭州东、广州南、南宁、昆明南等。

21日 市委人大工作会议召开。会议强调，要认真落实中央、省委人大工作会议精神，发展和践行全过程人民民主，不断加强和改进人大工作，奋力开创新时代眉山人大工作新局面。

22日 市委人才工作会议召开。会议传达学习中央人才工作会议、省第十二次党代会、省委人才工作会议精神，强调要坚持和加强党对人才工作的全面领导，深入实施人才强市战略，全面培养、引进、用好人才，为眉山建设成都都市圈高质量发展新兴城市提供坚实人才支撑。

23日 眉山市2022年市总河长全体会议召开。

23—26日 “安家东坡故里·宜居品质眉山”2022年城市营销拉萨站系列活动举行。

24日 眉山市2022年青年普法志愿者法治文化基层行活动在三苏祠纪念馆广场正式启动。

26日 2022年川台青年合作交流论坛在眉山召开，在川台湾青年、省青联委员以及眉山市青年代表共计40余人参加。

是日 四川大学华西第二医院眉山市妇女儿童医院全面开诊。四川大学华西第二医院眉山市妇女儿童医院位于眉山城区太和大道与天府大道眉山段交叉口，是四川大学华西第二医院领办的首家紧密型医联体医院，已成功创建国家三级甲等医院、国家级母婴安全优质服务单位。

27日 “吾家蜀江上——喜迎二十大·东坡遗韵”书画精品展在成都开展，75件书法、绘画等精品展出。

28日 四川省中医药监督知识与能力培训班（第二期）在眉山开班。

29日 2022年眉山市未成年人保护工作委员会全体（扩大）会议暨全国未保示范创建工作推进会召开。会议审议通过《眉山市未成年人保护工作委员会工作规则》《眉山市未成年人保护工作委员会成员单位职责分工》《眉山市未成年人保护工作委员会关于加强未成年人保护工作的实施方案》。

是日 眉山市2022年养老服务发展领导小组全体会议暨养老服务工作推进会召开。

是日 眉山首条社区巴士1路开通。

30日 眉山天府新区数字经济产业发展推介暨项目集中签约仪式举行。仪式上，德国SAP（眉山）数字化赋能中心、海康—环天智慧联合实验室、浪潮新基建物联感知实验室、万帮数字能源四川运营中心、国联股份西南总部、中开院数字经济产业创新中心、眉山天府新区卫星应用研究院、海赛集团算力服务中心等8个项目集中签约，协议总投资52.6亿元。

是月 天府新区经眉山至乐山高速公路（简称天眉乐高速）工程环境报告书正式获批。项目路线起于成都市天府新区正兴街道，经成都市双流区，眉山市彭山区、仁寿县、东坡区、青神县，止于乐山市市中区牟子镇。

1—6月 眉山市完成招商引资新签约项目121个，合同金额879.58亿元，其中制造业项目141个、合同金额815.48亿元，“1+3”工业项目92个、合同金额708.33亿元。全市引进由世界500强、中国500强、中国民营企业500强投资或投资额10亿元及以上重大项目27个、合同金额664.9亿元。

7月
July

1日 四川大学眉山校区项目推进座谈会在四川大学召开。

是日 三苏祠博物馆发展规划领导小组第一次会议举行。会议传达学习习近平总书记来川视察重要指示精神，听取市文广旅局、三苏祠博物馆等工作情况汇报，对下一步工作进行研究部署。

是日 眉山市公安局举行庆祝中国共产党成立101周年暨“两优一先”表彰大会。

5日 眉山市人民政府与国网四川省电力公司在眉山签署战略合作协议，共建清洁低碳、安全高效的能源体系。

6日 眉山市召开全市扫黑除恶斗争领导小组会。

是日 眉山市项目投资拉练现场会召开。上午前往联东U谷·成眉合作数字经济产业园项目、华赐半导体电子专用材料及定转子项目、天合堂高端冷冻食材研发生产基地项目等建设现场，听取眉山天府新区、各县（区）、园区抓项目促投资稳增长情况汇报，实地察看项目推进有关情况。下午召开工作会议，安排部署全市项目投资工作，彭山区、甘眉工业园区、东坡区、仁寿县、市规划和自然资源局作大会发言。

7日 眉山首个应急救护培训基地——洪雅县红十字会应急救护培训基地正式投用。

8日 雅保四川年产5万吨氢氧化锂锂电池材料项目开工仪式在四川彭山经开区举行。雅保四川年产5万吨氢氧化锂锂电池材料项目是2021年全省外商直接投资最大的制造业单体项目。项目预计于2024年建成投产，投产后可实现年产能5万吨氢氧化锂，生产的锂材料能够满足150万辆新能源汽车的动力需求，在电池的使用寿命周期内可减少约1亿吨二氧化碳的排放。

15日 眉山市贯彻落实习近平总书记来川视察关于青年工作重要指示精神暨落实《四川省中长期青年发展规划（2017—2025年）》工作联席会议第四次全体会议召开。

是日 “安家东坡故里·宜居品质眉山”成都都市圈·眉山2022城市推介会在新疆克拉玛依市举行。

18日晚 眉山市应对新冠肺炎疫情工作视频调度会在洪雅县召开。

18日起 东坡区分阶段、分区域开展免费核酸检测。

20日起 眉山天府新区分阶段、分区域开展全员免费核酸检测。

21—23日 彭山区分阶段、分区域开展免费核酸检测。

25日 眉山天府新区锦江大桥主体完工。锦江大桥项目位于眉山天府新区锦江镇，大桥全长1259.8米。

27日 眉山市举行防汛救灾实战演练，检验全市防汛救灾应对能力，并对做好防汛救灾工作进行再动员、再部署。

是日 眉山市出台全省首个《区域性养老服务中心建设运营指南》，明确区域性养老服务中心的定位、建筑、设施设备、运营管理等规定，为全市区域性养老服务中心的建设和运营提供参考和指引。

29日 中共眉山市委工作会议召开。会议提出，要从深化制造强市、提升科技创新能力、发展壮大现代服务业、加快新型城镇化步伐、打造高水平开放门户、全面推进乡村振兴、稳就业惠民生和防风险保安全守底线八方面统筹做好2023年经济工作。

是日 眉山市第五届人民政府第二次全体会议召开。

是日 全省首批荣军病房在眉山市建成投用，其分别设在彭山区中医医院和彭山区人民医院，共有4间病房。

是月 四川城市职业学院“农村宅基地‘三权分置’改革试点工作成效评估与优化研究”入选2022年国家社科基金立项项目，系全省高职院校唯一入选项目。

是月 经眉山市第五届人民政府30次常务会议审议通过，自2022年7月起，眉山市城市居民最低生活保障标准调整为城市700元／月、农村520元／月；城乡特困人员基本生活保障标准调整为城市910元／月、农村680元／月，此项政策将惠及全市低保、特困对象10.87万人。

是月 洪雅县国有林场内发现多枝霉草，这是霉草科植物在四川省的首次记录。《中国高等植物红色名录2020版》评估其为IUCN（国际自然保护联盟）濒危等级。

是月 眉山市出台《眉山市区域性养老服务中心建设运营指南》，为全省首个区域性养老服务中心建设运营指南。

8月
August

1日起 眉山市正式建立三、四级智力、精神残疾人护理补贴制度，补贴标准为每人每月不低于50元。

4日 青神县复兴水库扩建工程供水工程通水。

5日 2022年四川省“全民健身日”主题活动（省级主会场）暨社区运动会在眉山举行。

是日 眉山市体育代表团出征省第十四届运动会动员会暨2022年眉山市全民健身联席会议召开。

8日 眉山市制造业招商引资“百日攻坚”投资推介会在江苏省无锡市举办，吸引50余家长三角地区知名制造业企业及商协会近百人参加。

9日 眉山市发布全省首个质量品牌金融贷产品——“眉州质量贷”。

10日 12时50分，眉山“天府星座”东坡01—07号卫星在太原卫星发射中心发射成功。

10日 眉山市首个“评定分离”项目：育才街——通惠河管网改造工程顺利完成开标评标工作。

是日 市域铁路成眉S5线通过工程可研报告评估会。市域铁路成眉S5线起于成都天府新区，止于眉山东坡区，线路长59千米，共设置车站13座。其中，成都段19千米、设站5座，眉山段40千米、设站8座，总投资约226亿元。

是日 眉山城区铁环路403号、春熙广场、一环北路29号15台新能源汽车120千瓦“超充”充电桩正式投入使用，每天可满足600台新能源汽车充电需求。

13日 瓦屋山快速通道麻柳坪特大桥顺利合龙。

15日 杉杉年产20万吨锂离子电池负极材料一体化基地项目（一期）正式投产。该项目从1月开工到投产，仅用7个月时间，实现“当年开工、当年投产”承诺。

19日 眉山市抗旱保丰收工作现场会召开。

23日 青神县青竹街道兰沟村荣获“第三批全国乡村旅游重点村”称号。

26日 洪雅县入选“中国康养产业可持续发展能力百强县”。

27日 眉山市打造新时代更高水平“天府粮仓”示范区座谈会在北京召开。中国科学院院士、中国农业科学院作物研究所所长钱前，中国工程院院士、北京市科协副主席赵春江，农业农村部总畜牧师、农村合作经济指导司司长张天佐等专家和领导，为眉山打造新时代更高水平“天府粮仓”示范区出谋划策、把脉支招。

30日 中国共产党眉山市第五届委员会第五次全体会议召开。全会审议通过《中共眉山市委关于深入贯彻习近平总书记来川视察重要指示精神建设新时代更高水平“天府粮仓”示范区的决定》和《中共眉山市委关于深入贯彻习近平总书记来川视察重要指示精神传承三苏文脉弘扬东坡文化的决定》。

是月 眉山市东坡区公证处出具首份区块链电子公证书。

是月 洪雅县退役军人橄榄绿志愿服务队成立。

是月 眉山市体育代表团在省第十四届运动会中获得13枚金牌、12枚银牌、21枚铜牌。其中，青少年体育项目参赛18个大项，获得11枚金牌、7枚银牌、17枚铜牌；群众体育项目参赛11个大项，获得2枚金牌、5枚银牌、4枚铜牌。

是月 眉山代表团在省第十届残运会暨第五届特奥会提前比赛项目中斩获3枚金牌、2枚银牌、2枚铜牌。

9月
September

1日 眉山市委书记胡元坤主持召开全市应对新冠肺炎疫情工作专题会，并赴一线督导检查疫情防控工作。

2日 眉山城市更新改造工作推进会召开。

3日 眉山市委书记胡元坤主持召开市疫情防控工作专题会议，分析研判当前疫情防控形势，安排部署下一步工作。

9日 绵阳市商业银行眉山分行揭牌开业。

是日 眉山市公安启动“百日行动”期间第三次夏夜治安巡查宣防统一行动。

18日 四川省为农惠民“三下乡”“三到户”“三慰问”行动启动仪式在东坡区太和镇永丰村举行。

20日 全市“决战四季度、大干一百天”现场推进会、全市工业提升攻坚工作会召开。

23日 省文旅厅公布《2022年国四川省工业旅游示范基地名单》，千禾味道馆入选。

是日 2022年眉山市庆祝中国农民丰收节活动在东坡区永丰村举行。活动启动仪式上，眉山天府新区、六县（区）与中国农业银行眉山分行就金融支持“天府粮仓”建设签订战略合作协议，现场签约东坡区年产5万吨茶叶出口加工基地等6个项目。活动对2022年眉山市优秀种粮大户代表颁奖。

25日 四川锦源晟第一条生产线投产仪式在甘眉工业园区举行。眉山项目一期于2022年2月开工建设，到实现第一条生产线投产，仅用8个月时间。

26日 四川省2022年第三季度重大项目现场推进活动眉山现场暨成眉市域（郊）铁路眉山段开工仪式举行。本次活动中，眉山新开工成眉市域（郊）铁路眉山段等重大项目57个、总投资495亿元。其中，产业项目34个、总投资281.2亿元（含先进制造业项目28个、总投资263.7亿元），基础设施项目13个、总投资170.9亿元，民生社会事业项目10个、总投资42.9亿元。

28日 国家税务总局眉山市税务局、四川省农村信用社联合社眉山办事处全面战略合作协议签订仪式暨“税电指数贷”集中授信仪式举行。四川农信（眉山）现场为65户企业进行集中授信，授信金额1.6亿元，获贷企业大多为制造业中小微企业。

是日 “约惠东坡·乐购生活”2022金秋眉山消费季活动启动仪式举行，活动时间为9月底至10月中旬，为期18天，采取“线上＋线下”相结合方式，通过统一主题、统一时间、统一宣传和分县（区）组织实施、分类展示展销、分散体验乐购“三统三分”形式开展。

是日 眉山市“奋进新征程、建功新时代”大学习大实践大提升活动总结大会召开。

29日 总投资45亿元的中科电气年产13万吨锂电池负极材料一体化项目开工仪式在甘眉工业园区举行。

是月 东坡区行政审批局被省大数据中心确定为“智能审批”试点单位。

是月 眉山日报社首次亮相由中宣部（国家新闻出版局）指导、中国报业协会主办的全国新时代党报成就展（线上展）。

是月 中国品牌建设促进会、中国资产评估协会、新华社民族品牌工程办公室等联合发布“2022中国品牌价值评价信息”。在区域品牌（地理标志）组中，东坡泡菜居百强榜第29位，丹棱桔橙居第67位。

是月 洪雅县洪柳新区被省文旅厅列入全省第二批文化和旅游改革发展调研联系点。

10月
October

8日 东坡区入选2022年国家乡村振兴示范县创建名单。

10日 成德眉资四市政协助推制造业高质量发展专题协商会议在眉山召开。会议紧扣党中央战略部署和省委工作要求，结合《四川省“十四五”制造业高质量发展规划》《成都都市圈发展规划》，围绕成都都市圈如何培育高能级制造业生态圈开展联合协商。

11日 眉山市欢送成都、自贡、巴中三市驰援医疗队95名医护人员返程回家。

12日 眉山环天私募基金管理有限公司加入四川省投资基金业协会。

13日 眉山天府新区现代服务业发展推介暨项目集中签约仪式举行。眉山天府新区建国汽车城市商业体、协同振兴基金、振兴润和资管、黄龙溪谷高端度假酒店（ThomasCook）、眉山天府新区体育文化公园、联东U谷·（眉山）数字经济科技产业服务中心、洋葱西南总部基地、国际飞行营地8个项目现场集中签约。

17日 眉山市不动产登记（农村产权）综合服务中心在市农交所正式挂牌。

18日 眉山市党史和方志馆开馆。该馆总面积1200余平方米，有党史馆、方志馆、典藏室、藏书馆等，是眉山党史学习教育的主阵地。

是日 四川省泡菜协会第三届换届选举大会在眉山举行。会议审议表决《〈四川省泡菜协会章程〉变更通报》《四川省泡菜协会换届选举办法（草案）》《四川省泡菜协会会费收取及管理办法》，审议《关于免收会费的建议草案》，并选举出四川省泡菜协会第三届理事、副会长、会长、秘书长等。

21日 眉山天府新区锦江大桥正式通行。

24日 眉山市“喜庆二十大　奋进新征程”摄影展开展。

25日 眉山市传达学习中共二十大精神大会举行。会议传达中共二十大报告、十九届中央纪委工作报告和党章修正案精神等和省传达学习中共二十大精神大会精神。

27日 眉山市政协委员工作室——政协委员志愿服务工作室正式授牌成立。

30日 眉山市首届文艺新作大赛决赛音乐专场比赛在眉山市老年大学举行。

31日 胜华新材锂电新材料西南基地项目开工仪式在眉山高新区举行。该项目是落户眉山的首个硅氧负极类项目，总投资43.7亿元，主要包括硅基负极、正极补锂剂、新型导电剂装置和产业研究院、检测中心及相应的公用工程、配套设施等。

是日 2022年全市老龄工作会议召开。

是月 八戒(眉山)数字经济科创产业园在岷东新区正式开园。

11月 November

1日 眉山市"东坡文化月"启动仪式暨"礼赞新时代 奋进新征程"首届文艺新作大赛优秀节目展演在市会展中心举行。活动贯穿整个11月,其间推出"高山仰止 回望东坡"三苏主题文物特展、大型诗乐舞《大国芬芳》展演、"是父是子——三苏家风进万家"主题巡展、"千里共婵娟"万人诵东坡、"三苏遗址遗迹主题游径"文化体验精品游等系列活动。

2日 2022年海外华文作家四川行采风创作活动走进眉山。

3—4日 眉山市2022年养老护理员职业技能大赛举行,来自全市各养老服务机构(区县和市福利院8支队伍)的30名优秀养老护理员参赛。

5日 8时,眉山市彭山区岷江大桥重建项目正式进入试通车阶段。该项目起于彭山区迎宾大道与国道245线交叉口,止于岷江东岸规划环湖东路交叉口,大桥全长509米,桥宽32.5米,双向六车道,总投资3.3亿元。

8日 2022年眉山市"119"消防宣传月启动仪式在三苏祠纪念馆广场举行。

是日 眉山市越溪河河长制工作推进会议召开。

9日 眉山市老年人学习贯彻中共二十大精神文体展演活动在市体育馆举行。

10日 东坡区获评第四批天府旅游名县,青神县兰沟村获评天府旅游名村,洪雅县六七山居民宿获评天府旅游名宿,中国泡菜博物馆的食遇东坡土陶熊猫罐系列获评天府旅游名品,三苏祠博物馆讲解员徐丽获评天府旅游名导。

11—12日 由省委组织部、红旗文稿杂志社共同主办的"学习贯彻中共二十大精神,深入推进新时代党的建设"研讨会在眉山召开。

12日 "向文学高峰迈进"第十届四川文学奖、第八届四川省少数民族文学创作优秀作品奖颁奖典礼在眉山举行。该奖项每三年评选一次,是具有最高荣誉的省级文学奖项,本次共评选出19件四川文学作品、13件四川省少数民族文学创作优秀作品。

13日 四川作家"深入生活扎根人民"新时代文学实践点授牌仪式在三苏祠博物馆举行。

是日 洪雅县智慧供水一体化项目开工建设。该项目总投资约5.13亿元,将铺设2.7千米原水输水管网,新建一座日处理能力1.5万立方米的自来水厂及83千米清水配水管网主管。

是日 全省政协系统"助力巩固脱贫、助推乡村振兴"专项活动总结交流会在眉山召开。会议传达学习贯彻中共二十大精神,总结"双助"活动成效,交流典型经验做法,安排部署下一步工作;通报表扬"双助"活动先进集体和先进个人,3个市(州)政协、4个县(区)政协和3名省市政协委员作交流发言。

18日 第五届眉山东坡文化学术高峰论坛在眉州文化村举行。

是日 "家·国"三苏好家风主题书画摄影作品展在市美术馆开展,此次作品展持续至2023年2月18日。

是日 第十二届(眉山)东坡文化节系列活动——诗乐舞《大国芬芳》在眉山会展中心展演。

18—19日 第十二届(眉山)东坡文化节在眉山开幕。文化节围绕"牢记习近平总书记嘱托 贯彻中共二十大精神——传承三苏文脉 弘扬东坡文化"主题,立足"推进文化自信自强,铸就社会主义文化新辉煌"目标,通过邀请专家学者发表主题演讲、发布研究成果、举办学术论坛、艺术展演、文旅体验等活动,全方位挖掘、传承、弘扬东坡文化。

19日 丹棱县被正式命名为第六批国家"生态文明建设示范区"。

21日 眉山市委应对新冠肺炎疫情工作领导小组召开会议,研究部署当前疫情防控重点工作。

是日 全省川果产业高质量发展现场推进会在眉山市仁寿县召开。

是日 "首届东坡人才周暨第五届中国泡菜学术研讨会"在眉山举行。

23日 眉山市2022年应对重大地震灾害检验性演练在眉山天府新区视高街道举行。

24日 眉山市举行城市新中心项目现场推进活动。眉山城市新中心位于东坡城区与彭山城区之间,是眉山践行新发展理念,带动东彭融合,融入成都都市圈的城市之"芯"。

是日 眉山市委应对新冠肺炎疫情工作领导小组召开会议,传达贯彻11月23日省委应对新冠肺炎疫情工作领导小组会议精神,研究部署下一步工作。

是日 洪雅县获评"四好农村路"省级示范县。

25日 国际竹藤组织成立二十五周年志庆暨第二届世界竹藤大会在北京举行。眉山市作为国际竹藤组织战略合作单位,应邀参加相关活动,并在"中国地方政府及龙头企业竹产业发展论坛"视频会议上作"'弘扬竹文化,发展竹产业'的眉山实践"主题发言。

是日 仁寿县第三城市生活污水处理厂一期项目开始试运行。

27—29日 2022第十三届中国泡菜食品国际博览会在眉山举行。本届泡博会立足"品质卓越、文化塑会、数字赋能"的办展宗旨,以"健康食品·世界共享"为主题,举办第五届中国泡菜学术研讨会、RCEP与成渝双城经济圈食品行业合作机遇分享会、第四届"京东官网泡菜食品国际博览会"及超级城市IP互联网营销、东坡文化展演等活动。

28日 RCEP与成渝地区双城经济圈食品行业合作机遇分享会在眉山举行。

是日 东坡区首家公办公营医疗级托育机构——东坡妇幼·托育中心开始试运行。

29日 "高山仰止 回望东坡"苏轼主题展在四川博物院开幕。

是日 通威太阳能眉山基地三期高效晶硅项目首片电池片顺利下线,标志着通威太阳能眉山基地三期项目正式投产。

是日 2022瓦屋山冰雪嘉年华——因熊联萌Ⅱ在瓦屋山景区正式启幕。

是月 丹棱县"作平文化艺术团"

入选 2022 年四川省文旅公共服务高质量发展“四个一批”项目优秀团队。

是月 眉山市彭山区观音小学入选教育部第三批“乡村温馨校园”典型案例。

是月 眉山市彭山区公义镇公义场社区荣获四川省第一批“省级民主法治示范村（社区）”称号。

是月 青神中学女子橄榄球队荣获2022 年全国青少年 U 系列英式七人制橄榄球冠军赛女子学校俱乐部组冠军。

是月 眉山 4 个项目获第六届中国青年志愿服务项目大赛四川省赛铜奖。

是月 眉山中心城区新开通 3 条校园专线。

是月起 眉山市启动 2022 年“寒冬送温暖”专项救助行动。

12 月
December

7 日 全国人大农业与农村委员会副主任委员彭清华率队到眉山，调研新型农村集体经济组织发展工作。

8 日 全市耕地保护工作推进会议暨 2022 年市田长制全体会议召开。

是日 全市安全生产工作专题会议召开。

是日 中国国际竹产业交易博览会在眉山市青神县举行。本届竹博会以“竹子联通世界 创享低碳未来”为主题，设国际展区、眉山综合展区、中国竹产业高质量发展联盟展区等 13 大展区。展会现场发布《中国竹业标准化高质量发展眉山宣言》，并在其间举办中国竹产业峰会、全国竹产业社会组织联席会等系列活动。

9 日 “诗书眉山新湖城 人居典范新中心”2022 年眉山城市新中心策划发布暨土地资源推介会举行。土地资源推介会上，推出 2 宗共 160 亩土地。

是日 14 时 35 分，眉山“天府星座”东坡 08—10 号卫星在太原卫星发射中心成功发射。

是日 作为 2022 中国国际竹产业交易博览会系列活动之一，中国竹产业峰会在青神县国际竹文化中心举行。

是日 彭山区岷江大桥正式通车。

12 日 眉山市召开创建国家儿童友好城市试点工作专题会议。

是日 眉山市开展 2022 年药品安全突发事件三级应急演练桌面推演。

12—13 日 四川晚熟柑橘产业发展暨集群建设总结培训会在丹棱县召开，眉山市在会上就“大力实施晚熟柑橘全产业链高质量发展‘六大行动’，打造全国核心示范区”作经验交流。

15 日 2022 年度省级乡村振兴考核考评交叉现场检查组到眉山开展交叉现场检查工作，并召开见面会。

是日 彭山区江口沉银博物馆正式封顶。

16 日 由中车集团眉山车辆有限公司制造的国内首列 C70E 型铁路货车，在眉山市成功下线并实现交付。

17 日 洪雅县举行纪念“洪雅”成为县名 1460 周年暨县美术馆开馆仪式。

19 日 四川首家国家级区域医疗中心——四川大学华西第二医院天府医院（四川省儿童医院）开诊仪式在眉山举行。

20 日 眉山市彭山区公义镇公义场社区、眉山天府新区锦江镇莲花社区、洪雅县将军镇杨场社区 3 个社区被国家减灾委员会、应急管理部、中国气象局、中国地震局联合命名为“2021 年度全国综合减灾示范社区”，命名数量居全省第二。

27 日 眉山市新能源新材料融合创新中心建设项目现场推进活动在眉山高新区举行。

是日 眉山市第五届人民政府第三次会议召开。

28 日 中国共产党眉山市第五届委员会第六次全体会议召开。全会审议通过《中共眉山市委关于深入学习贯彻中共二十大精神在新征程上开创全面建设社会主义现代化眉山新局面的决定》。

是日 数字化赋能先进制造业企业转型峰会暨 SAP（眉山）数字化赋能中心举行揭牌仪式。

29 日 陆海新通道眉山集散中心揭牌，并正式开行眉山国际铁路港陆海新通道眉山班列。

是日 四川大学眉山校区项目现场推进活动在岷东新区举行。

是日 “学习强国”眉山学习平台正式上线。

31 日 市委经济工作会议召开。会议总结 2022 年经济工作，分析当前经济形势，安排 2023 年经济工作。

是月 丹棱县“古村模式”入选《2022 世界旅游联盟——旅游助力乡村振兴案例》。

是月 三苏祠博物馆、东坡区太和镇永丰村成为第一批四川作家“深入生活 扎根人民”新时代文学实践点。

是月 眉山市成功创建为“四好农村路”省级示范市，首创即成。

是月 成眉间日开行动车由 83 列增加至 105 列，平均发车间隔缩短至 9 分钟，基本实现“公交化”运营。

是月 眉山市首个保税仓库获批设立。眉山保税物流中心位于眉山天府新区青龙街道泗河大道 1 号，总投资约 3.25 亿元，占地约 150 亩，总建筑面积约 5.93 万平方米，其中，仓库建设总面积 32356 平方米。

市情概览

GENERAL INTRODUCTION OF THE CITY

政区·人口 / 自然地理 / 人文历史 / 国民经济和社会发展

政区·人口

Administrative Division and Population

【建置沿革】 眉山，古称眉州。周慎靓王五年（前316），境内现彭山区建武阳县，为全市行政区建置最早政区；南齐建武三年（496），于武阳县地置齐通左郡和齐通县，郡县同治于今东坡区太和镇，为眉山建置之始；梁太清二年（548），废齐乐郡、齐乐县，置青州（以汉青衣县得名）；南朝梁承圣二年（553），改青州为眉州；北宋太平兴国元年（976），改通义县为眉山县，眉山定名。1950年1月，设眉山专区，辖眉山、彭山、丹棱、青神、夹江、洪雅、大邑、邛崃、蒲江、名山10个县；1997年5月30日，成立眉山地区，与乐山市分置；2000年6月10日，撤销眉山地区，建立眉山地级市，12月19日挂牌。

【行政区划】 2022年，眉山市辖区面积

2022年眉山市行政区划统计表

表1

属地	乡镇合计数（个）	镇（个）	乡（个）	街道（个）	社区（个）	居民小组（个）	村（个）	村民小组（个）	辖区面积（平方千米）
全市	67	62	5	13	337	3165	510	4855	7140
东坡区	13	13	—	3	97	1001	125	1239	1336
彭山区	3	3	—	5	30	274	35	227	462
仁寿县	28	26	2	4	147	1343	216	2278	2608
洪雅县	12	12	—	—	28	290	61	593	1898
丹棱县	5	4	1	—	15	119	35	245	449
青神县	6	4	2	1	20	138	38	273	387

2022年眉山市街道、乡（镇）一览表

表2

属地	街道、乡（镇）
东坡区	街道（3个）：苏祠街道、通惠街道、大石桥街道 镇（13个）：太和镇、富牛镇、崇礼镇、复兴镇、尚义镇、三苏镇、思蒙镇、万胜镇、多悦镇、秦家镇、修文镇、永寿镇、松江镇
彭山区	街道（5个）：凤鸣街道、观音街道、谢家街道、江口街道、青龙街道 镇（3个）：黄丰镇、锦江镇、公义镇
仁寿县	街道（4个）：文林街道、普宁街道、怀仁街道、视高街道 镇（26个）：珠嘉镇、宝马镇、满井镇、文宫镇、方家镇、龙马镇、谢安镇、北斗镇、富加镇、新店镇、藕塘镇、板桥镇、禾加镇、禄加镇、宝飞镇、汪洋镇、彰加镇、钟祥镇、龙正镇、高家镇、贵平镇、黑龙滩镇、大化镇、曹家镇、始建镇、慈航镇 乡（2个）：虞丞乡、青岗乡
洪雅县	镇（12个）：洪川镇、止戈镇、瓦屋山镇、七里坪镇、高庙镇、槽渔滩镇、东岳镇、中保镇、余坪镇、将军镇、中山镇、柳江镇
丹棱县	镇（4个）：齐乐镇、仁美镇、张场镇、杨场镇 乡（1个）：顺龙乡
青神县	街道（1个）：青竹街道 镇（4个）：西龙镇、高台镇、瑞峰镇、汉阳镇 乡（2个）：白果乡、罗波乡

2022年眉山市人口统计表

表3

属地	户籍总数（万户）	户籍人口（万人）	常住人口（万人）	人口密度（人/平方千米）	其中 城镇人口（万人）	乡村人口（万人）	男性人口（万人）	女性人口（万人）	出生率（‰）	死亡率（‰）	自然增长率（‰）
全市	122.73	338.61	296.10	474	132.73	205.88	171.36	167.25	6.93	10.73	-3.80
东坡区	36.44	87.21	90.80	653	41.61	45.60	43.38	43.83	6.24	8.77	-2.53
彭山区	12.46	32.32	33.00	700	15.31	17.01	16.08	16.24	4.97	9.25	-4.28
仁寿县	50.30	150.13	111.00	576	48.84	101.29	77.13	73.00	8.46	12.91	-4.45
洪雅县	11.05	34.05	29.60	179	12.96	21.09	17.21	16.84	6.54	9.72	-3.18
丹棱县	5.65	16.08	14.90	358	6.95	9.13	8.10	7.98	5.88	10.25	-4.37
青神县	6.82	18.82	16.80	486	7.07	11.75	9.46	9.36	6.06	11.92	-5.86

7140平方千米，其中耕地面积214.27万亩；辖东坡、彭山2个区，仁寿、洪雅、丹棱、青神4个县，有13个街道、62个镇、5个乡、337个社区、510个村。

【人口】 2022年，眉山市有常住人口296.1万人，户籍总数122.73万户、户籍人口338.61万人（其中，城镇人口132.73万人、乡村人口205.88万人，男性人口171.36万人、女性人口167.25万人）；城镇化率51.61%、人口出生率6.93‰、人口自然增长率-3.8‰，人口密度474人/平方千米。

（编辑部）

【民族分布】 眉山市居民以汉族为主，另有彝族、藏族、回族、土家族、苗族等50个少数民族。2022年，眉山市有少数民族人口14862人，人口较多的是彝族、藏族、回族、土家族、苗族、羌族、壮族等；少数民族分布在全市6个县（区），其中东坡区、仁寿县少数民族最为集中，分别占全市少数民族人口的29.59%和35.18%。

（钟丽娟）

自然地理
Natural Condition and Geography

【地理位置】 眉山市位于四川盆地成都平原西南部，岷江中游和青衣江下游的扇形地带，地跨北纬29°24′～30°16′、东经102°49′～104°30′，东西长150千米，南北宽72千米；北靠省会成都市，南连乐山市，东邻内江市、资阳市、自贡市，西接雅安市，是成（都）乐（山）黄金走廊的中段重点地区及成都平原经济圈的重要组成部分。

【地形地貌】 眉山市地处成都平原，区域内地势西高东低、南高北低，境内山峦纵横、丘陵起伏、河网密集。全市海拔344～3227米，最高点位于洪雅县瓦屋山镇，最低点位于仁寿县北斗镇。主要山脉有总岗山、龙泉山，主要水系有岷江、青衣江、球溪河。中生代红色岩层分布广泛，丹霞地貌发育，生态环境优良。全市坝、丘、山皆有，西部丹棱、洪雅、仁寿境内大部分地区为低山丘陵；北部东坡、彭山、青神为低山、丘陵、平原地貌，地势较平缓。平坝主要分布于岷江两岸，占全市总面积的19.44%；丘陵主要分布于龙泉山脉及总岗山脉，占全市总面积的58.97%；山地以中、低山地貌为主，主要分布于洪雅青衣江右岸，占全市总面积的21.59%。

（高嘉翔）

【自然资源】 *矿产资源* 眉山市境内矿藏资源丰富，已发现矿产有煤、天然气、铁、铜、铅、锌、锰、沙金、钙芒硝、硫铁矿、菱镁矿、磷、石膏、脉石英、膨润土、白云岩、玄武岩、石灰岩、饰面用花岗岩、石英砂岩、建筑用砂岩、砖瓦用页岩、建筑用砂、砖瓦用黏土、矿泉水25种。重要矿产为钙芒硝，其次为煤、石灰岩、砖瓦用页岩、建筑用砂等。

（高嘉翔）

动物资源 眉山市境内有陆生野生动物469种，其中兽类8目27科65属91种，鸟类18目66科170属309种，爬行类2目11科27属35种，两栖类2目9科17属34种。已鉴定的昆虫有15目90科315属415种。其中，国家一级重点保护野生动物有大熊猫、豹、云豹、羚牛、林麝、大灵猫、小灵猫、金猫、豺、斑羚、黑颈鹤、黑鹳、中华秋沙鸭、四川林鸮、金额雀鹛、灰胸薮鹛、彩鹮17种；国家二级重点保护野生动物有猕猴、藏酋猴、黑熊、小熊猫、貉、赤狐等72种。

植物资源 眉山市境内有陆生野生植物229科861属2278种，其中苔藓植物48科71属149种，蕨类36科73属155种，裸子植物7科14属20种，被子植物138科703属1954种。其中，国家一级重点保护野生植物有红豆杉、南方红豆杉、银杏、珙桐4种；国家二级重点保护野生植物有金毛狗、桫椤、短叶罗汉松、厚朴、鹅掌楸、白及、黄连等73种。

（邓　伟）

水资源 眉山市市域水资源计算面积7140平方千米，按流域分区：青衣江流域2081平方千米、岷江流域3117平方千米、沱江流域1942平方千米，其中岷江从成都市新津区入境，从北到南流经眉山市彭山区、东坡区、青神县，进入乐山市市中区，境内河长99.26千米；青衣江从雅安市雨城区经过眉山市洪雅县流入乐山市夹江县，境内河长58.82千米。眉山市有流域面积大于100平方千米的河流28条，大于1000平方千米的河流6条，市级重点河（湖、渠系）17条；按水资源分区，一级区为长江区、二级区为沱江区，三级区为青衣江和岷江干流区、沱江区2个。2022年，眉山市平均降水量1049.6毫米，比多年平均值偏少18.5%；全市水资源总量43.75亿立方米（不含过境水量），比多年平均值偏少22.8%，人均拥有水资源量1480立方米。

（方　媛）

【旅游资源】 眉山市是国家园林城市、国家森林城市、全国文明城市、国家卫生城市、中国最美生态文化旅游城市，境内有“三苏故居”三苏祠、“最美桌山”瓦屋山、“长寿福地”彭祖山、“川西第一海”黑龙滩、“天然氧吧”七里坪、“东坡初恋地”中岩寺、“禅度佛国”老峨山、国际竹艺城、中国泡菜城、烟雨柳江等著名景区景点120处。2022年，全市有国家A级旅游景区31个（其中，国家AAAA级旅游景区8个，国家AAA级旅游景区15个）；有国家历史文化名镇1个（洪雅县柳江镇）、省级旅游度假区2个（黑龙滩、七里坪）、省级生态旅游示范区2个（玉屏山、黑龙滩）。

（张丛文）

【交通状况】 眉山市是距成都市最近的地级市，境内规划有“四横八纵”高速公路、“四横五纵”铁路、“五横九纵”快速通道和岷江航道，紧临双流、天府两大国际机场（眉山中心城区至双流国际机场约60千米、至天府国际机场约95千米），成眉间动车公交化运营、列车数量达105列/日。眉山市人民政府所在地东坡区距成都市区70千米，距峨眉山80千米，距乐山大佛60千米。境内规划布局“四横五纵”铁路网，已建成成（都）昆（明）铁路（含复线）和成（都）贵（阳）高铁、连（界）汪（洋）燕（岗）铁路，在建市域（郊）铁路成都至眉山线，川（四川）藏（西藏）铁路，启动前期成都外环铁路。规划布局“四横八纵”高速公路网，已建成成（都）雅（安）高速、遂（宁）资（阳）眉（山）高速、简（阳）蒲（江）高速、乐（山）雅（安）高速、仁（寿）沐（川）新（市镇）高速、成（都）自（贡）泸（州）赤（水）高速、成（都）宜（宾）高速、成（都）乐（山）高速，在建天（府新区）眉（山）乐（山）高速、荥经至铜梁高速，启动前期成（都）峨（眉山）高速。规划布局“五横九纵”快速路网，已建成剑南岷东大道、环天府新区快速通道、太和大道、岷（东新区）黑（龙滩）快速通道、大峨眉旅游西环线、天府大道眉山段、工业大道、天府大道、通江大道、益州大道南延线、梓州大道南延线、丹（棱）蒲（江）快速，在建锦江大道、天府大道眉山城区段、眉山环城公路南环线、滨江大道、仁（寿）简（阳）快速、金（堂）简（阳）黄（龙滩）快速，启动前期彭（山）蒲（江）快速、东（坡）蒲（江）快速、眉州大道东西延线。水运岷江航道规划5个梯级航电，已建成青神汉阳航电，在建尖子山航电、汤坝航电和虎渡溪航电，启动前期张坎航电。全市有国道3条、省道19条，形成纵横交错、四通八达的交通网络。

（魏　平）

【气候状况】 眉山市属暖湿亚热带季风气候，全年四季分明，雨量丰沛，水热同季，气候温和；冬无严寒，夏无酷暑；无霜期长，少霜雪；日照少；光、热、水时间分布与农作物生长发育期同步，气候适宜性好，作物生长季长，宜种度大，出产富庶。2022年，眉山市降雨量范围在712.9～1249.9毫米，较历史同期（1991—2020年平均值，下同）偏少3.3%～32.4%；年平均气温范围17.7～19.2℃，较历史同期偏高0.7～1.4℃。

【自然灾害】 2022年，眉山市遭遇极端高温天气，是全市有气象观测记录以来最强高温事件，为历史罕见。高温时段分别为6月29日、7月4—12日、7月15日、7月26日、7月31日、8月8—24日，较历史同期明显偏高2.9℃～4.0℃，日最高气温极大值为彭山（8月23日）41.7℃。高温过程呈现持续时间长、强度大、范围广、极端性强、降水量异常偏少特点，尤其是7—8月两轮阶段性持续高温晴热天气最为突出。高温导致全市出现伏旱，东坡、彭山、仁寿、青神四县（区）部分地方达到较重干旱，彭山局部达到严重干旱。

全年出现区域性暴雨5次，处于历史偏少年份，区域性暴雨集中在5—6月。其中“6·23”区域性暴雨日降雨量达194.8毫米，为全年最强降雨过程，强降雨导致部分地方出现山体垮塌、农田被淹、河水水位上涨等次生灾害；出现强降温天气6次、区域性大风天气3次，3月16日，东坡区和彭山区伴有冰雹。

（黄保云　高珩洲）

人文历史
Humanistic History

【历史名人】 眉山是宋代大文豪苏洵、苏轼、苏辙三父子（史称“三苏”）的故乡，是中国历史上著名的“进士之乡”，素有“千载诗书城”“人文第一州”的美誉。眉山，孕奇蓄秀，名人辈出。先秦有长寿传奇彭祖，西晋有孝道典范李密，唐朝有高僧悟达，两宋有著名谏官田锡，著名史学家李焘，名相何栗、虞允文，桥梁专家陈希亮，清代有蜀中才子彭端淑，近现代有书画大家冯建吴、石鲁，地质学家黄汲清等。

（编辑部）

【非遗与民间工艺】 眉山市非物质文化遗产丰富，民间工艺项目较多，涵盖雕塑、陶瓷制作、工具器械制作、文房四宝制作、编织扎制等民间工艺类别。有“青神竹编”“洪雅雅纸制作技艺”“仁寿陶艺”“钦斋泥塑”“刘氏匾联木刻技艺”“仁寿石雕”“阴沉木木雕技艺”等独具眉山特色且技艺水平高超的艺术项目，也有“东坡泡菜制作技艺”“东坡肘子制作技艺”等群体性传承项目。2022年，眉山市有非遗项目239个，其中国家级非遗项目1个、省级非遗项目17个、市级非遗项目66个、县（区）级非遗项目155个；有国家级非遗生产性保护示范基地1个、省级非遗传习基地1个、省级非遗体验基地5个、市级非遗生产性保护基地5个、市级非遗传习基地5个。

（张丛文）

【地方特产】 眉山古来物阜民丰，地方特产有东坡泡菜、东坡肘子、千禾酱油、三苏龙眼酥、巧巧核桃糕、彭祖八百寿酒、南味豆腐乳、甜皮鸭、长寿漂汤、观音葡萄、黄丰柑橘、猕猴桃、芝麻糕、曹家梨、文宫枇杷、汪洋干巴牛肉、洪雅钵钵鸡、藤椒油、雅笋、雅连、雅鱼、岩蜜、绿茶、丹棱冻粑、不知火、青神椪柑、汉阳棒棒鸡、汉阳花生、三苏白酒、高庙白酒、张场白酒、青神竹编等美食美酒和工艺品。

东坡泡菜　东坡泡菜，又叫泡酸菜，其制作工艺已有1500多年历史，东坡故里城乡家家户户都能制作泡菜。东坡泡菜味道咸酸，口感脆生，色泽鲜亮，香味扑鼻，开胃提神，醒酒去腻，老少适宜，一年四季都可以制作，是中国四川家喻户晓的一种佐餐菜肴，产品远销欧美、日本、韩国、新加坡、俄罗斯等多个国家和地区。2009年12月，“东坡泡菜”获国家地理标志保护产品。2013年8月，“东坡泡菜”成功注册国家产地证明商标。2022年9月，“东坡泡菜”荣登2022年中国区域品牌（地理标志）百强榜第29位，品牌价值108.1亿元。

青神竹编　青神竹编是流传千百年的传统手工艺品，其历史悠久，工艺精湛，分为平面竹编、立体竹编、瓷胎竹编、混合竹编、套绘竹编、竹编家具6大类、8大系列、3000多种产品体系，以其新、奇、特、绝的神韵而艺甲天下，与丝绸、蜀绣并称四川旅游商品“蜀中三宝”，多次作为国礼赠予国内外友人，是地方支柱产业和四川省“五大特色”农业产业之一。

图1　东坡泡菜　（供图：眉山日报社）

图2　瓷胎竹编　（摄影：古良驹）

2008年6月,青神竹编被列入中国国家级非物质文化遗产保护名录。

【民风民俗】 除中国传统节日外,受三苏文化、大雅文化、忠孝文化、长寿文化浸润滋养,眉山民间流传有东坡会、抬工号子、三月三朝山会、幺妹灯闹新春、复兴耍铜锣、五月台会(城隍庙会)、洪雅堂灯、丹棱唢呐、青神牛儿灯、眉州民歌(劳动歌、情歌、生活歌、仪式歌、儿歌)、仁寿孝歌、瓦屋山山歌、土主会、清明会、盂兰会(七月半烧袱纸)、汤饼会(红蛋酒)、打春牛、开秧门等独具地方文化特色的乡风民俗。

【方言俗语】 眉山市域各县(区)、乡村均有各自的方言土语,世代传承演绎,构成浓郁的乡土气息和地方特色。常用土语有,"嬢个吖""啥子"(什么)、"哈吖""在哪符"(在哪里)、"哏个儿办""拿法"(怎么办)、"晓得"(知道)、"跟倒整"(马上做)、"难得搞"(不想做)、"吆喂"(呻吟,也寓对别人言语的肯定)、"歪呀"(惊叹)、"热奇"(嫌弃声)、"哦豁"(失望的叹息)、"牤得儿"(壮实)、"囊呗儿"(瘦小)、"老和尚"(膝盖)、"勾子"(屁股)、"螺丝拐"(脚踝)、"撇脱"(干脆)、"恍尔糊稀"(粗枝大叶)、"开黄腔"(不讲理、外行话)、"归一"(办结)、"白伙食"(什么也不懂,什么也不会做)、"扯把子"(耍威风)、"码倒"(估倒、硬逼)、"弯酸"(挖苦人)、"蛆蛆拱拱"(搬弄是非)、"宪祸"(挑拨)、"打定子"(打架)、"卷"(骂人)、"瓜娃子"(傻子)、"愚骨棒"(头脑不开窍)、"憨呗儿"(笨蛋)、"车转"(转过身)、"啧倒"(靠着)、"达膏"(摔倒)、"开躺子"(跑开)、"塌起"(懒惰,坐着不动)、"种块子"(这样吧)、"弄块子"(那样吧)、"默倒"(以为)、"紧到"(长时间)、"神倒"(挺住)、"二块勒"(别人的)、"背时"(活该)、"客伙"(客人)、"抬起"(拖延)、"楼馊得很"(窝囊)、"没来头"(没关系)、"拿(难)为你"(麻烦、感谢)、"没谨格得"(不是有意的,没有注意到)、"得罪"(对不起)、"蟒玛子"(青蛙)、"癞疙宝"(蟾蜍)、"曲散子"(蚯蚓)、"鬼头子"(蝗虫)、"丁丁猫"(蜻蜓)、"夜天"(昨天)、"顶岗"(上面)、"脚脚沓"(下面)、"咖咖头"(角落里)、"左首"(左边)、"右首"(右边)、"那符"(那里)、"这符"(这里)、"二沓"(别的地方)、"眼死囊囊"(很少一点)、"无比苔""扫董"(很大)、"囊囊个儿"(很小)。

【市花市树】 2001年12月,眉山市第一届人大常委会第七次会议审议决定:眉山市市树为银杏,眉山市市花为杜鹃。

(编辑部)

国民经济和社会发展
National Economic and Social Development

【概况】 2022年,眉山市地区生产总值1635.51亿元,比上年(下同)增长3.8%。其中,第一产业增加值242.31亿元,增长4.6%;第二产业增加值657.61亿元,增长4.6%;第三产业增加值735.59亿元,增长2.9%。三次产业对经济增长的贡献率分别为18.6%、47.0%、34.4%,分别拉动地区生产总值增长0.7个、1.8个、1.3个百分点,三次产业结构调整为14.8∶40.2∶45.0。人均地区生产总值55273元,增长3.8%。

民营经济 全年民营经济增加值935.18亿元,增长3.8%,占地区生产总值比重57.2%,对地区生产总值增长的贡献率55.2%,拉动地区生产总值增长2.1个百分点。年末工商登记个体工商户19.73万户,私营企业4.44万户。民间投资增长7.0%,占全社会固定资产投资比重64.0%。

物价 全年居民消费价格总指数比上年上涨2.1%。其中,食品烟酒价格下降1.7%,衣着价格上涨1.6%,居住价格上涨0.4%,生活用品及服务价格上涨1.2%,交通和通信价格上涨6.1%,教育文化和娱乐价格上涨3.3%,医疗保健价格上涨0.7%,其他用品和服务价格下降1.5%。商品零售价格总指数比上年上涨3.0%。

【农业】 眉山市全年农作物总播种面积495.08万亩,同比增长2.0%。其中,粮食作物播种面积303.44万亩,同比增长2.0%;油料作物播种面积89.43万亩,增长1.4%;蔬菜及食用菌播种面积76.12万亩,增长4.1%。

全年粮食产量125.43万吨,同比下降1.6%。其中,小春粮食产量6.64万吨,增长1.2%;大春粮食产量118.79万吨,下降1.8%。经济作物中,蔬菜及食用菌产量148.73万吨,增长2.8%;油菜籽产量12.85万吨,增长7.3%;茶叶产量2.53万吨,增长2.9%;水果产量138.14万吨,增长9.6%。

全年肉类总产量24.1万吨,同比增长5.5%。其中,猪肉产量16.51万吨,增长5.7%;牛肉产量3408吨,增长6.2%;羊肉产量6463吨,增长4.2%。牛奶产量15.36万吨,增长2.8%。禽蛋产量6.19万吨,同比增长14.1%。生猪存栏同比下降2.3%,生猪出栏增长5.1%,羊出栏增长3.7%,家禽出栏增长3.7%。

全年水产品养殖面积20.74万亩,与上年持平;水产品产量14.43万吨,同比增长3.3%。

2022年农业机械总动力225.48万千瓦,机耕作业面积389.4万亩,主要农作物耕种收综合机械化水平76.0%。全年新建提灌站15座,新增提灌机械15台,新增提灌机械总动力252.5千瓦。

【工业与建筑业】 眉山市年末有规模以上工业企业829户,规模以上工业增加值增长7.0%。纳入统计监测的工业产品中,81类产品产量比上年实现增长,增长面为48.8%。规模以上工业产销率94.7%,实现营业收入2228.5亿元,同比增长9.5%;实现利润总额122.1亿元,增长3.8%。全年建筑业增加值163.12亿元,同比增长4.0%。年末具有资质等级的建筑企业343户,增长19.5%。新签合同额569.28亿元,同比增长5.8%。房屋建筑施工面积1618.4万平方米,下降3.0%。房屋建筑竣工面积655.55万平方米,同比下降12.8%。

【固定资产投资与房地产开发】 眉山市全年全社会固定资产投资增长11.4%。按产业分,第一产业投资增长2.1%,第二产业投资增长23.2%,第三产业投资增长7.6%。按构成分,建筑安装工程类投资增长8.6%,设备工器具购置类投资增长27.4%。全年房地产开发投资增长1.4%。商品房施工面积3924.82万平方米,增长1.8%。商品房销售面积859.88

万平方米，下降10.0%。

【国内贸易与对外经济】 眉山市全年实现社会消费品零售总额639.75亿元，增长1.6%。其中，限额以上企业（单位）实现消费品零售额208.99亿元，增长7.0%。按经营地分，城镇市场实现消费品零售额404.54亿元，增长3.9%；乡村市场实现消费品零售额235.20亿元，下降2.2%。按消费形态分，商品零售551.17亿元，增长1.8%；餐饮收入88.57亿元，增长0.1%。全年进出口总额119.24亿元。其中，进口额39.91亿元，出口额79.34亿元。外商投资实际到位资金10067.53万美元。

【交通通信与邮电】 眉山市全年累计完成公路客运量794.52万人次，旅客周转量30507.67万人千米；公路货运量9287.42万吨，货物周转量777471.07万吨千米，客货运输总周转量780521.84万吨千米，增长3.2%。机动车保有量92.53万辆，其中，大型车1.92万辆，小型车47.11万辆，新能源汽车保有量1.04万辆。全年电信业务总量36.17亿元（按2021年不变单价），增长18.8%。固定电话用户76.28万户，增长5.4%。移动电话用户389.99万户，增长14.05%。宽带用户139.09万户，增长11.75%。全年邮政业务总量14.94亿元，增长10.4%。快递业务量12979.81万件，增长10.5%；快递业务收入7.19亿元，增长7.2%。

【财政金融与保险】 眉山市全年地方一般公共预算收入156.09亿元，增长13.2%，其中税收收入76.54亿元，下降12.6%。地方一般公共预算支出310.71亿元，增长12.2%。年末金融机构本外币存款余额3187.68亿元，增长12.5%。其中，人民币存款余额3184.07亿元，增长12.6%。金融机构本外币贷款余额2215.92亿元，增长21.0%。其中，人民币贷款余额2215.72亿元，增长21.0%。年末有保险公司34家，其中，财险公司15家，寿险公司19家。全年原保险保费收入78.52亿元，下降0.6%。其中，财产险公司原保险保费收入20.54亿元，增长8.4%；人身险公司原保险保费收入57.98亿元，下降3.5%。全年各保险公司赔付支出22.20亿元，下降4.4%。其中，财产险公司赔款支出11.51亿元；人身险公司赔付支出10.68亿元。

【科技教体文化和卫生健康】 眉山市全年组织实施市级以上科技计划项目60项，向上争取到位无偿科技项目资金4878.93万元。获得专利申请授权3005件。新增国家高新技术企业51户。新增省级工程技术研究中心1家、瞪羚企业2家。

年末有各类学校774所。其中，幼儿园416所，小学171所，初级中学138所，高级中学26所，中等职业学校16所，特殊学校7所。各类学校在校学生42.8万人。其中，幼儿园学生8.71万人，小学学生17.18万人，初级中学学生8.26万人，高级中学学生4.61万人，中等职业学校学生3.98万人，特殊学校学生0.06万人。各类学校专任教师总数3.05万人。其中，幼儿园专任教师0.58万人，小学专任教师1.15万人，初级中学专任教师0.72万人，高级中学专任教师0.4万人，中等职业学校专任教师0.18万人，特殊学校专任教师0.02万人。各类学校校舍面积552.45万平方米。全年举办运动会20场次，参与运动会4.54万人次。体育协会133个，教育系统体育场地2156个。

年末有文化馆7座，文化站133个，博物馆17座，公共图书馆7座，公共图书馆藏书量104.86万册。广播电视台6座，有线广播电视传输干线450千米，有线广播电视用户15.2万户。公共广播节目、电视节目播出时间分别为2.6万小时和3.8万小时。

年末有医疗卫生机构2151个，实有床位21561张。医疗卫生机构技术人员21845人。其中，执业（助理）医师9049人，注册护士9197人。门急诊1603.46万人次，实际占用总床日数586.88万日，病床使用率77.8%。

【人民生活与社会保障】 眉山市全年全体居民人均可支配收入31751元，增长4.9%。城镇居民人均可支配收入43949元，增长4.3%；农村居民人均可支配收入23099元，增长6.1%。全体居民人均消费支出21531元，增长3.6%。城镇居民人均消费支出26887元，增长2.9%；农村居民人均消费支出17731元，增长4.5%。

全年参加城乡基本养老保险207.43万人，工伤保险56.71万人，失业保险27.12万人，城乡居民基本医疗保险254.13万人，城镇职工基本医疗保险41.23万人。发放养老金108.67亿元、失业金0.42亿元，支出城乡居民基本医疗保险待遇23.55亿元，城镇职工基本医疗保险待遇8.21亿元（含个人账户）。

全年城镇新增就业34681人，失业人员实现再就业6400人，就业困难人员实现就业3361人，城镇登记失业率3.05%。组织各类就业、创业培训2.02万人次，发放小额担保贷款1.59亿元。

年末城乡低保保障人数9.34万人，支出保障金2.83亿元。城乡特困供养人员1.82万人，集中供养率100%。老龄人口77.22万人，新增、改扩建敬老院1所，新增床位200张，每千老年人口拥有养老床位数35.5张，有老年学校7所。城市社区综合服务设施覆盖率100%。全年福利彩票销售额2.77亿元，筹集福彩公益金0.85亿元。

【资源环境与安全生产】 眉山市全年水资源总量48.25亿立方米。水库总数290座，整治病险水库3座，水利建设总投资10.5亿元。

年末森林面积35.88万公顷，森林覆盖率50.25%。全年空气质量优良天数283天，城市空气质量达标率77.5%。PM_{10}年平均浓度48.8微克/立方米，$PM_{2.5}$年平均浓度37.8微克/立方米。全年各类生产经营性事故36起，死亡36人。其中，工矿商贸事故死亡10人。全年产品质量合格率91.6%。

【司法与公证】 眉山市全年律师代理案件6056件，法律援助2912件，法院受理案件4.49万件，结案4.39万件。年末有公证处8家，办理公证业务2.12万件。年末有调解人员0.96万人，化解纠纷1.15万件。

（市统计局）

中共眉山市委员会

THE CPC MEISHAN MUNICIPAL COMMITTEE

市委重要会议 / 重要决策 / 市委调研与督查 / 组织建设 / 宣传工作 / 精神文明建设 / 统一战线工作 / 目标和绩效管理 / 保密机要 / 机构编制 / 机关党建 / 老干部工作 / 党校教育

市委重要会议

Important Meetings of the Municipal Committee

【概况】 2022年，中共眉山市委召开中共眉山市委第五届全体会议3次（第四次至第六次）、市委常委会会议51次、市委工作会议6次，其他重要专题会议20次。

图4　2022年12月28日，中共眉山市委五届六次全体会议召开　（供图：眉山日报社）

【市委全体会议】 4月20日，中共眉山市委第五届四次全体会议举行。全会通报省委提名的省第十二次党代会代表候选人及相关工作要求，通过《中共眉山市委五届四次全体会议投票确定眉山市出席省第十二次党代会代表候选人预备人选的办法》《关于召开中国共产党眉山市代表会议的决议（草案）》。

8月30日，中共眉山市委第五届五次全体会议举行。全会深入学习贯彻习近平总书记到四川视察重要指示精神，认真落实省第十二次党代会和省委工作会议决策部署，审议通过《中共眉山市委关于深入贯彻习近平总书记到四川视察重要指示精神建设新时代更高水平“天府粮仓”示范区的决定》《中共眉山市委关于深入贯彻习近平总书记到四川视察重要指示精神传承三苏文脉弘扬东坡文化的决定》。

12月28日，中共眉山市委第五届六次全体会议举行。全会坚定以习近平新时代中国特色社会主义思想和习近平总书记对四川工作系列重要指示精神为指导，深入学习贯彻中共二十大、省委十二届二次全会精神，以中国式现代化引领眉山现代化建设，以“服务成都、依靠成都、融入成都”为战略牵引，以“四化同步、城乡融合、全域协同”为发展路径，以“制造强市、开放兴市、品质立市”为主攻方向，加快建设成都都市圈高质量发展新兴城市，在新征程上奋力开创眉山发展新局面。全会听取和讨论胡元坤代表市委常委会作的工作报告和题为《以中国式现代化引领眉山现代化建设在新征程上开创眉山发展新局面》的主题报告，审议通过《中共眉山市委关于深入学习贯彻中共二十大精神在新征程上开创全面建设社会主义现代化眉山新局面的决定》。

（肖　宇）

【重要专题会议】 1月24日，眉山市党史学习教育总结会议召开。会议强调，要深入学习贯彻习近平新时代中国特色社会主义思想，深刻领会习近平总书记关于党史学习教育的重要论述和中央、全省党史学习教育总结会议精神，把思想和行动统一到中央、省委部署要求上来，全面持续巩固拓展眉山市党史学习教育成果，进一步激励全市党员干部弘扬伟大建党精神，奋进新征程、建功新时代，加快建设成都都市圈高质量发展新兴城市。

6月10日，市委常委会（扩大）会议召开。会议传达学习习近平总书记到四川视察重要指示精神。会议指出，习近平总书记到四川、到眉山视察指导，是领袖的关怀、巨大的鼓舞，是方向的指引、战略的领航。各级党组织和广大党员干部要牢记嘱托、忠诚担当、真抓实干，以最坚决的态度、最扎实的作风、最有力的举措，把习近平总书记的殷殷嘱托一条一条落地落实。会议强调，要旗帜鲜明讲政治，保地稳粮担使命，振兴乡村促共富，擦亮品牌兴文化，突出创新强制造，义不逃责优生态，千方百计惠民生，全力以赴稳增长，防范风险守底线，全面从严抓党建。会议要求，要突出领导带头示范，迅速掀起学习宣传贯彻热潮，带动全市各级干部履职尽责、担当作为，以实际行动迎接中共二十大胜利召开。

6月17日，眉山市学习贯彻习近平总书记到四川视察重要指示精神传承中华优秀传统文化座谈会召开。会议强调，要深入学习贯彻习近平总书记到四川视察重要指示精神，牢记殷殷嘱托、扛起应尽之责，以传承弘扬东坡文化为重点，进一步塑造坚定文化自信的“眉山载体”，奋力建设文化强市。

图3　2022年8月30日，中共眉山市委五届五次全体会议召开　（供图：眉山日报社）

6月17日，眉山市学习贯彻习近平总书记到四川视察重要指示精神加强耕地保护抓好粮食生产工作座谈会召开。会议强调，耕地保护和粮食生产，是习近平总书记反复强调的“国之大者”，全市上下要认真学习贯彻习近平总书记来川视察重要指示精神，严格落实党中央、国务院和省委、省政府决策部署，坚定扛起耕地保护和粮食生产的政治责任，千方百计保地稳粮，全力以赴促产增收，努力打造新时代更高水平的“天府粮仓”。

（肖　宇）

重要决策
Important Decisions

【概况】 2022年，中共眉山市委五届五次全体会议通过《关于深入贯彻习近平总书记来川视察重要指示精神建设新时代更高水平“天府粮仓”示范区的决定》《关于深入贯彻习近平总书记来川视察重要指示精神传承三苏文脉弘扬东坡文化的决定》，中共眉山市委五届六次全体会议通过《关于深入学习贯彻中共二十大精神在新征程上开创全面建设社会主义现代化眉山新局面的决定》。

【深入贯彻习近平总书记来川视察重要指示精神　建设新时代更高水平“天府粮仓”示范区】 8月30日，中共眉山市委五届五次全体会议通过《关于深入贯彻习近平总书记来川视察重要指示精神建设新时代更高水平“天府粮仓”示范区的决定》，要求坚定以习近平新时代中国特色社会主义思想为指导，深入贯彻总书记来川视察重要指示精神，认真落实中央、省委决策部署，以构建“一核三带十片”粮食生产格局为示范引领，聚力在集成化配套、科技化支撑、社会化服务、生态化发展、融合化提升、品牌化培育上实现突破，全面实施耕地保护、农田建设、科技引领、主体培育、示范带动、延链融合“六大工程”。力争到2025年，以粮食为核心的现代化农业产业体系、生产体系、经营体系更加完备高效，粮食播种面积和产量稳步提升、综合效益明显提高，基本建成“美田弥望、稻谷飘香、物阜民丰、幸福和乐”的新时代更高水平“天府粮仓”示范区。到2030年，全市都市现代农业发展新格局基本形成。

【深入贯彻习近平总书记来川视察重要指示精神　传承三苏文脉弘扬东坡文化】 8月30日，中共眉山市委五届五次全体会议通过《关于深入贯彻习近平总书记来川视察重要指示精神传承三苏文脉弘扬东坡文化的决定》，要求坚定以习近平新时代中国特色社会主义思想为指导，深入贯彻总书记来川视察重要指示精神，认真落实省委推进新时代文化强省建设的决策部署，坚持以文塑城、以文化人、以文兴业，以传承三苏文脉、弘扬东坡文化为核心，统筹文化事业与文旅产业高质量发展，坚定文化自信，一体推进文化遗产保护、挖掘活化、教育传承、转化利用，打造东坡文化传承发展中心，建设全球苏学研究高地、优秀传统文化教育基地、知名人文旅游胜地。到2025年，完成三苏祠内部功能提升和外部空间拓展，三苏祠成功创建国家一级博物馆；传承历史文脉，塑造城市气质，提升文化魅力，力争成功申报国家历史文化名城。到2030年，“一江两岸·三苏故里”文旅格局基本形成，成功创建国家AAAAA级旅游景区，眉山成为巴蜀文旅走廊重要节点。

【深入学习贯彻中共二十大精神　在新征程上开创全面建设社会主义现代化眉山新局面】 12月28日，中共眉山市委五届六次全体会议通过《关于深入学习贯彻中共二十大精神在新征程上开创全面建设社会主义现代化眉山新局面的决定》，要求坚定以习近平新时代中国特色社会主义思想和习近平总书记对四川工作系列重要指示精神为指导，深入学习贯彻中共二十大、省委十二届二次全会精神，以中国式现代化引领眉山现代化建设，以“服务成都、依靠成都、融入成都”为战略牵引，以“四化同步、城乡融合、全域协同”为发展路径，以“制造强市、开放兴市、品质立市”为主攻方向，加快建设成都都市圈高质量发展新兴城市，在新征程上奋力开创眉山发展新局面。紧扣到2035年与全国全省同步基本实现社会主义现代化的总目标总任务，提出未来五年眉山发展的主要目标任务，明确眉山服务国省战略全局的“五个担当”，对服务粮食安全与推进乡村振兴、推动文化事业和文化产业繁荣发展、建设成渝地区新能源新材料制造基地、深入推进以人为核心的新型城镇化、深化改革开放、改善民生增进福祉、提升现代治理水平、纵深推进全面从严治党等重点任务作出系统部署，不断夯实眉山现代化建设的支撑保障。

（肖　宇）

市委调研与督查
Research and Supervision of the Municipal Committee

【概况】 眉山市委办公室认真落实“突出一个聚焦、守好两条底线、牢记三项零容忍”工作要求（一个聚焦：审核把关主责主业；两条底线：合法合规、不造成负面影响；三项零容忍：政治性错误、表述不规范、错别字）和“一表一账”“两单两谈”督查制度以及“督办单”制度，抓实调研与督查工作。

【政策调研】 眉山市委办公室强化文稿起草前的理论学习和调查研究，健全写作小组与相关县（区）、市级部门（单位）组团运行机制，实行分组作战、集中攻关、统一核改，全年起草讲话、政策文件、工作汇报等各类文稿1500余篇。完善会议记录、新闻审核、纪要起草、通报制发、档案归集5项机制，全年整理市委主要领导讲话350余篇，制发《工作通报》30期，起草市委专题会及议事协调机构会议纪要50期，审核新闻稿件240篇。

【督查工作】 眉山市委办公室全年深入基层暗访督查80余次，发现并推动解决问题310个，开展书面督查5轮，推送线上督办779项，全力推动中央、省委、市委各项决策部署落地落实。坚定扛起巡视整改政治责任，提请市委常委会专题研究巡视整改工作2次，紧盯“征而未安”、土地闲置、商贸市场项目实施过程缺乏有效监管等8个重点难点问题，开展暗访督查20余次，印发《工作动态》2期，推动问题整改见质见效。抓实基层减负工作，研究制定《2022年工作措施及责任分工方案》，制定年度督检考评计划，提出督检考事项39项，比上年减少6项，从严备案审查县（区）督检考评计划，均控制在40项以内。开展复耕复种形式主义问题专项整治，通报曝光复耕脱离实际、应付检查一种了事等乱象问题5个。

【重大决策督查】 眉山市委办公室突出抓好中共二十大精神督促落实，制定督导方案，推动16名市级领导组成9个督导组，对眉山天府新区、县（区）、市直管园区全覆盖集中督导。着力抓好省委重大决策部署督促落实，分解制定贯彻落实省第十二次党代会等系列分工方案，研究制定贯彻落实省委书记王晓晖到眉山调研指示精神的工作措施及责任分工方案，推动指示精神落地落实。全年制发市委经济工作会等重要会议和《市委常委会2022年工作要点》等责任分工方案，形成《紧急督办报告》29期、《常规督办报告》5期。

【专项工作督查】 眉山市委办公室围绕习近平总书记来川视察重要指示精神，组建督查专班，落实专人督办、动态跟进。制发市级领导督导方案，推动市级领导带队深入基层专项督导20余次。制发督查方案，明确4个阶段、11项重点督查任务，7月底对全市学习宣传贯彻情况进行全覆盖书面督查，11月下旬组建11个督查组分专题开展集中督查，推动各级各部门持续深入抓好学习宣传贯彻各项工作。坚持"周调度、月研判"，每周以"清单式"收集各级各部门学习宣传贯彻情况，形成工作专报22期。牵头起草贯彻落实工作专报，被省委办公厅《督促检查情况》刊载。

（肖　宇）

组织建设
Organization Construction

【概况】 2022年，眉山市组织部门坚持以习近平新时代中国特色社会主义思想为指导，以《中国共产党组织工作条例》为基本遵循，全面落实全国、全省组织部长会议要求，守正创新推动组织工作高质量发展，为建设成都都市圈高质量发展新兴城市提供坚强保证。

【党的政治建设】 眉山市委组织部在中共二十大召开前，以"奋进新征程、建功新时代"为主题在全市开展"大学习大实践大提升"活动，教育引导党员干部拥护"两个确立"、践行"两个维护"、真情服务群众，5800余名领导干部下沉基层一线，解决群众急难愁盼问题7000余个，经验做法被中央组织部、省委组织部肯定，被中央电视台、《人民日报》等媒体报道。坚决贯彻落实习近平总书记来川视察重要指示精神，以"听总书记话、走新时代路"为主题分层分类完成全市党员干部全覆盖培训，开展"沿着总书记的四川足迹"等宣讲活动。抓好组织工作贯彻落实习近平总书记来川视察重要指示精神9个大项、49个小项任务，以及市委建设新时代更高水平"天府粮仓"示范区、传承弘扬三苏文化东坡文化两个"决定"组织工作8个方面20条措施。开展2022年度党委（党组）书记抓基层党建工作述职评议考核。严格落实民主生活会列席指导、及时叫停、责令重开、整改通报等制度，组建督导组全覆盖列席指导天府新区眉山党工委、各县（区）委、市级各部门（单位）党组（党委）2022年度民主生活会。

图5　2022年，眉山市年轻干部"兴眉优培计划"培训班（第2期）　（供图：市委组织部）

【领导班子建设】 眉山市委组织部坚持党管干部原则，对市管干部"一人一档"建立政治素质和实绩档案。加强换届后领导班子综合分析研判和监测预警，分年中、年底两个批次对眉山天府新区、各县（区）、市级部门（园区）全覆盖开展市管领导班子和领导干部日常调研分析。结合班子队伍建设实际，调整补充市教体局、市金融工作局等27个市级部门"一把手"，统筹19名市管干部在县（区）和市级部门交流任职，优化市经信局、市住建局等19个部门领导班子年龄、专业结构，配齐眉山高新区、甘眉工业园区、彭山经开区化工专业领导干部。

【干部教育培训】 眉山市委组织部深入实施习近平新时代中国特色社会主义思想教育培训计划，全年举办党校主体班49期、培训3948人，举办基层干部主题培训班325期、培训6.2万余人次，全覆盖县（区）、乡镇（街道）党政班子成员。中共二十大、省第十二次党代会召开后，制定全市集中培训方案，组织开展干部教育培训，与中国人民大学合作开设中共二十大精神网络专题培训班、培训1.5万名机关事业单位党员干部，819名县处级以上领导干部参加中组部中共二十大精神网络专题培训。举办学习贯彻习近平总书记来川视察重要指示精神轮训班，分3期对全市722名县处级领导干部开展轮训，示范带动县乡对全市3.5万名干部、17万名党员分层分类开展全覆盖培训。落实领导干部政治理论水平考试测试制度，拟任县处级领导职务干部、131名市厅级和县处级党政领导干部参加政治理论水平考试、测试。

【干部管理监督】 眉山市委组织部抓好代表委员推选风气监督，建立专项巡察组，严格督导推选政策执行、纪律风气等情况，确保全市国省"两代表一委员"推选过程风清气正。结合五届市委第一轮、第二轮巡察，完成17个单位选人用人专项检查。完成6名领导经济责任审计任务，开展领导干部因私出国（境）管理和市属国企领导人员家属违规经商办企业专项整治。严格执行《做好领导干部报告个人有关事项工作十条措施》，重点查核94人、随机抽查104人，开展查核验证2人，查核一致率保持在100%，居全省第一。

【县级党校分类改革】 眉山市委组织部按照“一年全面推进、两年基本改善、三年巩固提升”要求，完成26项县级党校分类改革年度重点任务。市委党校迁建项目完成投资5亿元，仁寿、丹棱、青神县委党校建成投用，洪雅县委党校主体工程完工。深化市县党校培训计划、学科建设、师资力量、办学标准、教学资源、管理评估“六个统筹”办学机制，新增党校教师编制9个，将75名专兼职教师纳入学科平台统筹调配，新引进高层次人才23人，硕士研究生以上学历专职教师比例达74.6%，专职教师增加到53人，新开发特色课程24门，新建成永丰村等现场教学点18个，市县党校统筹办班33期，460名领导干部走上党校讲台。

图7 2022年7月10日，疫情防控临时党支部党员宣誓 （供图：眉山日报社）

【基层党组织建设】 眉山市委组织部深化农村基层党组织标准化规范化建设，健全“乡镇党委—村党组织—村民小组（网格）党支部—党员联系户（党员中心户）”四级组织体系，建立镇级片区联合党委17个、村级片区联合党委112个，选树省市县三级先进村党组织51个、“担当作为好支书”50名，“一村一策”整顿软弱涣散村（社区）党组织47个。新增中省财政集体经济扶持村45个、扶持资金3600万元，培育收益10万元以上的村188个，承办全省扶持壮大村级集体经济工作（成都片区）推进会。实施“党建引领乡村振兴主题培训计划”，市县联动举办培训班400余期、培训基层干部1.2万余人次，组织34名村党组织书记参加“学历提升计划”。推动实现村（社区）党组织书记、主任“一肩挑”率达99%，全面推广村（社区）干部“竞职、履职、辞职”三项承诺制度，加强村级小微权力监管。在城市居民小区（片区）建立党组织1391个，133个城市社区全覆盖建立区域党委，社区党组织书记、居委会主任“一肩挑”100%。全面推行“三级五岗”责任清单和党支部积分制管理，深入开展“党建大联盟”工程，2700余个机关党组织、3.9万余名在职党员到社区（小区）报到，常态开展疫情防控、环境治理等志愿服务。全面设立154个国有企业党组织、全面完成“党建入章”“一肩挑”。21所二级以上公立医院全部完成党政分设、党建入章和党委会、院长办公会议事决策规则修订。新建“两新”组织党组织102个，纳入“两新”党建管理的非公有制企业和社会组织党组织覆盖率分别提高到94.56%、91.87%。开展货车司机群体党建试点工作，投入620万元新建综合服务阵地39个，眉山在交通运输部专班调研座谈会上作经验交流。市县两级与31个重点“两新”组织结对联系，开展园区、商圈楼宇、专业市场党建示范建设，甘眉工业园区获评全省第三批“两新”组织党建示范园区。

图6 2022年6月10日，洪雅县中山镇前锋村举行“书记龙门阵”主题坝坝会 （供图：市委组织部）

【党组织设置和党员队伍管理】 眉山市委组织部调整优化党组织设置，市自然资源局党委更名为市规划和自然资源局党委，调整设置市人民政府国防动员办公室党组。全覆盖建立4687个村民小组党支部、1391个小区（片区）党组织，新组建交通运输、快递、科技创新综合（行业）党委。颁发“光荣在党50年”纪念章2500余枚，走访慰问党员干部2.1万余人次。全年新发展党员1765名。

【基层治理】 眉山市委组织部理顺城乡基层治理体制机制，调整市委城乡基层治理委员会设置，将城乡基层治理委员会办公室列为市委工作机关序列，县（区）委相应组建机构、核定编制。实施“城乡基层治理攻坚年”行动，研究制定《加强和创新城乡基层治理建设高品质美好生活家园的意见》，聚焦小微权力监督、社会组织培育等配套制定13个政策文件。召开全市城乡基层治理攻坚大会，聚焦百姓民生诉求，统筹实施社区空间品质提升、乡村人居环境整治、综合服务体系升级、居民小区治理攻坚、平安建设能力提升等“五大工程”，推进老旧小区改造720个，整治背街小巷1.2万平方米，建设微绿地3000平方米、城市绿道20千米，推动助老餐厅、片区物业服务、智慧停车、美丽庭院等15类3万余件群众家门口的民生实事见效。深化乡镇（街道）管理体

图 8　2022 年 7 月，眉山市第六批援藏工作队在雪域高原锻炼成长　（供图：市委组织部）

制改革，乡镇、街道分别实施综合执法片区化、派驻机构属地化、机构运行平台化和力量下沉、县街联动、平台增效“三项行动”，有序下放权力 181 项。探索“微网格”“邻里长”工作机制，将 3.9 万名党员骨干配属至 2572 个网格，引领带动 8 万余名基层治理力量投入疫情防控、物资保障等工作。2022 年，获评全省基层治理示范镇（街道）6 个、示范村（社区）22 个、百佳示范小区 3 个。

【党员教育】　眉山市委组织部以“喜迎二十大·寻找身边榜样”为主题开展党员故事会展播，29 名党员代表参加成都片区故事会展播，《党建新风》电视栏目展播“眉州先锋故事会”6 部。以“喜迎党代会·党徽在闪耀”为主题开展随手拍活动，237 部微视频被《四川观察》采用。筹备“学习贯彻中共二十大精神，深入推进新时代党的建设”研讨会，开展“沿着总书记的四川足迹”“万场微党课进支部”等主题活动，全市基层党组织书记讲中共二十大精神专题党课 10405 场次，14 万余名党员参加学习，推动学习宣传走深走实。利用老干部、党校教师、小区党组织书记、驻村干部、“两新”组织党建指导员等组织资源，组建 11 个宣讲团、128 支宣讲小分队，开展“五进”活动，推动党代会精神进机关单位、进社区小区、进乡镇村组、进学校医院、进“两新”组织。制定《2022 年度党员教育培训项目计划表》，实行党员教育培训年度计划备案管理，督促县（区、新区）落实好普遍培训、乡镇兜底培训任务，全市共举办各类党员培训班 144 期、培训党员 16756 名。开展优秀微党课征集评比展播活动，征集微党课 65 部，评出一等奖 1 部、二等奖 2 部、三等奖 3 部、优秀奖 9 部。“眉州先锋”微信公众号发布 142 期、信息 656 条。

（黄　敏　李佳鑫）

图 9　2022 年 11 月 2 日，市委组织部党员干部在东坡区金龙邻里中心宣讲中共二十大精神（供图：市委组织部）

宣传工作
Publicity Work

【概况】　2022 年，眉山市委宣传部围绕迎接服务保障中共二十大工作主线，立足自身职责，服务中心大局，全力推动中共二十大精神学习宣传贯彻走深走实，切实推进省委、市委决策部署落地见效。

【理论学习和研究】　眉山市委宣传部把学习贯彻习近平新时代中国特色社会主义思想作为首要政治任务，突出抓好中共二十大精神学习，统筹抓好习近平总书记来川视察重要指示精神、省第十二次党代会精神等学习。引导党员干部深刻领悟“两个确立”的决定性意义，增强“四个意识”、坚定“四个自信”、做到“两个维护”。开展市委理论学习中心组学习 8 次，列席旁听县级及以下理论学习中心组学习 59 次，市委宣传部被评为 2022 年度全省市（州）党委理论学习中心组学习方式创新先进单位。纵深推进基层理论宣讲“一地一品”建设，打造“东坡风”“瓦哥瓦妹”“竹娘子”等宣讲品牌。组建基层宣讲队伍 128 支，开展各类宣讲活动 3300 余场。东坡区“东坡大讲堂”入选省第二批基层理论宣讲“一地一品”示范项目。指导制作“理响巴蜀”系列短视频、“习近平总书记考察四川亲临眉山重要指示精神”系列微党课。扎实做好《习近平谈治国理政》第四卷等重点理论读物推广使用。“学习强国”眉山学习平台正式运行，全省第 6 个上线。修订完善《眉山市哲学社会科学研究课题管理和优秀成果评奖办法》，围绕习近平总书记来川视察、成渝地区双城经济圈建设、“三市一城”建设等主题，统筹省社科院眉山分院、在眉高校等研究力量，立项社科课题 129 个。3 项课题成功立项 2022 年度四川省社科规划项目。

【主题宣传】 眉山市委宣传部坚持市县两级媒体联动、内宣外宣相互呼应、网上网下共同发力，深入宣传解读中共二十大、习近平总书记来川莅眉视察重要指示精神，以及省第十二次党代会、省委十二届二次全会、市委五届五次、六次全会精神，聚焦“三市一城”“两新三大”“拼经济搞建设”等重点，开设专题专栏 30 余个，展示眉山牢记嘱托、感恩奋进的生动实践。

【对外宣传】 眉山市委宣传部全年在市外媒体发稿 5224 条（篇）。其中，《人民日报》66 篇，新华社 128 篇，中央电视台 112 条，《四川日报》569 篇（头版 15 篇），四川卫视 550 条（《四川新闻》180 条）。全年先后邀请郦波、意公子等大 V 讲苏东坡，推出《苏东坡的天石砚》《江城子》等 9 集系列视频。以天府粮仓、东坡文化等为主题，推出《China WOW! 超级中国——超级体验官森永所长带你打卡眉山》《东坡地图·眉州篇》等系列视频。东坡城市品牌海报在美国纽约时报广场的巨屏登场。推出“苏轼诞辰 985”“走读四川——外籍友人看眉山”等文化活动。推出“天府卫星”、《眉山乡村电商》、《东坡泡菜》等经济话题。推出“我想去眉山过年”、《老年食堂》等民生话题，宣传眉山经济社会发展成就。

【网络宣传】 眉山市委宣传部围绕迎接服务保障中共二十大主题主线，组织市、县（区）两级新闻网站、客户端首屏置顶飘红，开设《二十大时光》《中共二十大特别报道》等专题专栏 31 个，转载中、省稿件 700 余条次，及时传播中共二十大声音，营造良好氛围。围绕粮食安全、东坡文化、三苏家风等宣传主题，协调中央、省级、市级网络媒体刊发《四川眉山：保地稳粮 打造新时代更高水平的“天府粮仓”》《四川眉山：传承三苏文脉 弘扬东坡文化》等稿件 900 余篇，制作《喜迎二十大 奋进新征程》等新媒体产品 210 余个，推出各类短视频 90 余个、原声 390 余个、《永恒的追求》原创 MV 等 40 余个，浏览量超 1000 万人次。

（李昕晔）

精神文明建设
Spiritual Civilization Construction

【概况】 2022 年，眉山市全面落实市委五届五次、六次全会决策部署，深入学习宣传贯彻习近平总书记对精神文明建设工作的系列重要论述，坚持以社会主义核心价值观为引领，紧扣全国文明城市创建工作主线，大力推进公民思想道德建设，不断深化群众性精神文明创建，广泛开展新时代文明实践，推进志愿服务制度化常态化，为全市经济社会发展提供强大精神力量和丰润道德滋养。

【社会主义核心价值观建设】 眉山市聚焦企业、农村、机关、学校、社区，分类施策整体推进基层思想政治工作，常态化开展文化科技卫生“三下乡”活动 300 余场，洪雅县藤椒协会高级农技师余江洪获评全国文化科技卫生“三下乡”活动服务标兵。组织开展先进模范学习宣传、红色基因传承教育等“强国复兴有我”群众性主题宣传教育。建立眉山市红色资源保护利用工作联席会议制度，扎实开展革命历史类纪念设施、遗址和爱国主义教育基地核查工作。市党史和方志馆、市烈士事迹陈列馆建成开馆，彭山区、仁寿县、洪雅县烈士陵园升级改造有序推进。眉山成立以市委书记为组长，宣传部部长、军分区政委为副组长，市级相关单位（部门）主要负责人为成员的市委全民国防教育工作领导小组，召开市委全民国防教育领导小组第一次全体会议，审议通过《眉山市全民国防教育“十四五”规划纲要》等 4 个文件。进一步加强宣传栏、户外大屏等社会宣传载体管理，明确行业主管部门和投放单位宣传主体责任和管理维护职责。完成迎接学习宣传贯彻中共二十大精神社会宣传、习近平总书记来川莅眉视察、全省项目投资促进大会、省委主要领导到眉山调研等社会氛围营造工作。

【群众性精神文明创建】 眉山市印发全国文明城市长效管理网报资料、实地点位建设、宣传工作、单位社区共建等工作方案和《全国文明城市长效管理工作督查办法》《全国文明城市长效管理工作问责办法》，召开全市精神文明建设暨文明城市创建工作会，实行日督查、周提醒、月通报、季测评“四项机制”，全年开展模拟测评 2 次，召开网报资料培训及校园周边环境专项整治等 31 次，印发督查通报 32 期，收集整理资料 12000 余份，策划开展“文明眉山面对面”等主题宣传活动，刊发系列报道 313 期。顺利通过 2022 年度全国文明城市实地点位复查测评，完成年度网报资料报送任务。指导仁寿县等 4 个县开展四川省文明城市创建，洪雅县测评成绩在排名全省第三、被通报表扬，其他 3 个县处于第一方阵。提升文明村镇、文明单位、文明家庭、文明校园创建质效。探索搭建“眉山市精神文明创建管理平台”，推动数字赋能、网络释能、创建提能，将 434 个市级以上

图 10　2022 年 5 月 18 日，眉山市精神文明建设暨文明城市创建工作推进会议召开　（供图：市委宣传部）

图 11 2022 年 9 月 28 日，是父是子“三苏家风进万家”主题展启动仪式 （供图：市委宣传部）

文明单位、342 个文明村镇、49 户文明家庭、102 所文明校园纳入管理平台进行规范化管理，做法被省委宣传部《每日要情》刊发，彭山区黄丰镇团结村宣传微视频被中央文明办选用发布。印发《关于进一步加强家庭家教家风建设实施方案》，评选表扬眉山市第二届眉山市文明家庭 20 户，征集评选眉山市“好家规、好家训、好家风”作秀作品 36 件、入选四川省优秀作品 5 件，开展“三苏家风进万家”巡展活动，《传承三苏家风 增强家国情怀》经验做法被中宣部《宣传工作》刊载。

【公民思想道德建设】 眉山市印发《“眉山好人榜”评选发布办法》《眉山市道德模范、身边好人等先进典型巡讲工作方案》等文件，统筹推进道德模范、身边好人等道德领域先进典型“荐、评、议、学、礼”工作。召开第七届眉山市道德模范座谈会，举办 2022 年度“眉山好人榜”发布仪式。组织开展 2022 年道德模范、身边好人“五进”巡讲 50 余场。拍摄“德耀眉山”先进模范宣传短视频 47 个，各平台浏览量超 200 万人次。设计制作道德模范、身边好人公益广告，张贴发布 1000 余幅。在公共文化设施、公园广场、学校开展先进模范专题展览 18 场。眉山日报刊发先进模范文学作品专版 1 期，在全市营造崇德向善、见贤思齐的浓厚氛围。加强先进模范关爱礼遇，市县主要领导在元旦、春节等节庆期间走访慰问 46 名先进模范。对 35 名生活困难的先进模范提供帮扶资金 5.4 万元。向第七届眉山市道德模范和身边好人发放慰问金 38.8 万元。2022 年，全市 5 人入选“四川好人”、1 人入选四川省“新时代好少年”，评选 2022 年度“眉山好人”20 人、“新时代好少年”10 人。

【未成年人思想道德建设】 眉山市召开全市未成年人工作会议，统筹做好工作部署。举行新时代好少年先进事迹发布仪式。组织开展“喜迎二十大、永远跟党走、奋进新征程”“向国旗敬礼”“清明祭英烈”、争做“新时代好少年”等活动 2500 余场。进一步推进乡村“复兴少年宫”建设，新增项目 49 个。印制《中华经典诵读·小学生篇（第二卷）》课外读本 2.8 万余册，免费发放全市小学三年级学生。5 件作品荣获省优秀童谣奖。聚焦三苏家风传承服务，创新开办“父母课堂”“东坡书馆”，服务 5000 人次以上。眉山学生志愿服务项目入选全国首批“中学生志愿服务示范项目”。市教体局关工委被评为“全国教育系统关心下一代工作先进集体”。

【新时代文明实践中心建设】 眉山市印发《眉山市全面深化拓展新时代文明实践中心建设工作实施方案》，明确工作任务。通过引入第三方组织协助制定建设标准和工作指引、举办全市新时代文明实践中心建设培训班、召开现场工作推进会等方式，眉山天府新区、6 县（区）和 80 个乡镇（街道）、847 个村（社区）按照“有场所、有队伍、有活动、有项目、有机制”标准全覆盖建成新时代文明实践中心（所、站）。全市《以新时代文明实践筑牢乡村治理根基》等 2 个文明实践案例，获评全省思想政治工作优秀创新案例，工作做法在全省专题电视电话会议上作交流发言，仁寿县被确定为全省新时代文明实践中心和县级融媒体中心融合发展试点县。组建“苏香·智慧媛”“橄榄绿”“竹娘子”等一批特色队伍，培育“橙心为民”“向阳花开”“长者食

图 12 2022 年，东坡区太和镇永丰村新时代文明实践站 （供图：市委宣传部）

图 13 2022 年，丹棱县新时代文明实践分中心 （供图：市委宣传部）

堂”等一批品牌项目。围绕“迎接宣传贯彻中共二十大”“深化党史学习教育”等主题主线，开展党的创新理论宣传宣讲、助力疫情防控等文明实践志愿服务活动3万余次。

【志愿服务】 眉山市组织开展第六届全市志愿服务先进典型宣传推选活动和首届志愿服务项目创投活动，选评市级志愿服务先进典型35个、种子项目15个。举办全市志愿服务展示交流活动，培育志愿服务文化，浓厚志愿服务氛围。东坡区东坡读书会、彭山区黄丰镇团结村获评全国志愿服务最佳志愿服务组织、最美志愿服务社区荣誉。东坡区太和镇永丰村等9个组织、个人分获全省十佳志愿服务社区、百名优秀志愿者等称号。洪雅县文明旅游志愿服务项目等5个项目分获第六届中国青年志愿服务项目大赛及四川省赛铜奖。12个组织、个人获评第九届四川省青年志愿服务先进典型荣誉。眉山在全国志愿服务信息系统登记各类志愿者队伍达到4000余支，注册志愿者人数近66万人，占本地常住人口比例达22%，有服务时间记录志愿者占注册志愿者比例达63%，实施志愿服务项目1.5万余个，市本级发放志愿服务激励回馈金15.6万元。联合政法、应急管理部门构建全市平安志愿服务和应急志愿服务工作体系。会同市政协办成立全省首个政协委员志愿服务工作室。整合环保志愿力量，成立“德邻”公益保护工作室，建成全省首个候鸟补食公益保护基地。促成中国科协和中宣部志愿服务促进中心科技志愿服务项目落地丹棱县。

（李昕晔）

统一战线工作
United Front Work

【概况】 2022年，眉山市委统战部深入贯彻习近平总书记关于做好新时代党的统一战线工作的重要思想和习近平总书记来川视察重要指示精神，不断加强党对统战工作的全面领导。全年提请召开市委常委会会议、统战工作专题会等8次，开展全市统战和民族宗教工作专项督查，深入推进《中国共产党统一战线工作条例》贯彻落实。开展“矢志不渝跟党走、携手奋进新时代”主题教育、“奋进新征程、建功新时代”大学习大实践大提升活动等统战各领域主题教育100余次。累计召开党外人士情况通报会15次、理论学习中心组专题学习会60余次，举办各类学习培训30余期1200余人次，专栏刊发宣传稿件130余篇，宣讲交流150余场次，切实把统一战线广大成员智慧和力量凝聚到中共二十大精神上来，团结引导全市统一战线积极助推“三市一城”建设。

【民主协商】 眉山市委统战部制定《2022年政党协商（会议协商）计划》，以眉山市委办公室名义印发。全年开展政党协商6次，构建政党协商成果办理反馈闭环工作链，党外人士提出的建议意见交由有关部门办理，办理结果书面反馈。安排党外代表人士列席政府常务会议21次。支持民主党派围绕党委政府中心工作组织开展调研考察。全年各民主党派、工商联、无党派共形成调研报告50余篇。市级各民主党派50余篇社情民意信息被党派中央、省人大、省政协采用，其中党派中央采用10篇。支持市级各民主党派在配合做好长江生态环境保护民主监督基础上，围绕市委中心工作创新开展为期5年的新一轮专项民主监督。协调相关部门参加九三学社眉山市委开展长江流域眉山段生态环境保护民主监督专项调研。

【民主党派和统战团体建设】 眉山市委统战部组织市级各民主党派和统战团体开展中共党史学习教育，观看国防教育专题片，赴眉山天府新区考察重点项目建设。召开民主党派座谈会，支持各民主党派开展“矢志不渝跟党走、携手奋进新时代”主题教育。开展民主党派内部监督有关情况调研，在全省率先实现民主党派市委会全覆盖设立内部监督委员会，推动民主党派内部监督工作更加科学化、规范化、制度化。建设完善民主党派代表人士发现储备、培养锻炼、选拔使用、管理监督工作机制，举办民主党派拟发展对象培训班。各民主党派开展各项社会服务活动，全年累计捐赠、引进、协调乡村振兴帮扶资金3540.6万元，公益事业捐款捐物合计5245.46万元（其中为新冠疫情捐款捐物折合55.5万元，为泸定地震捐款捐物折合5064.7万元，公益捐款125.26万元）。开展无党派人士认定工作，充实完善无党派人士、党外知识分子、党外干部数据库，定期在全市各行业、各领域各单位开展调研，挖掘符合条件的、有发展潜力、适合在党外发挥作用的人选，发现储备人才。印发《无党派代表人士“双走访”“双报告”工作制度》，市、县（区）党委统战部开展“双走访”活动，走访无党派人士及其所在单位200余人次，重点了解其政治表现、思想状况、履行职责等情况。推荐8名无党派干部参加全市年轻干部“兴眉优培计划”培训班学习，1名正县级干部参加省委党校中青班学习。

【非公有制经济领域统战】 眉山市委统战部持续推进“两支队伍”素质能力提升、基层商会拓展、民营企业发展促进、“百企联百村共走振兴路”等“四大行动”，民营经济统战工作稳步推进。加强非公有制企业党建，全市纳入非公有制经济第一综合党委管理的规模以上非公有制企业已建立党组织441家，覆盖率达86.47%。

【民族宗教代表人士统战】 眉山市委统战部全年选派4名宗教界代表人士参加省社会主义学院培训，选拔8名优秀中青年宗教人员到全市性宗教团体任职锻炼。组织全市宗教界代表人士参加中华传统文化、宗教政策法规培训200余人次。

【港澳和海外代表人士统战】 眉山市委统战部密切与海外侨胞的联络交往，增强海外侨胞的向心力和凝聚力。关心海外侨胞生存发展，推荐歌舞作品《东坡问月》《思归》登录中侨联2022年“亲情中华·同心与共”全球华侨华人云端晚会，利用中秋、春节等传统节日向海外侨团侨领发送慰问信，传递温暖关怀。通过向美中餐饮联合会第五届“美国中餐国际论坛”、多伦多华人团体联合总会“庆祝中华人民共和国成立73周年暨多伦多华联总会建会37周年”晚会、加拿大青年委员会颁奖仪式等发送贺信，支持开展活动，增进他们对祖（籍）国的深厚情感。参加“庆香港回归·享祖国荣光”川港系列交流活动，组织青神竹编、小龙坎火锅底料等特色产品入港参展，推动眉山特色文化入港宣传。召开全市港澳台代表人士学习贯彻中共二十大精神报告会暨纪念两岸开启交流35周年“展·叙”活动，各县（区）委统战部分管副部长、重点港资和侨台资企业负责人、侨胞侨眷、台胞台属代表等40余人参会。

【党外知识分子统战】 眉山市委统战部印发《眉山市贯彻落实〈关于加强新时代党外知识分子思想政治工作和无党派代表人士队伍建设的意见〉责任清单》，明确牵头单位、责任单位和工作要求，形成既明确分工又高效协同的统战工作格局。印发《关于在全市无党派人士、党外知识分子中开展“喜迎二十大、同心跟党走”主题教育的通知》，组织引导无党派人士、党外知识分子深入学习习近平总书记系列重要讲话精神，认真学习贯彻中共二十大、中央统战工作会议、省十二次党代会以及市委五届五次全会精神等重要会议精神，分级举办各类宣讲会、座谈会、培训班、专题学习会、重走长征路等活动80余次。争取省知联会第四届五次会长会在眉山召开，眉山市青神县获得“四川党外知识分子乡村振兴共建示范基地”。眉山市知联会获评2022年全省知联会工作先进集体。召开国企统战工作座谈会。在新建湿地公园阅读坊设党外知识分子之家。眉山知联会同心．帮扶专项扶贫基金共向贫困群众捐款3.4万元。市县知联会提交省人大建议意见2件，省政协提案5件，市人大建议意见6件，市政协提案21件，各区县人大建议意见和政协提案38件，涉及疫情常态化防控、城市建设、文化保护、生态环境、产业发展、民生民情等领域。

【新的社会阶层人士统战】 眉山市委统战部印发《关于开展“凝聚新力量·筑梦新时代”主题活动和持续推进“新阶·走基层五送”活动的通知》，引导全市新的社会阶层人士参加“新心向党”喜迎二十大摄影展作品征集活动。眉山新联会网络人士与成都新联会共同开展“聚焦乡村振兴　共促同城化发展”活动。新联会联合开展“携手共护同心蓝·刷屏共享幸福感”活动、2022天府法务专业人士峰会等活动。持续深入推进主题社会服务活动，用好新联会职能平台。10月，由新联会会长、政协委员吕勇牵头，成立“吕勇政协委员工作室”，开展普法宣传、法治教育、企业法制体检等行业服务。眉山天府新区新联会开展同心抗疫·新阶送岗——网络招聘会。达宽（天府）律师事务所在中学讲授“增强法律意识　争做文明学生”专题法制课。东坡区新联会利用公益招聘平台“眉山同心人才网”资源，设置“新阶·走基层送岗位”活动推广点，在该网站举办眉山泡菜城企业线上专场招聘会。丹棱县知联会开展“同心战疫，汇聚新阶力量”活

图14　2022年6月26日，2022年川台青年合作交流论坛在眉山召开　（供图：市委统战部）

动，向环卫工人、宗教场所及会员企业赠送 N95 口罩 1.5 万个。

【经济发展服务和民生改善】 眉山市委统战部组织民营企业家和工商联系统干部参与线上线下培训 37 次，培训 2000 余人次。做好统战部部长与民营企业家沟通协商“面对面”“键对键”活动，办理眉山本土企业家提出问题建议 5 个、市外企业家建议 1 个，做法获省委常委、统战部部长肯定性批示。充分发挥立体式法律服务网络作用，调解商事案件 13 起、解决困难问题 25 个，引导 10 家民企申请使用应急转贷资金 1.29 亿元，7 家民企申请使用风险补偿基金 0.755 亿元。

【“企业联村”行动】 眉山市委统战部引导基层商会、民营企业参与泸定抗震救灾，捐款捐物价值 1000 余万元。深化“百企联百村共走振兴路”行动，组织 473 家民营企业联系 325 个村，投入资金 21.69 亿元助力乡村振兴，解决就业 3122 人。深入推进工商联及所属商会改革，全市 6 个县（区）工商联均被评为省级“五好”工商联，其中 4 个被评为全国“五好”工商联，丹棱县工商联被确认为全国“五好”标杆县级工商联。在全省率先设立异地商会建设和发展专项补助资金，安排 100 万元用于支持异地商会建设和发展，新建异地眉山商会（分会）2 个，新成立异地眉山商会（分会）筹备组 4 个，全市已建成异地眉山商会（分会）共 9 个。成立眉山青年企业家商会，吸纳眉山市会员企业 85 户，涉及第一产业 18 户、第二产业 45 户、第三产业 22 户，其中机械及高端装备制造 17 户、新能源新材料 3 户、电子信息 5 户、生物医药 4 户。推动直属商会建设和乡镇街道商会登记注册工作，已建市直属商会 6 个，乡镇商会完成登记注册 17 家。注重发挥商会招商引资作用，获取有效信息 63 个，签约项目 4 个、投资金额 10.3 亿元。

【统战示范基地建设】 眉山市委统战部推动东坡区太和镇悦兴小学、仁寿县鳌峰小学、成都艺术职业大学（青神校区）成功创建为第六批四川省民族团结进步示范单位。青神县获授“四川党外知识分子乡村振兴共建示范基地”，三苏祠博物馆获授中国侨联第十批“中国华侨国际文化交流基地”“四川省对台交流基地”，四川工商学院获授“川港澳台青少年交流基地”，眉山市征程文化交流中心（市抗战将士纪念馆）获授四川省黄埔军校同学会“黄埔联谊之家”。

（赖自力）

目标和绩效管理
Target and Performance Management

【概况】 2022 年，眉山市委目标绩效办聚焦“三市一城”建设中心工作，全力推进完成省、市下达各项目标任务。眉山市在省委、省政府 2021 年度目标考评中位列全省第七名，被评为一等等次，连续 4 年保持全省先进。眉山街道（乡镇）评议县（市、区）职能部门试点工作受到省委验收组肯定，彭山区工作经验被省委督查室发文推广。

【目标绩效考评体系管理】 眉山市委目标绩效办对《眉山市目标绩效管理办法》进行完善。将市级部门考核单位分类调整为党委和法检部门、执法管理和公共服务部门、经济建设部门、群团部门和民主党派机关、有关国有企业等 5 个类别。设置 7 项加分事项、4 项扣分事项。围绕“制造强市突破年”工作部署设置考评指标，将党的建设、13 项主要经济指标、2022 年十件大事及重点工作、197 个省市重点项目等内容纳入年度目标绩效考评，重大项目、重要指标、重点工作分值权重占比达到 90%。设置制造强市突破年、城市新中心建设、向上争取 3 个专项考核，细化分解目标任务，制定评分规则，落实结果运用。按照“聚焦全市中心大局、提高表扬激励实效、精简表扬项目、避免重复表扬”原则，审核确定 2022 年拟以市委、市政府表扬的工作 18 项，拟以市委办公室、市政府办公室名义表扬的工作 12 项，合计表扬项目总数相比 2021 年减少 10 项。提出对基层单位和个人占表扬名额比例不低于 25% 的明确要求。

【目标任务过程管理】 眉山市委目标绩效办抓实 2021 年省委、省政府目标考评，全面客观真实反映全市各项工作成效。眉山在省目标考评中加分 5 分，排全省第一，弥补中央环保督察通报扣分和指标扣分。实行“季度调度 + 年度考评”，每季度由市委分管领导主持召开全市目标任务分析研判会议，督促相关目标任务整改。对省政府下达眉山市政务目标进行汇总分析，形成专题报告 3 份，提交市政府常务会议审议。将省市重点项目、向上争取指标、主要经济指标等工作季度“红黑榜”通报纳入年度加扣分范围，助力全市连续 3 个季度获省项目推进投资“双红榜”，向上争取资金同比增加 106 亿元。全年带队深入一线开展 10 亿元以上招商项目、3 岁以下婴幼儿照护机构建设等专项督导，发现并现场交办问题 40 余个，主动参与经济运行、重点项目推进、向上争取等会议、活动 30 余场（次），形成专项报告 4 份，确保各项工作按进度推进。

【考评激励措施管理】 眉山市委目标绩效办共评选 2021 年度先进集体 50 个，调整目标绩效考评结果通报形式，以“两办”名义对 2021 年度所有考评单位名次和等次进行通报。牵头制定《眉山市转企升规考评实施办法》，会同市级有关部门建立完善转企升规工作调度和考评机制，助力全市个体工商户升级转型为企业 513 户，小微企业升级为规模以上企业 404 户，眉山市转企升规工作经验获省政府通报表扬。牵头制定《“拼搏五个月·夺取全年胜”攻坚行动考评指标和考评细则》，对消费复苏等 9 大攻坚行动目标任务进行细化分解，助力全市拼经济搞建设。牵头制定《“决战四季度、大干一百天”考评指标和考评细则》，助力全市主要经济指标均超过全省平均水平，地区生产总值增长 3.8%，总量达 1635.5 亿元。

（李承欣）

保密机要
Confidential Work

【概况】 2022 年，眉山市委保密机要局传达贯彻全国、全省保密、机要密码和党政专用通信工作会议精神，完成全市保密机要工作任务，确保全市未发生重大失泄密事件。

【保密宣传】 眉山市做好领导干部保密教育，市政府五届第15次常务会专题学习保密法律法规。市委保密委向各县（区）党委、政府主要负责人，天府新区眉山党工委、管委会负责同志和园区主要负责人发函提醒做好保密工作。举办全市保密业务培训会，开展窃密泄密攻防演练，120余人参训。进机关、单位、学校、企业开展警示教育，分发保密法密码法宣传手册1000余份、主题文创宣传袋500个。深挖眉山历史文化名人和当代眉山保密战线典型人物事迹，制作《对党忠诚，保守机密》《千年东坡话保密》《伞筒里的秘密》3部微视频，《伞筒里的秘密》入围全国100部“保密故事大家讲”活动。全年在眉州大道10个公交车站投放保密法密码法宣传公益广告。在市、县（区）电视台和公交车、车站等平台，滚动播放保密宣传标语，全市400余辆公交车每天轮播1万余次，6个车站每天轮播200余次，受众约30万余人次。在眉山日报抖音号、眉山电视台抖音号播放保密法密码法公益宣传视频20余次，推送公益宣传常识30余条。县（区）融媒体、20余个部门（单位）微信公众号、微信工作群转载保密法密码法常识。

【保密技术】 眉山市委保密机要局提升技术维护与专项服务水平，为机关单位提供160余次特种涉密设备故障排除和使用咨询服务。加强保密技术服务体系和能力建设，升级维护保密监管平台，圆满完成中共二十大期间全市网络保密监管任务。强化保密技术教育培训，培训涉密网络安全保密管理人员65人。

【保密监管】 眉山市委保密机要局强化网络保密技术监管。为市内2个涉密信息系统审查并颁发合格证。全年搜索筛查机关单位门户网站及非涉密计算机办公网络信息30余万条。强化涉密载体销毁监管，全年组织销毁涉密及内部纸质文件10余吨，涉密存储部件和电路板400余块。强化各类考试保密监管，按照普通高考工作安排，配合市教育考试院对各县（区）的普通高考安全保密及考前准备工作情况进行检查，提出保密工作要求。全程监督试卷的保管、分发、回收等工作，配合全市普通高考、成人高考、自学考试开展保密工作。

【保密检查】 2022年，眉山市委保密机要局开展保密自查自评督查、保密进驻式检查、保密巡察和军工单位保密资质（格）“双随机”检查。

（唐　娜　张　龙）

机构编制
Organization Establishment

【概况】 2022年，中共眉山市委机构编制委员会办公室（以下简称“眉山市委编办”）围绕市委部署要求，为眉山建设成都都市圈高质量发展新兴城市提供有力的机构编制支撑，两项改革“后半篇”文章“三项行动”被评为全省机构编制先进工作，全省基层治理机构编制保障推进会在眉山召开，基层治理“块统条推”工作经验先后两次在全省机构编制系统会上交流，创新驱动发展、工业发展和走基层直接联系服务群众等10余项工作得到市委、市政府表扬。

【党政机构改革】 2022年，眉山市设立中共眉山市委城乡基层治理委员会办公室，为市委城乡基层治理委员会的办事机构，承担市委城乡基层治理委员会日常工作，为中共眉山市委工作机关。撤销眉山市数字经济发展局，将其职责整体划入市经济和信息化局，并在市经济和信息化局加挂“眉山市数字经济发展局”牌子。将“眉山市自然资源局”更名为“眉山市规划和自然资源局”。重塑驻外经合机构布局，将7个驻外经合局调整设置为5个。完成中心城区公安分局直管改革。推进市管事业单位纪检监察体制改革，支持设立市纪委监委派驻市人民医院、市妇幼保健院2家公立医院纪检监察组。

【园区管理机构体制改革】 眉山撤销天府新区眉山党工委、管委会3个所属园区管理机构。设立眉东新城党工委、管委会，其内设机构限额由7个增加到9个。仁寿经开区党工委、管委会机构升格为正县级，明确领导职数按5名设置，内设机构设置为7个（副科级）。

【乡镇机构改革】 眉山市委编办制发《关于统筹机构编制资源着力构建乡镇（街道）“块统条推”治理格局的指导意见》，在全省原创性提出创新“块统条推”基层治理体制，有力实施乡镇“综合执法片区化、派驻机构属地化、机构运行平台化”三项行动、街道“力量下沉、街联县（区）动、平台增效”三项行动。指导县（区）制发实施意见、工作方案、工作举措、配套文件等政策制度20余件。将综合办事机构、事业单位、派驻机构整合设置为5～9个基层治理工作平台。构建“网格发现、乡镇主体、片区协调、县

图15　2022年12月1日，全省基层治理机构编制保障推进会在眉山召开　（供图：市委编办）

区统筹”四级执法体系，采取“固定制、常驻制、联系制”3种方式，全市设置17个片区执法分局、建立4个片区执法调度会。联合印发《关于进一步落实赋予乡镇（街道）行政权力的通知》，分类分批科学精准赋权乡镇（街道）。县（区）规范设置自然资源所42个，强化自然资源所在耕地保护和国土空间规划方面的职能职责。全市80个乡镇街道划分为21个片区，锁定片区内乡镇街道机构、编制、领导职数总额，确保一般乡镇正常运转的基础上，在总额内调剂增加中心镇片区协调办公室等特色机构1～2个、领导职数1～2名，统筹片区空缺编制，采取岗编分离方式补充中心镇人员力量5～10人。

【民生领域机构管理】 眉山市委编办全面完成中小学教职工编制动态调整。统筹10名市级高层次人才专项事业编制，支持青神县人才工作先行区建设。强化考古研究和文物保护机构编制保障，增核市文物保护研究所事业编制10名。在市妇幼保健院设立内设机构市婴幼儿照护服务指导中心，加强婴幼儿照护服务指导。增核市疾病预防控制中心30名周转事业编制规模，支持5个县（区）疾控中心升格为副科级，保障疫情防控工作。

【综合行政执法改革】 眉山市委编办印发《关于深化应急管理综合行政执法改革的实施方案》，整合组建市级应急管理综合行政执法支队，增核人员编制、优化内设机构、调整执法职责，指导各县（区）同步完成应急管理综合行政执法改革。印发《关于规范县级生态环境保护综合行政执法队伍的批复》，规范调整县级生态环境保护综合行政执法队伍名称、机构规格、领导职数。

【机构编制信息化建设】 眉山市委编办稳步推进机构编制业务线上审批工作，将试点单位由6个扩大到20个。全年办理市本级上下编制690余人次，清理规范中文域名10个、网上标识和网站挂标2个。

【事业单位监管】 眉山市委编办全年完成市本级70家事业单位法人设立、变更、注销登记。完成55家机关、群团统一社会信用代码赋码的初领、变更、撤销。完成市本级241家事业单位法人年度报告公示，公示率97.6%，超省级要求公示率7.6个百分点。

【机构编制执行管理】 眉山市委编办深入眉山天府新区、6县（区）、7个市级部门开展机构编制监督检查。通过全省机构编制工作和纪律要求执行情况交叉检查。结合巡察、审计工作，对16个市级部门、6名领导干部进行机构编制检查。开展《眉山市议事协调机构管理办法》实施评估，完成市政府议事协调机构清理工作，撤销议事协调机构30个。

（陈思翰）

机关党建
Party Building in Organs

【概况】 2022年，眉山市直机关工委坚持全面从严治党方针，聚焦政治引领、理论武装、强基固本、担当作为、正风肃纪重点任务，扎实推进中共眉山市委“奋进新征程、建功新时代”大学习大实践大提升活动，先后被省直机关工委常务副书记王承先、市委主要领导肯定性批示。《抓住“牛鼻子”落实“责任制”》机关党建经验做法在中直机关工委《旗帜》杂志刊发推广，为眉山“三市一城”建设提供坚强政治保障和组织保障。

【机关思想政治建设】 眉山市直机关工委全年举办中共二十大精神、习近平总书记来川视察重要指示、省第十二次党代会和市第五次党代会精神专题宣讲会17场。组建市直机关青年理论学习小组70个，全年开展中共党史、党的理论专题学习301场次，覆盖青年中共党员7856人次。举办“眉州头雁”小讲堂6期，市直机关党组织开展业务知识培训430余场次，举办专业知识考试、竞赛等14场次。办好“眉州头雁”微信服务号、眉山机关党建网站，刊发党建信息238条，被省级以上媒体采用157条，全省市州排名第一。

【机关党建工作】 眉山市直机关工委扎实推进“奋进新征程、建功新时代”大学习大实践大提升活动，开展“三个走遍”（走遍市级部门党组织，走遍区县机关工委，走遍联系村），引导市直机关党员干部，紧扣发展任务深入基层一线走访调研，收集医疗保障、纳税服务等民生问题7892个，协调解决6715个。评选展播十佳微党课视频。联合成都市直机关工委举办机关党建助推成德眉资同城化发展主题活动。深化“党建大联盟”工程，组织458个机关基层党组织与包保小区（社区）结对，5900余名在职党员主动报到，选派党建指导员68名，开展事务联商122次，解决小区车棚改造等难题159个。组织市直机关党员干部参与全国文明城市复检工作8500余人次。组建“眉州头雁”先锋志愿服务队，深入基层开展《中华人民共和国反有组织犯罪法》宣传、关爱妇儿健康等志愿服务活动20次，参与疫情防控志愿服务1500余人次。

【机关基层党组织建设】 眉山市直机关工委修订印发机关党建标准化规范化指标，与市委组织部联合转发《四川省机关党建“三级五岗”责任清单》，建立涵盖党组（党委）、机关党委、党支部三级党组织主体责任和党组（党委）书记、党组（党委）其他成员、机关党委书记、机关纪委书记、机关支部书记五个岗位具体责任的责任体系。推行“一把手”担任直属党支部书记，20个直属党支部全部落实到位，督促班子成员落实“一岗双责”，72个市级部门295名班子成员全覆盖担任本单位机关党委所属党支部书记。深入推进党支部积分制管理，命名“五好三优”（政治功能发挥好、基本制度落实好、党员队伍建设好、服务中心工作好、廉洁自律形象好，品牌优、方法优、业绩优）头雁支部20个。深化片区制，每月印发党建责任清单和召开片区推进会，开展党组织结对共建。深入61个市直部门、单位和15个“两新”党组织，督促指导党务工作突出问题集中整治，指导7个单位按时按要求整改五届市委第一轮巡察反馈的机关党建问题。调阅《支部工作手册》340本。规范组织设置，新建、撤销、更名党组织46个，换届、改选21个。评选命名眉州头雁党员示范岗、示范窗口135个。严格按程序要求，推选产生38名中共二十大代表候选人推荐人选和21名省第十二次党代会代表候选人推荐人选。

【“清风扬眉”工程推进】 眉山市直机关工委扎实开展家风教育、党风廉政教育活动，选送《三苏家风润天府》被评为全省机关红色家书诵读活动一等奖，先后组织开展年轻干部廉洁从政扣好“第一粒扣子”活动、2022年度“机关干部新形象、治眉兴眉好作风”图片征集活动、机关纪检工作优秀案例评选活动、“喜迎二十大”年轻干部廉洁故事分享会。深入剖析2021年市直机关党员干部发生的违纪违法典型案例，形成《关于2021年审理案件的情况分析报告》上报市纪委监委。加强机关纪委建设，推行一个单位一个工作要点、一个季度一次分析研判、一个问题一次专项检查、一个年度一次述职评议“四个一”工作机制。印发《机关纪委工作清单》，提出15项工作任务、36项具体工作内容，进一步厘清机关纪委职责。全年审理科级及以下党员干部案件16件。

【机关干部驻村帮扶】 眉山市直机关工委创新推行单位领导班子主责、机关党委（承办科室）主抓、党员干部主帮、驻村干部主干、党建结对主推的“五主一体”帮扶工作机制，扎实推进定点帮扶。全覆盖深入市级部门87个联系村走访调研，形成调研报告，市委办公室《领导参阅》全文刊发。

（彭雪麟）

老干部工作
Work on Retired Cadres

【概况】 2022年，中共眉山市委老干部局认真学习贯彻习近平总书记关于老干部工作重要指示精神，深入学习贯彻中共二十大精神、习近平总书记来川视察重要指示精神，落实省委十二届二次全会和市委五届历次全会精神，扎实开展“奋进新征程·建功新时代”大学习大实践大提升活动，做好老干部工作。被省委老干部局评为“全省老干部工作信息工作先进单位”，东坡区委老干部局、洪雅县老干部活动中心获全省老干部工作先进集体，谢雯、杨昕、陈迎春、彭艳芳4人获全省老干部工作先进个人。

【老干部政治待遇落实】 眉山市委老干部局组织召开市级退休领导干部迎春座谈会，市政府主要领导通报2021年眉山经济发展情况，市委主要领导讲话。召开市直机关离退休干部情况通报会，邀请市委常委、组织部部长为老干部宣讲中共二十大精神，组织老干部参加（列席）市级重要会议活动。组织市级退休领导干部在市内集中学习考察10次；全年走访慰问市本级离退休干部142人次，看望生病住院的离退休干部20人次，做好去世的8名离休干部、1名市级退休领导干部治丧工作。

图16 2022年5月13日，眉山市离退休领导干部“建言二十大”专题座谈会 （摄影：易莉莎）

【老干部生活待遇落实】 眉山市委老干部局按照相关规定，为市本级中华人民共和国成立初期参加革命工作的部分退休干部提高困难补助标准。做好离退休干部生活补贴发放工作，全覆盖帮扶困难离休干部9人，共计3.6万元，落实市本级中华人民共和国成立初期参加革命工作的退休干部门诊医疗照顾费。市本级离休干部医疗费用报销纳入医疗保障信息系统。出台《落实离休干部精准服务工作方案》，编制《眉山市退休干部服务手册》，印发市级各部门（单位），指导老干部工作者做好服务工作。

【离退休干部党建】 眉山市委老干部局大力学习宣传贯彻《关于加强新时代离退休干部党的建设工作的意见》精神，着力强化政治引领、组织功能、管理监督、激励关怀和组织领导。将离退休干部党建工作纳入党的建设总体布局，纳入年度党建工作考核体系、党组织书记抓党建工作述职评议考核，离退休干部党组织书记（委员）、党务工作者培训列入市委组织部培训计划。创建“眉州霞光”离退休干部党建品牌，聚焦创建“霞光驿站”、开设“霞光课堂”、开展“霞光行动”、聚力“霞光之声”四项重点内容，建成6个“霞光驿站”示范点。

【离退休干部活动】 眉山市委老干部局持续开展“增添正能量·共筑中国梦”活动，组织开展“我为基层治理出份力”活动，发动离退休干部党员到居住地社区报到，建立离退休干部临时党组织40余个，200余名离退休干部党员担任小区党组织成员，助力基层治理经验做法被中组部老干部局采用。举办“建言二十大”座谈会，围绕“坚持和加强党的全面领导、推进全面从严治党、推动高质量发展”等内容召开座谈会16场次。开展“我为乡村振兴出份力”活动，开展农业技术培训20余次，以雷农田为代表的老科技专家的事迹在全省宣传。

【关心下一代工作】 眉山市关工委组织开展“助学成才”“助孤助残助困”“爱心帮教”“老少牵手·温暖童心”等助弱帮困活动，支出关爱资金363.9万元，资助困境学生，残困、失足青少年11367人。开展“五老”结对帮扶，关爱帮扶事

图17 2022年4月15日,市级退休领导干部参观考察西南智慧农业园 （摄影:易莉莎）

实无人抚养儿童330人次。新建关爱青少年活动室48个。开展“老少颂党恩、喜迎二十大”主题教育,印发《眉山市关工委青少年教育宣讲资料汇编》2800册,组织“五老”宣讲员开展主题宣讲1043场次、12.85万名青少年受教育。组织600名青少年免费参加“老少同声颂党恩,携手喜迎二十大”青少年夏令营。持续开展传承“三苏好家风”活动,深入挖掘、传承、弘扬眉山优秀家教家风,滋养眉山青少年成长成才。2022年,眉山市关工委获评全国、全省青少年普法教育先进集体。

（杨志东）

党校教育
Party School Education

【概况】 2022年,眉山市委党校深入贯彻落实中共二十大精神和习近平总书记对党校工作重要指示精神,奋力推进党校事业高质量内涵式发展。制作并发布市第五次党代会精神解读、学习贯彻习近平总书记来川视察重要指示精神、国旗下的微党课等系列微课视频19集,点击量超10万次。获眉山市“五四青年奖章”集体荣誉称号,连续3年被评为“全省党委讲师团综合考评先进单位”。

【培训教育】 眉山市委党校将中共十九届六中全会精神、中共二十大精神、习近平总书记来川视察重要指示精神、省第十二次党代会和市第五次党代会精神等重要内容纳入教学重要内容,承办全市县处级领导干部进修班、乡科级领导干部进修班、新任县处级领导干部培训班、新任乡科级领导干部培训班、眉山市年轻干部“兴眉优培计划”培训班等各类市本级主体班23期、培训2303人次。承接全市招商引资干部培训班、眉山市2022年城市基层干部示范培训班、眉山天府新区生态文明建设和生态环境保护专题培训班等各类外培班19期,培训1160人次。

【科研活动】 眉山市委党校全年立项省委党校课题5项,立项省社会主义学院课题1项,立项市社科联课题7项,立项市委党校课题25项,立项习近平总书记亲临眉山调研重要指示精神专项课题7项;呈报咨政建议8件,其中2件获得省政府领导肯定性批示,2件获得眉山市委、市政府主要领导肯定性批示。在《学习时报》《四川党校报》《眉山日报》和“学习强国”学习平台等理论平台发表文稿19篇。

【理论研讨】 眉山市委党校召开学习宣传贯彻中共二十大精神理论研讨会,组织教师参加省、市各类研讨会、论坛,提交《成乐眉晶硅光伏产业一体化发展战略研究》《在新时代打造更高水平的“天府粮仓”》《加快成德眉资城乡一体化发展思考》等论文8篇,1篇参会论文获智库论坛暨四川省资本论研究会2022年年会三等奖。

【特色教学】 眉山市委党校深入学习贯彻习近平总书记关于传承弘扬中华优秀传统文化的重要指示精神,研发《弘扬清风正气 永葆廉洁本色——学习苏轼廉政思想》《以三苏家风 涵养新时代共产党人的良好家风》《传承东坡精神涵养新时代共产党人的家国情怀》等课程,举办第四期东坡文化专题干部培训班。

【基层宣讲】 眉山市委党校组织开展多轮集中宣讲,全年宣讲700余场,受众10万余人,“沿着习近平总书记的四川足迹”基层宣讲活动情况被《中国组织人事报》报道。拍摄制作学习中共二十大和习近平总书记来川视察重要指示精神微党课15部,其中1部入选省委宣传部“理响巴蜀”微视频展播。

【校院建设】 眉山市委党校大力推进新校园建设,学员宿舍、教学综合楼和阶梯教室、学员餐厅、行政楼等建筑主体结构完成施工,体育馆主体结构正在建。其中,学员宿舍1~4号楼的内外墙施工、消防、水电预埋工程全部完工,正在推进空调安装、吊顶和防水处理工程。教学综合楼、阶梯教室的二次结构、内外墙施工完成,消防、水电工程、屋顶钢结构安装基本完成,正在推进空调安装;学员餐厅的屋面、外内墙施工、消防、水电工程全部完成,正在推进空调安装、弱电预埋等工程;大礼堂的二次结构施工基本完成,正在推进轻质隔墙施工;体育馆的主体工程结构完成65%。行政楼的主体结构工程完成,正在推进二次结构施工。结合新校园基础施工,同步实施智慧校园信息化建设工程。

（李平 徐娟）

眉山市人民代表大会

MEISHAN MUNICIPAL PEOPLE'S CONGRESS

重要会议 / 人大立法 / 依法监督 / 人大代表履职

重要会议
Important Meetings

【概况】 2022年，眉山市人民代表大会常务委员会（简称市人大常委会）召开眉山市人民代表大会1次、市人大常委会会议10次、市人大常委会党组会议13次、主任会议13次。

【眉山市第五届人民代表大会第二次会议】 1月11日至13日，眉山市第五届人民代表大会第二次会议召开。会议听取和审议《眉山市人民政府工作报告》《眉山市人民代表大会常务委员会工作报告》《眉山市中级人民法院工作报告》《眉山市人民检察院工作报告》，书面审查《眉山市人民政府关于2021年全市环境状况和环境保护目标完成情况的报告》《眉山市2021年国民经济和社会发展计划执行情况及2022年计划草案的报告》《眉山市2021年财政预算执行情况及2022年财政预算草案的报告》，会议表决通过关于上述七个报告的决议。会议选举何万高为眉山市第五届人大常委会秘书长。会议对2021年度民生实事票决项目完成情况进行满意度测评，表决通过眉山市人民政府2022年度重点实施的民生实事项目10项，即：为299万名糖尿病、高血压“两病”患者提供门诊用药保障；新建、续建公办中小学10所，其中建成投用7所、新增学位9150个；建成社区养老服务综合体、服务站点10个，农村养老服务分中心、服务点22个；实施乡镇场镇、农村“路灯照明”工程7000组；新建、改扩建“四好农村路”200千米；对580名困难残疾人家庭实施无障碍改造；建成7个公办示范性婴幼儿照护服务机构，新增托位870个；200个村卫生室纳入医保定点范围；完成25个城乡农贸市场达标提升；开工改造城镇老旧小区364个。

【市人大常委会会议】 眉山市五届人大常委会召开常委会会议10次。1月6日，眉山市第五届人大常委会第三次会议审议《眉山市人民政府关于眉山市2020年度市级预算执行和其他财政收支审计查出问题整改情况的报告》《眉山市人大常委会工作报告（草案）》《眉山市人民政府关于2021年度民生实事票决项目完成情况和2022年度民生实事票决候选项目形成情况的报告（草案）》《眉山市第五届人民代表大会第二次会议列席人员名单（草案）》，表决通过《眉山市第五届人民代表大会常务委员会关于接受曲木史哈、慕新海辞去四川省第十三届人民代表大会代表职务的决议（草案）》《眉山市人大常委会代表资格审查委员会关于眉山市第五届人民代表大会个别代表的代表资格审查报告（草案）》，补选于立军、黄河为四川省第十三届人民代表大会代表。

1月23日，眉山市第五届人大常委会第四次会议表决通过有关人事任免事项。

2月28日，眉山市第五届人大常委会第五次会议审议《眉山市监察委员会关于整治群众反映强烈问题工作情况的报告》，表决通过《眉山市人大常委会2022年工作要点（草案）》和有关人事事项。对市人民政府办理《眉山市人大常委会关于市人民政府办理市四届人大七次会议代表建议、批评和意见情况报告的审议意见》情况进行满意度测评。

4月25日，眉山市第五届人大常委会第六次会议审议《眉山市人民政府关于新冠肺炎疫情常态化防控工作的报告》《眉山市人民政府关于全市城镇老旧小区改造工作情况的报告》《眉山市人大常委会法制工作委员会关于2021年度备案审查工作情况的报告》，表决通过《眉山市人民代表大会常务委员会关于加强国有资产管理情况监督的决定（草案）》和有关人事事项，对市人民政府办理《眉山市人大常委会关于市人民政府粮食安全工作情况报告的审议意见》情况进行满意度测评。

6月23日，眉山市第五届人大常委会第七次会议审议市人大常委会执法检查组关于检查《中华人民共和国乡村振兴促进法》《四川省乡村振兴促进条例》《中华人民共和国大气污染防治法》《中华人民共和国安全生产法》贯彻实施情况的报告，审议《眉山市人民政府关于2021年度法治政府建设工作情况的报告》。表决通过《眉山市第五届人民代表大会常务委员会关于接受梁勇辞去四川省十三届人民代表大会代表职务的决议（草案）》和有关人事事项。会议对市人民政府办理《眉山市人大常委会关于市政府就业促进工作情况报告的审议意见》《眉山市人大常委会关于检查〈中华人民共和国固体废物污染环境防治法〉贯彻实施情况报告的审议意见》《眉山市人大常委会关于2020年度法治政府建设工作情况报告的审议意见》情况进行满意度测评。

7月5日，眉山市第五届人大常委会第八次会议表决通过《眉山市人民代表大会常务委员会关于接受王淑琳辞去眉山市人民政府副市长职务的决定（草案）》和有关人事事项。

8月26日，眉山市第五届人大常委会第九次会议审议《〈眉山市集中式饮用水水源地保护条例〉立法后评估报告》《眉山市人民政府关于2022年上半年国民经济和社会发展计划执行情况的报告》《眉山市人民政府关于2021年财政决算情况的报告》《眉山市人民政府关于2022年1—6月财政预算执行情况的报告》《眉山市人民政府关于2021年

图18 2022年1月11—13日，眉山市第五届人民代表大会第二次会议召开 （供图：眉山日报社）

度市级预算执行和其他财政收支的审计工作报告》《眉山市人民政府关于2022年度民生实事票决项目推进情况的报告》，表决通过《眉山市人大常委会代表资格审查委员会关于眉山市第五届人民代表大会个别代表的代表资格审查报告（草案）》和有关人事事项，会议对市人民政府办理《眉山市人大常委会关于检查〈中华人民共和国非物质文化遗产法〉贯彻实施情况报告的审议意见》情况、市监察委员会办理《眉山市人大常委会关于整治群众反映强烈问题工作情况报告的审议意见》情况进行满意度测评。

10月28日，眉山市第五届人大常委会第十次会议传达学习中国共产党第二十次全国代表大会精神，审议《眉山市人民政府关于全市道路交通安全管理工作情况的报告》《眉山市人民政府关于全市数字经济发展情况的报告》《眉山市人民政府关于"林长制"工作推进情况的报告》《眉山市人民政府关于2021年度国有资产管理情况的综合报告》《眉山市人民政府关于全民健身工作情况的报告》，会议审议市人大常委会执法检查组关于检查《中华人民共和国教师法》贯彻实施情况的报告，表决通过《眉山市人民代表大会常务委员会关于协同推进优化成德眉资区域营商环境的决定（草案）》《眉山市人大常委会代表资格审查委员会关于眉山市第五届人民代表大会个别代表的代表资格审查报告（草案）》和有关人事事项。会议对市人民政府办理《眉山市人大常委会关于听取和审议市人民政府〈关于眉山市2020年度行政事业性国有资产管理情况的专项报告〉的审议意见》《眉山市人大常委会关于医疗保障工作专题询问的审议意见》情况进行满意度测评。

12月30日，眉山市第五届人大常委会第十一次会议审议《眉山市人民政府关于市本级2022年预算调整方案的报告》《眉山市人民政府关于2021年度市级预算执行和其他财政收支审计查出问题整改情况的报告》《眉山市五届人大二次会议代表建议、批评和意见办理情况的报告》《眉山市人民代表大会常务委员会工作报告（草案）》，表决通过《眉山市第五届人民代表大会常务委员会关于接受杜紫平辞去眉山市第五届人民代表大会常务委员会主任的决定（草案）》《眉山市第五届人民代表大会常务委员会关于推选肖忠良为眉山市第五届人民代表大会常务委员会代理主任的决定（草案）》《眉山市第五届人民代表大会常务委员会关于接受易晓东辞去眉山市中级人民法院院长职务的决定（草案）》《眉山市第五届人民代表大会常务委员会关于付宝为眉山市中级人民法院代理院长的决定（草案）》《眉山市人民代表大会常务委员会关于召开眉山市第五届人民代表大会第三次会议的决定（草案）》《眉山市第五届人民代表大会第三次会议议程（草案）》《眉山市第五届人民代表大会第三次会议主席团和秘书长名单（草案）》《眉山市第五届人民代表大会第三次会议列席人员名单（草案）》《眉山市人大常委会代表资格审查委员会关于眉山市第五届人民代表大会个别代表的代表资格审查报告（草案）》和有关人事事项。会议对眉山市人民政府办理《眉山市人大常委会关于全市城镇老旧小区改造工作情况报告的审议意见》情况进行满意度测评。

12月30日，眉山市第五届人大常委会第十二次会议表决通过《眉山市人大常委会代表资格审查委员会关于眉山市第五届人民代表大会个别代表的代表资格审查报告（草案）》。

【市人大常委会党组和主任会议】 眉山市人大常委会召开党组会议13次、主任会议13次。其中党组会议主要传达贯彻重要会议精神和文件精神、市委重要决策部署，研究提请市委审定的重大事项；主任会议主要研究提请市人大常委会会议审议的专项工作报告、执法检查报告、人事任免事项等议题，处理市人大常委会重要日常工作等。

（刘　荣）

人大立法
Legislation of Municipal People's Congress

【概况】 2022年，眉山市人民代表大会常务委员会（简称市人大常委会）发挥立法主导作用，继续审议《眉山市农贸市场建设管理条例（草案）》，启动《眉山市大气污染防治条例（草案）》起草工作，开展优化营商环境立法调研，开展《眉山市集中式饮用水水源地保护条例》立法后评估，高标准推进备案审查工作。

【地方立法工作】 眉山市人大常委会坚持党对立法工作的领导，坚持以人民为中心开展立法工作，发挥地方立法作用，夯实地方发展法治基础。启动《眉山市黑龙滩水库保护条例》起草工作，与起草部门多次到黑龙滩水库开展立法调研，了解黑龙滩水库及周边地理环境及管理工作情况，与起草单位及相关部门、专家多次开展沟通讨论，组织条例（草案）的修改。组织开展《眉山市集中式饮用水水源地保护条例》立法后评估工作。立法评估组采取法规实施主体自查评估和独立评估相结合的方式，根据各县（区）人民政府及市级相关部门自查评估报告、对集中式饮用水水源地实地调研走访了解制度执行情况和有关专家意见结合，形成评估报告。对《四川省供销合作社条例》《四川省数据条例》等15件征求意见稿提出修改意见21件，被采纳9件。与西南财经大学续签地方立法合作协议，探索改进与西南财经大学在立法培训、理论研讨、重大项目评估等方面的合作方式。聘用的立法专家专业范围涵盖立法法、行政法、民法、城乡规划建设与管理、环境资源保护、历史文化保护等领域，其中3人是省人大常委会立法专家库首批立法专家，续聘8名市人大常委会法律顾问。

【规范性文件备案审查】 眉山市人大常委会全年向省人大常委会报备规范性文件12件，省人大常委会全部予以备案。开展规范性文件备案审查69件，其中审查县（区）人大常委会规范性文件59件，审查市人民政府规范性文件10件，纠正规范性文件1件，监督指导报备单位自行纠正不规范报备文件32件。协助开展党内合法性审查6件，指出存在不适当情形规范性文件2件，提出审查意见5条，均被市委办采纳。协助开展备案审查调研6次，指导各县（区）人大常委会建立听取和审议备案审查工作报告制度。协助开展全市涉及计划生育、"水能资源开发利用权"有偿出让制度内容的法规、规章和规范性文件专项清理、集中清理工作。

（刘　荣）

依法监督
Supervision by Law

【概况】 2022年，眉山市人大常委会增强监督实效，听取和审议18个专项工作报告，对4部法律法规的贯彻实施情况进行检查，开展优化营商环境工作专题视察，围绕公共文化服务等事关群众切身利益的热点难点问题开展专题调研。

【围绕中心大局开展监督】 眉山市人大常委会坚持把助力制造强市摆在突出位置，围绕“再造一个工业眉山”，开展制造强市、食品加工产业发展等专题调研，深入30余个重点企业和项目，调研生产经营、技术改造、研发投入等内容，督促有关单位研究办理，解决一批企业反映的具体问题。组织部分全国和省人大代表集中视察制造业发展，针对主导产业支撑不足、园区承载能力不强、区域发展不平衡等短板，提出工作建议15条。听取审议道路交通安全工作、数字经济发展情况报告，解决数字经济基础较弱、创新能力不强等问题。

【财政预算审查】 眉山市人大常委会听取审议国民经济和社会发展计划执行情况报告，跟踪经济运行情况，推动大会批准计划全面落实。听取审议预算执行情况报告，依法批准决算和预算调整。听取审议审计工作报告、审计查出问题整改情况报告，跟踪推动86个突出问题整改，对2个县2个部门整改情况进行满意度测评。出台关于加强国有资产管理情况监督的决定，听取审议国有资产管理情况综合报告。深化预算联网监督，支持丹棱县建好全国人大常委会预算工委基层联系点。

【营商环境监督】 眉山市人大常委会针对区域营商环境建设中的难点问题，作出关于协同推进优化成德眉资区域营商环境的决定，推动共建统一开放的区域市场环境、高效便捷的区域政务环境、公平公正的区域法治环境。听取审议法治政府建设工作报告，促进政府依法行政。首次听取审议市监委专项工作报告，聚焦整治群众反映强烈问题，提出审议意见。

【农产品质量安全监督】 眉山市人大常委会将农贸市场达标提升纳入民生实事票决项目，督促政府2022年投入1亿余元完成33个农贸市场的达标提升。开展农产品质量安全调研，深入农业企业、农贸市场、批发市场暗访、座谈，了解农产品检测、加工、销售等方面存在的问题，提出农产品批发市场必须检、零售市场分步检、财政资金奖补检等监督建议，抓好源头管理，健全追溯体系。

【教育事业发展监督】 眉山市人大常委会开展教师法执法检查，实地调研20余所学校，走访一线教师、家长等130余人，梳理出28个问题反馈市政府，提出落实立德树人教育理念，加强师德师风建设，提高教师政治素质和业务能力，完善教师管理体制机制，培育更多名师名校等建议。开展家庭教育促进法实施情况专题调研，促进未成年人健康成长。监督推进“新（续）建公办中小学10所”民生票决项目，建成投用8所，新增学位1.1万余个。全覆盖调研全市托育示范机构建设情况，推动解决项目选址、设计、收费等问题，眉山市与成都市被省卫健委推荐为全国首批婴幼儿照护服务示范城市。

【医疗卫生事业监督】 眉山市人大常委会听取审议新冠肺炎疫情常态化防控工作报告，督促加快疾病防控体系建设，提升疫情防控能力和水平。持续跟踪医疗保障工作专题询问审议意见办理落实工作，开展医疗保障服务、乡村卫生体系建设专题调研，推动“为29.9万名糖尿病、高血压患者提供门诊用药保障”“将200个村卫生室纳入医保定点范围”民生实事票决项目超额完成。听取审议全民健身工作报告，提出将全民健身经费单项列入财政预算，对健身场地、设施、公共体育场馆开放时间提出量化指标，推动增强人民体质、提高生活质量等建议。开展安全生产法执法检查，提出筑牢安全生产法治理念、压实主体责任等审议意见，推动守住安全底线等建议。

【生态环保监督】 眉山市人大常委会听取审议关于城镇老旧小区改造情况报告，推动解决资金来源单一、后期管护不到位等问题，全市开工改造老旧小区720个、完成324个，工作经验全国交流。开展大气污染防治法、长江保护法执法检查，先后深入50余个重点项目和敏感区域，收集各类问题30余个，提出科学治理、协同推进、严格执法等审议意见。听取审议林长制工作报告，提出压实责任、深化改革等审议意见。

（刘　荣）

人大代表履职
Performance of Deputies to Municipal People's Congress

【概况】 2022年，眉山市人大常委会充分发挥代表主体作用，加强票决项目监督，提升代表建议质量和办理质效，强化代表履职服务保障和管理监督，持续开展“我为群众办实事——人大代表在行动”实践活动。

【民生实事票决制工作】 眉山市人大常委会总结试点经验，印发监督方案，坚持动态监督、常态反馈，听取审议民生实事票决项目推进情况报告，加强县乡票决制工作指导。全年市县乡三级票决实施的213个民生项目全部完成。

【人大代表建议】 眉山市人大常委会建立列席市人大常委会会议代表座谈会制度，召开代表座谈会4次，25名代表聚焦经济发展、环境保护、乡村振兴等热点问题，提出意见建议50余条。拓宽市人大代表参与人大工作渠道，组建法制、经济、社会建设等8个代表专业小组，发挥代表专业优势。完善代表提出建议前的沟通协调机制，健全代表建议提出、交办和督办工作流程。确定16件重点代表建议，由常委会领导牵头督办，专门委员会对口跟踪督办。听取审议代表建议办理情况报告，推动129件建议全部按期办结。出台进一步规范和加强代表“家站”建设运行的实施意见，打造代表之家35个、代表联络站380个。深入开展“我为群众办实事——人大代表在行动”主题活动，组建代表服务队60支，开展志愿活动600余次，走访接待群众10万余人，帮助解决困难问题2900余个。

（刘　荣）

眉山市五届人大二次会议代表建议、批评和意见一览表

表 4

编号	姓名	建议、批评和意见
		区县和园区发展（14 件）
1	邓光友	关于进一步支持仁寿县创建全国经济百强县优化市委“两副支撑　三廊共进”市域空间格局的建议
2	张　瑾	关于彭山经济开发区规划调整的建议
3	杨兴弘	关于加快完善东彭路网规划建设推动东彭融合的建议
4	祁志兵	关于在彭山城区运行共享自行车的建议
5	李海飞	关于泡菜园区配套设施完善的建议
6	谭玉琨	关于建设“丹棱—蒲江”农旅融合示范区，推动成德眉资同城化发展的建议
7	贺圣国	关于将丹棱经开区纳入眉山高新区扩区调位规划范围的建议
8	曹宇春	关于支持丹棱县创建国家生态文明建设示范县的建议
9	冷　晶	关于支持丹棱县创建国家级“四好农村路”示范县的建议
10	陈　波	关于支持丹棱创建国家农业现代化示范区的建议
11	祝九芬	关于支持丹棱争创国家城乡融合发展试验区的建议
12	毛洪宁	关于支持仁寿县合理划定国土空间规划“三区三线”的建议
13	王　义	关于支持洪雅生态产品价值实现机制试点县建设的建议
14	王永存	关于加快推进眉山市建筑产业园建设的建议
		农业农村（20 件）
1	陈述伟	关于重点扶持竹产业创新发展的建议
2	席幼平	关于继续实施路灯照明工程的建议
3	席幼平	关于对路灯照明工程实施三年来“回头看”的建议
4	张　霞	关于继续实施场镇、村、农村聚居点“路灯照明”工程项目的建议
5	陈利群	关于场镇、村、农村聚居点“路灯照明”后续维护的建议
6	刘义英	关于农村村道路、连户路硬化的建议
7	李建东	关于如何壮大村级集体经济推进乡村振兴的建议
8	赖东妹	关于中药材种植发展的建议
9	粟伟仪	关于改善农村道路交通状况，促进乡村经济发展的建议
10	宋建英	关于村道路升级改造的建议
11	蔡　锐	关于天然气进村入户的建议
12	杨　航	关于开通乡村旅游景点公交车的建议
13	刘　翔	关于更新标识标牌的建议
14	辜度寒	关于扩宽乡村道路，排除安全隐患的建议
15	张　君	关于开展乡镇场镇道路黑化项目的建议
16	任学东	关于破解乡村旅游困局的建议
17	张　瑶	关于做好“厕所革命”后续维护工作的建议
18	祁志兵	关于发展眉山农业特色优势小产业的建议
19	陈　波	关于对柑橘种质资源保护及创新利用的建议
20	杨　容	关于推动眉山加快乡村振兴的建议
		经济发展（33 件）
1	赖崇华	关于补齐融资短板支持“制造强市”的建议
2	柳联森	关于成立“房地产业风控转型工作组”的建议
3	陈红梅	关于协调解决制造业劳动力保障的建议
4	李海飞	关于打造西南乳都，保障乳业生产基地可持续发展的建议
5	黄勇英	关于“小三峡”开发的建议
6	朱　薇	关于建立眉山锂离子电池分析测试中心的建议
7	廖伦万	关于加强眉山城市品牌推广工作的建议
8	彭　洪	关于促进我市制造业绿色智能发展的建议

续表 4

编号	姓名	建议、批评和意见
9	王永存	关于留存建筑业产值的建议
10	郭吉祥	关于制定土地使用税政策，提高工业用地使用绩效的建议
11	夏　放	关于强化知识产权保护，助推新能源新材料产业发展的建议
12	劳海燕	关于增加经停成都火车南站的成眉高铁或动车班次的建议
13	阳　涛	关于完善环天快速路安全设施的建议
14	徐　国	关于推进东坡、仁寿公交一体化的建议
15	杨　建	关于将市域铁路 S5 线仁寿支线与 S5 主线同步开展工可研究整体立项的建议
16	魏　敏	关于关键路口右转纳入红绿灯管理的建议
17	廖　鹏	关于眉山北交通枢纽更名提升的建议
18	窦红霞	关于大北街红星路至环湖路段设置分时段单行的建议
19	李宏燕	关于中心城区一环东路提升改造工程建议
20	吕科霖	关于全面梳理市区各处红绿灯、限速设置，提升市区交通通行效率的建议
21	邓　璐	关于开通城区到眉山市中医医院龚村养护中心公交线路的建议
22	刘桂英	关于中心城区长安路到金象大道断头路修建建议
23	刘桂英	关于中心城区长安路、佰坡路、二环西路片区的市政排水改造建议
24	廖明清	关于加快中心城区道路改造提升的建议
25	付志洪	关于洪雅县安溪河殷河段山洪安全治理的建议
26	黄　扬	关于加快推进长征渠引水工程的建议
27	宋建国	关于打通 S401 崇杨路断头路的建议
28	陈宏斌	关于加快眉山环城公路北环线建设，早日实现眉山环城公路全线贯通的建议
29	陈宏斌	再提关于取消中心城区道路“绊脚石”的建议
30	王永存	关于打通东坡区南环线断头路的建议
31	李天玉	建议眉山公交车 3 路、7 路、15 路、T51 路四条公交车线路，任选一条或多条延伸至龙正站
32	岳志红	关于完善眉山市旅游交通体系的建议
33	徐天鹏	建议开通甘眉园区至南区东城社区的公共汽车路线
住建规划（15 件）		
1	廖建明	关于积极推行新能源充电设施建设的建议
2	徐　静	关于解决行道树问题的建议
3	庄继海	关于在城区街头设置便民座椅的建议
4	张潇引	关于城区老旧小区改造后墙面绘画装饰的建议
5	席幼平	关于继续实施既有住宅加装电梯的建议
6	席幼平	关于继续实施老旧小区改造的建议
7	董　敏	关于城镇老旧小区改造的建议
8	徐天鹏	建议加快做好既有住宅电梯增设工作
9	郭礼新	关于在中心城区新建人行天桥的建议
10	何毅超	关于东坡区东坡湖广场地下停车场重新改造扩建的建议
11	潘虹麟	关于中心城区公共篮球场灯光问题改善的建议
12	刘桂英	关于苏轼公园（原诗书城公园）喷水池改造建议
13	徐井万	关于调整毗邻眉山职院学生宿舍的加油站规划选址的建议
14	吕洪波	关于眉州大道西延线规划建设时支持丹棱城区绕城路建设的建议
15	陈宏斌	关于对建成后的汤坝电站加强督察力度，确保建设单位优化
教科文卫民宗（18 件）		
1	宋洪芳	关于规范普通高中课后服务管理的建议
2	张建超	关于优化乡村教师队伍建设的建议
3	张建超	关于缩短乡村教师与城镇教师整体素质差距的建议

续表 4

编号	姓名	建议、批评和意见
4	张建超	关于修建乡村教师周转房的建议
5	谢明婵	关于积极推行医养结合的建议
6	李颖颖	关于倡导义务教育阶段 5 ~ 9 年级学生收看《新闻联播》的建议
7	伍　懿	关于在全市学校实施护眼灯工程的建议
8	王永洪	关于加快眉山市文化广播电视和旅游局 5G 700M 频段退频工作的建议
9	张潇引	关于 0 ~ 6 个月婴儿免费心脏超声检查的建议
10	邹义强	关于实施眉山市智慧教育建设工程的建议
11	陈贵文	关于公益性血液透析中心建设的建议
12	李海飞	关于调整产品结构，持续推进“学生饮用奶计划”的建议
13	刘　佳	关于在眉高校毕业生稳就业创业的对策建议
14	喻文建	关于眉山市增设公办幼儿园 30 所（每年增设 10 所）建议
15	包国容	关于推进我市职业教育提质培优的建议
16	彭　瑶	关于提高我市体检普通率的建议
17	王永存	关于打造东坡演艺的建议
18	何　忠	关于建立我市民族团结进步创建经费保障机制的建议
		社会保障和社会治理（25 件）
1	李东武	关于深化“两项改革”后半篇文章推进市域社会治理的建议
2	李小容	关于放缓农村医疗保险费增长速度的建议
3	余成斌	关于对医保工作的建议
4	陈宏斌	关于吸引人才留住人才，推动眉山高质量发展的建议
5	黄丽梅	关于促进高层次人才激励的建议
6	朱　羽	关于加强停车位建设、管理的建议
7	周丽英	关于促进家政高质量发展，助力民生好就业的建议
8	华　东	关于我市电动车管理规范改善建议
9	华　东	关于出台我市便民服务型社区企业相关扶持政策，创新基层治理建议
10	徐　静	关于规范户籍管理的建议
11	徐　静	关于加大“牛皮癣”、小广告整治执法力度的建议
12	余成斌	关于加强犬只管理的建议
13	陶　晓	关于加强居民小区消防执法力度的建议
14	余　勤	关于应对人口出生率下降的建议
15	伍　懿	关于加强非机动车驾驶员交通安全意识教育管理的建议
16	伍　懿	关于加强文明养犬管理的建议
17	吕科霖	关于加强中心城区居民住宅小区管理的建议
18	陈宏斌	关于加强对全市居民小区生活垃圾车进行规范管理，巩固“双创”成果的建议
19	陈宏斌	再提关于加强对城区地下车库进行使用性质恢复的建议
20	王永存	关于缓解东坡区主城区交通压力的建议
21	李天玉	关于设立部分经费用于志愿者为眉山在抗美援朝战争中牺牲的烈士寻找亲人的建议
22	李天玉	建议设立专项经费用于志愿者为眉山在抗美援朝战争中牺牲的烈士，在朝鲜、韩国寻找他们的墓地
23	李天玉	设立专项经费让烈士家属到朝鲜祭奠烈士。
24	夏　放	关于积极推进眉山儿童友好型城市建设的建议
25	田利军	关于减少非法集资案件的建议
		生态环保（4 件）
1	汪　晶	关于加快高标准建设城市分类垃圾箱的建议
2	伍　懿	关于加强农村生活垃圾地库渗漏液无害化处置的建议
3	余克胜	关于非居民燃气用户可燃气体报警装置安装的意见建议（社会治理类）
4	李天玉	关于相关部门逐一排查退役军人尤其是参战老兵的居住环境，生活条件的建议（社会治理类）

眉山市人民政府

MEISHAN MUNICIPAL PEOPLE'S GOVERNMENT

重要会议 / 重大决策 / 政府督查 / 政务调研 / 人事与人才管理 / 政务服务 / 机关事务管理 / 信访工作

重要会议
Important Meetings

【概况】 2022年，眉山市召开第五届人民政府全体会议2次、第五届人民政府常务会议34次、专题会议108次。

【市政府全体会议】 7月29日，眉山市第五届人民政府第二次全体会议召开。会议深入学习贯彻习近平总书记来川视察重要指示精神，认真贯彻党中央、国务院重要决策部署，全面落实省第十二次党代会精神、省委工作会议、省政府第十次全体会议、全省经济运行分析会议部署要求，分析研判当前形势，总结上半年工作，安排部署下半年工作。

12月27日，眉山市第五届人民政府第三次全体会议召开。会议深入学习贯彻中共二十大精神和中央经济工作会议精神，认真落实省委十二届二次全会和省委经济工作会议决策部署，审议《政府工作报告（审议稿）》，分析研判当前形势，安排部署岁末年初重点工作。

【市政府常务会议】 眉山市全年召开第五届人民政府常务会议34次，传达贯彻党中央、国务院、省委省政府和市委重大决策和重要会议精神，中央、省级领导同志重要指示批示、重要讲话精神，听取全市经济社会发展形势及其他重要事项汇报，审议市政府重点工作、重要政策文件等各类议题386项，开展会前学法13次。

2022年眉山市第五届人民政府常务会议一览表

表5

次别	时间	主要议题
五届4次	1月13日	传达学习《政府督查工作条例》和《省政府办公厅关于贯彻落实〈政府督查工作条例〉的实施意见》，审议《眉山市食品安全突发事件应急预案（2021年修订）（送审稿）》等议题
五届6次	1月27日	传达学习省委农村工作会、全省粮食和物资储备工作会精神，审议《眉山市“十四五”消防事业发展规划（送审稿）》《眉山市“十四五”金融发展和改革规划（送审稿）》《眉山市市本级重大经济事项决策实施细则（试行）（送审稿）》等议题
五届7次	2月15日	传达学习习近平总书记在省部级主要领导干部学习贯彻党的十九届六中全会精神专题研讨班开班式上的重要讲话精神及省级领导干部和市厅级主要负责人读书班精神，审议《眉山市“十四五”先进制造业发展规划（送审稿）》《眉山市“十四五”综合交通运输发展规划（送审稿）》等议题
五届10次	2月24日	传达学习省委书记彭清华，省委常委、成都市委书记施小琳莅眉调研指示精神，审议《眉山市“十四五”知识产权发展规划（送审稿）》《眉山市“十四五”粮食安全规划（送审稿）》《眉山市“十四五”新型基础设施建设规划（送审稿）》等议题
五届12次	3月14日	传达学习习近平总书记在中共中央政治局第三十六次集体学习时的重要讲话精神，审议《眉山市“十四五”服务业发展规划（送审稿）》《眉山市“十四五”应急体系规划（送审稿）》《眉山市天然气管网“十四五”规划（送审稿）》等议题
五届13次	3月21日	传达学习全国两会、四川省传达学习全国两会精神大会精神，审议《眉山市“十四五”生态环境保护规划（送审稿）》《眉山市“十四五”文化和旅游发展规划（送审稿）》等议题
五届14次	3月30日	传达学习《四川省河湖长制条例》、全省项目投资工作暨“十四五”规划重大工程项目建设推进现场会精神，审议《眉山市“十四五”科技创新规划（送审稿）》《眉山市“十四五”城镇发展规划（送审稿）》《眉山市“十四五”教育事业发展规划（送审稿）》等议题
五届15次	4月14日	传达学习习近平总书记、李克强总理关于安全生产重要指示批示和全国全省安全生产工作电视电话会议精神，审议《眉山市人民政府常务会议议事决策规则（送审稿）》《实施上市倍增计划推动制造强市的意见（送审稿）》等议题
五届16次	4月25日	传达学习省委书记王晓晖调研疫情防控工作指示精神、省委疫情防控工作专题会议精神，审议《眉山市大气污染防治攻坚行动方案（送审稿）》《推进新时代残疾人事业高质量发展的实施意见（送审稿）》等议题
五届17次	4月29日	审议《深化应急管理综合行政执法改革的实施方案（送审稿）》
五届18次	5月13日	传达学习4月29日中共中央政治局会议，中央、省委和市委财经委员会会议，全省经济运行调度电视电话会议精神，审议《眉山市全民健身实施计划（送审稿）》等议题
五届19次	5月23日	审议《贯彻落实四川省人民政府〈进一步稳定和扩大就业十五条政策措施〉的实施方案（送审稿）》等议题
五届20次	5月27日	传达学习全国稳住经济大盘电视电话会议精神，审议《眉山市支持商贸服务业纾困解难稳增长的若干政策措施（送审稿）》《眉山市中小企业服务券使用管理暂行办法（送审稿）》等议题
五届21次	5月31日	传达学习省第十二次党代会精神、十二届省委一次全会精神，审议《眉山市服务业高质量发展三年行动计划（2022—2024年）（送审稿）》等议题
五届22次	6月10日	专题传达学习习近平总书记来川视察重要指示精神、6月10日省委常委会（扩大）会议和市委常委会（扩大）会议精神，研究贯彻落实意见

续表 5

次别	时间	主要议题
五届 23 次	6 月 15 日	传达学习第九次全国信访工作会议和全省信访工作电视电话会议精神，审议《眉山市中长期人口发展行动计划（送审稿）》等议题
五届 24 次	6 月 29 日	传达学习习近平总书记在中共中央政治局第三十九次集体学习时的重要讲话精神，审议《眉山妇女发展纲要（2021—2030 年）（送审稿）》《眉山儿童发展纲要（2021—2030 年）（送审稿）》等议题
五届 25 次	7 月 15 日	传达学习习近平总书记在中共中央政治局第四十次集体学习时的重要讲话精神，审议《进一步优化营商环境推动高质量发展的实施方案（送审稿）》等议题
五届 26 次	7 月 28 日	传达学习《中共中央、国务院关于做好 2022 年全面推进乡村振兴重点工作的意见》《中共四川省委、四川省人民政府关于做好 2022 年"三农"重点工作全面推进乡村振兴的意见》和中央、省委农村工作会议精神，审议《眉山市"十四五"残疾人保障和发展规划（送审稿）》《中国（眉山）跨境电子商务综合试验区实施方案（送审稿）》等议题
五届 28 次	8 月 18 日	传达学习习近平总书记关于统计工作重要论述精神，审议《完整准确全面贯彻新发展理念做好碳达峰碳中和工作的实施意见（送审稿）》等议题
五届 29 次	8 月 29 日	传达学习近期省领导重要批示和全省安全防范视频会议精神，审议《加快推进品质立市开展城市提升五大行动实施方案（送审稿）》等议题
五届 30 次	9 月 13 日	传达学习市委五届五次全会精神，审议《眉山市开放兴市行动方案（2022—2025 年）（送审稿）》《中华人民共和国四川省眉山市与阿根廷共和国布宜诺斯艾利斯省阿尔米兰提布朗市建立友好合作关系谅解备忘录（送审稿）》《第十二届（眉山）东坡文化节暨第五届眉山东坡文化学术高峰论坛总体方案（送审稿）》等议题
五届 31 次	9 月 29 日	传达学习习近平总书记在省部级主要领导干部"学习习近平总书记重要讲话精神，迎接中共二十大"专题研讨班上的重要讲话精神、省委和市委理论学习中心组专题学习会精神，审议《眉山市重大行政决策程序规定（送审稿）》《眉山市现代物流体系建设规划（送审稿）》《眉山国际铁路港发展规划（送审稿）》等议题
五届 32 次	9 月 30 日	审议《第十二届东坡文化节暨眉山市东坡文化月总体方案（送审稿）》
五届 33 次	10 月 21 日	传达学习国务院食品安全委员会《关于建立健全分层分级精准防控末端发力终端见效工作机制 推动食品安全属地管理责任落地落实的意见》和国家市场监管总局《企业落实食品安全主体责任监督管理规定》及近期国省关于食品安全会议精神，审议《推进全市养老服务事业高质量发展的实施意见（送审稿）》《国际竹藤组织与眉山市人民政府建立全面战略合作伙伴关系的协议（送审稿）》等议题
五届 34 次	11 月 3 日	传达学习《四川省政府投资管理办法》，审议《关于东坡区大石桥街道新建道路命名的请示》等议题
五届 35 次	11 月 25 日	传达学习《中华人民共和国农产品质量安全法》，审议《眉山市行政许可事项清单（2022 年版）（送审稿）》等议题
五届 36 次	12 月 13 日	传达学习习近平总书记对河南安阳市凯信达商贸有限公司火灾事故作出的重要指示和近期全国、全省有关会议精神，审议《眉山市市本级国有建设用地使用权划拨管理办法（送审稿）》《眉山市进一步激励大学生应征入伍政策措施（送审稿）》等议题
五届 37 次	12 月 27 日	传达学习中央、省委经济工作会议精神，审议《政府工作报告（送审稿）》《眉山市 2023 年度经济社会发展主要指标及"开门红"工作建议（送审稿）》《眉山市 2022 年国民经济和社会发展计划执行情况及 2023 年计划草案的报告（送审稿）》《眉山市 2022 年财政预算执行情况和 2023 年财政预算草案（送审稿）》《2023 年市重点项目计划（送审稿）》等议题

【市政府专题会议】 3 月 15 日，全市大气污染防治工作推进专题会议召开。会议听取市污染防治攻坚办、省环科院、东坡区政府、市公安局、市经济和信息化局、市住房城乡建设局、市交通运输局有关情况汇报，安排部署下一步工作。会议要求各级各有关部门（单位）坚决贯彻习近平生态文明思想，认真落实省委、省政府、市委、市政府关于大气污染防治工作安排部署，进一步提高政治站位，主要领导亲自研究部署、传导压力、高位推动、倒逼落实，完成年度目标任务，保持国家空气质量达标城市。

4 月 3 日，全市疫情防控有关工作专题会议召开。会议听取市卫生健康委、市公安局等市级有关部门（单位）情况汇报，安排部署下一步工作。

4 月 22 日，全市粮食安全党政同责、耕地保护、防止规模性返贫领域工作专题会议召开。会议传达学习省政府进一步加强耕地保护工作专题会议精神，听取市发展改革委、市财政局、市自然资源局、市农业农村局、国家统计局眉山调查队和眉山天府新区、各县（区）工作汇报，分析当前形势及存在问题，安排部署下一步工作。会议认为，粮食安全、耕地保护和防止规模性返贫是习近平总书记高度关注的三件大事，守牢"粮安"与"防止返贫"两条底线是 2022 年中央一号文件明确提出的要求，加之国际局势越发动荡，叠加疫情影响，更加要求"把饭碗牢牢端在自己手中"。会议指出，当前全市粮食安全、耕地保护、防止规模性返贫工作还存在群众种粮积极性不高、耕地保护缺口大、返贫风险依然存在等问题。会议强调，全市各级各部门要进一步提高政治站位，以对国家和民族负责的态度，对粮食安全、耕地保护和防止规模性返贫等"国之大者"心中有数、了然于胸，主要负责人要做到真正负责，坚决扛牢粮食安全和防止规模性返贫的政治责任，遏制耕地"非农化"、基本农田"非粮化"。

6月21日，全市经济运行和稳增长政策落实工作专题会议召开。会议听取市发展改革委、市统计局等市级有关部门（单位）工作情况汇报，安排部署下一步工作。会议指出，中共二十大召开在即，做好2022年的经济工作要统筹把握政治年的特殊属性和经济发展的客观趋势，全力抓好习近平总书记来川视察重要指示精神的贯彻落实，努力把国、省要求和群众期盼转化为推动经济发展的强大动力。会议要求，各级各有关部门要深入贯彻落实国省市稳增长各项决策部署，把各级助企纾困政策落实到市场主体，确保稳增长、稳市场主体、保就业各项工作落地落实。要紧盯“双过半”目标任务，精准研判经济发展态势和存在的风险，采取针对性措施补短板、强弱项，为实现经济发展预期目标奠定坚实基础。

11月25日，全市重点项目推进工作专题会议召开。会议听取市发展改革委、各县（区）政府、园（新）区管委会、市住房城乡建设局、市交通运输局、市委党校、市残联、国网眉山供电公司有关情况汇报，安排部署下一步工作。会议指出，2022年以来，面对复杂严峻的外部环境和多重超预期困难挑战，全市上下迎难而上、担当作为，固定资产投资和省重点项目推进连续两个季度进入全省“红榜”，成绩值得肯定。但当前眉山市项目投资还存在区域和行业不平衡、系统谋划不够、储备项目质量不高、支撑不足等问题。会议强调，各级各部门（单位）要毫不动摇贯彻落实“疫情要防住、经济要稳住、发展要安全”重要要求，高效统筹疫情防控和经济社会发展，全力以赴抓项目促投资，奋战四十天，实现完美收官；要抢抓国家政策红利重大机遇，围绕国家政策导向和市委、市政府中心工作，积极谋划包装项目，全力对上争取，着力招大引强，为2023年项目投资及“开门红”打牢坚实基础。

（朱霈露）

重大决策
Major Decisions

【聚力制造强市，做好2022年重点项目工作】1月12日，眉山市人民政府印发《关于做好眉山市2022年重点项目工作的通知》，重点项目名单共列项目197个，总投资3000亿元，2022年计划投资654亿元，其中，省重项目34个，总投资1174.4亿元，2022年计划投资244.4亿元；市重点项目163个，总投资1825.3亿元，2022年计划投资410亿元。按建设批次：续建项目91个，总投资1595.7亿元，2022年计划投资365.3亿元；新开工项目106个，总投资1404亿元，2022年计划投资288.5亿元。按行业类别：重大产业项目113个，总投资1869.5亿元，2022年计划投资399.7亿元；重大基础设施项目46个，总投资826.9亿元，2022年计划投资156.7亿元；民生及社会事业项目27个，总投资264.9亿元，2022年计划投资81.4亿元；生态建设和环境保护项目11个，总投资38.3亿元，2022年计划投资16.6亿元。

【加快绿色低碳高质量发展】4月1日，眉山市人民政府印发《加快“1+3”产业绿色低碳高质量发展支持政策（试行）》，提出支持集约高效发展，强化产业链精准招商，促进延链补链强链；支持培育企业做大做强，培育领军型优势企业。聚焦优势产业，打造专业化特色园区，对发展质量和效益好的工业园区给予奖补；支持创建绿色制造标杆，对新认定为国家、省级、市级绿色体系示范企业，分别给予奖励；支持实施节能低碳改造，鼓励企业实施节能低碳改造和资源综合利用，提升节能管理水平；支持创新示范建设，支持国家、省重点实验室、工程（技术）研究中心等创新平台建设，鼓励组建产业研究院；鼓励实施技改创新，支持企业技术攻关和成果转化应用，完善技术交易服务体系；支持数字智能改造，鼓励企业实施智能化改造升级，对符合条件的进行补助奖励；激励高端人才，支持制造业企业建设院士（专家）工作站、博士后科研工作站、博士后创新实践基地，支持引进急需紧缺专业的高层次人才；培育技能人才，支持本地企业与职业（技工）院校开展校企合作，对符合条件的进行补助奖励；创新财政支持方式，组建市级产业引导基金，重点支持“1+3”产业发展，每年安排300万元财政资金发放服务券，对中小微企业购买专业服务给予补助；鼓励企业上市融资，实施上市倍增计划，建立覆盖制造业企业引进投资、股改、辅导、挂牌、上市等全流程激励政策体系。强化用地供应。建立工业用地优先保障机制。此政策适用于眉山市新能源新材料、电子信息、机械及高端装备制造、生物医药产业，自印发之日起施行，有效期3年。《眉山市人民政府办公室关于印发眉山市推进经济高质量发展若干政策的通知》同时废止。

【部署5G通信基础设施】4月11日，眉山市人民政府印发《眉山市5G通信基础设施专项规划（2020—2030）》（简称《规划》）。《规划》结合眉山市国民经济与社会发展、“一核两副双带三廊”空间格局等情况，对2020—2030年期间5G通信基础设施进行深入全面研究。重点对5G通信基站、通信局所、通信管道建设需求进行规划，并将规划点位与国土空间规划进行对接，“统筹规划、远近结合，适度超前”高质量开展本次规划编制，保障规划方案的合理性和项目的经济性、可行性。《规划》进一步提升眉山市5G通信基础设施部署质量，为眉山经济社会高质量发展提供有力的通信保障。

【促进全市全民健身高质量发展】5月17日，眉山市人民政府印发《眉山市全民健身实施计划》，提出通过实施健身场地设施补短板、全域化赛事覆盖、全人群健身促进、科学健身服务提质、社会力量培育激发、全民健身示范引领等行动，到2025年，基本建立更高水平的全民健身公共服务体系，成功创建全国全民运动健身模范市，全民健身城市活力指数位居全省前列。建成社区15分钟健身圈，人均体育场地面积达到2.6平方米，经常参加体育锻炼人数比例达到38.5%，城乡居民《国民体质测定标准》合格以上人数比例达到93%，每千人社会体育指导员达到3.2名，群众体育引领员3.6万人。

【推动实现高质量就业】5月24日，眉山市人民政府印发《眉山市贯彻落实四川省人民政府〈进一步稳定和扩大就业十五条政策措施〉实施方案》。方案从稳定就业岗位、减轻企业负担、扩大就业供给、鼓励创新创业、稳定重点群体就业、困难群体托底帮扶、优化就业培训和服务7个方面综合施策。一是综合施策加大援企稳岗力度，对不裁员或少裁员的企业给予稳岗返还，支持企业招用脱贫人口、失业人员，给予吸纳就业补贴和创业补助。二是鼓励金融机构发放创业担保贷款，财政部门给予贴息支持，支持降低小微企业和“三农”融资成本。三是加快推进197个省市重点项目建设，力争完成投资654亿元，发挥重点项目建设对就业的拉动作用，力争创造就地就近就业岗位5.6万个以上。四是鼓励脱贫人口、失业人员、高校毕业生等重点群体从事个体经营，按标准扣减有关税费。五是重点解决高校毕业生就业，加大机关事业单位招录（聘）力度，全市国有企业招工规模在2021年基础上提高10%以上。六是稳定农民工就业，农民工转移就业规模稳定在100万人左右。七是促进退役军人就业，全市国有企业招工名额的10%用于招录退役军人。八是兜底困难人员就业救助，公益性岗位安置就业困难人员不低于5000人。鼓励围绕养老护理、婴幼儿照护、扶残助残等民生重点领域，开发公益性岗位，发放公益性岗位补贴。对暂时找不到工作又得不到家庭支持的生活困难外来务工人员、灵活就业人员，由急难发生地实施临时救助。编制发布一批慈善项目，对困难人员给予慈善关爱救助。

【加强统计调查基层基础工作】 6月21日，眉山市人民政府印发《进一步加强统计调查基层基础工作的意见》，为深入贯彻落实习近平总书记关于统计工作系列重要批示指示精神和国省关于统计工作重大决策部署，更好服务于经济社会发展，提出全面充实基层统计力量、加强行业部门统计工作、规范调查单位统计行为，目标到2023年6月底前，以1年为期，全市有关部门（单位）、所有乡镇（街道）、园区，规模以上工业企业、资质等级建筑业企业、限额以上批发零售住宿餐饮单位（含企业、个体户）、规模以上服务业企业（以下简称“四上”统计调查单位）实现“有机构、有人员、有场所、有专用设备、有档案资料、有基础台账”的规范化建设“六有”要求。

【进一步优化营商环境】 7月22日，眉山市人民政府印发《进一步优化营商环境推动高质量发展的实施方案》，提出聚焦市场主体和人民群众反映集中的痛点、难点、堵点，对标国内省内一流标准，深入实施“眉山服务、眉山速度、眉山成本、眉山诚信”营商环境四大工程，把眉山打造成为办事效率最高、投资环境最优、开放水平最佳、市场主体获得感最强的营商环境典范。要求持续开展营商环境攻坚突破和提质增效，实施一批突破性、引领性的改革举措，形成一批可复制推广的经验做法，打造一批在全国有影响力的营商品牌。营商环境评价各项单项指标全部进入优秀梯队，综合排名保持全省第一方阵。进一步打造市场化、法治化、国际化、便利化一流营商环境，着力培育壮大市场主体，更大激发市场活力和社会创造力。

【开展防汛减灾专项整治】 8月12日，眉山市人民政府印发《眉山市防汛减灾专项整治实施方案》，提出统筹发展和安全，坚持将防汛减灾、防范化解重大灾害风险作为重大政治任务，在全市范围内组织开展专项整治，按照《四川省防汛减灾专项整治工作方案》明确的整治重点和眉山市2022年汛前防汛减灾督导、汛期防汛安全隐患动态排查整治、防汛减灾专项督查发现的突出问题抓整改，进一步查漏洞、补短板、强弱项，全面提升防汛减灾能力。坚持突出重点、全域覆盖，聚焦重点区域、重点部位、重点时段、重点人群、重点环节，开展拉网式、全覆盖排查整治，整体推进、分类施策。坚持问题导向、目标导向和结果导向，强化责任担当，加强协作联动，形成工作合力，确保全面整改到位。要求通过专项整治，推动眉山市防汛减灾工作在思想认识、工作机制、责任落实、监测预警、隐患排查、转移避险等方面进一步提升，坚决防止因洪涝灾害造成重大人员伤亡。

【贯彻老有所养、幼有所育，提升“一老一小”服务能力】 11月16日，眉山市人民政府印发《眉山市“一老一小”整体解决方案》，提出持续健全体系、创新机制，更好发挥各级政府作用，更充分激发社会力量活力，有效促进“一老一小”服务能力提质扩容和区域均衡布局，促进广大家庭和谐幸福、经济社会持续发展。一是全面建成居家社区机构相协调、医养康养相结合的养老服务体系，实现兜底养老有保障，普惠养老有供给，高端养老有市场，打造成渝地区双城经济圈养老服务高地。二是建立健全具有眉山特色的婴幼儿照护服务发展政策支持体系、服务供给体系和规范管理体系。到“十四五”末，全市每千人口拥有3岁以下婴幼儿托位数达到4.5个，多元化、多样化、覆盖城乡的婴幼儿照护服务体系基本形成，婴幼儿照护服务水平不断提升，满足人民群众的婴幼儿照护服务需求。

【加快建设现代物流体系】 12月14日，眉山市人民政府印发《眉山市现代物流体系建设规划》，提出充分发挥市场在资源配置中的决定性作用，强化企业市场主体地位，通过市场竞争提升主体活力和物流体系运行效率；积极发挥政府在政策、规划、标准等方面的引导作用以及在统筹协调、营商环境打造等方面的支撑作用，加强宏观指导。一是面向新发展格局，全面落实全省“一干多支”战略，积极对接成渝双城经济圈战略和成都都市圈建设，联动眉山市国省级对外开放平台，加强对外通道和开放型枢纽建设，着力优化物流功能布局和空间结构，进一步激活大动脉、畅通微循环，推动区域、城乡高质量均衡发展。二是强化现代物流体系与眉山市“2+3+N”都市现代农业、“1+3”先进制造业和“3+5”现代服务业联动发展，推动物流要素与经济要素、产业要素深度融合，强化现代物流与供应链上下游有机衔接和高效协同，促进产业转型升级和产城融合发展。三是以数字化、网络化、智能化为引领，加强创新驱动赋能，提升物流智慧化水平。加快物流领域的技术创新、机制创新、模式创新、业态创新，推进传统物流功能向增值服务、高端服务领域延伸，推动跨界融合，实现现代物流体系运行质量与效益提升。四是贯彻可持续发展理念，提升物流体系绿色可持续发展能力，助力实现“双碳”战略目标。统筹发展和安全，推进物流体系应急保供能力提升，增强产业链供应链安全韧性。目标是到2025年，基本建成内畅外联、协同融合、安全高效、智慧绿色的现代物流体系，物流规模和质量效益明显提高，物流基础设施网络基本形成，核心物流枢纽节点能级实质提升，物流企业竞争力有效增强，绿色安全发展水平稳步推进，物流发展环境持续优化，基本建成“一基地两中心”，支撑眉山市融入共建以国内大循环为主体、国内国际双循环相互促进的新发展格局。

（朱霈露）

政府督查
Government Supervision

【概况】 2022年，眉山市政府督查系统围绕党中央、国务院、省委省政府和市委市政府重大决策部署，坚持有布置必有检查，有检查必有落实，突出督查重点、整合督查力量、创新督查方式，有力推动各项工作落地见效。

【决策部署督查】 眉山市政府督查室对《政府工作报告》每季度通报，对常务会决定事项、专题会议定事项、市政府十件大事和主要领导批示一月一报告。2022年共印发督查通知、报告、通报91期，分解督办各类事项1200余项，督查有效推进率100%、按期办结率95.3%。

【中心工作督查】 眉山市紧盯省市重点项目、大气和水污染防治、“征而未安”问题整治、安全生产、营商环境、耕地保护、常态化新冠疫情防控等重点工作开展督查，推动各项工作落地见效。6月面对大气和水污染治理严峻形势，组织17个部门成立7个督查组，以“日查+夜查”形式开展包片督查，整改问题437个。1—6月，17条市级河流平均水质均达Ⅲ类以上，上半年大气指数进入全国168个重点城市前100名。

【闭环管理督查】 眉山市政府督查室严格执行“两书一函”（约谈通知书、督促限期整改通知书、提醒敦促函）制度，紧盯重点环节和时限要求，紧扣“分解—交办—督办—审核—反馈”工作链条，实行全过程、闭环式管理，确保件件有落实、事事有回音。对发现的问题实行销号管理，第一时间反馈制定整改措施、明确整改时限，对整改效果进行“四不两直”“回头看”，整改到位的予以销号。2022年以来发现的785个问题，已销号746个，其余39个问题因需进行工程施工、设备采购等原因正加快推进整改。

（朱霈露）

政务调研
Government Affairs Survey and Research

【概况】2022年，眉山市人民政府办公室紧扣国省战略、市委、市政府中心任务，充分发挥调查研究、建言献策、文稿服务作用，开展调研300余次，撰写调研文章20余篇，多数调研成果转化为市委、市政府决策部署，推动天府粮仓打造、三苏文脉传承工作，加快成渝地区新能源新材料制造基地建设步伐。

【文稿起草】 眉山市人民政府办公室起草市政府主要领导文稿400余篇，起草全市对上争取工作会、全市经济工作会议等重要会议讲话代拟稿17篇，起草市政府汇报材料60余篇，起草眉山市第五届人民代表大会第三次会议《政府工作报告》，获全票通过。

【调查研究】 眉山市人民政府办公室聚焦环卫工人、食品安全等百姓关注度高、获得感强的一线开展专题调研，形成《关于环卫工人工作生活情况的调研报告》《关于防控农药残留风险提升农产品质量安全的调研报告》《严阵以待重症高峰全力做好眉山医疗应对》等专题调研报告10余篇，部分建议被成功采纳，多次获得市政府主要领导肯定性批示。

【决策咨询】 眉山市人民政府办公室为市政府决策提供信息参考和建议意见，编发《要闻早报》57期；中共二十大召开后，立足眉山实际，全面梳理中共二十大报告战略机遇、政策红利，提供精准决策依据；聚焦眉山主导产业，形成《眉山抢抓锂电赛道助力四川打造万亿级清洁能源产业的实践与探索》，为锂电产业更好发展提供参谋；6月8日，习近平总书记到眉山视察后，形成《关于打造新时代更高水平“天府粮仓”的调研报告》等报告，推动《中共眉山市委关于深入贯彻习近平总书记来川视察重要指示精神传承三苏文脉弘扬东坡文化的决定》和《中共眉山市委关于深入贯彻习近平总书记来川视察重要指示精神建设新时代更高水平“天府粮仓”示范区的决定》的出台。

（朱霈露）

人事与人才管理
Personnel and Talents Management

【概况】 2022年，眉山市贯彻落实中央、省委和市委人才工作会议精神，以新时代人才工作新理念、新战略、新举措，完善公务员和事业单位分类管理制度，深化分类分级考录、考核、培训，强化激励与约束，推进全市人才工作高质量发展，建设高素质专业化人才队伍。

【公务员与参公人员管理】 眉山市全年录用公务员377名，其中选调生83名（急需紧缺专业选调生57名，基层选调生26名）。大幅增加急需紧缺专业选调生招录名额，2023年招录名额增加至120个。组织开展全市400名公务员录用面试考官培训。调任科级领导干部7人，招聘聘任制公务员2名。公开遴选40名优秀基层公务员进入市直机关工作。出台《眉山市市直机关公务员转任实施细则（试行）》，跨部门（单位）转任公务员29名。完成市本级参照管理单位重新认定工作，指导县（区）成立工作专班，统筹推进重新认定工作。稳步推动市场监管、生态环境保护、文化市场、交通运输、农业、城市管理等“六大领域”综合行政执法队伍分类改革，1198人完成入轨实施工作。鲜明选人用人导向，发挥职务与职级并行正面效应，全市晋升三、四级调研员156人，晋升一级主任科员以下职级1681人，行政执法类公务员晋升四级高级主办88人，对684名公务员（参公人员）进行嘉奖、118名公务员（参公人员）记三等功。

【公务员薪资管理】 眉山市制定《眉山市规范公务员工资津贴补贴实施方案》，平稳有序完成公务员工资津贴补贴清理规范工作。推动参公人员抚恤金与公务员实现并轨。完成2021年公务员工资统计工作。完成年度职务职级晋升后工资

图 19　2022 年 7 月，四川省博士后联谊交流活动走进眉山青神　　（供图：市人社局）

变动、科级干部退休、抚恤金、遗属生活困难补助、工龄认定、工资关系转接、工资基金数据管理等工作。

（黄　敏　李佳鑫）

【事业单位人事管理】　眉山市人社局全年公开考试招聘教师 434 人，赴高校考核招聘市属事业单位高层次和紧缺专业技术人才 146 名，面向社会公开招募"三支一扶"人员 69 名，争取补助资金 473 万元。

【事业单位薪资管理】　眉山市人社局完成 3422 人次各类增资调资审批工作；按国家和省级要求，事业单位工作人员和机关工人基本工资上调标准于 2022 年 1 月 30 日前全部兑现，全市涉及约 4.4 万人；及时审批一线医务人员卫生防疫津贴和临时性工作补助，核增市属医疗卫生机构一次性绩效工资总量。

（黄　霞）

【人才体系建设】　眉山市升格成立市委人才工作领导小组，成立市人才发展促进会，建立人才工作站点 19 个，全面建立党管人才领导体系、社会参与协同体系、贯通到底工作体系。科学编制眉山人才发展"十四五"规划，明确目标要求、路径举措、服务保障，为加快建设成都都市圈人才集聚新兴地和科技创新增长极擘画蓝图。在眉山天府新区打造成眉人才协同"桥头堡"，其他县区（园区）因地制宜落地武侯东坡大健康产业园等 5 个协同项目，构建成眉人才协同发展"1+N"格局。深化人才发展体制机制改革，出台眉山人才新政 12 条、支持科技创新 16 条、"1+3"主导产业技能人才保障若干措施等一批积极、开放、有效的人才政策。积极推动青神县创建全省人才工作先行区。

（黄　敏　李佳鑫）

【人才引进和培育】　眉山市委组织部引育并重广聚英才，以"眉州英才"工程为统揽，接续推进"头雁入眉""英才助眉""科创汇眉""新时代工匠培育"四大行动，依托"蓉漂"品牌，组织四川雅保、天府江东等 29 家企业与成都共同开展 2022"蓉漂人才日"专场引才活动，举办川港澳台青年合作发展论坛眉山行、"才汇东坡"引才高校行等人才活动，集聚培养各类优秀人才 31.16 万人，眉山连续 3 年入围中国最具人才吸引力百强城市。2022 年，眉山市共建成博士后创新实践基地 8 个，其中国家级博士后科研工作站 1 个、省级博士后创新实践基地 7 个。全市博士后创新实践基地累计招收博士研究人员 13 人，其中在站博士 5 人，已出站博士 8 人。承办"2022 年海外赤子服务四川行动走进眉山活动"，柔性引进全省 18 所高校和科研院所的 23 名知名专家赴 8 个基层项目单位开展智力帮扶活动。省市县联合开展"2022 年四川省博士后联谊交流走进眉山青神活动"，柔性引进 23 家博士后设站单位 23 名博士后开展智力帮扶活动。首次开展"2022 年智兴天府专家行四川省专家智力服务揭榜挂帅行动"，征集智力合作需求 5 项，吸引 5 名专家揭榜领题、解决企业技术难题。征集全市 30 个重点产业、领域和行业紧缺人才岗位需求，与成都市人力资源社会保障局联合对外发布，助力企业引进人才。

【人才资源管理】　眉山市委组织部动态建立眉山籍市外高层次人才库、眉山籍"双一流"高校学生库，统筹经合、科技、人社、教育等部门常态开展对接联系，引导人才助力家乡发展。眉山市人社局严格落实疫情防控要求，组织开展各类线上线下招聘会 272 场，提供岗位 10.29 万个，达成就业意向 3.99 万人次；主动与全省各市（州）建立劳务用工信息共享机制，开辟企业赴外招聘绿色通道，组织企业前往成都等地开展专项招聘；充分利用自主开发的眉州人才云市场、零工云市场等微信小程序，为高校毕业生、农民工、退役军人开放求职专区，方便群众求职。

（黄　敏　李佳鑫　黄　霞）

【人才市校(院企)合作】 眉山市委组织部链接高校科创资源与本地龙头企业开展“产学研用”合作,启动万华化学、信利光电等产业研究院建设,大力推动国内规模最大的四川省水稻新品种新技术中试研发基地建设,累计培育国家级科技创新平台4个,省级科技创新平台81个。建立现代产业学院建设奖补、高校专业调整激励、校企“订单班”补助、毕业生留眉奖励等校企联合育才“全链条”奖补激励机制,建成23个产业学院,10所本地高校调整20个主导产业专业,开设15个订单班,市校战略合作高校增至14家。

【人才金融支持】 眉山市委组织部聚焦新能源新材料、电子信息等“1+3”主导产业,出台眉山人才新政“12条”,在项目资助、校企合作、安居保障、金融支撑等方面给予支持。

【人才服务】 眉山市委组织坚持党委联系专家人才制度,举办“党建引领·创新发展与人才队伍建设”论坛、高层次人才学习中共二十大精神专题研修班,引导广大人才奋进新征程、建功新时代。建立健全部门联系服务重点企业(项目)人才工作机制,协调解决人才就医、子女入学等具体困难。建成市人才综合服务中心,新建人才公寓669套,同城缴纳公积金、异地就医结算等成眉人才同城服务拓展到166项。

(黄　敏　李佳鑫)

政务服务
Administrative Service

【概况】 2022年,眉山市政务服务管理局围绕建设“三市一城”整体目标,以提升群众和企业获得感、满意度为根本,聚焦企业群众急难愁盼,全面优化营商环境、持续推动“一窗受理、一网通办”改革,深入开展行政审批提速、创新“政务服务+”,扎实开展政务服务“三化”建设,持续提升“12345”热线响应督办能力,不断强化公共资源交易监管,全力打造“眉事无忧”政务服务品牌。营商环境测评首次进入全省第一方阵,政务服务和公共资源交易服务量化考核双双获评全省系统一等奖,市本级、眉山天府新区、丹棱县行政审批局川渝通办示范窗口被省政府办公厅、《四川日报》、省政务服务中心评为全省“川渝通办优质窗口”,“眉山掌上开标”入选《四川省优化营商环境经验做法(第八批)》,在全省推广。

【营商环境优化】 眉山市制定《关于印发落实〈国务院办公厅关于复制推广营商环境创新试点改革举措的通知〉任务分解表的通知》,印发《进一步优化营商环境推动高质量发展的实施方案》,以营商环境评价19项一级指标为统揽,明确牵头推动市级领导,细化207项具体工作措施,坚持常态化推进,营商环境测评首次进入全省第一方阵。助力市场主体解忧纾困,协同成都、德阳、资阳三市共同出台《关于协同推进优化成德眉资区域营商环境的决定》,拓展区域政务服务通办事项、加大证照互认力度。加大工作督导力度,将营商环境工作纳入市委督查目标计划,对眉山天府新区、各县(区)和市级营商环境一级指标牵头单位开展督查。继续做实营商环境“监测点”“观察员”作用,定期召开交流座谈会议,收集营商环境建设中的问题和建议,并对相关建议意见及时研究交办,针对性提出具体举措,补齐短板,及时回应企业群众诉求。

【服务型政府建设】 眉山市政务服务管理局以增强企业群众获得感为主线,推动61个企业群众生产生活高频事项“一件事一次办”、落地135个事项“一证一照办”;指导彭山区、仁寿县深化“出生一件事、身后一件事、退休一件事”等并联办理;清理必须线下办理事项335项、特殊办理事项116项,对43项全省“智能审批”事项进行实景办件测试;统筹推进城乡低保等审批服务,惠民政策落实及水、电、气等与群众生产生活密切相关事项纳入乡镇(街道)便民服务中心办理,推动乡镇便民服务中心“一窗受理”“一站办理”;提高主动评价率,建立政务服务“好差评”定期通报机制,强化差评整改,全市政务服务评价数227.58万条,其中主动评价数达220.9万条,群众满意率99.99%,差评按期整改率100%。

【行政权力清单动态调整】 眉山市政务服务管理局全面实行行政许可事项清单管理,承接中央、省级层面指定眉山市实施的行政许可事项,同步梳理眉山市市本级依法依规自行设立的行政许可事项351项,实现全市依法实施的行政许可事项全部纳入清单管理,编制公布市、县、乡三级行政许可事项基本目录,实现运行实施规范化。有序推进赋予乡镇(街道)县级行政权力事项,按照“成熟一批,下放一批”原则,将119项法定权力和181项赋予乡镇(街道)县级行政权力事项,以分批分类赋权、规范工作程序、稳妥实施赋权和强化后续管理等四个方面对赋权工作进行规范和推进。对入驻政务服务大厅1263项行权事项、619项公共服务事项进行清理,对高频办件事项进行梳理,实现企业群众办事材料再精减、环节再压缩、时间再减少、流程再优化、服务再提质,办事时间提速达80%。

【“一窗受理、一网通办”改革】 眉山市政务服务管理局做好一体化平台事项3.0、4.0基础配置工作。按照工作要求,对眉山市公积金个性化事项进行梳理并按期报送,定期在一体化平台上认领、编辑、审核、发布事项,确保事项认领发布率、办事指南准确率均进入全省前列水平。强化电子证照、电子印章等应用。持续拓宽电子证照应用场景,加快推进出生医学证明、户口簿、身份证、社会保障卡等个人常用证照电子化应用,8月1日,眉山市出具首份区块链电子公证书。对全市电子证照签章督办1228次,电子证照生产率达98.78%,电子证照补录率达100%,电子印章加盖率达100%。推动政务服务“一窗受理”。在政务大厅设立行政审批综合服务窗口,统一受理行政审批申请件,各审批部门入驻审批后台,专司审批、限时办结,实现行政审批“受理权和审核、决定权相对分离”。

【惠企减负降本】 眉山市政务服务管理局持续实施新开办企业“四免”服务[免费刻印章、免费邮寄办件结果、办事免费打印复印、税务登记免费发放税控装置(UKey)服务],2022年,市县共免费为全市新开办企业免费刻制印章7450枚,为企业群众免费邮寄办件结果5.78万件,免费打印复印60.28万张,免费发放 UKey1.25 万个，直接为企业群众节约办事成本 890.68 万元。推行“容缺受理”，项目办理行政审批事项过程中，主要申请材料齐全且符合法定受理条件，但次要材料欠缺时，由审批部门先行受理，申请人承诺在规定时限内补齐所缺材料后即可办结。2022 年采用容缺受理办理项目 9 个，投资金额 25.32 亿元。简化审批程序，2022 年通过简化程序办理政府投资项目 51 个，投资金额 58.56 亿元。优化行政审批流程，重点对行政审批事项设定依据、实施机关、许可条件、办理程序、办理时限、申请材料、中介服务等要素进行优化完善，精简材料，优化流程，减少审批时间，提高审批效率，共计完善行政审批事项 70 余项。

【政务服务跨区域通办】 眉山市政务服务管理局全力推动跨区域通办，全面实现 162 个事项“跨省通办”、311 个事项“川渝通办”，430 个事项“成德眉资”都市圈通办，272 个事项“市内通办”，190 个事项“西南地区”通办。优化跨域通办渠道，优化设置线上线下通办专区专窗，梳理更新异地通办联络方式信息 450 余条。市本级、眉山天府新区、丹棱县行政审批局川渝通办示范窗口被省政府办公厅、《四川日报》、省政务服务中心评为全省“川渝通办优质窗口”。推动公共资源交易异地合作，积极推进川渝公共资源交易平台合作，在中心网站建立“川渝重大项目”专栏，实现川渝公共资源交易信息数据资源跨区域跨层级共享流通。全面推进国有建设用地使用权出让、工程建设招投标、政府采购项目成德眉资跨平台交易，实现四地公共资源交易信息共享与互认。参加四省 26 市公共资源交易跨区域合作会议，签署跨区域合作协议，开展市场主体移动数字证书（CA）跨区域互认。

【政务服务“三化”建设】 眉山市政务服务管理局持续深化镇村便民服务“三化”（标准化、规范化、便利化）建设。围绕基层群众办事民生关切，全市 31 个乡镇（街道）、55 个村（社区）成功创建省级“示范便民服务中心、示范便民服务站”，协同仁寿县政府成功承办全省便民服务三化建设（眉山片区）现场推进培训会，推动 10 个镇街、24 个村社便民服务标准化建设纳入全市 20 件民生实事，完成率达 100%。稳妥有序开展乡镇级片区便民服务设施专规编制。围绕乡村振兴和城乡基层治理，做好便民服务设施专项规划与乡镇级片区国土空间规划衔接，牵头拟定以市两项改革“后半篇”文章领导小组下发“1+11”《优化片区镇村便民服务体系工作案》，固化专项编制“周统计、月督导、季分析、年考核”全链工作机制，挂图作战、倒排工期，构建市县乡镇级片区“1+7+21”联动工作模式。因地制宜推动便民服务设施优化升级。开展片区便民服务设施新、改、扩建，推动便民服务设施优化升级，全面完成 21 个片区便民服务设施专章编制任务。

【政务热线办理】 眉山市政务服务管理局畅通受理渠道，依托“12345”政务服务便民热线，整合各类热线电话、网络信箱，建立市、县、乡、村、社五级联运承办机制，提供“7×24 小时”全天候人工服务，截至 12 月底，全市 852 个党政机构和企事业单位纳入服务体系，实现服务体系全覆盖。加快时效办理，成立眉山市“12345”政务服务便民热线联合商定暨督办问责协调小组，建立“110”与“12345”热线分流转接联动处置工作机制。将群众诉求集中纳入“12345”热线平台集中管理，建立“接诉即办”“首日响应”“专题会商”等工作机制，印发《眉山市“12345”政务服务便民热线运行管理暂行办法》，接诉即办，限时办结。提升舆情预警，完善“12345”热线话务预警监控机制和非警务报警分流对接，加强社情民意收集和形势研判，针对有苗头性、倾向性、突发性等事项立即报备，向公安机关、相关部门推送报备舆情预警信息 253 条。2022 年，受理群众诉求 54.96 万件，即办率 70.59%，满意率 95.50%。眉山市在 2022 年“D3”方政务热线运行质量测评中，居全国 312 个普通地级市第 26 位、全省第四位，市政务服务管理局荣获“2022 年全国政务热线服务质量评估服务创新优秀单位”。2022 年四川网络理政优秀案例评选活动中，眉山市从全省 1328 件推荐案例中突围 2 件，入选全省 50 件优秀案例，是除成都市之外唯一一个入选 2 件的市（州），连续 2 年被评为全省网络理政优秀组织单位。

【公共资源交易监管】 眉山市政务服务管理局强化交易现场管理，坚持热情服务与严格管理并重，对代理机构实施场内负面清单和信用评价机制，对评标专家实行一项目一考评，定期将场内评价结果报送至行政主管部门，及时出台《交易现场异常情况处理办法》，时刻关注招投标中的异常状况和违法违规现象。强化廉政风险防控，紧盯开评标现场、政府采购、拍卖机构抽取、第三方机构等重点岗位、重点环节，印发《拍卖机构随机抽取实施细则》《入驻中心第三方机构管理办法》等规章制度，针对科室职能职责、风险及工作内容变化，开展廉政风险“回头看”，对风险等级、措施及时修订完善，修改 39 条科室风险防控措施。强化交易现场服务，针对招标代理机构进场交易常见错误和不规范行为，制定《招标代理机构进场交易常见错误和不规范行为对照表》，提升代理机构工作服务质量。优化“交易开放日”活动，邀请眉山市优化营商环境“监测点”、“观察员”、市委第二巡察组等 20 多人参加活动，观摩开标评标全过程，进一步增强公共资源交易过程的公开与透明，主动接受社会各界监督。全省首创“眉山掌上开标”App，实现平台进一步向指尖延伸，该做法入选“2022 智慧交易创新应用”奖，并被省发展和改革委员会评为《四川省优化营商环境经验做法（第八批）》。

【“办不成事”反映窗口】 眉山市政务服务管理局持续抓好“办不成事”反映窗口管理制度，印发《关于进一步加强全市“办不成事”反映窗口工作的通知》，创新在全市各级政务大厅设立线下“办不成事”反映窗口，开通“12345”政务服务热线专席，专人专窗专责解决政务服务窗口办不下、办不快、办不好的问题。坚持逐项研判，深入分析企业和群众办事过程中的堵点、难点、痛点，将群众反映事项划分为“办不了”“很难办”“不给办”三类，分类处理，限时办结，对相关人员不作为、慢作为、态度差等问题进行监督问责。规范“办不成事”反映窗口日常运行管理，印制市、县、乡三级“办不成事”首问负责人联系手册，倒逼部门优化办理流程。2022 年，“办不成事”反映窗口共收到反映事项 1603 件，解释疏导 1517 件，会商办理 86 件，办结率 100%。

该做法被省政府政务服务和公共资源交易服务中心专刊采用并向全省推广。

【电子保单保函】 眉山市在全省率先推行工程建设项目投标保证金电子保单保函运用，把为企业纾困解难、优化营商环境作为工作重点，充分依托电子交易平台创新“互联网＋金融服务”，实现电子保单保函全程线上办理，投标人平均耗时5分钟就可生成保单保函参与投标，全程“不见面”“零跑路”，有效解决投标企业资金占用压力，真正实现投标企业“花小钱办大事”，增加中小微企业投标机会，激发企业特别是小微企业参与竞争积极性和主动性。2022年，共出具电子保单保函7743笔，电子保单保函总金额占投标保证金总金额的82%，为企业直接降本减负和释放现金压力约25.61亿元。同时，不断拓展投标保证缴纳渠道，推动保证金系统由直连模式向虚拟子账户模式转变，已上线四川银行、中国银行、邮储银行、眉山农商行4家银行，实现保证金缴纳多银行跨行转账。

（王婷婷）

机关事务管理
Organs Affairs Administration

【概况】 2022年，眉山市机关事务管理局在市委、市政府领导下，贯彻执行党中央机关事务工作方针政策和省委、市委决策部署，围绕中心，服务大局，有序推进公共机构节能、办公用房、资产管理、公务用车、后勤服务和会务保障等方面工作。

【公共机构节能管理】 眉山市成功创建节约型机关390家，建成国家级节约型公共机构示范单位8家，省级节约型公共机构示范单位5家。申报创建青神中学、洪雅县公安局2家单位省级节约型公共机构示范单位。市本级27个独立办公单位和市政中心、投资促进大厦2个集中办公区用电总量比2021年下降15.48%，节电效果明显。12月，市政中心非机动车光伏停车棚项目建成投用，年可发电约6万千瓦时。印发《关于切实做好迎峰度夏期间节约用电有关工作的通知》等通知，会同市纪委监委派驻市政府办公室纪检监督组对全市各级公共机构开展3次全覆盖专项检查。截至12月底，眉山市公共机构已建成新能源充电桩811个，完成比例为6.38%，完成全年目标任务。

【办公用房和国有资产管理】 眉山市本级完成5家单位办公用房大中修计划申请和4家单位日常维修申请，涉及日常维修申请资金共计656.9万元。完成3家市级单位办公用房调剂。按照《党政机关办公用房权属统一管理工作方案》要求，推进党政机关办公用房权属统一登记工作，完成4家市级单位办公用房权属转移登记。全面完成市本级党政机关办公用房管理信息系统项目建设任务，已通过专家终验。审批市公安局交警支队报废处置1427辆涉案车辆申请。市本级对6家承租国有房屋的个体工商户减免房租共计15.04万元。做好替换设备报废处置整改工作，督促60家市级部门（单位）完成信创替代工程替换设备非涉密报废处置整改任务。

【公务用车管理】 眉山市全年审批同意更新购置公务用车60辆，实际采购53辆，其中新能源汽车38辆，占比71.7%。全市从公务用车平台申请使用车辆14.8万余辆次，其中市级单位2.8万余辆次；公务用车主管部门对平台车辆进行实时位置和历史轨迹等全过程监管，督促各用车单位规范使用公务用车。利用公务用车平台对节假日期间市级部门（单位）和各县（区）公务用车使用情况进行监督检查，实地查看节假日期间车辆封存停放、规范使用情况。处置完成市级淘汰公务用车共41辆，其中报废处置13辆，拍卖处置28辆，成交27辆，处置收益57.44万元。全年为26家市级无保留车辆单位和部分市级部门（单位）提供公务出行保障2972辆次，行驶里程48.25千米，安全无事故。

【机关后勤服务保障】 督查市级机关单位30家，并提出规范性意见；组织消防培训4次，处理消防故障38起，开展安全生产排查16次，整改60项安全隐患；全年为50多万人次提供就餐服务，提供盒饭3500份；实施21个维修改造项目，更换灯罩500个、灯泡2000个；维修地砖500平方米，维修空调500次，开展其他日常维修1.5万余次；修剪植物15万余平方米，开展消毒1000余次、集中清扫100余次。牵头推进市级机关食堂燃气安全排查整治工作，全年对34家市级机关单位和园区食堂开展督导。组织开展本地农产品进机关活动和机关单位走进农业企业活动，助力眉山本地农业企业高质量发展。

【会务保障】 眉山市会议中心全年承接市级部门会议644次，比上年增长19%；其中视频会议337次，增长51%。新建视频会议监视系统和中控室到眉山电信分公司直通应急专线，更新地毯、有线话筒、会议室背景会旗，更换部分会议室百叶窗。新增2台红外线智能人体测温系统和二楼平台屏风隔断，改造茶水间饮水设备。

（徐　杰）

信访工作
Work of Handling Conflicts by Letters and Visits

【概况】 2022年，眉山市信访系统贯彻落实《信访工作条例》各项要求，围绕中共二十大信访保障主线，切实加强信访工作基层基础，着力解决信访突出问题，主动服务全市发展稳定大局，完成各项目标任务。全市重点考核指标位居全省前列，市信访局被人社部、国家信访局表彰为“全国信访系统先进集体”，市信访局、市政府驻北京联络处、仁寿县信访局被省委、省政府表彰为“四川省信访工作先进集体”，丹棱县被评为“全国信访工作示范县”，市信访局、仁寿县信访局被人民网评为“2022年度人民网网上群众工作民心汇聚单位”。

【信访工作制度建设】 眉山市信访局制发《关于推进网上信访提质增效　切实走好网上群众路线的通知》《关于进一步加强人民网网民留言办理审核工作的通知》《关于建立乡镇（街道）信访工作联席会议制度的通知》和《涉访涉稳紧急信息报送工作制度》《眉山市政中心信访维稳联动处置工作机制》等，进一步规范网上信访、信访秩序维护、涉访信息处置报送等工作，信访工作制度体系不断完善。

【群众信访事项办理】 眉山市全年受理群众向市及以上信访部门反映信访事项共8362批（件）次，其中走访1293批次、来信3536件、网上信访2666件、人民网网民留言867条。群众信访事项及时受理率、按期答复率达100%，群众满意率达99.57%，位居全省前列。

【“信访超市”建设】 眉山市按照“一窗式”受理、“一条龙”办理、“一站式”管理思路，在全市各县（区）成立矛盾纠纷多元化解协调“信访超市”，以重点部门集中常驻、一般部门轮换入驻、主管部门随叫随驻工作模式，建立一窗受理、专业研判、部门联调、限时化解、诉调结合、跟踪回访等解纷机制，最大限度整合政法、信访、司法、行政等各种资源力量，打造集诉讼服务、司法调解、信访接待、法律咨询、心理服务等多功能于一体的社会治理综合体，努力实现群众“只进一扇门、只找一次人、最多访一次”工作目标。

【“治重化积”专项工作】 眉山市信访系统坚持“治重化积”解难案、“四项治理”强基础，严格落实“周调度、月通报、季考核”制度，采取交办清单、挂账督办、提醒约谈等方式，以“责任制＋清单制＋销号制”压紧压实化解责任。创新运用假定工作有短板、假定诉求有道理、假定问题有答案的“三有假定”工作思路，充分利用信访工作联席会议、矛盾多元化调解领导小组等工作机制，化解一大批信访难案积案，涉访矛盾风险得到有效控制。中央、省信联办交办430件“治重化积”重复信访事项化解率达100%，市本级交办的59件重复信访事项和291件信访积案全部化解。

【领导干部接访】 2022年，眉山市信访工作联席会议制发《关于进一步加强市级领导接待群众来访工作的通知》，持续深入推进领导干部接访活动，落实领导干部定点接访、重点约访、带案下访等制度。市、县（区）领导到各级信访接待场所接待来访群众共计404批1790人次，推动解决信访问题404个。市级党政领导带头接访下访，推动解决拖欠民工工资、市政设施改造、房地产纠纷等一批群众反映强烈的涉众型突出信访问题。

【信访工作教育培训】 眉山市信联办制发《关于认真学习宣传贯彻落实〈信访工作条例〉的通知》，将《信访工作条例》列入市委常委会、市政府常务会、市委政法委员会、市信访工作联席会议学习议题，开展专题学习4次。将信访工作作为党性教育内容纳入市委党校主体班教育培训。全市组织《信访工作条例》专题培训120余场，参训干部5700余人次。市信访局创新开展“信访小讲台”6期、“信访案件评查”活动3期，全市信访系统干部主动交流学习心得和工作经验，统一业务办理规范，实现信访案件办理提质增效，信访工作队伍能力不断提升。

（李　堃）

政协眉山市委员会

THE CPPCC MEISHAN MUNICIPAL COMMITTEE

重要会议 / 政治协商 / 民主监督 / 参政议政

重要会议
Important Meetings

【概况】 2022年,眉山市政协召开市政协五届全体会议1次(第二次),市政协五届常委会会议4次(第三次至第六次),市政协五届党组会议20次(第三次至第二十二次),市政协五届主席会议23次(第四次至第二十六次)。

【市政协全体会议】 1月10日至12日,中国人民政治协商会议第五届眉山市委员会第二次会议召开。会议听取并协商《眉山市人民政府工作报告》《眉山市中级人民法院工作报告》《眉山市人民检察院工作报告》《眉山市2021年国民经济和社会发展计划执行情况及2022年计划草案的报告》《眉山市2021年财政预算执行情况和2022年财政预算草案的报告》,并赞同这五个报告;审议通过《政协第五届眉山市委员会常务委员会工作报告》《政协第五届眉山市委员会提案委员会关于五届二次会议提案审查情况的报告》和《政协第五届眉山市委员会第二次会议决议》。

【市政协常委会会议】 1月12日,政协第五届眉山市委员会常务委员会第三次会议召开。会议审议《政协第五届眉山市委员会常务委员会第三次会议议程(草案)》《政协第五届眉山市委员会提案委员会关于五届二次会议提案审查情况的报告(草案)》;审议通过《政协第五届眉山市委员会第二次会议决议(草案)》。

6月2日,政协第五届眉山市委员会常务委员会第四次会议召开。会议审议政协第五届眉山市委员会常务委员会第四次会议议程(草案);传达学习省第十二次党代会、省委十二届一次全会和省政协第十二届常委会第十八次会议精神(书面);听取市人民政府关于"聚焦先进制造业,加快推进'1+3'产业高质量发展"的情况通报;听取市政协常委或委员代表围绕"聚焦先进制造业,加快推进'1+3'产业高质量发展"作专题协商议政发言;审议《政协眉山市委员会协商工作规则》等制度;协商决定人事事项。

图20 2022年1月10日下午,中国人民政治协商会议第五届眉山市委员会第二次会议开幕 (供图:市政协)

9月1日,政协第五届眉山市委员会常务委员会第五次会议召开。会议审议政协第五届眉山市委员会常务委员会第五次会议议程(草案);传达学习习近平总书记来川视察重要指示精神和省委工作会议、市委工作会议、市委五届五次全会精神(书面);听取市人民政府关于"城市新中心建设"工作情况汇报;听取5名市政协常委或委员代表在会上作议政发言;围绕主题开展分组讨论,与会政协委员围绕城市新中心规划定位、产业布局、交通基础设施建设等踊跃发言,积极为眉山发展建言献策;协商决定人事事项。

12月14日,政协第五届眉山市委员会常务委员会第六次会议召开。会议审议政协第五届眉山市委员会常务委员会第六次会议议程(草案);传达学习中国共产党第二十次全国代表大会精神(书面);听取市人民政府关于市政协五届二次会议以来提案办理情况通报、市纪委监委关于2022年全市党风廉政建设和反腐败工作情况通报、市中级人民法院关于2022年度工作情况通报、市人民检察院关于2022年度工作情况通报和党员常委代表述职;审议《在政协第五届眉山市委员会第三次会议上的常委会工作报告(审议稿)》;审议《政协第五届眉山市委员会常务委员会关于五届二次会议以来提案工作情况的报告(审议稿)》;审议《关于召开政协第五届眉山市委员会第三次会议的决定(草案)》、政协第五届眉山市委员会第三次会议议程(草案)和日程安排(草案)、政协第五届眉山市委员会第三次会议秘书长、副秘书长建议人选名单(草案)、《关于授权市政协主席会议审议市政协五届第六次常委会会议未尽事宜的决定(草案)》;协商决定人事事项。

【市政协党组会议】 五届第3次党组(扩大)会议传达学习2022年全国两会精神;学习习近平总书记在中央政协工作会议暨庆祝中国人民政治协商会议成立70周年大会上的讲话精神、《求是》杂志评论员文章《踔厉奋发向未来》和全国政协机关党组《深入学习贯彻中央政协工作会议精神扎实推进人民政协专门协商机构建设》理论文章;传达学习全省政协系统"助力巩固脱贫、助推乡村振兴"专项活动推进会精神;传达学习全市制造业发展大会精神;传达学习中央相关保密工作文件精神。

五届第4次党组(扩大)会议专题传达学习全省项目投资工作暨"十四五"规划重大工程项目建设推进会议精神以及市委常委会第24次(扩大)会议精神;传达学习省政协贯彻落实中央和省委政协工作会议精神"回头看"工作部署暨"有事来协商"工作推进会议精神;传达学习市级领导干部和县级主要负责人读书班精神;传达市委书记胡元坤近期对做好全市疫情防控工作的相关要求;传达学习眉山市"奋进新征程、建功新时代"大学习大实践大提升活动动员大会精神;审议《市政协机关"大学习大实践大提升"活动实施方案(审议稿)》《2022年市政协党组理论学习中心组专题学习安排意见(审议稿)》《2022年市政协机关党建工作要点(审议稿)》和《2022年市政协机关全面从严治党、党风廉政建设和反腐败工作要点（审议稿）》。

五届第5次党组（扩大）会议传达学习中共中央政治局会议精神；传达学习省委书记王晓晖在省委常委会上的讲话精神、近期省市疫情防控有关会议精神和全市安全生产工作有关情况的报告；传达近期全国政协、省政协副部级以上领导莅眉视察调研有关情况。

五届第6次党组（扩大）会议专题传达学习习近平总书记在中央政治局第三十八次集体学习时的重要讲话精神、中央财经委员会第十一次会议、省委财经委员会第十二次会议和市委财经委员会第十一次（扩大）会议精神；传达学习5月5日中央政治局常委会会议精神、全国新冠肺炎疫情防控工作电视电话会议精神、5月7日省委常委会会议精神及5月12日市委常委会会议精神、省委书记王晓晖在走访省政协机关座谈时的讲话精神、省政协主席田向利在新时代加强和改进人民政协工作专题研讨班上的讲话精神和中共中央办公厅国务院办公厅《关于推进从县城为重要载体的城镇化建设的意见》。

五届第7次党组（扩大）会议传达学习5月27日中共中央政治局会议精神、习近平总书记在中共中央政治局第39次集体学习时的讲话精神；传达学习全国、全省及全市稳住经济大盘工作会议精神、中国共产党四川省第十二次代表大会精神、田向利在省政协机关党风廉政建设工作会议上的讲话精神、省财政厅省纪委机关省审计厅《严肃财经纪律严防财政资金跑冒滴漏十条规定》有关精神。

五届第8次党组（扩大）会议传达学习习近平总书记来川视察重要指示精神及省委常委会（扩大）会议、市委常委会（扩大）会议精神。

五届第9次党组（扩大）会议传达学习中共中央政治局第四十次集体学习精神；学习《中国共产党政治协商工作条例》；传达学习田向利主席在省政协十二届第十八次常委会会议上的讲话精神；传达学习省推进成德眉资同城化发展领导小组第五次会议精神、省政协副主席赵振铣莅眉督导调研精神、省政协“有事来协商”工作第二片区（雅安）现场推进暨培训会精神、市委人大工作会议、市委人才工作会议精神和成都德阳眉山资阳四市政协协同助推成都都市圈建设工作领导小组办公室主任联席会议精神。

五届第10次党组（扩大）会议传达学习习近平总书记在庆祝香港回归祖国25周年大会暨香港特别行政区第六届政府就职典礼上的讲话精神和中央全面深化改革委员会第二十六次会议精神。

五届第11次党组（扩大）会议传达学习省委工作会议精神、省政协“打造更高水平的‘天府粮仓’”专题调研座谈会精神、省政协深入开展委员读书活动推进会精神、市委理论学习中心组（扩大）学习会精神；传达学习2022年全省政协反映社情民意信息工作座谈会精神，通报上半年全市政协反映社情民意信息工作和宣传工作情况；传达学习近期全市应对新冠肺炎疫情工作相关会议精神；通报省政协主席田向利到眉山调研情况和全市政协系统“制造强市”专题培训班和“助力巩固脱贫助推乡村振兴”专题培训班情况。

五届第12次党组（扩大）会议传达学习省部级主要领导干部“学习习近平总书记重要讲话精神，迎接中共二十大”专题研讨班精神、中央统战工作会议精神、省政协学习会精神、市委工作会议和市委常委会（扩大）会议精神；传达学习《关于开展“拼搏五个月·夺取全年胜”攻坚行动的通知》精神。

五届第13次党组（扩大）会议传达学习省委办公厅《关于加强和改进新时代市县政协工作的实施意见》、省委和市委主要领导有关批示精神及省政协党组《关于“打造新时代更高水平‘天府粮仓’”建议的报告》《关于“传承三苏文化、弘扬东坡精神推动新时代文化强省建设”建议的报告》报告、省政协副主席刘成鸣莅眉调研精神和市委五届五次全会精神。

五届第14次党组（扩大）会议传达学习9月9日中共中央政治局会议精神和市疫情防控工作专题会议精神。

五届第15次党组会议研究审议市委统战部关于调整补充政协第五届眉山市委员会委员、常委事项。

五届第16次党组（扩大）会议传达学习中共中央办公厅《推进领导干部能上能下规定》精神、省政协十二届常委会第十九次会议精神和眉山市“奋进新征程、建功新时代”大学习大实践大提升活动总结大会精神，总结市政协机关“奋进新征程、建功新时代”大学习大实践大提升工作。

五届第17次党组（扩大）会议传达学习中国共产党第二十次全国代表大会会议精神、省政协“三苏文化与治国理政理念和思维”研讨会精神和成德眉资四市政协助推制造业高质量发展专题协商会议精神。

五届第18次党组（扩大）会议传达学习中共中央政治局会议精神、省委常委会（扩大）会议和四川省传达学习中共二十大精神大会精神、市委常委会（扩大）会议及眉山市传达学习中共二十大精神大会会议精神。

五届第19次党组（扩大）会议传达学习习近平总书记带领中央政治局常委瞻仰延安革命纪念地时的重要讲话精神和在陕西延安、河南安阳考察重要指示精神和省委办公厅《关于印发〈四川省领导干部违规插手干预重大事项记录和报告办法（试行）〉的通知》及市委书记胡元坤有关批示精神；传达省委学习贯彻中共二十大精神中央宣讲团报告会精神。

五届第20次党组（扩大）会议传达学习中共中央政治局常务委员会会议精神、国务院联防联控机制综合组《关于进一步优化新冠肺炎疫情防控措施科学精准做好防控工作的通知》和省疫情防控工作电视电话会议精神、全省政协系统“助力巩固脱贫、助推乡村振兴”专项活动总结交流会议精神；传达学习贯彻落实中共二十大精神暨2022年全省政协宣传思想工作会议精神、全省政协系统“有事来协商”工作经验交流会议精神和省政协“牢记嘱托·同心奋进”主题读书活动经验交流会议精神。

五届第21次党组（扩大）会议传达学习中国共产党四川省第十二届委员会第二次全体会议精神、市委常委会（扩大）会议精神，全省政协农业和农村委员会工作座谈会精神和省政协无党派人士莅眉视察和开展读书活动精神；传达省政协副主席林书成莅眉有关情况；研究市委统战部关于推荐政协四川省第十三届委员会委员提名人选事项。

五届第22次党组（扩大）会议传达学习12月6日中央政治局会议精神和政协四川省委员会《关于加强和改进新

时代文史资料工作的实施意见》精神；传达国务院联防联控机制综合组《关于进一步优化落实新冠肺炎疫情防控措施的通知》和市应对新冠肺炎疫情应急指挥部《关于切实做好党政机关企事业单位干部职工疫情防控自我防护的通知》精神。

【市政协主席会议】 五届第4次主席（扩大）会议审议《政协第五届眉山市委员会提案委员会关于五届二次会议提案审查情况的报告（草案）》；审议《政协第五届眉山市委员会第二次会议决议（草案）》。

五届第5次主席（扩大）会议传达学习省政协十二届五次会议精神；审议《2021年度协商工作计划》。

五届第6次主席（扩大）会议传达学习习近平总书记在2022年春季学期中央党校（国家行政学院）中青年干部培训班开班式上重要讲话精神、省委书记彭清华到眉山视察调研指示精神及五届市委常委会第19次（扩大）会议精神；传达学习市委民族工作会议暨全市宗教工作会议精神；审议《市政协副主席AB岗设置建议方案》《关于加强和改进新时代市县政协工作的十条措施（审议稿）》《政协眉山市委员会关于建设活力开放和谐政协机关的实施意见（审议稿）》《政协眉山市委员会2022年任务分解表（审议稿）》《眉山市政协"制造强市"专题培训班建议方案》和市政协"双助"活动工作方案。

五届第7次主席（扩大）会议审议《市政协五届二次会议重点提案督办名单（审议稿）》《政协眉山市委员会关于建设"书香政协"开展委员读书活动的实施方案（审议稿）》、各专委会工作规则；观看国防教育宣传片。

五届第8次主席（扩大）会议审议《眉山市政协书画院关于组织参加"吾家蜀江上——喜迎二十大·东坡遗韵书画精品展"有关事项的请示》。

五届第9次主席（扩大）会议传达学习习近平总书记在北京冬奥会冬残奥会总结表彰大会上的重要讲话精神、省市疫情防控有关会议精神和市委农村工作会议及两项改革"后半篇"文章工作推进会议精神。

五届第10次主席（扩大）会议审议《政协第五届眉山市委员会常务委员会第四次会议方案》和市政协相关制度措施。

五届第11次主席（扩大）会议传达部署借培训名义搞公款旅游问题排查整治工作；审议《眉山市政协"乡村振兴"专题培训班建议方案》；通报市政协机关2022年2—4月公文"错情"情况。

五届第12次主席（扩大）会议审议《关于市政协书画院组成人员名单的请示》《关于举办成德眉资四市政协助推制造业高质量发展专题协商会的建议方案》《"助力巩固脱贫、助推乡村振兴"专项活动2022年工作要点》和人事事项。

五届第13次主席（扩大）会议通报省政协副主席祝春秀到眉山调研有关情况。

五届第14次主席（扩大）会议传达学习9月9日中共中央政治局会议精神和市疫情防控工作专题会议精神。

五届第15次主席（扩大）会议审议《关于"助力巩固脱贫助推乡村振兴"专项活动全省现场推进会、全市现场协商会的工作方案》。

五届第16次主席（扩大）会议审议政协第五届眉山市委员会常务委员会第五次会议筹备方案；学习《省委办公厅省政府办公厅关于做好2022年度机关干部集中年休假安排的通知》精神。

五届第17次主席（扩大）会议审议人事事项。

五届第18次主席（扩大）会议传达学习全省政协民族宗教工作经验交流会精神和省、市疫情防控相关会议和文件精神；通报省政协副主席刘成鸣到眉山调研情况。

五届第19次主席（扩大）会议传达学习市疫情防控工作专题会议精神。

五届第20次主席（扩大）会议传达学习全市"决战四季度、大干一百天"现场推进会和全市工业提升攻坚会会议精神。

五届第21次主席（扩大）会议传达学习省政协副主席祝春秀到眉山调研指示精神和全省政协港澳台侨和外事工作座谈会精神。

五届第22次主席（扩大）会议审议《政协第五届眉山市委员会第三次会议日程安排》《政协第五届眉山市委员会第三次会议筹备工作方案》《市政协五届三次会议提案参考目录》《市政协五届三次会议大会发言题目》。

五届第23次主席（扩大）会议审议《政协第五届眉山市委员会常务委员会第六次会议工作方案》《关于召开政协第五届眉山市委员会第三次会议的决定（草案）》《政协第五届眉山市委员会第三次会议议程（草案）》《政协第五届眉山市委员会第三次会议秘书长、副秘书长建议名单》《政协第五届眉山市委员会第三次会议开幕、闭幕大会主席台就座人员建议名单》《关于授权市政协主席会议审议市政协五届第六次常委会会议未尽事宜的决定（草案）》。

五届第24次主席（扩大）会议审议《在政协第五届眉山市委员会第三次会议上的常委会工作报告》（审议稿）、《政协第五届眉山市委员会常务委员会关于政协五届二次会议以来提案工作情况的报告》（审议稿）和人事事项。

五届第25次主席（扩大）会议审议关于调整部分政协第五届眉山市委员会常委、委员的建议。

五届第26次主席（扩大）会议传达学习全省政协医卫体育工作会议暨省政协医卫体育委员会全体会议精神。

（姚迪雅）

政治协商
Political Consultation

【概况】 2022年，中共眉山市委办公室、眉山市人民政府办公室、政协眉山市委员会办公室联合印发《2022年度协商工作计划》，确定19项重点协商议题。

【全会协商】 1月10日至12日，中国人民政治协商会议第五届眉山市委员会第二次会议在眉山召开。会议听取并协商《眉山市人民政府工作报告》《眉山市中级人民法院工作报告》《眉山市人民检察院工作报告》《眉山市2021年国民经济和社会发展计划执行情况及2022年计划草案的报告》《眉山市2021年财政预算执行情况和2022年财政预算草案的报告》，并赞同这五个报告；会议审议通过《政协第五届眉山市委员会常务委员会工作报告》；审议通过《政协第五届眉山市委员会常务委员会关于提案工作情况的报告》。

【常委会协商】 6月2日，政协第五届眉山市委员会第四次常委会召开，围绕“聚焦先进制造业，加快推进‘1+3’产业高质量发展”开展专题协商议政。9月1日，政协第五届眉山市委员会第五次常委会召开，围绕“加快推进东彭融合，做强城市极核”开展专题议政协商。

【提案办理协商】 市政协五届二次会议以来，共收到提案284件。经审查，立案281件，未立案3件，立案率为98.94%。市委、市政府领导对10件提案作出批示，3名市委常委、6名市政府领导领衔办理9件重点提案，市政协主席会议成员对9件提案进行重点督办。281件提案均已办复，所提意见和建议已经解决或基本解决的257件，占比91.45%；正在解决或列入计划拟解决的18件，占比6.41%；因条件限制暂时难以采纳落实的6件，占比2.14%。办理结果满意281件，满意率100%。

【有事来协商】 眉山市政协按照有阵地、有标识、有制度、有活动、有实效的“五有”标准深化“有事来协商”平台建设，采取院坝协商、社区协商、小区协商、商会协商等多元化方式，创新开展小微协商活动。全市政协系统组织开展各种小微协商106次，解决基层问题172个，提出意见建议326条，委员参与人数737余人次。眉山市东坡区政协、眉山市彭山区政协被评为全省政协“有事来协商”工作先进县（区）政协，彭山区果业商会协商平台、青神县高台镇百家池村协商平台被评为全省政协“有事来协商”工作先进协商平台，市政协机关干部李丹等4人被评为全省政协“有事来协商”工作先进个人。

【对口协商】 眉山市政协以9个专委会为依托，加强与部门对口联系、交流合作，就教育医疗、食品药品安全、创业就业、“一老一小”、生态环保等热点问题开展对口协商33次，形成调研考察报告和专项建议12件，获得上级签批8次，促进助老餐厅建成、产教融合发展、产业学院建设等多项协商成果。

（姚迪雅）

民主监督
Democratic Supervision

【概况】 2022年，眉山市政协充分发挥人民政协民主监督作用，围绕市委、市政府中心工作，有效、精准发力，助推全市经济社会高质量发展。

【视察监督】 眉山市政协提案委针对B类提案和委员反映较强烈但仍未解决的相关问题开展“回头看”。对“雅连”品牌保护及产业发展进行调研，了解企业急需解决问题，提出新建议。到仁寿县谢安镇对末级渠系整治情况进行实地调研，建议办理单位充分整合农田、水利项目资源，彻底从面上解决问题，并将此作为2023年民生实事向市民生办提出建议。针对东坡小学工程建设中存在的安全隐患，提出《关于校园工程施工期间强化安全管理维护教学秩序的建议》，得到市政府领导批示，及时与东坡区教育局及施工方沟通，解决学生上下学期间进出安全和噪声干扰教学问题。

市政协农业农村委对建设美丽乡村竹林风景线、推进竹产业高质量发展开展视察，形成政协专报第四期《关于加快推进竹产业高质量发展，建设美丽乡村竹林风景线的建议》，送市委、市政府领导参阅。对打造新时代更高水平的“天府粮仓”示范区开展调研监督，形成政协专报第十期《抢抓机遇乘势而上建设新时代更高水平的“天府粮仓”示范区》，获得市委、市政府主要领导签批。

市政协教体医卫委对全市托育服务工作开展视察，实地调研托育机构运营情况及幼儿园开设托班情况，召开座谈会提出建议意见10余条，助推眉山入围创建全国首批婴幼儿照护服务示范城市候选市。协助做好全国政协开展“促进体教深度融合”民主监督性调研，形成《眉山市实施“五联”模式促进体教融合》调研报告报全国政协。

市政协法群委会同市委政法委、市中级人民法院、市公安局、市司法局，开展“矛盾纠纷多元化解工作”专项视察，赴丹棱县仁美镇桂香村、丹棱县人民法院、唯民调解工作室、丹棱县矛盾纠纷多元化解协调中心，实地考察阵地建设，翻阅调解卷宗资料，详细了解丹棱县矛盾纠纷多元化解机制建设和工作开展等情况。形成《关于加强矛盾纠纷多元化解工作的建议》专题调研报告，以《政协专报》第二十二期报市委、市政府参阅。

市政协资环委协同配合省政协人资环委，对《国家节水行动方案》在眉山市实施情况开展视察。持续关注老旧小区改造，对城镇老旧小区改造品质及运营管理情况开展视察。

【社情民意监督】 眉山市政协全年编发《民情与建议》10期，市委、市政府主要领导批示6期。向省政协报送社情民意信息44件，全国政协采用6件，省政协采用转省直部门14件。眉山市政协在全省政协社情民意信息工作座谈会上作经验交流，获省政协2022年度反映社情民意信息工作先进集体称号，市政协机关干部景波获先进个人称号。

（姚迪雅）

参政议政
Participation in the Deliberation and Administration of Municipal Affairs

【概况】 2022年，眉山市政协始终坚持以人民为中心的发展思想，紧扣市委、市政府中心工作、政协重点工作、社会热点难点等开展调查研究，参政议政，全面提升政协服务中心大局贡献率。全年形成调研专报、社情民意信息74件，全国政协、省政协采用25件，省政协、市委、市政府主要领导批示30件次。

【建言经济建设】 成都、德阳、眉山、资阳四市政协联合开展成德眉资四市助推制造业高质量发展、应急联动同城化发展、农产品质量安全体系建设等联合调研视察，形成协商成果报四市党委政府和省同城办作决策参考。围绕“制造强市”，形成18篇稿件在市政协五届二次全会作大会发言，得到市委、市政府主要领导肯定，其中10篇获得市委主要领导肯定性批示。开展常委会专题议政协商，委员以“加快推进‘1+3’产业高质量发展”为主题，围绕工业园区发展模式、设立科创基金、绿色低碳等充分协商，形成《关于“聚焦先进制造业，加快推进‘1+3’产业高质量发展”专题协商议政情况及建议意见》，报市委、市政府参阅。围绕“加快推进东彭融合，做强城市极核”开展常委会专题议政协商，委员就城市新中心谋划定位、产业布局、传承三苏文化、太和老镇整治提升、综合交通发展、协调发展农业现代化等课题充分协商，成果报市委、市政府参阅，其中《以“三苏文脉东坡文化”赋能城市新中心发展的建议》《在城市新中心发展中高端医养产业的建议》获市政府主要领导批示。围绕眉山国际铁路港建设，组织经济工商联界别委员开展专题调研，协商解决企业集装箱出口运输难等问题。按照省政协“大力发展数字经济，推进数字产业化和产业数字化”专题协商会要求，围绕推进互联网、物联网等数字技术与农业融合发展等深入调研，形成《关于数字赋能农业高质量发展助推乡村振兴的建议》作为口头发言。围绕能源清洁低碳安全高效利用、新能源新材料产业未来发展等开展调研，形成《深化区域合作建设零碳循环发展示范园区》，在省政协十二届第十九次常委会会议上作书面发言。积极参加省政协调研、视察，形成《关于眉山市食品加工产业发展情况的报告》《关于眉山市助企纾困政策落地情况的报告》《关于眉山市落实省政府〈关于进一步支持科技创新的若干政策〉情况的报告》《关于眉山市电子信息产业发展情况的报告》《关于眉山市经济发展现状和发展趋势的报告》5篇调研报告。

【建言环境治理】 眉山市政协先后开展中央环保督察反馈黑龙滩突出问题整改落实情况调研、城市新中心建设推进情况调研、城市园林绿化建设情况调研、岷江流域东坡区段生态环境保护情况视察、一般工业固废综合利用情况调研、不规范地名整治与地名保护工作情况调研。持续关注城镇老旧小区改造推进情况，开展城镇老旧小区改造品质及运营管理情况的视察。持续助推成眉交通同城化，两次开展相关调研、座谈。开展通济堰水环境保护、世界灌溉工程申遗工作情况调研，助推通济堰世界灌溉工程申遗成功。协同配合省政协人资环委，就锂电行业布局与发展、“高质量推进大熊猫国家公园建设”开展调研，对《国家节水行动方案》实施情况开展视察。开展岷江流域东坡区段生态环境保护情况等视察活动，形成“深入推进全市‘十年禁渔’工作”等一批有质量的监督建议。《关于加强岷江流域东坡区段生态环境保护工作的建议》《关于缓解眉州大道西来堰大桥交通拥堵问题的建议》《关于切实加强瓦屋山镇群众饮用水保障的建议》分别获得市委、市政府主要领导签批。

【建言教育发展】 眉山市政协《聚焦“三点”发力实现“三率”提升》在全省政协医卫体育工作会上作经验交流发言。《关于净化纯洁精神高地规范各类教材编写的几点建议》被省政协采用。配合省政协教育委开展学区制改革调研，洪雅学区制改革成果纳入省政协十二届第十八次常委会《加快推行学区制治理改革》发言内容。围绕“推动职业教育高质量发展”开展调研，形成《关于推动职业教育高质量发展的建议》获市政府主要领导批示，提出的重点建议写入市政府《眉山市深化产教融合推动职业教育高质量发展意见》。《关于以教育数字化助推眉山教育现代化的建议》《关于支持公办幼儿园规范开展延时服务的建议》2篇调研报告，分别在市政协五届三次全会和联组讨论会上发言。开展《关于支持公办幼儿园开展延时服务的建议》重点提案督办，得到市教体局支持，全市6所公办幼儿园试点开展延时服务。

【专题调研】 眉山市政协贯彻落实习近平总书记来川视察重要指示精神，在充分调研基础上，积极争取省政协支持，由省政协党组向省委建议，将“三苏文化”写入省委十二届二次全会“决定”，为全省传承弘扬三苏文化、东坡文化提供决策建议。聚焦助推乡村振兴、传承弘扬三苏文化开展调研视察，形成《关于把“中华一滴水，眉山三苏祠”作为眉山宣传用语的建议》《抢抓机遇乘势而上建设新时代更高水平的“天府粮仓”示范区》《关于“助力巩固脱贫、助推乡村振兴”专项活动工作推进情况的报告》《以“三苏文脉东坡文化”赋能城市新中心发展的建议》《关于〈东坡区永丰片区乡村振兴专项规划〉的建议》等一批调研成果，获市委、市政府主要领导批示，部分建议意见转化为决策并写入市政府相关政策文件中。《关于深化医养结合促进养老服务高质量发展的建议》获市委主要领导批示并转化为重点提案转相关部门办理，促成市政府出台《关于推进养老服务事业高质量发展的实施意见》，专门对“深入推进医养结合”作出部署。《关于优化四川大学华西第二医院眉山市妇女儿童医院新院区公共交通出行的建议》获市政府主要领导批示，所提建议全部落实，受到医院和患者好评。《关于解决东坡区通惠街道社区卫生服务中心片区公交盲点的建议》获市政府主要领导批示，推动市交通运输局优化公交线路，解决片区内近10万名群众公共交通出行难问题。《关于切实加强瓦屋山镇群众饮用水保障的建议》获市政府主要领导批示。

【政协提案与公益诉讼检察建议衔接转化试点】 眉山作为政协提案与公益诉讼检察建议衔接转化工作试点市，市、县（区）政协从2019年至2021年提案中发掘公益诉讼线索68条，案件化办理16件，发出诉前检察建议14件，回复整改3件，公益诉讼转化为政协提案2件。其中，对东坡区、青神县的“十年禁渔”工作、彭山区“僵尸车”整治、洪雅县田公祠保护等案件处理，形成《关于深入推进全市“十年禁渔”工作的建议》民主监督报告，得到市政府主要领导批示。

（姚迪雅）

中共眉山市纪律检查委员会
眉山市监察委员会

DISCIPLINE INSPECTION AND SUPERVISION

重要会议 / 纪检监察事务 / 巡察监督

重要会议
Important Meetings

【概况】2022年，眉山市纪委监委召开各类重要会议10次，包括市纪委五届二次全体会议、全市粮食购销领域腐败问题专项整治工作推进会议、全市纪检监察体制改革暨眉山天府新区纪检监察扩权赋能推进会议、市委反腐败协调小组会议、全市基层党风廉政建设推进会议等重要会议。

【市纪委五届二次全会】2月23日，中国共产党眉山市第五届纪律检查委员会第二次全体会议召开。会议传达贯彻十九届中央纪委六次全会和省纪委第十一届六次全会精神，总结2021年党风廉政建设和反腐败工作，安排部署2022年工作；审议通过刘海代表市纪委常委会所作的《坚持守正创新 服务中心大局 以纪检监察工作高质量发展成效迎接中共二十大胜利召开》工作报告。

【全市粮食购销领域腐败问题专项整治工作推进会议】1月11日，眉山市粮食购销领域腐败问题专项整治工作推进会议召开。会议传达全国全省专项整治工作推进会议精神，通报全市有关工作情况，安排部署下一阶段工作。

【全市纪检监察体制改革暨眉山天府新区纪检监察扩权赋能推进会议】3月31日，眉山市纪检监察体制改革暨眉山天府新区扩权赋能推进会议召开。会议强调要把扩权赋能的纪法效应转化为推动眉山天府新区高质量发展的强大动力，为市委“三市一城”建设提供坚强保障。

【市委反腐败协调小组会议】4月12日，市委反腐败协调小组会议召开。会议深入贯彻习近平总书记关于全面从严治党、党风廉政建设和反腐败斗争的重要论述，传达有关文件精神，通报相关工作情况和2021年全市纪检监察机关信访形势分析报告，安排部署全市党员干部违规参与民间借贷问题专项整治有关工作。

【全市基层党风廉政建设推进会议】5月18日，眉山市基层党风廉政建设推进会议召开。会议深入学习领会习近平总书记关于全面从严治党的重要论述和省纪委关于基层党风廉政建设有关工作要求，安排部署下一步工作。

（游 鹏）

纪检监察事务
Discipline Inspection and Supervision Affairs

【概况】2022年，眉山市各级纪检监察机关坚持以习近平新时代中国特色社会主义思想为指导，深入学习宣传贯彻中共二十大和习近平总书记来川视察重要指示精神，全面贯彻省第十二次党代会和市委五届历次全会精神，坚定拥护“两个确立”、坚决做到“两个维护”，聚焦“抓基层强监督、抓案件强震慑、抓班子强队伍”三个重点，开展“清风扬眉·向阳而生”专项行动，守正创新推动纪检监察工作高质量发展。全市基层党风廉政建设、小微权力专项查办、联动巡察、全员培训等工作在全省推广。

【政治监督】中共眉山市纪委监委坚持把学习宣传贯彻中共二十大和习近平总书记来川视察重要指示精神作为首要政治任务，召开市纪委常委会21次、理论学习中心组学习27期。巩固拓展党史学习教育成果，深入开展“奋进新征程、建功新时代”大学习大实践大提升活动，组织专题学习7期。严格落实双重领导体制要求，向省纪委监委和市委分别书面请示报告41次、52次。印发年度全面从严治党、党风廉政建设和反腐败工作意见，将62项工作任务分解落实到17名市级领导、35个市级单位。深化全面从严治党主体责任履责提示制度，点对点制发“蓝、黄、橙”履责提示卡128张。持续强化对“一把手”和领导班子监督，组织4个单位主要负责人向市委常委（扩大）会述责述廉并接受民主测评。坚持失责必问、问责必严，问责党组织6个，党内问责100人，监察问责18人。制定贯彻落实习近平总书记来川视察对全面从严治党重要要求的分工方案，全覆盖督查、督促整改问题45个。围绕打造新时代更高水平“天府粮仓”示范区、传承弘扬三苏文化东坡文化等重要部署开展专项监督。抓好中央环保督察问责，跟踪督促黑龙滩违建问题整改，责令6个单位（部门）作出书面检查，精准追责问责15人。全年查处违反政治纪律问题24人。

【监督责任落实】眉山市纪委监委坚持履行监督首责，围绕中心服务大局做深做实专项监督。配齐配强县（区）纪委监委机关及派驻（出）机构干部力量，动态配备率达93%，力量进一步向执纪执法一线倾斜。推动80个乡镇（街道）全面落实“两专三兼”配备要求，其中55个达“三专”及以上；推动847个村（社区）全覆盖配备纪检委员（纪委书记），同步配备党风政风监督员920人。开展耕地保护专项督查，督促整改耕地恢复质量不高、复耕地存在撂荒隐患等问题14个。开展大气污染防治专项监督，走访工

图21 2022年2月23日，中共眉山市纪委五届二次全会召开 （供图：市纪委监委）

业园区、交通道路面源污染等点位200余个，督促整改问题160个。综合运用“四种形态”处理2944人次，“四种形态”分别占比59.2%、34.9%、2.6%、3.3%。探索建立常态化政治生态分析研判机制，全方位、多角度分析研判信访举报、审查调查、巡察派驻等信息数据。完成省纪委监委交办的《四川省乡镇纪检监察业务实操手册》“信访办理”板块编撰任务。开展“无重复举报乡镇”试点，重复举报同比下降42.9%。

【反腐败推进】 眉山市纪委监委坚持有案必查、有腐必惩，全年留置55人，其中市本级和各县（区）留置28人，办理省纪委监委指定管辖案件15件、留置27人。聚焦国企、政法、金融、砂石等重点领域开展专项治理，处置问题线索332件，立案192件，留置24人，移送检察机关15人。严肃查处国家电网物资采购部原主任陈晓林，宜宾市纪委原书记向辉礼，眉山市原经济和信息化委员会党组书记、主任白灵贵等一批社会影响力大、群众关注度高的大案要案。开展全市粮食购销领域腐败问题专项整治，立案查处14件33人，移送检察机关3人。创新实施信访举报“星级”标识管理办法，设立市纪检监察技术保障中心，打造大数据信息化平台，编发《监察机关管辖罪名构成要件及与党纪关系》，出台办理党员干部吸毒案件工作提示，开展全覆盖办案安全专项督导检查。深化运用三苏廉洁文化，修订再版《习近平总书记引用三苏名典导读》，组织“三苏家风进万家”巡展活动，推动文艺节目《三苏家风润天府》在全省展播，《三苏家风蕴勤廉》等3部微视频在中省媒体展播。持续推进廉洁文化基地建设，新命名市级廉洁文化基地2个。开展拟任领导干部廉政法规知识测试14场次，1601人参加测试。深入开展国有企业、粮食购销领域等重大典型案件以案促改，拍摄警示教育片9部，创作廉洁文化片5部，编印专题警示教育读本2本，分众化开展国企干部、“一把手”、年轻干部警示教育。

【正风肃纪】 眉山市纪委监委开展借培训名义搞公款旅游问题排查整治，问责查处20人。开展违规发放工资津贴补贴清理和政府性楼堂馆所违规情况专项清查。对市级部门、国企、乡镇等40个单位开展正风肃纪督查，发现问题230个，处置问题线索20件。严查违规收受红包礼金、违规吃喝等享乐主义奢靡之风问题147件293人，其中党纪政务处分234人，通报曝光典型案例21批124人次。扎实开展不担当不作为专项整治，市县联动开播阳光问廉节目4期，现场问廉干部29人，推动解决问题13个。深化“奇葩证明”治理，持续督促纠正文山会海、工作过度留痕、检查考核过多、“指尖上的形式主义”问题。严肃查处文风不实、加重基层负担等形式主义官僚主义问题21件34人，其中党纪政务处分19人。全面开展暖企护航优化营商环境专项监督，严肃查处损害营商环境问题党员干部101人。开展党员干部违规参与民间借贷问题专项整治，42名党员干部主动说清问题，查处典型问题35件，追缴不当获利、违纪违法资金1686万元，通报曝光2批8人次，同步出台规范性文件划定行为“红线”。

【监督效能提升】 眉山市纪委监委持续深化体制改革，全面完成6县（区）纪委常务副书记设置，落实同级纪委领导班子成员担任巡察办主任。赋予眉山天府新区纪检监察工委职务犯罪调查权、处置权，设立天府新区眉山党工委巡察办。新设立派驻市国资委纪检监察组、派出四川仁寿经开区纪检监察工委。向2家市管国企、2家市管医院派驻纪检监察组，推动3家市管国企增设专职纪委副书记、4家二级公司设立纪委。深化全员培训，举办“阳光纪检大讲堂”9期、培训1026人次。实施“全员办案”工程，深化专班办案机制，选派105名干部到中央、省、市纪委跟案锻炼；安排383名纪检监察干部接受3个月以上审查调查实训或5天以上脱产培训。组织纪检监察干部赴天府家风馆、四川电信国防教育基地等接受教育洗礼。眉山纪检监察形象歌曲《向阳清风》入选“安逸四川”文旅宣传优秀作品。市监委首次向市人大常委会报告专项工作，完成市监委特约监察员换届聘请。推动落实2名县（区）纪委监委班子成员易地交流任职，对新提拔、交流、调入及重点岗位人员，开展“一对一”谈心谈话334人次。1名干部受到中央纪委国家监委嘉奖，2个集体、5名干部受到省纪委监委表彰。处置纪检监察干部问

图22　2022年11月，驻市交通局纪检监察组现场督查助推重点项目S5号线建设（供图：市纪委监委）

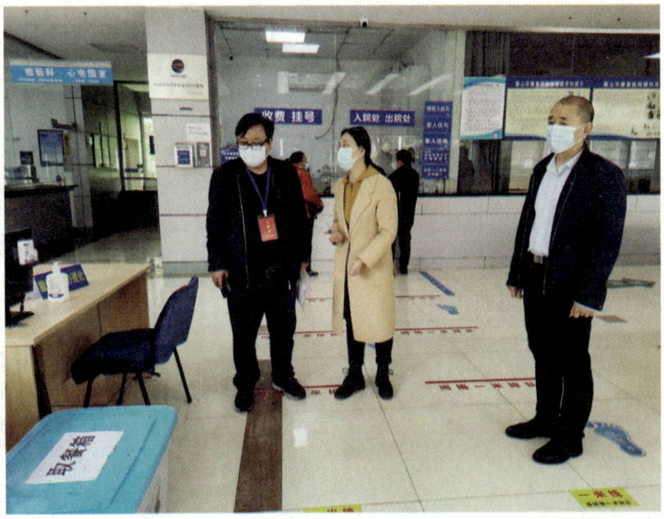

图23　2022年4月2日，驻市生态环境局纪检监察组深入市康复医院开展疫情防控督查（供图：市纪委监委）

图 24　2022 年 1 月 19 日，眉山市监察委员会特约监察员聘请会议召开　（供图：市纪委监委）

题线索 13 件，立案查处 2 人，组织处理 7 人。

（游　鹏）

巡察监督
Round Supervision

【概况】 2022 年，中共眉山市委巡察工作领导小组认真学习贯彻中共二十大精神，深刻领会习近平总书记关于巡视工作的重要论述和党中央、省委有关部署要求，立足新一届党委巡察开局起步新阶段，聚力推动市县巡察工作高质量发展。全年开展常规巡察 2 轮，同步开展省市重点项目和推选中省"两代表一委员"等 2 个专项巡察，有效发挥监督保障执行、促进完善发展作用。市委巡察办被表彰为"全省纪检监察系统先进集体"。

【巡察组织】 眉山市委把全市各级党组织学习宣传贯彻中共二十大精神和习近平总书记来川视察重要指示精神情况作为巡察监督首要任务。把准巡察高质量发展方向，研究出台五届市委巡察工作规划，指导县（区）党委对标提升本地规划协同性，高位推动市县巡察一体发展。市委主要领导亲自部署巡察任务，认真听取情况汇报，强力推动贯彻习近平总书记来川视察重要指示精神、粮食购销、营商环境、省市重点项目等重点领域问题深改实改、取得实效。市委巡察工作领导小组组织开展五届市委第一、第二轮巡察，常规巡察党组织 17 个，创新开展专项、联动、交叉等多种巡察方式。

【巡察情况】 眉山市委第一轮巡察围绕营商环境板块，对市商务局、市政管局等 8 个相关部门党组织开展常规巡察，发现问题 450 个，移交问题线索 7 件。第二轮巡察以学习贯彻习近平总书记来川视察重要指示精神为主题主线，对市农业农村局等 9 个相关部门党组织开展常规巡察，发现问题 400 个，移交问题线索 11 件，并统筹市县开展自然资源系统联动交叉巡察。坚持把两个专项巡察贯穿全年，其中，对全市 197 个省市重点项目涉及的党组织开展市县联动专项巡察，发现问题 674 个，移交问题线索 13 件；对全市推选中省"两代表一委员"工作涉及的党组织开展专项巡察，发现并及时反馈整改问题 35 个。

【巡察整改】 眉山市委巡察机构聚焦政治效果、纪法效果、社会效果，全面构建巡察整改和成果运用的责任体系，制定党委、巡察工作领导小组、分管领导、纪检监察机关、组织部门、巡察机构、相关职能部门和被巡察党组织等"八张责任清单"。建立巡察整改质效群众评价机制，出台《关于建立健全屡巡屡审屡犯问题整改长效机制的意见》。督促 12 个被巡察党组织制定整改措施 1817 个，建立健全制度机制 343 项，清退违规违纪款 108 万余元，组织处理 206 人，整改到位问题 593 个。紧盯巡察成果转化，汇总分析粮食购销领域共性问题 20 个、提出意见建议 14 条，推动国有粮企改革，出台制度机制 10 余项。梳理分析省市重点项目建设领域共性问题 25 个，提出意见建议 18 条，全面压实发改、财政、电力等职能部门责任，有效促进项目开工建设、落地投产。

【巡察规范化建设】 眉山市委巡察机构配合省委指导督导，对标建立完善制度机制 33 项，督促县（区）对照自查整改问题 153 个，对东坡区、仁寿县、青神县开展巡察指导督导。制定《眉山市委巡察工作流程图》，明确巡察全过程事项 53 项，编印《联络员实操手册》，规范巡察联络工作。全面落实"同级纪委班子成员担任巡视巡察办主任"要求，对 5 名新任县级

图 25　2022 年 9 月 6 日，五届市委第二轮巡察工作动员部署会议召开　（摄影：帅剑）

巡察办主任开展集中谈话，探索在经济区与行政区适度分离背景下的巡察实践，8月设立天府新区眉山党工委巡察办。完善内控机制，建立室务会议事决策规则，建立组办会商报告、组长定期总结交流工作、干部抽调管理等制度机制。出台《市委巡察监督与其他监督贯通协作联席会议制度》，对标修订完善巡纪、巡组贯通机制，新建与宣传、政法、财政等部门协作机制7项。制定信息化建设工作机制、网络平台数据录入规范，完成视频会商系统建设，全面运用巡视巡察网络平台和巡察单机系统。优化巡察组纪律作风后评估机制，深入被巡察单位开展"背靠背"测评2轮次，收集意见建议18条。

（毛利强）

图26　2022年4月21日，市委第三巡察组现场调研市委党校迁建项目　（供图：市委巡察办）

民主党派

OTHER PARTIES

民革眉山市总支委员会 / 民盟眉山市委员会 / 民建眉山市委员会 / 民进眉山市委员会 / 农工民主党眉山市总支委员会 / 致公党眉山支部委员会 / 九三学社眉山市委员会

民革眉山市总支委员会
Meishan Municipal General Branch Committee of the Revolutionary Committee of the Chinese Kuomintang

【概况】 2022年,中国国民党革命委员会四川省委员会直属眉山市总支部委员会(简称民革眉山市总支委员会)设市直一支部、市直二支部、东坡区支部3个基层支部委员会。有党员123名,党员中正高5人、副高9人;县级4人(实职3人),科级实职干部12人。省、市、县(区)人大代表、政协委员23人。

【民革组织建设】 民革眉山市总支委员会印发《全委会议制度》《议事工作规程》《中心组理论学习制度》《发展新党员实施细则》《财务管理办法》以及《内部监督工作制度》等六项制度。全面实行总支班子成员联系支部、支部委员联系党员制度,成立内部监督委员会,不断提高眉山民革解决自身问题的能力。通过民主选举推荐产生2名出席民革四川省第十三次代表大会代表。完成市直二支部届中调整,总支委员李娜当选为民革眉山市直二支部委员会主任委员。全年新发展党员8名,其中本科5人,研究生1人,"80后"5人,"90后"2人。持续开展"我为什么加入民革"大讨论、"我为民革组织做件事"和"我为眉山发展建一言"活动。

【民革思想建设】 民革眉山市总支委员会深入开展"矢志不渝跟党走,携手奋进新时代"主题教育,深入学习贯彻中共二十大、省第十二次党代会和民革省委第十三次代表大会精神,学习中共中央统战工作会议精神和《中国共产党政治协商工作条例》等重要文件,引领广大党员不断提高政治判断力、政治领悟力、政治执行力,坚定捍卫"两个确立"、坚决做到"两个维护",进一步增强坚持好发展好完善好中国新型政党制度的思想和行动自觉。组织开展"书香满民革 阅读伴履职"读书分享会和"书香民革·悦览东坡"读书活动,建设"书香民革"。全年在各媒体共发表稿件76篇,被民革中央、团结网转载,"书香民革·悦览东坡"团结读书会活动,在团结报568期整版报道。民革眉山市总支副主委宿丽霞被民革中央评为"思想宣传工作先进个人"。

【民革参政议政】 民革眉山市总支委员会6月,召开履职交流分享会,提升骨干党员履职能力。10月,召开"成德眉资"四地民革组织履职能力建设年工作交流活动,四地民革组织班子成员及30余名骨干党员参与,交流履职能力与组织发展。参与民革四川省委牵头开展的"成德眉资"物流一体化课题调研,眉山子报告获调研组采纳,总报告在四川省委政党协商会上交流。市、区人大代表、政协委员撰写各类提案建议36件,《关于进一步实施精准防疫切实保交通保运输保经济基本运行的建议》获全国政协采纳,《关于加强金融服务,助力制造强市的建议》在市政协全会交流,受到中共眉山市委主要领导签批肯定。《关于提升老旧小区改造深度促进眉山城市更新的建议》获中共眉山市委主要领导肯定。《新时代坚持好发展好完善好新型政党制度研究》获眉山市委统战部肯定,并向四川省委统战部推荐。《关于下调改善性二套及存量房贷款利率的建议》《关于进一步放宽乡镇卫生院自主招聘权限的建议》《关于优化全省新冠肺炎疫情常态化防控工作能效的建议》《关于加强非物质文化遗产保护的建议》等6篇社情民意被民革四川省委采纳。东坡区支部《关于加快推动企业上市,助力再造产业东坡的建议》被列为区政协大会主题发言,《关于减轻义务教育阶段学生作业负担和校外培训负担政策落实情况的调研报告》得到中共东坡区委主要领导肯定性签批。

【民革社会服务】 民革眉山市总支委员会持续对口青神县河坝子乡黄莺岭村、汉阳镇上游村,东坡区秦家镇一里村,眉山特校、眉山中学、东坡区永寿中学,开展贫困家庭、重病人员、贫困老人关爱和贫困学生助学行动,新建东坡区白塔村"儿童之家",每周为东坡区永寿镇中小学提供书法培训。9月5日泸定地震,党员为地震灾区捐款捐物价值20余万元。眉山民革中山诗书画院以防疫抗震为主题,共创作书法、美术等作品20余件。

【祖统工作】 2022年,民革眉山市总支部委员会积极参与民革中央关于祖国统一课题调研,提供的报告受到民革中央联络部来函感谢,民革党员龚勇被民革中央评为祖统工作先进个人。

(牟隽逸)

民盟眉山市委员会
Meishan Municipal Committee of the China Democratic League

【概况】 2022年,中国民主同盟眉山市委员会(简称民盟眉山市委员会)下设3个总支、1个直属支部,共有盟员272人,其中市直总支144人,东坡区总支67人,彭山区总支51人,四川工商学院直属支部10人。

【民盟组织建设】 民盟眉山市委员会以坚持人才强盟为目的,加强各总支间沟通交流和联合活动。制定《民盟眉山市委2022年度组织发展计划》,指导各总支健全组织发展程序,严格把控入盟标准,保持界别特色,突出重点人员,全年新发展盟员12人。2月18日,民盟眉山市第五次代表大会举行全体会议,选举出席民盟四川省第十四次代表大会代表。

【民盟思想建设】 民盟眉山市委员会以加强思想政治建设为核心,强化领导班子政治素质,提升盟员政治素养。2月18日,组织召开"履职能力建设和盟史学习教育"专题民主生活会;8月23日,民盟眉山市委召开四届九次全委会议,传达学习中央统战工作会议精神,全体市委委员参加学习;10月25日,组织盟员骨干到大巴山干部学院举办"矢志不渝跟党走 携手奋进新时代"政治交接主题教育。推荐6名中青年盟员骨干分期分批前往四川大学、"两弹一星"干部学院、四渡赤水干部学院、四川省社会主义学院进行学习培训,推动民盟市委思想政治建设的思考和实践取得进步。

【民盟参政议政】 民盟眉山市委员会在省市两会期间,围绕城市建设、教育、卫生等民生问题提出提案、议案、建议意见22件。省政协委员提案1件,市政协集体提案2件,市人大代表建议意见1件,市政协委员提案、建议意见18件。《关于强化校地校企合作　助推职业教育产业协同发展的建议》获得中共眉山市委主要领导肯定性签批。全年开展专项调研9次，形成专题调研报告4篇。联合资阳开展《全力推进我省轨道交通装备产业高质量发展》课题被列为盟省委重点调研课题，调研成果获得盟省委高度肯定。《抢抓机遇　聚力招引　努力建设成都都市圈高质量发展新兴城市》获得中共眉山市委和市委统战部主要领导高度肯定。《关于打造坚定文化自信“眉山载体”的建议》获得中共眉山市委和市政府主要领导签批。盟员王娜撰写的《重大突发公共卫生事件背景下疾控中心信息服务调查》被盟省委采用。

【民盟社会服务】 民盟眉山市委员会立足党派优势，助力乡村振兴。协调民盟企业家刘永城参与打造丹棱县张场镇万年村助力乡村振兴示范点，带动万年村村集体增收30万元以上，辐射带动周边110余户村民增产增收，农户人均增收800元。在东坡区思蒙镇、青神县高台镇打造眉山民盟文化振兴教育基地、民盟乡村振兴实践基地。开展定点联系帮扶困难残疾人工作，对仁寿县虞丞乡丞相村两户困难残疾家庭进行2次走访慰问，协调安排困难家庭儿童前往四川大学华西医院眉山医院进行遗传性眼疾检查。民盟眉山市委为西昌绿荫学校捐赠价值2万元的教学设备文具、衣物和书籍。联合彭山景棠家庭农场，为东坡区松江中学、彭山区武阳中学、仁寿县特殊学校捐赠柑橘5000千克。协调立白公司、蒙牛公司并得到盟员企业家刘小军支持，为仁寿特殊学校捐赠牛奶200件、洗涤液200千克和价值0.6万元的生活物资。市直总支为洪雅县东岳镇九年义务学校捐赠价值0.5万元的教学体育设施。盟员定向为眉山中学10名贫困学生捐款2万元，仁寿县虞丞乡九年义务学校3名贫困学生捐款0.9万元。东坡总支教育服务团为松江中学烛光阅览室订阅杂志32种，彭山区总支为保胜中学、谢家中学和黄丰中学30名优秀学生发放帮扶金1.2万元，向观音小学捐赠乐器，特聘2位盟员作为长期音乐老师，在该校建设“田园之声”同心美育艺术社，邀请华东师大心理健康专业硕士谭丽老师前往彭山区武阳中学开展以“呵护我们的心灵”为主题的心理健康互动讲座。

（任学东）

民建眉山市委员会

Meishan Municipal Committee of the China National Democratic Construction Association

【概况】 2022年，中国民主建国会眉山市委员会（简称民建眉山市委员会）下设市直机关、东坡、彭山3个总支委员会，各总支分设2个支部委员会，市委会机关有行政编制2名。共有会员192人，其中机关总支76人，东坡区总支58人，彭山区总支58人。会员中具有研究生及以上学历15人，大学本科学历105人（会员中有省政协委员1人，市政协副主席1人、常委3人、委员15人；市人大代表4人、常委1人。担任区县人大代表9人，常委2人，副主任1人；担任区县政协副主席3人，常委8人，委员23人）。担任副厅级领导1人，县处级实职领导7人，调研员2人，科级实职干部17人。民建眉山市委被民建四川省委评为2022年度民建四川省委会务工作、组织工作、宣传工作、参政议政工作、社会服务工作、机关工作先进单位和四川民建“9·5”泸定地震抗震救灾先进集体。会员企业通威集团有限公司被评为四川民建“9·5”泸定地震抗震救灾突出贡献单位。副主委唐蓉被评为四川统一战线“十佳通讯员”。会员何锋、伍静获民建四川省委“反映社情民意工作先进个人”。

【民建组织建设】 民建眉山市委员会全年组织班子成员9人次参加民建中央、省委统战部、民建省委、中共眉山市委组织的培训，分别赴四川省社会主义学院、长征干部学院泸定分院或者线上参加党外干部能力提升班、民建骨干会员培训班，进一步提升班子能力。认真学习中央统战工作会议精神，全面深化基层组织建设。建立内部监督委《委员联系基层组织制度》《工作规则》等工作制度，推动内部监督工作规范化制度化。开展《中国民主建国会内部监督工作条例》专题学习辅导，增强班子成员的法纪意识。全年新发展会员15名，举办“2022年度参政议政暨信息宣传工作专题培训”，邀请市政协提案委专职副主任作题为《做勤议政善议政的民建会员》的专题辅导，45名会员参训。全年先后与民建达州市委、民建自贡市委、民建成都市委、民建内江市委、民建资阳市委开展交流活动。

【民建思想建设】 民建眉山市委员会成立领导小组，班子成员分工负责，带头领学中共二十大、省第十二次党代会精神，学习习近平总书记来川视察重要指示精神。组织班子成员学习《公职人员涉企服务“十严禁”》。学习《中共眉山市委关于深入贯彻习近平总书记来川视察重要指示精神建设新时代更高水平“天府

图27　2022年8月31日，民盟眉山市委在青神县高台镇百家池村邻里百家举行助力乡村振兴实践基地授牌仪式
（供图：民盟眉山市委）

粮仓”示范区的决定》《中共眉山市委关于深入贯彻习近平总书记来川视察重要指示精神传承三苏文脉弘扬东坡文化的决定》，深入调查研究，在全市政党协商等会议上，提出针对性和操作性强的建议意见。市委会组织会员集中收看中国共产党第二十次全国代表大会，为全市会员购买中共二十大报告学习单行本。分阶段安排三轮专题学习，开展五次现场教学。5月至11月先后组织会员赴太和镇永丰村、三苏祠廉政文化教育基地、郭祝三故居、青神县红色西山教育基地开展专题学习活动。

【民建参政议政】 民建眉山市委员会全年在省、市县三级两会上共提交提案66件。在中共眉山市委召开的专题协商座谈会上《关于夯实制造强市人才基础的建议》《关于完善三苏祠周边交通体系建设的建议》受到中共眉山市委主要领导、市委常委、统战部部长的肯定。在市政协五届二次全会上《大力发展新型农村集体经济　夯实农民共同富裕基础》获中共眉山市委主要领导肯定性批示。《建议多元促进适销对路职业人才农村就业，助力激发乡村振兴业态创新内生动力》等4篇社情民意获民建中央采用。《关于在成德眉资同城化发展中晋位升级的建议》等4篇调研报告被《眉山统战信息》专刊采用，其中《关于规范医疗机构就医核酸检测前置有关问题的建议》被省政协采用转送省卫生健康委第113期；关于《消除“新冠康复者”就业歧视，保障平等就业权益》被省政协综合采用报送全国政协第739期；《关于解决苏辙小学接送学生高峰时段交通拥堵的建议》获市政府主要领导签批；《全面加强养老服务标准化建设助推眉山养老服务高质量发展的建议》编入全省参政议政成果集。

【民建社会服务】 民建眉山市委员会全年累计捐赠、引进、协调乡村振兴帮扶资金3540.6万元，公益事业捐款捐物合计5190.46万元（其中为新冠疫情捐款捐物折合55.5万元，为泸定地震捐款捐物折合5044.7万元，其余公益捐款90.26万元），22次走访调研会员企业，解决助企纾困政策、能源、劳动力、应收账款等方面难题27件。领导班子带队赴洪雅县柳江镇兴胜村调研督导“助力巩固脱贫、助推乡村振兴”，帮助3名家庭困难学生解决生活学习补助0.6万元，通过市委统战部向洪雅县柳江镇兴胜村村委会捐赠10万元，协调财政资金25万元，支持其改善基础设施。举办首次企业家金融沙龙，召开助企纾困组合式税费金融优惠政策宣讲暨社情民意收集会，组织会员企业家积极参加“四川建华课堂”“民建服务会员企业在线讲座”。整合资源，提升眉山民建“情暖眉州·同心致远”社会服务品牌影响力，11月正式启动该品牌，募得捐款23万元。

【民建信息宣传】 民建眉山市委员会全年向各级媒体报送并采用信息文稿301篇次，其中中央级媒体采用72篇次、省级媒体采用158篇次、市级媒体采用71篇次。主委撰写的《努力做到三个“深刻理解”敢担当善作为助力实现中华民族伟大复兴——学习中央统战工作会议精神的体会》和学习中共二十大精神热议文章在四川民建微信公众号首期刊出。全年提交四川省政协、民建四川省委、市政协、市委统战部6篇理论研究文稿。《从方法论角度认知“深入挖掘文物中蕴含的民族交往交融”的历史内涵》等4篇文稿被《四川民讯》采用。《新时代思想引领提案工作高质量发展》等3篇文稿分别被省委统战部和《眉山政协》采用，并获得全市统战理论政策研究创新成果三等奖。全年通过“眉山民建”微信公众号转载推送信息300余条次，编印《眉山民建》杂志4期。

（欧　庆）

民进眉山市委员会

Meishan Municipal Committee of the China Association for Promoting Democracy

【概况】 2022年，中国民主促进会眉山市委员会（简称民进眉山市委员会）下设总支委员会3个（东坡区总支、彭山区总支和机关事业总支），直属支部1个（民进眉山职业技术学院支部），支部委员会6个，专门工作委员会3个，共有会员196人，其中省人大常委1人，省政协委员1人，市级人大代表、政协委员19人，县区级人大代表、政协委员35人，副县级以上干部10人。会员宋波获民进中央信息化建设先进个人表彰，会员周江峰、余艾佳获得民进四川省委“优秀通讯员”表彰，会员刘戈获得民进四川省委信息化建设先进个人表彰。

【民进组织建设】 民进眉山市委员会按照民进中央基层组织建设“强组织、增活力、有作为”目标，开展基层组织建设工作，全年共召开主委会、全委会7次，完善领导班子理论学习、民主生活会、议事决策等系列制度，召开民主生活会、述职测评会。落实民进中央《发展会员工作条例》，全年发展会员16名，平均年龄34岁，其中本科生13名，硕士2名，博士1名。全年开展会员入会培训和各类学习4次，参政议政工作培训2次。补充完善会员信息库，开展骨干会员、后备干部培训会2次，参与会员达100余人次。制定《民进眉山市委会2022年信息化建设主题年工作方案》，成立“信息化建设主题年工作领导小组”，组织开展信息化建设专题培训会和工作研讨会2次。市委会机关完善和补充会员信息库，建立会员档案室，通过电子信息手段保存、管理会员档案。扎实开展内部监督工作，制发《内部监督委员会2022年工作计划》《关于对民进中央已印发制度贯彻执行情况开展专项监督的工作方案》等文件，内监委赴各基层组织开展民进中央已印发制度贯彻执行情况专项监督，检查各基层组织工作完成情况，收集意见建议，提出改进措施，监督结果和情况反馈市委会及省委会。

【民进思想建设】 民进眉山市委员会坚持把思想政治建设放在自身建设的首位，制定《关于认真学习贯彻中国共产党第二十次全国代表大会精神工作安排的通知》，印发各基层组织，安排部署学习宣传中共二十大精神工作事项。全年组织召开中心组理论学习会议5次，主要学习中共二十大精神、中央统战工作会议精神、习近平总书记系列重要讲话精神、习近平总书记来川视察重要指示精神等各类会议和讲话精神，全年参加学习中央、省、市相关重要文件、会议、讲话精神等专题学习会员达200余人次。民进眉山市委会班子成员赴各联系基层组织开展宣讲及思想政治教育活动，各基层组织均召开学习贯彻中共二十大精神专题会议。6月，召开“矢志不渝跟党走、携手奋进新时代”政治交接主题教育动员会，制定具体实施方案。在新会员及入会积极分子中开展“我身边的先进”宣讲活动，学习会章、会史，学习骨干会员和优秀代表人士先进事迹，开展主题教育。依托“眉山民进”微信公众号，全年刊登政治思想教育的学习文章100余篇。编辑并印发各类学习教育及统战理论知识学习资料500余份。制作视频《我们跟着你》，受到民进中央、民进四川省委和眉山市委统战部肯定，被民进中央、团结网、四川民进、四川统一战线等网站转载，被评为四川统一战线年度“优秀新闻”，累计播放量超100万次。民进东坡区总支制作视频《去远方》在民进中央、民进四川省委、同心四川等主流媒体累计播放量达40万次。全年宣传稿件被团结网采用1条，中国日报采用8条，民进中央采用3条，民进四川省委采用52条，四川统一战线及同心四川采用14条，眉山统一战线采用14条，眉山市政协采用16条。

【民进参政议政】 民进眉山市委员会全年共提交市级政协提案15件，其中2件被列为重点督办提案，区县级政协提案30件。市委会提交集体提案2篇，《关于以科技创新引领“1+3”产业高质量发展助推制造强市的建议》受到中共眉山市委主要领导肯定性批示，提出“加快我市公共文化设施建设，让优秀文艺作品‘引进来’‘走出去’”等建议受到媒体关注，专访报道刊载于《眉山日报》《每日快报》。《关于加快眉山新能源新材料产业学院发展的几点建议》被市政协、中共眉山市委采纳，并已转化落实，建起眉山第一所产业学院——天府新能源新材料产业学院，至2022年年底学院已完成第一批招生。全年累计向市政协、市委统战部、民进四川省委报送社情民意16篇，其中《关于在非公有制企业青年职工中传承好红色基因的建议》被全国政协采用，《关于加快推进我省竹产业创新发展的建议》被民进四川省委采用，《建议让农村闲置宅基地“活起来”》《关于进一步加强山寨虚拟币监管的建议》《关于疫情防控工作的几点建议》3篇被市政协采用并上报省政协。11月，邀请民进中央特邀信息员钱开宁开展社情民意信息撰写专题讲座，提升会员撰写反映社情民意的能力和水平。参加市委统战部组织的党外人士情况通报会、“两个决定”贯彻落实建言献策座谈会，完成政协专题协商3次，反馈各单位征求意见稿5篇。

【民进课题调研】 民进眉山市委员会扎实深入开展调查研究，全年组织开展脱贫攻坚与乡村振兴有效衔接、专项民主监督、东坡文化三苏文脉等各类专题调研，同时配合民进中央开展乡村振兴调研，配合民进四川省委开展大熊猫国家公园多元共治体制机制与关键制度调研，组织和参与各类调研15次，形成《关于精准化、减量化科学使用新型化肥，助推新时代更高水平天府粮仓建设的建议》《抢抓机遇，顺势而为，发展外向型工业经济，推动我市化肥产业“走出去”的建议》《推动农村改厕、生活污水与垃圾治理协同投入和设施一体化运行管护调研报告》《关于大力推进三苏家庭家教家风建设，涵养新时代文明风尚的建议》等5篇调研报告，上报民进四川省委及中共眉山市委。与市贸促会联合撰写《关于国家进口贸易促进创新示范区建设的若干思考及建议》调研报告，被中共眉山市委办公室《领导参阅》采用。

【民进社会服务】 民进眉山市委员会积极开展乡村振兴和助残帮扶工作，承担仁寿县对口联系残疾户的帮扶，帮助残疾户解决基本补助和补贴。赴联系村开展贫困学生慰问活动，为6名家庭困难的学生送去助学款。在社区举办“春联万家”活动，为群众送上春联和祝福。积极响应民进四川省委、市委统战部向四川泸定地震灾区捐款的倡议，87名会员捐款1.62万元，民进东坡区总支通过区委统战部途径捐款0.5万元。发挥文化界别优势，依托“民进艺术团”“同心公益大课堂”“非遗课堂”等品牌，全年组织会员开展送文化下乡、公益讲座、支教等特色社会服务活动30余次。开展传统文化弘扬活动，深入基层推进东坡文化、传统文化、非遗文化、法治文化进校园、进村社、进书屋，会员自愿开展文艺进基层活动，开设各类文艺讲座、艺术讲堂、文化公益下乡等活动20余场，服务群众3000余人。

（余艾佳）

农工民主党眉山市总支委员会

Meishan Municipal General Branch Committee of the Chinese Peasants and Workers Democratic Party

【概况】 2022年，中国农工民主党四川省直属眉山市总支部委员会（简称农工党眉山市总支委员会）下设市直机关、东坡区、彭山区3个基层支部委员会，有党员164人。农工党眉山市总支委员会获农工党四川省委员会表彰“组织建设先进集体”“思想宣传先进集体”“参政议政先进集体”“社会服务工作先进集体”。总支主委彭洪获农工党中央委员会表彰“中国农工民主党2018—2022年先进个人”。

【农工党组织建设】 农工党眉山市总支委员会定期召开主委会、全委会、党员大会，集体研究决策重大事项、重大支出，集体讨论决策推优评先和发展新党员。召开2021年度工作总结暨民主生活和述职测评会，表扬先进基层支部2个、优秀党员12名，开展班子及班子成员述职并接受民主测评。重视培养发展新党员，培养入党积极分子12人，批准新党员6人。市直支部、东坡区支部新建成并投入使用党员之家2个，建筑面积260平方米。

【农工党思想建设】 农工党眉山市总支委员会深入学习宣传贯彻习近平总书记来川视察重要指示精神，市直支部、东坡区支部组织开展“走进三苏祠，沿着总书记的足迹感恩奋进”专题学习。市总支及各支部组织班子成员集中收听收看中共二十大开幕会，召开中共二十大精神专题学习会，举办学习宣传贯彻中共二十大精神宣讲会。组织学习《习近平谈治国理政》第四卷、《习近平总书记关于多党合作重要论述摘编》等书籍。召开“矢志不渝跟党走、携手奋进新时代”政治交接主题教育动员部署会，学习传达农工党中央、省委部署要求。全年在人民政协网、《团结报》、团结网、《前进论坛》、农工党中央网等主流媒体发表稿件109篇。

【农工党参政议政】 农工党眉山市总支委员会全年组织开展粮食安全、三苏文化、制造强市、小区物业服务水平等课题调研，形成调研成果11篇。2名党员被市医保局聘为医保基金社会监督员。市直支部联合四川省中医药信息学会、农工党四川省企业家联谊会赴洪雅县开展名贵中药材雅连种植及运用调研。先后提交《关于推动建立成都都市圈生态环境共保共治机制实现绿色低碳高质量发展的建议》《关于增加眉山临床医院数量及专业的建议》等提案建议39件。全年向中共眉山市委、市政府、市政协提交《关于建设新时代更高水平“天府粮仓”的建议》《关于三苏祠申报全国爱国主义教育示范基地的建议》《关于在我市开展住宅小区物业服务星级评定工作的建议》《关于围绕开放兴市，着力提升我市制造业绿色智能水平的建议》等建言10余次。市总支联合市政协经科委、九三学社市委提交的《关于突出发展新能源新材料产业，加快推进制造强市的建议》得到中共眉山市委主要领导肯定性批示，并在市政协五届二次会议作大会发言。市总支联合市政协特邀界别组提交《关于出台“生育新政”的几条建议》。党员李俊英在省政协十二届五次会议提交《关于制定普惠性生育政策，完善女性生育保护福利的建议》受到广泛关注。市总支副主委王敏在市政协五届二次会议分组讨论提出“实现环境保护与经济发展共赢，建议制定我市优化产业结构、淘汰落后产能政策”受到广泛关注。彭山区支部《关于推进并加强老旧小区改造和管理工作的建议》，被彭山区政协评为“2020—2021年度优秀提案”。东坡区支部主委祝光伦被中共东坡区委评为“2021年度‘有事来协商，东坡事大家议’工作先进个人”。东坡区支部副主委李语静被中共东坡区委评为“政协会委员优秀提案及办理工作先进个人”。

【农工党社会服务】 农工党眉山市总支委员会助力乡村振兴，接待农工党省委会定点帮扶巴中市巴州区朱垭村赴丹棱县顺龙乡幸福古村考察乡村振兴示范点；东坡区支部主委祝光伦为东坡区尚义镇等乡村捐款捐物价值50余万元。响应中共眉山市委、市政府号召，支持参与疫情防控工作，配合协助街道、社区开展疫情防控工作，党员乔璐、刘丹派往成都支援疫情防控。市总支和东坡区支部开展定点联系帮扶困难残疾人工作，市总支党员志愿者服务队慰问农村残疾儿童。市直支部开展抗战老兵关爱行动，东坡区支部举办第五届“农工杯”优秀教师表扬暨困难学生助学活动，开展“迎新春　送温暖”“新学年新学期　农工党来助学”“春风送温暖关爱进农家”“金秋助学”等慰问活动，组织党员向泸定“9·5”地震灾区捐物捐款3.67万元。彭山区支部举办“守护成长呵护花蕾”健康知识进校园、进乡村讲座，开展“全国爱眼日”健康义诊活动。东坡区支部党员陈丽萍援藏支教事迹被人民政协网、《团结报》、团结网等媒体报道。

（伍志攀）

致公党眉山支部委员会
Meishan Municipal Branch Committee of the China Zhi Gong Party

【概况】 2022年，中国致公党四川省委员会直属眉山支部（简称致公党省委会直属眉山支部）有党员51人，党员平均年龄40岁。其中硕士研究生13人，大学本科35人，担任各级人大代表6人、政协委员8人。

【致公党组织建设】 致公党省委会直属眉山支部年内共发展10人加入组织，其中硕士研究生6名，大学本科4名，平均年龄33岁。6月，在北京外国语大学附属东坡外国语学校建成党员示范基地“致公之家”。支部建立健全会议、学习、培训、公文办理、财务、党员慰问、参政议政、信息宣传表彰等18条规章制度和工作标准、党员发展办法、新党员入党仪式规定等9条工作手册。

【致公党思想建设】 致公党省委会直属眉山支部建立支部领导班子学习制度，每季度开展一次学习活动，重点学习中共二十大精神、习近平总书记来川视察重要指示精神、省第十二次党代会、致公党四川省第八次代表大会和省委、市委经济工作会议精神，扎实开展“矢志不渝跟党走、携手奋进新时代”政治交接主题教育。在眉山知行·悦读坊、新华文轩和眉州文化村三处设立学习基地，以“书香支部”活动基地为载体，引导党员认真学习中国共产党、致公党党史、多党合作历史。组织6名党员参加致公党四川省新党员培训和市委统战部上半年拟发展对象培训。

【致公党参政议政】 致公党眉山支部全年共提交人大建议18件，其中省级10件、市级5件、县级3件；提交各级政协提案10件，其中省级4件、市级3件、县级3件；报送社情民意22篇。全年完成7个重点调研课题，其中《关于加快我市农村养老机构健康发展的建议》在市政协全会上作大会发言。《关于深化氢能产业布局，助推眉山绿色发展的建议》等4件提案被确定为市政协重点提案。社情民意《关于完善新业态从业人员社保费征管的建议》被致公党中央采用并获致公党四川省委参政议政优秀成果奖，《关于健全完善人民法院执行裁定以房抵债涉税问题解决机制的建议》被省政协采用并报全国政协。全年共报送参政议政信息22篇，被致公党四川省委采用7篇；被川观新闻、四川新闻网等省级主流媒体采用7篇；被眉山政协、眉山统一战线等市级主流媒体采用8篇。

【致公党社会服务】 致公党省委会直属眉山支部全年围绕“致爱眉山”主体开展社会服务，向康定市抗州村捐赠项目建设资金20万元，促进抗州村基础设施和农户生产生活环境改善；走进丹棱县张场镇，向各村书记及企业代表介绍农产品区域品牌创建方法，确定“立足茶酒产业，培育系列品牌，发展旅游产业一体的新农村”发展思路；联手眉山市图书馆，在眉山市东坡小学开展“科技进校园”科普教育实践活动，普及科技知识。支部党员深入仁寿县文宫镇桂湾村，慰问残障人士；开展“致爱眉山”关爱老人（义诊）活动、“致爱眉山”服务乡村振兴、“致爱眉山”知识产权进园区系列活动。

（胡　萍）

九三学社眉山市委员会
Meishan Municipal Committee of the Jiu San (Sept.3rd) Society

【概况】 2022年，九三学社眉山市委员会有2个基层委员会、1个直属小组、6个支社，社员总数172人。其中，省政协委员1人、市级人大代表、政协委员19名，县区人大代表、政协委员15名。九三学社眉山市委员会获九三学社四川省委2022年参政议政、机关建设、信息工作、新闻宣传先进集体。

【九三学社组织建设】 九三学社眉山市委员会制定基层组织《届中调整工作方案》，9月，按程序对东坡基层委员会、市属基层委员会班子成员届中调整。严把社员入口关，加强新社员入社前培训、考察和廉政谈话，高层次界别、主体界别、年轻化比例不断提高，全年考察批准新社员13人。做好市委常委、统战部部长赴彭山区调研彭山小组组织建设工作。把促进青年社员成长作为加强自身建设的重要方面，全年培养科级干部3名。召开组织建设专题会议，明确重点吸纳有声望企业家、优秀青年，把提升新发展社员代表性和高层次人才比例作为组织工作重点。拜访九三学社省委机关，就机关建设、参政议政、组织建设等社务工作开展交流座谈。对照社中央要求，修订完善社眉山市委主委会议、全委会议等相关制度和领导班子议事决策规则，明确主委、副主委、委员职责和内设机构和各专门委员会工作职责。

【九三学社思想建设】 九三学社眉山市委员会把学习贯彻中共二十大精神作为重要政治任务，成立工作领导小组，研究制定学习贯彻方案。全市各级社组织集中或个人观看中共二十大开幕会，召开主委会、专题学习会、座谈会等深入学习中共二十大精神10余次，社眉山市委班子、市委委员、各基层组织和青年社员代表撰写心得体会20余篇，工作建议2篇，领导班子开展走访宣讲活动10余次，参与社员200余人次。开展“矢志不渝跟党走、携手奋进新时代”政治交接主题教育。明确以学习中共二十大精神、中共十九届历次全会精神、四川省第十二次及眉山市第五次党代会精神为重点，按照《各民主党派省委关于建立健全理论学习中心组学习制度座谈会纪要》要求，召开主委会、中心组学习会集中学习5次，组织40余名社员线上参加社四川省委第九期《四川九三讲堂》，学习《中国共产党统一战线工作条例》。召开专题会议传达学习习近平总书记来川视察重要指示精神和省委第十二次党代会精神，召开主委（扩大）会议专题学习，部分社员结合本职工作谈感想、谈落实。社市委主要领导对社市委委员、公职人员、骨干社员、新发展社员开展集体廉政谈话，班子成员、骨干社员不定期开展廉政教育个别谈话。针对人大代表、政协委员等重点社员开展廉洁从政从业专题讲座。对新入社社员，在入社前廉洁考察，入社后专题集体学习。聚焦元旦、春节、清明、五一国际劳动节等节假日和重要时间节点，节前发布作风建设通知，重申纪律要求。

【九三学社参政议政】 九三学社眉山市委员会全年共提交省人大建议1件、省政协提案2件，市人大个人建议4件，市政协集体提案7件、个人提案31件，立案率100%，围绕省市中心工作和人民群众关心的热点、难点问题建言献策。在全市政协大会作书面发言3次、口头发言2次，提交市级重点提案3件。制定2022年《参政议政工作计划》《课题调研工作安排》《参政议政主题活动实施方案》，对政党协商、调研报告、社情民意、提案建议等进行安排部署，邀请社四川省委参政议政处处长做专题培训。举办首期主题为“传承弘扬东坡文化”参政议政日活动，邀请专家作专题讲座，围绕党委政府中心工作和坚定文化自信主题开展议政，提出打造独树一帜东坡文化载体、做好研发东坡文化产品、加强校园东坡文化教育等建议，形成参政议政储备课题。承接社四川省委专职副主委关于“加强农作物病虫害绿色防控，夯实长江流域农业绿色发展生态基础”专题调研。配合省政府参事、四川博物馆首席专家魏学峰等一行8名全国人大代表调研江口沉银文物保护工作。先后赴天府新区、城市新中心、市法院、市农业农村局等开展专题调研10次，召开座谈会7次，形成调研报告20多篇，政党协商5篇，社情民意33篇。其中，社情民意被九三学社中央采用5条、省政协采用4条、九三学社四川省委采用19条。政党协商课题《强基础练内功，稳步推进眉山国际铁路港建设的建议》获中共眉山市委肯定和采用，《以“三苏文化、东坡文化”赋能城市新中心发展的建议》在市政协五次常委会上发言并获市政府主要领导肯定性签批，《关于构建锂电产业发展新格局助力我省绿色低碳产业高质量发展的建议》等2件被社四川省委转化为省政协全会集体提案，该项工作在全省参政议政工作会议上作交流发言。印发《民主监督工作计划》明确4项重点监督内容，建立部门联动会商机制，明确每年联动相关部门至少开展2次专题调研，每次提出意见建议不少于3条等工作内容。全年通过5次专题调研、联合调研、部门协作等形式，完成固体废物综合利用、小流域污染治理、长江十年禁渔、农作物病虫害绿色防控等实地调研及工作座谈4次，收集问题清单1次。专报《关于加强岷江流域东坡段生态环境保护工作的建议》获中共眉山市委主要领导肯定性签批。全年针对问题提出意见建议30多条，形成“固体废物综合利用处置技术”“水产养殖尾水治理”2条技术攻关项目，收集“生态环境损害赔偿”问题清单3条并提出建议，提出《关于加快制定水产养殖尾水排放标准的建议》等社情民意和调研报告3件。《生态环境保护民主监督工作专题报告》获社省委主委肯定性签批并以工作专报（第4期）印发全省社组织和省级相关部门，该项工作于2022年九三学社中央长江生态环境保护民主监督工作会议上作交流发言。

【九三学社社会服务】 九三学社眉山市委员会紧扣民生改善，助力巩固脱贫与乡村振兴，社主委带队赴青神县高台镇调研乡村产业发展并走访慰问2户困难残疾人家庭，赴青神县调研、督导“惠企稳岗”攻坚行动和“万名干部上门、万户企业暖心”工作。市属基层委员会分别赴青神县、富牛镇、天府新区开展3期乡村振兴调研，助推乡村产业发展。东坡基层委员会联合乐山市商业银行眉山分行在激情广场开展防范电信网络诈骗宣传活动。会同爱心企业向东坡区13个镇（街道）近200个村（社区）的基层工作者、困难家庭及养老机构捐赠价值达10万元的物资，走访慰问联系乡镇三苏镇困难残疾群众。联合四川达宽律师事务所，邀请社四川省农科院支社走进思蒙镇黄家社区，开展“进百村进百企”活动，与思蒙镇签订走进全镇1个社区和3个村的服务协议。组织社内医疗专家开展医疗义诊；四川达宽律师事务所赠送书籍、开展法律咨询；省农业科学院茶叶创新团队对思蒙镇工农村茶叶种植基地开展技术帮扶。参与疫情防控、开展公益惠民活动，医卫界社员投身疫情防控一线并成为自愿服务者；响应社省委《关于支持和投身抗震救灾工作的倡议书》，向泸定县地震灾区捐款1.51万元。

（钟　伟）

群众团体

MASS ORGANIZATIONS

眉山市总工会 / 中国共产主义青年团眉山市委员会 / 眉山市妇女联合会 / 眉山市文学艺术界联合会 / 眉山市科学技术协会 / 中国国际贸易促进委员会眉山市委员会 / 眉山市残疾人联合会 / 眉山市红十字会 / 眉山市工商业联合会 / 眉山市社会科学界联合会 / 眉山市党外知识分子联谊会

眉山市总工会
Meishan Federation of Trade Unions

【概况】 2022年，眉山市各级工会认真学习贯彻中共二十大精神和习近平总书记来川视察重要指示精神，围绕中心大局，积极履行法定职责。全年共有34个基层工会组织、26名基层职工分获全国总工会、省总工会和眉山市委、市政府表扬。省总工会领导到眉山指导工作14次，承办全省级会议2次。园区工会工作等5项工作在全省交流发言，产业工人助推青神竹编发展工作获省领导肯定性批示。眉山市总工会被中华全国总工会办公厅表彰为“市、县级和基层工会财务会计工作先进单位”。

【工会组织建设】 2022年，眉山市有工会组织5082个，有工会会员83万余名。眉山市总工会给予全市基层工会组织工作经费专项补助114.69万元，为乡镇、园区工会配备32名社会化工会工作者、33名集体协商指导员。累计建立新就业形态群体工会组织226个，发展新就业形态劳动者会员4.71万人。新建职工之家33个，补助资金约164万元。

【工会改革】 眉山市总工会推动园区工会改革，实施园区工会三年攻坚行动，出台园区、企业评星定级和非公有制企业工会干部履职津贴制度，评定结果实现“三个结合”“三个挂钩”（与推荐“两代表一委员”相结合、评先评优等精神激励相结合，与职工之家阵地建设、工作经费下拨等物质激励相结合；与企业推荐党代表、人大代表、政协委员挂钩，与企业工会评先评优挂钩，与非公有制企业工会干部履职津贴挂钩），全市评星定级企业工会209个，其中三星级及以上工会66个。全年选派9名社工、29名指导员到9个工业园区工会驻点，补助园区工会经费569.27万元，建成工会服务阵地27个。选定“3+13”产改试点单位（纳入省级层面台账管理企业3家，纳入市级台账管理企业10家），探索职工思想引领、素质提升、职称评定、成长路径等新做法，中建钢构、中车产改经验入选省级案例。建立11个劳模（工匠）创新工作室。用好“川工之家”眉山频道，发布信息1083条，开展网上工会活动和普惠活动250余次，职工访问量191万人次，单项活动最高参与10万人次，平台活跃度居全省第二。

【职工权益维护】 眉山市总工会严格落实职代会和厂务公开民主管理制度，加强企业分类指导，引导广大职工有序参与到企业民主管理，切实维护职工合法权益，促进企业健康和谐发展。全市已建工会的公有制企业职代会、厂务公开建制率达100%，非公有制企业制率达92%以上。围绕职工工资待遇、工作时间、休息休假、劳动保护等内容扎实开展集体协商工作，全年新续签订专项集体合同2307份，覆盖企业2399家，覆盖职工8.35万余人。其中，签订新就业形态劳动者集体合同200余份，覆盖新就业形态劳动者3万余人。强化劳动监督保护，开展“安康杯”竞赛暨新安法答题活动，3.34万人次职工参与，四川立白实业有限公司洗衣粉包装班获全国“安康杯”竞赛优胜班组，市总工会获评2022年全国“安康杯”安全文化宣传活动优秀单位，市职工培训中心副主任骆园获评“安全文化宣传活动优秀个人”。全年开展安全文化、职业病防治宣传活动120场，开展应急演练12场，发放安全宣传资料3.5万份。开展线下“尊法守法携手筑梦”公益法律行动，组建普法小队9个，深入工地、车间生产一线开展普法宣传、法律援助等活动66场，发放资料1.4万份，现场咨询1390人次。开展线上普法有奖知识竞答活动，400家企业、2万名职工参与，市总工会获全省普法竞赛优秀组织单位。

【技能竞赛】 眉山市总工会围绕“制造强市”目标，组织开展全市“建功‘十四五’奋进新征程”劳动竞赛，锚定“1+3”现代产业，深入实施“百千万”行动，即发动700家企业、4092个班组、8.39万名职工参与，同比增长21%。其中非公有制企业657家，占比93.8%。持续推进职工技术创新创效，征集节能减排降耗合理化建议1311条，职工“五小”（小发明、小革新、小改造、小设计、小建议）创新成果3197项，排查群众性安全隐患9375个，整改完成99.74%。新建李勇劳模创新工作室等人才创新平台11个，创新课题或攻关项目98项，创新成果71项，节创经济效益3709万元，人才培训2600人次。推荐评选全国五一劳动奖章1名（眉山职业技术学院副教授李倩）、全国工人先锋号1个［联合利华（四川）有限公司包装车间］、省五一劳动奖状2个、省五一劳动奖章1名、省工人先锋号2个。

【劳模宣传与服务】 眉山市总工会深入开展“中国梦·劳动美”宣传教育，开展劳模工匠先进典型事迹宣讲活动32场，覆盖职工2500人次，大力弘扬劳模精神、劳动精神和工匠精神，让“劳动最光荣”深入人心。全年走访慰问一线职工劳模、离退休劳模、老劳模470余人次，发放慰问金55.6572万元。为279名全国、省、市级劳模提供优质健康体检服务。发放省部级劳模生活补助金、荣誉津贴、困难帮扶资金等138.94万元。组织20名省部级以上劳模和先进工作（含享受省部级劳模待遇者）以及全国和省五一劳模奖章获得者参加劳模短期疗休养活动。

【职工关爱工程】 眉山市总工会针对疫情影响下职工就业难、增收难的情况，组织工会力量下沉进企业、进班组，摸排企业1000余家，覆盖职工10万余人，建档困难职工1201户，全年新增困难职工561人，建档人数实现翻番，新增人数居全省第二。困难职工应助尽助，筹集资金490万元，对全市建档困难职工救助帮扶实现全覆盖。开展“四季送”工会品牌活动，春季举办招聘会46场，提供岗位1.58万个，实现就业1万余人；夏季争取资金140余万元，慰问职工1.5万人次；秋季筹集270余万元，帮扶困难职工子女543人，同比增长137%，实现全覆盖、无遗漏。全省“金秋助学”集中慰问活动现场会在眉召开；冬季筹集资金570万元，慰问职工8000人次。累计建设分级分类建设户外劳动者服务站点100个，提供休息、体验、免费早餐等服务，服务户外劳动者6万人次。推荐评选全国“最美站点”3个、全省“最美站点”9个。开展“百场品质生活课堂”系列活动，市县区联动，投入资金40.51万元，开展品质阅读、时尚休闲、健康生活等课堂163场，参与职工突破5000余人次。筹集资金740万元，开展“加油满减”“普

图 28　2022 年 8 月 24 日，四川省总工会金秋助学集中慰问活动举行　（供图：市总工会）

惠观影”“普惠课堂”等 55 项普惠活动 260 场次，惠及职工 50 万人次，拉动消费 3600 万元。开展幸福生活企业试点工作，筹集资金 10 万元，围绕工会帮扶中心赋能增效打造服务职工综合体试点 1 个，争取省总工会家庭友好型场所试点和职工综合体试点。

【工会经费管理】 眉山市总工会依法征收工会经费，市本级拨缴经费收入、上解省总经费连续两年实现两位数增长，眉山天府新区、各县（区）经费收入均较上年实现增长。市本级、洪雅、眉山天府新区将财政供养人员基础绩效全口径纳入预算，市本级增加基层工会预算 672.49 万元。对连续两年仍结余的乡镇（街道）、开发区（园区）工作经费 500 多万元进行清理并收回，留存县（区）总工会重新安排。向上争取资金 1887.53 万元，增长 14.5%。市本级经审会全年完成各类审计项目 24 项，重点审计市总本级 2021 年度工会经费预算执行情况；审计 6 家区县总工会和天府新区总工会 2021 年工会经费财务收支和资产管理情况，延伸审计乡镇（街道）总工会和基层工会 21 家；审计市级机关、企事业单位 15 家工会 2021 年财务收支情况。上述三项审计共查出问题 205 个，提出意见建议 83 条。针对存在的问题，被审计单位整改落实率 88%。对 2021 年度劳模待遇落实和劳模资金分配管理使用情况进行审计。市总工会收到省总工会拨付的省部级劳模专项补助资金和市财政拨付的省部级劳模专项补助资金共计 41.71 万元，除因个别劳模征信问题未能按时发放慰问金外，其余劳模专项资金全部按时使用完毕。各县区工会审计监督力量不断加强，其中，洪雅县、东坡区、仁寿县持续扩大审计工作覆盖面，区县经审会共计审计基层工会 193 家，发现问题 523 个，提出审计意见建议 124 条。

【劳动纠纷调解】 眉山市总工会开展职工队伍稳定风险隐患专项排查化解行动，实地走访调研 45 次，排查企业 433 家、覆盖职工 4.5 万人次，化解矛盾纠纷案件 27 件，涉及职工 311 人，涉及资金 201 万余元。组建公益法律服务工作组，深入工地、企业开展普法宣传、法律援助等 66 场，现场咨询 1390 人次。充分发挥园区法律援助工作站纠纷调解前哨站、风险化解防火墙作用，调解劳资纠纷 29 件，办理维权案件 18 件。法律援助工作荣获全省一等次，维权律师徐军荣获“四川省第七届维护职工权益杰出律师”。

【助力经济发展】 眉山市总工会召开专题培训会，解读省总工会助力“拼经济、搞建设、促发展”十八条措施，结合眉山市情，出台 14 条措施，鼓励基层工会足额发放每人 500 元消费券和 300 元的乡村振兴产品，全市累计发放消费券 2000 万元，购买乡村振兴产品 600 万元，带动消费 5900 万元。联合推荐“寻美乡村、乐游眉山”线路 35 条，推荐美食、地方特产和非遗产品 200 余种，旅行直播在线观看 45 万人次，间接带动乡村旅游 700 万人次。积极开展“川工带川货”直播带货活动，争取省总工会支持幺麻子、吉香居、国为制药拟上市公司工会经费 40 万元，全收全返小微企业工会经费 800 万元。

（李艾伦）

中国共产主义青年团眉山市委员会

Meishan Municipal Committee of the Communist Youth League of China

【概况】 2022 年，中国共产主义青年团眉山市委员会（简称共青团眉山市委）在中共眉山市委的坚强领导下，深入开展青少年思想引领、团的基层建设、扶持青年创新创业、青年志愿服务等各项工作。眉山市有团委 299 个，团工委 46 个，团总支 712 个，团支部 5710 个，团干部 11253 人，团员 116370 人。

【共青团基层组织建设】 共青团眉山市委完成县域共青团基层组织改革试点，6 月，印发《关于深入推进县域共青团基层组织改革的通知》和《县域共青团基层组织改革重点任务指导清单》，案例入选团中央《县域共青团基层组织改革案例选编》（全国共 13 个）。公开选聘镇、村兼职团干部 200 余人，扩大团组织覆盖面。推动国企、事业单位普遍建团，全市机关事业单位、国有企业、非公有制企业、城市社区团组织分别达 452 个、92 个、551 个、658 个。建立新社会组织团组织 123 个，扩大新兴领域覆盖。全年新发展团员 5961 名。持续深化少先队改革，开展少先队工作先进和“三星章”评选。新建校外少先队组织 117 个，新聘校外少先队辅导员 3900 余人。在烈士陵园、三苏祠、毒品预防互动体验馆等少先队实践基地开展主题活动 300 余场。常态开展“苏娃讲苏府”等红领巾实践活动 100 余场。

【青少年思想道德建设】 共青团眉山市委深入推进理论学习，全市 5710 个团支部全覆盖开展中共二十大精神等 4 个专题学习。组织 500 余万人次青少年参与“青年大学习”和“红领巾爱学习”。广泛开展主题活动，举办学习贯彻习近平总书记在庆祝中国共产主义青年团成立 100 周年大会上的重要讲话精神座谈会。全覆盖开展青少年入团入队仪式。开展党团史知识线上有奖问答，2 万余人次参与。开展万名团员青年唱团歌活动、“眉山青年五四奖章”“两红两优”评选。组织“青年讲师团”“红领巾巡讲团”等深入基层宣讲200余场，覆盖2万余人。加强微博、微信、抖音等团属新媒体矩阵建设，原创宣传文化产品25个，被中青报、中青网等团中央媒体采用10次。

【青年就业创业】 共青团眉山市委加强青年创业指导服务，开展创业就业培训1000余人次。举办3场招聘会，提供就业岗位1.5万余个。“逐梦计划”提供实习岗位3523个。培育1个项目获川渝青年创业大赛铜奖，推荐1个作品获全国青年职业技能大赛优胜奖，3个作品获省青年职业技能大赛银奖、优秀奖。积极服务乡村振兴，建设农村领域团组织3125个。联合重庆市涪陵区团委开展农村创业青年云论坛。开展“青耘中国·秋收硕果”助农直播，助力柑橘、腌腊制品、稻米等特色农产品销售。探索成立返家乡大学生联络站、“大学生联盟”。新招募西部计划志愿者119人。3名青年在全省《我们村的年轻人》短视频比赛中获奖。

【青少年服务体系建设】 共青团眉山市委联合眉山市委党校开展调研，形成《“双圈”“同城”战略背景下眉山青年发展型城市建设对策研究》。每月举办“亲恋眉州”交友活动，1000余人次参与。推动“青年之家”乡镇全覆盖，开展活动1500余场，2.6万余人次参与。推出共青团影院，开展“青春同心·永跟党走”系列免费观影活动，1000余名青年参与。成立李妈妈青少年心理咨询志愿服务站。持续加强重点青少年关爱。规范化运营“童伴之家”61个，新建青联希望小屋1个，常态联系关爱留守儿童1200余人。开展“新年心愿·青春微力量”公益暖冬行动，实现青少年心愿4000余个，折合金额110余万元。开展5期“苏娃快乐成长营”活动，覆盖青少年150余人。指导100个社区（村）创建“青少年零犯罪零受害社区（村）”。眉山市青年联合会被评为省青联优秀会员团体，18个集体创建省级青年文明号和青年安全生产示范岗。

【“青春驿站”建设】 共青团眉山市委、共青团东坡区委和东坡书院共同建设“青春驿站”，整合青年创客空间、青春志愿中心、青年之家、东坡书院等多种业态，提供阅读推广、文化交流、品茗休憩、青年文创展示、青年产品展销等多项功能。全年开展各类公益活动12场，服务青少年1000人次。

【青年志愿服务】 共青团眉山市委深化青年志愿服务，选拔培训400余名青年志愿者参与7次重大会节服务，广泛开展防疫、禁毒、普法等志愿服务活动9000余场，13万余人次参与，时长6万余小时。注册青年志愿者42万余名，注册青年志愿者数居全省第三位。举办眉山市首届志愿服务项目公益创投大赛，培育1个项目获全国铜奖。举办四川省秋季水域应急志愿服务综合拉练和眉山山地救援应急演练。

（邓　平）

眉山市妇女联合会
Meishan Women's Federation

【概况】 2022年，眉山市妇女联合会（简称市妇联）围绕中心大局，团结带领全市广大妇女积极投身成都都市圈高质量发展新兴城市建设。眉山三苏祠博物馆等9家单位成功创建四川省家风家教实践基地。打造“四川省乡村振兴巾帼示范基地”1个、四川省妇女居家灵活就业示范基地1个。全年表扬市级“最美家庭”29户，推荐获评省“最美家庭”6户，全国“最美家庭”1户；表扬市级三八红旗手20名、三八红旗手集体10个，推荐获评省级三八红旗手标兵1名、三八红旗手4名、三八红旗集体3个。

【妇联组织建设】 眉山市妇联召开四届六次、七次执委会议。指导眉山天府新区成立妇联并选举产生第一届妇联班子。试点建立李俊英执委工作室，推动执委工作品牌化。全市“两新”组织妇女组织数955个，覆盖率98.2%。培育孵化社会组织1家。在成自泸高速汪洋服务区、成宜高速谢安服务区、成乐高速眉山服务区、美团外卖女送餐员聚集点、快递行业协会妇联建立新业态妇女微家5个。青神中学副校长王晓梅当选第十四届全国人大代表。

【“妇女儿童之家”建设】 眉山市妇联投入8万元用于建设眉山市群团之家（苏辙社区妇女儿童之家）。在48个城乡社区儿童之家开展友好型运营，超额完成目标任务。印发《眉山市妇女发展纲要（2021—2030年）》《眉山儿童发展纲要（2021—2030年）》，评选2016—2020年度妇女儿童工作先进集体30个、先进个人60名。

【妇女儿童权益保护】 眉山市妇联依托市综治中心、法律服务所、个人调解室等，新建妇女儿童综合维权服务示范站点8个。印发《特邀家事调解员管理办法（试行）》，引入12名婚姻家庭咨询师、心理咨询师，开展婚姻家庭问题心理疏导等服务22件次。全市共调处各类婚姻家庭纠纷182件。开展“六类人群”（流浪乞讨、智力障碍、精神疾病、残疾的妇女，缺少监护或监护不力的儿童，经济困难的多子女家庭）大走访、大摸排行动，建立动态登记服务台账，累计摸

图29　2022年11月15日，眉山市快递行业妇联成立暨行业妇女第一次代表大会召开　（供图：市妇联）

排“六类人群”230 人，掌握面临的困难问题隐患 15 个。投入资金 4.5 万元，开展“三八维权周”法治宣传线上有奖答题活动，2.5 万人参与。

【巾帼创新创业】 眉山市妇联全年举办妇女居家灵活就业培训 26 期，1281 人参训。开展巾帼创业领头雁培训，在联系村东坡区崇礼镇家相村开展柑橘种植技术培训，100 人参训；在市委党校举办乡村振兴巾帼人才培训班，培训创业妇女带头人 40 人；打造“四川省乡村振兴巾帼示范基地”1 个、四川省妇女居家灵活就业示范基地 1 个，培育巾帼致富带头人 20 人。冯燕霞、罗金利、王琴分别获得 2022 年度四川省乡村女能人“巧手乡村女工匠”“粮食生产女能手”“最美巾帼家政人”荣誉。

【关爱妇女儿童】 眉山市妇联向上争取“两癌”救助资金 126 万元，救助低收入“两癌”患病妇女 126 人。发动全市各级党政机关和妇联组织救助困难母亲 511 人。开展“两癌”免费筛查宣传、妇女健康知识宣讲 108 场，完成目标任务 108%，协助完成“两癌”筛查 4.9 万人。联合市总工会、团市委开展“苏娃快乐成长营”儿童关爱服务，面向一线产业工人子女、医护人员子女、创业人员子女、外出务工人员子女等各类儿童，提供以社区看护、素质提升等服务，全市开展活动 657 场次，服务家庭 1.8 万个、儿童 3.9 万人次。元旦、春节期间组织“新春送温暖活动”，走访慰问农民工及家庭 350 个，宣传疫情防控、就业创业政策，发放慰问物资价值 11.9 万元。“三八”妇女节期间，慰问市级以上三八红旗手 27 人、在藏眉山籍困难妇女 5 人，发放慰问金 3.46 万元。

【家庭文明建设】 眉山市妇联深入贯彻落实习近平总书记到四川视察重要指示精神和全国人大常委会副委员长沈跃跃莅眉调研指示精神，编制《眉山市关于指导推进家庭教育的五年规划（2021—2025 年）》，以“家家幸福安康工程”为统揽，持续实施“苏香·智慧堂”等项目，开展女性成长、家风家教传承等活动 87 场，1.2 万人次参与。争取“三苏好家风”纳入“中华好家风”展陈，带动全社会传承优良家风。指导眉山三苏祠博物馆等 9 家单位成功创建四川省家风家教实践基地。指导仁寿县妇联深入打造“仁和家风”家庭建设品牌，开展活动 100 余场，覆盖群众 5 万余人次。指导丹棱县妇联试点创立“香嫂子”巾帼志愿服务队，招募志愿者 98 人，带动广大妇女积极参与调解家庭矛盾等各类志愿服务。开展“廉洁的你·幸福的家”家庭助廉活动 12 场，240 组家庭参与，引导党员干部扣好廉洁从政的“第一粒扣子”。聚焦“一老一小”，开展家政服务进社区活动，组建家庭教育专家智库，推进家庭教育社会化和专业化，组织巾帼志愿者，开展垃圾分类等生态环保类活动 20 场次，覆盖群众 1000 余人。

（时嵩杰）

眉山市文学艺术界联合会
Meishan Association of Literary and Art Circles

【概况】 2022 年，眉山市文学艺术界联合会（简称市文联）坚持深化文联改革，加强对外交流合作，繁荣眉山文艺创作，下属 13 个团体会员单位，有会员 3000 多人。其中，国家级会员 195 人，省级会员 691 人。

【文艺创作】 眉山市文联组织全市文艺工作者，聚焦“喜迎二十大”“我们的新时代”“传承弘扬三苏文化、东坡文化”“乡村振兴”“文旅融合”“生态环境保护”“我们的抗疫故事”等主题，组织创作系列主题文艺作品，在省级及以上公开出版、发表、入展、获奖达 300 余人件次。

文学方面 周闻道长篇报告文学《重装突围》、沈荣均散文集《天青色等烟雨》获第十届四川文学奖；周闻道《日照苏轼》获第三届中国（日照）散文季征文活动刘勰散文奖；龚莹莹读书随笔《〈雪堂记〉：从儒者苏轼到东坡居士》，许岚散文《法国诗人罗阿与苏东坡的心有〈灵犀〉》获第五届伯鸿书香奖阅读奖；许岚《有机村〈组诗〉》获第八届全国新农村文化艺术展演·第三届（2022）全国乡土诗歌大赛二等奖；4 件作品获“让生命充满绿色”全国生态文学征文奖，其中罗大佺获一等奖、周忠斌获二等奖；7 件作品获四川省林业和草原局与四川省文学艺术界联合会联合举办的四川省森林草原防火主题征文奖；宋扬、陈立、若若作品获四川散文奖。刘小川传记文学《苏东坡三百篇》、邵永义、蒋蓝长篇人物传记《苏母传》、彭雨首部儿童小说《许我一个愿望》、罗大佺长篇小说《萤火虫之约》等公开出版。编辑出版《东坡文学》《在场》各 2 期，推出各类优秀文学作品 20 余万字。张生全眉山元素长篇小说《道泉记》、沈荣均长篇散文《苏东坡：此心安处是吾乡》在《钟山》头条发表；沈荣均抒写永丰村纪实文学作品《永丰村里稻谷香》在《人民日报》发表；罗大佺《绿水岸边农家乐》《打开竹编新天地（新国潮）》在《人民日报》（海外版）发表；16 位诗人作品入选《四川百年新诗选》。许岚眉山元素诗集《中国田园》入选中国作协定点深入生活项目、2022 年度省作协乡村振兴重点作品扶持项目；张生全眉山元素长篇小说《道泉记》入选 2022 年度省作协乡村振兴重点作品扶持项目。彭山区作家协会获 2021 年度全省作协系统先进集体，沈荣均、帅辉获组织工作先进个人、许岚获文学创作先进个人。

美术方面 袁泉《一门父子三词客》入展中共四川省委宣传部主办的“高山仰止 回望东坡”当代名家书画展，《肝胆相照》《破晓·一九四八》入选“喜迎二十大 启航新征程”——画中千秋·百年四川党史人物画美术作品展，《匠心传承》入选四川省美术家协会中国人物画专委会主办的“川上行：2022 四川中国人物画巡展”，《黄河源头十八湾》入选四川省政协主办的第二届沿黄九省（区）政协书画文艺精品展。孙贵山《蜀乡春晚变脸》入选由中美协主办的 2022 天府风情——全国中国画作品展，冯伟芳《南风吟》入选由中美协主办的诗意江南——2022 中国油画作品展。袁泉《小憩》、邓开鹏《灭疫战》、严东《乡村护卫》、匡学礼《江口古镇》、张晓静《山寨飞龙》、汤颖秋《锦绣蜀山》、蔡丹《巴山蜀水毓灵秀》等 7 件作品入展由四川省文联主办的“礼赞新时代 奋进新征程”——喜庆中共二十大四川省美术书法摄影作品展。舒记斌《云起通林壑》获四川省直属机关工作委员会、省文联主办的“喜迎二十大·奋进新征程”书法绘画摄影作品展优秀奖。在四川省第九届少数民族艺术节视觉艺术精品展中，袁泉《阳春三月正当时》、熊小添《山路元无雨 空翠湿人衣》获优秀奖，严东《萌物之一》、冯伟芳《丰碑 雅康天路》入展。在第八届四川省青年美术作品展中，彭英《在水一方》获优秀奖，肖安国《蜿蜒幽径入青云》、高锋《搏克手》入选。在四川省总工会主办的“中国梦·劳动美”——喜迎二十大 建功新时代四川省职工书画展中，袁泉作品《开心复工》获银奖，严东作品《乡村振兴－摘青菜二》获优秀奖。王宏远、邓枫、邓开鹏、吕应鑫、刘文清、刘起伏等30人的作品入选由四川省政协、眉山市政协主办的喜迎二十大“吾家蜀江上——东坡遗韵”眉山市书画精品展。眉山市美术家协会获2021年度全省美术家协会组织工作和宣传工作先进单位称号。

书法方面 杨江帆行书中堂·《东坡题跋》获第十届巴蜀文艺奖，杨江帆、陈仲文作品入选“高山仰止 回望东坡”当代名家书画邀请展。袁小军、胡云健、汪妍、汪深、吴树明、颜振东、周学波等7人入展四川省第七届书法篆刻作品展；肖继业、李天龙入展“献礼二十大，群星翰墨浓”——“群星璀璨”2022四川省群文书法美术摄影精品展；肖继业、姜至臻入展四川省第九届少数民族艺术节书法展；李天龙入展“喜迎二十大，奋进新征程”省机关干部职工书画摄影展，入展“青川木牍杯”首届全国隶书书法大赛；胡云健入展“礼赞新时代 奋进新征程”——喜庆中共二十大四川省美术书法摄影作品展，获“中国梦·劳动美”——“喜迎二十大，建功新时代”四川省职工书画展铜奖；在四川省第二届老年书法篆刻作品展中，吴树明、王德跃获优秀奖，吴树明、解发清、汪秋容、白志、李宪、康永久、刘怀东等7人入展；康永久入展喜庆二十大，奋进新征程“非常梦想”四川省农民工原创文艺作品大赛；康永久、张卫华入展四川省首届公共空间视觉艺术宣传展览；刘峻可入展四川省首届高校师生书法篆刻作品展；陈建文获四川省第四届暨川渝首届农民工原创文艺作品大赛优秀奖。

摄影方面 李隆德《希望的田野——兴旺的茶市》入展第十三届中国艺术节全国优秀摄影作品展，《藏民建新房》入展中共中央宣传部、中国文联主办的“筑梦——我们的新时代”美术摄影作品展。杨凯作品《童年的滋味》入选中国摄影网2022“中国年味”全国纪实摄影大展。在四川省第十八届摄影艺术展中，巨全毅《东坡老家20年建设与发展》（长期关注）获记录类金奖，刘丽群《雅女湖畔》获记录类银奖，曾剑《风电新能源》、张超《婴儿马拉松》获记录类入选；李兆春《花言草语》（组照）获艺术类铜奖，张佳豪《晒丰景》、侯建明《大地指纹》获艺术类入选。四川省第十九届摄影大会影展中，向哲《春水漾东湖》获银奖，张书瑜《天街夜景》获铜奖，柴树清《湿地之夏》、何泽琼《玉屏山森林康养基地》、向庆森《五湖花开》、张锐红《雪山下的小城》、周军《家住公园旁》、侯建明《夜广场》入展。王澄琳《三苏祠》《欢乐之夜》，盛晓波《葡萄园里话丰收》，徐志宏《村民选举》，张勇《眉山永丰村》5幅作品入展“礼赞新时代 奋进新征程”——喜庆中共二十大四川省美术书法摄影作品展。在四川省“稻花香里说丰年”摄影比赛中，侯建明《丰收的喜悦》获一等奖，谭立新《秋之乐章》、刘正中《圣果满园》获二等奖，王长生《高原农耕图》、李隆德《栽秧图》、盛晓波《茶市》、侯建明《五千亩高标准农田如画卷》《万亩柑橘园带动产业提档升级》获优秀奖。黄山《天府机场》、李隆德《甘孜藏民建新房》和《希望的田野——兴旺的茶市》入选2022年度四川省重大文艺扶持项目和文艺精品奖励作品名单。眉山市摄影家协会获四川省第18届摄影艺术作品展优秀组织奖，眉山市彭山区摄影家协会获2021年度优秀基层摄影组织奖。

音乐方面 歌曲《种子》获省第十六届精神文明建设“五个一工程”奖。王晋川《喊起号子朝前闯》获省广播电视台、省音协、省广播电视艺术家协会主办的“歌从乡间来”金曲奖。刘戈《青春东坡》于“五四”青年节前夕在中国青年报客户端推出、《“羌音楚韵”青衣羌族瓦屋山山歌组歌》入选省艺术基金2022年度青年艺术人才培养（个人）音乐作曲人才类立项资助项目（排名第一）、《向阳清风》获省文旅厅2021年“安逸四川”文旅宣传优秀作品评选活动入围作品、《我们跟着你》获第19届海南省东西南北中广场文艺会演一等奖。由中国音乐家协会指导，四川省文学艺术界联合会主办，四川省音乐家协会承办的“阔步新时代·校园好歌曲”征集评选活动中，眉山市组织创作的作品《中华小英雄》《麦颂》获优秀作品，《并蒂莲香》《薪火三苏》《琴诗》获入选作品，市音协获省文联颁发的优秀组织奖。《你的心是天下最大的粮仓》《山歌唱得亲人来》入选省音乐家协会2022年度“听见中国听见你”优秀歌曲推选活动，市音协获优秀组织奖。在省音协等单位主办的“成德眉资”青年歌手大赛中，眉山歌手参与流行组、民族组、美声组三大类别角逐，共获2个金奖、3个银奖、6个铜奖、2个优秀奖，其中，熊薪智获流行组金奖，张钰杰获民族组金奖，马爽、奉娜、武宇璐获银奖，向淋夫、李很、宋佳、韩绍学、易鑫、刘程利获铜奖，李双霞、胡艺佳获优秀奖。歌曲《舞台春秋》由四川音像出版社出版。

舞蹈戏剧方面 原创舞蹈《牛娃》全体演员受北京冬奥组委会、教育部邀请到北京参加“携手前行、拥抱未来”第二届“中外人文交流.小使者”冬奥会倒计时节点（100天）展演活动，参加省第十届中小学生艺术展演活动获舞蹈类一等奖，参加省新时代蜀少年省级展演获一等奖。卢璐组织编排《竹里编出幸福路》入围四川省第六届群众广场舞总展演；卢政8件作品获2022四川省体育舞蹈国标舞公开赛（眉山站）金奖；刘婷作品《红满天》在《乡村好声音》第四季“歌从乡间来”中获金曲奖，作品《喊起号子朝前闯》在四川省第七届群众广场舞集中展演；刘月、高灵巧主演的原创舞蹈《妈妈的味道》获眉山市首届文艺新作大赛一等奖；李娟编导、指导，李佳颖、曾茜雯主演的原创舞蹈《丹有嘉木·橘》获眉山市首届文艺新作大赛三等奖。组织创作群舞《青色烟雨入画来》、歌伴舞《永远丰收》、独舞《人生如戏》、音乐快板《治蜀兴川新台阶 赶考之路永向前》、现代戏曲舞蹈《青衣》、音乐剧《“疫”起面对》、二十大朗诵《扬帆起航再出发》等作品。音乐剧《“疫”起面对》获得眉山市艺术新作大赛语言类二等奖。

民间文艺方面 李长青泥塑作品《钟馗出巡之打虎归来》入选中国民协

彩塑专委会主办的“2022 壬寅虎年华夏福瑞生肖作品邀请展”。陈岚的厄瓜多尔总理竹编人物肖像被国际竹藤组织联合主席江泽慧赠送厄瓜多尔驻华大使卡洛斯·拉雷亚。陈云华竹编熊猫图被“一带一路”竹艺文化发展联盟执行主席李跃赠送给东帝汶总统奥尔塔。谢世春仁寿石雕被评为四川省省级非遗项目,石雕作品参加成都·东盟艺术作品展、“喜迎二十大　奋进新征程”艺荟天府艺术展、第二届四川省文创大会安逸有礼作品展、2022 年“中国农民丰收节”(新津),石雕作品《石鲁》参加“老峨山杯”礼遇东坡文创大赛获优秀奖。杨芬《东坡诗意剪纸》十节微课,获教育部社区教育首届“能者为师”系列特色课程。李长青《李春旺年谱简编》发表于《中华传统文化研究》集刊 2022 年创刊号。陈云华任顾问,陈岚、张保珍参与编著的《中国竹编工艺瓷胎竹编》由中国林业出版社出版发行。童云祥洪雅非遗《川种雅茶》卷型茶获省第十一届国际茶博会银熊猫奖。赵跃军“幺麻子藤椒钵钵鸡”获四川特色旅游商品银奖。戴健勇非遗产品“老子不醉”获四川特色旅游商品银奖。江玲玲“江氏牛肉礼盒”获四川特色旅游商品银奖。

电视文艺方面　动画片《少年苏东坡传奇》获省第十六届精神文明建设“五个一工程”奖。微电影《归乡》获第五届社会主义核心价值观展播活动三等奖。微电影《千亿女孩洄游乡村振兴》在四川电视台《我们村的年轻人》大型创意短视频征集中获最佳故事奖。李荣喜参演的微电影《风筝与海》获重庆市大学生作品《最佳影片奖》。李荣喜主演的微电影《号声嘹亮》被团中央少工委列为全国少年教育片。陈骏、邱隆隆微党课《赓续红色血脉　砥砺奋进初心　眉山青神红色西山起义》入选中组部远程教育课件。邱隆隆、田伟、杨毅《“我奋斗家国美”故事汇》全国直播。邓友权《青神:以竹为媒,弘扬廉洁文化》、《竹韵青神》、MV《青廉》、音乐电视片《诗和远方》、《最美中国,炫彩青神》、《诗和远方,锦绣青神》等多件作品在央视大美中国、央视网、新华社、央视综合频道播出。组织创作主题作品还有:眉山市交通形象宣传片《以梦为马　丈量山河》、全国直播展示周接力活动《“我奋斗　家国美”故事汇》、东坡文化节短视频《万人诵东坡——眉山篇》、眉山农业专题片《在希望的田野上》、眉山教体系统综艺节目《开学第一课》等。

【文艺活动】 眉山市文联承办省委宣传部、省文联、省作协“我眼中的新时代”眉山采风活动 2 次。举办“第十二届东坡文化节系列活动‘家·国——三苏好家风’主题书画摄影作品展”“我们的抗疫故事”“幸福蓝天·青绿眉山”“庆国庆·喜迎二十大·周成仕书画作品展”“吾家蜀江上·仰望苏东坡”“成德眉资”青年歌手大赛等征文和展演活动,主办德阳(中江)·眉山“赓续文脉——铜山眉山三苏文化书画精品展”。组织参加“喜迎二十大、奋进新征程”全省机关干部职工主题书法绘画摄影作品展、全省森林草原防火主题征文活动等 10 余次。开展“我们的中国梦”——文化进万家等主题文艺采风、展演和惠民活动 10 余次。协办省作协第十届四川文学奖、第八届四川省少数民族文学创作优秀作品奖颁奖典礼,在永丰村和三苏祠分别挂牌“四川作家‘深入生活　扎根人民’新时代文学实践点”,举办主题采风创作活动。

【文艺人才培养】 眉山市文联开展“2022 眉州文艺名家”培育活动,在六个县(区)规划创建并挂牌 7 个文艺名家乡村工作室:“邓枫·青杠坪”美术工作室、“曾伟·三合村”美术工作室、“余启翔·半壁山房”音乐工作室、“柴树清·新桥村”摄影工作室,“李隆得·大佛村”摄影工作室,“陈岚·兰沟村”竹编工作室、“李长青·龙正”雕塑工作室。成立眉山市评论家协会,在《眉山日报》开设“眉山文艺”专栏,宣传推广眉山文艺人才成果 20 余人次。年度内 4 人加入国家级协会,18 人加入省级协会,其中:许岚加入中国作家协会,侯建明加入中国摄影家协会,陈伟加入中国音乐家协会,丰硕加入中国电视艺术家协会;申红梅加入省作家协会,庞琳华、彭英、兰华 3 人加入省美术家协会,吴宇、刘伦、陈述伟、吴辉平、游洪全 5 人加入省书法家协会,张忠苹、杨建新、易虎、杨露、梁卫东 5 人加入省摄影家协会,刘婷加入省舞蹈家协会,吴彬、骆涛加入省电视艺术家协会,范学清加入省诗歌学会。另有:陈云华加入中国工艺美术行业协会,入选“2022 四川非遗年度人物”榜;李永和、胡霞、陈波加入四川省工艺美术行业协会;李长青入选中国民间文艺家协会青年委员会,入选四川省文联第二届文艺人才专家库;曾世俊被《中国书画报》聘任为签约书画家。

【文艺交流】 3 月 24 日,眉山市文联、市音协、美协、作协负责人赴资阳市文联考察学习,实地考察资阳市文艺界则思法律维权工作室、资阳大众网,观看文艺维权接待日现场接待情况,就文艺名家培育、文艺阵地建设、文艺精品创作扶持、文艺维权、“网络 + 文艺”、文艺志愿服务和文艺助力乡村振兴、协会管理、评协筹备工作进行交流。7 月 1 日,由四川省内江市、乐山市、眉山市和重庆市荣昌区共同举办“喜迎中共二十大·丹青巴蜀韵——内江、荣昌、乐山、眉山川渝四地美术馆馆际书画联展”在内江张大千美术馆开展。12 月 28 日,由德阳市文联、眉山市

图 30　2022 年 11 月 12 日,第十届四川文学奖、第八届四川省少数民族文学创作优秀作品奖颁奖典礼在眉山市举行
(供图:市文联)

文联、中共中江县委县人民政府主办德阳（中江）·眉山“赓续文脉——铜山眉山三苏文化书画精品联展”在中江县举办，眉山市文联和市书协、市美协、市作协、市摄协、市评协、市文学艺术中心相关人员参加开幕式。

（胡志蓉）

眉山市科学技术协会
Meishan Association for Science and Technology

【概况】 2022年，眉山市科学技术协会（简称市科协）认真学习贯彻中共二十大精神和习近平总书记来川莅眉视察重要指示精神，切实履行职能，创建省级科技小院2个、省级专家工作站1个，争取省级科普专项资金460万元，被中科协表扬为“全国科普日活动优秀组织单位”。中车眉山车辆有限公司工程师甘俊林获评四川“最美科技工作者”，彭山区李利红获中国农技协“全国百强乡土人才”称号。

【组织建设】 眉山市科协指导青神县、丹棱县、洪雅县科协开展换届工作。新成立四川科技职业学院科协、四川李记酱菜调味品有限公司科协、眉山药科职业学院科协3家企事业科协，企事业科协组织进一步壮大。新成立青神、仁寿、彭山、洪雅4个区县老年科技工作者协会，实现市县老科协组织全覆盖。

【青少年科技教育】 眉山市科协举办眉山市第21届青少年科技创新大赛，全市约3万名师生参加，共征集作品2039项，评出青少年科技创新成果奖216项，科技辅导员科技创新成果奖72项，少年儿童科学幻想绘画奖732幅，青少年科学影像作品奖61项，为参加全省、全国大赛甄选准备人员项目。加强科技辅导员业务培训，提高业务水平，组织5名教师参加四川省乡村科技辅导员提升计划专题培训班，组织各区县20人参加四川省反邪教业务工作培训班。持续推进科普大篷车进校园，全年联合市教体局开展科普大篷车进校园活动28场次，参与师生4万多人次活动信息被“学习强国”学习平台采用。

图31 2022年7月，眉山市第三批（院士）专家工作站评审现场 （供图：市科协）

【乡土人才创新创业】 眉山市科协围绕培育乡村振兴人才联合市人社局和市农业农村局，举办“眉山市第三届农村乡土人才创新创业大赛”，评选出金奖3名、银奖4名、铜奖5名，为第六届全省乡土人才创新创业大赛甄选储备人才。

【院士（专家）工作站建设】 眉山市科协围绕“制造强市”，搭建高层次人才引进使用平台，引领企业高精尖技术发展和科研成果向现实生产力转化。全年认定眉山市第三批专家工作站8家，其中工业和信息化企业6家、食品加工企业2家。中车眉山车辆有限公司获评省级专家工作站，实现“零”的突破。

【银会合作】 眉山市科协按照《眉山市银会合作专项贴息资金管理办法》及其他相关规定，兑现2021年度“银会合作”贴息资金100万元。新增“银会合作”融资1457笔5.64亿元，超全年目标任务3.84亿元，累计撬动融资贷款15338笔、48.13亿元，助推“三农”经济发展和农技协转型升级。

【乡村振兴行动】 眉山市科协整合涉农院校、科研院所、企业等资源，培育基层农技协，打造科普共享基地和“科技小院”。全市新增省级科普共享基地7家，省级科技小院2家，四川东坡鹌鹑科技小院和四川丹棱桔橙科技小院被教育部、农业农村部、中国科协列入支持建设对象。丹棱县生态源果业协会获“全国百强农技协”荣誉称号。指导支持12家规范性农技协开展活动491场次，受益群众1.99万人。争取省科协将“川澳中医药品牌创意设计大赛”7件设计获奖作品的著作权无偿赠予彭山区人民政府。丹棱县创建全国科普示范县通过中科协测评并公示。

【天府科技云服务】 眉山市科协聚力推进天府科技云服务，服务平台累计注册用户13.2万人、组织机构6658户，开设科创工作室8582个，发布科技所能所需2.5万条，开展“保姆”式服务5067单，完成全年目标任务的153%。

【省科创会】 眉山市科协按照四川省第二届“科创会”总体要求，围绕电子信息、现代农业、生命健康、双碳与新能源4个板块，征集全市参会科创项目280个。推荐入选省第二届“科创会”开幕式项目1个、省级重大专场项目6个。眉山市280个科创项目全部入驻眉山“云展厅”，实现线上线下同步推介。

【科普活动】 眉山市科协围绕《全民科学素质行动规划纲要（2021—2035年）》，全年常态化组织开展技术培训、“科技下乡”“科普宣传月”“科技活动周”“全国科普日”“崇尚科学、反对邪教”等科普活动600多场次，受益10万余人次。配合市应急局等部门联合开展2022年度防震减灾科普示范校创建，认定6所学校为“眉山市防震减灾科普示范学校”。

（李韵玲）

中国国际贸易促进委员会眉山市委员会
The CCPIT Meishan Municipal Committee

【概况】 2022年，中国国际贸易促进委员会眉山市委员会（简称市贸促会）全力推进贸易投资促进、国际经贸交流、商事法律服务三大平台建设，贸促工作在对外开放中的贡献度不断提升。市贸促会被评为全省贸促系统先进集体。

【贸易投资促进】 眉山市贸促会围绕产业搭平台拓市场，组织11家企业参展第七届中国（成都）智慧产业国际博览会，搭建300平方米主题形象馆，促进本土企业与130余家国内外智慧产业领域企业和机构平台的洽谈合作。市贸促会与天府新区、东坡区、彭山区先后组织27家企业参加2022杭州国际餐饮食材展览会、2022中国（枣庄）国际锂电产业展览会等国内专业展会。全年开展“走出去”“请进来”招商引资活动13次。在“四川—日本企业对接交流活动”上作为市州代表进行专题推介，环龙新材料、和鑫农业等9家眉山企业与全日空航空、丸红、三菱商事等世界500强、日本行业领军企业对接。与天府新区、市经合局、眉山高新区、甘眉园区协作招商，报送有效招商信息5条。

【企业服务】 眉山市贸促会持续深入开展对接服务，累计服务外向型企业93次，收集问题56个，解决问题51个。成立眉山市贸促会服务外资企业专班，收集24家外资企业问题诉求25条，实际解决问题诉求20条，推进解决问题诉求5条。认真履行全国贸促系统营商环境监测站职责，在10家企业设立营商环境监测点并授牌，真实、准确收集反映营商环境相关问题，累计组织134家企业填报调查问卷11次。

【商事法律服务】 眉山市贸促会创新商事法律服务，着力提升企业涉外风险防范能力。用好“眉山贸易”微信公众号平台，紧盯企业需求推送47期《经贸早班车》，解读各国最新投资政策，发布经贸预警信息1000余条。举办《区域全面经济伙伴关系协定》专题培训班，区县、园区及市级外向型经济相关部门、行业协会代表近50人参训。举办“2022年企业国际化经营合规风险排查暨企业合规体系建设培训系列活动”（眉山专场），组织金象赛瑞、信利光电等31家外向型企业参会，为企业出具专属“国际化经营合规体检报告”。优化办证出证，签发一般原产地证明书668份，涉及金额11517万美元，办理优惠原产地证302份，涉及金额1763万美元，办结率100%。报送眉山市原产地证出证认证数据分析报告，推进对外开放示范区工作。获批设立中国贸促会四川调解中心眉山办事处。做好中国贸促会“贸法通服务月”工作，帮助解决企业在跨境贸易投资中遇到的法律问题4起。参与《眉山市开放兴市实施方案（2022—2025年）》的制定及《关于深化开放发展示范市建设的调研报告》课题编写，撰写《关于国家进口贸易促进创新示范区建设的若干思考及建议》调研报告，为决策提供参考。

【国际联络】 眉山市贸促会围绕中共眉山市委、市政府“开放兴市”战略部署，把握区域全面经济伙伴关系协定生效“窗口期”，积极对接白俄罗斯驻重庆总领事馆、韩国贸易协会、成都日本商工俱乐部等机构，加强与日本贸易振兴机构、新加坡企业发展局、马来西亚投资促进中心等机构的紧密合作，全年新增联络国际机构5家。组织金象赛瑞、中车眉山、和鑫农业等34家企业参加2022年全国上市公司共建“一带一路”国际合作论坛、四川—日本企业对接交流会等10次国际经贸活动，为企业拓展海外市场提供新平台。牵线金象赛瑞拜访马来西亚外贸促进中心成都办事处、对接马来西亚投资发展局上海办事处、中国—东盟中心，解决企业对目标国市场缺乏了解的困难。提升本土展会国际化水平，招引59家日本、韩国、马来西亚等19国特色食品企业参加第十三届中国泡菜食品国际博览会，邀请韩国、新加坡、日本等11名知名境外驻蓉机构代表参会。

【区域合作】 眉山市贸促会抢抓成渝地区双城经济圈、成德眉资同城化发展机遇，探索成德眉资企业抱团出海新路径，共同发布《成德眉资企业抱团参加境外展会清单》。加强资源互享与联动协作，受邀参加成都市贸促会组织的欧洽会、中日韩峰会等经贸活动，6月在成都会展产业新经济发展大会上作主题发言，推动会展产业区域协同发展。春节前与成都德阳资阳共同组织企业参加在重庆举办的第26届中国（四川）新春年货购物节暨2022首届成渝双城经济圈消费品精品展，搭建“成德眉资精品馆”，展示四市特优产品。在泡博会期间，眉山市人民政府、省贸促会、重庆市贸促会联合主办“第十三届中国泡菜食品国际博览会与成渝经济圈合作机遇分享会”，进一步增进眉山与区域全面经济伙伴关系协定成员国间的了解，畅通经贸合作渠道。

（钟嘉琦）

眉山市残疾人联合会
Meishan Disabled Persons' Federation

【概况】 2022年，眉山市残疾人联合会（简称市残联）以眉山市政府名义印发《关于推进新时代残疾人事业高质量发展的实施意见》《眉山市“十四五”残疾人保障和发展规划》。组织召开全市残疾人工作会议。眉山残疾人康复、教就、维权等工作获得全省表彰，眉山残疾人就业创业等工作受到中国新闻网、光明网等主流媒体宣传报道。

【残疾人优惠政策落实】 眉山市残联落实《眉山市推进巩固拓展残疾人脱贫攻坚成果同乡村振兴有效衔接若干措施》，推进残疾人证应办尽办，惠残政策应享尽享，新增办证32572人，持证残疾人数达到128243人，办证率较2021年提高34个百分点，比全省平均水平高出14.35%。全市纳入低保残疾人3.39万人，并全部纳入困难残疾人生活补贴，发放重度残疾人护理补贴4.28万人。持续开展“敲门行动”，对集中（居家）托养的2715名智力、精神和重度肢体残疾人提供针对性服务。建立护理补贴扩面制度，为7000余名三、四级智力和精神残疾人发放护理补贴60余万元。建立定点帮扶制度，全市94个市级部门（单位）联系帮扶188户困难残疾人。建立意外伤

图 32　2022 年 8 月，眉山市运动员参加省第十届残运会暨第五届特奥会田径项目比赛，勇夺金牌

（供图：市残联）

害保险制度，按照 30 元 /（人·年）的标准为所有持证残疾人购买人身意外伤害保险。印发《眉山市残联紧急救助项目管理办法》，对 26 名困难残疾人实施紧急救助，发放救助金 145 万元。为 358 辆机动轮椅车发放燃油补贴，276 名残疾人享受公共停车场免费停车政策。资助残疾学生 886 人发放资金 96.29 万元。推动全市 7 家公共图书馆全部挂牌建立盲文图书阅览室，购置盲文图书 400 册和听书机 20 台。开展“书香眉山　全民阅读”活动，向全市 300 户重度残疾人家庭赠送户均价值 100 元正版图书。

【残疾人民生项目实施】　眉山市残联开展农村残疾人实用技术培训 1447 人；困难残疾人家庭无障碍改造 609 户（票决项目）；集中（居家）托养智力、精神和重度肢体残疾人 2340 人；为残疾人适配急需的基本型辅助器具 3232 名；为 0～6 岁残疾儿童提供康复救助 270 名；资助白内障患者实施复明手术 1127 例。

【残疾人就业创业促进】　眉山市残联组织召开全市机关、事业单位、国有企业带头安排残疾人就业工作专题会，贯彻落实中央组织部等五部门联合印发《机关、事业单位、国有企业带头安排残疾人就业办法》，全年新增政府雇员 21 名，国有企业聘用 27 名，公益性岗位安置残疾人 1094 名。首次在体制内定向招录残疾人，市县两级残联率先面向全国定向招录参公残疾人 1 名和引进高层次事业人才 1 名。全力帮助残疾大学生就业，全市残疾大学毕业生 54 名，其中有就业意愿 40 人，实现就业 39 人。扶持 10 家残疾人就业创业示范基地（机构），帮扶 190 名残疾人实现增产增收。对 16 家超比例安排残疾人就业单位给予奖励。推动辅助性就业两年行动计划，建成市本级 1 家、彭山区 1 家、仁寿县 1 家。通过线上线下方式为残疾人提供工作岗位，对接企业收集适残岗位 230 余个，开展专项招聘会 4 场，新增就业 1218 名，培训残疾人 922 名。

【残疾人康复促进】　眉山市残联实施中央预算内社会服务设施兜底工程，市区两级残疾人康复或托养设施实现全覆盖。争取中央竞争性项目资金 1920 万元，市残疾人康复中心改建项目实现全面开工建设。完成残疾人基本康复 30050 人，康复救助 500 名残疾儿童，基本康复（含基本辅具适配）服务率超过 85%。

【残疾人体育竞赛】　眉山组团参加省第十届残运会暨第五届特奥会提前项目比赛，获 3 枚金牌、2 枚银牌、2 枚铜牌。在全市 5 所特殊教育学校投入 104 万元实施“体育复健进校园”，330 余名特校在校学生参与旱地冰壶、特奥滚球等 8 个项目体育训练和活动。

（彭　川）

眉山市红十字会

Meishan Branch of the Red Cross Society of China

【概况】　2022 年，眉山市红十字会在中共眉山市委领导下全力做好人道主义工作，开展救灾救援、募捐救助、救护培训、无偿捐献、志愿服务和普法宣传等工作。仁寿县急救指挥中心主任阙隆盛被中国红十字会总会表彰为中国红十字会“会员之星”。四川科技职业学院红十字会被省红十字会表彰为“学校红十字会工作先进集体”，眉山市彭山区鹏利小学教师何伟、四川科技职业学院校团委副书记钱程被省红十字会表彰为“学校红十字会先进工作者”，四川科技职业学院谭钦玮被省红十字会表彰为“优秀红十字青少年会员”。

【组织建设】　1 月 19 日，眉山市红十字会第二届理事会第三次会议选举产生戴林莉为市红十字会会长。9 月，丹棱县红十字会召开会员代表大会，完成换届工

图 33　2022 年 9 月 17 日，市红十字会转运泸定救灾物资

（供图：市红十字会）

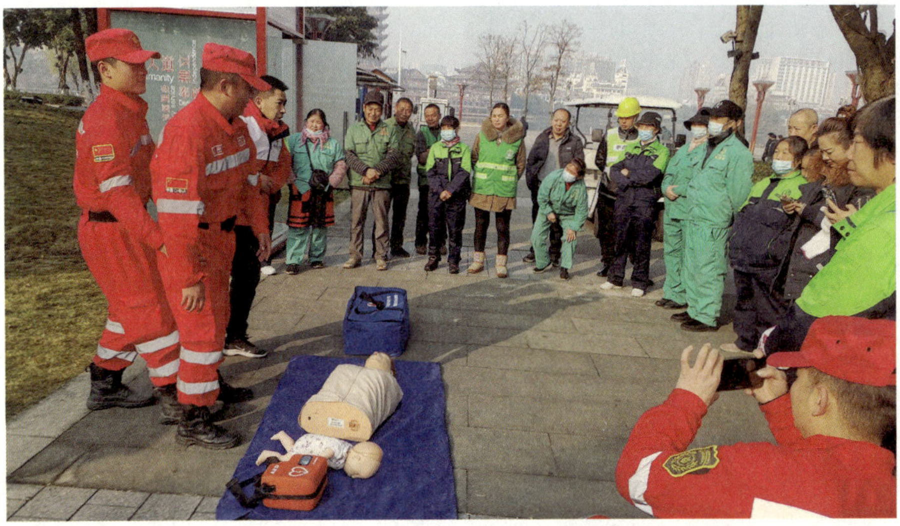

图 34　2022 年 9 月 9 日，眉山市红十字会在 AED 投放点东坡城市湿地公园开展应急救护培训

（供图：市红十字会）

作，眉山市、县（区）红十字会全部完成换届。全年新增基层组织 79 个，团体会员 51 个，会员 1288 人。

【救灾救援】 眉山市红十字会救援队重组完成。接收省红十字会配备救援车辆一台，购置服装、帐篷等若干。指导县（区）分别成立分队，联合开展培训和演练。“9·5”泸定地震，组织 70 余名红十字志愿者转运物资 22 车。眉山红十字蓝天救援队 30 人奔赴泸定、石棉灾区参与现场救援。

【募捐救助】 全市红十字系统募集款物 752 万元，同比增长 140%。5 月，省红十字会与眉山市政府签订眉山博爱康复医院转捐协议。争取中国红十字会总会博爱家园助力乡村振兴、四川省红十字会三献宣传和能力建设项目 21 个，项目经费共 800 余万元。选送《AED 守护“眉”好》《博爱永丰　幸福家园》网络募捐项目参与四川省红十字公益项目大赛和 2022 年“9·9”公益募捐活动，筹集资金 117 万元，《AED 守护“眉”好》以第一名的成绩获大赛一等奖，《博爱永丰　幸福家园》获大赛三等奖。实施“博爱送万家”和“暖冬行动”，慰问困难群众 400 户，发放博爱送万家家庭包 410 个、慰问金 23.85 万元。执行中红基会“小天使”和“天使阳光”，报送申请 21 人，20 名患儿获得救助资金 58.5 万元。

【救护培训】 眉山市红十字会全年培训救护员 4093 人，普及培训 25496 人次。在市老干部活动中心、洪雅市民中心、丹棱幸福古村、青神国际竹艺城等人员密集的公共场所投放安置 AED 设备 16 台，在投放地现场教学，吸引更多群众学急救知识。12 月，举办第一期红十字救护师资培训班，新增红十字救护师资 40 名，解决全市救护师资紧缺问题。在中车集团、万华化学、通威集团、蒙牛乳业、信利集团、金象化工、吉香居等本地知名企业开展应急救护培训 20 余场，培训 2000 余人次，助力重点企业救灾救援体系建设。

【无偿捐献】 眉山市红十字会广泛宣传无偿献血，眉山连续八次荣获“全国无偿献血先进市”。全年造干血样采集 400 份，捐献 2 例，市红十字系统工作人员捐献事例在全国、全省红会系统宣传报道。在眉山市遗体器官捐献缅怀基地举行第二届“春之生”遗体器官捐献缅怀纪念活动，在新华社总社播发《眉山遗体器官捐献缅怀活动》新闻，点击量达 116 万多人次，全年共有 2650 例遗体器官捐献登记，遗体捐献 9 例，器官捐献 9 例，眼角膜捐献 5 例。

【红十字志愿服务】 眉山市红十字会组织全市 15 支红十字志愿服务队，641 名志愿者，在防疫一线参与核酸检测、物资配送等工作，志愿服务时长 23707 小时，洪雅县红十字志愿队伍被县政府授予锦旗表扬。参与成德眉资志愿服务大联盟，共享志愿服资源，开展八大志愿服务行动。实施“爱警家帮”志愿服务，项目资金 60 余万元，通过助医、助学、代购、心理辅导等方式，解决警察难以照顾家庭问题。

【普法宣传】 眉山市红十字会结合“5·8”世界红十字日、“6·14”世界献血者日等时间节点，开展红十字会法、四川省红十字会条例、慈善法、无偿捐献等法律法规宣传活动 48 次，组织 6300 余人次参与《四川省红十字会条例》网络知识竞赛。

（曾忠成）

眉山市工商业联合会
Meishan Federation of Industry and Commerce

【概况】 2022 年，眉山市工商业联合会（简称市工商联）围绕促进新时代“两个健康”（非公有制经济健康发展和非公有制经济人士健康成长）工作主题，在全市工商联系统深化“两支队伍”素质能力

图 35　2022 年 12 月 12 日，自贡市—眉山市涉案企业合规改革区域合作签约仪式　（供图：市工商联）

图 36　2022 年 3 月 31 日，眉山天府新区商会成立大会暨第一次会员代表大会召开　（供图：市工商联）

提升、商会拓展、民营企业发展促进、“百企联百村　共走振兴路”等“四大行动”，商会建设、优化营商环境等重点工作信息得到全联、省联刊发和市领导肯定性批示 11 件次。

【商会建设】 眉山市工商联贯彻落实《眉山市促进工商联所属商会改革和发展实施方案》，深化商会拓展行动，培育和壮大商会组织。全市注册登记的工商联所属各类商会组织共 45 个，其中，新注册登记乡镇（街道）商会 11 个，指导成立眉山市青年企业家商会和眉山河南商会。在全省率先设立异地商会建设和发展专项补助资金，每年由市财政安排 100 万元用于支持异地商会建设和发展，至 2022 年年底已成立市、县（区）两级异地商会组织 22 个。彭山区果业商会、眉山市太和商会被评为 2021—2022 年度全国“四好”商会，青神县商会成功创建全省第一批“枫桥式商会”。

【参政议政】 眉山市工商联全年提交市级以上提（议）案、民情建议、调研报告共计 48 件，内容涉及规划建设、制造业发展、乡村振兴等方面。其中，市政协提案《关于提升改造和建设城镇智慧农贸市场的建议》，调研报告《眉山市 2021 年民营经济发展分析报告》，分别得到中共眉山市委、市政府主要领导肯定性批示。《眉山市 2021 年度民营经济发展分析报告》《关于解决工伤保险购买时间与工伤发生时间差异问题的建议》《打造“互兼互聘”合作新模式，激活异地商会资源，助力经济合作新动能》分别被省工商联评选为调研文章类成果三等奖、建言献策类成果三等奖以及工作实践创新成果。

【招商引资】 眉山市工商联发挥异地商协会作用，在全国五大重点招商区域 18 个招商小分队聘任异地眉山商会企业家为招商大使、招商顾问及联络员 50 多人，协调驻外招商干部受聘兼任异地商会负责人 30 人次。依托商会组织开展招商洽谈 12 次，收集有效项目信息 63 个，直接促成项目签约 4 个，投资额 9.58 亿元。

【“百企联百村共走振兴路”行动】 眉山市工商广泛动员商会组织及民营企业主动参与“百企联百村共走振兴路”行动，全市全年共组织 473 家企业联系 325 个村，从产业带动、基础设施建设、帮助就业、公益捐赠等方面积极参与村企合作共建项目 536 个，投入资金 15.71 亿元，助力建设更高水平的“天府粮仓”。东坡区太和镇永丰村“企村共建、保地稳粮、助农增收”经验在全省“万企兴万村”行动工作推进视频会议上进行交流发言。

【企业培训】 眉山市工商联着力加强新时代民营经济统战工作，通过深化“两支队伍”素质能力提升行动，把民营经济人士团结好、引导好，组织民营企业家和工商联系统干部积极参与线上、线下培训 37 次，培训 2000 余人次；依托送法入企活动和网络平台开展法治、惠企政策宣传 27 次，覆盖近 3000 人次。

眉山市社会科学界联合会
Meishan Federation of Social Sciences

【概况】 2022 年，眉山市社会科学界联合会（简称市社科联）组织开展省级社科课题规划立项申报研究、2022 年度市社科课题研究工作，指导六县（区）立项研究年度社科课题 185 项。全市有省级社科普及基地 2 个，市级基地 10 个，省级学会 1 个（苏轼研究学会），市级学会（协会、研究会）5 个，高校社科联 6 个。

【社科组织建设】 眉山市六（县）区全部成立社科联，与（县）区委宣传部合署办公。2022 年，全市有省级社科普及基地 2 个，市级基地 10 个（2022 年新申报市级社科普及基地——彭祖长寿文化社科普及基地）。有省级学会 1 个（苏轼研究学会），市级学会（协会、研究会）5 个。眉山市辖区内共有 12 所高校，其中眉山职业技术学院、四川工商学院、四川科技职业学院、四川城市职业学院、天府新区航空旅游职业学院、四川大学锦江学院 6 所高校成立社科联。

【社科阵地建设】 眉山市社科联编印会刊《眉州学刊》1 期，开设“学习贯彻中共二十大精神和习近平总书记来川视察重要指示精神”“家风家教家训征文活动”等专栏，刊登社科理论文章 28 篇，20 余万字。10 月，开展眉山市哲学社会科学人才库更新，对人员进行确认和更新，354 人入选人才库。

【社科研究】 眉山市社科联全年立项市级课题 185 项，其中立项市级规划课题 61 项、立项高校专项课题 68 项、立项习近平总书记来川视察重要指示精神专项课题 54 项、立项委托课题 2 项，较上年度增加 75 项。围绕习近平总书记来川视察重要指示精神和党的十九大和十九届历次全会精神，以及省委十一届十次全会精神和市第五次党代会、市委五届二次全会重大决策部署，组织开展市级规划课题和专项课题研究申报。围绕市委《关于深入贯彻习近平总书记来川视察重要指示精神建设新时代更高水平“天府粮仓”示范区的决定》开展《科技赋能推动更高水平的天府粮仓建设——眉山市科技驱动农业高质量发展的策略研究》《推进涪陵区榨菜产业与眉山市泡菜产业协同发展研究报告》2项重大委托课题研究;围绕市委《关于深入贯彻习近平总书记来川视察重要指示精神传承三苏文脉弘扬东坡文化的决定》,组织眉山职业技术学院申报《“三苏”文化蕴含的治国理政理念和思维及其方法论意义研究》省社科联“研究阐释习近平总书记来川视察重要指示精神和省第十二次党代会精神”哲学社会科学规划重大项目。组织、指导、协调申报3项课题立项2022年度四川省社科规划项目,其中丹棱县《探索可复制的县域共同富裕经验做法》立项重点项目,三苏文化研究院《三苏教育思想研究》、四川大学锦江学院《基于乡村振兴战略下川西民居风貌重塑与农旅融合改造策略研究》2项课题立项一般项目。三苏文化研究院“苏轼眉山诗文评注”、四川工商学院“‘指尖的艺术’——神奇的竹编工艺(中英文对照版)”2项课题立项省社科规划普及项目。

【社科评奖】 眉山市社科联修订《眉山市哲学社会科学研究课题管理和优秀成果评奖办法》,4月,以市政府名义印发《关于印发〈眉山市哲学社会科学研究课题管理和优秀成果评奖办法〉的通知》(眉府规〔2022〕1号),社科评奖工作每两年开展一次。

【社科活动】 眉山市社科联主席入选市委宣传团,开展宣传宣讲习近平总书记来川视察重要指示精神3场次。深入联系村青神县白果乡罗湾村宣讲习近平总书记来川视察重要指示精神和省第十二次党代会精神1场次,全年走访市级社科普及基地8个,为联系村协调使用产业发展资金136.5万元和集体经济产业资金100万元。

【社科普及】 眉山市社科联根据《眉山市社会科学普及基地建设与管理办法》,印发《关于开展市级社科普及基地申报暨组织对已有市级基地中期复评工作的通知》,对已建成的9个市级社科普及基地进行中期复评,对新申报创建市级社科普及基地——彭祖长寿文化社科普及基地进行检查评估并命名授牌。四川大学锦江学院成功创建省级社科普及基地——东坡文化普及基地。组织省、市、县(区)级社科普及基地开展形式多样的科普宣传活动,承办、联办线上线下社科宣传普及活动。

(宋　强)

眉山市党外知识分子联谊会
Meishan Non-Party Intellectuals Association

【概况】 2022年,眉山市党外知识分子联谊会(简称市知联会)有会员169名,其中理事33人,议政建言专委会40人,经济建设专委会43人,社会事业专委会43人,社会服务专委会43人。会员中,省政协委员2人,其中常委1人;市人大代表23人,其中常委1人;市政协委员25人,其中常委7人。眉山市知联会全被省知联会评为2022年度全省知联会工作先进集体。

【知联会组织建设】 眉山市知联会召开1次会长会、1次轮值会长会、5次线上同心帮扶基金征求意见会、2次工作推进部署会、3次专题研讨会,了解工作进度,并对存在的问题作出调整解决。各级知联会召开季度学习会12次、开展联谊交流13次。全年吸纳8名企业高管、部门负责人、学术领军人加入组织,在知行.悦读坊和东坡家宴建成2个展示活动场所(党外知识分子之家),至2022年年底建成党外知识分子之家6个。筹建眉山知联会书画院,广泛吸纳有相关专长和爱好会员加入并开展活动,收到39名会员报名申请。仁寿、洪雅、青神、精正公司、天府航院等知联会完成换届工作。

【知联会思想建设】 眉山市知联会重点学习中共二十大精神、习近平总书记来川视察重要批示精神、全国两会精神、中央统战工作会议精神以及省第十二次党代会精神。开展“喜迎二十大·同心跟党走”主题教育,组织会员到阿坝、延安和邛崃红军长征纪念馆、青神红色西山、大巴山干部培训学院开展主题学习教育和革命传统教育。开展1期党外知识分子专题培训会,推荐11名会员到省社会主义学院参加党外干部能力提升学习培训。

【知联会参政议政】 眉山市知联会在省、市两会期间,提交省人大建议意见2件、省政协提案5件、市人大建议意见6件、市政协提案21件、各区县人大建议意见和政协提案38件,涉及疫情常态化防控、城市建设、文化保护、生态环境、产业发展、民生民情等诸多领域。组织会员53人次开展关于种养循环和农旅融合、特校教育、企业发展、重点项目、基层知联会工作等方面大调研大讨论,提出意见建议17条。各区县知联会提交提案建议30多件,其中优秀提案3件,1名会员被市政协聘请为“眉山政协智库特邀专家”,2件提案获县主要领导肯定性批示。会员通过参加或列席省、市组织召开的经济社会形势通报会、政府工作报告意见征求会、市政府常委会、市政协常委会、党外人士情况通报会、统一战线建言献策座谈会等会议,为经济社会发展提出建议。

【知联会社会服务】 眉山市知联会同心帮扶专项扶贫基金全年向贫困群众捐款3.4万元。全市各级知联会在春节、儿童节、教师节、重阳节等节点对贫困户、残疾儿童、退休教师、孤寡老人等进行慰问,为社区10户低保户送去粮油、电热毯、牛奶等生活物资,在公义镇中心小学开展科普大篷车进校园活动,为粮油、蔬菜种植大户进行专项技术技能培训。

【知联会信息宣传】 眉山市知联会全年向上级组织及网站报送信息23条,其中四川启明星铝业公司知联会赴四川电信国防教育基地开展“学思践悟”活动,市委统战部调研国企统战工作等信息被“同心四川”“眉山统一战线”网站等媒体采用。会员黄长征(农业技师)就眉山水稻西葫芦轮作模式促农增收接受央视独家专访。接待遂宁市党外知识分子到眉山考察一行。协助省知联会在眉山召开“喜迎二十大·同心跟党走”主题教育暨第四届五次会长会,走访太和镇永丰村、三苏祠,参观调研高台镇百家池村邻里百家统战基地、青神县竹博馆等地。与省知联会在青神县高台镇百家池村建立“四川党外知识分子乡村振兴共建示范基地”。

(朱　丽)

法 治

RULE OF LAW

依法治市 / 政法委与综治 / 公安 / 检察 / 法院 / 司法行政

依法治市
Governing City by Law

【概况】 2022年，眉山市委全面依法治市委员会办公室（简称市委依法治市办）组织开展全面依法治市重大问题政策研究，协调督促落实委员会决定事项、工作部署和要求。召开市委全面依法治市委员会第四次会议、市委依法治市办第三次全体（扩大）会议、对外开放法治示范区创建工作推进会、“1+8”示范试点成果推广运用动员部署会。研究出台市委全面依法治市委员会年度工作要点，以“清单制+责任制”安排部署127项工作任务；研究出台眉山市法治政府建设五年实施方案、眉山市新时代法治人才培养实施方案，印发《关于规范和加强村（社区）法律顾问工作的通知》《关于扎实开展全省法治政府建设示范创建活动的通知》《全面推广“1+8”示范试点成果实施方案》《贯彻落实〈关于进一步加强市县法治建设的意见〉责任分工方案》，统筹安排全面依法治市重点工作，并推动落实。举办全面依法治市和法治政府建设专题研讨班，提升“关键少数”法治思维和法治意识。对交通运输综合执法改革等5个全面依法治市重点难点问题开展调研督导，推动中央、省委法治建设决策部署和工作要求落地落实。会同市检察院开展社会治理检察建议质效评估工作。开展乡镇（街道）法治建设统筹机制调研，形成调研报告，被市法学会评为重点结项课题。开展2022年度全面依法治市工作督查，点对点反馈实地督查意见形成通报。

【法治政府建设】 眉山市把法治政府建设作为推进全面依法治市的重点任务和主体工程，6月，市委、市政府印发《眉山市法治政府建设实施方案（2021—2025年）》，谋划“十四五”时期法治政府建设总体布局。7月，市政府市长黄河主持召开全市法治政府建设电视电话会议，全面总结部署法治政府建设工作。印发2022年度法治政府建设重点工作安排，围绕9个方面部署21项重点任务。打造示范典型标杆，印发《关于扎实开展全省法治政府建设示范创建活动的通知》，择优推荐单项示范项目、综合示范单位，其中市政府“设立‘办不成事’反映窗口有效破除‘办事难’隐形壁垒”单项工作和洪雅县政府分别入围全省法治政府建设单项、综合示范名单。办理市人大常委会关于市政府2020年度法治政府建设工作情况报告的审议意见，办理情况满意率为90.9%。落实法治政府建设年度报告制度，在全省率先完成2021年度法治政府建设工作情况报告，推动市、县（区）两级年度报告全部主动向社会公开。

【行政复议与应诉】 眉山市政府印发《关于市、县（区）人民政府统一行使行政复议职责有关事项的通告》，从11月1日起由市、县（区）人民政府统一行使行政复议职责。完成行政复议职责整合和编制配置，增加编制16个。定期通报行政机关负责人出庭应诉情况，行政机关负责人出庭应诉率达到98.51%，较上年提升15个百分点，比全省平均水平高8个百分点。坚持依法审理行政复议案件，全年办理市政府行政复议案件60件，结案57件，纠错率21.62%；办理市政府应诉案件54件；行政复议监督案件11件，审结11件；省政府行政复议案件2件。

【行政决策合法性审查】 眉山市印发《眉山市重大行政决策程序规定》，优化整合重大行政决策相关规定，确定重大行政决策事项年度目录公开制度，实现重大行政决策全过程管理，对市本级21件重大行政政策事项，严格执行调查研究、公众参与、专家论证、风险评估、合法性审核和集体讨论决定等程序，对决策全过程记录并归档。推进行政决策合法性审核规范化、标准化建设，提升行政决策合法性审核质量，全年审查市政府交办的行政决策、行政合同、行政规范性文件等532件，提出建议意见665条均被采纳。

【规范性文件管理】 眉山市政府办公室印发《关于加强眉山市行政规范性文件管理工作的通知》，明确制定主体、制定程序、合法性审核、备案审查等工作要求，推动《四川省行政规范性文件管理办法》落地落实。全年清理公布市本级规范性文件，清理96件，其中继续有效48件、修改后继续施行6件、废止14件、失效28件。严格落实行政规范性文件备案管理，向省政府、市人大常委会报备市政府规范性文件11件，收到天府新区、各县（区）、市级各部门（单位）报备的规范性文件148件。

【法律顾问管理】 眉山市委依法治市办引导市党政法律顾问提前介入，全过程参与市委、市政府重大决策制定，参与政府重大合同审查、签订，参与重点工作推进，从源头上加强合法性审查、论证，严格把控法律风险。全年市党政法律顾问为市委、市政府领导接待来访群众提

图37　2022年8月25日，四川省“法律明白人”提能培训班在青神县开班　（供图：市司法局）

供法律服务26批30人次，提出法律意见21条；参加专题研究论证会、座谈会20次，出具法律意见书41件，提出意见229条。

【行政执法监督】 眉山市全面贯彻落实《中华人民共和国行政处罚法》、行政执法“三个办法”和“两个标准”，推动适用行政执法用语、行政执法案件编号、行政裁决、重大执法决定法制审核4项标准。持续开展人民群众最不满意行政执法突出问题承诺整改和全市民营（外来）企业“大走访大调研”活动，整改突出问题32项。举行全市行政执法队伍“大学习大练兵大比武”活动，100余支队伍参与比赛，全年抽查行政处罚案卷309件，发现问题175个，提出建议103条。开展省市县乡四级行政执法监督体系建设柳江镇省级试点工作，制定试点方案，建立工作机制，明晰监督范围，试点成果通过省级评估组评估。

【地方性法规修订和制定】 眉山市积极推进成德眉资区域协同立法实践，参与《四川天府新区条例（草案）》起草工作，组织相关市级部门（单位）、县（区）和市政府法律顾问进行专题研究并充分征求意见建议，《四川天府新区条例（草案）》于年底通过省政府常务会议和省十三届人大常委会第三十八次会议审议。完成《眉山市大气污染防治条例（草案）》起草、调研、论证、听证、征求意见和市政府常务会审议前的各项准备工作。配合市人大常委会开展《眉山市集中式饮用水水源地保护条例》立法后评估、《眉山市黑龙滩水库保护条例（草案）》起草工作，12月召开《眉山市黑龙滩水库保护条例（草案）》立法听证会和专家论证会。

【仲裁案件办理】 眉山市委依法治市办全年受理仲裁案件88件，总标的额约为7337万元，涉及本市及周边单位及个人主体243家（人）次，审结案件86件（含2021年未结案12件），结案率86%。已结的86案中，裁决结案30件，裁决率34.88%，调解及通过调解撤回56件，调撤率65.12%。无超审限案件，无被法院裁定撤销或不予执行案件。

（张师斌）

政法委与综治

Political Legal Committee and the Comprehensive Governance

【概况】 2022年，眉山市政法系统坚持党对政法工作的绝对领导，围绕护航中共二十大这条工作主线，以市域社会治理现代化试点为抓手，提升政法工作基层基础，深化政法改革，建设更高水平的平安眉山，完成中共二十大和“6·8”等重大维稳安保任务，实现“五个严防、三个确保”工作目标。全市一站式多元解纷新实践受到最高人民法院院长周强和省委常委、政法委书记靳磊批示肯定；代表委员建议、提案与公益诉讼检察建议衔接转化试点工作经验全国推广；医疗纠纷“保调赔防诉”化解机制，入选全国法院一站式建设十大典型案例，获首届“四川法院改革创新奖”；常态化扫黑除恶斗争、跨部门办案平台建设应用、重点人群服务管理、综治中心实体化实战化运行、网格化服务管理等工作经验全省推广。

【重大会节维稳安保】 眉山市委政法委把护航中共二十大作为压倒一切的重大政治任务，开展“守底线、保安全”攻坚月、平安眉山建设百日提升和“拼搏五个月·决战全年胜”风险防范三大行动，实现“五个严防、三个确保”工作目标。6月8日，习近平总书记莅眉视察，这是新中国成立后，党和国家最高领导人首次莅眉，完成习近平总书记莅眉视察期间维稳和安全警卫任务，确保绝对安全、万无一失。做好全省抓项目促投资现场会、省第十二次党代会、泡博会等系列维稳安保工作，实现“五个坚决防止发生”目标。

【政法基层基础建设】 眉山市政法系统加快推进县乡两级矛调中心建设，一站式多元解纷眉山新实践受到最高人民法院院长周强和省委常委、政法委书记靳磊批示肯定。加强对县（区）综治中心实战化运行考评，提升网格化服务管理能力，全年优化调整原有3035个网格为2561个，整合资源打造“全科网格”，办理网格事件68万余件，办结率99.6%；建立市县乡村四级平安建设志愿服务队伍，完成“中心城区重要部位天网补点”项目建设，高标准建成视觉计算平台，解析计算能力居全省前列；探索健全禁毒工作“六全”体系，在册吸毒人员千人比低于全省平均水平；创新建立环眉“护城河”，与环蓉“护城河”形成双圈层坚固安全稳定防线；县级公安机关下沉派出所警力占比40.3%；设立47个巡回审判点和258个驻村法官工作站，巡回办案3400余件；乡级信访工作联席会议实现全覆盖，在全省率先打造“信访超市”，中央、省交办“治重化积”重复信访事项化解率100%，成功化解10年以上信访积案100余件，市信访局被表彰为全国信访系统先进集体。

【司法体制配套改革】 眉山市委政法委出台《眉山市加快推进政法领域执法司法责任体系改革和建设的任务清单》，明确16项工作任务及牵头单位、责任单位等，“清单制+责任制”推进全市政法领域执法司法责任体系改革和建设。出台《关于县（区）法院、检察院财物统一管理改革实施方案》，县级法院、检察院已全部作为市级财政一级预算单位管理。完成东坡、彭山公安分局由市公安局直接管理改革。推进民事诉讼程序繁简分流改革，简案分流率达78.15%、一审案件平均审理期限比法定审理期限缩短近三分之二。探索涉案企业合规改革试点，成立涉案企业合规第三方监督评估机制管理委员会，建立涉案企业合规第三方监督评估机制实施办法、监督评估机制专业人员选任管理办法，选任评估专业人员50余名，督促4家涉案企业合规经营。规范行政复议与应诉工作，全市完成行政复议职责整合和编制配置，增加编制16个。

【“1+N”执法司法监督工作机制构建】 眉山市委政法委围绕《关于加强新时期执法司法监督工作的意见》，配套出台《关于加强党委政法委执法司法监督与检察机关法律监督有机衔接的意见》等6个具体工作规定，完善执法司法监督工作模式和格局。建立执法监督人才库，首批入库人才101名。制定“听审”制度，组织执法监督力量定期到法院旁听案件开庭，通过旁听感知诉讼过程、梳理争议焦点、探讨法律适用，提升运用法治思维和法治方法解决问题能力，工作经验全省推广。建成眉山市涉案财物集中管理中心，实现全市涉案财物规范统一保管。

【法治保障体系完善】 眉山市委政法委组织开展法治服务营商环境“五个一”活动，召开政法系统保护民营企业合法权益十大典型案例新闻发布会、异地眉山商会及企业家代表座谈会、营造法治营商环境促进建筑行业健康发展研讨会，出台《眉山市政法系统“全维度”服务保障企业、项目健康发展工作方案》，与市市场监管局、市工商联签订《进一步优化法治营商环境 促进民营经济高质量发展工作联系框架协议》。市法学会受中国法学会和省法学会委托，开展《贯彻落实习近平法治思想，传承弘扬“三苏”法治文化研究》课题研究，深入挖掘、整理三苏法治文化。公安机关出台服务保障稳住经济26项措施，部署开展眉安、护航、安商、回暖、助农、便民“六大行动”。全年法院系统审结公司类、合同类案件12538件，金融、借贷案件4053件，知识产权案件141件，获评“四川省知识产权保护工作成绩突出集体”。检察机关起诉破坏市场经济秩序犯罪136人，对涉经营类犯罪依法不捕4人、不诉9人。司法行政系统办理法律援助案件2730件、公证15824件，办结仲裁案件67件。

【政法信息化建设】 眉山市委政法委推进政法系统跨部门办案平台常态化运行，线上单轨制办案新模式已经形成，实现高效协同办案，工作成效得到最高人民检察院和省委政法委充分肯定，工作经验在全省交流。推进“智慧政法—涉密视频会商系统”建设项目配套设施建设，推动眉山市新一代政法网建设。推进“智慧警务”建设，高标准建成视觉计算系统，实现对中心城区感知点位和全市环蓉卡口的全面拉流解析，日均解析数据达到6300余万条。

【扫黑除恶斗争】 眉山市政法系统开展扫黑除恶常态化工作，1月以市委办公室名义调整眉山市扫黑除恶专项斗争领导小组，6月以市扫黑除恶专项斗争领导小组名义调整眉山市扫黑除恶专项斗争领导小组成员。市、县两级扫黑办常态化运行，配备专兼职工作人员、落实专项工作经费，建立以“四组一中心”为架构的常态实体化运行机制。“4·18”涉黑案境外在逃犯罪嫌疑人闵某某成功归案，完成追捕“漏网之鱼”行动目标任务。“5·19”“3·12”黑社会性质组织犯罪案件顺利完成一审宣判，侦办九类涉黑恶案件168起、刑拘犯罪嫌疑人188人；批捕涉黑恶犯罪4件11人，起诉3件42人；一审审理涉黑恶案件3件，二审审结涉黑恶案件3件59人。

【市域社会治理现代化试点】 眉山市政法系统锚定建成全国市域社会治理现代化试点合格市目标，强化统筹协调、督促检查，推动试点工作有力有序开展。推动市域社会治理与城乡基层治理“双线融合”，建立联席会议共商、示范点位共建、治理队伍共育、督导考核共促“四共”融合联动工作机制。细化工作任务，对标中省新版试点工作指引，制发验收任务分解表，细化分解目标任务354项，逐一明确创建标准、责任单位、完成时限；落实3个省级重点创新项目、2个省级命题项目建设任务。加强督导考评，出台《平安眉山建设工作考评办法》，建立工作约谈通知书、整改通知书、工作提示函“两书一函”工作制度。提升网格治理效能，制发《关于推行网格化服务管理“一格多员、一员多用”工作实施意见》，整合网格资源打造“全科网格”，实现“一格多员、一员多用”，提升基层社会治理能力水平，全年全市网格员办理网格事件68万件，办结率99.6%。

【政治安全维护】 眉山市政法系统贯彻总体国家安全观，开展反渗透反邪教反暴恐斗争，深挖打击整治邪教组织，加强反恐防暴防范，持续保持暴恐事件和涉政安全事件“零发生”。

【社会稳定维护】 眉山市政法系统制定实施重大决策社会稳定风险评估实施办法，源头化解风险点1800余个；开展矛盾纠纷“大调研、大排查、大化解”专项行动，排查出的1.8万余件矛盾纠纷调解成功率达97.8%；在全省率先创新设立眉山市社会稳定风险预警中心，建立涉稳情报信息全闭环联动处置工作机制、市政中心信访稳定联动处置工作机制，开展问题楼盘信访专项攻坚，“善雄慈航”等涉众型案件顺利完成宣判，妥善处置恒大文旅城、融创未来城长岛项目等群体聚集87起。

【平安眉山创建】 眉山市政法系统出台《平安眉山建设工作考评办法》，制定《2022年度平安眉山建设工作考评指标体系》，建立平安眉山建设月度例会暨全市平安稳定形势分析研判会制度和约谈通知书、整改通知书、工作提示函“两书一函”工作制度。深入开展基层“十大”平安创建活动，成功创建省级“六无”平安村（社区）18个，命名表扬平安乡镇（街道）7个、平安村（社区）100个、平安小区7个、平安工地10个、平安企业4个、平安医院7个、平安车站1个、平安景区6个、平安市场4个、平安校园74所。眉山市平安建设群众满意度测评位列全省第一方阵，获评“2021年度全省平安建设优秀市”，4个集体、8名个人被表彰为2022年平安四川建设先进集体和个人。

【基层治理体系优化】 眉山市政法系统制发《关于推行网格化服务管理“一格多员、一员多用”工作实施意见》，整合网格资源打造“全科网格”，配齐配强网格力量，实现“一格多员、一员多用”，提升基层社会治理能力水平。召开全市重点人群服务管理工作专题会，强化严重精神障碍患者、社区矫正对象、吸毒人员等重点人群的服务管理工作。制发《关于进一步加强全市重点人群服务管理工作的通知》，健全政府、社会、家庭三位一体的关怀帮扶体系，督促市县两级相关业务主管部门建设相关工作协调机制，做好严重精神障碍患者等重点人群服务管理，最大限度消除安全隐患，防止发生重大肇事肇祸和个人极端案事件。

【社会治安防控】 眉山市政法系统开展夏季社会治安打击整治“百日行动”，预防可能引发民转刑案件25起，全年命案发案数下降23.1%，十万人命案发生率、十万人刑事案件发生率远低于全国、全省平均水平，是建市以来命案发案数最少的一年，刑事、治安警情分别下降32.3%、18.4%，八类严重暴力犯罪、传统侵财类犯罪、电信网络诈骗案件分别下降25.5%、22.76%、46.2%，侦破全国打击整治养老诈骗专项办督办的“2·28”专案。挂牌整治7个禁毒重点乡镇，整治治安重点地区56个、治安突出问题1201个，顺利通过全国禁毒示范城市创建验收。

【矛盾纠纷多元化解】 眉山市政法系统出台《关于深化诉源治理源头防范化解矛盾纠纷的责任分工方案》《关于加强与眉山市毗邻地区社会矛盾纠纷多元预防调处化解工作联动机制建设的指导意见》《关于健全完善“135+N”矛盾纠纷多元化解工作体系的实施意见》等多个指导性文件，健全完善工作机制。深入开展矛盾纠纷“大调研、大排查、大化解”专项行动，加快县乡两级矛调中心一站式建设，加强诉调、公调、访调等“五大”对接工作，深入推进“诉源治理”，全力提升矛盾纠纷源头防范化解能力，及时有效化解各类矛盾纠纷，有力维护全市和谐稳定的社会大局。全年全市排查受理矛盾纠纷18518件，调解成功18115件，调解成功率达97.8%。

【“忠诚铸魂、铁纪担当”专项活动】 眉山市政法系统按照省委工作安排和省委政法委部署，在全省政法系统全面开展为期4个月的“忠诚铸魂、铁纪担当”专项活动。市委主要领导作出批示、提出工作要求。市委政法委员会研究制定专项活动实施方案，成立领导小组及办公室，召开动员部署会，将专项活动与中共二十大安保维稳、疫情防控、市委“拼搏五个月·夺取全年胜”攻坚行动、平安眉山建设百日提升行动紧密结合，切实把专项活动成果转化为建设更高水平平安眉山、法治眉山的强大动力和实际举措。市县两级政法部门主要领导上党课50余次，组织政治轮训60余次、轮训干警7000余人次；县（区）开展政治督察20余次，县（区）党委书记为政法干警讲党课9次，市县两级政法部门派驻纪检监察组长、区县纪委书记作廉政教育报告28次，开展警示教育140余场次、旁听职务犯罪庭审12场次、参观廉政教育基地28次，开展“5·21”专案暨眉山蓝桂坊寻衅滋事案打伞破网警示整改；组织开展“六大顽瘴痼疾”整治效果“回头看”，整改反弹问题25个；分系统开展政法干警思想动态分析，组织全覆盖谈心谈话，化解干警家庭矛盾等风险隐患52个，组织开展公务用枪安全检查1900余人次，发现并整改4个方面49个问题，确保公务用枪安全，全市政法系统未发生影响队伍内部安全稳定的案（事）件。

（李　林）

公　安
Public Security

【概况】 2022年，眉山市公安机关坚持总体国家安全观，坚持统筹发展和安全，以保障中共二十大胜利召开为主线，围绕市委“三市一城”建设，从严从实抓好防风险、保安全、护稳定、促发展各项工作，全市刑事、治安警情平稳向好，完成习近平总书记来川视察重大安保警卫任务，确保全市政治社会大局持续平稳。相关工作先后得到公安部、省公安厅和市委、市政府等上级单位和领导的充分肯定。2022年度工作在全省市（州）公安工作评价中排名靠前，被省公安厅荣记集体二等功，获得全省市（州）公安工作成效二等奖和全省基础防范工作成效突出单位，是全省5个获得2项表彰的市（州）之一。全年有113项警务工作获得省、市先进，168名民警获市级以上先进个人称号。全年全市公安机关接处警系统共接警48.6万余起，有效警情9.8万余起，接处群众报警求助8600余起。破各类刑事案件2764余起，同比下降17%。会同相关部门完成中共二十大安保、全国两会、高考等重大会议和活动的安保任务，确保重点敏感时段、节点平稳过渡。开展全市矛盾纠纷大排查、大化解，排查各类矛盾纠纷15341件，及时化解15207起，调解成功率99.13%。全年眉山公安工作社会化综合评价满意指数为96.24分。

【公安调研】 眉山市公安机关围绕学习贯彻中共二十大精神和习近平总书记到川视察重要指示精神，结合市委、市政府、上级公安机关决策部署和眉山公安工作实际，组织开展全警“大学习、大调研、大讨论”活动，分批次下达重点课题，在全市公安机关大兴调研之风。全年完成省、市下达重点调研课题7篇，上报调研文稿234篇，被公安厅、市级重点刊物刊载4篇，《关于常态化推进扫黑除恶斗争的思考》《关于完善公安机关警务运行机制的思考》《关于推进更高水平“平安眉山”建设的探索和思考》等5篇调研报告被收录市法学会、市社科联、公安厅年度重点调研成果。

【打击犯罪】 眉山市公安机关全年立破十二类涉网主侦案件143件，采取强制措施367人，移送起诉176人，提起公诉112人。成功预警各类案件线索82起，其中预警传统网约犯罪34起、预警“护苗”专项行动青少年自残自杀线索48起，抓获犯罪嫌疑人40余人，挽救27名青少年学生。以夏季治安打击整治“百日行动”“七大攻坚战”“磐石”系列行动为引领，深入推进扫黑除恶斗争常态化，开展打击整治涉枪违法犯罪、性侵犯罪、拐卖妇女儿童犯罪、养老诈骗、欺诈骗保、文物犯罪、“断流”“断卡”等专项行动，成功侦破公安部挂牌督办“11·8”帮助信息网络犯罪活动案、“2·11”特大诈骗、偷渡、帮信案等大案要案。

【治安防控】 眉山市公安机关紧扣中共二十大安保维稳部署要求，严格对标省公安厅“三类站点”建设标准，采取因地制宜、分级分类、四个同步的建设方式，通过自建、租用等方式布建感知源，依托视觉计算，搭建圈层查控平台，在与成都6市（区、县）150千米环蓉边界通道上，建成环蓉智慧公安检查站。规划布建环眉治安卡点，构建严密闭环的圈层防控体系。

【网络安全监管】 眉山市公安机关坚持综合治理，强化攻防并举，发挥网络安全监督管理职能，切实落实行政监管执法，全力保护网络空间安全。全年现场检查互联网单位305家次，发送《网络安全风险告知书》134份，组织单位开展网络安全评估15家，启动“一案双查”案件3件，办理涉网行政案件251件。新增网络安全等级保护备案单位23个、重要信息系统46个。

【警卫保卫】 眉山市公安机关完成习近平总书记莅眉视察，中共二十大安保维稳，全国人大常委会副委员长沈跃跃到眉山调研，省委书记彭清华、省长黄强到眉山调研，2022全球华侨华人促进中国和平统一大会，第十二届东坡文化节，第十三届中国泡菜食品国际博览会，2022中国国际竹产业交易博览会，四川省第十四届运动会龙舟比赛，全省项目投资工作暨"十四五"规划重大工程项目建设推进现场会，"川云"行动，全国两会，2022仁寿半程马拉松暨全国半程马拉松锦标赛（眉山站），2022年高考等重大警卫、会议、活动安保任务90余次，各项警卫安保任务13次，侦办专案68件，对25名嫌疑人采取刑事强制措施，侦查终结移送起诉15人，行政处罚违法人员35人，教育训诫76人。

（钟丽娟）

检 察
Procuratorate

【概况】 2022年，眉山市检察机关深入学习贯彻中共二十大精神和习近平总书记来川视察重要指示精神，紧扣最高检"质量建设年"要求，办理各类案件7450件，为推动眉山高质量发展提供有力的司法保障。

【刑事检察】 眉山市检察机关牢固树立总体国家安全观，全年批捕各类刑事犯罪609人，起诉2006人。起诉严重暴力犯罪225人、侵财犯罪398人、毒品犯罪146人。认真落实《中华人民共和国反有组织犯罪法》，常态化开展扫黑除恶斗争，起诉涉黑恶犯罪40人，依法起诉全国教育整顿办交办的朱某某等31人涉黑案。强化与监察机关衔接配合，提前介入调查案件17件，受理移送审查起诉职务犯罪33人。针对易发生职务犯罪的管理漏洞制发检察建议17份。开展打击整治养老诈骗专项行动，起诉46人，办理最高检挂牌督办、涉案金额8.52亿元的"善雄养老公寓"系列案，8名主犯均受到法律制裁，挽回涉案群众损失近亿元。监督侦查机关立案107件、撤案45件，纠正漏捕15人，追诉漏犯115人，对侦查活动提出监督意见213件。加强审判活动监督，提出抗诉8件，对审判活动提出监督意见49件。加强刑罚执行监督，对减刑、假释案件进行实质化审查，提出改变减刑幅度意见85件，不同意减刑、假释3件，对监狱、看守所、社区矫正机构开展"派驻+巡回"检察全覆盖，提出各类书面监督意见225份，发出检察建议12件。

【民事检察】 眉山市检察机关全年办理民事检察案件460件。开展民事虚假诉讼领域深层次违法行为监督专项行动，办理虚假诉讼监督案件5件，眉山某建筑公司合同纠纷虚假诉讼监督系列案被省检察院评为典型案例。打造"服判息诉+民事和解+行政争议实质性化解"三位一体的矛盾纠纷化解机制，促成民事和解75件。多方位回应群众司法诉求，支持农民工起诉115件，帮助追回薪资150余万元，邹某等41人追索劳动报酬纠纷支持起诉案入选全省根治欠薪优秀案例。

【行政检察】 眉山市检察机关全年办理行政检察案件177件，提出检察建议51件。开展护航民生民利专项活动，重点对征地拆迁领域开展专项监督，办理案件46件，以检察监督促进依法行政和法治政府建设。通过监督促和、多元化解、公开听证等方式，实质性化解行政争议67件，推进行政纠纷诉源治理。

【公益诉讼检察】 眉山市检察机关全年办理公益诉讼案件307件，发出诉前检察建议241件，提起公益诉讼53件。做好代表建议、政协提案与公益诉讼检察建议衔接转化试点工作，从建议提案中梳理出相关线索116条，案件化办理51件，检察建议转化为两会代表建议4件、政协提案3件，选任77名代表、委员担任公益诉讼监督专员，试点工作经验做法在全省交流，办理的洪雅刁福塘环境污染行政公益诉讼案入选最高检公益诉讼千案展示平台。落实"最严格的耕地保护制度"，办理涉耕地公益诉讼案件21件，挽回、复垦耕地45.7亩，开展耕地占用税公益诉讼专项监督，发出检察建议21份，督促收回耕地占用税3578.71万元，依法履职守护"天府粮仓"做法被省委依法治省办刊发。

【未成年人刑事检察】 眉山市检察机关开展"零容忍"从严惩治侵害未成年人犯罪，全年批捕38人、起诉43人。对犯罪轻微的未成年人竭力挽救，不捕45人、不诉13人。联合教体部门开展防止校园性侵害行动，推动强制报告、从业限制等制度落地落实，强制报告工作做法被最高检刊发。开展家庭教育指导60余次，针对管教不严、监护缺位发出"督促监护令"5份。结合法治副校长、检察开放日、法治进乡村活动，持续深化对未成年人的法治宣传教育。

【助推经济高质量发展】 眉山市检察机关全年起诉破坏市场经济秩序犯罪138人，对涉经营类犯罪依法不捕15人、不诉21人，3件案件被评为市政法系统保护民营企业合法权益十大典型案例。探索推进涉案企业合规改革试点，与市工商联、市国资委等8家单位成立第三方监督评估机制管理委员会，建立配套制度2项，选任专业评估人员50余名，督促4家涉案企业合规经营，办理的四川仁寿某焦化有限公司涉嫌污染环境案通过适用企业合规，依法作出从宽处理，促使企业快速回到合法经营轨道。加强知识产权司法保护，起诉侵犯知识产权犯罪18人，有效保护民营企业核心权益。积极融入成渝地区双城经济圈建设和成德眉资同城化发展，牵头开展认罪认罚从宽区域协作、异地侦查取证等工作，办理跨区域案件4件。

【深度参与市域社会治理】 眉山市检察机关全面贯彻落实"少捕慎诉慎押"刑事司法政策和认罪认罚从宽制度，全年依法不捕593人、不诉602人，不捕率、不诉率同比分别上升16.48%和13.18%，办理适用认罪认罚从宽2344人，适用率87.82%，最大限度减少社会对立面。通过研发"非羁码"、使用电子手环等方式，有效解决非羁押人员监管问题，无一人脱管漏管。制发社会治理类检察建议57份，针对银行账户管理问题制发反洗钱检察建议，推动全市64家金融机构

图38 2022年5月22日，市检察院联合邮政部门开展寄递行业安全检查 （供图：市检察院）

加强反洗钱金融监管的做法被省扫黑办刊发。

【社会矛盾纠纷化解】 眉山市检察机关加强“12309”检察服务，全年办理控告、申诉信访637件，7日内回复率100%。向93名案件当事人及其近亲属发放司法救助金103万余元。全面排查化解检察环节信访风险，院领导包案办理三类案件18件，为中共二十大胜利召开营造安全稳定环境。着力规范检察听证制度，探索建立“一规程三办法”，聘任听证员127名，办理听证案件183件，检察听证案件质效评估工作做法在全省推广。

（戴宇恒）

法 院
Court

【概况】 2022年，眉山市中级人民法院围绕“努力让人民群众在每一个司法案件中感受到公平正义”的目标，在推进眉山“三市一城”建设中展现新担当、做出新贡献。全市法院受理各类案件44866件，审执结43911件，结案率97.87%，法官人均结案205.19件。两级法院各项工作受到市级以上领导批示肯定12次，50个集体、135名个人获市级以上表彰，一站式多元解纷、打击整治养老诈骗、破产案件办理、执行等5项工作经验在全国全省交流推广，书写新时代“枫桥经验”四川实践等五大“眉山元素”写入省法院工作报告。

【刑事审判】 眉山市法院坚持以党建带队建促审判，严格落实法治眉山、平安眉山建设部署，坚决维护政治安全、社会安定、人民安宁。审结刑事案件1642件，判处1975人，呈总体下降趋势。坚定维护社会稳定，依法严惩煽动分裂国家、间谍窃密、邪教等犯罪。审结杀人、放火、抢劫等严重暴力犯罪75件83人，审结危害安全生产、危害公共安全犯罪463件471人，审结毒品犯罪124件155人，审结涉黑涉恶犯罪3件66人，没收违法所得7728万元。严惩民生领域犯罪，围绕“天府粮仓”示范区建设，开展耕地保护专项行动，审结破坏耕地、滥伐林木等犯罪2件2人；开展打击养老诈骗、电信网络诈骗专项行动，严惩养老诈骗犯罪6件24人，判处电信网络诈骗91件204人，一审审结受害人达1万余名、涉案金额达8.5亿元的“善雄慈航”特大养老诈骗系列案件。推行刑事司法保护和民事权益保障相结合，严惩侵害未成年人犯罪，开展“百名法官进百校”活动46次，发送家庭教育令24件，守护未成年人健康成长。依法惩治腐败犯罪，深入推进反腐败斗争，完善纪法贯通和法法衔接机制，审结贪污、渎职案件6件10人。坚持行贿受贿一起查，审结行贿受贿案件10件12人，追缴违法所得2112.7万元。

【民商事审判】 眉山市法院树立“法治是最好的营商环境”理念，开展“营商环境提升年”活动，维护稳定、公平、透明、可预期的市场环境，审结民商事案件25628件。依法平等保护各类市场主体合法权益，审结公司类、合同类案件13499件，审结金融、借贷案件4473件，维护市场经济秩序，服务全国统一大市场建设。审结涉国资国企案件48件，审结行政许可、行政协议案件40件，服务国企改革三年行动和“放管服”改革。加大知识产权司法保护力度，审结知识产权案件149件，获评“四川省知识产权保护工

图39 2022年12月4日，检察官走到田间地头宣传守护耕地红线，保障粮食安全 （供图：市检察院）

作成绩突出集体”。做好“六稳”工作、落实“六保”任务，运用企业破产“府院联动”机制高效办结破产案件8件，落实中小微企业司法保护机制，推行“活封活扣”“滚动解封”等善意文明执行方式，助力稳住经济大盘。

【行政、环资审判】 眉山市法院全年受理行政案件817件，审结802件。行政机关负责人出庭应诉率从83.6%上升至98.7%，高出全省平均值8个百分点；发布年度行政审判白皮书，发送司法建议36份；完善府院联席会议制度，运用行政诉讼协调机制推动行政案件实质性化解，行政和解或撤诉88件。切实践行“两山”理念、“双碳”战略，制定司法保障碳达峰碳中和13条措施，审结环境资源类案件92件，联合资阳、内江两地法院创新沱江流域“纽扣法庭”工作机制，与成都、乐山等九地法院强化岷江流域司法保护协作，构筑长江上游生态保护屏障。

【执行工作】 眉山市法院全年受理执行案件12883件，执结12271件。构建“四位一体”现代化执行工作体系，执结率、实际执行到位率等核心指标位居全省前列。持续开展涉民生执行专项行动，执行到位案款8665万元。稳步推进“切实解决执行难”，持续完善失信惩戒机制，执行到位金额39.5亿元，纳入失信“黑名单”3068人，司法拘留60人，判处拒执罪9人，营造惩戒失信、促进守信的社会氛围。

【诉讼服务】 眉山市法院推行“非接触式”诉讼服务和全流程无纸化办案，在线立案9791件、在线调解3257次、在线开庭2633次，实现常态化疫情防控和依法高效审判有机统一。延伸智慧执行路径，推广“移动执行”“阳光执行”手机App，完善网络司法评估、拍卖流程，提升执行工作精准度和透明度。强化智慧管理，建立“静默化”监管体系，综合运用办案平台全方位监管工作流程。

【司法为民】 眉山市法院全年审结教育、就业、养老、医疗等涉民生案件1266件，审结追索劳动报酬、劳务合同纠纷等拖欠农民工工资案件1865件。依法开展司法救助，发放司法救助金292万元，减免缓诉讼费410万元，卢某意司法救助案入选全省法院典型案例。常态化开展援藏援彝工作，派驻帮扶干部12名，提供帮扶资金35万元。常态化开展驻村帮扶和司法服务乡村全面振兴工作，眉山法院第三方测评得分全省法院排第二位。

【司法改革】 眉山市两级法院持续健全以司法责任制为核心的审判权力运行体系，审判监督管理机制更加完善。加强人员分类管理，实行两级法院员额及编制统筹配置、动态调整，完善初任法官遴选和递补入额机制，遴选产生17名员额法官。推进以审判为中心的刑事诉讼改革和民事诉讼繁简分流，三类人员出庭作证率同比上升20%，简案分流率达78.6%。开展四级法院审级职能定位改革试点，推动案件自下而上过滤分层，全年下沉民事案件74件、行政案件29件。深化司法体制综合配套改革和智慧法院建设，完成省以下法院财物统管改革。

【多元解纷】 眉山市法院坚持和发展新时代“枫桥经验”，深化“一站式多元解纷眉山新实践”，该项工作2次受到最高人民法院周强院长批示肯定。创新和推广诉源治理“眉山模式”，构建“保调赔防诉”医疗纠纷化解机制，入选全国法院一站式建设十大典型案例，获评首届“四川法院改革创新奖”，《诉源治理的眉山模式》入选《法治蓝皮书·四川依法治省年度报告》。创新“市场化抢单制”调解模式，诉前化解各类民商事纠纷7213件，工作经验在全省法院交流。在全市设立47个巡回审判点和258个驻村法官工作站，依托“车载法庭”“坝坝法庭”等巡回办案3421件，深入企业、村社等开展法律咨询、案件回访等8512次。

（刘慧彬）

司法行政
Judicial Administration

【概况】 2022年，眉山市司法局紧扣司法行政“1+4”总体工作布局，深入推进法治眉山建设、维护社会稳定、服务经济社会发展，为推进眉山“三市一城”建设提供坚实法治保障。全市成功创建全国民主法治示范村（社区）3个、省级第一批民主法治示范村（社区）6个、省级“枫桥式”司法所5个，4个集体和个人获全国“七五”普法先进荣誉，丹棱县司法局荣获全国司法行政系统先进集体，市人民政府单项示范创建和洪雅县综合示范创建成功入围全省法治政府示范创建名单。

【公共法律服务平台建设】 眉山市司法局贯彻落实全省“十四五”公共法律服务体系建设规划，全市建成市公共法律服务中心一个、县（区）公共法律服务中心7个，乡镇（街道）公共法律服务站80个，村（社区）公共法律服务室847个，全市实现四级公共法律服务平台全覆盖，100%的村（社区）配备法律顾问，“12348四川法网”法律服务机构基础信息录入率100%。与成都、德阳、资阳司法局共

图40 2022年7月8日，第四届全市法院“十佳裁判文书”评选活动现场复评会召开 （供图：市法院）

图41 2022年8月，东坡区人民法院开展“直播带货”，提升拍卖成功率 （供图：市法院）

同拟定《成德眉资“十四五”公共法律服务体系建设规划》《2022年成德眉资公共法律服务同城化建设十项重点工作项目》，推动天府新区眉山与成都片区、丹棱与蒲江、彭山与新津示范点建设。推进基层基础建设，投入206万元（其中市局投入47万元）打造市县（区）共建特色品牌司法所，仁寿县汪洋司法所等5个司法所成功创建第三批省级“枫桥式”司法所，创建数量居全省第二。

【法律援助】 眉山市司法局积极推进法律援助，优化法律援助机构便民举措，制定《眉山市法律援助告知承诺制度》，在全市范围内实行法律援助告知承诺制。围绕民生实事，实现“应援尽援、应援优援”法律援助民生服务目标，全年提供咨询服务23771人次、法律援助案件服务2912件，分别完成目标任务的158.47%、153.26%。健全法律援助机构，9月，丹棱县法律援助中心设立，全市县级以上司法行政部门法律援助机构实现全覆盖。开展法律援助经费使用管理专项检查，完善经费使用工作机制，预防经费使用管理风险。眉山市法律援助中心荣获“全市青年五四奖章集体”称号。

【法律服务】 眉山市司法局开展重点项目法律服务“1+1”专项行动，印发《关于进一步推动律师为重点项目提供“1+1”法律服务工作的通知》，为通威集团全球创新基地项目等10个重点项目提供“点对点”法律服务。开展全市民营（外来）企业“大走访大调研”和“法治体检”活动，举行民法典等法治宣讲142场次，举行法治培训69场次，开展“法治体检”83场次，减免企业代理费20余万元。完成国家统一法律职业资格考试组织实施工作。

【律师服务】 眉山市司法局积极开展律师服务，全市有律师事务所52家，社会律师386名（专职律师384名，兼职律师2名），基层法律服务所35家，基层法律服务工作者112名。坚持党建引领律师行业发展，组织开展律师行业党务工作突出问题清查整治和行业党建专题调研，持续提升律师行业党建工作向心力、凝聚力，全市2个律师事务所、3名律师被评为“全省优秀律师事务所”“全省优秀律师”。强化法律服务监管考核，全年受理投诉13件，办结13件，给予行政处罚1人，行业处分2人；探索与法院、检察院建立动态监测、线索核实和移送、联合查处等机制，推进律师行业突出问题专项治理成果落地落实。推进全市党政机关公职律师“应设尽设”，拥有公职律师208名。推动律师工作服务社会，组织同心律师服务团金川分团3次到金川县开展法律帮扶，开展《中华人民共和国民法典》法治讲座“四进”活动。

【公证服务】 眉山市司法局推进公证服务，全年办理各类公证2058件，其中涉外案件402件，按时办结率100%，无错证假证，无复查投诉案件。深化“减证便民”服务和“为民办实事”活动，修改完善公证事项一次性告知书、亲属关系证明告知承诺书，完善电子印章并开通电子公证书，使用基于活体检测、在线录制等技术的远程办证功能，远程办证113件。全年办理免费上门公证14件，工作日节假日延时服务5次，免费邮寄公证书92件。深化公证防范金融风险，为中国银行、成都农商银行等金融机构办理贷款合同公证83件，出具执行证书2件。深化理论研究，选送《线上公证的发展现状与优化建议》《公证在乡村振兴中的困境与对策研究》2篇理论文章荣获司法厅小微课题一等奖、二等奖。积极推进公证标准化建设，眉山公证处等5家公证机构成功创建省级标准化公证机构。

【司法鉴定】 眉山市司法局开展司法鉴定行业“党建入章”专项清查整治工作，实现党建工作全覆盖，眉山公信司法鉴定中心司法鉴定人梅仕云被四川省司法鉴定行业选树为党员先锋示范岗。参加2022年度司法部“能力验证”活动，取得全部通过4项“满意”的良好成绩；4件司法鉴定典型案例入选“12348中国法网”司法行政（法律服务）案例库。贯彻落实《关于规范涉及保险理赔司法鉴定工作的实施意见》，全面规范涉及保险理赔司法鉴定工作。眉山司法鉴定行业连续20年无一例对鉴定机构、鉴定人的信访投诉，无一例省厅转办的司法鉴定投诉，案件采信率始终保持在99.7%以上，实现社会效果和法律效果的有机统一。

图42 2022年1月，眉山市法律援助中心帮助农民工追回欠薪，群众送来感谢锦旗 （供图：市司法局）

图 43 2022 年 3 月 15 日，民法典走进乡村（社区）主题宣讲暨法治文化阵地宣传“三个一”活动在激情广场举行
（供图：市司法局）

【人民调解】 眉山市司法局坚持和发展新时代“枫桥经验”，深入开展“调解促稳定 喜迎二十大‘三查三化三优’”矛盾纠纷排查化解专项行动，为省第十二次党代会、中共二十大胜利召开创造和谐稳定的社会环境，全年全市调解组织开展专项排查 6914 次，发现矛盾纠纷 3982 件、预防纠纷 1215 件，受理矛盾纠纷 11471 件，调解成功 11328 件，调解成功率达 98.9%。配强人民调解员队伍，在全省率先完成专职人民调解员的配备工作，实现每个乡镇（街道）不少于 2 名专职人民调解员，司法所所均辅助人员数位居全省第一。

【社区矫正】 眉山市司法局印发《眉山市社区矫正委员会工作规则》《眉山市社区矫正委员会办公室工作细则》等工作规范，健全工作机制。深化社区矫正对象监管教育工作，开展社区矫正隐患排查整治、暂予监外执行检查、“三新”学习教育等活动，在中共二十大等重要节点，按照“四不两直”方式到区县督导检查，截至 12 月底，全市在册社区矫正对象安全稳定。积极推进“智慧矫正中心”创建。

【普法依法治理】 眉山市司法局全面贯彻实施“八五”普法规划，制定《眉山市法治宣传教育第八个五年规划（2021—2025 年）》，成立全市“八五”普法讲师团，将普法工作纳入法治建设总体部署。落实“谁执法谁普法”普法责任制，开展“法治惠民”“民法典让生活更美好”“宪法宣传周”等“一月一主题”活动，创新开展“四川十大法治人物”直播宣讲，在线观看达 30 万人。推进国家工作人员学法考法，搭建线上学法考法平台，全市 2 万余名国家工作人员参与，工作经验被司法厅宣传报道。夯实基层法治力量，培育“法律明白人”3100 余人，全省“法律明白人”在青神举办提能培训班。东坡区四维村等 6 个村（社区）被评为全省第一批省级“民主法治示范村（社区）”。

（张师斌）

军　事

MILITARY

眉山军分区 / 武警眉山支队 / 双拥共建 / 人民防空

眉山军分区
Meishan Military Sub-command

【概况】 2022年,眉山军分区坚决贯彻习近平主席和中央军委决策指示,按照省军区党委和眉山市委部署要求,围绕迎接和学习贯彻中共二十大精神这条主线,紧盯建设"一流军分区"目标,坚持举旗铸魂、加强练兵备战、持续正风肃纪,圆满完成各项任务。

【思想政治建设】 眉山军分区召开中共二十大精神学习动员部署会,研究制定《眉山军分区学习贯彻中共二十大精神实施方案》《关于认真学习宣传贯彻中共二十大精神的实施办法》,开展"五个一"配合活动。按照"学懂弄通做实"要求,根据《改进中校以上军官学风的措施》,制发《开展"三学四比"活动实施方案》,落实中心组理论学习制度,到黑龙潭参观陈列馆、在郭祝三旧居"重温入党誓词",不断深化理论学习实效。开展"四严四整"教育整训和"加强政治建设、严守政治纪律"专项自查整改活动,政治能力不断增强。深化拓展"忠诚维护核心,矢志奋斗强军"主题教育,统筹推进"赞颂新成就、喜迎二十大""学思想、铸忠诚、担使命"实践活动,开展"珍惜军人荣誉,立足岗位奉献"专题教育,厚植听党指挥、履行使命的思想政治基础。

【从严治党】 眉山军分区围绕新时代党的建设新要求,始终扭住政治建设这个根本,能力建设这个关键,作风建设这个保证,建强"一线指挥部"。围绕着力纠治"四个不纯""七个弱化"问题,先后组织召开党史学习教育专题民主生活会和"讲政治、明大义、守底线"专题组织生活会。严格规定程序和标准条件,完成出席中共二十大、全国人大,以及省军区党代表大会、军人代表大会等代表人选推荐提名和选举工作。严守政治纪律和政治规矩,开展《纠治违规喝酒及酒后违纪违法问题专项教育整治》《深化基层风气整肃治理》《"惜岗位尽职责,正秩序守纪律"职工队伍专题教育整顿》等专项活动,实施常态化作风督查和明察暗访,严查人员管理、战备值班和"禁酒令"落实等情况,纠治违规饮酒、值班脱岗等不良风气。

【民兵组织整顿】 眉山军分区联合眉山市人民政府印发《眉山市民兵建设发展"十四五"规划》《关于做好眉山市2022年民兵组织整顿工作的通知》,为军地共同抓好民兵工作奠定基础。完成年度民兵组织整顿任务,迎接全省民兵工作专项检查。组织民兵开展战备演练、抢险救灾、协助执勤等大项活动。

【基层人武部建设】 眉山军分区深入学习贯彻《军队基层建设纲要》,认真落实军分区党委常委分片挂钩帮建制度,持续巩固"四个秩序"规范化建设成果,推动按纲要建、按条令管、按大纲训、按规章办成为部队常态。全市80个乡镇、街道基层人武部严格按照建设规范开展达标建设。仁寿县人武部被省军区表彰为"全面建设先进人武部"。深入开展"安全大检查"活动,每季度由军分区常委带队,对照《国防动员系统安全检查评分细则》,对各人武部进行覆盖式、拉网式安全大检查,对查找出的问题,逐一列出问题清单,明确整改时限,组织"回头看",促进安全工作走深走实。安全稳定工作在省军区排名第五。

【征兵工作】 眉山军分区会同全市各级各部门认真贯彻执行省政府、省军区征兵命令,完成义务兵和直招军士的征集任务,新兵总体质量进一步提升,大学生和大学毕业生征集比例分别达到89.2%和53.2%,超额完成上级下达的征兵任务(大学生征集比例84%、大学毕业生征集比例42%),大学毕业生征集比例比上年度提高18个百分点。全市征兵"五率"考评成绩为"优秀"。

【国防后备力量建设】 眉山军分区抓好民兵队伍反应、机动、处置和指挥训练演练,完成国防动员调查潜力数据采集,全市国防动员取得新进步。紧贴作战急需、备战急用,制定《眉山市2022年国防动员潜力统计调查工作指南》,开展国防动员潜力采集、会审和评估。全年全市收录2万余家注册企业基本信息,累计审核上报涉及战场建设、网络信息、装备物资生产等数据,上报审核一次通过,受到省军区业务部门表扬。

【民兵战备训练】 眉山军分区指导各县(区)人武部配套开展群众性比武竞赛活动。科学统筹安排首长机关训练,推进民兵军事训练工作。参加省军区"天府-2022"国防动员演练,拟制完成演练方案计划、本级作业文书、各阶段会议材料,组织开展演练复盘总结。组织全市基干民兵开展比武竞赛活动,遴选5名民兵军事训练尖子参加省军区"天府精兵-2022"大比武,组织彭山区民兵测绘导航排参加全省新质新域民兵建设展示活动,联合地方开展"应急使命-2022"防汛救灾实战演练和森林火灾扑救实战演练,全面提升基干民兵军事素养、应急民兵队伍实战能力和军地联合救援协调组织水平。全年组织实施全区现役和文职人员年度军事训练考核,合格率96.9%;民兵训练任务完成率120.27%。联合市教体局、人社局、市场监督管理局等单位对部分县(区)学生军事训练工作进行重点督导,对存在的有关问题进行专项整顿,完成全市16所学校12940人次学生军训任务。

【民兵参建参治】 眉山军分区严格落实上级指示要求,先后4次召开疫情防控工作领导小组会议,制定贯彻落实具体措施。甘孜泸定县发生6.8级地震,根据省军区预先号令,迅即召开战备等级转进党委会,集结市民兵应急营、洪雅县和丹棱县民兵应急连,开展抗震救灾演练,补充完善物资器材,做好执行任务准备。

【爱国主义教育】 眉山军分区与地方相关部门沟通协调,签订《军民共建社会主义精神文明活动结对共建协议》。组织参加创文、创卫、乡村振兴、全民国防教育、普法教育等活动,确保军民共建活动落地落实。学习宣传党的基本理论、基本路线、基本方针,开展党史、新中国史、改革开放史、社会主义发展史和军区历史学习教育,坚定军民理想信念。广泛宣传全面建设社会主义现代化国家、加快国防和军队现代化的战略部署,推动理论学习成果转化运用,激发军民投身强国强军实践的政治热情。依托各类爱国主义、革命传统教育和国防教育基地,民族团结进步教育基地、铸牢中华民族共同体意识教育实践基地，部队军史馆、荣誉室以及退役军人服务中心（站）等，对军民进行思想政治教育。推进军营向社会开放，组织党政机关干部、企事业单位员工、青少年学生等群体走进军营，感受军队建设改革成果，增强爱国拥军情怀。综合运用传统媒体和新兴媒体强化教育熏陶，增强吸引力感染力。

（蒲　佳）

武警眉山支队
Meishan Detachment of the Chinese People's Armed Police Force

【概况】 2022年，武警眉山支队贯彻落实新时代党的建设总要求，深入学习宣传贯彻中共二十大精神。组织开展"强军书画摄影展""强军故事会""强军杯"篮球赛等群众性文化活动。注重发挥"书香军营"、荣誉墙（室）、军史长廊、军人文化活动中心等场馆建管用效能，有序构建新时代强军文化体系。在全军核心期刊《解放军理论学习》刊载理论调研文章1篇，在《解放军报》和《人民武警报》发表学习言论3篇。

【胜战本领锤炼】 武警眉山支队坚持把备战打仗作为党委领导的第一要务，全面加强练兵备战。着眼落实新时代执勤安保规范化集训精神，整治各类隐患，提升执勤工作安全系数。全年圆满完成武装巡逻、长途押解和各类专项行动，成功处置无人机侵扰执勤目标事件，圆满完成专项警卫任务。推进基于影像地图数据建设，共享地方气象、水文、地震灾害预警平台，做好各项任务准备。雅安芦山和甘孜泸定发生地震，支队依令而行，迅捷完成出动准备，丹棱发生4.3级地震，支队第一时间投入救援，完成救援任务。

【内涵底蕴建设】 武警眉山支队坚持抓建基层战略定力，稳固厚实基础底蕴，支撑部队建设发展。支队协调地方党委政府和目标单位完成营产营具升级改造、支队训练场馆建设。对接退役军人事务局等地方单位，用活惠兵红利政策，先后协调办理多名官兵转业安置等事务，出资救助多名官兵。发扬拥政爱民优良传统，助力乡村振兴，支队结对帮扶中店社区，投入20万元对2户贫困户进行危房改造，支队参谋长、政治工作处主任为2名失学儿童助学。畅通民主渠道，组织基层官兵恳谈会，解决官兵实际困难，支队组织恳谈会的做法被《人民武警报》刊发。

【保障效能提升】 武警眉山支队聚焦"后勤管理年"活动，坚持服务基层、服务官兵、服务战斗力，提高后装综合保障效益。规范后装战备物资模块化运行保障，与银行、运输、医院等地方单位签订应急保障协议，服务备战打仗。

【从严管党治党】 武警眉山支队深化武警部队和总队"加强政治建设、纯正政治生态"理论轮训成果，对照"32个有没有"召开专题常委会、党小组会。持续深化政治整训、巩固肃清"郭徐房张"流毒影响，召开专题会议统筹做好"4个会议"下篇文章。深入整治基层风气，严格落实《关于严格军地交往有关纪律规定的通知》相关要求、军地交往"十三个严禁"，坚决杜绝军地交往中的违规违纪行为，组织军地交往30条负面清单自查，消除军地交叉地带中存在的正风肃纪盲区死角。

（李文汉）

双拥共建
Double Support and Joint Construction

【概况】 2022年，眉山市始终坚持以强军为目标，以争创全国双拥模范城为抓手，不断完善机制、创新载体、丰富内涵、培植品牌，在全社会营造"爱我人民爱我军"的浓厚氛围，推动新时代双拥工作高质量发展。

【拥军优属】 眉山市全力支持部队练兵备战，市、县（区）两级主要领导在春节、八一建军节期间，走访慰问驻眉山部队官兵，赠送慰问品价值121万余元；走访慰问现役军人家庭、"三属"、退役军人及其他优抚对象，发放慰问金和慰问品价值1982万余元。为眉山籍立功军人家庭送立功喜报，发放慰问金34.15万元。为立功受奖的眉山籍及驻眉山部队官兵发放第五届"强军奉献奖"奖励金106.8万元。加大退役军人安置协调力度，在岗位上择优、待遇上保障、解难上帮扶，联合市教体局、市双拥工作领导小组办公室修订《眉山市军人子女教育优待实施方案》，解决官兵子女入学问题，协力做好"双拥模范城"创建命名。

【褒扬纪念】 眉山市组织开展"2022·奋进·清明祭英烈"活动，接待祭扫群众7200余人次，网络祭扫2.5万余人次。组织开展"9·30"烈士纪念日向人民英雄纪念碑敬献花篮仪式，全市345名各界代表参加。联合眉山交通音乐广播通过"智慧眉山"App、听见广播、"听见眉山"微信公众号，在市烈士事迹陈列馆全程直播"爱国主义教育课"，约4.5万人次重温眉山红色历史，引领青少年、退役军人、社会群众厚植爱党爱国爱军情怀。

（蒲　佳　周异峰）

人民防空
Civil Air Defense

【概况】 2022年12月29日，经中共眉山市委机构编制委员会批准，以眉山市人民防空办公室为基础，整合经济和装备动员、人民防空、交通战备、科技信息动员的综合协调职能，调整设置眉山市人民政府国防动员办公室（简称市国动办）。眉山市国动办以提高城市总体防护能力为基本目标，妥善管理人防工程建设，加强机动指挥平台建设和人防通信保障，开展应急演练和人防宣传活动，切实履行"平战结合、应急应战、精准高效"的使命任务。

【人防工程建设管理】 眉山市全年新竣工人防工程30个，城市人均掩蔽面积居全省第五位。全年开展隐蔽验收、质量检查150次，发出《限期整改通知书》3份，约谈责任单位13家。

【机动指挥平台建设】 眉山市国动办有序开展军地联合地下指挥所建设，完成《眉山市人民防空方案》编制，展开眉山市小型指挥平台建设，继续推进县（区）机动指挥所筹备工作，全面提升

图 44　2022 年 10 月 26 日，眉山人防水上应急救援队授装仪式暨救援演练活动（摄影：冯江红）

图 45　2022 年 10 月 26 日，眉山人防水上应急救援队授装仪式暨救援演练活动在岷江河畔水上应急救援基地举行（摄影：冯江红）

全市机动指挥能力和水平。

【人防通信保障】 眉山市国动办全年开展机动通信指挥训练 90 余次，顺利完成“成德眉资”人防指挥通信专业队跨区拉练、全省人防大练兵活动各科目考核等任务。

【应急演练】 眉山市国动办成立一支 50 人组成的眉山人防水上应急救援队，配齐救援装备，每月集中组织 1 ~ 2 次训练演练。

【人防宣传教育】 眉山市国动办结合国际民防日、防灾减灾日等重要时间节点，组织开展志愿服务 8 场次，累计发放宣传资料 1 万多份；结合“9·18”人防宣传活动，联合眉山广播电视台，开展网络知识有奖竞赛，参与访问量达 60 多万人次。全年发放人防应急包 3600 个，其中市本级 1500 个。

（秦崇波）

外事·侨务·港澳台事务

FOREIGN AFFAIRS, OVERSEAS CHINESE AFFAIRS, CHINA'S HONG KONG, MACAU AND TAIWAN AFFAIRS

外交事务 / 侨务 / 港澳事务 / 台湾事务

外交事务
Foreign Affairs

图 46 2022 年 11 月，澳大利亚驻成都总领事馆领事 Alexander Adamson（左二）到眉山参加第十三届中国泡菜食品博览会系列活动 （供图：市委外办）

【概况】 2022 年，中共眉山市委外事工作委员会办公室（简称市委外办）深入学习宣传贯彻中共二十大精神，认真落实中央、省委、市委有关决策部署，以推动“三市一城”建设为目标，服务全市经济社会发展大局。在“服务中央对外工作大局和省委、省政府对外开放战略”“国际友城建设”“外事管理服务”3 个专项工作方面表现突出，被省委外办通报表扬。

【服务国家总体外交】 眉山市委外办主动服务国家总体外交大局，选派 2 名医护人员参加国家卫生健康委援非医疗行动。承办第十八届“世界与四川大讲堂”，向外国留学生讲述东坡文化，传播中华优秀传统文化，推动东坡文化与世界各国文化交流互鉴。深度融入“一带一路”建设，积极参与 2022 年四川省对俄务实交流合作工作视频会、第二届文明交流互鉴对话会、“庆祝中华人民共和国与阿根廷共和国建交 50 周年 2022 中阿友好合作年四川系列活动”“2022 年川渝地区—湄公河国家地方合作论坛”等国、省重要外事活动。

【推动开放兴市】 眉山成功举办第十二届（眉山）东坡文化节，邀请海内外从事苏东坡文化研究的国际友人、苏学专家、苏氏宗亲，传承三苏文脉，弘扬东坡文化。举办第十三届中国泡菜食品博览会，澳大利亚、韩国、新加坡、泰国四国驻川领事官员到眉山出席相关活动，助力特色农业深化国际交流合作。邀请 20 余个眉山市友好城市以录制视贺视频方式参与竹博会开幕式，拉进友城距离，提升开放水平。组织德恩精工、金象赛瑞等近 20 家企业参加“四川—东盟企业家交流会”，学习了解 RCEP（区域全面经济伙伴关系协定）相关优惠政策。策划开展 14 期 RCEP（区域全面经济伙伴关系协定）国家介绍系列宣传，服务企业开拓东南亚、南亚市场。对接省委外办、中国—东盟中心，协助眉山外向型企业金象赛瑞公司开拓文莱市场，促进与阿根廷相关企业交流合作。推动通威太阳能（眉山）有限公司被省外事办授予第二批“四川外事参访重点单位”，为全省被授予的 6 个单位之一。

【国际友城建设】 眉山市委外办深入实施《眉山市国际友城工作五年行动计划》，组织召开国际友城联络员会议，谋划推进 2022 年国际友城建设工作举措。和 20 个国际友城、国际友好合作关系城市、友好交流城市开展云端交流，加强合作联系。6 月，与厄瓜多尔圣多明各－德洛斯查奇拉斯省签署建立友好合作关系谅解备忘录，正式结为友好合作关系城市。8 月，庆祝中华人民共和国与阿根廷共和国建交 50 周年四川系列活动启动仪式在成都举行，眉山市与阿根廷布宜诺斯艾利斯州阿尔米兰提布朗市结好被列入 2022 年度四川与阿根廷合作成果清单。与友城厄瓜多尔拉塔昆加市召开视频会议，探讨交流合作方向与举措。与哥伦比亚

与眉山市建立国际友好城市一览表

表 6

序号	签约时间	城市
1	2006 年 5 月	俄罗斯莫斯科州柯克林斯基区
2	2019 年 4 月	俄罗斯鞑靼斯坦共和国下卡姆斯克市

与眉山市建立国际友好合作关系城市一览表

表 7

序号	签约时间	城市
1	2017 年 7 月	泰王国清迈府
2	2017 年 7 月	以色列国南部区勒哈维市
3	2017 年 7 月	摩洛哥卡萨布兰卡市
4	2017 年 7 月	法国盖雅克市
5	2018 年 7 月	瑞士布里恩茨市
6	2018 年 12 月	法国蒙特莫里永
7	2019 年 12 月	匈牙利卡辛茨巴茨卡市
8	2019 年 12 月	美国橙郡
9	2020 年 8 月	尼泊尔卡马拉迈市
10	2021 年 7 月	厄瓜多尔拉塔昆加市
11	2022 年 6 月	厄瓜多尔圣多明各－德洛斯查奇拉斯省

里奥内格罗市初步建立联系，推进友好交流。组织参与“第十二届中日韩青少年国际书画交流展”，面向全市青少年选送以“我的美好家园”为主题的40幅书法、绘画作品参展，获1枚金牌、4枚银牌等奖项，优秀作品选送日本展出。

【外事管理服务】 眉山市委外办深入眉山信利高端显示项目、江化微电子材料有限公司、中德通内斯—德康（眉山）高端肉制品加工项目、四川美加蓉祥电子信息产业园等项目（企业）开展调研，了解企业生产建设情况，收集企业用工需求，协助解决困难问题，指导企业做好外籍管理人员、技术人员来华邀请工作。持续优化外国人来华邀请程序，缩短时间、减少流程，助推眉山国际合作项目正常建设运营。全年累计帮助眉山9个国际合作项目34名紧缺外籍技术人员、管理人员办理来华邀请函。

【外事为民服务】 眉山市委外办全覆盖开展涉外工作专题培训会，提升全市外事系统工作人员业务工作水平和应急处突能力。联合公安部门开展涉外突发事件处置演练，提升涉外突发事件处置工作规范化水平。用好全市外国人管理服务联席会议机制，强化部门联动，全面摸排在外眉山籍市民以及眉山市企业在境外机构（项目）、人员情况，针对海外领事保护、在眉山外籍人员管理服务、境外非政府组织管理，以及禁毒、反诈骗、反跨境赌博、“三非”人员管理、涉外舆情监测等工作。全力做好眉山市公民海外领事保护和协助工作，妥善开展海外领事保护与协助工作9件次。

【国际宣传】 眉山市委外办联系眉山市常驻外国人配合完成眉山广播电视台《老外看四川·点赞巴蜀ABC》短视频拍摄，向国际社会介绍眉山。配合做好四川对外宣传重点项目“走读四川”活动——“世界遗产·美景美食行”走进眉山、《今年春节，我想到眉山过年》、《东坡地图》等主题片的宣传报道。借助“四川外事”微信公众平台展示眉山外事工作开展情况及开放发展成果，眉山市国际友城工作行动计划、湿地公园鸟瞰照片、省委外办领导莅眉调研等稿件被“四川外事”采用。在Youtube官方账号上宣传青神竹编，在新华社日语平台上报道眉山。

（祝　庆　卢　健）

侨　务
Overseas Chinese Affairs

【概况】 2022年，眉山市侨务工作围绕全市中心大局，努力实现侨务工作发展。全年承办或协办“2022‘一带一路’华商峰会暨侨界菁英川渝汇”“2022海外华侨华人社团大会”“2022年全球华侨华人促进中国和平统一大会—眉山分线路考察”“第二十届海科会—先进材料论坛”“2022年成德眉资侨联主席联席会议暨侨界专家、企业家眉山行”“成都市港澳侨台企业家眉山行暨眉山市投资推介会”等涉侨活动6场，邀请重要侨商侨企、专家学者逾120人到眉山考察参访，促成万象创新产业园、四川美加蓉祥电子信息产业园与四川省科技协同创新促进会建立战略合作，助力企业发展。

【侨务管理与服务】 眉山市扩大基层侨联覆盖面，实现县（区）级“侨胞之家”建设全覆盖。围绕北京冬奥会、喜迎中共二十大胜利召开等重要节点，举办“喜迎二十大·侨界中秋座谈会”、“侨心共圆　翰墨中华”学习宣传中共二十大精神书画展等5场主题活动。鼓励侨界参政议政，市、县（区）侨联界别政协委员提交议案19件。持续做好侨界群众帮扶工作，慰问重点侨界人士和困难归侨侨眷40人次，发放慰问金3万元。开展侨法宣传系列活动19场，解读《四川省华侨权益保护条例》等涉侨法律法规，参与群众约2000人次。落实涉侨纠纷多元化解机制，推动侨务系统和调解员入驻同级人民法院诉讼服务平台，开展在线调解直播培训10期，妥善处理涉侨纠纷和困难问题6个。引导侨界资源助力社会发展，全市侨联系统引导争取捐赠共计415万余元，用于教育、文体、扶贫、救灾等。

【涉侨文化交流活动】 眉山市侨联推动三苏祠博物馆获批中国侨联第十批“中国华侨国际文化交流基地”。培育“海外看眉山”文化交流品牌，承办“文化中国·锦绣四川——高校外籍师生巴蜀文化品位之旅”“2022年海外华文作家团眉山采风创作活动”“2022华裔新生代研修班”涉侨文化交流活动3场，邀请外籍师生、海外华文作家和华裔新生代106人到眉山开展文化交流。承办中华华文教育基金会《青神竹编》实景课堂眉山直播，海外39个国家9.2万名师生线上参与互动。推荐歌舞作品《东坡问月》《思归》登上中侨联2022年“亲情中华·同心与共”全球华侨华人云端晚会，海内外观看量累计超过5216万人次。协办2022年“亲情中华·为你讲故事”网上夏令营——“多彩非遗”“探秘古蜀”2个主题活动，与海外10个国家1148名华裔青少年同步互动交流。承办“寻根中华·天府华教云课堂”2022菲律宾直播授课，全市20名优秀教师共计授课4578课时。组织优秀学生参加中侨联“第二十二届世界华人学生作文大赛”，2名学生荣获中国赛区一等奖。

（赖自力）

港澳事务
China's Hong Kong and Macau Affairs

【概况】 2022年，眉山市港澳事务办公室（简称市港澳办）认真贯彻执行“一国两制”方针和中央对香港、澳门的政策规定，加强与港澳地区相关部门及驻川机构联络对接，做好在眉山的港澳企业、人士协调服务工作，推动眉山与港澳地区在经济、科技、文化等各领域的交流与合作。

【港澳事务管理与服务】 眉山市港澳办保持与香港贸发局成都办事处、澳门贸促局成都代表处等驻川机构联络，在文旅、经贸等方面持续深化交流合作共识。7月12日，在首届川港澳台青年合作发展论坛暨助力乡村振兴研讨会上，四川工商学院被授牌为“川港澳台青少年交流基地”，成为四川省内获此殊荣的唯一民办高校。12月8日，开展港澳台代表人士学习贯彻中共二十大精神报告会暨纪念两岸开启交流35周年“展·叙”活动，在市统一战线教育基地、城市公园等持续开展“回望十年路·奋进新征程”眉山市港澳台汇眉兴眉微展览活动。开展“我为港澳台资同胞、企业办实事”等活动,赴县(区)走访调研10余次,讲解小微企业“六税两费”减征等政策措施。

【眉港澳交流合作】 6月24日,眉山市举办“成都市港澳侨台企业家眉山行”活动,20余名在蓉港澳台企业家代表参加眉山投资推介会,考察眉山投资环境和发展潜力。参加“庆香港回归·享祖国荣光”川港系列交流活动,组织青神竹编、小龙坎火锅底料等特色产品入港参展,推动眉山特色文化入港宣传。7月13—14日,承办“青春中华情·圆梦新征程”眉山分线路考察活动,70余名港澳台优秀青年(大学生)和台湾地区企业家参观访问三苏祠、永丰村、幸福古村,体会乡村振兴,感受文化自信。加大对港澳地区招商引资工作力度,截至2022年年底,全市有资金来源地为港澳地区的在册企业59家,其中年内新设立企业8家。

(祝　庆　卢　健)

台湾事务
China's Taiwan Affairs

【概况】 2022年,中共眉山市委台湾工作办公室(简称市委台办)在市委、市政府的坚强领导下,认真贯彻执行新时代党解决台湾问题的总体方略,贯彻落实中央、省委和市委有关对台工作的决策部署,强化与台胞台属联络联谊,服务保障全球华侨华人促进中国和平统一大会等国省级涉台活动在眉山举办。市委台办被省委台办评为“先进单位”。

【台湾事务管理与服务】 眉山“中国泡菜城”纳入海峡两岸产业合作区眉山产业园空间布局,四川工商学院获“川港澳台青少年交流基地”授牌,三苏祠获批“四川省对台交流基地”。

【对台友好交流活动】 眉山承办省台联“2022年川台青年创新创业研习考察”活动暨“2022年川台青年合作交流论坛”,40余名在川台湾青年、台青联委员实地考察眉山天府新区、三苏祠和青神“中国竹艺城”,了解眉山对台工作、产业政策、人才招引等情况,促进海峡两岸青年交流交往。

(赖自力)

综合经济管理

COMPREHENSIVE ECONOMIC MANAGEMENT

经济体制改革与结构调整 / 固定资产投资管理 / 国有资产管理 / 经济合作管理 / 财政管理 / 税收管理 / 审计管理 / 统计管理 / 价格管理 / 市场监督管理

经济体制改革与结构调整

Economic System Reform and Structural Adjustment

【概况】 2022年，眉山市紧盯制约高质量发展的重点领域和关键环节，深化制造强市改革攻坚，全面完成67项经济体制改革重点任务，以改革创新助力“三市一城”建设。

【经济体制改革】 眉山市发展改革委贯彻落实《市场准入负面清单（2022年版）》，开展违背市场准入负面清单的典型案例排查。开展全国统一大市场建设，印发重点任务清单，清理妨碍全国统一大市场建设的相关规定做法。持续推进要素市场化配置改革，眉山天府新区探索能耗资源节约集约高效利用纳入全省第二批要素市场化配置改革试点。扎实推进财税改革，为市场主体减税降费60亿元。出台财税金融、要素保障等一揽子支持政策，推动“个转企”（个体工商户转型升级为企业）513户、“小升规”（小微工业企业转型从规模以下升级为规模以上工业企业）404户，新注册市场主体3.9万户。强化园区改革发展，青神经济开发区扩区获省政府批复。政务服务不断优化，持续推进“放管服”（简政放权、放管结合、优化服务）改革，营商环境测评进入全省第一方阵。全面推行“一网通办”，实行“小时清单”服务模式，企业开办实现“4小时1环节0成本”。大力推广电子保单保函，为交易主体减轻现金压力22.4亿元。完善“双随机、一公开”（监管过程中随机抽取检查对象，随机选派执法检查人员，抽查情况及查处结果及时向社会公开）监管，推行信用监管；落实公平竞争审查刚性制度，破除隐形壁垒，维护公平竞争的市场秩序。全面贯彻促进民营经济健康发展政策，落实省市助企纾困政策措施，激活市场主体活力。

【投融资体制改革】 眉山市发展改革委持续完善项目管理机制。中共眉山市委办公室印发《眉山市市本级重大经济事项决策实施细则》，明确重大政府投资项目决策程序。建立健全前期工作经费保障机制，加强经费保障，全市财政预算4.77亿元，专门用于项目前期工作，促进项目早开工、早竣工。强化政府投资年度计划管理。为有效防控债务风险，实行年度投资规模控制制度，严格计划外项目审批程序。经市委、市政府同意，2022年下达市本级政府投资计划项目58个，下达市本级财政资金9.88亿元。积极争取中省资金。市发展改革委通过“走上去”“请下来”等方式，积极与国家发改委、省发改委沟通汇报，尽可能争取更多的中省资金支持项目建设。2022年，全市争取到位中省预算内投资项目78个，到位中省资金13.49亿元。全力争取政策性开发性金融工具（基金）项目。全市获批基金项目28个、建议安排基金38.36亿元，投放项目24个、投放基金33.8亿元，促进基础设施补短。积极引导民间投资。切实落实中央、省、市促进民营经济发展政策措施，持续优化营商环境、整合审批事项、优化审批流程、提高投资审批效率，提升民间投资项目报建审批服务水平。进一步健全长效机制，鼓励民间资本参与基础设施补短板重点领域建设，健全与民营企业常态化沟通机制，依托在线平台公开发布引导民间资本投资项目，促进项目落地实施，推动民间投资持续增长。

【全面创新改革】 眉山市发展改革委全力支持企业申报国省创新平台。成功申报1家国家企业技术中心，推荐四川天府江东科技有限公司企业技术中心成功申报为国家企业技术中心；成功申报2家省级工程研究中心，经审核后推荐四川顺应动力电池材料有限公司的四川省镍钴资源高效回收利用工程研究中心申报2022年度四川省工程研究中心，并获省发改委正式批复同意组建该中心；成功申报2家省数字化转型促进中心，推荐四川德恩精工科技股份有限公司和眉山环天智慧科技有限公司申报2022年度四川省数字化转型促进中心，并经省发展改革委组织认定同意申报。贯彻落实国省重大政策精神。制定并印发《争取全省绿色低碳优势产业高质量发展政策责任分解表》，该分解表包括资源环境类政策、研究开发政策、市场应用政策、开放合作政策、财政金融政策5个方面共18项具体争取任务，将重大任务予以清单式管理、项目化推进；制定并由市政府印发《“要素跟着项目走”机制高效集约节约利用资源实施方案》，该方案坚持政府引导和市场主导相结合，发挥政府引导作用和市场决定作用，坚持用好增量和挖潜存量相结合，以增量带动存量，做大全市要素资源盘子；制定《贯彻落实习近平总书记对四川发挥独特优势服务国家发展全局重要指示具体措施及责任分工方案》，该分工方案为发挥眉山独特优势，更好服务国家发展全局，增强改革动力，激发开放活力，聚力制造强市、开放兴市、品质立市，奋力建设成都都市圈高质量发展新兴城市提供政策支持。深入推进长江经济带产业绿色低碳转型。资源环境向绿色低碳优势产业倾斜，加强能耗指标保障，围绕全市“1+3”主导产业项目，持续为宁德时代、美国雅宝、万华化学、天华超净等重大项目争取能耗指标。大力推动化工、有色金属、钢铁、建材等行业转型升级，持续推进“煤改电”“煤改气”和节能减排，全力为绿色低碳优势产业腾出用能空间，截至12月底，全市有15家企业实施电能替代，并享受优惠电价政策。加大电力、天然气基础设施保障力度，加快推进眉山西500千伏变电站、乐山—眉山—天府新区输气管道建设，争取其他电力、天然气基础设施获得省级支持，截至12月底，全市共上市省能源局电力基础设施项目12个，总投资约5.7亿元。扶持绿色低碳优势企业发展。支持全市“1+3”重点产业项目制定国家标准，推动万华化学、信利、德恩精工、中车等企业主导制定国家标准，并为成功主导制定国标、行标企业争取政策资金支持。截至12月底，全市主导制定国际标准1项，参与制定国际标准1项，主导制定国家标准8项、行业标准3项，参与制定国家标准26项、行业标准18项。争取“天府峨眉计划”“天府青城计划”增设绿色低碳优势产业人才名额，为重点企业申报省级人才计划前置改革配额，截至12月底，全市成功入选“天府峨眉计划”“天府青城计划”专家15名，为“1+3”产业专家争取“天府英才卡”A卡9张。

（李旭平）

固定资产投资管理
Fixed Asset Investment Management

【概况】 2022年，眉山市贯彻落实中央、省市经济工作会议精神，坚持稳中求进工作总基调，坚定不移“抓项目、促投资”出台支持重点项目春节期间不停产不停工政策，兑现奖补资金2000余万元，承办3月28日全省项目投资工作暨“十四五”规划重大工程项目建设推进现场会，举办7月6日全市项目投资拉练现场会、9月19日全市“决战四季度·大干一百天”现场推进会议。新开工项目369个，总投资2096亿元，年度投资445亿元。全年全社会投资增长11.4%，比全省高3个百分点，比全国高6.3个百分点，连续12个月居全省第2位，连续3个季度荣获全省重点项目推进和投资运行“双红榜”。

【重点项目建设】 2022年，眉山市列入省重点项目34个，总投资1183.2亿元，年度计划投资244.4亿元。其中，续建项目16个，总投资744.4亿元，年度计划投资150.2亿元；新开工项目18个，总投资438.8亿元，年度计划投资94.2亿元。截至12月，累计完成投资368.9亿元，投资进度151%。其中，续建项目16个，完成投资215.1亿元，投资进度143.3%；新开工项目18个，完成投资153.8亿元，投资进度163.2%。

眉山市市重点项目163个，总投资1859.8亿元，年度计划投资419.1亿元。其中，续建项目76个，总投资871.2亿元，年度计划投资216.2亿元；新开工项目87个，总投资988.6亿元，年度计划投资202.9亿元。截至12月，累计完成投资552.6亿元，投资进度131.9%。其中，续建项目76个，完成投资283.5亿元，投资进度131.1%；新开工项目87个，完成投资269.1亿元，投资进度132.7%。

【项目招投标管理】 眉山市推行不见面开标和异地远程评标，优化招投标营商环境，全年实行在线不见面开标607场，完成远程异地评标项目44个。推行投标保证金电子保单保函，全市开具电子保单保函7743笔，为企业减少资金占用25.61亿元。开展工程招投标系统治理，重点整治招标人规避招标、虚假招标等方面问题，通过系统治理投诉举报和线索征集，处理投诉、举报案件3件，办理3件，办结率100%。全市公安机关共立串通投标案件3起，采取刑事强制措施10人。加快推进招投标全流程电子化，着力提升招投标市场营商环境，设计施工总承包（EPC）、中标候选人评定分离、房屋市政施工（综合评估法）、水利项目勘察设计、施工（综合评估法）电子招标文件和电子交易系统正式上线运行。推进成（都）德（阳）眉（山）资（阳）招投标跨区域合作，眉山主城区智慧停车（三期）项目在成都市公共资源交易服务中心顺利完成交易，属全省首个成德眉资跨区域、跨平台交易工程建设项目。招投标掌上App工作入选全省第八批营商环境典型案例推广，并在全省营商环境云论坛上作经验交流。

（李旭平）

国有资产管理
State-owned Assets Management

【概况】 2022年，眉山市国资委统筹推进疫情防控和国有企业发展，稳增长、调结构、抓改革、防风险、优监管、强党建，超额完成各项既定目标任务，国有企业效益和质量呈现良好发展态势，主要经济指标位列全省第一方阵。截至年底，全市国有企业资产总额3864亿元，全省排第七位；同比增长20.7%，排全省第七位。实现营业收入237.3亿元，全省排第五位；同比增长58.1%，全省排第三位。利润总额19.62亿元，全省排第五位；同比增长20.9%，全省排第四位。其中，市属国有企业资产总额1665.2亿元、增长26%，实现营业收入139.6亿元、增长68.4%，利润总额17.5亿元、增长53.2%，分别超全省平均水平9.7个百分点、51个百分点、47.4个百分点，实现量的快速增长和质的有效提高。

【国资国企改革】 眉山市国资委聚焦重点领域和关键环节改革攻坚、创新突破，制定全市国企改革工作要点，全力以赴推进国企改革三年行动高质量收官，国企改革三年行动主体任务完成率100%。对市政建设类、金融服务类、文化旅游类、环保类企业进行重组整合，完成市文旅集团、市农投公司、市大数据公司、城市新中心公司、眉山国际铁路港投资公司等二级市属企业的组建，新设立全市首家融资租赁公司，市属国企“3＋N”架构全部搭建成形。眉山市国资委、眉山发展集团被省国资委、省人社厅授予“全省国资国企改革发展工作先进集体”称号。

【国资国企监管】 眉山市国资委坚持以管资本为主加强国有资产监管，重新修订监管权力和责任清单，科学界定权责边界，将依法应由企业自主经营决策的事项归位于企业。出台“国有资产交易监督管理办法”，全面规范市属国企资产交易行为。修订完善“工资总额试行办法”“经营业绩考核试行办法”等制度文件17个，监管制度体系更加完善。主动接受市人大法律监督和政协民主监督，认真办理市人大代表建议2件和政协委员提案3件，办结率100%，满意率100%。聚焦重点领域和关键环节监督，建成全市国资国企在线监管平台，实现全方位动态实时监管。建立国有企业负债总额和负债率实时监控风险预警，推进出资人监督、巡察监督、派驻监督、审计监督、社会监督等统筹衔接，实现信息公开全覆盖，打造阳光国企。联合市审计局对市属国企领导干部开展经济责任暨企业运营管理情况专项审计，查找企业生产经营、内部管理等方面问题97个。

【现代企业制度建设】 眉山市国资委全面落实“两个一以贯之”（坚持党对国有企业的领导是重大政治原则，必须一以贯之；建立现代企业制度是国有企业改革的方向，也必须一以贯之）要求，出台《市属国企“三重一大”决策事项指导意见》，把党的领导全面融入公司治理，细化党委会前置研究事项清单。规范董事会建设，健全外部董事制度，市国资委选聘知名高校学者、行业专家等外部董事10名，市属国企董事会100%实现“外大于内”。制定董事会对经理层授权管理办法，保障经理层依法行权履职，市属国企治理能力水平明显提升。市属国企经理层任期制和契约化管理签约率100%，中层管理人员"竞聘上岗"100%，市场化用工率100%。扎实推进瓦投公司、环天智慧公司天府国企综改行动，致力打造改革样板和创新尖兵。"三项制度"改革，"三能"机制落地落实，市属国有企业发展活力进一步激发。市产投公司、市宏大公司、四川启明星铝业公司、智慧停车项目先后4次被《经济日报》刊载报道，瓦投公司运营的瓦屋山景区多次登上中央电视台。

【国有资产收益】 截至2022年年底，全市国企实现利润总额19.6亿元，同比增长20.9%，增幅排全省第四位。其中，市属国企实现利润总额17.5亿元，同比增长53.2%，超全省平均47.4个百分点。眉山发展集团利润总额9.2亿元，同比增长177.7%；眉山国投集团利润总额2.7亿元，同比增长21%；眉山天投集团利润总额5.6亿元，同比下降4.8%。利润超1000万元的国有企业33户，占比23.4%。盈利超亿元企业有5户，分别是四川启明星铝业公司、眉山市宏大建设投资有限责任公司、眉山环天产业投资集团有限公司、眉山环天建设工程集团有限公司、眉山环天实业有限公司。县（区）国企经营业绩显著提升，年度盈利2.1亿元，其中仁寿县贡献最大，实现利润总额5.9亿元。

【服务地方发展】 眉山市国资国企围绕市委、市政府"三市一城"战略，2022年市政府确定的"十件大事"中，国企承担的6件大事顺利有序推进。眉山发展集团、仁寿城投集团获得国内主流评级机构AA+主体信用评级，评级展望为稳定。成功组建49亿元的眉山城市发展母基金、48亿元的眉山市产业引导基金和100亿元的乡村振兴基金，重点投资新能源新材料、城市建设发展、城市有机更新、乡村振兴等项目。加大对城市基础设施、重大交通设施和公共服务领域投入力度，2022年市属国企完成经营性投资超146亿元，助力市域铁路S5线、四川大学眉山校区、新能源新材料融合创新中心、城市新中心、城市有机更新、三苏祠片区开发等项目快速推进。

【履行社会责任】 2022年，全市国企累计上交税费14.37亿元，同比增长21.9%。全力稳岗就业，全市国有企业提供新增就业岗位1016个，其中高校毕业生104人、残疾人27人，市国资委被省国资委表扬为"2022年稳就业工作突出单位"。落实"保交楼"专项贷款22.7亿元，全力推动1万套"保交楼"任务。积极参与主城区旧城改造，完成老旧小区供水管道改造2305户，8条背街小巷改造正有力推进。在主城区开通6条校园专线，新增路内智慧停车泊位4000个。为1740余户企业减免房租2500余万元，减免担保费558万元，为中小微企业办理应急转贷资金5.19亿元、风险补偿基金贷款2.42亿元，惠企惠民举措在省政府《政务晨讯》上刊发。岷江东湖饭店、市兴眉农业公司、市产投供应链公司、市展通公交公司、仁寿产投公司等15户国有企业，被市政府表扬为"2022年度服务业贡献突出企业"。

【眉山发展控股集团有限公司】 眉山发展控股集团有限公司（简称眉山发展集团）成立于2011年6月，注册资本33.88亿元，是眉山市人民政府出资设立的国有全资企业。截至2022年年底，有子公司30余家，员工3300余人，资产负债率44.4%。

眉山发展集团本部设董事会办公室、行政管理部、财务管理部、金融事业部、投资发展部、工程技术中心、企业管理部、风控审计部、法务合规部、党委组织部、党委统战部、人力资源部、党群工作部、纪检监察室14个职能部门，拥有6家二级子集团（含1家委托管理公司），下辖29家全资（控股）三级子公司，参股22家子公司，组建成立2支基金（创新产业基金和产业引导基金）。

眉山发展集团主营业务包括有色金属制造、工程建设与房地产、产业投资与运营、文化与旅游、金融服务等，在全市产业发展、城市运营、民生改善等领域发挥引领担当作用。公司承建东坡岛湿地公园、眉山交通中心、瓦屋山景区开发、川大华西二院眉山妇儿院、川大眉山校区、新能源新材料创新融合中心、万华化学四川公司职工宿舍、青神竹纤维产业园等一大批全市重点项目。组建总规模200亿元的产业引导基金和创新产业基金，先后投资杉杉锂电、中创新航、仁寿信利电子、顺应动力电池等省市重点项目。公司肩负传承弘扬三苏文化、东坡文化重任，是三苏故里文化旅游片区综合开发运营项目投资人。拥有特殊资产管理、产权交易、小贷、担保、商业保理、保险代理、典当、武装安保等类金融业务，是眉山农商行、简阳农商行单一最大股东。拥有西南地区使用清洁水电的绿色低碳电解铝制造基地，是眉山市制造业规模10强企业。

眉山发展集团秉持"担当、务实、创新、共享"企业精神，投身"三市一城"主战场，做强做优做大国有资本，致力打造投资能力强、产业形态高级、资本运作成熟的实体化企业集团，建设成为成都都市圈一流的国有资本投资运营公司。

【眉山国有资本投资运营集团有限公司】 眉山市国有资本投资运营集团有限公司（原眉山市资产经营有限公司，简称眉山国投集团）是经眉山市人民政府批准设立的全资国有企业，成立于2020年8月，注册资本9.93亿元，是眉山市国有资本授权经营主体、重点建设项目融资和投资主体之一。截至2022年年底，有员工2700余人、党员500余人，资产负债率50.61%。

眉山国投集团本部内设办公室、党委组织部（人力资源部）、发展改革部、投资管理部、财务（融资）部、市场拓展部等10个职能部门，以独资、控股、参股等方式从事国有资产投资和运营活动，旗下有眉山城市新中心投资运营有限公司、眉山市城市和交通建设投资有限公司、眉山市环境投资有限公司、眉山市农业投资有限公司、眉山市大数据产业发展有限公司等全资二级公司，以及眉山市城交建供应链公司、眉山市城投建材公司、眉山市市政工程公司、眉山市城投中恒能公司、眉山市农投供应链公司、眉山市兴眉科技公司等三级公司。

眉山国投集团聚焦"三市一城"建设促进业务发展转型。围绕城市基础设施建设及资源综合开发，完成城市新中心项目整体策划和部分专项规划，片区开发全面启动；市域铁路S5线项目顺利开工，全年投资金额超10亿元；城市更新项目开工建设，全年实现投资1亿元。围绕生态环境治理，投资9700万元建成建筑垃圾资源化利用二期项目，助力无废城市产业园建设。围绕民生保障，投资8000万元建设三水厂二期，有效提高供水质量和用水保障；完成智慧停车三期建设，新增智

2022 年眉山市国有企业一览表

表 8

名称	级别
眉山发展控股集团有限公司	市属一级国企
四川启明星铝业有限责任公司	市属二级国企
眉山市宏大建设投资有限责任公司	市属二级国企
眉山市产业投资有限公司	市属二级国企
眉山市文化旅游发展集团有限公司	市属二级国企
眉山市宏宇资产管理有限公司	市属二级国企
眉山岷东开发投资有限公司	市属二级国企
眉山市国有资本投资运营集团有限公司	市属一级国企
眉山市城市新中心投资运营有限公司	市属二级国企
眉山市环境投资有限公司	市属二级国企
眉山市城市和交通建设投资有限公司	市属二级国企
眉山市农业投资有限公司	市属二级国企
眉山市大数据产业发展有限公司	市属二级国企
眉山市展通公交客运有限公司	市属二级国企（提级管理）
眉山市国有粮油储备有限公司	市属二级国企（提级管理）
眉山天府新区投资集团有限公司	市属一级国企
眉山环天产业投资有限公司	市属二级国企
眉山环天金融投资有限公司	市属二级国企
眉山环天发展有限公司	市属二级国企
眉山环天建设工程集团有限公司	市属二级国企
眉山环天实业有限公司	市属二级国企
眉山天洪投资开发有限公司	市属二级国企

慧停车位 4000 个。

眉山国投集团围绕市委、市政府战略部署，牢牢把握高质量城市综合服务商定位，聚焦先进制造业和现代农业投资、城市和交通投资建设和运营、水务和环境治理投资和运营，努力打造成为服务公益民生兼具实体产业发展的综合性产业集团。

【眉山天府新区投资集团有限公司】 眉山天府新区投资集团有限公司（简称眉山天投集团）是经眉山市委、市政府批准成立的眉山市委管理的市属一级国有全资企业。公司于 2018 年 12 月 12 日注册成立，注册资本金 50 亿元人民币。截至 2022 年年底，有在职职工 713 人、党员 273 人，资产总额 700.2 亿元。

眉山天投集团设党委组织部、纪检监察审计部、行政部、战略发展部（董事会办公室）、投资经营部（成本控制中心）、财务部、工程管理部、人力资源部（工会）、风险控制部（招采中心）9 个职能部门，拥有环天产投、环天金投、环天发展、环天建工、环天实业、天洪投资 6 大二级子公司，下辖 28 家全资（控股）三级子公司，参股 8 家子公司，组建成立工业基金、四川省乡村振兴基金、双创基金、区域协同基金、兴仪基金等 5 支基金。业务领域涵盖产业资本投资、金融贸易物流、地产投资开发、工程施工建设、城市综合运营与片区开发等板块。

眉山天投集团作为首家市属国企信用评级 AA+，始终围绕党管企业的总体要求，坚持稳中求进工作总基调，以深化改革为主线，抢抓“双城”“同城”机遇，紧跟新区“1123”发展定位，进一步聚焦主责主业，坚定“个十百千”发展目标（即上市公司确保一家争取多家、利润超十亿、营收过百亿、资产越千亿），坚持市场化运作、实体化运营，聚力制造强市、开放兴市、品质立市，切实做强做优做大各“环天系”专业子公司，奋力建设成都都市圈高质量发展新兴城市，努力将眉山天投集团打造成为省内一流的综合性国有投资集团。

（周茂林）

经济合作管理
Economic Cooperation Management

【概况】 2022 年，眉山市招商引资到位内资 888.3 亿元，完成目标任务（860 亿元）的 103.3%。其中，制造业项目到位资金 422.56 亿元，占比近 50%；国内省外到位资金 682.3 亿元，完成目标任务（660 亿元）的 103.4%，位居全省第五。完成外商直接投资（FDI）10067.53 万美元，位居全省第三。争取省级财政激励奖补资金 3841 万元，位居全省第三。

【重大项目引进】 眉山市全年签约招商引资项目 229 个，合同金额 1579.7 亿元，制造业项目合同金额 1453.9 亿元，完成目标任务（1400 亿元）的 103.9%，制造业项目合同金额占比超过 92%；引进重大项目 54 个，完成目标任务（24 个）的 225%，落户百亿级制造业项目 2 个。重点引进通威太阳能、中创新航、中科电气、协鑫能源、莱尔新材料、石大胜华等一批投资体量大、产业带动强、综合效益好的产业细分领域龙头项目。锂电产业迅速成势，形成覆盖上游材料到动力电池的全产业链。

【制造业招商引资“百日攻坚”行动】 眉山市经合局于 5 月 10 日至 8 月 17 日开展制造业招商引资“百日攻坚”行动第二季。行动期间，眉山新签约项目 97 个、合同金额 709 亿元，重大项目 23 个、合同金额 524 亿元，签约、履约、开工制造业项目和制造业项目到位资金等指标综合考评，排名位居全省第四，较第一季跃升两位，再次斩获流动红旗，受到省政府“工作成效突出市（州）”通报表扬。

【驻外招商】 眉山市经合局全面深化驻外机构改革，将原有的 7 个驻外局调整为 5 大片区、13 个小分队，先后择优选派 10 余名优秀年轻干部开展驻点招商。强化制度管人管事，相继建立完善驻外招商干部选派管理办法、财务管理办法、返眉管理规定、目标任务及考核办法等管理制度，开发运行招商项目信息报送、研判、流转管理电子系统，理顺驻外招商工作机制，充分调动广大驻外招商干部工作积极

图 47　2022 年 7 月 15 日，2022 中外知名企业四川行项目合作协议签署仪式　（供图：市经济合作局）

性。2022 年，全市各驻外经合局（部）共促成签约项目 81 个、合同金额 705.2 亿元，分别完成目标任务的 108% 和 117.5%；引进重大项目 27 个、完成目标任务的 245.5%，引进“1+3”产业项目 72 个、完成目标任务的 120%；提供有效项目信息 506 条、完成目标任务的 187.4%，带投资方到眉山对接考察 224 次、完成目标任务的 131.8%，牵头举办招商推介活动 17 场、完成目标任务的 141.7%。

【招商平台搭建】 眉山市经合系统坚持实事求是，确定“灵活机动，借船出海，务求实效”的全年活动指导方针，重点借势国、省招商活动平台组织全市招商活动，避免资金浪费。眉山作为省经合局唯一联合组展市（州），参加西洽会、兰洽会、青洽会等国家级展会，搭建眉山展馆，组织眉山推介。在四川担任主宾省的国家级、国际性展会重庆“西洽会”上，眉山以四川省主题市身份亮相，四川省副省长杨兴平、省经合局局长惠朝旭亲临眉山馆，对眉山展馆展陈水平给予高度评价，对眉山招商引资成绩予以充分肯定。全年围绕主导产业举办专题招商推介会、对接沙龙等各类针对性强、目标精准的专场活动 60 余场，在各类招商活动中新签约项目 134 个，其中 24 个重大项目纳入“中外知名企业四川行”成果展示。

（郑　洁）

眉山市招商引资世界 500 强落户项目一览表

表 9　　单位：亿元

序号	投资企业	项目名称	主要投资内容	落户地	签约时间	合同金额	国别
1	联合利华	联合利华（四川）全球生产基地项目	投资建设联合利华大陆西区生产基地	彭山	2012 年 9 月 26 日	31.5	英国/荷兰
2		联合利华（眉山）家用护理扩建项目	主要新建一个家庭护理品工厂，主要生产的产品为奥妙洗衣液和金纺柔顺剂	天府新区	2020 年 10 月 22 日	1	
3	中国大唐集团	大唐水电开发项目	城东水电开发项目	洪雅	2010 年 6 月 20 日	4.06	中国
4	四川省交通建设集团股份有限公司（蜀道集团）	四川省交通（眉山）钢构智造产业基地项目	主要建设年产 20 万吨桥梁钢构产品生产基地、研发中心、设计院等	东坡	2021 年 9 月 30 日	50	中国
5	林德集团	德国林德气体（眉山）气体生产项目	主要生产氮气、氧气、氩气、氢气、氦气、二氧化碳及合成气体等气态和液态工业气体产品	彭山	2008 年	4.5	德国
6	中国石油天然气集团	大深 001-X1 井天然气开发建设及后续探井项目	天然气开发及后续探井建设	丹棱	2012 年 9 月 26 日	1.5	中国
7		昆仑 ETC 项目	在全国范围内开展昆仑 ETC 卡，加油卡结算、汽车后服务及车联网大数据等相关业务	天府新区	2021 年 7 月 20 日	0.2	中国
8		天然气勘探开发项目	项目实施天然气勘探开发项目，建设探井 4 口，开发井 8 口	东坡	2022 年 12 月 13 日	8	

续表9

序号	投资企业	项目名称	主要投资内容	落户地	签约时间	合同金额	国别
9	中国中铁股份有限公司(中国铁路工程总公司)	中铁(仁寿)仁禾广场商业综合体项目	建设集商业、住宅于一体的高端综合体	仁寿	2012年11月12日	12	中国
10		黑龙滩国际生态旅游度假区项目	主要围绕吃、住、行、游、购、娱等进行功能设计策划，实施包括但不限于主题公园项目、旅游休闲项目、体育运动项目、水乡小镇项目、度假酒店项目、学校、医院、养生养老、高尚生活区、现代商务综合区等	仁寿	2016年	400	
11		竹艺水乡东坡田园创客小镇项目	主要建设现代农业示范区、东坡与竹文化的田园民宿示范区、乡村集市、乡村创艺公社与创客酒店、创客社区、酒店与会议于一体的竹建筑群、田园养生度假区等	青神	2018年12月7日	30	
12		贵州中铁文旅(眉山)中铁黑龙滩康养项目	主要建设含医院板块、康养基地板块、配套人才公寓板块、四海社区商业配套4个子项目	仁寿	2021年5月31日	30	
13	中国建筑材料集团(凯盛科技集团)	收购雅森水泥	对雅森水泥进行股权收购	洪雅			中国
14		年产300兆瓦铜铟镓硒薄膜太阳能项目	主要建2条铜铟镓硒薄膜太阳能电池生产线等	甘眉园区	2017年2月	26	
15		西南智慧农业项目	按照国家AAAA级旅游景区标准规划，建成四川省乃至全国一流的智慧农业示范园	东坡	2017年2月13日	15	
16	达能(上海)投资有限公司	达能增资入股蒙牛乳业(眉山)扩能增效建设项目	主要进行乳制品、饮料的生产、加工和销售	东坡	2014年4月11日	1.2	法国
17	中建钢构有限公司、中建商品混凝土成都有限公司(中国建筑总公司)	中建钢构西部制造基地项目	该项目占地496亩，建设周期为12个月，主要打造西部制造基地	仁寿	2014年2月15日	15	中国
18		中建减水剂、砂浆外加剂彭山生产基地项目	主要建年产10万吨碱水剂及砂浆外加剂	彭山	2015年6月25日	1	
19		钢结构制造智能化项目	主要建设桥梁板单元、抗震减震产品、集成下料、箱体等产品的智能化产线	天府新区	2022年4月26日	0.35	
20	中国机械工业集团有限公司	生活垃圾焚烧发电与节能型元明粉热能综合利用循环经济项目(国机集团中机国能工程有限公司)	主要建设生活垃圾焚烧发电与节能型元明粉热能综合利用循环经济项目，项目分两期进行	东坡	2015年4月22日	10	中国
21		滨江新区基础设施建设项目(中工国际工程股份有限公司、重庆建工集团有限责任公司)	主要建设滨江新区南片区、滨江新区北片区	青神	2017年10月18日	10	
22	伊藤洋华堂有限公司	购物中心建设项目	主要建设4万平方米的大型购物中心	东坡	2015年4月22日	5	日本
23	珠海格力电工有限公司	珠海格力电工高档电磁线生产项目	主要建高档电磁线生产线等	彭山	2015年10月23日	5	中国
24		高档电磁线二期项目	主要建设高档电磁线、铝线、铜加工、新能源汽车漆包生产线等	彭山	2016年11月28日	2.5	
25		高档电磁线项目	主要建设高档电磁线，新能源汽车漆包线，铜材和铝材精深加工，电磁线用原材料项目或乙方母公司项目	彭山	2019年5月6日	4	

续表 9

序号	投资企业	项目名称	主要投资内容	落户地	签约时间	合同金额	国别
26	陶氏化学（中国）投资有限公司	年产 6 万吨丙烯酸系乳液项目	主要建设办公楼、成品仓库、工艺楼、原料仓库、共用工程厂房、停车场、消防水池和废水池及丙烯酸系乳液生产线和低挥发性丙烯酸系乳液生产线等	彭山	2015 年 12 月 30 日	5.22	美国
27	甲骨文（Oracle）公司	技术人才创新创业基地项目	主要建设科技型企业孵化平台，通过联合运营，将“Oracle（天府新区）技术人才创新基地”打造成为立足西南地区，辐射全国范围的完整人才与信息产业生态链	彭山	2016 年 7 月	1.1	美国
28	中国中车股份有限公司	全域水环境综合治理项目	主要建设机械园区污水处理厂项目、全域污水治理示范县项目、乡镇污水处理站项目、县城污水处理厂项目、县城供水厂项目、乡镇供水厂项目、县域范围内供排水管网存量及升级改造项目、水环境治理及开发、流域治理项目、城乡环卫项目等	丹棱	2016 年 12 月	10	中国
29		水务设备制造及组装项目	项目占地约 30 亩，建设厂房及其他配套设施等	丹棱	2016 年 12 月	0.8	
30	华为软件技术有限公司	华为眉山大数据中心示范项目	首期项目投资约 10 亿元，其中机房部分投资约 3 亿元，机柜部分投资约 7 亿元。首期满足 1000 个机柜需要，建设 1 万平方米机房。根据业务发展需要，远期可扩展至机房面积 2万～3 万平方米，部署机柜 2000～3000 个	东坡	2016 年 7 月 18 日	10	中国
31	绿地地产集团有限公司	大峨眉文化旅游健康特色小镇项目	主要建设野奢山地酒店、养生温泉酒店、国际康养主题酒店等国际高端主题酒店集群；诗词书苑、雅致茶社、艺术体验中心，峨眉禅院、小影院等峨眉文化体验小镇等	洪雅	2017 年 6 月 29 日	180	中国
32		国家乡村公园建设项目	主要建丹名快速通道（丹棱段）和丹蒲旅游快速通道（丹棱段），并对龙鹄山、梅湾湖、老峨后山等进行旅游综合开发	丹棱	2017 年 12 月 11 日	30	
33	成都万科房地产有限公司	万科书香小镇建设项目	主要建设一个以生态宜居、文旅休闲、健康颐养及国际教育为主题的“万科天府花海生态城”	仁寿	2017 年 9 月 14 日	300	中国
34		万科崇礼新城建设项目	主要建金融超市、风情商业街、精品酒店、国际学校、医院、购物中心、智慧城市生活区等，并重点打造桃湖、月亮湖和苏湖三大湖泊	东坡	2017 年 11 月 23 日	300	
35	恒大集团	恒大金碧天下项目	主要建地产、酒店、旅游、休闲、度假、商务等	彭山	2010 年 10 月	80	中国
36		恒大童世界文化旅游综合体项目	主要建设恒大童世界、国际会议中心、国际会展中心、主题广场、珍稀特色植物园、文化娱乐城、文创商业街、滨水商业街、滨水酒吧街、国际高端品牌酒店、度假酒店、购物中心、旅游产品、商业中心和温泉小镇等	彭山	2017 年 12 月	1000	
37	枣矿物产集团有限公司（山东能源）	天府新区纳米纤维生产制造应用基地项目	主要建年产 4 亿平方米锂电隔膜生产线、纳米纤维设备制造生产线、年产 4000 吨超细纤维生产线及中科院呢米新材料（四川）工程研究所	彭山	2018 年 4 月 2 日	30	中国

续表 9

序号	投资企业	项目名称	主要投资内容	落户地	签约时间	合同金额	国别
38	联想新视界(北京)科技有限公司、拉卡拉支付股份有限公司	眉山联想叠云创新科技园项目	主要建设“两中心、两基地、一示范社区”。包括:联想企业级创新中心(智慧行业应用及支撑中心)、创新创业孵化中心、联想系企业总部基地、云电脑制造基地和智慧示范社区	仁寿	2018年	80	中国
39	保定乐凯新材料股份有限公司(中国航天科技集团有限公司)	电子材料研发及产业基地项目	主要建设电磁波屏蔽膜、压力测试膜等产品研发与生产基地	彭山	2018年8月22日	5	中国
40	内蒙古蒙牛乳业(集团)股份有限公司(中粮集团)	年产18万吨低温牛奶项目	主要建设10条低温牛奶生产线,年设计产能18万吨。主要有酸酸乳、纯甄、真果粒、冠益乳、优益C等系列产品	东坡	2018年5月	3	中国
41		年产50万吨常温牛奶智能化生产项目	主要建设13条常温牛奶生产线,年设计产能50万吨	东坡	2021年1月5日	10.5	
42		蒙牛集团西南生产基地高端鲜奶项目	主要建设年产量10万吨智能化高端鲜奶生产线及相关附属设施等	东坡	2021年6月28日	2	
43		内蒙古蒙牛(眉山)蒙牛冰品西南项目	主要建设冰品生产线及相关附属设施等	东坡	2022年5月	12	
44	阿里云计算有限公司(阿里巴巴)	德恩“云上智造”项目	阿里云和德恩精工出资共建德恩“云上智造”项目,益企云公司主要负责实施,为眉山所有企业搭建生产、设计、运营、销售、物流于一体工业云平台,平台收益由德恩精工和阿里云分成	青神	2018年3月28日	0.3	中国
45		丹棱县农村电子商务项目	主要建设县级服务中心、仓储物流中心、设置不少于30个村镇服务站点,并为丹棱电商企业提供服务	丹棱	2017年1月17日	0.3	
46	苏宁云商集团有限公司	苏宁西南地区电子商务营运中心	主要建设集采购结算、电子商务、物流配送、售后、客服、培训等功能于一体的区域性总部	彭山	2013年8月15日	22	中国
47		苏宁西南地区电子商务运营中心二期项目	主要建集线下产品展示、电商集聚、仓储物流、综合配套于一体的综合电商产业园	彭山	2016年12月20日	12	
48	中国昊华化工集团股份有限公司	清洁能源装备制造及催化剂产业基地项目	主要建设清洁能源装备制造及催化剂产业基地等	眉山高新区	2019年6月	50	中国
49	北京京东叁佰陆拾度电子商务有限公司	互联网+新经济发展合作项目	主要建设一个农业大数据中心,一个京东数字农业示范中心,一个电商生态聚集中心,一个产业创新中心	东坡	2019年3月18日	2	中国
50	四川新希望饲料科技有限公司	四川新希望(眉山)乳猪及种猪饲料生产线项目	主要建设年产7万吨乳猪及种猪饲料生产线等	天府新区	2010年7月12日	0.2	中国
51		四川新希望味业有限公司(眉山)花椒深加工项目	租用仁寿经开区B区孵化园厂房约1.8万平方米,办公楼约200平方米。其中固定资产投入2000万元,建设花椒深加工	天府新区	2022年5月	0.8	
52	中军天信(北京)文化有限公司、成都环球世纪会展旅游集团有限公司(融创中国控股有限公司)	四川天府新区乐高乐园旅游文化区项目	以英国默林集团旗下乐高乐园为核心的默林文旅项目集群、酒店群落、旅游小镇、配套商业、文创产业、生态社区等	仁寿	2018年2月18日	800	中国

续表 9

序号	投资企业	项目名称	主要投资内容	落户地	签约时间	合同金额	国别
53	中军天信(北京)文化有限公司、成都环球世纪会展旅游集团有限公司(融创中国控股有限公司)	水郡未来城项目	主要以武阳镇三角洲片区为核心对周边区域进行整体开发，整体建设水郡未来城项目，主要打造首个具有国际水准、全国知名的，以旅游度假、文化休闲、养老养生、商业商务、高端居住五大功能为核心的复合型康养度假旅游目的地+全国养生养老产业基地	彭山	2017年5月19日	400	中国
54	青岛海尔产业发展有限公司(海尔智家股份有限公司)	海尔(天府新区)创新产业园建设项目	建设海尔(天府新区)创新产业园，即一基地三中心，主要建设制造基地和营销中心、电子商务中心、配套中心	天府新区	2012年5月29日	20	中国
55	深圳大生农业集团公司(中国华信能源有限公司)	农产品仓储物流项目	双方在农业开发、农产品供应链相关服务、农产品市场电子结算及金融服务、农产品批发市场托管经营等方面开展合作	东坡	2016年6月	1.2	中国
56	新加坡普洛斯集团	仓储物流项目	主要建设仓储物流中心项目	彭山	2014年9月	1.5	新加坡
57	液化空气(中国)投资有限公司	西部电子材料中心和供应链中心项目	项目占地70亩，项目内容涵盖工业特种气体生产、供应链中心、西部采购结算中心三大板块	彭山	2019年11月14日	3	法国
58	法国威立雅环境集团	法国威立雅环境集团并购四川高绿平	威立雅并购金额为作价1.8亿元人民币，收购高绿平公司60%股权	彭山	2021年12月7日	1.8	法国
59	德国SAP、陕西智享慧科信息技术有限责任公司	SAP数字化赋能中心项目	主要建设一个数字化展示平台、一个数字化产业赋能平台、一个数字化研发创新平台、一个产学研人才平台	天府新区	2022年6月29日	0.6	德国
60	山西焦煤运城盐化有限公司(山西焦煤集团有限责任公司)	清洁能源替代环保项目	新增6吨/小时电锅炉和8吨/小时天然气锅炉各1台；新增电、天然气锅炉的配套设备和管道；新增配电设备和供电专线；新增1台MVR压缩机及配套蒸汽管道	彭山	2022年12月12日	0.4	中国

合计：36家60个项目，合同金额4043.53亿元

财政管理
Fiscal Management

【概况】 2022年，眉山市地方一般公共预算收入156.17亿元，比2021年(下同)增长13.25%。眉山市地方一般公共预算支出310.71亿元，增长12.22%，其中一般公共服务支出38.83亿元、国防支出0.22亿元、公共安全支出17.59亿元、教育支出45.24亿元、科学技术支出1.56亿元、文化旅游体育与传媒支出3.89亿元、社会保障和就业支出35.66亿元、卫生健康支出38.99亿元、节能环保支出4.93亿元、城乡社区支出23.91亿元、农林水支出44.38亿元、交通运输支出13.83亿元、资源勘探工业信息等支出10.56亿元、商业服务业等支出0.91亿元、金融支出0.43亿元、援助其他地区支出0.08亿元、自然资源海洋气象等支出7.12亿元、住房保障支出9.42亿元、粮油物资储备支出0.47亿元、灾害防治及应急管理支出3.62亿元、其他支出1.55亿元、债务付息支出7.49亿元、债务发行费用支出0.03亿元。全市政府性基金收入267.47亿元，下降21.9%，政府性基金支出369.88亿元，增长3.5%。

【市本级预算执行情况】 眉山市本级地方一般公共预算收入26.27亿元，增长5.8%。眉山市本级完成地方一般公共预算支出61.8亿元，增长23.5%，其中完成一般公共服务支出6.99亿元、国防支出0.1亿元、公共安全支出6.32亿元、教育支出2.87亿元、科学技术支出0.85亿元、文化旅游体育与传媒支出1.82亿元、社会保障和就业支出2.42亿元、卫生健康支出16.69亿元、节能环保支出1.37亿元、城乡社区支出7.54亿元、农林水支出3.07亿元、交通运输支出1.82亿元、资源勘探工业信息等支出4.12亿元、商业服务业等支出0.1亿元、金融支出0.15亿元、援助其他地区支出0.08亿元、自然资源海洋气象等支出0.53亿元、住房保障支出1.52亿元、粮油物资储备支出0.13亿元、灾害防治及应急管理支出0.39亿元、其他支出0.14亿元、债务付息支出2.77亿元、债务发行费用支出0.01亿元。眉山市本级完成政府性基金预算

收入 57.55 亿元，增长 7.33%。市本级政府性基金预算支出完成 69.21 亿元，增长 20.96%。

【预算管理一体化改革】 眉山市全面完成各项改革任务，全市各级预算的基础信息管理、项目库管理、预算编制、预算批复、预算调整和调剂、预算执行、会计核算等工作均在预算管理一体化系统中进行，实现政府预算、部门预算、单位预算全面覆盖；全市 8 个财政区划总预算会计、1193 个预算单位会计，均在预算管理一体化系统中进行核算和账务处理。

【预算绩效管理】 眉山市财政局制定《眉山市市级财政预算执行审批管理办法》，组织 85 个部门整体、94 个项目绩效目标接受人代会审议，实现全市所有部门（单位）绩效运行监控全覆盖。对 10 个部门整体和 14 个政策、项目开展重点绩效评价，针对发现的问题强化结果运用，收回财政资金 65.14 万元，调整项目支出方向 135 万元，预算调减 1858 万元，全年清理收回闲置沉淀资金、低效无效资金和预算结余资金 17.55 亿元，其中市级收回资金 1.34 亿元。

【政府采购监管】 眉山市财政局制定出台《眉山市本级政府采购项目绩效评价办法（试行）》《眉山市政府采购负面清单》，设定政府采购绩效评价方法和标准，对政府采购项目实施评价记分，并与次年预算安排挂钩，划定政府采购从业红线，规范各政府采购主体行为，确保政府采购活动依法、高效、规范进行。通过降低参与门槛，提高预付款比例，调整价格扣除优惠幅度，加大政府采购工程项目预留份额等方式，进一步加大对中小企业扶持力度，2022 年授予中小企业合同份额 38.23 亿元，占实际采购金额的 95.36%。

【政府向社会力量购买服务】 眉山市在广泛试点基础上制定印发《眉山市关于进一步做好乡镇政府购买服务工作的实施意见》及《眉山市乡镇政府指导性目录》，各县（区）制定出台本级意见和目录，结合省级重点绩效评价工作，加强对县（区）政府购买服务绩效评价工作的指导，进一步提高全市政府购买服务规范化水平，全年政府购买服务项目 828 个，项目涉及金额 5.35 亿元。

【财政投资评审】 2022 年市本级政府投资项目评审 64 个，送审总金额 36.62 亿元，审定金额 33.06 亿元，审减金额 3.56 亿元，综合审减率 9.72%。

【惠民惠农“一卡通”专项治理】 眉山市财政局制定印发《眉山市惠民惠农财政补贴资金“一卡通”工作管理办法》，规范补贴范围、运行流程，明确工作职责等。持续完善监管平台功能应用，增设前置预警、死亡数据比对等功能，平台运行以来，全市共发放补贴资金 55.24 亿元，发放 1828.2 万人次，惠及 144.9 万元，共审批资金 1.61 亿元，涉及补贴项目 42 个，审批 34.27 万人次，18.58 万人。全年开展 2 次死亡人口数据比对，追回违规发放资金 10.52 万元。

【民生工程财政投入】 眉山市民生支出占一般公共预算支出比重达 65.11%，全市全部财政支出中 84.07% 用于民生。全市 20 件民生实事 115 项共筹集拨付资金 117.8 亿元，为计划投入的 110.79%。统筹拨付资金 7.4 亿元，开工改造城镇老旧小区 720 个，既有住宅增设电梯 200 部，完成 33 个农贸市场提升改造。发放创业担保贷款 1.56 亿元、稳岗返还资金 6228 万元，新增城镇就业 3.54 万人，城镇登记失业率 3.05%。统筹拨付资金 0.64 亿元，建成婴幼儿照护服务机构 33 家，提供托位 3160 个。发放救助资金 5 亿元，救助困难群众 160.55 万人次。统筹拨付资金 2.4 亿元，新建、改扩建“四好农村路”200 千米。统筹拨付资金 0.2 亿元，实施乡镇场镇、农村“路灯照明”工程 7000 组。

【经济社会发展财政投入】 眉山市安排兑现各类产业发展资金 1.57 亿元。其中，市级粮油费息补贴 667 万元，“1+3”产业发展资金 4600 万元，服务业发展资金 780 万元，房地产业购房补贴 8788 万元，“转企升规”激励奖补 824 万元。严格执行市级园区“体制性返还”财税政策，安排拨付园区扶持资金 6.79 亿元。安排各类工程建设款项 2.37 亿元，安排市域铁路 S5 线首期注册资本金和建设资本金 0.41 亿元，获得国家开发银行政策性开发性金融工具 22.14 亿元。成功搭建总规模 48 亿元的产业发展投资引导基金，通过基金筹资 25.71 亿元保障顺应动力、中创新航、杉杉锂电、尖子山航电等 8 个省市重点项目落地；用好用活企业贷款风险补偿基金、应急转贷周转资金、“再担－兴眉贷”等财政金融工具，为全市 20 家企业办理应急转贷资金业务，转贷金额合计 5.2 亿元。为全市 37 家企业办理贷款风险补偿基金业务，贷款总额 2.43 亿元。全市兑现减税降费等各项助企纾困政策资金 54 亿元。兑现工业企业和重点项目春节期间不停产不停工支持政策资金 2148 万元，累计兑现（减免）中省支持中小微企业和个体工商户健康发展政策资金 2310 万元。

【教育事业财政投入】 眉山市认真贯彻落实“两个只增不减”要求，全年安排教育支出 45.49 亿元，增长 2.26%。其中市本级 2.87 亿元，增长 3.79%。持续推进学前教育普及普惠，全年投入资金 2.06 亿元，新建改扩建公办幼儿园 20 所，实现公办园在园幼儿占比 52.97%，普惠性幼儿园覆盖率 85.81%；义务教育学校全部实行“三免一补”（免课本费、免杂费、免文具费，对小学半寄宿制学生和初中困难学生生活给予补助），投入资金 3.24 亿元，对城乡义务教育学生免除学杂费、免费提供教科书和作业本，对义务教育学校补助公用经费，惠及中小学生 25.1 万人；继续实施义务教育薄弱环节改善与能力提升工程，投入资金 1.77 亿元，改善农村义务教育薄弱学校办学条件 19 所；贯彻执行中职免学费和助学金政策，投入资金 5309 万元，减免除 2.67 万名学生中职学费，投入 932 万元，为 4665 名学生发放中职助学金；融合发展特殊教育，投入资金 388 万元，建设校级特殊教育资源中心 3 个，全市残疾儿童少年入学率达 97.28%。

【文旅发展财政投入】 眉山市全年安排文旅支出 3.76 亿元，同比增长 1.13%。市本级 1.81 亿元，增长 25.16%，其中安排文旅发展专项资金 2610 万元。支持举办群众文化活动 1616 场，惠及 300 余万人次。投入资金 700 万元，支持三苏祠博物馆创建国家一级博物馆项目。投入全市“免开资金”1079 万元，文化馆、图书馆、美术馆、乡镇文化馆、博物馆（纪念馆）每周免费开放时间达 40 小时以上。扶持打造 42 条主题线路及成德眉资区域合作联推旅游线路。扶持新建 A 级景区 2 个。专项安排文物保护资金 177 万元，补助全市文物保护项目 8 个。

【科技发展财政投入】 眉山市统筹整合各类财政专项资金，加大科技投入力度，全年安排科学技术经费 1.56 亿元，增长 16.7%，其中市本级 0.85 亿元，增长 11.7%。支持建立“1＋3”产业研究院培育库，有效推进万华化学生物制造中试研究平台、艾普新材料和高端装备中试基地、中车制动国家铁路火车制动技术试验中心建设。新创建省级新型研发机构 1 家，省级工程技术研究中心 2 家，省级科技企业孵化器 1 家。安排科普惠农小额贷款贴息资金 100 万元，撬动金融机构发放银会合作贷款 2567 笔，贷款资金 10.3 亿元。

【社会保障财政投入】 全市筹集保居民就业资金 1.89 亿元，其中：中省就业专项资金 1.27 亿元、市本级失业保险支持职业技能提升行动资金 772 万元、各县（区）财政安排资金 5436 万元。全年支出疫情防控经费 6.65 亿元，其中市本级支出 4623 万元。全市筹集中省困难群众救助补助资金 3.34 亿元、中省基本公共卫生服务补助资金 2.2 亿元、省级社会救助救济补助资金 4306 万元，市本级安排一般公共预算资金 2517 万元专项用于基本民生领域补贴。城乡居民基本医疗保险人均财政补助标准提高到 610 元，全年拨付财政补助资金 15 亿元。市本级下达医疗卫生改革补助资金 1550 万元，支持县级和城市公立医院取消“药品加成”等项目；安排财政资金 1700 万元支持国家区域医疗中心（省儿童医院）顺利开诊；安排财政资金 5615 万元支持华西第二医院眉山市妇女儿童医院建设。坚持“幼有所育、幼有所教”工作目标，研究出台《眉山市促进 3 岁以下婴幼儿照护服务发展工作方案》，安排婴幼儿照护服务发展奖补资金 213 万元。

【农业发展财政投入】 眉山市安排农林水支出 44.38 亿元。市本级安排直接支持实施乡村振兴战略专项资金 3100 万元，其中补充乡村振兴农业产业发展贷款风险金 100 万元、实施乡村振兴先进乡（镇）和示范村奖补资金 2000 万元、现代农业园区奖补资金 1000 万元。市本级安排衔接推进乡村振兴补助资金 2650 万元、对口援建帮扶金川县经费 745 万元，助力巩固拓展脱贫攻坚成果衔接推进乡村振兴；市本级统筹安排特色农业扶持等专项资金 3000 万元，支持“眉山春橘”“东坡泡菜”和生猪等产业发展；安排小流域污染防治奖补资金、河长制专项经费、通济堰和黑龙滩管理处体制性补助等水利项目资金 2183 万元，支持水质保护和生态修复；落实高标农田建设、扶持村级集体经济发展、撂荒地整治等项目市级投入责任，安排配套资金 1079 万元。

【会计管理】 眉山市安全平稳有序完成会计专业技术初级、中级和注册会计师资格考试，合计 16375 人次通过考试。持续深化会计领域“放管服”改革，全市有 105 户代理记账机构全面生成电子证照。深入宣传新修订的《中华人民共和国会计法》《中华人民共和国注册会计师法》以及配套规章制度，动态加强对会计新政策、新标准的解读分析，引导社会各方面广泛参与会计释法宣法普法工作，推进会计法制宣传进机关、进企业、进事业单位、进学校、进集体，增强全社会全行业会计法治意识。坚持做好行政事业单位内部控制评价工作，全面完成全市 2022 年行政事业单位内部控制报告编报工作。编报汇总单位 1188 户，其中，市本级 143 户，上报率 100%。

（张　天）

税收管理
Taxation Management

【概况】 2022 年，眉山市税务系统累计组织各项税费收入 502.7 亿元，首次突破 500 亿元大关。扣除留抵退税因素还原后，全市累计组织税收收入 181.7 亿元，增长 5%，其中地方一般公共预算税收收入 89.08 亿元。税收收入和地方一般公共预算税收收入规模稳居全省第八位，增幅高于全市地区生产总值增幅，两年平均增速达到 9%。

【依法治税】 眉山市税务局全面推进严格规范公正文明执法，推动建设税务执法新体系，落实行政执法“三项制度”、“非强制性”执法、税务证明事项告知承诺制，营造法治公平的税收营商环境，办理告知承诺制案件 7000 余件。开展税务执法质量智能控制体系试点，深入推进税务精确执法，落实“首违不罚”清单和《川渝地区税务行政处罚裁量基准》，办理“首违不罚”100 余件次。强化执法风险管理，全省首创“互联网＋监管”模式，通过“脚本”筛查执法风险疑点，封堵执法风险漏洞。完善法律救济，成立行政应诉工作领导小组，制发重大税务案件审理工作规范和公益诉讼应对指南。构建税费征管精诚共治新格局，打造集“枫桥式税务分局”、公职律师涉税争议咨询调解中心于一体的税费争议多元化解体系，成功创建 4 家“枫桥式税务分局”，化解矛盾争议 60 余件，矛盾化解

图 48　2022 年 4 月，眉山税务专家团队在线直播，为纳税人解答关于数电发票的问题　（供图：市税务局）

图 49　2022 年 5 月，土地增值税清算提级审核工作部署会议现场
（供图：市税务局）

图 50　2022 年 9 月 28 日，眉山市“税电指数贷”集中授信仪式
（供图：市税务局）

率和调解满意率均达 100%。连续 4 年 100% 通过税务执法资格考试，通过率和平均分均为全省第一，为全省唯一单位。市局获得四川省“七五”普法先进单位、眉山市民营经济工作先进集体。

【减税降费】 眉山市税务系统落实新的组合式税费支持政策，确保惠民红利直达快享。全年为市场主体减轻税费负担约 60 亿元。其中，为 1866 户纳税人办理增值税留抵退税 40.9 亿元，规模居全省第 6 位；为 1.08 万户制造业中小微企业办理缓缴税费 6.6 亿元；为 13.9 万户次纳税人落实新增减税降费优惠 12 亿元。市场购销稳定增长，累计实现开票销售收入 3897 亿元，增长 9.7%。

【纳税服务】 眉山市税务局落地实施税费服务方式转型升级，实体化运行市级税费服务支持中心，消除全市税费服务差异，精准推送政策信息 172 万条，办结线上涉税（费）事项 13.6 万余件，接受咨询 2.6 万户次。推动税费咨询“三位一体”改革，眉山税务“12366”热线全年累计提供咨询服务 2.6 万次，征纳互动平台线上咨询 413 次，满意度均达 100%。制定“优化税收营商环境建设 20 条措施”，推出便民办税 50 条本地化特色举措，将“一把手走流程”“办不成事窗口”“税务体验师”等先进理念融入营商环境建设，电子税务局实现全税费网上申报。在全省率先展开“税电指数”运用于金融服务的探索，首创“税电指数贷”产品，对 185 户企业开展集中和零散授信 3.42 亿元，运用税电指数观测企业 357 户，进行贷后风险防控，涉及贷款金额 12 亿元。上线全面数字化电子发票，全市网格化服务共 6.7 万余条，开展直播答疑 12 期。发挥纳税信用等级拓展效能，深化税邮合作，建设 24 小时银税自助微厅，开通税邮驿站 80 个，拓宽便民税费服务领域。

【税种管理】 眉山市年度企业所得税汇算盈利率 49.55%，同比增长 0.78 个百分点，落实研发费用加计扣除税收优惠，同比增长 81.6 个百分点。落实个人所得税综合所得汇算清缴，年度汇算纳税人共计申报专项扣除人数增幅 11.75%，享受专项附加扣除人数增幅 35.46%。全年完成土地增值税清算审核项目 167 个，清算平均税负 4.4%，超过全省平均税负。年度企业所得税汇算盈利率 48.77%，同比增长 19.2 个百分点。新建商品房资金监管覆盖全市 200 余个房地产项目，保障 10.8 万余户购房群众办证权益。开展房地产税收“一体式”管理、存量房交易专项监督核查两项试点工作。对以拉卡拉汇积天下为代表的新兴业态实施审慎包容监管，推动省级层面出台《全省电子商务平台公司税收管理办法》。

【电子税务】 眉山市税务局依托眉山经济社会综合信息平台，建立完善 371 个数据采集模板，实现 40 余个部门数据制度化、常态化采集，累计获取三方数据 1.3 亿余条，建成风险模型 124 个。主导完成房地产交易信息共享平台升级改造，实现税务、住建和自然资源 3 部门信息“秒级”共享，累计清洗整合共享网签备案等便民办税数据 62 万余条，为实施精准监管提供数据支撑。

【税收征管】 12 月 13 日，《眉山市税费征管保障实施细则》经市政府常务会会议审议通过。推动研究确立成德眉资同城化综合试验区区域内合作项目的税收分享机制；研究提出飞地经济税收征管建议，科学划分“飞地”经济等跨区域合作财税利益；成德眉资通办业务事项提升至 22 项，90% 以上服务事项纳入“全程网上办”。持续抓好征管质量 5C＋5R 监控评价，连续两年税费征管质量评价位居全省前列。开展欠税非强制化执法试点工作，全年共清理欠税 6.5 亿元，其中陈欠 2 亿元。欠税总户数减少 1232 户，减少 42.09%。

【社会保险费和非税收入划转】 眉山市税务局围绕“推改革、统模式、优服务”做好社保工作，围绕“接得稳、收得妥、管得住”做好非税收入工作，推动全市社保非税工作高质量发展。建立健全“鉴税治费”、税费联动等工作机制，积极完成试点任务，编制城市管理类非税收入征管操作指南；梳理城市管理类非税收入、自然人社保费廉政风险点 39 条，并提出技防、制防、人防相关举措 108 条；梳理编写四类主体防控管理办法、常见风险手册、负面清单和土地出让金征管事项防控制度，积极贡献“眉山智慧”。全年实现对全部险种、覆盖所有群体社会保险费和 20 项非税收入项目划转征收工作。

【纳税评估与风险应对】 眉山市税务局完成智税平台眉山私有空间特色应用“税收风险治理平台”开发，建立 11 个风险模型，推送上万条明细数据。开发留抵退税风险防控专项工作可视化系统，主动扫描识别风险，下发风险任务 45 户，追缴留抵退税款 911.05 万元，获省局认可并在全省推广使用；建立“数电发票风险指标库”，识别疑点纳税人 1040 户，查补入库各项税费、滞纳金合计 103.57 万元;利用大数据开展虚开发票数据扫描,对涉嫌虚开发票 9 户开展税务稽查,查补各项税费合计 5905.46 万元。全年处理数据需求 256 项,提供数据 771 万余条,其中留抵退税 BI 建设和股权数据清理 UDF 得到省局肯定,并在全省平台推广应用。

【税务稽查】 眉山市税务局全年审结 54 户,其中千万元案件 6 户,是 2021 年的 3 倍。全年查补收入 4.4 亿元,同比增长 109.69%,列成都、绵阳、泸州、宜宾后,排名全省第五。入库数 3.9 亿元,同比增长 250.24%,仅次于成都、绵阳、泸州,排名全省第四。

（何　凯）

审计管理
Audit Management

【概况】 2022 年,眉山市审计机关完成审计项目 147 个,其中审计 131 个、专项审计调查 16 个。查出主要问题金额 245.44 亿元,其中违规金额 35.65 亿元(含市外 31.37 亿元)、损失浪费金额 157 万元、管理不规范金额 209.76 亿元(含市外 117.3 亿元);审计发现非金额计量问题 729 个;损益(收支)不实金额 8.76 亿元;审计发现侵害人民群众利益 10 万元;出具审计报告和专项审计调查报告 203 篇,审计专报等被批示、采用 26 篇次。审计处理处罚金额 32.43 亿元,其中应上缴财政 17.34 亿元、应减少财政拨款或补贴 4.69 亿元、应归还原渠道资金 4.53 亿元、应缴纳其他资金 4.21 亿元、应调账处理金额 1.65 亿元;移送司法机关、纪检监察机关和有关部门处理事项 30 件,移送处理金额 3465 万元。审计促进整改落实有关问题资金 3.7 亿元;审计促进拨付资金到位 2668 万元;审计后挽回(避免)损失 1.83 亿元;核减投资额 4.69 亿元;移送处理落实事项 6 件。审计提出建议 390 条,被采纳 390 条;推动被审计单位制定整改措施 733 项;促进被审计单位建立、健全规章制度 41 项;提交审计信息 278 篇,被批示、采用 170 篇次。向社会公告审计结果 28 篇。

【国家重大政策措施落实情况跟踪审计】 眉山市审计局结合预算执行审计、政府投资审计、经济责任审计、园区审计等各类专项审计,持续跟踪"六稳"、"六保"、乡村振兴、粮食安全、防范化解重大风险、优化营商环境等方面重大政策措施落实情况,出具季度报告 4 份,获市政府主要领导批示。

【财政审计】 眉山市审计局开展财政预算执行和决算草案编制情况审计,对 85 个一级预算单位及部分二级预算单位实施数据分析全覆盖;开展严肃财经纪律整治突出问题专项行动;出台《政府投资建设项目审计使用中介机构工作结果作为审计证据的审查复核办法》。

【经济责任审计】 眉山市审计局出台《建立健全屡巡屡审屡犯问题整改长效机制的意见》;完成 5 个市级部门(单位)6 名领导干部经责审计;经审计厅授权,实施中共江安县委书记、县人民政府原县长任期经济责任审计。

【民生审计】 眉山市审计局完成全市 2021 年困难群众救助补助资金审计,开展德阳市就业补助资金和失业保险基金审计。

【农业审计】 眉山市审计局印发《做好审计监督护航新时代更高水平"天府粮仓"示范区建设的实施意见》;组织开展六县(区)耕地保护政策落实情况审计。

【资源环保审计】 眉山市审计局实施市林业局局长自然资源资产任中审计,对全市森林资源保护利用情况开展专项审计调查。根据审计厅授权,组织实施宜宾市江安县委书记、原县长自然资源资产离任(任中)审计。

【金融审计】 眉山市审计局开展全市 7 家小额贷款和担保公司运营管理与风险情况专项审计调查;完成信息化建设情况专项审计。

【企业审计】 眉山市审计局开展市本级粮食购销领域企业专项审计和 2019—2021 年市属国有企业领导干部经济责任暨企业运营管理情况专项审计,会同国资委开展市属国有企业 2019—2021 年领导干部经济责任暨企业运营管理情况专项审计。

【审计整改】 眉山市审计局设立审计整改督查科,出台《眉山市审计局整改跟踪检查办法》,印发《关于常态化开展审计整改落实情况跟踪检查通知》,争取审计整改信息系统在眉试点运行;开展深化审计整改工作专项行动和审计移送移交问题线索"回头看"专项行动。

（郑田铧）

统计管理
Statistical Management

【概况】 2022 年,眉山市统计局围绕中心、服务大局,有效发挥统计调查、统计报告、统计监督职能,为奋力建设成都都市圈高质量发展新兴城市提供坚实统计保障。眉山市地区生产总值 1635.51 亿元,同比增长 3.8%,连续两年居全省第 7 位,始终保持全省第一方阵。在全省 2022 年市(州)统计工作综合评价中进入全省第一方阵,5 项统计业务工作获得优秀,12 项统计业务工作获得良好。

【统计改革创新】 眉山市统计局持续深化地区生产总值(GDP)统一核算改革,主动承接第五次全国经济普查国家级试点,市政府成立以分管副市长为组长的专项试点工作领导小组,在东坡区开展投入产出调查、一套表单位分主要业务活动营业收入调查和单位清查三项试点工作。经清查,东坡区试点区域法人单位、产业活动单位 2463 个,比第四次全国经济普查增加 490 个,增长 24.8%。

【统计法治建设】 眉山市统计局将习近平总书记关于统计工作重要讲话指示批示精神、《关于深化统计管理体制改革提高统计数据真实性的意见》、《统计违纪违法责任人处分处理建议办法》、《防范和惩治统计造假、弄虚作假督察工作规定》、《关于更加有效发挥统计监督职能作用的意见》和统计法律法规纳入市、县(区)党委常委会会议、政府常务会会前学法内容,纳入领导干部任前廉政考试、全市普法规划和干部教育培训重要内

图51　2022 年 8 月 18 日，国家统计局眉山调查队在仁寿县龙正镇开展“让党旗在调查一线高高飘扬”粮食实割实测主题党日活动
（供图：眉山调查队）

容。扎实开展统计造假不收手不收敛专项纠治，认真落实“管行业就要管统计、管统计就要管数据质量”要求，压紧压实各级各部门防范和惩治统计造假、弄虚作假责任，不断加强统计数据质量内控机制和外部监督。对全市 140 户企业（项目）开展统计执法检查。

【统计服务】 眉山市统计局先后 20 余次牵头或配合筹办全市经济运行分析会等重要会议，加强“2＋3＋N”现代农业、“1＋3”现代工业、“3＋5”现代服务业等重点领域统计监测，针对短板弱项提出建议意见。撰写《眉山统计分析》《统计信息专报》70 期，受到省、市领导肯定性批示 25 条，《以加大科技研发投入为突破口，激发全社会科技创新活力的建议——以眉山为例》得到省委常委、常务副省长罗文批示。组织召开成德眉资同城化座谈会，开展 10 余次专题调研，完成《以眉山天府新区为例探索经济区与行政区适度分离统计改革路径》等研究课题。优化编印《眉山统计年鉴》《眉山统计月报》等资料 8000 册，送各级各部门参阅。

（彭　杰　刘雪萍）

【居民收支调查】 国家统计局眉山调查队开展眉山住户调查大样本轮换，在全市范围内抽选 1020 户住户调查样本开展收入、支出调查工作，计算全市城镇居民可支配收入、消费支出；农村居民可支配收入、消费支出；全体居民可支配收入、消费支出；研究城镇、农村居民生产、生活变化情况。新一轮样本调查期从 2022 年 12 月起，为期 5 年。

根据四川调查总队核定，2022 年全市全体居民人均可支配收入 31751 元，同比增长 4.9%。从收入构成看，工资性收入 15629 元，增长 3.9%；经营净收入 8144 元，增长 7.5%，财产净收入 1594 元，增长 3.7%。转移净收入 6384 元，增长 4.6%。全体居民人均生活消费支出 21531 元，增长 3.6%。人均食品消费支出 7926 元，同比增长 2.8%，占生活消费支出的比重（恩格尔系数）36.8%。

分城乡来看，2022 年全市城镇居民人均可支配收入 43949 元，同比增长 4.3%。作为家庭收入的主要构成，居民人均工资性收入 25432 元，增长 3.4%；经营净收入 8090 元，增长 7.4%；财产净收入人均 2845 元，增长 3.1%；转移净收入 7582 元，增长 4.4%。城镇居民人均生活消费支出 26887 元，增长 2.9%。人均食品消费支出 9751 元，同比增长 0.9%，占生活消费支出的比重（恩格尔系数）为 36.3%。

2022 年全市农村居民人均可支配收入 23099 元，同比增长 6.1%。从收入构成看，工资性收入 8676 元，增长 5.6%；经营净收入 8182 元，增长 7.5%，财产净收入 707 元，增长 6.3%。转移净收入 5534 元，增长 4.8%。农村居民人均生活消费支出 17731 元，增长 4.5%。人均食品消费支出 6631 元，同比增长 5.1%，占生活消费支出的比重（恩格尔系数）37.4%。

【涉农监测调查】 经国家统计局四川调查总队核定，2022 年全市粮食产量为 125.4 万吨，同比减少 1.65%，生猪出栏 222.6 万头，同比增长 5.1%，年末生猪存栏 146.5 万头，同比减少 2.3%。仁寿县和东坡区作为眉山市两个国家产粮大县及生猪调出大县，2022 年分获产粮大县国家、省财政奖励资金 3786 万元、1345 万元，分获生猪调出大县国家、省财政奖励资金 694 万元、159 万元。仁寿县、东坡区荣获全省 2022 年产粮大县监测调查工作先进县（区）；仁寿县、东坡区荣获全省 2022 年生猪调出大县监测调查工作先进县（区）；眉山市、洪雅县、丹棱县、青神县荣获 2022 年全省粮食统计调查数据管理工作先进市、县；眉山市、洪雅县、丹棱县、青神县、彭山区荣获 2022 年全省畜牧业统计调查数据管理工作先进市、县（区），受到国家统计局四川调查总队通报表扬。

【居民消费价格调查】 2022 年，眉山居民消费价格指数累计上涨 2.1%，涨幅较上年扩大 1.7 个百分点，高于全国全省 0.1 个百分点，全年累计涨幅低于 3.5% 的调控目标。

【劳动力调查】 国家统计局眉山调查队建立健全《劳动力数据质量审核评估及责任追究办法》等 6 项制度、印发《眉山劳动力调查工作督查方案》，以制度建设推动工作落实。眉山劳动力调查换户台账、入户陪访台账、数据核查台账、电话回访台账，核心数据登记台账以及调查员统计信用档案建立健全，管理规范有效，无统计从业人员严重失信现象，有效保障数据质量。

（杨廷渝）

价格管理
Price Control

【概况】 2022 年，眉山市发展改革委围绕市委、市政府中心工作，聚力制造强市、开放兴市、品质立市，着力加强价格宏观调控、纵深推进价格改革，降成本、惠民生，改善营商环境，全市居民消费价格指数比上年上涨 2.1%，物价总水平基本稳定，为全市经济高质量发展和社会和谐稳定营造良好价格环境。

【惠民政策】 眉山市发展改革委完善社会救助和保障政策，制定《眉山市社会救助和保障标准与物价上涨联动机制实施办法》，并按要求阶段性扩大补贴范围和降低启动标准。发放价格临时补贴，减少价格上涨对低收入群众基本生活影响，向60.4万余人次困难群体发放价格临时补贴1411万元。落实水电气对低收入家庭价格优惠政策，对低保等困难群体实行水电气优惠价格，减轻负担800余万元。

【价格改革】 眉山市发展改革委全面推进电力价格机制改革，理顺定价机制，大力宣传国家和省取消工商业目录电价政策，协调供电企业和用电企业落实电力代购代销政策。全力向上争取电价扶持政策，全年降低电费2.5亿元。通威太阳能、宏瑞得、万华化学锂电项目等纳入精准扶持电价政策范围；甘眉园区16家企业继续使用留存电量；德恩精工等11家煤改电等电能替代项目按单一制输配电价落实电价优惠。理顺天然气非居用气价格，降低用气成本3500万元。针对采暖季上游天然气价格大幅上涨情况，协调三家燃气公司，按市场经济公平、公正基本原则，合理制定疏导价格，工业和商业用气实际价格在全省都将处于较低水平，相对上游涨价后的完全成本降低工商业企业生产成本3500万元。全面完成农业水价改革任务，助力乡村振兴。按照“先建机制、后建工程”和“先大中型、后小型”原则，累计完成改革面积254.87万亩，占省定改革任务的100.11%，全部完成眉山市农业水价综合改革任务，所涉区域全部核定用水价格。

【收费管理】 眉山市发展改革委持续推进收费公开化，加强社会监督，着力清费降负。继续实行收费目录清单管理制度。及时转发、公告四川省涉企、涉农收费目录；认真清理、核实市本级涉企行政事业性收费、经营服务性收费、基金收入项目和标准，3月完善《眉山市市本级涉企收费目录》（2022年版），印制5000余册免费发放到企业、园区和相关部门，同步公示在政府网站、政务服务中心。各收费主体按明码标价规定，公示收费政策，公开投诉举报电话，强化社会监督。继续清费减负，降低费用负担。落实国家、省、市稳增长和助企纾困各项政策，清理规范全市涉企行政事业性、经营服务性收费事项，2022年清费降负降低费用负担1.3亿元。梳理和调整涉企收费政策，落实改善营商环境各项政策。开展涉企违规收费专项整治，促进收费行为规范。按省发展改革委、省经济和信息化厅、省财政厅、省市场监管局《关于印发〈四川省涉企违规收费专项整治行动方案〉的通知》和全省部署，制定眉山市专项整治方案并组织涉企违规收费专项整治工作推进会落实；通过政务热线、信访热线、举报查处案例等收集违规收费线索，对举报问题开展“回头看”，指导经营单位公示收费政策，公布监督举报和咨询电话。全市设置涉企违规收费举报渠道或线索征集渠道20个，主流宣传阵地（如媒体、网站、微信）3个。全市在涉企违规收费专项整治行动中发现违规收费涉及金额总计175万元，已清退金额总计175万元；推动涉企收费优惠政策落地涉及金额总计7877万元。加强收费协调与调研，促进民生改善。调研疫情影响下的旅游收费及优惠政策执行情况，指导景区严格落实门票价格下降、定期报送成本、特定人群门票优惠等政策；调研中小学校住宿费、课后服务收费、高中及职业中学学费、住宿费等收费政策执行情况，调研校外培训机构收费政策执行情况，明确各学校严格执行政府定价政策，落实代收费、明码标价收费公示、自愿参加课后服务等政策。会同市卫生健康委组织各县（区）开展托育服务成本调查。市本级对有代表性的15家托育机构服务成本进行调查，涉及机构经营资质、服务场所面积、场地来源、提供服务内容、招生范围、婴幼儿招生数、教职工数、场地租金、装修情况、资金来源、收费情况、机构收支情况、盈利情况，财政补助情况、借款本金及利息情况、职工工资情况、社保缴纳情况、下一步发展规划等。测算托育服务生均成本，制定普惠性托育机构认定办法，推进全市托育服务规范有序发展。

【价格调控】 眉山市发展改革委继续加强民生商品价格监测和预警，每周统计并公布蔬菜、粮食、蛋、禽、肉类民生商品平均市场价格；完善重要民生商品调控机制，牵头建立健全全市重要民生商品调控目录清单、价格监测分析预警机制、价格补贴联动机制，协助商务、农业农村部门建立重点保供企业名单、应急预案等相关机制；完善猪肉价格调控机制，全市实施冻猪肉常规储备444吨，中秋、国庆等重要时段，以商超为平台设立21个政府储备冻猪肉销售点，以低于市场鲜肉30%左右的价格投放，发挥市场价格引导、维护价格稳定作用。

【成本调查监审】 眉山市发展改革委扎实开展成本调查监审工作，推进定价机制完善和服务“三农”、乡村振兴及价格调控。全年开展成本测算和成本监审32项，服务对象报送成本98976.75万元，核定成本86529.59万元，核减成本12447.16万元，核减率12%。全面完成全市承担的农产品、重要商品成本调查。中籼稻、玉米、油菜籽、大豆、中规模生猪、露地茄子、设施茄子、设施菜椒、规模奶牛种植养殖成本常规调查；中籼稻、玉米、油菜籽、半年生猪种植养殖成本直报调查；种植意向、存售粮、农资购买等种植环节专项调查；生猪生产成本月度调查；开展水泥、城市供水、污水处理、城镇管道燃气成本常规调查。针对疫情及特定商品开展专项应急成本调查。开展生猪养殖、生猪屠宰、生猪零售等环节成本调查，开展春耕农资价格和成本市场调查。推进成本信息公开，新定价、调整定价、定期成本监审项目均进行基本情况及成本信息公开，全年公开成本信息20条。

【价格认定】 眉山市发展改革委按照法治化、规范化要求，切实做好涉纪、涉案和涉行政事务价格认定。全年全市共完成各类价格认定679件，认定总额3127.72万元，其中涉纪案件价格认定5件，认定金额22.66万元；涉嫌刑事案件价格认定461件，认定金额742.52万元；其他价格认定27件，认定金额157.04万元；价格争议纠纷调解186件，调解金额2205.5万元。

（李旭平）

【市场价格监管】 眉山市市场监督管理局对疫情防控期间重要生活物资价格波动情况进行监测、汇总、分析，及时预警研判，共收集9类主要民生物资价格信息5292条。加强与发展改革部门、商务部门沟通协作，建立价格监测分析预警机制和重要民生商品价格监测信息部门会商调控机制，使部门监测预警、会商、协同调控等工作常态化、制度化。召集农产品批发市场、大型商超、农贸市场业主、防疫用品、药品经营者召开价格行为提醒告诫会、发放张贴《提醒告诫函》等形式向经营者表明“压线必打”的决心。全市共发出生活物资和防疫用品、药品《提醒告诫函》3000余份，出动执法人员2000余人次，检查农贸市场、大型商超400余家次，查处价格违法案件2件。通过在《眉山日报》等媒体平台发布有关疫情生活物资保供稳价的正向报道，实现对群众的正确引导。

开展涉企违法违规收费专项整治工作，全市价监条线通过细致谋划、深入调研、广泛征集线索，大力开展违法违规涉企收费专项整治行动，对政府部门及下属事业单位收费、行业协会商会及中介机构收费、水电气公用事业收费、金融领域收费进行专项检查和清理。全市市场监管系统共出动执法人员420余人次，检查涉企收费单位138家，发现违法违规行为4件，均为转供电违规加价行为，其中立案2件，结案2件，违规所得32.68万元，退还23.94万元，没收8.74万元，罚款5.94万元，经济制裁合计38.62万元，另责令整改2件违规行为，督促其收费主体整改规范金额175.03万元，专项整治共计为企业减轻负担198.97万元。

开展教育收费专项检查，各级市场监管联合各级相关部门组成联合执法小组对标检查重点通过学校领导介绍、查看收费公示，查看收费票据及账簿相关资料、走访学生和学生家长等形式对各类各级学校教育收费政策执行情况进行重点检查。全市共检查各级各类学校及教育培训机构291家次，发出责令改正通知书21份，其中8家主动整改，退还整改规范金额132.62万元；对拒不整改或整改不到位的，立案查处5件，结案5件，罚没款合计1010.48万元，经济制裁1010.48万元。

开展粮食市场秩序专项整治，专项整治工作紧扣眉山市粮食市场特点，重点检查2021年中晚籼稻（重金属超标）收购政策执行、价格公示和计量器具检定等情况。查办“压级压价”收储“超标稻谷”（“超标稻谷”由当地政府定点收购，收购价执行政府定价）4件，涉案金额1.8万元，没收违法所得1.8万元，罚款6.37万元的行政处罚。

开展医药价格违法专项整治，结合医疗乱象专项整治重点查处民营医疗机构重复检查、打包检查等加重患者经济负担突出问题，查处民营医疗机构分解收费项目、重复收费等变相提高收费标准等违规行为，查处民营医疗机构未按明码标价要求公示药品、医用材料及医疗服务价格、通过虚标原价虚假促销优惠实施价格欺诈等违法行为。专项行动共出动执法人员90余人次，查处民营医院和医药企业31家次，立案8件，结案8件，罚没款合计8.437万元。2022年，全市共立案查处价格违法案件46件，结案45件，办结率97.8%，罚没金额1058.31万元，退还价款545.9万元，为企业和群众减轻不合理负担545.9万元；受理价格咨询投诉1261件，办结率100%。

（张　建）

市场监督管理
Market Supervision and Management

【概况】 2022年，眉山市市场监督管理局全面落实市委、市政府决策部署，严格按照“讲政治、促发展、惠民生、保安全”总体要求，一手抓监管执法，一手抓服务发展，守住安全，规范市场，保障民生，促进发展，在全市“三市一城”建设中贡献市场监管力量。

【行政审批】 眉山市市场监督管理局深化“一件事一次办”改革，推出“套餐式”注销事项清单，建立完善集群注册登记、企业回访制度。实行“小时清单”服务模式，企业开办实现“4小时1环节0成本”。推进全程电子化登记工作，全程电子化登记率92.84%。全年受理行政许可和公共服务事项10886件，办结率100%。在全省营商环境测评牵头负责的4项一级指标中，2项进入全省优秀梯队，2项进入全省良好梯队。截至12月，全市市场主体总量达25万余户，新注册市场主体3.9万户，市场主体总量稳定。市本级和园区分局共受理企业登记注册、食品、药品、特种设备、企业登记档案查询等行政许可和公共服务事项10886件，办结率100%。

【企业登记注册】 眉山市市场监督管理局建立完善集群注册登记、企业回访制度，印发《眉山市市场主体集群注册管理暂行办法》，进一步深化“放管服”改革，规范“一址多照”住所（经营场所）（简称住所）登记，支持大众创业、万众创新，降低市场主体住所成本，更大激发市场活力和社会创造力。印发《眉山市新开办、新注销企业回访工作制度》，进一步查找眉山市登记注册工作薄弱环节以及需要优化的制度、流程，梳理新开办企业需要市场监管部门服务的事项。开展登记档案智慧查询系统建设，完成登记档案智慧查询系统建设，全市数据总量约620万页，已上传到政务云数据约365万项，上传率58%。

图52　2022年12月，眉山市2022年较大食品安全暨农产品质量安全突发事件应急演练

（供图：市市场监管局）

【信用监管】 眉山市市场监督管理局持续推动“双随机、一公开”监管常态化，落实联席会议制度，召开部门联席会议，印发《关于调整监管联席会议成员及联络员的通知》，成员单位由16个发展到25个，监管领域更宽，覆盖面更广。印发《眉山市市场监管领域部门联合抽查事项清单（第三版）》，指导全市联查工作开展。制订《眉山市市场监管领域部门联合“双随机、一公开”抽查工作细则》《眉山市市场监管领域部门联合“双随机、一公开”监管工作考评办法》，推动市场监管领域部门联合“双随机、一公开”监管进一步规范化、制度化、标准化。2022年，眉山市市、县两级各部门共制定“双随机”联查方案312个，抽取对象1607个，参与检查人次5700余人次，发现问题295个，联查方案完成率和检查对象完成率100%。强化年报公示工作组织实施，协调各辖县（区），结合眉山实际制定印发《眉山市2021年度市场主体年报公示工作方案》，进一步明确目标任务、责任分工和工作推进节点，确保市场主体信息公示工作顺利开展。2021年度全市应年报公示企业42777户，已年报公示企业39718户，企业年报公示率92.85%；重点企业应年报公示27户，已年报公示27户，年报公示率100%。扎实开展养老诈骗工作，坚持宣传教育、整治规范、依法打击，将专项行动作为市场监管的重要工作来抓。通过整治，有力打击涉老“食品”“保健品”等市场领域诈骗行为，净化老年人消费市场。

【反不正当竞争】 眉山市市场监督管理局深入推进反垄断和反不正当竞争，合并设立“眉山市公平竞争审查暨反不正当竞争工作联席会议”，由分管副市长担任召集人，市市场监督管理局等18个部门为成员单位。9月8日，全市召开打击传销、公平竞争审查暨反不正当竞争工作联席会议，市、县两级主要部门负责人参加，进一步加强三项工作的组织领导和统筹协调。安排部署2022年反不正当竞争执法行动、打击网络传销专项行动，配合卫健委做好医疗乱象治理等专项整治。印发法规宣传资料17000余份；发现相关网络传销违法线索5条；查办不正当竞争案件36件，罚没金额99.68万元。积极推动商业秘密保护创新试点基地建设，成功推荐四川金象赛瑞化工股份有限公司申报为全省首批试点基地。在竞争宣传周期间，在全市50余个商业综合体大屏、2000余家食药门店LED屏播放“公平竞未来”相关宣传标语，并深入30余个社区、100余家企业宣传竞争基础法规。印发《扫黑除恶斗争市场监管领域乱象专项整治行动方案》，坚持把源头治理作为扫黑除恶的治本之策，以专项整治为抓手，在涉黑涉恶线索排查的同时，持续开展乱象治理工作，依法严厉查处各类违法违规行为。制订《眉山市涉公平竞争举报投诉处理办法（暂行）》。全市共审查规范性文件72个、其他政策性文件113个、“一事一议”形式政策措施106个，废止40个、修改调整4个；经过梳理汇总，全市共有现行有效政策措施350个。市、县两级联席会议办公室代审查本级政府及相关部门起草规范性文件5个，其他政策性文件6个；审查本机关内部规范性文件8个，其他政策性文件14个。

【消费权益保护】 眉山市市场监督管理局联合市级18个部门制发《眉山市创建放心舒心消费城市三年行动方案（2022—2025）》，开展“放心、舒心”消费示范单元提质升级行动，开展现有“放心、舒心”消费示范单元实地测评工作，完成全市先期开展创建的225家的其中30%的实地测评工作。推进示范单元不断完善相关制度机制建设，提升牵头引领作用。不断完善消费投诉多元化化解渠道，在实体店尤其是在大型商业综合体推行赔偿先付工作，在全市20个商超实施，完成相关制度和标识建设，全面完成全市ODR企业全量评审工作，对4户投诉处理不及时或者经营场所变迁的予以关闭。畅通“12315”投诉举报热线，全年共接受消费者投诉8346件，举报2536件，咨询6589件，为消费者挽回经济损失268万元。消费投诉初查率、消费投诉办结率和举报核查率达95%以上。

【网络监督管理】 眉山市市场监督管理局开展网络交易乱象整治专项执法行动，制定专项行动评价方案，细化工作措施和业务指导。全市共立案查处各类网络违法案件68件，结案58件，罚没款37.8万元。通过电视、微信公众号、宣传栏、宣传手册、集中培训等多种形式宣传《中华人民共和国电子商务法》和《网络交易监督管理办法》，增强本地网络交易经营者履行主体责任和自觉守法经营意识。开展“百家电商平台点亮”工作，指导全市本地电商在网络经营主页面显著位置亮照、亮证、亮规则。组织查处本地网络经营者利用格式条款侵害消费者合法权益的违法行为，针对群众反映的网络消费领域不公平、不合理格式条款侵害消费者合法权益的问题，对全市本地网络经营者开办的网店、微信公众号等开展智能监测，通过“12315”平台和本地论坛、贴吧、抖音，多渠道收集消费者反映强烈的不公平、不合理格式条款。全年共立案查处和指导整改本地网络交易经营者利用不公平不合理格式条款侵害消费者合法权益案件50余件。以眉山市网络市场监测平台智能监测为主、人工监测为辅，协助相关科室开展医疗美容、网络集中促销、长江禁捕、化妆品、燃气具、电动车、禁塑等专项网络交易信息监测23次，共向各业务科室、各县（区）局交办网络交易违法案件线索110余条，提取固定联网电子数据证据200余条。牵头开展2022网络市场监管专项行动（网剑行动），突出“铁拳出击护民生、铁腕治乱促发展”行动主题，针对群众反映强烈、社会舆论关注的网络交易乱象，重点查处利用不公平不合理格式条款侵害消费者合法权益、虚假宣传、价格欺诈、哄抬物价、“三无”餐饮等问题，切实维护经营者和消费者合法权益，促进眉山网络交易市场公平有序。组织开展2022年度全市拍卖“双随机”抽查。通过市场监管一体化平台，制定拍卖“双随机”抽查方案，按20%的比例由系统随机抽取检查对象6户，指导县（区）局按时完成抽查任务。组织开展2020—2021年度省级、市级“守合同、重信用”企业公示工作。根据《四川省“守合同重信用”企业公示办法》和《四川省市场监督管理局办公室关于做好2020—2021年度省级“守合同重信用”企业公示工作的通知》要求，结合眉山市实际，完成两批省级共25户、市级31户“守合同、重信用”企业公示申报。

【广告监督管理】 眉山市市场监督管理局组织开展整治借重大活动从事违法违规商业广告宣传工作，会同住建等部门开展违法违规商业营销宣传专项检查，对贝壳房产等房地产经纪机构以及手机、珠宝销售场所进行检查，重点检查是否存在使用或者变相使用国家领导人形象进行违法违规商业营销宣传行为。立案查处仁寿仁爱堂诊所违法广告发布行为，并将监测中发现的使用国家领导人形象进行商业营销违法广告线索派发辖区局进行处置。鼓励支持主流媒体、广告主、广告经营者、广告发布者开展公益广告宣传活动，围绕创文、创卫、脱贫攻坚、创新改革、长江禁捕等主题，通过电视、广播、户外广告牌等媒介多种形式发布公益广告，传播社会主义核心价值观，倡导良好道德风尚。制作100幅“诚信建设”公益广告张贴在主城区14家集贸市场，并对集贸市场污损公益广告进行清理。依托国家、省、市级广告监管平台，对电视台、报社等传统媒体、互联网网站、微信公众号等新媒体以及广告牌等户外媒介发布的房地产、医疗服务、药品、保健食品、金融服务等类广告进行监测监管，全年共监测广告27万余条次，发现违法广告线索44条，均及时派发到辖区局进行调查处置，违法广告线索处置率100%。通过行政指导、行政约谈、提供广告发布咨询服务、监督检查等措施，眉山市传统媒体广告条次违法率为0.19%，远低于1%控制标准。以“春雷行动”为抓手，围绕医疗、食品、药品、农资、房地产、教育培训、金融投资理财等事关人民群众身体健康和财产安全的重要领域，扎实开展广告监督检查工作。开展房地产广告专项检查，全年共检查房地产项目81家，房地产广告1500余条次，提出整改意见48条，立案查处房地产违法广告10件，罚款18.8万元。组织开展“长江禁捕打非断链专项行动”广告监管工作。重点检查辖区内主要商业区、主干道、农贸市场、餐饮聚集地以及从事渔具销售的场所等区域发布含有出售、利用禁捕流域水生野生动物交易的虚假违法广告。开展儿童青少年近视防控产品违法违规商业营销宣传专项整治行动，对检查中发现的眉山艾维斯近视矫正中心发布的违法广告线索立即进行处置。与住建、自然资源等部门联合下发《关于进一步规范房地产宣传行为的通知》等文件，共同推动房地产广告报备制度落实。对报备的12个房地产项目广告提出24条行政指导意见；与卫生主管部门共同开展医疗美容类广告监督检查，立案查处违法广告14件；与教育主管部门共同开展教育培训类广告的监督检查，立案查处违法广告3件。

【标准化管理】 眉山市市场监督管理局完成《眉山市贯彻落实〈国家标准化发展纲要〉责任分工方案》制定，加强高质量发展标准体系建设。指导中车紧固件、德恩精工主导或参与制定《紧固件 钢制紧固件氢脆基本原理》《圆头环槽铆钉连接副》《带传动 V带轮 槽形检验》等国家、行业标准。围绕高标准农田建设、气象服务、环境治理、消防安全、幼儿托育、东坡名菜，组织制定眉山市地方标准11项。依托国家鹌鹑产业标准化示范区项目建设，指导四川九升食品有限公司、眉山佳业鹌鹑养殖专业合作社建立完善鹌鹑产业标准体系、鹌鹑养殖标准体系、鹌鹑肉制品加工标准体系，指导丹棱县建立脆红李产业标准体系框架，指导洪雅竹元科技有限公司等8家企业建立企业标准体系。指导洪雅竹元科技有限公司等5家企业制定严于国家标准、行业标准的先进企业标准，指导德恩精工、金象化工、竹元科技、环龙新材料4家企业开展企业标准“领跑者”评选活动准备工作。鼓励引导企业瞄准国际标准开展对标达标活动，完成18家企业对标达标工作，除5个试点市州外眉山市对标达标数量全省第一。加强企业标准公开工作，全年全市有189家企业在全国企业信息公共服务平台上自我声明公开830项标准，其中国家标准39项，行业标准10项，地方标准1项，企业标准777项，团体标准3项。开展标准化试点示范项目建设，启动丹棱脆红李区域品牌培育提升标准化示范项目，完成脆红李产业标准体系框架搭建；指导四川玉屏山旅游资源开发有限公司申报森林康养国家级服务业标准化试点项目；指导四川德恩精工科技股份有限公司完成智能制造标准化试点项目申报，指导眉山中车紧固件科技有限公司完成重要技术标准研究项目申报，指导四川九升食品有限公司做好鹌鹑产业标准化示范区项目验收考评准备工作。开展企业标准、团体标准“双随机、一公开”监督检查，针对省、市对企业标准、团体标准“双随机、一公开”抽查中发现的问题，深入企业对开展面对面精准帮扶，为30余家中小微企业提供标准自我声明公开、企业标准整改、企业标准提升、企业标准体系建设咨询等服务，帮助企业改进完善企业标准，提高企业标准制修订人员业务能力。

【民营经济发展】 眉山市市场监督管理局出台《支持中小民营企业纾困解难稳增长十条措施》《惠企稳岗专项方案》，累计发放“四川省助企纾困政策措施明白卡”25万余张。开展“万名干部上门、万户企业暖心”专项行动，走访企业（个体工商户）10871户，发放“眉山助企纾困政策大礼包”3.7万余份，政策惠及市场主体12.82万户（次），惠企金额103

图53 2022年4月26日，眉山市2022年“全国知识产权宣传周”活动现场
（供图：市市场监管局）

图54 2022年7月，开展雪糕明码标价检查行动
（供图：市市场监管局）

图 55　2022 年 9 月，节日计量市场检查　（供图：市市场监管局）

亿元。推进“个转企”工作，制定《眉山市“个转企”工作方案》，印发《“个转企”一次性奖励资金兑现实施办法》《“个转企”便利化服务实施细则》，全年完成“个转企”513 户、位居全省第 3 名，为 284 户“个转企”企业兑现奖励资金 284 万元。持续推进建立现代企业制度，作为全省唯一试点市，形成“355”工作模式（即建立“培训、评审、长效”3 个工作机制，健全“筛选企业、专题培训、走访诊断、整改完善、评审验收”5 个培育步骤，完善“看、查、听、评、审”5 个评审环节），大力促进民营企业建立现代企业制度，推动民营企业转型发展。试点经验先后在《川政晨讯》《四川改革专报》和省委办公厅《工作情况交流》等予以专报，并在全省市场监管工作会上作交流。全年共培育 260 户民营企业建立现代企业制度，其中通过评审验收 154 户。2022 年，培育企业 50 户，32 户通过评审验收。开展雁阵培育行动，制定 2022 年度民营企业雁阵培育实施方案，将 20 户民企纳入雁阵培育。2022 年四川民营企业 100 强榜单中，眉山新增 1 户，总数达到 3 户，分别是四川金象化工产业集团股份有限公司（39 位）、信利光电仁寿有限公司（64 位）、四川眉雅钒钛钢铁集团有限公司（68 位）。强化金融帮扶支持，发布全省首个质量品牌金融贷产品“眉州质量贷”，单列 20 亿元信贷规模，为获“中国质量奖”等政府质量奖企业提供质量品牌融资增信和融资优惠服务。金象赛瑞公司获得四川省第一笔“质量贷”8800 万元。全市民营经济增加值（不含外商、港澳台地区）935.18 亿元，增长 3.8%，占地区生产总值比重 57.2%，对地区生产总值贡献率 55.2%，拉动地区生产总值增长 2.1 个百分点。全市民间投资增长 7.0%，占全社会固定资产投资比重 64.0%，居全省第一位。

【知识产权保护】　眉山市市场监督管理局印发《眉山市“十四五”知识产权发展规划》，大力提升知识产权创造、运用、保护、管理和服务水平。“四川知识产权运营中心眉山中心”建设项目获得四川省知识产权服务促进中心批筹，指导东坡区成功入选国家知识产权强县建设试点县名单，获批筹建“东坡泡菜国家地理标志产品保护示范区”。持续开展“蓝天”行动，完成“北京 2022 冬奥会、冬残奥会”知识产权护航专项行动。加大知识产权培育力度，全市新增国家知识产权示范企业 1 家，新增国家知识产权优势企业 7 家。截至 12 月，全市有效注册商标 37089 件，比上年增长 21.35%，位居全省第七；全市发明专利拥有量达 1123 件，拥有核心发明专利的企业达到 160 家。

【质量监管】　眉山市市场监督管理局积极培育创建质量品牌，推荐 4 家优秀企业申报 2022 年四川天府质量奖。启动第六届眉山市政府质量奖评选工作，创新推出质量品牌金融产品“眉州质量贷”，在全省首席质量官评选中上榜人数居全省第一。推进质量基础设施“一站式”服务，依托“川质通”平台线上办理企业业务 838 件。全年制定国家、行业标准 4 项、地方标准 12 项，《花椒调味油规范》国际标准提案投票通过，标志着眉山市第二项国际标准制定成功立项。“森林康养服务标准化试点”成功入围国家级标准化试点项目名单。指导东坡区获批承担“国家高标准农田建设标准化示范区”项目，指导通威太阳能（眉山）有限公司入选 2022 年度国家智能制造优秀场景名单。持续做好强检计量器具备案和检定工作，全年检定强检计量器具 93075 台（件）。开展小微企业质量管理体系认证提升行动，获得各类有效认证证书 3365 张，获证规模持续保持全省第四位。全省第一个省市场监管技术创新中心（调味品及预制菜领域）成功批筹。

【综合行政执法】　眉山市市场监督管理局深入开展“守底线、查隐患、保安全”夏季食品安全专项整治，扎实推进“春雷”“铁拳”“昆仑”“长江禁捕打非断链”等执法专项行动。集中排查食品安全隐患 10866 起，抽检食品 10114 批次，达到 3.43 批次 / 千人。市公安局全年开展各类宣传活动 50 余场次，会同市场监督管理局、农业农村局等职能部门召开联席会议 5 次，协调相关行政部门执法 20 次。在全市范围内开展专项整治 6 次，检查各类农贸市场、商品市场、药品经营店等 820 余家，发现并整改有问题商家 38 家，关门停业 28 家。组织实施药品流通环节监督检查工作，检查药品零售企业和使用单位 5030 家次，深入开展“春雷”、“二精”、药品安全专项等行动，督促指导药品零售企业落实疫情防控工作要求。扎实开展化妆品备案工作，备案通过率 72.41%，排名全省第一。组织开展全市工业产品质量监督抽查，全年完成省级监督抽检 750 批次，市级监督抽检 531 批次，省级抽检生产领域合格率为 95.4%，市级抽检流通领域问题检出率为 10.9%，完成省局既定目标。牵头成立特种设备专业委员会，建成液化石油气瓶充装溯源信息化平台。开展城镇燃气安全排查整治、“巩固提升年”三年行动、危险化学品相关特种设备等专项整治，全年检查特种设备使用单位 1727 家次，下达监察指令书 574 份，排查整治隐患 1761 个。全市食品、药品、重要工业产品质量、特种设备安全形势持续稳定，全年未发生区域性、系统性安全责任事故。

（张　建）

农业农村

AGRICULTURE AND RURAL AREAS

农业综合管理 / 农业和农村改革 / 现代农业园区 / 特色产业发展 / 农业项目推进 / 种植业 / 畜禽业 / 水产业 / 农业机械化 / 农田水利 / 移民安置与扶持 / 脱贫攻坚成果巩固 / 乡村振兴

农业综合管理
Comprehensive Agricultural Management

【概况】 2022年，眉山市实现农林牧渔业总产值411.8亿元，比上年增长4.8%，其中农业255.1亿元、林业11.3亿元、牧业109.7亿元、渔业25.4亿元、服务业10.3亿元，农业、林业、牧业、渔业、服务业产业结构比为61.9∶2.8∶26.6∶6.2∶2.5；第一产业增加值242.3亿元，增长4.6%。

【农业政策措施制定及落实】 2022年，眉山市出台全省第一个建设新时代更高水平“天府粮仓”示范区的决定，被省委农办《三农要情》刊载。市财政每年落实2亿元重点支持示范区建设，全力推动粮食生产能力和耕地保护水平“两个提升”，探索开展草坪和低效果园腾退、撂荒耕地复耕、果园间套种粮、玉米大豆复合种植、批而未用地复耕、秋洋芋扩种等“六种模式”深挖粮食扩面增产潜力，被省政府督查室通报表扬。仁寿县探索“有地种粮、有人种粮、有技种粮、有利种粮”种粮经验做法被中央农办、农业农村部《乡村振兴文稿》刊载。青神县全面推广农村人居环境整治“拆收改栽画”五字工作法，经验做法先后3次在农业农村部举办的省市级农业农村部门负责人学习习近平总书记关于“三农”工作的重要论述培训班上交流（授课）。

【新型农业经营主体培育】 眉山市全年新培育农民合作社59个、累计达3528个，全市市级以上示范社达422个。争取2022年央财农业生产发展合作社项目资金930万元、涉及合作社62个。丹棱县成功申报合作社高质量发展重点县项目。开展农民合作社规范提升行动，指导合作社完善章程、成员（代表）大会、理事会、监事会、财务管理、盈余分配等制度，提升合作社服务能力和带动能力。全市新培育省级重点龙头企业8家、市级龙头企业15家，全市国家级、省级和市级龙头企业分别达到6家、48家和149家。新培育现代农户家庭农场103家，继续创建家庭农场省级示范县1个，新评定示范场487个，全市县级以上家庭农场示范场达1994个，其中省级184个，市级622个，县级1188个。

【农业质量安全与品牌推进】 眉山市省级农产品质量安全例行监测总体合格率达99.5%，未发生重大农产品质量安全责任事件。市县7个农产品质量检测机构全部成功通过省级能力验证考核。洪雅县成功通过国家农产品质量安全县“回头看”现场核查。彭山区成功通过省级农产品质量安全监管示范县资格复审现场核查。11月，联合市市场监管局开展食品安全暨农产品质量安全较大（Ⅲ级）及以上突发事件应急演练。全市有效期内绿色食品，农产品地理标志总量达200个。启动“东坡大米”集体商标申报，聘请专业机构策划“东坡大米”区域公用品牌，“好味稻·东坡大米”荣获四川省第八届农博会“最受欢迎农产品”称号。

图57 2022年12月9日，东坡大米商标

（供图：市农业农村局）

【农业信息化推进】 眉山市依托益农信息社平台、E农通，发动信息员在平台和微信群发布农民手机培训周相关信息，广泛动员农民积极参加培训。全市累计参加培训的人员约1.2万人次，安装手机学习平台3000余人次。2021年6月，合乡并镇后，全市现有670个涉农行政村（涉农社区），眉山市结合“两改”情况和益农社运营状况，遵循“有人员、有产业、能服务、会经营”原则，以提供“公益、便民、电商、培训体验”四类信息服务为核心，按照规定配齐门头、门牌、制度牌，并配备相关设备，对已停止运营或3个月以上无操作的“僵尸社”的益农信息社进行优化调整，按照一村一个布局，全市有益农信息社670个，其中一类社297个，二类社266个，三类社107个，实现行政村和涉农社区全覆盖。各县（区）通过益农信息社，定期向村民推送农业生产经营、技术推广、政策法规、村务管理、生活服务、权益保障及个人发展等信息，信息覆盖率达100%。依托全国农民手机应用技能培训平台有关资料，利用以会代训等方式制定培训内容。结合各类农业培训项目，整合培训资源，将农民手机应用技能培训纳入新型职业农民培训课程、脱贫攻坚、农民田间学校、农业科技下乡等培训活动中。

图56 2022年12月12日，东坡永丰大米

（供图：市农业农村局）

现场发放信息服务宣传资料，进行实用技能、手机应用技能等讲解，通过零距离与乡镇村民互动，贴身满足下沉市场用户手机技能培训需要，为农民讲解手机实用技能，提高农民朋友利用手机获取服务的能力。联合公安开展防范电信网络诈骗宣传科普培训活动；开展乡村主播技能培训，返乡留乡农民就地就近就业培训，共发放资料5000余份。通过培训，农民可利用手机开展在线事务办理，医疗挂号、法律咨询、购买车票、网购生活用品、农产品购销等业务。教会引导农民使用“12316”“三农”服务热线，有效开辟农业公益服务渠道。使农民从中了解技术推广、动植物疫病防治、农业农村政策法规、市场动态、供求信息、土地流转等涉农信息。让农民学会使用手机银行、支付宝、微信、“财付通”等现代支付手段，让农民足不出户就可以办理小额贷款和农业保险等事务。同时通过网络安全教育培训，提高农民防诈骗能力，保障自身切身利益。

（王　飞）

【“三农”项目争取】 眉山市全年争取到农林水利项目中央预算内资金18856万元，其中复兴水库、岷江堤防整治等水利基础设施项目资金14288万元，仁寿县高标准农田建设项目1283万元，丹棱县长江经济带农业面源污染治理项目2400万元，青神县渔政执法能力建设项目885万元。下达地方政府专项债1.92亿元。

（李旭平）

【农业行政执法】 眉山市加强农业投入品、农产品质量安全、渔业资源保护及生猪屠宰秩序等领域执法监管，共办结行政处罚案件143件（全部为普通程序案件，含移送案件9件），共处罚没款101.346万元。143件普通程序案件包括：农业投入品案件79件（其中1件种子案，经移送公安机关调查后返回实施行政处罚），农产品质量安全案件23件，动物防疫案件11件，渔政案件26件（含8件移送案），宅基地案件2件，地理标志和宠物医院案件各1件。强化专项执法检查行动，以组织开展农资打假、“中国渔政亮剑2022”食用农产品“治违禁 控药残 促提升”行动等执法专项执法行动、农产品质量安全专项监督抽检等行动为统领，狠抓行业执法监管，治理行业乱象。加强对农资批发市场、专业市场、集散地和经营门店执法检查，重点检查农药、兽药、肥料、种子等农资产品。加强农产品质量生产基地执法检查，确保农产品质量安全。加大打击电捕鱼等非法捕捞行为，保护渔业生态资源。强化屠宰场监管执法，保障猪肉安全供给。继续开展打击电捕鱼专项执法、“三鱼两药”“种苗繁育专用药物使用治理”等水产品质量安全执法检查，生猪违规调运百日专项行动，查处屠宰行业屠宰病死畜禽、注水或注入其他物质、打击违法使用“瘦肉精”等禁用添加剂违法行为。通过农资打假、“渔政亮剑2022”行动，印发宣传资料4万余份，组织对假冒伪造农药肥料登记证、无证或“套牌”生产授权种子、制售假劣兽药和违禁药物添加、制售假劣饲料等违法行为进行查处，通过组织交叉联合执法等形式，全市出动执法人员1.09万余人次，检查生产经营场所4400余个次，办理农业投入品案件79件，处罚没款68.85万元。通过“中国渔政2022亮剑”系列执法、禁渔期执法专项行动、长江流域十年禁捕巡查行动，针对群众反映强烈的交界水域，组织联合执法巡查。全市共清理取缔“三无”涉渔船舶（漂浮物）18艘，处理违规网具1100张（顶）。全市在“中国渔政亮剑2022”系列专项执法中共查办违规违法案件26件（含移送司法机关案件8件），收缴电鱼器具17台，行政处罚金额7.75万元。涉及粮食安全农作物种子案件9件，处罚没款金额25.3万元。通过加大执法监管力度，打击违法行为，维护农资市场秩序，强化农产品质量安全，保护水生生物资源，全市农业生产经营活动安全有序开展，没有发生重大农产品质量安全责任事件。在农业行政处罚案卷评查中，眉山市获评省优案卷5件，获优数量全省排名前三。

【农村经营管理】 眉山市农业农村局印发《关于进一步引导农村土地经营权规范有序流转的通知》，规范农村土地经营权流转合同文本，严格流转项目审查审核，建立流转台账，稳步推进农村土地有序流转。

【休闲农业发展】 青神县被评为2022年四川省休闲农业重点县。截至12月，全市创建省级示范休闲农庄16个，省级示范农业主题公园7个，中国美丽休闲乡村2个，四川省休闲农业重点县2个。

【农民负担监管和权益维护】 眉山市扎实开展农民负担监管和农民权益维护工作。2022年，村民“一事一议”筹资筹劳涉及村96个，比上年减少23.81%；农业生产性收费59.29万元，比上年减少25.51%。

【农民增收促进工程】 2022年，眉山市农村居民人均可支配收入23099元，居全省第四位，增速6.1%，高于城镇居民收入1.8个百分点，与经济增长同步。

【农业人才培养】 眉山市全年培育高素质农民994人，其中，省级调训45人、市级示范培训48人、县级培训901人，培育乡村产业振兴“头雁”带头人100人。组织基层农技人员参加省级骨干人才培训33人、市级集中培训546人，组织参加农业农村科技人员线上培训1.3万人。

【农业科技推广与创新】 眉山市农业农村局全年遴选发布市级农业主推技术65项、县级农业主推技术215项，农业主推技术到位率95%以上。组织仁寿县建设国家级大豆科技自强示范县。全年遴选建立农业科技示范基地24个，培育农业科技示范主体60个。获评2019—2021年度全国农牧渔业丰收奖农业技术推广成果奖三等奖1项、贡献奖2人、合作奖参与人1人。晚熟柑橘新品种选育与绿色高效栽培科技成果获省政府科技进步二等奖。新取得泡菜发明专利授权4项，服务企业10余家。完成2022年度市社会科学研究课题结项1项，成功申报2022年度市法学研究立项课题1项，组织申报市哲学社会科学规划项目3项。

【基层农技推广体系建设管理】 眉山市农业农村局成立粮食和大豆油料科技服务县级大队7个、乡镇级服务小分队74个，下沉开展科技服务。招募34名特聘农技员、9名特聘防疫员开展产业技术指导服务。“中国农技推广”App使用率达97%，填报中国农技推广信息服务平台数据信息264条。眉山好味稻水稻专业合作社获评全国星级农业科技社会化服务组织。

图 58　2022 年，青神县青竹街道兰沟村新农村建设　（供图：市农业农村局）

图 59　2022 年 7 月，乡村公共厕所，干净整洁　（供图：眉山日报社）

【农村人居环境整治】 眉山市农业农村局印发《美丽宜居乡村建设行动实施方案》，全面推广“拆收改栽画”五字工作法，深化厕所、垃圾、污水“三大革命”，实施 69 个农村厕所革命整村推进示范村建设项目，改厕 2.5 万户，农村生活污水有效治理行政村达 90%，农村生活垃圾有效治理行政村保持 100%。实施农村路灯照明工程 8865 组，建设美丽庭院示范村落 34 个，建成美丽宜居乡村 386 个。青神县农房风貌“拆收改栽画”五字工作法 3 次在农业农村部培训会上交流经验，青神县获评全国村庄清洁行动先进县。

【全国“一村一品”示范村镇创建】 丹棱县齐乐镇获评第十二批全国“一村一品”示范镇，全市全国“一村一品”示范村镇总数达 12 个。丹棱县齐乐镇获评 2022 年全国乡村特色产业产值超十亿元镇；东坡区三苏镇鸭池村、彭山区观音街道果园村、洪雅县中山镇前锋村、丹棱县齐乐镇梅湾村获评 2022 年全国乡村特色产业产值超亿元村。

（王　飞）

农业和农村改革
Agriculture and Rural Area Reform

【概况】 2022 年，眉山市坚持“县（区）主体、一县一改，部门指导、各司其职，重点突破、梯次推进”原则，按照“园区化、项目化、品牌化”思路，着力破解农业农村改革困难瓶颈，实现农业稳产增产、农民稳步增收、农村稳定安宁。彭山区《聚焦四个关系 抓细抓实宅基地制度改革基础工作》入选全国农村宅基地改革与管理优秀典型案例。

【农村土地制度改革】 眉山市青神县、洪雅县开展第二轮土地承包到期后再延长 30 年省级试点，推进承包地所有权、承包权、经营权“三权分置”。深化彭山区农村宅基地制度改革试点，完成 4.186 万宗布局、权属、利用状况等摸底工作。印发《眉山市农村土地经营权流转管理暂行办法》《进一步引导农村土地经营权规范有序流转的通知》，建设农村产权流转交易市场体系，先后建成县级交易平台 5 个、镇级服务站 61 个、村级服务点 653 个。截至 12 月，眉山农交所受理并完成土地经营权、农村集体资产等各类农村产权交易 288 宗、3.81 万亩、3.58 亿元。10 月 17 日，全省首个不动产登记（农村产权）综合服务中心在眉山农交所挂牌成立。制发《关于加强农村宅基地审批及农村住房建设管理的通知》，全年全市审批农村宅基地 3703 宗，审批面积 625.83 亩，保障农村居民合理建房需求。《彭山农村宅基地制度改革“六条经验”》被农业农村部农村经济研究中心《农村动态反映》刊载，《村庄连片规划实现土地要素跨村流动的“彭山实践”调查》被国家发改委《改革内参》刊载。

【农村集体经济发展】 眉山市加强党对集体经济组织的领导，推动村党组织书记通过法定程序担任集体经济组织负责人，全市 510 个村全部实现村党组织书记兼任村集体经济组织负责人。开展农村产权制度改革“回头看”，巩固农村集体产权制度改革成果，完善集体经济组织登记、规范挂牌，完成集体经济组织颁证、挂牌村级全覆盖。截至 12 月，完成 734 个行政村（含涉农社区）集体经济组织成员身份确认，确认村级集体经济组织成员 278 万个。发挥扶持村示范带动效应，探索村村联合、抱团发展，建成 7 个县域村级集体经济发展“小高地”。眉山天府新区高家镇金河村等 10 个村被评为全省合并村集体经济融合发展试点先进村。眉山市壮大新型农村集体经济工作经验在全省基层党建工作重点任务推进视频会上作交流发言，全省扶持壮大村级集体经济工作（成都片区）推进会在眉山市召开。

【县域内城乡融合发展改革试点】 彭山区将全区划分为 2 个镇级经济片区和 9 个村级经济片区，截至 12 月，已完成规划编制；构建城乡公共服务普惠共享体系，打造集“综合治理、市场监管、综合执法、公共服务、政务公开”等功能于一体的综合服务平台，将“一窗受理、一网通办”延伸到村，建设区、镇、村三级无差别受理体系；推进全域公交改革，实现“村村通公交”，被命名为“四川省乡村运输金通工程样板县”。丹棱县探索“四村一企”合作共建模式实施县域内城乡融合发展改革试点项目，探索农文旅融合发展模式，经验做法在全省乡村旅游发展大会上交流，推进城乡融合发展探索促进共同富裕新路径经验在《四川改革动态》刊载，《西部农区探索共同富裕的“丹棱实践”》被农业农村部部长唐仁健签批。青神县推进城乡基础设施一体建设、一体管护，实施城乡公交一体化、供水一体化工程，推进教师“县管校聘”“医共体”等改革，城乡融合发展改革入选全省农业农村十大改革案例，全省农村改革工作培训会在青神县召开。

【农村集体产权制度改革】 眉山市农业农村局印发《眉山市贯彻落实〈四川省农村集体经济组织条例〉指导方案》和《眉山市宣传贯彻〈条例〉工作方案》明确目标任务、责任分工等。4月，眉山天府新区高家镇金河村等10个村被省农业农村厅评为全省合并村集体经济融合发展试点先进村。12月6日，全国人大农业与农村委副主任委员彭清华调研眉山市农村集体经济发展，对眉山集体经济发展情况给予高度评价。

【农村集体“三资”监管】 眉山市农业农村局指导村集体贯彻落实《眉山市农村集体资金资产资源管理暂行办法》，建立农村集体资产登记、保管、使用、处置、年度清查、定期报告等制度，进一步规范农村集体“三资”（农村集体所有的货币资金、资产和资源）管理，有效保障集体经济组织成员权益。

（王　飞）

现代农业园区
Modern Agricultural Parks

【概况】 2022年，眉山市贯彻落实中央、省委和市委、市政府关于现代农业园区的决策部署，始终把现代农业园区作为“牛鼻子”，补短提升现代农业园区水平，积极争创省星级现代农业园区和国家农业现代化示范区。仁寿县粮油现代农业园区、青神县柑橘现代农业园区成功晋升2021年度省四星级现代农业园区，丹棱县柑橘现代农业园区成功创建2021年度省三星级农业园区；认定市级现代农业园区5个。

【规划制定】 眉山市农业农村局年初以粮食为导向，拟定年度园区创建目标，积极争创省级粮油类现代农业园区1个以上，培育市级现代农业园区10个，其中粮油类现代农业园区5个，各县（区）培育粮油类现代农业园区1个以上。

【项目建设】 眉山市农业农村局全年争取到省星级现代农业园区奖补资金2000万元，省级园区培育资金1000万元，市级现代农业园区奖补资金1000万元。项目建设从基地建设、设施装备、产品加工、农业新业态、质量品牌、科技支撑等方面逐一补短提升。

【彭山区葡萄现代农业园区】 彭山区葡萄现代农业园区位于成都西南、眉山北面，属于都江堰自流灌溉区、成都半小时经济圈、成德眉资同城化发展核心区域，北接成都第二绕城高速、西连成渝环线高速、南临成都第三绕城高速，距彭山城区17千米，辖区面积27.06平方千米，核心区位于公义镇、观音街道，涵盖兴崇、公义场2个社区，果园村、文昌村、新桥村、农乐村4个村。该园区以葡萄、柑橘为主导产业。2022年，从基地建设、设施装备、产品加工、农业新业态、质量品牌、科技支撑等方面持续提档升级。实现良种覆盖率100%；综合机械化耕作水平96.21%；农产品初加工率90.2%，冷链物流配套体系完善，眉山市彭山区天鑫农业发展有限公司、眉山市彭山区李密果品专业合作社、四川永洪果业有限公司、四川果怡农业科技有限公司4个农产品加工中心年平均加工量3.19万吨以上；益农信息和社会化服务覆盖率100%；建立经营主体电商渠道109个，电商带动规模业主数406家，销售农产品12621吨。园区新技术、新工艺、新模式推广运用面100%；农产品安全溯源追踪体系监测监管全覆盖，园区农产品监测检验合格率达100%。“三品一标”农产品18个，品牌占比78.7%。先后获得国家农业产业化示范基地和全国农村创业创新园区等荣誉称号，葡萄果品获国家地理标志产品、绿色食品认证。2021年，被评为四川省五星级现代农业园区。

【仁寿县粮油现代农业园区】 仁寿县粮油现代农业园区（即四川省现代粮食产业仁寿示范园区）成立于2013年，辖珠嘉镇全域，核心区面积37.6平方千米，是全省三大粮食产业示范园区之一。该园区以粮油为主导产业。园区有耕地面积21322亩，粮油播种面积46934亩，主导产业亩产均高于县域内同类作物平均水平10%以上；建成育苗中心、烘干中心、初加工中心等五中心，综合机械化率达84.08%，初加工率达84.57%，社会化

2022年眉山市国家级、省级、市级现代农业园区一览表

表10

园区名称	所属类别	认定时间
东坡区现代农业产业园	国家现代农业产业园	2018年
彭山区葡萄现代农业园区	省五星级现代农业园区	2021年
	市级现代农业园区	2020年
仁寿县粮油现代农业园区	省四星级现代农业园区	2022年
	市级现代农业园区	2020年
青神县柑橘现代农业园区	省四星级现代农业园区	2022年
	市级现代农业园区	2020年
丹棱县柑橘现代农业园区	省三星级现代农业园区	2022年
	市级现代农业园区	2021年
东坡区绿色粮蔬现代农业园区	市级现代农业园区	2020年
眉山天府新区果蔬现代农业园区	市级现代农业园区	2020年
仁寿县“橙色田园”柑橘生猪种养循环现代农业园区	市级现代农业园区	2021年
东坡区现代水产种业园区	市级现代农业园区	2021年
洪雅县四川现代牛种业园区	市级现代农业园区	2021年
彭山区稻药现代农业产业园区	市级现代农业园区	2021年
彭山区黄丰柑橘现代农业园区	市级现代农业园区	2022年
青神县西龙茶现代农业园区	市级现代农业园区	2022年
洪雅县藤椒现代农业园区	市级现代农业园区	2022年
丹棱县脆红李现代农业园区	市级现代农业园区	2022年
仁寿县曹家梨现代农业园区	市级现代农业园区	2022年

服务覆盖率达91.54%；培育有国家级龙头企业1个（四川远游天下食品有限公司）、市级龙头企业2个（四川田夫农业开发有限公司、四川仁寿江陵食品有限公司）、省级示范合作社2个（仁寿越友种植专业合作社、仁寿县中盛禾红薯种植专业合作社）、县级以上家庭农场19个；深化科技支撑，长期与中国科学院、四川省农业科学院、四川农业大学等院所合作，建成专家大院、博士工作站，研发的大豆玉米带状复合种植技术写进2022年中央一号文件全国推广，中央电视台新闻频道对园区麦玉豆基地进行宣传报道，实现产学研结合，园区良种覆盖率100%，推广面达98.2%，品牌使用率85.52%；探索出“3+1”利益联结机制，带动农户占比81.9%，农民人均可支配收入达2.1064万元，高出全县平均水平7.71%。2022年，被评为四川省五星级现代农业园区。

【青神县柑橘现代农业园区】青神县柑橘现代农业园区位于青神县城东部，辖区面积29平方千米，跨1乡1镇2村2社区，含白果乡甘家沟村、虎渡社区和高台镇百家池村、麻柳社区，该园区以柑橘为主导产业。2022年，园区建成柑橘连片基地2.8万亩，产品以爱媛38号、春见等为主，柑橘总产值7.38亿元。采用深挖改土、测土配方等标准种植模式，物联网灌溉、植保无人机等设备广泛运用，建成西南地区最大山地轨道运输系统。推广智慧农业3000余亩，投资400万元开展气象数字果园试点。坚持种养循环，推广绿色防控、生草栽培等生态种植技术13项，建成农产品质量安全检测中心，柑橘质量安全检测合格率100%。培育农民合作社9家，家庭农场51个，社会化服务组织18家，先后认证登记绿色食品9个、有机食品1个。新培育“果真妙”等企业品牌，农产品质量安全“中国行”走进园区。培育龙头企业4家，建成10万吨农产品仓储冷链物流中心，年出口创汇800万美元。建成柑橘发展馆、品种展示园，建设良种繁育基地，打造“柑林橘海”AAA级旅游景区。2022年，被评为四川省四星级现代农业园区。

【丹棱县柑橘现代农业园区】丹棱县柑橘现代农业园区位于丹棱县齐乐镇，规划面积4.7平方千米，涵盖齐乐镇，该园区以柑橘为主导产业。2022年，园区主导产业产值16.65亿元，占总产值的74.1%。园区以红石村、梅湾村为核心，建成晚熟柑橘基地5.92万亩、产量13.55万吨，标准场17个、年出栏生猪4.29万头；建成中国晚熟柑橘商贸物流园区，建设农产品仓储保鲜设施795座，产地初加工率90%以上，培育果酒精深加工企业——威兰特，有“丹橙”“威兰特”等龙头企业4家，建成“专家大院”和“柑橘博览园”，良种覆盖率和科技推广应用面达100%。建成国家AAA级旅游景区1处（丹棱·桃花源景区）、国家AA级旅游景区1处（丹棱县天府橙都景区），建成省级农业主题公园2个（丹棱梅湾湖橘橙主题公园、丹棱县天府橙都农业主题公园），连续十届举办“不知火”橘橙（桃花）节。探索建立“龙头企业+合作社（村集体）+农户”利益联结模式，建有丹橙产业化联合体，带动农户面达97.98%，农民人均可支配收入高出全县平均水平20%以上。2022年，被评为四川省三星级现代农业园区。

特色产业发展

Featured Industrial Development

【概况】2022年，眉山市以建设新时代更高水平“天府粮仓”示范区为统揽，构建“2+3+N”现代农业产业体系、生产体系、经营体系，着力打造成渝地区双城经济圈国家优质粮油保障基地、国家重要生猪生产基地、长江上游柑橘产业带、全球泡（榨）菜出口及川菜产业、竹产业基地五大基地，加快构建都市现代农业先行市。全年泡菜销售收入达220亿元以上，眉山春橘产值实现120亿元以上，全市“味在眉山”销售收入突破1200亿元；“东坡泡菜”荣登地理标志百强榜，全国晚熟柑橘集群项目在建设中期绩效考核中排名全国第二，青神县获评“中国晚熟柑橘出口示范区”，丹棱县齐乐镇入选全国“一村一品”示范乡镇，洪雅县中山镇创建全国农业产业强镇，青神县获评全省休闲农业重点县。

【东坡泡菜产业发展】眉山市以“中国泡菜城”为核心，不断壮大泡菜调味品产业集群，全市泡菜行业创建国家级重点龙头企业4家，以李记年产15万吨蔬菜深加工为代表的重点项目竣工投产。东坡区“东坡泡菜”农业国际贸易高质量发展基地被认定为省级国贸基地，“东坡泡菜”国家地理标志产品保护示范区成功入选2022年筹建名单。“东坡泡菜”拥有中国驰名商标5个，荣登2022年中国区域品牌（地理标志）百强榜第29位，品牌价值108.1亿元，成功举办2022第十三届中国泡菜食品国际博览会。2022年全市泡菜销售收入达223亿元，较上年增长5亿元。

【眉山春橘产业发展】眉山市全年柑橘面积106万亩，其中晚熟柑橘面积92万亩，建成万亩晚熟柑橘产业园区15个，万亩以上产业基地乡镇35个，产量180万

图60　2022年11月21日，青杠坪·茶客空间　（摄影：尹霜林）

吨，产值123亿元，带动106万名从业人员，人均柑橘收入上万元，成为乡村振兴支柱产业、助农增收第一产业。全市以国家晚熟柑橘产业集群建设为抓手，大力实施六大行动，推动眉山春橘全产业链高质量发展。印发推广晚熟柑橘老果园标准化改造和应对极端天气技术规程两个地方标准，建立完善“眉山春橘”优质果供应链；持续推进丹棱县中国晚熟柑橘商贸物流中心、仁寿县四川晚熟柑橘研究院和东坡区晚熟柑橘电商聚集中心等重点项目建设，逐步完善加工销售链；“眉山春橘”广告在高铁、机场等重要交通口岸刊登宣传，成功举办全省川果产业高质量发展现场推进会、四川晚熟柑橘产业发展暨集群建设总结培训会，整体提升眉山春橘全市区域公共品牌美誉度和市场竞争力。

【茶产业发展】 眉山市全年茶叶种植面积42.1万亩、总产量4.3万吨、总产值46亿元，有“万亩茶乡”10个（洪雅县止戈镇青杠坪、东岳镇团结—观音村、瓦屋山复兴村、中山镇前锋村、谢岩村、柳江镇侯家山—祁山村、槽渔滩镇青江村、丹棱县老峨山、青神县西龙镇、东坡区思蒙镇）。其中洪雅县种植面积30万亩，获评全国茶叶百强县、中国十大生态产茶县，培育区域公用品牌“瓦屋春雪”。丹棱县县茶叶种植面积5万亩，综合产值2.5亿元。青神县茶叶种植面积4.8万亩，产值2.4亿元。

【成眉农业合作】 成德眉资都市现代高效特色农业示范区建设持续深化。成德眉资农业农村局建立“体系共建、协调共商”交流合作机制，全年召开专项协商会2次，新引进成都到眉山涉农投资项目5个、合同金额34.88亿元；扎实推进中法农业科技园核心起步区、成眉跨区域泡菜调味品产业集群等年度同城化重点农业项目建设，全年完成投资11亿元；加大联合打造特色农产品品牌、促进农业科技发展、举办会展活动3项重大事项；完善农村交易、农村金融保险、农商文旅体发展和农业博览四大同城化共享服务平台建设，完成土地经营权、集体闲置资产等农村产权交易项目377宗，交易规模4.79亿元，新培育精品农业休闲旅游线路6条；打造农业同城合作示范，持续推进蒲（江）丹（棱）都市现代农业融合发展示范区建设，完成经作基地提升2万亩，与蒲江就规范柑橘产品流通销售开展交流4次、联合检查3次，蒲（江）丹（棱）共同制定发布（《蒲丹柑橘社会化服务组织管理规范》《蒲丹柑橘储藏规范》《蒲丹柑橘电商销售服务规范》）3项柑橘团体标准，并于9月1日起实施，两地共建标准体系，共促产业发展。

农业项目推进
Agricultural Projects Promotion

【概况】 2022年，眉山市共争取部省各类项目和补贴资金16.0755亿元，较上年增加2.209亿元。其中，中央财政资金9.3141亿元，较上年增加1.307亿元；中央预算内资金0.8823亿元，较上年增加0.0659亿元；省级财政资金5.8791亿元，较上年增加0.8361亿元。其中，高标准农田、优势特色产业集群、奶业生产能力提升整县推进、农村“厕所革命”整村推进、制种大县奖励、现代农业园区培育、长江经济带农业面源污染治理、农产品仓储保鲜设施、“以粮为主，粮经统筹”试点县、乡村振兴先进县等央省补助1000万元以上重大项目达21个。

【国家晚熟柑橘优势特色产业集群项目】 2022年，是晚熟柑橘优势特色产业集群建设攻坚年。全市累计完成20万亩晚熟柑橘老果园标准化基地改造提升，东坡区晚熟柑橘电商聚集中心、仁寿县四川晚熟柑橘研究院和川果智慧冷链物流中心、丹棱县中国商贸物流中心等重大项目基本建成并投入运营，“眉山春橘”广告持续在成都双流机场、天府机场等重要口岸刊登宣传，品牌美誉度和市场竞争力整体提升。眉山市晚熟柑橘集群项目建设进度超过部省要求时序进度，在农业农村部公布的全国首批50个产业集群建设项目中期绩效考核结果中，位列全国第二名。

【中法农业科技园项目】 中法农业科技园位于彭山区（眉山天府新区）锦江镇，由华侨城西部集团和法国欧倍欧集团共同开发，规划占地面积18平方千米，其中核心区7000亩，计划总投资300亿元，被列入中法两国重点合作项目。2022年，农业板块，初步形成1031亩国际农科先行区，智慧农业大数据中心基本建成，法国高科技智能温棚完成80%；商业板块，完成164号地块二期地下室施工、部分主体建成4层；完成161号地块1～5号楼2万平方米主体施工，6～10号楼部分主体完成3层；康养板块，200亩彭祖山森林康养示范区首开区2栋民宿房屋主体封顶，其余部分房屋主体建设进度达到5层；基础设施板块，北二路166号地块部分完成沥青面层摊铺，划线基本形成，河堤边土方平整夯实。

【全球泡（榨）菜出口基地建设】 眉山市、重庆市涪陵区两地政府高度重视泡菜和榨菜产业融合发展，将两大产业打造成为自身特色支柱产业。眉山市以“中国泡菜城”为核心，不断壮大泡菜调味品产业集群，全市泡菜行业创建国家级重点龙头企业4家，以李记年产15万吨蔬菜深加工为代表的重点项目竣工投产。东坡区“东坡泡菜”农业国际贸易高质量发展基地被认定为省级国贸基地，“东坡泡菜”国家地理标志产品保护示范区成功入选2022年筹建名单，进一步提升“东坡泡菜”知名度、美誉度和市场影响力。“东坡泡菜”拥有中国驰名商标5个，荣登2022年中国区域品牌（地理标志）百强榜第29位，品牌价值108.1亿元，成功举办2022第十三届中国泡菜食品国际博览会。2022年，眉山市泡菜销售收入223亿元，较上年增加5亿元，把“小泡菜”做成“大产业”“大名片”。两地依托“眉山中国泡菜城”、涪陵区“国家出口榨菜示范区”等国字号平台，围绕基地建设、科技研发、品牌建设、市场拓展等方面加强合作，加快建立酱腌菜产业高质量发展联合体，抱团开拓国际市场，扩大两地泡（榨）菜出口份额，共同推动建设成渝两地现代酱腌菜产业高地。

【畜牧业重点项目建设】 中德通内斯—德康（眉山）高端肉制品屠宰加工项目办公住宿等配套设施主体已完成，厂区核心区正在加紧建设。正大300万只蛋鸡种养循环项目全面投产，存栏蛋鸡283万只，日产鲜蛋148吨。

（王　飞）

种植业
Planting Industry

【概况】 2022年,眉山市粮食作物播种面积20.23万公顷,比上年(下同)增长2.0%;油料作物播种面积5.96万公顷,与上年持平;中药材面积7426公顷,增长3.2%;蔬菜面积5.93万公顷,增长2.2%。全年粮食产量125.43万吨,其中,小春粮食产量6.64万吨,大春粮食产量118.97万吨。经济作物中,油菜籽产量12.63万吨,增长5.5%;茶叶总产量4.3万吨,增长4.8%;水果产量238万吨,增长4.4%。

【粮油作物】 眉山市深入实施“藏粮于地、藏粮于技”战略,坚持四大机制、推进五良行动、创新六种模式,助推粮食扩面增产提质增效。全年粮食作物播种面积20.23万公顷、粮食产量125.43万吨。其中,小春粮食产量6.64万吨,大春粮食产量118.79万吨。油料作物播种面积5.96万公顷。落实2022年耕地地力保护补贴资金2.99亿元、种粮大户补贴1335.24万元、稻谷补贴2715.86万元、实际种粮农民一次性补贴7293万元等惠农政策,鼓励农民采取秸秆还田、科学施肥用药、推进病虫害绿色防控和统防统治等综合措施,加强农业生态资源保护,粮油生产综合生产能力稳步提升,全市粮食规模化经营面积稳步提升。

图61 2022年6月,仁寿县珠嘉镇高标准农田 (供图:市农业农村局)

【经济作物】 眉山市水果面积10.53万公顷,产量238万吨,产值170亿元;蔬菜面积5.93万公顷,产量180万吨,产值44亿元;中药材面积7426公顷,产量4万吨,产值4.25亿元。

【种业发展】 眉山市全年引进6家科研院所及种业企业,创制引进水稻育种新材料30份,测试杂交水稻新组合500个;支持本土企业开展新品种研发,新审定通过国审水稻品种2个、川审玉米品种2个;建立主要粮食作物新品种展示示范基地7个,展示新品种300个以上。建成柑橘良种繁育中心4个,茶叶、中药材种苗繁育基地各1个,研发新品种2个,引进柑橘品种20个。新创建国家级生猪核心育种场1家,办理种畜禽生产经营许可件6件。眉山市2家水产种苗企业成功入选国家级种业阵型企业,全市年繁育水产种苗140亿尾。组织开展春、秋季种子质量市场抽查样品共170个,合格率均为100%;开展制种基地转基因全覆盖检查,未发现含有转基因成分。对146个试验品种开展试验评价和试验质量评价,对自主试验品种开展转基因检测124个。开展“双随机”检查制种企业或经营门市5家。全年查处种子案件9起、结案9起,无部、省转办的种业信访案件。市农业农村局被评为2021年四川省知识产权保护工作成绩突出集体。

【种业基地园区建设】 眉山市持续推进国家级杂交水稻制种基地建设,全市杂交水稻制种基地能力面积8.6万亩,“五化”基地面积占比50%以上,杂交水稻制种单产提高5%,良种普及率达99%。推进东坡区水产种业园区、洪雅县牛种业园区建设,通过省级种业园区创建中期考核评估。

图62 2022年8月,东坡区太和镇永丰村高标准农田 (供图:市农业农村局)

【农业种质资源保护利用】 眉山市农作物种质资源普查工作基本结束，普查出地方优质种质资源132份；畜禽种质资源普查工作完成调查和基础数据录入，普查出眉山畜禽遗传资源15个畜种、32个品种；渔业种质资源普查工作全面完成，初步建立水产养殖种质资源数据库；林木种质资源普查初步完成成果编制。全市3个国家级畜禽核心育种场、4个省级水产种质资源保护单位、洪雅县老川茶种质资源保护区得到有效保护与开发利用，洪雅县国有林场申报第三批省级林木种质资源库。

【高标准农田建设】 眉山市全年新建高标准农田0.88万公顷，同步发展高效节水灌溉0.1万公顷，土地平整0.08万公顷、土壤改良0.86万公顷、灌溉与排水214千米、新建蓄水池353口、整治山坪塘62座、新建和整治田间道路284.6千米、沟道治理2.1千米、提灌站25座，科技培训1.06万人次。全市高标准农田实际保有量8.51万公顷，永久基本农田范围内建成高标准农田7.47万公顷。全省率先编制发布地方标准《眉山市高标准农田项目建设规程》，东坡区获批国家高标准农田建设标准化示范区项目。

【耕地质量调查】 眉山市完成35个耕地质量长期定位监测点和398个耕地质量调查点的年度调查监测工作，完成年度耕地质量等级更新评价，全市耕地质量等级达到4.61，比上年提高0.05个等级。完成第三次全国土壤普查试点工作。

（王　飞）

畜禽业
Livestock and Poultry Industry

【概况】 2022年，眉山市坚持“打基础、补短板、扬优势、利长远”发展思路，强力推进全市畜牧业高质量发展。全市猪、牛、羊、家禽出栏量分别达到222.63万头（只）、2.75万头（只）、44.23万头（只）、3941.77万头（只），猪肉产量15.63万吨、牛奶产量15.36万吨、禽蛋产量6.19万吨。

【家禽养殖】 眉山市依托温氏、巨星公司等龙头企业推行寄代养模式，出栏家禽3941.77万羽、优质肉鸡1650万只。正大300万只蛋鸡种养循环项目全面投产，存栏蛋鸡283万只，日产鲜蛋148吨。

【生猪养殖】 截至2022年年末，眉山市生猪存栏146.53万头，其中能繁母猪存栏14.99万头；全年出栏生猪222.63万头，比上年增长5.13%。全市纳入农业农村部直联直报系统的生猪规模养殖场达到912个，规模养殖比重达70%。德康全产业链项目被农业农村部农产品质量安全监管司选为全国10个、全省唯一的生猪全产业链标准化试点基地。

【奶产业发展】 眉山市奶牛存栏2.18万头，主要品种有荷斯坦奶牛、西门塔尔奶牛、娟姗奶牛等，鲜奶产量达15.36万吨。眉山市有蒙牛、新希望、菊乐3家乳制品加工龙头企业，企业产值达20亿元，年产量达25万吨。完成部省奶样抽检3次，市县级抽检生鲜乳样品579份，全年没有发生生鲜乳质量安全责任事故。

【蜂产业发展】 眉山市存栏蜂群10.2万箱，蜂蜜产量1.37万吨。有养蜂专业合作社34个，专业养蜂户1662户，蜂业从业人员1.5万余人，拥有“无公害农产品”认证的蜂蜜产品企业2家，GMP认证的蜂产品生产企业1家。组织开展“5·20”世界蜜蜂日主题宣传活动，开展蜜蜂文化与蜂产品知识宣传，发放蜜蜂文化与蜂产品小册子4000余份。

【饲料产业发展】 眉山市饲料加工企业67家，设计年生产饲料能力430万吨，全年共生产饲料、饲料添加剂245.72万吨，其中配合饲料199.76万吨，浓缩饲料6.95万吨，预混料4.47万吨，单一饲料33.84万吨，饲料添加剂0.70万吨，饲料产值103.8亿元。

【畜禽良种化和养殖场标准化建设】 2022年，青神县涛哥哥农牧有限公司、丹棱县忠祥农场、东坡区腾龙家庭农场、洪雅信合农业发展有限责任公司、四川省嘉杰农业科技有限责任公司、眉山市华诚养殖有限公司（富牛养殖场）6个场成功创建省级畜禽标准化养殖场，截至12月末，全市部省级畜禽标准化养殖场达23个。完成第三次全国畜禽遗传资源普查2022年度工作任务，眉山温氏家禽育种有限公司全面完成2022年温氏青脚麻鸡2号成年鸡体型外貌、雏鸡体型外貌、鸡体尺体重测定、鸡生长性能测定、鸡屠宰性能测定、鸡肉品质测定、鸡蛋品质测定、鸡繁殖性能测定及鸡遗传资源影像材料收集工作，测定性状及数量符合《第三次全国畜禽遗传资源普查操作手册（第二册）》要求。四川省眉山万家好种猪繁育有限公司成功入选国家级核心育种场，截至12月末，全市有国家级核心育种场3个。

【畜禽养殖废弃物资源化利用】 眉山市农业农村局印发《关于进一步做好畜禽粪污资源化利用工作的通知》《眉山市“十四五”畜禽养殖污染防治规划》《眉山市畜禽粪污资源化利用填报技术指南》和《关于加强畜禽养殖节约用水的通知》，组织召开2022年畜禽养殖环保安全和生产统计工作培训会。积极争取支持政策，落实绿色种养循环农业试点县、畜禽绿色产业发展、奶业生产能力提升整县推进等项目资金4000万元。全域推进种养循环，推广粪污管网输送、“3211”等农牧结合生态治理模式，全市实施畜禽养殖场种养循环提升工程121个，畜禽养殖场臭气深度治理工程20个，畜牧节水示范工程10个，畜禽粪污综合利用率达94.2%。

【重大动物疫病防控】 眉山市农业农村局全年争取落实到位中、省动物防疫补助经费2197.52万元，主要用于畜禽强制免疫、强制扑杀、无害化处理和动物疫病监测净化等。市、县两级疫控中心实验室累计完成各类动物疫病检测100992份次，其中血清学免疫抗体检测35238份次，非洲猪瘟等病原学检测23280份次，口蹄疫（3ABC）等其他检测1459份次，人畜共患病检测41015份次，完成外来病及主要畜禽疫病专项监测采送样任务330份，并印发分析会商和专题技术报告3份，科学指导防控。累计免疫口蹄疫等动物疫病4893.54万头只／羽份，各强制免疫病种应免全免，免疫抗体抽检总体合格率96.92%，高出部、省规定26.92个百分点。坚持非洲猪瘟常态化防控，共有非洲猪瘟防控“3+1+1”网格员7026名，累计排查养殖场、屠宰场等场点25.82万余场次，排查生猪2840.62万余头次；线上线下开展各类防控技术培训1800余人次；发放各类防控告知书、宣传资料91231份。创建国家级和省级猪无非洲猪瘟小区各1个,创建省级动物疫病净化场3个,动物疫病净化创建工作走在全省前列。11月19—21日,青神县代表四川省接受国家2022年秋季重大动物疫病防控工作成效检查评估,检查组对眉山市重大动物疫病综合防控工作给予充分肯定。

【人畜共患病防控】 眉山市农业农村局针对狂犬病实行春、秋两次免疫,共免疫登记犬只97.7万只次,免疫抗体抽检平均合格率93.79%;完成狂犬病免疫抗体检测3058份次、唾液带毒检测1210份次,血吸虫病检测6430头次,家畜(牛)圈养率达100%,牛羊布病检测30317份次,全市人畜狂犬病连续5年零发生,牛羊布病阳性检出率持续下降,奶牛结核病阳性连续6年未检出。

【动物卫生监管】 眉山市农业农村局全年产地检疫畜禽5815万头(只、羽),其中生猪262.67万头,牛、羊14493头,禽兔5551.21万头(只、羽);屠宰检疫生猪114.63万头,其他肉类产品5.54万吨;无害化处理生猪33029头、牛羊1123头、动物产品573.73吨,病死禽畜及病害产品处置及时,无大规模抛弃病死畜禽事件发生。

【生猪屠宰监管】 眉山市32家生猪屠宰企业,配置官方兽医156人,对屠宰经营状况进行实时动态监管;严格落实生猪屠宰环节"两项制度"(非洲猪瘟自检和官方兽医派驻制度),规范生猪及车辆进行消毒管理,开展屠宰企业"飞行检查"和"双随机、一公开"检查,督促屠宰企业全面落实内部管理制度和非洲猪瘟防控措施。

(王　飞)

水产业
Aquaculture

【概况】 2022年,眉山市水产养殖面积20.74万亩,水产品总产量14.43万吨(居全省各市州第二位),渔业经济总产值53.5亿元(居全省各市州第二位),生产优质鱼苗140亿尾,鱼种2.86万吨。渔业经济发展和水产养殖科技水平继续保持全省领先地位。

【农村养殖水面经营权确权颁证】 眉山市、县(区)两级养殖水域滩涂规划(2017—2030)编制完成并经政府发布实施;已颁发养殖水域滩涂许可证(县级)51本,总面积2624公顷;年检水产种苗生产许可证506户(本)。

【水产科技推广应用】 眉山市大力推广斑点叉尾鮰"江丰一号"、黄颡鱼"黄优一号"以及大口黑鲈"优鲈3号"等系列优质水产品种,开展绿色水产健康养殖技术推广"五大行动",水产科技培训活动5期,推广池塘"80∶20"鲢鳙鱼套养、生物浮床种植水稻、蔬菜、花卉,水生植物栽培、微生物制剂水质底质改良、渔业机械增氧以及水库"净水渔业"、稻鱼综合种养等健康养殖技术;推广现代渔业机械、智能设施渔业远程电脑控制系统等现代渔业管理创新成果;试点开展工厂化循环水育苗、池塘"高位池+净化池"循环水养殖、池塘流水槽生态循环、底部增氧和养殖尾水固液分离、池塘内循环水养殖、池塘纳米微孔底部增氧、池塘生物浮床鱼草(菜)共生、养殖用水池塘种藕以及生物藻类培育等;水产科技贡献率85%以上。

【长江"十年禁渔"】 眉山市农业农村局组织召开天然水域禁捕和退捕渔民安置保障工作推进会;出台《眉山市天然水域垂钓管理办法(试行)》;制发《2022年眉山市天然水域禁捕和退捕渔民安置保障工作要点》《眉山市2022年渔业增殖放流项目实施方案》《眉山市"中国渔政亮剑2022"系列专项执法行动实施方案》《眉山市涉渔船舶监管专项整治行动实施方案》;多渠道、多形式加大《长江保护法》《渔业法》及长江"十年禁渔"政策宣传,通过网络、报刊及各类新闻媒体、网站宣传报道眉山禁渔工作和水生生物资源保护动态信息148条;开展水生生物资源监测及禁渔效果评估、禁捕(退捕)工作月调度;退捕渔民转产安置和社会参保情况持续良好;建立完善禁捕水域网格化管理体系,将禁捕工作纳入河长制巡河查河内容;开展涉渔"三无"船舶专项整治;常态化开展严厉打击非法捕捞、违法违规垂钓、市场餐馆非法经营利用野生渔获物不法行为。办理涉渔案件线索60起,其中:非法捕捞案件56起(移送司法机关案件41起),非法经营、非法广告案件4起。东坡区长江"十年禁渔"执法能力提升和"亮江亮河"工程项目实施完成;落实省级批复涉渔工程渔业资源生态补偿资金325.4万元,其中,当年应使用资金189.227万元,截至11月25日,当年已使用资金270.91万元,资金落实率83.25%;市本级、洪雅县及青神县完成中央财政渔业增殖放流项目实施任务,增殖放流珍稀濒危和经济性鱼苗31万尾,完成年度中央财政渔业增殖放流项目任务的114.8%。

(王　飞)

农业机械化
Agricultural Mechanization

【概况】 2022年,眉山市农机总动力达225.48万千瓦,完成农作物机耕389.33万亩、机播192.75万亩,机收239.13万亩,主要农作物耕种收综合机械化水平达76%。

【农业机械化推进】 眉山市农业农业局紧扣春耕、"三夏""三秋"重要农时季节,抽调管理和技术服务人员深入生产第一线服务指导。强化农机化生产调度,组织好机具保障供给、机手技术培训、机具调试检修、维修服务、农机社会化服务供需对接,发放跨区作业证109份,引导机具优质、高效、安全作业。引进示范先进适用农机装备,狠抓粮油作物机收减损,开展机收减损监测。仁寿县实施"五良融合 宜机改造"示范县建设项目,开展宜机化改造2387亩,以地块联通、缓坡化旱地改造、水平梯田改造为重点,打造示范样板,补齐农机化基础条件薄弱短板,提升机械化水平。开展全程机械化示范创建,东坡区入选全国第七批率先基本实现主要农作物生产全程机械化示范县(市、区)。

【农机购置补贴】 眉山市实施农机购置补贴资金703.45万元,受益户数2114户,带动农民投入2370余万元,新增补贴机具3017台(套)。

【新技术新机具推广】 东坡区引进川内首台杂交稻精准条播机,彭山区引进两台循环运动式育苗设备,推广示范水稻精准条播育秧技术及循环运动育秧,提高全市

图 63　2022 年 8 月 12 日,机械化收割水稻　（摄影:姚永亮）

水稻育秧机械化水平。在彭山区开展洋马 YH6118 半喂入联合收割机现场演示会、在青神县召开稻草饲料化利用机械化采收试点现场会。彭山区购置马铃薯生产全程机械化装备和机具,打造马铃薯全程机械化示范点,实现耕、种、防、收全程机械化,示范面积 150 亩。仁寿县安排财政资金用于“天府粮仓”农用机械购置项目,共投资 2834 万元,其中村集体自筹资金 851 万元,县财政补助资金 1983 万元,购置用于丘陵地区农业生产机械 284 台,用于农田宜机化改造机械 36 台,推进“天府粮仓”示范区建设。

【提灌站建设】 眉山市全年总投入提灌资金 1373.3 万元,新建改造提灌站 155 座 2669 千瓦,新增移动式灌溉设备 1803 台 3970 千瓦。全年提水量 22940 万立方米,累计灌溉面积达 254 万亩。仁寿县、洪雅县、青神县实施省级标准化机电提灌站建设项目,新建和改造提灌站 10 座。

【农机合作社培育】 眉山市新成立农机合作社 5 个。彭山区成林农机专业合作社、青神县丰顺农机专业合作社、仁寿县腾赢量农业专业合作社、丹棱县科学农机服务专业合作社、东坡区三合水稻专业合作社被确定为四川省第二批“全程机械化 + 综合农事”服务中心。

【农机安全管理】 眉山市农业农村局深入推进存量变型拖拉机清零行动,截至 2022 年年末,全市存量变型拖拉机保有量为 52 台,彭山区、丹棱县已实现清零。全年开展安全宣传教育培训 30 次,发放安全宣传资料 8000 余份。11 月 18 日,由四川省农机监理总站主办、眉山市农业农村局、眉山市彭山区人民政府承办的四川省 2022 年成都片区农机事故应急处置演练在彭山区举行。全年全市无较大及以上农机安全生产事故发生。

（王　飞）

农田水利
Irrigation and Water Conservancy

【概况】 截至 2022 年年底,眉山市累计建成主要水利工程有:水库 290 座[其中大型 1 座、中型 10 座(含穆家沟水库)、小(1)型 49 座、小(2)型 230 座];灌区 1583 个[其中大型灌区 2 个、中型灌区 31 个(含非独立灌区 6 个)、小型灌区 1550 个]。引水渠堰 269 条(大型引水渠灌区 1 处,中型引水渠灌区 12 处,小型引水渠堰 256 条),山平塘 19034 口,石河堰 1236 处,固定提灌工程 2398 处。

【小型水库管理体制改革】 眉山市水利局推广小型水库区域集中管护、政府购买服务、“以大带小”等创新管护模式,全年 227 个分散管理的水库全面实现“专业化、社会化、标准化”管理。东坡区获评“全国第一批深化小型水库管理体制改革示范县”,彭山区、丹棱县获评“四川省第二批深化小型水库管理体制改革示范县”。

【春灌保栽】 眉山市水利局采取蓄、拦、引、提等多种方式引水入库入塘,蓄水 5.12 亿立方米;水管单位会同灌区群众对 389.5 千米影响春灌效率的斗、农、毛渠和 37.7 千米洪灾水毁灌排渠系开展掏淤补漏和水毁工程修复,确保灌溉渠道输水畅通;成立市、县两级春灌工作领导小组,结合“3·22”世界水日宣传活动、微信公众号等方式,及时帮助解决群众用水纠纷事件 3 起。2022 年芒种前顺利实现 152.77 万亩水稻满栽满插,被四川省水利厅评为“2022 年春灌先进集体”。

【病险水库除险加固】 眉山市水利局 2022 年完成 40 座规划内小型病险水库除险加固竣工验收,其中眉山天府新区 2 座,东坡区 7 座,彭山区 8 座,仁寿县 19 座,洪雅县 4 座。按照“一库一策”原则,逐一制定整治方案,提前三年实现水利部“存量病险水库清零”目标。

【中型灌区续建配套与节水改造】 眉山市水利局对上争取东坡区金花支渠、彭山区红光支渠 2 个非独立灌区和东坡区蟆颐堰灌区、仁寿县洪峰水库灌区、洪雅县柳新渠灌区、青神县鸿化堰灌区、丹棱县东风水库灌区 5 个独立灌区共计 7 个中型灌区配套与节水改造项目,下达中、省水利发展资金 6880 万元。拟将蟆颐堰、柳新渠、鸿化堰等千年古堰建设成具有信息化、标准化、节约化和浓厚水文化的“四化”灌区,为发展现代农业、保障粮食安全、打造新时代更高水平“天府粮仓”提供坚实的水利支撑。

【重点水利工程建设】 眉山市东坡区穆家沟水库全面建成投用,彭山区龚家堰水库扩建工程、青神县复兴水库扩建工程、丹棱县观音崖水库工程完工。完成 10 个岷江、青衣江堤防工程和中小河流治理项目建设,完成中小河流综合治理 15 千米,完成新建和整治加固岷江、青衣江堤防 13 千米。

（方　媛）

移民安置与扶持
Immigrant Resettlement and Support

【概况】 2022 年,眉山市有实施阶段移民安置任务在建中型水利水电工程 6 个(穆家沟水库、汤坝航电、龚家堰水库扩建工程、复兴水库扩建工程、虎渡溪航电、汉阳航电），涉及移民投资近10亿元，搬迁及生产安置移民近6000人，其中完成虎渡溪航电工程移民安置蓄水验收，启动龚家堰水库扩建工程、穆家沟水库工程移民安置竣工验收。正在开展移民安置前期工作的中型水库1座（仁寿喜鹊寺水库）、中型航电1座（张坎航电枢纽工程），其中《岷江张坎航电枢纽工程实物指标调查细则及工作方案》审定通过，仁寿县喜鹊寺水库移民安置规划大纲及规划报告审定通过。

截至2022年年底，全市有大中型水利水电工程移民58633人（含瀑布沟电站外迁移民3184人、三峡电站外迁移民866人），及时、足额兑现全市38829人移民后扶直发直补资金217.66万元，项目扶持19804人兑现移民补助资金1188.24万元。全年争取到位移民后期扶持项目资金1.09亿元，推进移民后扶项目实施62个，有效改善库区和移民安置区移民生产生活条件。

【移民安置】 眉山市水利局稳步推进移民规划安置实施。编制、上报《岷江张坎航电枢纽工程实物指标调查细则及工作方案》；完成仁寿县喜鹊寺水库移民安置规划大纲及规划报告编制、审批任务；通过虎渡溪航电工程移民安置蓄水验收；启动龚家堰水库扩建工程、穆家沟水库工程移民安置竣工验收。

【移民后期扶持】 眉山市水利局精准实施移民人口动态管理，实行一人一卡，按月（季）到账，及时、足额兑现眉山市38829人移民后扶直发直补资金2920万元，无截留挪用、错领冒领现象发生。投入移民后期扶持项目资金10875万元，扶持农村移民58633人，重点建设美丽家园建设、中小微水利工程建设及维护等项目，进一步改善库区和移民安置区基础设施条件和生态环境，促进经济发展、移民增收，提高移民群众获得感、幸福感、安全感。完成2020年、2021年大中型水库移民后期扶持政策实施情况监测评估工作、2021年度大中型水库移民后期扶持基金绩效评价和三峡移民生产生活水平跟踪监测调研，促进各项移民后期扶持政策落地落实。

（方　媛）

脱贫攻坚成果巩固

Consolidation of Poverty Alleviation Achievements

【概况】 2022年，眉山市贯彻落实中央、省委、市委决策部署，全力推动巩固拓展脱贫攻坚成果同乡村振兴有效衔接，全市无一人一户返贫致贫，脱贫群众人均纯收入达13277元、同比增长15.2%。7月1日，眉山市2021年度巩固拓展脱贫攻坚成果同乡村振兴有效衔接考核评估情况被省委、省政府综合评价为“好”；东坡区、彭山区、仁寿县、洪雅县、丹棱县综合评价为“好”，青神县为“较好”；彭山区、洪雅县2项经验做法被列入考核评估典型经验做法清单。

【政策体系衔接】 眉山市农业农村局严格落实“四个不摘”（摘帽不摘责任、摘帽不摘政策、摘帽不摘帮扶、摘帽不摘监管）要求，推动巩固拓展脱贫攻坚成果同乡村振兴有效衔接“1＋32”政策落地落实，不断巩固提升“两不愁三保障”和饮水安全成果。市、县（区）在党委农村工作领导小组下增设巩固拓展脱贫攻坚成果同乡村振兴有效衔接专项工作领导小组，负责统筹、协调、督促和指导推进巩固拓展脱贫攻坚成果同乡村振兴有效衔接各项工作，构建责任清晰、各负其责、执行有力的工作推进机制。制定《关于做好2022年巩固拓展脱贫攻坚成果同乡村振兴有效衔接工作的实施意见》，指导推进全市各项工作任务。习近平总书记来川视察后，及时制定贯彻落实具体措施及分工方案，确保将总书记的殷殷嘱托落到实处、见到实效。

【资金投入衔接】 眉山市农业农村局全年投入各级财政推进乡村振兴补助资金6.73亿元，增长5.9%，实施项目442个。加大中、省财政衔接推进乡村振兴补助资金（3.83亿元）向产业发展倾斜，投入2.29亿元，占比59.8%，增长5%。扎实推进扶贫资产项目清理“回头看”，全面梳理2021年度帮扶项目资产322个，涉及金额4.56亿元。

【防返贫监测】 眉山市农业农村局进一步健全防止返贫动态监测帮扶工作机制，坚持常态排查、集中排查、动态监测等方式，聚焦开学季、汛期、干旱季节等重要时间节点，累计将3297户8105人（2022年新识别监测对象612户1704人）纳入监测，户均落实产业、就业和医疗等帮扶措施2～3个，实现应纳尽纳、应扶尽扶。

【帮扶工作】 眉山市农业农村局优化驻村帮扶机制，向省级脱贫村、乡村振兴重点帮扶村、乡村振兴任务重的村、规模较大的易地搬迁集中安置点所在村、党组织软弱涣散村、集体经济薄弱村6类村，因村选派232名第一书记、462名驻村工作队队员开展驻村帮扶。扎实开展定点帮扶，安排市级部门（单位）结对帮扶87个村。继续开展省内对口帮扶，安排2022年对口帮扶资金4339万元，实施帮扶项目38个，助力金川、茂县持续巩固脱贫攻坚成果，接续推进乡村振兴。创新开展“百企联百村共走振兴路”行动，创建省级示范基地1个。编制44个重点帮扶村巩固拓展脱贫攻坚成果同乡村振兴有效衔接实施方案，协调市领导联系指导44个重点帮扶村，统筹整合各方资源、资金、政策向重点帮扶村倾斜，仁寿县珠嘉镇顺龙村、丹棱县齐乐镇龙鹄村、青神县高台镇玉蟾寺村成功创建省级乡村振兴重点帮扶优秀村。

（王　飞）

【以工代赈】 眉山市全年实施11个以工代赈项目，到位中央财政和中央预算内资金5055万元，是历年来争取以工代赈项目资金最多的一年。其中，东坡区以工代赈赈济模式创新拓展项目为眉山首次参加遴选，并以全省第二名通过省级遴选，到位中央预算内资金800万元。项目建设中广泛吸纳脱贫户、易地搬迁户、监测户、其他低收入人群及因病因灾因疫受影响群众1232人参与工程建设，发放劳务报酬近1200万元，占中央资金的23.7%。以工代赈工作始终围绕以群众为主体抓好项目实施。1月，市发展改革委印发《眉山市以工代赈项目村民自建工作流程》，为基层实施村民自建项目提供指引。3月，以“坚守赈的初心，切实维护群众利益”为主题，全省2022年以工代赈村民自建项目集中开工仪式在洪雅县举行，10个市（州）以工代赈负责人、眉山市各县（区）有关人员、项目理事会成员及务工群众代表参加。省以工代赈办主任陈琦为村民自建项目理事会集中授牌。4月，印发《眉山市“十四五”以工代赈实施方案》，重点规划“十四五”期间以工代赈项目投资领域、政策方向、实施重点等。眉山市被列为全省通过“一卡通”平台发放以工代赈劳务报酬三个试点市之一。5月，市发展改革委与市财政、人社、乡村振兴、银保监等部门联合印发《眉山市通过“一卡通”监管平台发放以工代赈项目劳务报酬试点实施方案》。12月，全省以工代赈赈济模式创新拓展项目务工组织联合调研交流活动在东坡区举行，眉山市以工代赈工作得到省发展改革委和各市州一致好评，为全省以工代赈工作提供可资借鉴经验。

【以工代赈推广】 眉山市发展改革委继续在农村生产生活、农村交通、水利、文化旅游、林业“五大领域”中，选择投资规模小、技术门槛低、前期工作简单、务工技能要求不高的农业农村基础设施项目，大力推广以工代赈方式。2022年，推广39个项目采取以工代赈方式实施，投入财政资金9558.61万元，吸纳当地脱贫户、监测户、低收入户以及受疫情影响外出务工群众等1701人；组织务工群众技能培训3070人次；发放劳务报酬1177万元，占财政资金的12.32%，充分发挥以工代赈作用，有效助力脱贫攻坚成果巩固拓展乡村振兴全面推进。

（李旭平）

乡村振兴
Rural Revitalization

【概况】 2022年，眉山市坚持以习近平总书记关于“三农”工作的重要论述为指引，深入贯彻中共二十大和习近平总书记来川视察重要指示精神，全面落实中央、省关于“三农”工作的决策部署，把实施乡村振兴战略作为新时代“三农”工作总抓手，扎实推动各项工作开展。6月8日，习近平总书记来川莅眉视察，对眉山市坚持粮食种植助力保障国家粮食安全的做法表示肯定。眉山市成功创建全省乡村振兴先进市，全市一产增加值实现242.31亿元，增长4.6%、增速位居全省第二，创历史最好水平；农民人均可支配收入23099元，增长6.1%、总量连续13年位居全省第四。

【乡村产业振兴】 8月30日，市委五届五次全会作出决定，建设新时代更高水平“天府粮仓”示范区，规划布局“一核三带十片”（“一核”：打造永丰核心样板区，“三带”：打造岷江、青衣江自流灌区、黑龙滩保灌区三大灌区粮食生产带，“十片”：依托三大灌区粮食种植现状和地形条件，规划10个万亩以上“集中连片、旱涝保收、节水高效、稳产高产、生态友好”的高标准农田集中区），大力实施“六大工程”，设立每年7亿元“天府粮仓”财政专项资金，落实市级领导挂帅包片推进机制。2022年粮食播种面积303.4万亩、产量125.4万吨，粮食单产413千克/亩、居全省第一。严格落实“菜篮子”市长负责制，在全省考核中获评优秀等次。稳定生猪生产，出栏生猪222.6万头、增长5.13%。在稳定粮油、生猪两大战略产业基础上，提质发展东坡泡菜、眉山春橘、眉山竹业三大特色支柱产业，成功举办泡博会、竹博会，泡菜销售收入达220亿元、眉山春橘产值实现120亿元、竹产业综合产值达105.7亿元，全市“味在眉山”销售收入突破1200亿元。“东坡泡菜”荣登地理标志百强榜，青神县获评“中国晚熟柑橘出口示范区”，丹棱县齐乐镇入选全国“一村一品”示范乡镇，洪雅县中山镇获评全国农业产业强镇。全省川果产业高质量发展现场推进会在眉山市召开。

【乡村人才振兴】 眉山市农业农村局继续探索乡村人才振兴制度，深入实施“眉州田园名星”培育计划，遴选出15名优秀对象授予“眉州田园名星”称号。科学实施高素质农民培育，培育高素质农民994人，培育一支有文化、懂技术、善经营、会管理的高素质农民队伍。大力支持龙头企业、农民合作社、家庭农场、专业大户等新型农业经营主体发展，新培育国家级龙头企业1家，家庭农场总数达全市入库家庭农场11816个，为全市家庭农场高质量发展提供支撑。

【乡村文化振兴】 眉山市加强农村精神文明建设，以社会主义核心价值观引领，推动形成文明乡风、良好家风、淳朴民风。开展乡村治理示范村镇创建，发挥示范引领辐射带动作用。创建四川省第三批乡村治理示范镇2个、示范村17个。开展农村生产生活遗产保护和传承工作，助力乡村振兴促进农民就业增收。全市入选第三批四川省农村生产生活遗产名录6项，入选天府农耕文明博物馆展品6件，评定第六届“四川省农村手工艺大师”4人，认定首批四川省农村致富带头人17名。牵头组织开展农村高价彩礼、大操大办等移风易俗重点领域突出问题专项治理。常态化开展农业农村系统扫黑除恶斗争工作，宣传贯彻《中华人民共和国反有组织犯罪法》，加强行业领域乱象整治和线索摸排。开展“禁毒宣传进农村”主题宣传活动和“全民禁毒宣传月”活动，在仁寿县始建镇、文宫镇，开展禁毒定点包片工作，督促指导两镇严格落实吸毒人员管控、禁毒教育宣传和禁毒专项排查。

【乡村生态振兴】 眉山市大力实施化肥农药减量、畜禽养殖污染治理、水产健康养殖、厂区外泡菜盐渍池督导、农业废弃物资源化利用“五大行动”，畜禽粪污综合利用率达94.2%，秸秆综合利用率达94.04%，化肥农药施用量持续负增长。切实抓好农产品质量安全监管，全年未发生农产品质量安全事件，有效期内“三品一标”总量达285个。丹棱县获评国家生态文明建设示范县。洪雅县挂牌成立全省第一个、全国第二个森林碳汇管理局。

【乡村组织振兴】 眉山市加强基层党组织建设，推动组建镇级片区联合党委17个、村级片区联合党组织112个，分别评定AAAAA级、AAAA级先进村党组织3个、22个，村党组织书记中优秀返乡农民工占83.1%。全市“一肩挑”覆盖率97.6%。广泛推进“道德超市”积分制和群众文化活动“三下乡”。建成农村“雪亮工程”视频监控并纳入公共安全视频监控联网平台，加强“红袖标”队伍建设，打造平安和谐村社。洪雅县自新村、丹棱县幸福村获评中国传统村落。

（王　飞）

工信产业

INDUSTRY AND INFORMATION INDUSTRY

工业经济运行 / 工业产业结构调整 / 工业企业培育 / 工业产业发展 / 工业项目建设 / 工业企业选介 / 电网建设与电力供应 / 信息化建设与管理 / 无线电管理 / 中国电信 / 中国移动 / 中国联通 / 铁塔通信 / 眉山高新区 / 甘眉工业园区

工业经济运行
Industrial Economy Operation

【概况】 2022年，眉山市经信系统围绕“制造强市突破年”主题，坚定不移拼经济、搞建设，深入推进制造强市建设，大力开展工业提升攻坚行动，积极助企纾困解难，全力保市场主体和产业链供应链稳定，推动全市工业经济实现“V”形强势反弹。全年全市规上工业增加值比上年增长7%，居全省第七位；全市新增规上工业企业130户，完成率居全省第四位；规上企业总户数829户，居全省第七位；完成工业投资413.9亿元，比上年增长23.3%，居全省第六位；完成技改投资170.1亿元，比上年增长33.3%，居全省第四位。

【工业经济发展政策落实】 眉山市经信系统积极落实《加快“1+3”产业绿色低碳高质量发展支持政策（试行）》，从支持集约高效发展、绿色低碳发展、创新赋能发展、人才引领发展、财金服务发展、供给保障发展等方面进行激励，2022年兑现加快“1+3”产业绿色低碳高质量发展支持政策（第一批）2492万元，涉及项目44个；出台支持工业企业和重点项目春节期间不停产不停工政策，兑现184户企业资金2148万元。

【工业企业信贷风险补偿贷款】 眉山市经信系统大力支持企业使用应急和风险基金，化解信贷风险。扩大政策惠企范围，累计向市政府推荐应急周转资金及风险补偿基金白名单企业962户，2022年，应急转贷为27户企业办理30笔转贷业务，转贷总额近8亿元；风险补偿贷款为44户企业办理45笔贷款业务，贷款总额近3亿元。

【工业企业贷款】 眉山市经信系统开展金融“面对面”“云服务”“大讲堂”“大比拼”四大行动，推动四川振兴基金与眉山产投共同组建6.02亿元投资顺应动力电池，标志着四川振兴基金在眉山投资的首笔基金落地。为724户企业建立融资服务档案，促成融资合作1055笔。全市制造业企业累计获得金融支持超240亿元，新增贷款超90亿元，较年初实现同比增量翻番。

图64 2022年11月23日，彭山经济开发区 （供图：眉山日报社）

【工业项目招引】 2022年，新签约通威太阳能、中创新航等205个制造业项目，合同金额1357亿元。建立“市领导分产业链挂帅、区县园区为主体、驻外招商队伍为先锋、部门服务为支撑、商协会力量为补充”工作机制，与成（都）德（阳）资（阳）3市共赴大亚湾区联合招商，举办眉山“制造强市”无锡专场推介会等专题投促推介活动。精准招引新希望味业、协鑫能源等世界500强、中国500强、总投资10亿元以上项目55个，签约金额超1188亿元。在四川省制造业招商引资百日攻坚第二季行动中排名全省第四。

【工业园区建设】 2022年，眉山市8个重点工业园区有规上工业企业631户，实现总产值1979亿元，占全市工业比重84%；完成工业投资360.3亿元，占全市比重87%；完成规上工业利润104亿元；园区规上工业平均用工数10万人。建成园区污水处理厂16座，覆盖率100%，日处理能力达18万吨，配套管网385千米；新建标准厂房30万平方米，新建道路72条，配套人工湿地近500亩。甘眉工业园区建成投用全市首个城镇综合体，可满足4000名企业高管、员工入住。

眉山高新化工园区、眉山甘眉化工园区、彭山成眉化工园区3个园区获批省级化工园区；甘眉工业园区是全省4个藏区飞地园区中工业总量最大的园区，2022年入选10个省绿色低碳优势产业重点园区名单；甘眉工业园区、彭山经开区、仁寿经开区、丹棱经开区4个园区成功纳入省循环化改造试点园区；青神经开区、彭山经开区列入四川省近零碳排放园区试点名单；甘眉园区、眉山高新区获首批省“5+1”重点特色园区。

2022年眉山市重点工业园区一览表

表11

序号	园区名称	园区级别	备注
1	眉山天府新区		纳入国家级天府新区范围
2	眉山高新技术产业园区	省级	含眉山高新化工产业园、眉山“中国泡菜城”、眉山经济开发区新区（即西部药谷）
3	甘孜—眉山工业园区	省级	含甘眉工业园区南区
4	四川彭山经济开发区	省级	
5	四川仁寿经济开发区	省级	
6	四川洪雅经济开发区	省级	
7	四川丹棱经济开发区	省级	
8	四川青神经济开发区	省级	

【国家级绿色工厂和产品认证】 2022年，眉山市吉香居食品、金象赛瑞、环龙新材料、千禾味业、中车眉山车辆、蒙牛乳业（眉山）、德恩精工、中建西部建设、天府江东、富生电器10户企业获得国家级绿色工厂称号；环龙新材料“斑布BASE系列卫生卷纸”、四川金象赛瑞化工股份有限公司11种复合肥、四川天府江东科技有限公司层绞式通信用室外光缆、四川立白实业有限公司“青柠洗洁精”、四川同庆南风洗涤用品有限责任公司奇强柠檬洗洁精等15个产品获得国家级绿色产品称号。

【云上工业供需平台接入】 2022年，眉山市684户工业企业入驻天府云销平台发布供需对接信息，345户企业在成都工业互联网供需对接平台发布供需对接信息。

【成眉制造业深化合作系列活动】 眉山市联合成都成功申报国家级成渝地区电子信息先进制造业集群。成（都）德（阳）眉（山）资（阳）四市共同举办第二届成都都市圈产业生态圈建设供需云享大会、成都都市圈电子信息企业供需对接大会、首批“白酒新国标品质示范产品”发布会。推动成都信息工程大学与信利（仁寿）开展“产教研”战略合作。12户企业在成都设立研发中心开展新能源新材料等高端产品研发。

（周宇乐）

工业产业结构调整

Industrial Structure Adjustment

【概况】 2022年，眉山市以新型工业化为主导，围绕“制造强市突破年”主题，大力实施制造强市首位战略。以新能源新材料、电子信息、机械及高端装备制造、生物医药等为主导的“1+3”现代工业体系初步建立，新能源新材料突破1000亿元规模，成为全市首个千亿产业。重点布局锂电、晶硅光伏、化工新材料三大产业集群，天华超净、中创新航等53个重大锂电项目集聚眉山。眉山市“1+3”产业规上工业企业达460户，占全市规上工业企业总户数的55.5%；“1+3”产业规模达到1611.4亿元，占规上工业比重达68%；产值增速达18.7%，高于规上工业增速6.7个百分点；新引进亿元以上项目114个，新培育规模以上工业企业87户。

【现代工业产业体系构建】 眉山市按照国家“双碳”战略部署和省委推动绿色低碳优势产业高质量发展要求，深度融入全省“6+1”现代工业体系，实施“筑圈育链强基”计划，突出发展新能源新材料，重点发展电子信息、机械及高端装备制造、生物医药，协同发展其他产业，打造成渝地区新能源新材料制造基地、全国“专精特新”装备制造基地、西南生物医药重要研发生产基地、成渝地区电子信息重点配套基地。

【工业产业质量提升】 眉山市经信局组织开展《品牌培育管理体系实施指南》行业标准培训活动，加强工业品牌培育；深入企业开展“质量月”活动，邀请“质量标杆”进企业，组织经验交流，学习“质量标杆”企业先进技术、质量管理方法及经验，有效提升企业技术水平和产品质量。全年成功培育省级工业质量标杆企业2户，截至2022年年底，全市有省级工业质量标杆企业3户。

【产业生态圈和生态链构建】 2022年，成（都）德（阳）眉（山）资（阳）四市联合编制《成都都市圈制造业发展白皮书》等产业规划文件，发布《成都都市圈重点产业产业链全景图》，眉山引领锂电、协同晶硅光伏、配套化工新材料发展；参与建设“成遂雅眉锂电产业带”“成乐眉光伏产业带”“成绵眉新型显示产业带”，共同打造“成眉高新技术产业带”，甘孜州、眉山市、四川发展（控股）有限责任公司签订三方合作框架协议，加快推进锂矿资源深度合作。融入成都新型材料千亿产业生态圈，茵地乐、方大炭素等企业为成都企业配套锂电池专用黏合剂、石墨电极等产品。融入成都世界级装备制造万亿产业集群，通威太阳能、丹齿精工等企业为成都企业配套太阳能电池、齿轮传动件等产品。融入成都“芯屏端软智网储”电子信息万亿产业，博雅新材料、珂玛材料等企业为成都配套高纯过氧化氢、等离子喷涂、硅酸钇镥闪烁晶体（LYSO）等产品。融入成都生物医药产业生态圈，国为制药、蜀西制药等企业为成都企业配套盐酸莫西沙星、柑橘黄酮片、临床前新药研发技术服务等产品。成德眉资共有411户企业搭建合作配套关系，累计推进129个成眉合作重点项目建设，其中竣工投产42个。

【战略性新兴产业培育】 全市战略性新兴产业实现产值796亿元，占全市规上工业比重达33.6%。

【工业产业技术创新】 眉山市持续开展技术创新工作，大力培育企业技术中心，提升企业自主创新能力。全年新培育市级企业技术中心19户、省级企业技术中心10户、省级技术创新示范企业2户。截至2022年年底，全市市级及以上企业技术中心115户，其中，国家级企业技术中心1户、省级企业技术中心55户、市级企业技术中心59户；省级及以上技术创新示范企业12户，其中国家级技术创新示范企业1户。

【服务型制造业发展】 眉山市在全省率先出台《眉山市关于加快发展新经济培育壮大新动能的实施方案》，指导德恩精工成功申报工信部第四批服务型制造示范企业，阿格瑞成功申报2022年四川省新经济示范企业，吉香居、中广核等4户企业成功申报省级工业设计中心，排名全省第二，仅次于成都，格力电工等5户企业成功申报省级服务型制造示范企业，排名全省第三，仅次于成都、绵阳。

【闲置低效工业用地清理处置】 眉山市经信局与市规划和自然资源局联合制定闲置低效工业用地清理处置方案，坚持“依法依规、合理利用”原则，多措并举，强力推进闲置低效工业用地清理处置。2022年，清理认定低效工业用地73宗，处置30宗，处置率41%。

【工业节能降耗】 眉山市全年规上工业单位增加值能耗下降5.6%。严格产业准入，严格执行技术改造项目产业政策和环保准入政策，实施项目节能审查制度，杜绝新增钢铁、焦化、电解铝、水泥和平板玻璃等产能技改项目。持续开展绿色制造体系建设，积极创建绿色工厂、绿色设计产品、绿色供应链，引领全市工业企业走绿色发展道路。2022 年，全市 12 个绿色工厂、2 个绿色园区、1 个绿色供应链共 15 个单位被成功认定为省级绿色制造单位，数量居全省第 2 位；市级绿色制造单位成功创建 18 个。

【企业落后产能淘汰】 按照省年度淘汰落后工作要求，市淘汰落后办印发《眉山市 2022 年度推动落后产能退出工作方案》，明确 2022 年度重点工作任务。同时，在全市范围内排查不符合产业政策及环保、安全、质量等标准的落后产能，制定年度淘汰落后计划。计划共涉及 7 户企业，实际完成 10 户，截至 12 月，共淘汰 45 蒸吨燃煤锅炉 1 台、40 蒸吨燃煤锅炉 2 台、电弧炉精炼炉 VD 炉各 1 台、碱回收燃烧炉 1 套、电机 20 台等。

（周宇乐）

工业企业培育
Industrial Enterprises Cultivation

【概况】 2022 年，眉山市规上工业企业实现产值 2367.1 亿元，同比增长 12.1%，规上工业增加值同比增长 7%，居全省第七位。2022 年新增规模以上工业企业 130 户，完成率居全省第四位，总户数达到 829 户；新培育创新型中小企业 55 户、省级“专精特新”中小企业 22 户、国家级专精特新“小巨人”企业 3 户，培育数量均位居全省第四。通威太阳能、万华化学等 7 户企业成功纳入四川省制造业“贡嘎培优”100 户企业名单，7 户企业实现产值 431 亿元，同比增长 37%，拉动工业总产值增长 5.5 个百分点。信利光电、中建刚构等 50 户重点工业企业实现产值 997.4 亿元，同比增长 24.5%，产值占全市规上工业比重 42.1%，产值增速高于全市 12.4 个百分点。2022 年亿元以上企业 405 户，10 亿元以上企业 48 户，百亿元以上企业 2 户。

【规模以上工业企业发展】 眉山市政府办印发《关于做好“十四五”时期“转企升规”工作的通知》，全力推动升规工作，2022 年全市新增规模以上工业企业 130 户，完成率居全省第四位，总户数达到 829 户，相关工作在省政府 2022 年下半年综合督查中，作为典型经验做法予以通报表扬。829 户规上工业企业 2022 年实现产值 2367.1 亿元，同比增长 12.1%，规上工业增加值同比增长 7%，居全省第七位。

【国省专精特新“小巨人”企业培育】 眉山市落实《四川省优质中小企业梯度培育管理实施方案》，开展企业梯次培育行动，鼓励企业走专精特新发展道路，四川伊诺达博医药科技有限公司、眉山博雅新材料有限公司、四川省青城机械有限公司 3 户企业成功获评国家级专精特新“小巨人”，四川锦成化学催化剂有限公司等 22 户企业成功获评省级专精特新中小企业，四川瑞象农业科技发展有限公司等 55 户企业成功获评四川省第一批创新型中小企业。

【国家级绿色工厂培育】 眉山市持续开展绿色制造体系建设，积极创建绿色工厂、绿色设计产品、绿色供应链，引领全市工业企业走绿色发展道路。中建西部建设新材料科技有限公司、四川天府江东科技有限公司、四川富生电器有限公司 3 户企业获得国家级绿色工厂称号，通威太阳能（眉山）有限公司获得国家级绿色供应链管理企业称号，四川同庆南风洗涤用品有限责任公司奇强柠檬洗洁精获得国家级绿色设计产品称号，总量居全省第三。

【新赛道领先型“赛手企业”培育】 2022 年，博雅新材料、和晟达电子获得 2022 年新赛道领先型“赛手企业”称号，数量居全省第三。

【中小企业培育】 2022 年，以市服务企业减轻负担和中小企业发展工作领导小组办公室名义印发《2022 年眉山市促进中小企业发展工作要点》，重点围绕“1+3”产业，推动中小企业绿色低碳高质量发展。印发《眉山市中小企业服务券使用管理暂行办法》，开展中小企业服务券工作，截至 12 月，56 户企业申报中小企业服务券。建立市领导联系重点企业项目机制，制定“发点球”精准解决企业（项目）诉求、停工停产报备制度等，定期调度重点工业企业（项目）问题解决进度，解决重点企业（项目）问题困难 27 个。深入开展防范和化解拖欠中小企业账款专项行动，截至 12 月，21 件纳入省台账管理线索实现 100% 化解清偿，涉及金额 1797.28 万元。深入开展“万人助万企·汇智聚力拼增长”活动，印发“一起益企”活动实施方案，走访企业 10871 户，编制发放工业稳增长惠企政策一本通等宣传资料近 1300 份，举办 2022 年中小企业法律政策宣讲市州行眉山站活动等，宣传贯彻《中华人民共和国中小企业促进法》等法律政策。

2022 年工业企业纳税前十强企业一览表

表 12

序号	企业名称
1	四川费特森新能源有限公司
2	千禾味业食品股份有限公司
3	四川金象赛瑞化工股份有限公司
4	四川眉雅钒钛钢铁集团有限公司
5	四川启明星铝业有限责任公司
6	通威太阳能（眉山）有限公司
7	中车眉山车辆有限公司
8	四川兴晟锂业有限责任公司
9	眉山市博眉启明星铝业有限公司
10	四川省惠通食业有限责任公司

【全省工业前 50 强企业创建】 通威太阳能（眉山）有限公司首次入围全省工业企业前 50 强企业。通威太阳能（眉山）有限公司成立于 2019 年 2 月，隶属通威集团，是通威股份旗下通威太阳能的全资子公司，位于眉山市甘眉工业园区，是一家集光伏先进制造技术和光伏应用研发、生产、销售为一体的光伏产业龙头企业。公司聚焦光伏新能源产业核心环节、高效晶硅太阳能电池技术创新和智能制造，拥有电池产能 24GW（吉瓦），是全市首家 100 亿元企业，2022 年企业实现营业收入 150.17 亿元。

【工业要素保障服务】 2022 年，省级工业发展资金支持眉山市 13227.1 万元，资金到位总量排全省第九位。第一批工业发展资金 7754 万元 + 防疫能力建设 400 万元（全省第四），第二批工业发展资金 80 万元（全省第七），第三批工业发展资金 4993.1 万元（全省第十）。2022 年省级中小企业发展资金支持眉山市 1279

万元，其中，中小企业发展专项860万元，转企升规专项144万元，小微企业融资担保降费奖补资金275万元。

（周宇乐）

工业产业发展
Industrial Development

【概况】 2022年，眉山市有“1+3”（1即新能源新材料产业，3即电子信息、机械及高端装备制造、生物医药产业）产业规上工业企业460户，实现营业收入1501.9亿元，比2021年（下同）增长14.2%。其中：新能源新材料产业规上企业227户，实现营业收入945.9亿元，增长22.8%；电子信息产业规上企业68户，实现营业收入213.5亿元，增长2%；机械及高端装备制造产业规上企业131户，实现营业收入285.9亿元，增长4.7%；生物医药产业规上企业34户，实现营业收入56.6亿元。

【新能源新材料产业发展】 眉山市先后引进100个总投资超1500亿元的高端优质项目，初步形成以通威太阳能、万华化学、杉杉锂电、宁德时代、天赐材料、雅保化学、金象赛瑞等龙头企业为引领，以锂电材料、晶硅光伏、绿色化工等为主导的新能源新材料产业体系。建成全球单体车间建筑面积最大、产能规模最大的光伏电池车间，全球最大三聚氰胺生产基地，西南最大的湿电子化学品生产基地，省内最集中的铝合金生产基地，正在打造氰胺系列产品生产基地和可降解材料生产基地。产业主要集中在眉山高新区、甘眉工业园区、彭山经济开发区、丹棱经济开发区等区域。截至12月底，全市有新能源新材料规上企业227户，实现营业收入945.9亿元。

图66 2022年6月，丹齿精工迁建项目　　（供图：市经信局）

【电子信息产业发展】 眉山市围绕构建“屏芯端数智材”，引进建区设市以来第一个总投资超400亿元的制造业项目——信利高端显示，并陆续引进31个总投资超700亿元的电子信息项目，初步形成以信利集团、天府江东、华赐半导体、晶瑞电子等龙头企业为引领，以新型显示、集成电路、存储、智能终端、大数据为主导的电子信息产业体系。依托信利集团、联想叠云、未来显示等龙头企业，全力打造西南最大微电子材料聚集区；依托晶瑞电子、江化微、和晟达等龙头企业，全力打造西南最大微电子材料聚集区。产业主要集中在眉山天府新区、仁寿经济开发区、洪雅经济开发区、岷东新区等区域。截至12月底，全市有电子信息产业规上企业68户，实现营业收入213.5亿元。

图65 2022年8月，八戒（眉山）数字经济科创产业园　　（供图：市经信局）

【机械及高端装备制造产业发展】 2022年，四川丹齿精工整体搬迁建设项目和四川品重装配式钢结构产业园总部基地建设项目顺利竣工，西南绿色表面处理项目一期封顶，签约入驻企业19家；中车眉山列入全省制造业“贡嘎培优”100户企业名单；青城机械成功创建国家级专精特新“小巨人”企业；中车紧固件成功通过智能制造成熟度三级认定，成为四川省第二家成熟度三级企业。机械及高端装备制造产业重大技术首台套数量居“1+3”产业第一位。眉山市初步形成以中车眉山、德恩精工、丹甫环境、恒重清洁能源等龙头企业为引领，以轨道交通、成套设备及基础零部件为主导的机械及高端装备制造体系。国铁货车居行业前二，货车制动系统及紧固件居行业第一、饮水机压缩机全国第一、微型电机全国第二，建成全省轨道交通重要研发生产基地。截至12月底，全市有机械及高端装备制造产业规上企业131户，实现营业收入285.9亿元。

【生物医药产业发展】 眉山市先后引进青山利康、锦江电子、科伦牧正等40个

图 67　2022 年 5 月，四川国为制药有限公司　（供图：市经信局）

总投资超 177 亿元的重点项目，形成以化学药、现代中药、医疗器械、生物制品、医药大健康为细分领域的医药产业体系。拥有国家一类新药 4 个、二类新药 3 个、三类新药 4 个，全国独家产品 24 个，雅连列入中国国家地理标志产品，产业主要集中在西部药谷、洪雅经济开发区等区域。青木制药和伊诺达博公司产品分别远销欧洲和白俄罗斯等国际市场。建成全国第二所、西部地区第一所以“药科”命名的全日制普通高等学校。眉山药科职业学院联合眉山经开区新区及相关企业，共建天府医药健康现代产业学院。依托四川格林泰科生物医药有限公司，建立“1＋3”产业生物医药产业技能人才培训基地。截至 12 月底，全市有医药产业共有规模以上企业 34 户，实现营业收入 56.6 亿元。

【绿色化工产业发展】 眉山市形成以联合利华、广州立白为代表的日化产业集群，以金象集团为引领的天然气化工产业集群，以青衣江元明粉、同庆南风为代表的精细化工产业集群。拥有全球最大的三聚氰胺生产基地、全球最大的钙芒硝生产基地、全国最大的硝基复合肥生产基地、西南最大的湿电子化学品生产基地，加速打造全球领先的可降解塑料产业链制造基地。产业主要集中在眉山高新区（原金象化工园区）、青神经济开发区等区域。截至 12 月底，全市有绿色化工产业规上企业 84 户，实现产值 434.5 亿元。

【农产品及食品加工产业发展】 眉山市规上农产品及食品加工产业企业累计实现产值超 480 亿元，同比增长近 4%，占全市规上工业总规模的 20% 以上，新增规上工业企业 27 户，总数达到 203 户，其中 11 户企业纳入全市 50 户重点企业培育。新培育省级以上“专精特新”企业 6 户，千禾味业、环龙新材料 2 户企业入选省“贡嘎培优”企业；吉香居、王家渡、味滋美等 3 户企业，成功入选工信部“三品”典型成果；新培育市级农业产业化龙头企业 68 户，省级以上农业产业化龙头企业 27 户，国家级以上 6 户；组织全市经信系统对食品企业开展诚信体系全覆盖培训，累计培训 459 户。

（周宇乐）

工业项目建设
Industrial Project Construction

【中创新航 20GWh（吉瓦时）动力电池及储能系统项目建设】 中创新航 20GWh（吉瓦时）动力电池及储能系统项目位于四川彭山经济开发区创和路西段 6 号，项目计划总投资 100 亿元，规划总用地面积约为 685 亩，总建筑面积约 57.8 万平方米，包括建设生产厂房、结构件库、成品库、动力站房、消防水池及泵房、甲类化学品库、物流仓储中心、锅炉房、污水处理站、110 千伏变电站等生产及辅助用房等。该项目为全市首个动力电池整装项目，将带动正负极材料、隔膜、电解液、导电剂、铜箔、铝箔等锂电上游配套百亿产业规模的需求，引导推动全市锂电产业集群发展。截至 12 月底，项目已完成土建进度的 88.5%、总进度的 77%，并开始进行设备安装。

【通威太阳能高效晶硅电池项目（一期）建设】 通威太阳能高效晶硅电池项目（一期）位于眉山天府新区青龙街道，是四川省重点培育的新能源产业支撑性项目，是通威太阳能在眉山布局的第二个光伏产业基地。项目计划总投资 60 亿元，占地 548 亩，建筑规模 21 万平方米，建设高效晶硅电池智能制造工厂和环保、仓库、消防等辅助设施。7 月 5 日，项目首片产品下线。

【万华化学产业园二期项目建设】 万华化学产业园二期位于眉山高新技术园区，计划总投资 320 亿元，占地 3441 亩，建设年产 5 万吨乙炔、年产 1 万吨锂电池三元正极材料、年产 6 万吨生物降解聚氨酯；锂电正极材料生产基地建设年产 20 万吨正极材料；锂电专用化学品生产基地建设年产 48 万吨锂电化工品原料；生物可降解塑料生产基地建设年产 20 万吨可降解塑料聚乳酸项目及年产 10 万吨生物降解聚酯项目；营养化学品生产基地建设年产 7 万吨营养化学品及配套公辅设施。截至 12 月底，万华四川公司二期项目中年产 1 万吨锂电池三元正极材料、年产 6 万吨生物降解聚氨酯、生物发酵中试研发基地、乙炔产业链等项目已竣工投产。

（周宇乐）

工业企业选介
Selected Industrial Enterprises Introduction

【眉山信利高端显示项目】 眉山信利高端显示项目位于仁寿经济开发区，是全省“5＋1”现代产业体系之首——万亿级电子信息产业的重要支撑，项目总投资 443 亿元，占地 1900 亩，于 2017 年 7 月签约，2017 年 12 月正式开工，2018 年 12 月首条模组产线投产。其中，第 5 代 TFT-LCD 高端显示器项目，投资 125 亿元，产品占领手机、车载、平板、智能穿戴、工控医疗等屏显领域主流品牌市场，截至 12 月底，所有产线均全部投产、实现量产。基于眉山良好的营商环境，信利国际于 2019 年自主投资 25 亿元建设信利光电集成触控模组及微型摄像模组项目，采取先租后建模式，安装并投产模组产线18条。2022年，信利眉山高端显示项目产值突破百亿、达112.2亿元，占全市电子信息总产值的47.4%，成为眉山第二个百亿级工业企业并获市政府授牌。

【通威太阳能（眉山）有限公司】 通威太阳能（眉山）有限公司成立于2019年2月，隶属通威集团，是通威股份旗下通威太阳能的全资子公司，位于眉山市甘眉工业园区，是一家集光伏先进制造技术和光伏应用研发、生产、销售为一体的光伏产业龙头企业。公司是全球高效单晶硅太阳电池片领军企业，聚焦光伏新能源产业核心环节、高效晶硅太阳能电池技术创新和智能制造，拥有电池产能15GW（吉瓦），为全球单体规模最大。2022年，公司主营业务收入149.7亿元，利润总额8.7亿元，上缴税金1.51亿元，研发投入5亿元。

【四川金象赛瑞化工股份有限公司】 四川金象赛瑞化工股份有限公司成立于2003年5月，总部位于眉山市高新技术产业园区，以生产销售化工原料、化肥为主营业务，具备年产40.5万吨三聚氰胺、215万吨硝基复合肥等产品生产能力，分别名列全球、全国第一；下辖10个全资子公司或控股子公司。综合实力位列中国氮肥行业50强，中国石油和化工企业500强，四川省民营企业100强，被工信部认定为“绿色工厂”和“三聚氰胺单项产品冠军”。2022年，公司主营业务收入26.72亿元，利润总额5.05亿元，上缴税金1.28亿元，研发投入0.19亿元。

图69 2022年3月13日，四川金象赛瑞化工股份有限公司 （供图：眉山日报社）

【千禾味业食品股份有限公司】 千禾味业食品股份有限公司成立于1996年，位于眉山市东坡区城南，是一家专业酿造酱油、食醋、料酒的调味品企业。2016年3月7日，公司在上海证券交易所主板上市（股票代码603027），成为川调第一股。公司是全国农产品加工业示范企业、国家高新技术企业、国家级绿色工厂、四川省诚信示范企业，四川省优秀民营企业；拥有四川省企业技术中心、四川省博士后创新实践基地等技术创新平台。2022年，公司营业收入24.36亿元，净利润3.44亿元，纳税1.49亿元。

【中车眉山车辆有限公司】 中车眉山车辆有限公司成立于1966年，位于甘眉工业园区南区，注册资金6.37亿元，面积80.1万平方米，是中车集团旗下一家集研发制造轨道交通装备及配件的专业企业。经56年发展，已成为中国铁路货车集整车、转向架、制动系统及紧固件集成研制的重点企业，公司拥有国家博士后科研工作站、中国中车紧固连接技术研发中心、省铆接工程技术研究中心、省企业技术中心等创新平台12个，是国家绿色工厂、高新技术企业、四川省制造业百强企业，纳入省“贡嘎培优”企业名单。2022年，公司实现营业收入32.09亿元，净利润0.71亿元，纳税1.24亿元。

（周宇乐）

图68 2022年1月18日，通威高效晶硅太阳能电池生产基地 （供图：眉山日报社）

电网建设与电力供应
Power Grid Construction and Electric Power Supply

【概况】 国网四川省电力公司眉山供电公司（简称国网眉山供电公司）成立于2001年12月26日，是四川省电力公司下属特大型一类供电企业，经营区域覆盖全市二区四县，供电范围7186平方千米，服务人口335万人，供电客户176万户。拥有35千伏及以上变电站83座（不含500千伏），变电容量709.21万千伏安；35千伏及以上线路208条，总长2512.193千米。眉山电网形成以东坡、彭祖两座500千伏变电站为支撑，220千伏双环网为市级骨干网架，110千伏变电站备自投装置基本全覆盖网络结构。

2022年，国网眉山供电公司售电量再次突破140亿千瓦时，比2021年（下同）增长1.1%；主营收入净额61.6亿元，增长25.15%，实现报表利润42.76亿元，增长41.3%；固定资产原值99.51亿元，增长5.83%；产业单位营收突破15亿元、增长15%、位列全省前三；完成利润3057万元、增长269%；新增外部市场签约量达到16.6亿元、增长34.18%，资金余额6.05亿元，增长191%，排名全省地市公司第一，实现3年历史旧欠清零；电网发展投入累计完成6.39亿元，完成计划的100%，入账率完成90%，排名全省第三。

【电网建设与发展】 国网眉山供电公司与省公司签署“十四五”战略合作协议；推动市政府出台《眉山市支持电网建设十五条措施》；促请市政府8次召开专题会议研究电网事宜，重点电网项目纳入市政府督办，重大项目建设进度获分管副市长肯定；在全省率先完成两项特高压项目前期属地协调任务，完成14项大中型电网项目前期储备，比上年增加10项，总投资23亿元，年度完成项目储备数量和投资规模均创历史新高；前期手续时间压缩幅度超50%，创下1天核准4个电网项目新纪录；取得10个项目核准批复，比上年增加6项，其中“十三五”遗留的110千伏圣寿、长征等4项超长前期项目顺利完成核准；全年实施电网工程建设18项，并按要求完成12项工程的投运，新增变电容量172万千伏安，年度投产项目数量创十年来新高。承建6项代建代管110千伏及以上供电项目，创下单日施工人数超700人的历史纪录，获市领导高度肯定；成立一体化项目竣工验收专班，清零完成历时最长超过7年的成昆扩能等超期遗留工程3个。

【电力安全生产】 国网眉山供电公司开展“向违章开战”专项行动，坚持“重奖重罚”，修编印发14项制度和要求，全年违章人均罚款比上年提升3倍，无违章人员“安全绩效”提升30%；进一步优化“月计划、周安排、日管控”机制，比原周风控会频次提升3倍；开发反违章后评估系统，多视角开展员工行为精准画像；投入安全教育培训经费提升138%，累计覆盖2万余人次；建立政府、用户和社会“三方联动”机制，促成市委、市政府主要领导现场调研，分管副市长10余次到公司调度大厅指挥、先后组织召开8次专题会议调度协调各县（区）、园区企业让电于民；公司出动人员5200余人次，通知用户3523户次，累计控制负荷179万千瓦，成功应对全市用电负荷和日用电量连续5次创新高的严峻考验；深入分析电网运行特性，强化电网事故预想及无脚本演练，有效管控五级电网风险20项；强化电网挖潜，实施23项110千伏以上网络特殊运行方式，最大限度释放电网供电能力；创新实施保电“一点一策”，拓展储能保电应用场景，圆满完成习近平总书记莅眉视察、资阳“4·13”风灾、雅安“6·1”地震、泸定“9·5”地震等重大保电和抢险任务，获地方政府和主流媒体肯定；深入开展隐患大排查大整治、安全生产大检查和秋季安全大检查，排查治理各类隐患1000余项，线路故障跳闸率降低21%；完成专项整治“三下三上”工作任务，验收合格率100%；因时因势动态调整优化疫情防控策略，重点保障职工个人防疫需求和施工现场后勤服务。

图70 2022年10月15日，110千伏元通变电站建设现场 （摄影：苟华彬）

【电力经营管理】 国网眉山供电公司深化“质效共建·强优川电”眉山实践，全年实现降本增效约4.9亿元；打造线上预算管理体系，实现预算过程实时展示；多措并举盘活存量资产，转化逾龄资产524项，资产原值3.83亿元，储备存量资产盘活项目237项，盘活金额6102万元；以争创同期“国网百强”为抓手，深度治理高损、负损配线台区，台区线损合格率达99.24%，高于全省平均值0.62个百分点，所辖县（区）16次入选百强县，37次入选百强所，入选次数居全省第一、第二；强化反窃查违数字化管控，取得经济成效1482万元，增长6.24%，追补电费及违约使用电费181万元；积极争取政府电网建设资金支持，落实220千伏铁西、仁寿加强项目房屋拆迁费和杉杉外部供电线路政府兜底资金4.4亿元，协调政府出资约7亿元补差建设专用电力隧道；狠抓产业建安业务转型升级，率先试点“70%浮动工资”+“团队绩效制”薪酬分配体系，同岗级同身份员工年收入差距2倍以上，个人收入增长最高超100%，解决3年以上历史遗留项目396个；创新兵团作战模式，单日单个项目最大施工人数刷新380人历史纪录，承接施工任务量超过去5年之和；建成全省首个小区储能电站，储能业务收入1950万元。

【电力服务管理】 国网眉山供电公司全面开展全省“一网通办”试点，搭建数据共享通道，开展“不动产登记+电力联动过户”“刷脸办电”“一证办电”等业务，实现“进一张网、办全部事”；升级绿色办电，组建省市重点项目服务专班，“一对一”服务杉杉科技、侨源气体等197个省市重点项目，按期投运31个项目，全年完成新装增容174.66万千伏安，增长13.16%，实现业扩报装零超时、零投诉；全面推广“微办电”“云验收”线上化作业，线上缴费率连续32个月排名全省第一；

60天完成公司史上最大规模的老旧智能表和HPLC模块换装；大力支持企业煤改电，完成丹棱应林化工等3家客户电能替代项目，为企业配套出资240余万元，每年为客户节约用能成本1000余万元；累计完成电能替代2.84亿千瓦时，居全省第二，节约标准煤11.35万吨，减少碳排放28.2万吨；深化“税电贷”助力中小微企业破解融资难问题，累计帮助39家企业获得贷款6302万元，完成1.6亿元企业税电授信。全年争取各类农网改造资金3.21亿，完成项目263个，农村户均配变容量由2019年的2.19千伏安提升到2.42千伏安；完成1个乡村振兴示范项目、2个乡村电气化项目；累计开展5912次驻点服务，增加农村电费代收点近1300个；在东坡区太和镇永丰村试点“苏小帮”助力天府粮仓专项服务行动。

【电力改革创新】 国网眉山供电公司逐步构建“能上能下”文化，以“德才兼备、业绩优先”为导向调整中层领导人员33人次，近三年新提拔领导人员优秀测评率提升5个百分点，达到98%；全年开展7次、130个岗位竞聘、上岗116人，竞聘力度创近三年之最。局部构建“能进能出”文化，严控本部人员配置率不超过75%，首次将班组长、三种人岗位经历纳入本部人员竞聘基本条件；实施员工末位强制提升，连续3年年度C级员工退出本部；依法依规协商解除4人劳动合同。全面构建“能增能减”文化，强化绩效结果运用，县公司级领导人员、本部领导人员、本部同层级员工年收入最大差距分别达到7.4万元、7万元、6万元。对年度绩效C级领导人员人均扣减1.74万元。全面推广供电所团队绩效，试点供电所半军事化管理，所内同层级员工月度绩效最大差距1428元，试点班组绩效自主分配，班组员工月度收入差最高达3601元。制定印发公司数字化转型工作方案，明确6个大方面31项具体任务，丹棱双桥供电所成功创建国网公司级数字化供电所示范，形成4项数字创新成果案例。深化数据价值挖掘，协同税务开展税电指数分析，获市委领导圈阅肯定。开发数字工具为基层赋能减负，“咚咚网”数字产品累计为基层员工节约工作量10万小时以上，“眉电e所通”全面打破省公司数据中台39类数据壁垒。创新创效成果丰硕，QC成果获川电行协一等奖、全国电力行业一、二等奖和全国“专业级”奖各1项，科技成果获省公司科技进步一等奖2项、二等奖1项。职工技术创新成果获地市级以上荣誉44项，公司荣获眉山市“建功‘十四五’·奋进新征程”劳动竞赛优秀组织单位。高效运行合规轮值制度，完善财、监、审“三维一体”线上监督体系，常态化排查化解各类风险，实现对100万元以上项目入账及支付100%审核。强化合同问题治理，建立30类350余项统一合同文本库，将安全协议纳入外包合同，合同问题发生率降幅64.83%。

【国网眉山市彭山区供电分公司】 国网眉山市彭山区供电公司主要承担彭山区凤鸣街道、观音街道等5个街道3个镇的供用电管理任务，供电面积465平方千米。供区内用电客户19.28万余户，供电人口33万余人，乡、村、农户通电率100%。公司管辖变电站及开闭所18座，其中220千伏变电站2座；110千伏变电站6座；35千伏变电站4座，10千伏开闭所6座，变电总容量1160.1兆伏安。2022年完成电网建设投资9070万元；实现售电量12.09亿千瓦时，比上年（下同）增长12.58%；实现营业总收入7.05亿元；综合线损率4.17%，增加1.8个百分点；电费回收率100%。截至12月31日，公司实现连续安全生产运行7670天。

【国网仁寿县供电分公司】 国网仁寿县供电分公司主要承担仁寿县2717平方千米，32个乡镇（街道办），216个村和147个社区、65.5万户、154.4万人口的工农业生产和人民生活的供用电管理。公司所辖220千伏变电站2座，变电容量600兆伏安，220千伏线路5回，总长202千米。110千伏变电站10座，变电容量894.5兆伏安，110千伏线路19回，总长312千米。35千伏变电站19座，变电容量295.1兆伏安，35千伏线路32回，总长335千米。10千伏开闭所4座，10千伏线路184回，总长4352千米。农村低压线路22515千米，用电客户69.29万余户，其中仁寿城区客户5.20万余户，农村客户64.09万余户。2022年仁寿电网累计完成网供电量310115万千瓦时（不含小水电），比上年同期增加31743万千瓦时，增长11.4%。2022年全网日最大网供负荷出现在7月，为67.08万千瓦，增长10.91%，1月日最大负荷同比减少10.82%；全年日均负荷预测准确率为97.89%，最大负荷预测准确率为99.96%，最小负荷预测准确率为94.37%，综合负荷预测准确率为97.53%，均保持在合理的水平。截至12月31日，公司实现连续安全生产运行7670天。

【国网洪雅县供电分公司】 国网洪雅县供电分公司主要承担洪雅县9个镇（洪川镇、止戈镇、余坪镇、槽渔滩镇、中保镇、东岳镇、柳江镇部分村社、中山镇、将军镇）供电任务，供电范围约960.22平方千米，供电客户数126350户，供电服务总人口约30.99万人。公司拥有35千伏及以上变电站8座，变电容量69.8万千伏安；35千伏线路及支线19条，总长131.12千米；10千伏配电线路46条，线路总长为1355.63千米；配变1967台，容量413560千伏安；拥有水电站4座，装机容量2.66万千瓦。洪雅电网形成以一座220千伏变电站、三座110千伏变电站为支撑，110千伏输电线路为骨干网架，35千伏、10千伏电源供电的格局。2022年，公司完成售电量9.56亿千瓦时，比上年增长12.51%，增速排名眉山公司第一；综合线损率3.82%，较年度目标值低1.88个百分点；电费回收率100%。截至12月31日，公司实现连续安全生产运行6097天。

【国网丹棱县供电分公司】 国网丹棱县供电分公司经营区域覆盖全县四镇一乡，供电范围448.9平方千米，服务人口16.24万余人。公司拥有110千伏变电站3座（丹棱站、何场站、木林站）；35千伏变电站2座（杨场站、中隆站）；110千伏输电线路86.1千米，35千伏输电线路82.5千米，10千伏及以下配电线路3162.8千米。丹棱电网形成以三座110千伏变电站为支撑，以35千伏及以上输电线路为骨干网的双电源供电格局。用户数为7.3万户，其中居民用户6.34万户，大工业用户105户，一般工商业8818户，农业712户。2022年，公司完成售电量6.7亿千瓦时，比上年增长6.3%；电费回收、解缴率100%；综合线损率为3.2%，较市公司下达计划值低0.82个百分点。共计创建“百强县公司”8次，获奖次数位列全省县公司第一，占全省获得次数的18.18%；连续21个月保持零投诉。截至12月31日，公司实现连续安全生产运行7642天。

【国网青神县供电分公司】 国网青神县供电分公司主要承担青神境内1个街道、4个镇、2个乡、71个村、18个社区和51个经济社及周边地区乐山市关庙乡、眉山东坡区莲花乡、井研县镇阳乡、仁寿县洪峰乡和曹家乡等部分行政区域的供电任务。公司有220千伏变电站1座（牯牛山站），容量360兆伏安；110千伏变电站2座（兰店站、青竹站），总容量180兆伏安；35千伏变电站3座（罗坝站、穆家埂站、黑龙站），总容量44兆伏安。公用配电变压器1016台，总容量20.73万千伏安。辖区内有110千伏线路6条，线路长度81.79千米；35千伏线路7条，线路长度36.85千米；10千伏配电线路42条，线路长度1013.66千米。全年累计完成售电量5.4亿千瓦时，比上年增长2.61%；综合线损率4.65%；综合计划入账率90%以上；线上缴费率、全量采集成功率、营商环境发展指数三项指标均保持眉山第一；全年零投诉；产业单位市场占有率90%以上；电费回收率100%；以全国第六、全省第一的成绩创建国网公司同期线损百强县公司，全年累计百强供电所创建13次，实现4个供服站百强全覆盖；10个集体、16人次、1项群创获眉山公司以上荣誉。截至12月31日，公司实现连续安全生产运行7670天。

（李　征）

信息化建设与管理
Informatization Construction and Management

【概况】 2022年，眉山市经济和信息化局贯彻落实数字经济发展战略，推进“产业数字化、数字产业化和数字化治理”，数字经济核心产业增加值64.9亿元，同比增长7.9%，在四川省首次发布的数字经济综合发展水平评估报告中，眉山市数字经济发展水平居全省第三。

【数字经济产业发展】 2022年，印发《眉山市“十四五”数字经济发展规划》《眉山市2022年数字经济产业发展行动方案》等文件，强化顶层设计，统筹推进数字经济产业发展。大力推进数字经济产业园区建设，八戒数字经济科创产业园于2022年10月正式开园，招引企业24家；联东U谷·成眉合作数字经济产业园一期项目开工建设，并完成厂区主体结构施工。积极宣传推介眉山数字经济产业，组织数字经济企业参加成德眉资同城化建圈强链活动，发布数字经济城市机会清单50余条。2022年，数字经济核心产业新入规企业15户，软件和信息技术服务业规上企业营收增长超60%。

【强化数字赋能】 眉山市建设工业互联网标识解析行业节点，打造工业互联网平台，协同推进成渝地区工业互联网一体化发展示范区建设。德恩精工建成通用零部件制造工业互联网标识解析二级节点及“1+3+N”工业互联网平台，并获得省级工业互联网试点示范项目；天府云蔬菜、菌类、水果和坚果加工工业互联网标识解析行业节点成功申报入库，正在加快推进建设；环天智慧、德恩精工成功申报省级数字化转型促进中心，加速构建数字化转型服务体系。2022年，全市两化融合贯标企业87户，两化融合发展水平居全省前列。推进信息消费示范城市建设，眉山联通—数字“三苏”、苏迷共享、云端上的三苏文化等3个项目获评工信部信息消费示范项目，数量居全省第一。环天智慧、仁寿大数据中心等4个项目获评四川省第三批新型智慧城市优秀解决方案、典型应用案例和技术创新产品。2022年5月，作为全省数字赋能传统产业典型市州，承办全省工业稳增长现场会，通威太阳能和千禾味业作为数字化转型典型企业在全省做经验推广。

【政务数据共享开放】 眉山市经济和信息化局指导编制全市政务数据共享目录和公共数据开放目录，推进全市政务数据汇聚。每周对县（区）政府和市级相关部门进行考核打分，发布数据共享目录10255条，发布开放数据集8999个，汇聚政务数据1.58亿余条。市数据资源管理平台通过3级等保测评，向成德眉资共享数据专区推送数据6200万余条。

【信息化项目技术审查】 眉山市经济和信息化局印发《眉山市市级政务信息化项目管理办法》和《眉山市市级政务信息化项目审查指南》；组织第三方评估机构对历史文化名城保护管理平台等48个项目投资概算进行评估；组织信息化技术专家对主城区重要点位补点建设天网项目等41个项目进行技术审查和眉山市国资国企在线监管平台等15个项目进行竣工验收。

【信息系统部署上云】 眉山市按照“应上尽上”原则，指导市级各部门使用大数据中心云服务资源，组织第三方评估机构对市国资国企在线监管平台等50个信息系统新增上云或扩容云资源量进行评估，审减CPU60核、内存236G、存储16942G。对《眉山市云计算服务项目合同》约定期限内服务费用进行结算并支付。

【信息化发展】 2022年，眉山市全年电信业务总量超36亿元，建设5G通信基站1337个，实现全市主城区5G网络全覆盖，乡镇、工业园区、重要旅游景区精准覆盖，重点乡村、典型应用场景专项覆盖。申报2022年度电信普遍服务项目、四川省“双千兆乡镇通”项目，全市共52个点位通过评审，推进偏远地区4G网络深度覆盖，助力乡村振兴。不断夯实“数字底座”，“三苏”、蒙牛“数智牛”、加州智慧城3个项目成功入选工信部2022年新型信息消费示范项目，数量居全省第一；丹棱县入选四川省新型智慧城市试点示范；2022年全市“千兆城市”关键指标居全国、全省前列。

（周宇乐）

无线电管理
Radio Management

【概况】 2022年，眉山市经济和信息化局贯彻落实国家《无线电频率使用许可管理办法》，深入推进“一网通办”，持续开展无线电频率台站行政许可事项办理流程的优化，推动无线电频率管理更加高效便民。使用固定监测站和移动监测车，加强对航空、铁路和广播电视等重点频率的保护性监测，对重点频率进行24小时追踪。全年共排查航空干扰1例，通信基站干扰3例。

【无线电行政审批】 2022年，眉山市经济和信息化局协助东坡区大橡叔叔理疗服务馆办理移动对讲机电台执照8部。协助万华化学（四川）有限公司完成民用超短波对讲通信频率变更申请（10组）。受理率100%，完成率100%。

【无线电干扰处理】 眉山市经济和信息化局全年处理电信5G、4G通信基站干扰事件3例，受理率100%，完成率100%。1月12日，彭山区太和大道周边5千米范围内5G、4G手机信号受到不明电磁波干扰，造成附近居民无法正常通信和上网；8月6日，东坡区东坡国际大酒店附近电信手机用户打电话听不清，上网速度慢；9月23日，洪雅县瓦屋山大道3千米范围内5G、4G手机信号受到不明电磁波干扰，影响用户使用电信手机业务。市经信局安排无线电管理技术监测站派出技术人员开展排查工作，经过技术人员现场监测，快速定位，确认干扰源对周边通信基站信号造成干扰，即刻与设备使用单位负责人沟通，说明干扰情况，并关闭干扰源，干扰消失。

【无线电监测和通信保障】 眉山市经济和信息化局做好中国共产党第二十次全国代表大会期间无线电安全保障，召开专题会议，成立保障领导小组，制定保障应急方案，会同市文广旅局、组织无线电管理技术站开展中共二十大期间无线电安全应急保障演练，落实责任，明确分工，加强对广播电视、公众通信、专用频段等重点频率的监测保护，杜绝非法插播等现象的发生，保障期间共出动无线电监测车16车次，使用各类便携式监测设备12套，启用固定监测站7个，全站累计监测时长达210多小时。配合各类考务部门，完成高考、司法考试、公务员考试、专业职称考试、研究生入学考试等共计17类、20余次无线电安全保障任务，派出技术监测车40辆次，技术人员118人次，使用监测设备98套次，累计保障时间234个小时。

【“伪基站”“黑广播”专项打击行动】 按照省经信厅办公室《关于持续开展“天剑”专项行动的通知》文件要求，全力保障成都大运会期间无线电电磁环境安全，市经信局制定《眉山市“天剑”专项行动工作实施方案》，并会同市文化广播旅游局、市公安刑侦大队、区县经信局开展为期5个月打击治理专项行动。专项行动中，共出动监测车38车次，查获“黑广播”4起，对《丹棱县非法设置使用调频广播（黑广播）案》和《眉山天府新区非法设置使用调频广播（黑广播）案》2起“黑广播”进行立案查处，并进行案件移送。

（周宇乐）

中国电信
Telecom Communication

【概况】 2022年，中国电信股份有限公司眉山分公司（简称中国电信眉山分公司）在市委、市政府和省公司的坚强领导下，以习近平新时代中国特色社会主义思想为指导，以迎接和学习宣传贯彻中共二十大为主线，始终牢记“国之大者”，统筹疫情防控和经营发展，积极推进云改数转落地，业务收入稳步增长，客户满意度综合测评稳居行业第一。

【网络共建共享】 中国电信眉山分公司开展农村扫盲、城区攻坚等行动，分别以“5·17”“9·30”为管控时间节点，全网累计新4G建站址超过4000站，彻底消除农村区域面弱覆盖问题，全域覆盖率超过98%，全省靠前。5G实现乡镇（有集市）以上区域全覆盖，实现重要区域5G深度覆盖。全年深度开展电联共享，4G网络深度合作，5G网络开通即向联通开放共享，5G AI节能比例大于90%，实现国有资产共建共享，绿色低碳发展。发挥云网优势，保持数字信息基础设施适度超前，云网基础设施保障有力。基本建成面向全市的国家云“一城一池”，超前部署政企接入OTN专属网络，实现千兆光网农村区域100%通达。

【数字乡村网络建设】 中国电信眉山分公司持续丰富信息化应用场景，以“4+2”帮扶县、各级企业帮扶点为重点，构建县、乡、村三级标杆示范体系。截至12月底，公司已在全市建设20多个数字乡村试点区县和示范村镇，打造一批以数字乡村赋能乡村振兴的中国电信样板。结合“云改数转”战略，集中优势资源，发挥企业优势，创新帮扶举措，提高帮扶实效，继续为群众办实事，为乡村振兴战略接续奋斗。通过数字化、智能化、信息化辐射带动作用，补齐农村地区发展短板。成立中国电信数字乡村合作生态联盟，启动实施数字乡村基础设施建设、数字乡村应用创新和数字乡村信息惠农服务三大工程，构建面向农业农村的综合信息服务和产品能力体系，建立总部统筹、市县乡镇三级联动、多部门协同推进的工作机制，通过自建天府云商、翼支付等渠道助力村民“云上”生产、“网上”销售、“线上”生活。

【应急通信保障】 中国电信眉山分公司主动承接政府、社会公益类各项应急通信需求，在全市各县（区）分公司成立应急通信小分队，分别负责各自区域的应急通信工作，特殊保障需求实行省、市、县联动作战；成立中国电信眉山分公司民兵应急通信营，壮大应急通信队伍；完善、修订本地网应急通信预案总案、各专业预案，使预案更具科学性、可行性、可操作性；夯实“四方”（电信、移动、联通、铁塔）联动机制。2022年对省、市政府、部队、校园、各类重要考试、大型商业活动共计应急通信保障共计26次，出动基站和卫星通信应急车19辆次，其他保障车85辆次，飞行演练7次；配合公安部门抓实网信安全和反诈工作，加强组织领导和省市县三级联动，加强警企联动和行业自律，定期开展全网风险排查整治，完成中共二十大等通信保障工作。

【电信服务】 中国电信眉山公司深入云改数转发展战略，以数字化客户思维，全面推动BSR场景落地及应用常态化。通过“BSR无服务不营销”，促进服务贯穿营销全过程，实现服务与发展的深度融合；“让客户说了算”，专业部门利用BSR各类场景，挖掘、分析、使用、沉淀数据，先于用户发现问题并闭环解决，实现降本、增效、提升客户感知。持续开展“服务随心办实事，全员服务在行动”教育实践活动，通过总经理讲服务根植服务理念，每月开展总经理接待活动，现场接受咨询答疑，全体干部按季参与一线服务活动，全年累计一线服务294次，解决430个问题。

（石 耘）

中国移动
Mobile Communication

【概况】 2022年，中国移动通信集团四川有限公司眉山分公司（简称中国移动眉山分公司）以“践行党的宗旨、履行央企责任、融入眉山战略、服务治眉兴眉”为行动纲要，贯彻落实市委、市政府战略部署，服务和服从于地方经济社会发展大局，实现各项改革稳步推进、各项业务快速发展，年运营收入增幅达8.7%。

【5G网络建设】 中国移动眉山分公司深入推进“双千兆”网络基础设施建设，多频协同高效部署，累计建成5G基站2125个，实现5G千兆网络在城区连续覆盖、行政（乡）镇全覆盖、园区和热点区域重点覆盖；开展千兆平台部署和上联带宽扩容，实现城区千兆端口100%覆盖，助力眉山市千兆城市建设关键指标进入国、省前列。推进电信普遍服务第七批试点项目，重点解决洪雅、青神、丹棱3个县10个偏远乡村网络弱覆盖。

【5G应用】 中国移动眉山分公司主动对接政企需求和招商引资项目，加快推进数智化加速融入千行百业，释放信息技术对经济发展的放大、叠加、倍增效应。一体化推进“网+云+DICT”规模拓展，聚焦“政务、应急、制造、农业、医疗”等重点行业和领域提供信息化解决方案和服务支撑，产出“智慧停车、环保在线监测、智慧水利信息化项目、大数据综合体项目、智慧应急项目、‘四好农村路’信息化项目”等优质项目。其中由公司中标实施的《大数据中心综合体》《智慧应急》项目分别入选2022年四川省经济和信息化厅公布的第三批新型智慧城市优秀解决方案、典型应用案例。

【移动服务】 中国移动眉山分公司深化“心级服务”品牌建设，推动服务进万家、服务进万企、服务进万铺，着力开展总经理接待、我为群众办实事、服务质量监督等活动，为广大客户提供“智惠服务、便捷服务、透明服务”等优质服务体验。全年解决影响客户感知的焦点难点问题162个，推动流程优化87个。深入开展“断卡”行动，全年拦截疑似诈骗号码15.3万户，提交反诈线索557条。圆满完成中共二十大及中央领导莅眉考察、泡（竹）博会等重大活动通信服务保障应急保通。深入服务基层治理，推动智慧社区和数智乡村建设，搭建起一体化平台，助力公共安全能力和基层治理水平提升。

（王　捷）

中国联通
Unicom Communication

【概况】 2022年，中国联合网络通信有限公司眉山分公司（简称中国联通眉山分公司）贯彻落实强基固本、守正创新、融合开放新战略，主动融入数字经济建设主战场，拓展升维新赛道。全年基础业务收入比2021年增长5.5%。

【“数字眉山”建设】 中国联通眉山分公司坚决落实网络强国战略，服务数字眉山、智慧社会建设，把握数字化、网络化、智能化方向，以技术领先、高度集成的“全覆盖、全在线、全云化、绿色化、一站式”数字化服务，助力千行百业“上云用数赋智”新发展，为党政机关、企事业单位、企业园区等提供一揽子信息化解决方案。

【网络运营】 中国联通眉山分公司加强数字信息基础设施建设，着力打造“四张精品网”。2022年，新增5G电联722站、4G基站952站，新建宽带端口4.3万线，网络硬实力明显提升，实现三区四县主城区、重点乡镇5G连续覆盖；4G网络深度覆盖，城区人口覆盖率99%，乡镇及行政村人口覆盖率95.6%；光纤宽带乡镇覆盖率100%，行政村通光纤率98%，千兆接入能力达45%。

【联通服务】 中国联通眉山分公司加快构建服务标准、服务运营、服务监督三大环节全领域闭环的大服务体系，打造高品质服务核心竞争能力。2022年有效申诉率全面达标，问题解决满意率提升47%。服务运营成果显著，服务协同能力提升，行风纠风考核全省排名第四，荣获2022年“中国通信行业质量信得过优秀班组”荣誉称号。

（李远芬）

铁塔通信
Tower Communication

【概况】 2022年，中国铁塔股份有限公司眉山市分公司（简称中国铁塔眉山分公司）牢记使命，在融入党和国家事业、服务社会经济发展大局、助力行业集约发展中持续提升企业价值，彰显使命担当，稳增长、防疫情、战高温、保安全，推进公司业务高质量发展。

【4G、5G基站建设】 中国铁塔眉山分公司坚决落实网络强国、数字中国战略，围绕国家新基建、眉山本地5G产业规划和建设成都都市圈高质量发展新兴城市奋斗目标，2022年新建或改造超1330个基站，完成2022年30件民生实事项目中通信基础设施基站建设工作，成乐高速扩容路段、天府大道眉山段等重要交通沿线基站如期交付开通，全市新建农村基站超200个。截至12月31日，全市4G网络覆盖率提升至99%以上，铁塔站址遍及全市，涵盖各种地物场景，铁塔共享水平提升至85%；全市5G基站配套建设超4000个，所有县级以上城区、重点乡镇、主要交通沿线和主要景区实现5G信号全面覆盖，全市5G覆盖达到优秀水平。

【数字政府建设】 中国铁塔眉山分公司依托铁塔公司站址资源，连续稳定的电力保障，集中统一的运营监控平台，一点支撑、快速响应的维护体系等核心优势，变“通信塔”为“数字塔”，在林业、环保、公安等领域发挥重要作用。全市已建成的40余个森林防火监控及现有的公安350M通信专网、市级空气质量网格化监测等系统的前端采集点均建设在通信铁塔上。为打造宜业宜居优质城市，建设“智慧城市”“智慧乡村”，先后在丹棱、东坡、彭山、眉山天府新区等区域开展秸秆焚烧可视化综合监管系统项目（亦称“全能卫视监测系统”），实现

图 71　2022 年 7 月，变“通信塔”为“数字塔”，提供信号的同时实现秸秆焚烧预警预报
（供图：中国铁塔眉山市分公司）

更精准的秸秆燃烧预警预报，提升秸秆禁烧管理效率。

【铁塔服务】　中国铁塔眉山分公司在兼顾环境效益、城市发展、人民需求基础上，打造全市“电力能源服务”和“新能源出行”两大惠民板块。以满足居民需求为目标，在全市近百个小区集中统一建设安全智能充电桩端口 4000 余个，改善小区居民居住条件，解决小区居民电动车充电难题，从根本上消除私拉乱接的消防安全隐患。以提升城市基础服务水平为目标，开设“铁塔换电”骑手之家，在东坡、仁寿建设多用途换电柜近 30 个，帮助快递小哥、外卖骑手群体解决充电问题，提高外卖配送时效性。

（陈　涛）

眉山高新区

Meishan High-tech Industrial Park

【概况】　眉山高新技术产业园区（简称眉山高新区）规划面积 64.64 平方千米（其中化工园区认定面积 8.47 平方千米），分为眉山高新化工园区、眉山“中国泡菜城”、西部药谷 3 个区域。园区采取“市区共建、以市为主”建设模式，眉山高新化工园区由市本级建设管理，眉山“中国泡菜城”和西部药谷委托东坡区建设管理；主导产业为绿色化工新能源新材料、生物医药、绿色食品产业。2006 年 2 月获批省级开发区，2018 年 3 月获批省级高新区，2022 年 1 月获批全省首批“5 + 1”重点特色园区，2022 年 4 月获批全省首批化工园区。

2022 年，眉山高新区全域 133 户规上工业企业累计实现产值 398.1 亿元，比 2021 年（下同）增长 14.2%；规上工业增加值增速 6.5%；全社会固定资产投资 133.7 亿元，增长 29.6%，其中，工业投资 86.9 亿元，增长 23.5%；技改投资 42.5 亿元，增长 69.8%；招商引资到位资金 150.4 亿元，增长 3.8%；实现税收 10.41 亿元。其中，眉山高新化工园区 52 户规上工业企业累计实现产值 215.6 亿元，增长 24.7%；规上工业增加值增速 10%；实现全社会固定资产投资 47.3 亿元，增长 57.1%，其中，工业投资 44.7 亿元，增长 50%，技改投资 28.4 亿元，增长 89.9%；实现税收 5.77 亿元。

【园区项目建设】　眉山高新化工园区万华乙炔产业链、盈德万华、源源山富、顺应一期一批次等 18 个项目建成投产，万华磷酸铁锂、NMP 和顺应一期二批次、金象氰胺、胜华新材、西南化工、梅塞尔等 27 个项目开工建设。第一、二、三季度全社会固投和省市重点项目推进均进入全市“红榜”。

【园区招商引资】　2022 年，眉山高新化工园区新签约胜华新材年产 8.9 万吨锂电新材料一体化基地项目、华锂新能源年产 15 万吨锂盐项目、密尔克卫危险化学品供应链等 15 个先进制造业项目，计划总投资 183.56 亿元（含 10 亿元以上重大项目 8 个），其中投资 43.7 亿元的胜华新材西南基地项目是落户眉山的首个硅基负极类项目。全年招商引资到位资金 42.36 亿元，比上年增长 35.2%，获全市“春季攻势”和“百日攻坚”行动第二季红榜通报表扬。

【园区开放发展与国有企业改革】　眉山高新化工园区深化区域和行业合作，以合资公司眉山华油股权合作为契机，转让其 30% 的股权给兴海宇股东方成都通能公司；吸纳市环投增资扩股入股眉州水务，共同开展工业供水厂一期以及综合管廊项目建设；强化与省振兴基金、市产投基

图 72　2022 年 3 月 17 日，眉山高新区——顺应材料年产 15 万吨锂电三元正极材料项目（供图：眉山日报社）

金公司等合作，设立总规模6.02亿元四川协同顺应基金投资园区顺应材料，同时积极推动省振兴基金与眉州能源共同股权投资博雅新材；以眉州能源占股20%与宏大公司、彭山工投、甘眉工投共同组建眉山高新投资公司，建设眉山市新能源新材料融合创新中心。

【园区对上争取资金】 眉山高新化工园区成功获批全省首批化工园区和“5+1”重点特色园区；绿色功能添加剂项目限制政策争取获得关键突破；为万华年产5万吨磷酸铁锂等12个项目取得节能审查批复获批年综合能耗约80万吨标煤；帮助金象赛瑞争取留州电量5.5亿度，推荐万华化学、博雅新材料、梅赛尔、顺应材料4户企业纳入精准扶持电价范围；为企业争取各级奖补资金0.85亿元；争取到位专项债券资金7.4亿元，解决企业发展资金20.16亿元；指导万华化学等35户企业完成留抵退税5.73亿元；金象集团、万华化学2户企业入选四川省制造业“贡嘎培优”100户企业。

【园区企业培育与科技创新】 眉山高新化工园区新增规上企业9户，新培育博雅新材料为国家级“专精特新小巨人”企业，新增国家高新技术企业6户、省级企业技术中心1户、省级工业设计中心1户，省级绿色工厂2户，市级企业技术中心5户。新申报省级瞪羚企业2户、省级工程技术研究中心1户并均已通过专家评审和现场考核。园区刘富明团队自主研发UH100催化剂生产锂电池隔膜工艺，成功攻破锂电池隔膜“卡脖子”技术关键环节，创办的锦成化学公司成为省内唯一、国内前三的生产销售聚烯烃催化剂企业。金象赛瑞“三聚氰胺专利侵权案”“商业秘密侵权案”获高级人民法院终审胜诉，成为全国知识产权案件获赔标的物之最。园区荣获四川省科技系统先进集体、四川省科技创新工作先进表彰。

图73 2022年11月4日，眉山高新区绿色产业园 （供图：眉山日报社）

【园区基础设施建设】 眉山高新化工园区开展征地拆迁3445亩，完成征地拆迁2345亩，供地2876亩。眉山高新化工园区2万吨／日工业污水处理厂二期项目竣工投运；10万吨／日工业供水厂、园区人才公寓、综合管廊一期等项目开工建设；35千伏尚博线建成投用，220千伏文万线、220千伏铁西变电站、110千伏平顺线、铝象一二线等电力线路场站有序推进。启动夹江至眉山天然气输气管网和高新铁路物流园前期规划。

【园区安全生产管理】 眉山高新化工园区召开4次园区安委会，开展安全大检查、专项检查等10余次，全年检查企业（项目）450余家次，排查一般隐患1300余条，下发隐患整改通知书200余份，责令限期整改企业14家。接受两轮国务院安委办危险化学品50个重点县服务指导，完成288项专家组指出隐患的整改。修订完善并备案9个园区专项应急预案，完成31家企业应急预案备案、60余家企业应急演练，联合市级部门开展园区危险化学品事故应急救援演练。开展3户企业双重预防机制信息化建设试点，完成42家企业危险化学品登记综合服务系统登记和智慧园区一期项目建设，园区安全风险等级从B级（较高安全风险）成功复核评估为C级（一般安全风险）。

【园区生态文明建设】 眉山高新化工园区完成31个项目环评审批，积极推进规划环评修编。组织环保大检查10余次，排查整改问题130余个。严格落实重污染天气预警管控措施，督促25家重点涉气企业按预警要求轮停、限产。投入约1.6亿元开展园区颗粒物及光化学组分站和金象赛瑞三胺尾气低氮改造、复合肥行业颗粒物深度治理、友禾科技芒硝法技改等深度治理和技改项目，进一步减少废气排放。全年环境污染事故“零”发生。

2022年眉山高新区签约项目一览表

表13 单位：亿元

序号	项目名称	投资主体	项目主要内容	合同金额	签约时间
1	年产15万吨氯化氢循环氧化、年产10万吨无水氢氟酸项目	万华化学（四川）有限公司	该项目拟投资20亿元，占地100亩。在万华四川工业园建设年产15万吨氯化氢循环氧化、年产10万吨无水氢氟酸项目	20	2021年12月
2	年产1万吨全氟聚醚项目	四川道弘新材料有限公司	该项目拟投资15亿元，占地面积400余亩，建设周期5年	15	2022年3月

续表 13

序号	项目名称	投资主体	项目主要内容	合同金额	签约时间
3	锂电配套年产40万吨中性晶体全水溶硫酸钾、20万吨工业盐项目	眉山友禾科技有限公司	该项目拟投资1亿元，占地50亩，建设周期12个月	1	2022年3月
4	石大胜华西南基地一期项目	胜华新材料科技（眉山）有限公司	该项目拟投资40.7亿元，占地270亩，建设5万吨/年硅基负极、2万吨/年正极补锂剂、1万吨/年新型导电剂	40.7	2022年5月
5	三元前驱体动力锂电池材料及综合回收利用项目	四川顺应动力电池材料有限公司	该项目拟投资32亿元，占地533亩，拟扩产建设年产5万吨三元前驱体、年处理6万吨三元动力电池回收项目、顺应材料研发实验基地及配套基础设施项目	32	2022年2月
6	年产800吨制氧锂分子筛项目	四川澳科特科技有限公司	该项目总投资5000万元，拟购买万象创新科技产业园标准厂房，新建年产800吨制氧锂分子筛项目	0.5	2022年4月
7	年产8万吨活化透明粉及4万吨透明可降解母料项目	眉山睿丰雅诚新材料科技有限公司	该项目总投资5000万元，拟购买万象创新科技产业园标准厂房2130平方米，新建年产8万吨活化透明粉及4万吨透明可降解母料项目	0.5	2022年5月
8	餐厨垃圾综合利用二期项目	眉山市城投中恒能环保科技有限公司	该项目拟投资1.38亿元，占地20亩，建设餐厨垃圾处理系统的主体工程（包括预处理系统、厌氧发酵系统、沼气净化处理系统、沼气发电系统、沼液处理系统、沼渣脱水系统以及通风除臭系统等）、配套公用工程（包括机修设施、消防泵房等）	1.38	2022年6月
9	年产5万吨锂盐项目	四川华锂新能源科技有限公司	该项目拟投资2.3亿元，建设年产4.5万吨微粉氢氧化锂、0.5万吨无水氢氧化锂项目，建设周期5个月	2.3	2022年7月
10	胜华锂电新材料研究院	胜华新材料科技（眉山）有限公司	该项目拟投资3亿元，占地50亩，建设锂电产业研究院、电池技术研究所、电源技术研究所、电池材料检测中心、电芯测试中心，IATF16949评测中心、产品展览中心，拟设立博士后科研工作站1个	3	2022年7月
11	建筑屋顶光伏发电项目	眉山传奇实力新能源科技有限公司	该项目总投资额约10亿元，利用工业园区建筑屋顶建设200兆瓦屋顶光伏发电系统，配合园区高耗能企业及本地峰谷电价差建设集中储能系统以及相配套的电力电网改造设施等。本项目投资计划分3期建设	10	2022年8月
12	专用铁路及物流港项目	四川省交通建设集团股份有限公司、眉山市国有资本投资运营集团有限公司	该项目拟投资25亿元，建设周期4年，主要建设内容：1.专用铁路及仓储物流中心。占地190余亩，主要建设专用铁路区间线路长度4.082千米，共设成件包装、集装箱和作业区。2.大宗商品交易中心。占地230亩，建设铁路专用线延伸至中心及10万平方米的仓储物流用房，成为钢材、水泥、砂石、板材等建筑材料及其他大宗商品物流交易中心，同时具备转运、仓储及交易等全产业链功能。3.危化品专线铁路及转运仓储中心。占地约500亩，建设危化品铁路专用线及仓储物流中心	25	2022年8月
13	眉山高新区危险化学品供应链项目	密尔克卫化工供应链服务股份有限公司	该项目拟投资5亿元，占地100亩，建设周期12个月，建设危险化学品供应链项目，包含甲、乙、丙类仓库，罐区、危废库、危急事故池、消防水池及丙类集装箱堆场等	5	2022年10月
14	年产10万吨新型锂盐项目	四川华锂新能源科技有限公司	该项目总投资10亿元，占地53亩，建设年产10万吨新型锂盐生产线及配套技术研发中心项目，建设周期18个月	10	2022年11月
15	年产30万吨氰胺项目二期	四川金象赛瑞化工股份有限公司	该项目总投资17.18亿元，占地470亩，建设周期12个月，主要生产氰胺产品，年产10万吨，主要生产装置包括1套年产20万吨合成氨装置、1套年产50万吨尿素装置、1套年产10万吨三胺装置、1套年产9万吨液氨尾气回收装置、1套年产1万吨双氰胺装置、配套水电气汽等公用工程、办公、库房等设施	17.18	2022年12月
合计				183.56	

【园区社会环境保障】 眉山高新化工园区妥善处理网转信访件16件，园区来访件35件，“12345”政务平台交办件416件，信访事项及时受理率、按期办结率均为100%，群众满意率达95%以上。依法完成金威特破产处置，成功稳控奥新能源、新功生物、凯尔化工和原科工园片区困难企业。

（邓 佳）

甘眉工业园区
Ganzi-Meishan Industrial Park

【概况】 甘眉工业园区是眉山市与甘孜州于2012年5月在原眉山铝硅产业园区（2006年5月设立）基础上合作共建的涉藏飞地工业园区，园区规划面积15.15平方千米，已建成区域8.1平方千米，主导产业为有色金属、新能源、新材料产业和相关配套产业，是全省涉藏飞地园区中经济总量最大的园区。2022年1月20日，成功获批四川省首批“5+1”重点特色园区；6月27日，获批四川省第二批化工园区；9月27日，获得2022年全省优秀开发区；11月15日，获得四川省“两新”组织党建示范园区；12月28日，获得四川省绿色低碳优势产业重点园区。

2022年，甘眉工业园区新增规上工业企业8户，累计规上企业53户，实现工业产值507.3亿元，园区成为全市首个500亿元工业园区；工业增加值增速26.1%，位列全市第一；完成全社会固定资产投资56亿元，比2021年（下同）增长38.9%，其中，工业投资53.9亿元，增长36%；工业税收8.39亿元，增长18.5%。

【园区基础设施建设】 甘眉工业园区投资5亿元建设配套基础设施项目，全年实施完成青龙220千伏变电站扩建工程、标准化厂房、光伏路等项目，建成投用全市首个城镇综合体，可满足4000名企业高管、员工入住，陆续启动安置区二期、新能源大道、阳光北路、化工停车场、甘眉110千伏变电站等项目建设。

【园区项目招引】 甘眉工业园区依托甘孜州锂电、光热资源，紧盯锂电、光伏领域，聚力招引投资体量大、产业带动强、综合效益好的项目。2022年共签约项目11个，计划总投资195.3亿元，其中10亿元以上项目6个，总投资22亿元的通威8吉瓦高效晶硅电池项目，总投资15亿元的协鑫年产3万吨锂电池级锂盐项目，总投资40亿元的中科电气年产13万吨锂电池负极材料一体化项目，总投资30亿元的莱尔年产1万吨碳纳米管及10万吨碳纳米管导电浆料项目，总投资50亿元的天华年产8.5万吨电池级锂盐材料项目，总投资20亿元的美科年产32吉瓦单晶硅切片项目。招商引资累计到位资金48.8亿元，完成全年市上下达目标任务的153%。

【园区项目建设】 甘眉工业园区坚持“专班组”推进、“军令状”压责、“双挂图”作战和“四全”工作机制，以问题、目标、结果为导向，全力推动项目建设提速提质提效。2022年实现15个重大项目全面开工，8个重大项目建成投产，其中锦源晟一期开工到第一条生产线投产仅9个月时间，天华时代项目开工到投产仅7个月时间，通威三期项目开工到投产仅6个月时间，特别是从设备进场到设备调试安装，再到首片下线，仅用9天时间。

【园区企业培训与科技创新】 甘眉工业园区坚持以高质量创新引领高质量发展，培育“贡嘎培优”企业1户、国家级科技型中小企业4户、省级两化融合贯标试点企业5户、省级“专精特新”中小企业3户、高新技术企业11户，建成国、省、市级企业技术平台2个、6个、7个；继续深度推进校地、校企合作，新成立新能源新材料产业学院、智能制造学院，与中国科学院、四川大学签订合作协议20余个。

【园区对上争取资金】 甘眉工业园区成功争取到绿色低碳优势产业园区扶持资金5000万元、2022年第一批中央和省级生态环保资金3312万元、藏区专项资金2150万元、甘孜州藏区工业发展切块资金1300万元；争取留存电量16.2亿千瓦时，为企业节约用电成本约2亿元；新增13户融资“红名单”企业，助力企业融资26.9亿元、授信62.7亿元。

【园区用地保障】 甘眉工业园区顺利开展眉山市东坡区修文片区4730亩土地征收成片开发方案和眉山市东坡区英雄片区840亩土地征收成片开发方案报批工作；办理7个批次土地报批，合计组件土地2372.8亩，保障天华时代二期、中科

图74 2022年10月，甘眉工业园区城镇综合体项目（员工公寓）建成投用

（供图：甘眉工业园区）

图75 2022年1月，甘眉园区科创中心标准化厂房项目建成投用

（供图：甘眉工业园区）

图 76 2022 年 5 月 12 日，四川天华时代年产 6 万吨电池级氢氧化锂项目开工仪式（供图：甘眉工业园区）

图 77 2022 年 5 月 13 日，湖南中科电气年产 10 万吨锂电池负极材料一体化项目签约仪式（供图：甘眉工业园区）

电气等 7 个项目用地需求；成功争取土地指标 1624 亩，投入 8403 万元回收土地 772 亩用以引进新项目，处置批而未供土地 1310 余亩。

【甘眉公司】 甘眉公司全年拟建项目 7 个，续建项目 4 个，新建项目 21 个，竣工项目 21 个，已送审项目 13 个，拟送审项目 2 个，累计完成投资约 5.02 亿元；到位专项债券资金共计 4.91 亿万元，其中城镇综合体 6900 万元、光伏产业园 3.47 亿元、锂电产业园 7500 万元；积极参股投资，总共出资 1.8 亿元完成 4 项对外投资，持续拓展营收渠道，扩大业务范围。

【铝硅公司】 铝硅公司投资约 5150 万元用于修文雅苑安置区二期项目建设，总体工程完成进度达到 70%；完成人工湿地二期缺陷修复并通过园区相关部门验收；合理利用公司土地资产，场地租赁收益达到 488.2 万元。

（邓彦聪）

2022 年甘眉工业园区引进新能源新材料企业一览表

表 14 单位：亿元

序号	签约时间	合同编号	项目名称	投资方	在眉山注册公司名称	协议引资
1	2021 年 12 月	甘眉投 202123 号	金属制品加工项目	重庆禾桦睿机械有限责任公司		1.05
2	2021 年 12 月	甘眉投 202124 号	年产 30 万吨聚羧酸高性能减水剂项目	北京市杏悦科技有限公司	四川泽华环保新材料有限公司	1
3	2021 年 12 月	甘眉投 202125 号	资源化综合利用处理 25 万吨工业废渣项目	国唐智盛（成都）信息技术有限公司	四川中恒瑞环保新材料有限公司	1.05
4	2022 年 3 月	甘眉投 202205 号	8 吉瓦高效晶硅电池项目	通威太阳能有限公司	通威太阳能（眉山）有限公司	22
5	2022 年 4 月	甘眉投 202206 号	年产 3 万吨锂电池级锂盐项目	协鑫能源科技股份有限公司	四川协鑫锂能新材料有限公司	15
6	2022 年 5 月	甘眉投 202207 号	年产 10 万吨锂电池负极材料一体化项目	湖南中科电器股份有限公司	四川中科星城石墨有限公司	40
7	2022 年 8 月	甘眉投 202208 号	年产 3 万吨电池级锂盐项目	协鑫能源科技股份有限公司	四川协鑫锂能新材料有限公司	15
8	2022 年 8 月	甘眉投 202209 号	年产 1 万吨碳纳米管及 10 万吨碳纳米管导电浆料项目	广东莱尔新材料科技股份有限公司		30
9	2022 年 8 月	甘眉投 202210 号	年产 8.5 万吨电池级锂盐材料项目	苏州天华超净科技股份有限公司	四川天华时代锂能有限公司	50
10	2022 年 9 月	甘眉投 202202 号	中山市鑫氟隆金属制品有限公司锂电池专用设备制造生产项目	中山市鑫氟隆金属制品有限公司		0.2
11	2022 年 10 月	甘眉投 202212 号	江苏美科太阳能科技股份有限公司年产 32 吉瓦单晶硅切片项目	江苏美科太阳能科技股份有限公司	四川美科新能源有限公司	20
合计						195.3

商贸业

COMMERCE AND TRADE INDUSTRY

国内贸易 / 对外经贸 / 粮食商业 / 石油商业 / 烟草专卖 / 盐业专营 / 供销合作社经营 / 会展和节会活动

国内贸易
Domestic Trade

【概况】 2022年，眉山市贯彻落实中央、省市各级决策部署，统筹推进常态化疫情防控和经济社会发展，主动服务成都都市圈高质量发展新兴城市建设，服务业总体上保持稳定增长，消费市场不断复苏，经济活力有效增强。全市社会消费品零售总额实现639.75亿元，同比增长1.6%，比全国、全省分别高1.8、1.7个百分点，增速居全省第十位。

【服务业发展】 眉山市出台《眉山市支持商贸服务业纾困解难稳增长的若干支持政策》《眉山市商贸服务业招商引资政策》《眉山市促进消费恢复发展的若干政策实施细则》等4个支持性政策，印发《眉山市推动服务业持续健康发展实施方案》《眉山市“十四五”服务业升规入统工作方案》等4个指导性文件，全市累计发放升规入统、主辅分离、营收突破等财政补贴资金295万元，省级促消费激励资金811万元，省级红黑榜激励资金300万元，协助14户服务业企业申请风险补偿及应急转贷资金5.39亿元，政策激励在商务领域落地见效。筛选2000户市场主体纳入服务业培育库进行动态管理。全市规上服务业企业升规入统43户，排全省第三位；限上商贸服务业单位升规入统171户，排全省第七位。全市37个市级服务业重点项目完成投资达到110亿元以上。天府新区青龙国际物流中心获批省级服务业集聚区，仁寿县栖西里商业步行街获批2022年全国百强县省级服务业专项资金支持项目。全市服务业增加值实现735.59亿元，同比增长2.9%，高出全国、全省分别0.6、0.9个百分点，增速居全省第九位。

【内贸流通】 眉山市争取到全省大型区域商品分拨配送中心试点项目。东坡岛商业水街省级步行街提升改造、川派餐饮

2022年眉山市重点商超一览表

表15

序号	区县	单位性质	名称
1	东坡区	企业	眉山万达广场
2			四川永辉超市（万达店）
3			宏远上铖超市有限公司（华陆店）
4			宏远上铖天力有限公司（华陆店）
5			万景追梦城
6			四川永辉超市（眉山万景追梦城店）
7			宏远商场（盖丽店）
8			宏远上铖超市有限公司（盖丽店）
9			宏远商场（小北街店）
10			成都伊藤洋华堂眉山店
11			眉山大润发商业有限公司
12			鲸品汇
15	彭山区	企业	彭山美家好商贸有限公司
16			希望城
17			四川建伟伟业商贸有限公司
18	仁寿县	企业	眉山仁寿万达广场商业管理有限公司
19			仁寿众志仁禾商业管理有限公司（中铁仁禾购物广场）
20			仁寿国贸有限责任公司
21			四川惠乐美家好商贸有限责任公司
22			四川永辉超市有限公司仁寿县万达广场分公司
23			四川永辉超市有限公司眉山仁寿县分公司（中铁店）
24			四川永向盛商贸有限公司（大润发超市）
26	洪雅县	企业	洪雅县家家乐商贸有限责任公司
27			洪雅邻你商贸有限公司
29		个体	洪雅县新世联华超市
30	丹棱县	个体	丹棱县蓝天超市
31			丹棱县家乐购超市
32	青神县	个体	青神县双双超市
33			青神德麦盛生活超市

创新发展先行区等省级项目建设顺利推进。洪雅县、东坡区获中央县域商业体系建设专项资金各1000余万元。推动东坡万达广场、岷江生活广场、仁寿万达广场等商圈业态升级，人气、商气和烟火气逐渐旺盛。

【电子商务】 眉山市全年实现网络交易额329.20亿元，同比增长6.07%，全省排名第10位；网络零售额141.91亿元，同比增长6.18%，全省排名第5位。京东智能城市（东坡）数字经济产业园获评2022年度四川省电子商务示范基地。完成丹棱县、彭山区2019年度农商互联暨完善农产品供应链项目，洪雅县2016年国家级电子商务进农村综合示范项目验收，推进丹棱县2021年国家级电子商务进农村综合示范项目。

【家政服务】 眉山"苏小妹"家政获批国家级服务业标准化试点项目；举办第二届"苏小妹"诚信家政颁奖会暨团体标准发布会活动，发布4个眉山市第一批、四川省第三批家政行业团体标准；完成家政从业人员培训2483人，完成率118%。

【农贸市场升级改造】 眉山市商务局印发《眉山市农贸市场达标提升工程三年行动方案（2022—2024年）》，完成33个农贸市场达标提升任务。

【商贸系统安全风险管控】 眉山市商务局制定《8大重点场所疫情防控工作要点》，加强重点场所疫情防控督导检查，全年下沉一线督导点位506个，发现问题275个，全部整改完毕；做好应急保供，全市生活必需品市场货源充足、品种丰富、价格平稳；贯彻落实国务院安委会安全生产15条措施，采取分片督导、专项督查、联合检查、明察暗访等形式，统筹开展行业安全生产大检查，建立问题清单和整改清单，确保重要时段，尤其是中共二十大期间行业安全生产稳定。

【消费促进季】 眉山市举办"约惠东坡·乐购生活"主题促销及各类重点消费促进活动200余场次，全市政府、金融机构累计投入资金6168万元用于政府消费券发放，拉动消费近13亿元。同时，市、区两级政府投入1000万元用于发放新能

2022年眉山市各区县城市商圈一览表

表16

区县	名称
东坡区	雕像国际商圈
	万达广场商圈
	万景国际商圈
	春熙广场商圈
	东坡水街商圈
	玫瑰小镇商圈
	九巷十坊商圈
彭山区	四川建伟伟业商贸有限公司
	希望城
	锦江大学城
仁寿县	中铁仁禾购物广场
	仁寿万达广场
	栖西里商业街
	阳光步行街
	仁寿县怡和春熙步行街
洪雅县	雅康世纪广场
	汇金天地
	财富广场
丹棱县	丹棱县万景大雅城
青神县	青神万景商圈
	兰沟村竹里巷子、竹里院子商圈
	唤鱼公园老河街商圈

2022年眉山市建成区集贸市场一览表

表17

区县	序号	市场名称	地址
东坡区	1	眉东大市场	东坡区红星路119号
	2	城东农贸市场	东坡区大东街107号
	3	学道街市场	东坡区学道街
	4	新街市场	东坡区落虹巷
	5	宝华寺市场	东坡区宝华街50号

图78 2022年1月14日，2022眉山迎春购物月暨"促消费 迎新春"寻年味活动启动仪式

（供图：市商务局）

图 79　2022 年 6 月，夜游柳江　　（供图：市商务局）

续表 17

区县	序号	市场名称	地址
	6	城北市场	东坡区一环北段 153 号
	7	通惠街市场	东坡区通惠街
	8	眉象路市场	东坡区眉象路中段
	9	星野市场	东坡区瑞莲街 86 号
	10	火车站市场	东坡区铁环路
	11	眉山大市场	东坡区新区彭寿街
	12	文安市场	东坡区长庚街 439 号
	13	启明星市场	东坡区江月路 68 号
	14	金鑫市场	东坡区金鑫西街 89 号
	15	岷东新区农贸市场	岷东新区青神路 2 号
	16	象耳农贸市场	东坡区象耳镇五里墩街
彭山区	17	彭溪综合农贸市场	彭山区寂照街
	18	城西市场	彭山区张纲路 236 号
	19	城南市场	彭山区古城南路
	20	龙门桥综合市场	彭山区彭溪街道

图 80　2022 年 7 月，仁寿栖西里大舞台　　（供图：市商务局）

源汽车消费补贴。打造维亚康姆规划展示馆、坛罐山陶瓷艺术超前体验馆、南巷慢街、国际房车营地、仁寿栖西里商业步行街、丹棱稻香桔田、青神唤鱼公园、夜游柳江、茶客空间等 10 个消费新场景。

【餐饮美食】 中央电视台《新闻直播间》和《朝闻天下》栏目对眉山促进餐饮业复苏举措和成效作专题报道。开展“味美四川·香飘东坡”系列美食活动，与成都、德阳、资阳、乐山签订“都市圈岷江走廊”战略合作协议。顺利推进川派餐饮创新发展先行区等省级项目建设，推动东坡肉、藤椒钵钵鸡等十道东坡菜标准化建设，评选 50 道“东坡名菜”及 68 家代表店，其中“东坡肘子”等 5 道菜入选省级“天府名菜”，第三批“眉州名厨”20 人获市政府表扬。

（黄华伦）

对外经贸
Foreign Economic Trade

【概况】 2022 年，眉山市外贸进出口总额实现 119.24 亿元，首次突破百亿元大关，同比增长 48.5%，分别超过省定、市定目标任务 26.5 和 13.5 个百分点，总量和增速均居全省第六位，总量较 2021 年提升 1 位。对外贸易产业主要集中在化工、电子信息、机械及装备制造、新能源新材料 4 个产业，占全市生产型企业进出口总额的 90% 以上。从贸易方式来看，一般贸易占比大，全市一般贸易占比约 96.8%，加工贸易和其他贸易占比为 3.2%。全年新增外贸实绩企业 19 户，累计达 175 户；新增贸易总额 5 亿元以上的企业 5 户，10 亿元以上的企业 1 户。重点外贸企业国润新材料、金象赛瑞、通威太阳能分别实现进出口 13.4 亿元、7.2 亿元、5.9 亿元，较上年同期分别增长 225%、63%、604%。三家公司增量共计 17.2 亿元，拉动全市外贸增长 21.4 个百分点。

【营商环境优化】 眉山市商务局出台《关于进一步支持中小微外贸企业发展的若干措施》《眉山市促进外贸高质量发展若干政策措施》等支持政策，大力支持外贸企业拓展国际市场、加强汇率风险管理、优化跨境金融服务，为全市 59 户企业搭建小微出口企业出口信用保险统保平台。举办 2022 年全市外贸业务工作培训，分 3 期精准培训重点外贸企业、小微外贸企业、拟开展外贸业务企业等 150 户。推动省港投下属公司丝路易购科技有限公司与眉山首家外综服务企业青禾供应链达成合作协议，进一步提高中小企业服务质量。

【国际经贸交流】 眉山市主要贸易以亚洲、大洋洲、欧洲为主。亚洲市场占全市进出口总额的 43.5%，主要贸易伙伴有日本、韩国、土耳其、东盟；大洋洲占比 35.0%，主要贸易伙伴是澳大利亚；欧洲占比 11.1%，主要贸易伙伴是德国、荷兰、意大利。

【外贸进出口】 眉山市全年外贸出口 79.34 亿元，同比增长 33.4%；进口 39.91 亿元，同比增长 92.0%；出口额、进口额分别居全省第七位和第六位。主要出口产品有化工制品、机械设备及零件、塑料及制品，占出口额的 83.2%；主要进口产品有矿产品、机械设备及零件、化学品，占进口额的 94.7%。

【四川自贸试验区眉山协同改革先行区建设】 2022 年，持续深化四川自贸试验区眉山协同改革先行区建设，争取到 3 个国家差异化先行先试政策，15 个省级层面示范试点项目，形成 10 条“先行区案例”。自主创新案例“三区联动”助力就业创业首次纳入中国（四川）自由贸易试验区（协同改革先行区）制度创新成果在全省复制推广。通过复制推广“集群注册”“告知承诺”“免证办”“主题套餐”等自贸区经验，实现减环节 51.6%、减材料 30.6%、减跑动次数 67%、减时限 85.27%，全程网办率 98.27%。

【眉山保税物流中心（B 型）建设】 眉山保税物流中心（B 型）位于眉山天府新区青龙街道泗河大道 1 号，占地约 150 亩，总建筑面积约 5.9 万平方米，总投资 3.25 亿元，主要建设保税仓库、海关查验平台及查验仓库、海关业务楼和综合业务楼、集装箱堆场、海关卡口、开闭站等。项目积极融入“一带一路”建设及东盟经济一体化进程，与眉山国际铁路港、泛亚班列协同发展，促进眉山乃至川西南地区内外经济“双循环”发展。2022 年 6 月完成竣工验收，其中综合业务楼 2 万平方米，卡口及控制室 0.3 万平方米，查验平台及暂扣仓库 0.27 万平方米，3 栋丙一类保税仓库 3.36 万平方米。截至 12 月，共获批各级各类开放平台 9 个，成功获批眉山保税仓。

【跨境电商综合试验区建设】 2021 年 7 月 16 日，眉山市人民政府向四川省商务厅提交《眉山市人民政府关于设立中国（眉山）跨境电子商务综合试验区的请示》。2022 年 2 月 8 日，国务院正式发文同意设立中国（眉山）跨境电子商务综合试验区。截至 12 月，中国（眉山）跨境电商综合试验区综合服务平台建成投用，跨境电商企业由 0 增至 10 户，跨境电商贸易实现 1.3 亿元。

【国家进口贸易促进创新示范区建设】 眉山市商务局提前做好对接，送政策送服务，争取费特森、万华化学、天华时代在项目建设期间将设备原材料和设备进口落在本地。2022 年新增外贸进出口 17.5 亿元，拉动全市外贸进出口增速提升 31 个百分点。

【陆海新通道眉山集散中心揭牌运营】 2022 年，眉山国际铁路港建设被列入市政府十件大事，出台《眉山国际铁路港发展规划》《全市现代物流体系建设规划》等 5 个政策文件，眉山环球冷链食品产业园一期项目、丰树物流项目等 14 个重点项目加快建设；全年开行国际班列 32 列，联通杜伊斯堡、马拉及河内、胡志明、科伦坡等欧亚城市，向欧洲及东南亚运输物资 4 万余吨。眉山市人民政府与中国铁路成都局集团公司签署合作备忘录；眉山环天金投公司与四川陆海新通道发展有限公司签订共建四川西部陆海新通道战略合作协议。建设眉山国际铁路港纳入全国人大代表建议和全省政协提案。2022 年 12 月 29 日，陆海新通道眉山集散中心正式揭牌运营，并正式开行眉山国际铁路港陆海新通道眉山班列。当天，眉山天投集团与重庆陆海新通道运营有限公司签署合作协议，共建“陆海新通道眉山集散中心”，双方将在境外站点拓展、国际班列开行、货源集结分拨、物流效率提升、专业人才培养等方面深化合作，加快提升眉山国际班列运营组织能力，促进眉山国际铁路港集聚物流、商流，带动区域产业转型升级发展。此举为眉山市抢抓“一带一路”建设和成渝地区双城经济圈、西部陆海新通道建设等重大战略机遇，加快推进眉山国际铁路港建设的具体行动。

（黄华伦）

粮食商业
Grain Commerce

【概况】 2022 年，眉山市贯彻落实国家粮食安全战略，强化推进粮食安全党政同责、粮食购销领域专项整治、粮食流通监督管理，全面完成各项目标任务。在 2021 年度落实粮食安全党政同责考核中，眉山市获得全省市（州）优秀等次第二名。

【粮食调控】 眉山市全年总购进粮食 184.34 万吨，总销售粮食 59.13 万吨，油菜籽总购进 0.93 吨，食用油销售 8.59 万吨；收购小麦 14261.9 吨、油菜籽 18618 吨、稻谷 38685 吨（其中超标稻谷 8725 吨），有效保护种粮农民利益；工业总产值实现 148.93 亿元；完成省级储备粮轮换 22970 吨，油 1100 吨；市级储备粮轮换 1080 吨，油 800 吨；完成市级储备粮油费息补贴 1135.7 万元；开展储备粮油月查 24 次，检查企业 30 个，检查粮油近 65 万吨；成功申报四川丹棱城关省粮食储备库、仁寿国家粮食储备库为省级储备粮油承储企业；争取到省级储备粮油指标粮2000吨、油3000吨；竞争性粮油储备指标14000吨；承接指标（康定）3940吨，油300吨；下达眉山天府新区应急小包装储备指标大米300吨、菜籽油30吨的储备任务（仁寿调减）；调整丹棱省储备库市级储备小麦1000吨指标到眉山市眉城粮食有限公司；建立眉山市粮食收购贷款信用保证基金600万元；修订完善《眉山市粮食应急预案（2022年修订）》；落实粮食应急加工企业12家、供应网点152家、配送中心7家和储运企业6家，为粮食应急供应提供保障；完成全市军粮站点整合工作，抓好彭山区军供站150万元军供网点建设项目；积极申报应急成品粮油保障能力提升项目，为彭山区、仁寿县、洪雅县、丹棱县争取到省级财政补助资金93万元；加强粮食产销合作，与攀枝花市签订粮食产销、加工区区域合作协议；起草《眉山市应对极端条件下的新冠肺炎疫情生活物资保障应急处置总体预案》等文件。全年共向国家、省粮食和物资储备局报送粮油价格监测116次，向省发改委报送生活物资保障工作进展情况84条，向省粮食局报送粮油加工信息日报32条；建立全市生活物资应急保供企业112家，农产品生产基地名录523家，应急运输物资中转站16家，应急运输车辆380辆，应急配送人员23902人。

【粮食安全】 眉山市高位推动落实服务国家粮食安全使命担当，严格落实粮食安全党政同责工作要求，市委五届五次全会作出《中共眉山市委关于深入贯彻习近平总书记来川视察重要指示精神建设新时代更高水平“天府粮仓”示范区的决定》，先后召开市委常委会会议、市政府常务会议、全市粮食生产暨耕地保护现场会、粮食安全党政同责工作会等20余次。其中，市委主要负责人主持召开11次、市政府主要负责人主持召开10次专题会议。市政府印发实施《眉山市“十四五”粮食安全规划》《眉山市深化粮食购销领域体制机制改革保障粮食安全的意见》《关于命名耕地保护年度“先进县区”“先进乡镇”的通知》等文件。积极推进工作落实，市发展改革委印发实施《2022年眉山市粮食安全党政同责考核工作要点》《落实〈关于深化粮食购销领域体制机制改革保障粮食安全的意见〉责任清单》《眉山市粮食安全保障工作部门联席会议制度》《眉山市粮食流通监督检查联合执法暂行办法》。严格执行党政同责、政府主抓、部门落实的粮食安全体系。建立健全工作机制，压实县（区）人民政府责任，强化部门协作，建立经常性会商机制。强化督查和粮食安全考核，发挥“指挥棒”作用；优化考核指标体系，突出地力提升、播种面积、粮食产量、储备管理等重点指标考核。确保粮食播种面积和产量只增不减。超额完成省下达的粮食播种面积目标。超额落实省下达市、县级粮、油储备规模。针对2021年度粮食安全责任制考核存在问题，组织研究整改措施，督促加大整改力度，全面完成问题整改。

【粮食购销专项整治】 眉山市把粮食购销领域系统治理作为一项政治任务，成立领导小组，召开9次专题研究会议，全面督导工作落实；召开粮食工作专题组织生活会和专题民主生活会，严肃对照检查；组建工作专班，每周搜集整改台账，每月研究落实进度；巡察反馈问题及自查自纠发现问题全面整改完成，制定印发《关于深化粮食购销领域体制机制改革保障粮食安全的意见》《眉山市市级储备粮管理暂行办法》等10个制度、办法；市、县（级）粮食储备全面实现财政兜底，市发展改革委粮食购销领域专项整治工作得到省委巡视办肯定，2次刊发整改工作信息；6月24日，省委巡视办专题到市发展改革委调研粮食购销领域专项巡察整改工作。

【粮油购销监督检查】 眉山市发展改革系统分别组织查办各类案件4件，查证“12325”热线举报并按规定回复国家、省粮食和物资储备局；开展专项检查，先后开展粮油库存交叉检查、粮食购销领域专项整治等专项检查和地方国有粮企改革推进、落实粮食安全党政同责、夏粮秋粮收购等联合执法检查；开展日常监督检查执法，印发实施《2022年眉山市粮食和物资储备执法监督工作要点》，强化应用“粮食行业‘双随机’应用平台”，随机开展监督检查。2022年，全市共组织监督检查240余次，出动人员550余人次，检查企业350余户次。

【国有粮食企业改革】 眉山市发展改革委贯彻落实市政府办公室《关于深化县（区）国有粮食企业改革的实施方案》，按照“一县一企”“一企多点”模式，制定《关于地方国有粮食企业政策性职能和经营性职能分开实施方案》，将县（区）国有粮食企业改革纳入粮食安全党政同责考核指标体系，牵头组建联合督查组强化督促、检查力度。截至12月，全市国有粮食储备企业改革全面完成，实现政策性职能与经营性职能分开，有效保障政策性粮油储备数量真实、质量良好，经营性职能企业健康运转。

【物资储备】 眉山市发展改革委扎实做好应急救灾物资储备工作，通过争取中央预算专项资金和财政预算补助资金等方式建设县乡级应急救灾物资储备库（点）。截至12月，3个县级库（东坡区、洪雅县、丹棱县）主体工程全部建设完成，新增库房面积3167.22平方米、库容2万立方米；新建乡镇应急救灾物资储备点9个，配备率达72.5%。加强物资调拨，为应对突发自然灾害和新冠病毒风险，提升应急救灾物资保障能力，会同市应急管理局分5批次向眉山天府新区和各县（区）调拨帐篷864顶、折叠床2700张、棉被4700床、棉大衣3025件等价值约333万元应急救灾物资。加大物资储备，增强与市级财政对接力度，顺利完成422.5万元应急救灾物资采购任务，帐篷、折叠床、棉被等24522件物资全部检验合格入库，620万元市级应急救灾物资采购（第二批）项目按政府采购程序有力推进；各县（区）财政积极安排专项资金用于应急救灾物资采购，全市现储备有帐篷4358顶、折叠床10912张、棉被20668床等价值2189万元的应急救灾物资，可满足26000名受灾群众生活物资需求。

（李旭平）

石油商业
Petroleum Business

【概况】 2022年，中国石油天然气股份有限公司四川眉山销售分公司（简称中石油眉山销售分公司）下辖东坡、彭山、仁寿、洪雅（含丹棱）、青神5个销售片区；拥有在用油库（青龙油库）1座，总库容6.2万立方米；在营加油站65座，CNG加气站2座；股权企业2家。全年油气销售总量32.34万吨，非油收入5004万元，公司库站整体安全受控，继续实现零污染、零事故、零质量计量和零新闻舆情目标。

【加油网点建设】 中石油眉山销售分公司全力攻关遗留项目，着力推进加油站达销上量；大力拓展新能源项目，开展资料收集、部门备案、现场踏勘、方案对接等工作，加快推进加油站增设充电项目。2022年，开发加油（气）站1座，落地3座，投运2座，开发新能源站2座、落地1座、投运2座；中油环天合资项目视高兴盛加油站于5月顺利投运；落实2座迁建加油站土地。

【石油经营管控】 中石油眉山销售分公司聚焦建章立制，全面梳理各专业线岗位职责、管理制度，制定、修订生产经营规范管理类制度6个，党建、行政等专业线制度10余个，安全类制度10余个，确保有制度可依，有规章可循。聚焦服务规范，实行管理人员挂点承包制，定期开展薄弱环节培训、线上理论考试；加强各类投诉案例分享与警示教育，开展线上视频培训会议、加油站视频巡站问题视频会20余次，现场实操培训150人次，全年服务好评率同比上升14%。聚焦依法治企，严格落实股权企业"议案制"，逐步完善股权企业管理体系。

【成品油市场稳固】 中石油眉山销售分公司聚焦市域重点工程、重点项目建设和应急用油需求，不断优化油品配送、调运、供应等服务，增强运力，确保各时段油品用量及配送计划等全部落实到位。做好客户拜访和维护工作，针对客户个性化需求，推出专属服务，着力提高客户满意度，不断扩大市场成品油供应量。助力乡村振兴，提前利用桶装小配发力，开展送油到乡村、送油到田间地头、推广优途助农机卡等活动。加强"八五"普法、合规培训，用好法律维权"武器"，联合眉山市市场监管局开展商标侵权打击行动，全面整改侵权加油站2座，保障公司合法权益。

【石油信息化建设】 中石油眉山销售分公司持续加强信息化系统建设制定系统应用培训计划，协调省公司科技信息部，做好各部门及关键用户的应用培训工作；强化ERP系统、加管系统、二次物流系统、油库系统、协同办公系统、CRM系统等系统应用考核，提前对待处理事务进行通告，并通过公司门户网发布周、月系统考核情况，督促各部门、单位按要求及时处理、及时分析差距及原因，制定落实改进措施；强化信息化系统数据运用，充分利用信息系统数据分析指导业务经营工作及基础管理工作开展，不断提升公司信息化管理水平。

（彭新竹）

烟草专卖
Tobacco Monopoly

【概况】 2022年，眉山市烟草专卖局（四川省烟草公司眉山市公司）辖东坡区、彭山区、仁寿县、洪雅县、青神县、丹棱县6个县级烟草专卖局（分公司）以及1个物流中心，有从业人员311人。全年实现收入36.89亿元（含税），增幅4.27%，实现税利10.09亿元，增幅6.52%，首次突破10亿元大关，经济运行保持在合理区间。上缴财政10.64亿元，其中上缴税费6.75亿元，上缴近年结存利润及特殊上缴收入1.85亿元，上缴投资收益2.04亿元，在特殊时期体现行业担当。

【烟草市场监管】 眉山市全力推进烟草专卖打假打私，落实"数据先导、稽查上移、监管下沉、管服融合"推动打假打私工作提质增效。全年破获涉烟违法案件352起，查获"三烟"（制假售假、走私、非正常渠道进货）1519万支，审结认定国标3级案件1起、国标4级案件1起，涉案金额共计526.67万元，刑拘13人、逮捕8人；收网涉烟刑事案件4起，捣毁窝点24个，查扣烟机3台，查获假烟189.23万支，实物货值150.17万元，刑拘16人、逮捕11人、取保6人；彭山"2·1"案作为典型案例在中央电视台《天网》栏目播出，有力维护国家和消费者利益。持续深化"放管服"改革要求，在仁寿县建成运行全市首个烟草行政服务大厅。纵深推进电子烟销售市场常态化监管，依法高效推进电子烟行政许可工作落地落实。广泛开展烟草专卖法律法规宣传，促进全民知法于心、守法于行。

【烟草物流发展】 眉山市致力精益、现代、绿色的卷烟物流配送，立足"高效、平稳、和谐"工作总基调，克服疫情、高温、技改等多重因素影响，2022年累计配送卷烟9.11万箱，配送43.73万余户次，出动车辆4172台次，安全行驶52万余千米；安全回收资金368961.98万元；非现金结算率100%；准时到货率、货款回收率均为100%；入库扫码率、出库扫码率、分拣打码率均为100%，送货破损率、送货差错率、客户投诉率均为零。加大创新力度，获得《一种快捷调整宽度的输送机》实用新型专利证书，研发的"智能分

图81 2022年建成的眉山市首个烟草行政服务大厅 （供图：眉山烟草专卖局供图）

拣信息跟踪管理系统 V1.0”获得计算机软件著作权登记证书，有效提升物流分拣效率。

【卷烟营销服务】 眉山市遵循“规范为前提、需求为导向、状态为优先、持续发展为追求”卷烟营销理念，推进卷烟营销数字化转型，推动传统经验决策向科学决策转变。2022 年销售卷烟 9.11 万箱，增幅 0.45%；其中，销售川烟 2.69 万箱，增幅 4.22%；全市 9001 户有效零售客户，毛利率 14% 左右。以探索“打造农网数字门店示范终端”创新课题为契机，秉持“城网农网兼顾、县区全面覆盖”思路，统筹推进城乡网络一体化协调发展。2022 年全市建成数字门店 661 家，占有效客户的 7.27%，数字赋能从“规划图”逐步呈现为“实景图”。以客户为中心，依托线上线下技术手段，全方位、多维度开展客户培训，全年累计开展客户培训 119 次，组织零售客户开展“开口营销”大赛，助力零售客户全面提升经营能力和综合素养。

（付　玉）

盐业经营
Salt Business Operation

【概况】 2022 年，眉山市经济和信息化局按照《四川省盐业管理条例》和《四川省食盐储备管理办法》要求，规范食盐企业经营行为、保证合格加碘食盐供应、不定期检查食盐储备轮换情况，及时补足库存，加大食盐相关政策宣传力度。

【食盐监管】 10—12 月，市经信局会同市市场监管局对全市重点食盐批发企业开展食盐市场联合执法行动检查。

【碘缺乏病防治宣传】 5 月 15 日，市经信局配合市卫生健康委，联合开展以“智慧人生健康路　科学补碘第一步”为主题的“防治碘缺乏病日”宣传活动，向群众普及预防碘缺乏病相关知识，倡导科学补碘健康生活方式，提升人民群众食用碘盐、科学补碘以及自觉抵制假盐的意识。

（周宇乐）

供销合作社经营
Supply and Marketing Cooperatives Operation

【概况】 2022 年，眉山市供销系统实现购进总额 4.5 亿元，同比增长 15%；销售总额实现 6.7 亿元，同比增长 12%；其中消费品零售额 3.1 亿元，同比增长 121%。

【供销综合改革】 9 月 27 日，市供销社第一届理事会第二次全体会议、第一届监事会第二次全体会议召开，审议增补理事会理事、监事会监事，吸纳彭山区农村合作经济组织联合会为市供销社成员社，审议通过《眉山市供销合作社联合社理事会工作规则》《眉山市供销合作社联合社理事会主任办公会议事规则》《眉山市供销合作社联合社监事会工作规则》和《关于启动修订〈眉山市供销合作社联合社章程〉的建议》，推动市供销社“三会”制度更加完善和优化。

【农资供应】 眉山市供销社基层组织及社有企业围绕“三农”服务宗旨，以农资农技服务为抓手，积极构建和打造全方位、多渠道的农资现代流通体系，围绕打造更高水平的“天府粮仓”积极发展供销主业。仁寿县合资成立仁寿安杰供销农业服务公司融合村级供销社建立农资直采直配机制，禄加镇中和村供销社农资超市于 10 月 26 日建成并正式营业；依托五谷园专业合作社成立县级农机协会和农事服务中心开展耕种收服务。洪雅县中山镇基层社以前锋村为中心，为周边 2.8 万亩特色茶产业基地和 1.4 万名群众提供服务，积极拓宽村集体及农户增收渠道。丹棱县齐乐龙鹄供销合作社有限公司探索发展形成一条产—供—销完整产业链，完成孵化园建设，并成立农资农化为农服务中心，实现入社社员 450 户，入社果农果园管理面积达到 3800 亩，覆盖柑橘园区 3 万亩。丹棱县千农夫供销合作有限公司，整合资源吸收四川丹棱椒园香藤椒种植专业合作社，开展农资农技培训、回收一条龙服务，农民会员占比高于 50%，会员数量达到 100 人。

【农村流通网络建设】 围绕农村快递服务工作，各县（区）基层供销社奋力建设快递超市新模式。东坡区统筹各方资源，发挥快递超市便民利农作用，将正山口村基层社快递超市打造为全市农村快递物流服务工作模板；复兴镇供销社组织开展网络创业培训班，依托复兴、柳圣、金花 3 个片区成立以村集体为主体的快递驿站，积极打通快递进村的“最后一公里”。彭山区整合城区内的圆通、中通、申通、韵达 4 家快递网点，建成区级供销快递物流集散中心（园区），初具规模，运转规范。仁寿县积极拓展电商业务开展线上农产品销售，在曹家镇共峨村、禄加镇中和村等将农村土特产通过微信平台开展网络销售，实现“城市、农村无缝衔接”“线上、线下同步发展”。

【农村社会化服务体系建设】 市供销社指导县（区）供销社积极落实“基层供销社建设工作方案”，探索发展“三社”融合，开展“村社共建”行动，夯实基层基础、创新体制机制，推动供销合作社高质量发展。东坡区太和镇永丰村、复兴镇红五星村、多悦镇付庙村，青神县西龙镇等成功新组建基层供销社，洪雅县通过社有企业参股合作，恢复发展中保、柳江、将军、瓦屋山等乡镇基层社。仁寿、洪雅、丹棱等县（区）指导相关基层供销合作社按照省社基层社示范社评定标准开展基层示范社创建工作。全市供销系统全年完成新组建基层社 12 个，新增基层社社员近 2000 人，有效助力乡村振兴，助推农民增收和乡村共同富裕。

（黄华伦）

会展和节会活动
Exhibitions and Festival Activities

【概况】 2022 年，眉山市成功筹办第十三届中国泡菜食品国际博览会、中国国际竹产业交易博览会、眉山市庆祝中国农民丰收节，组织企业参与“川行天下”“出国抢订单”等活动，参加第 131 届、第 132 届广交会，第 19 届东盟博览会、第十一四川国际茶博会等国际性展会 30 余户次。4 月，眉山市东坡区被省商务厅认定为 2022 年会展创新发展引领区，进一步促进全区会展业健康高质量发展。

【2022 第十三届中国泡菜食品国际博览会】 11 月 27—29 日，由中国食品工业协会、中国食品土畜进出口商会主办，四川省农业农村厅、眉山市人民政府承办的 2022 第十三届中国泡菜食品国际博览会在眉山举办。RCEP 成员国领事、国省相关部门领导、各界人士等 200 余名嘉宾应邀出席，来自欧洲、东南亚等 17 个国家和地区 60 家食品企业，顺丰、双汇等国内 60 家大型企业以及其余中小型企业共计约 270 家展商参展。本次博览会首次设置"天府粮仓"粮油展区，设置各类活动 11 项。活动期间，52 个总投资 273.65 亿元的项目集中签约，其中，产业投资类项目 47 个，签约金额 223.65 亿元，占比达 82%，包括总投资 10 亿元的智能传感器产业化项目等重点项目 10 个，蒙牛（眉山）、蒙牛（内蒙古）携总投资 50 亿元的西部乳都百亿产业集群项目视频连线签约。完成现场重大采购签单 156 个，签约金额 50.62 亿元，京东官网泡博会专栏 70 余家展商 300 余种产品销售额突破 6500 万元。32 家官方媒体平台宣传报道，曝光量达 1650 万、点赞量 105 万次、浏览量 230 万次，巴黎火车站 Fnac 大楼三块大屏和巴黎东方中心橱窗屏滚动播放，东坡传奇故事和东坡泡菜滋味相融互促、享誉海外。

（黄华伦　王　飞）

【2022 中国国际竹产业交易博览会】 12 月 8—12 日，以"竹子联通世界　创享低碳未来"为主题，由国际竹藤组织、国际竹藤中心战略合作，中国轻工工艺品进出口商会、中国竹产业协会共同主办，四川省林业和草原局、眉山市人民政府联合承办的 2022 中国国际竹产业交易博览会在眉山举办。活动邀请 271 家参展商、237 家采购商参展，现场成交 7368 万元，意向成交 5.7 亿元，带动零售、餐饮、住宿等增长 10% 以上。

（黄华伦）

【2022 年眉山市庆祝中国农民丰收节活动】 9 月 23 日，2022 年眉山市庆祝中国农民丰收节活动在东坡区太和镇永丰村举办。种粮大户代表、企业代表、永丰村群众代表和嘉宾 100 余人参加。活动现场，各县（区）与中国农业银行眉山分行就金融支持"天府粮仓"建设签订战略合作协议，授信金额达 328 亿元（与天府粮仓有关的约 142 亿元）；眉山市农业投资项目签约总投资 18.56 亿元；大型商超与农产品基地签订购销协议，采购金额 1800 万元。

（王　飞）

【中国进出口商品交易会】 第 131 届、第 132 届广交会（中国进出口商品交易会）分别于 4 月、10 月在网上举办，眉山市共组织 14 户企业参展，累计线上咨询量达到 200 余次，获取意向订单金额 300 余万元。

（黄华伦）

【第八届四川农业博览会·成都国际都市现代农业博览会】 12 月 2—5 日，第八届四川农业博览会·成都国际都市现代农业博览会在成都世纪城新国际会展中心举办，眉山市组织好味稻、吉香居、丹橙果业、云华竹旅等 32 家农业业主参展，展陈东坡大米、泡菜调味品、晚熟柑橘、果小酒，青神竹编、腌腊制品等特色农副产品。展会期间，眉山馆接待观众 1.8 万人次，现场销售额 25 万元，达成采购意向 450 万元。

【第十九届中国国际农产品交易会】 12 月 22—25 日，第十九届中国国际农产品交易会在成都西部国际博览城举办。眉山市组织 24 家农业企业参展，现场销售额 18 万元，达成采购意向 250 万元。

【第十一届四川国际茶博会】 10 月 31 日至 11 月 3 日，第十一届四川国际茶博会在成都世纪城会展中心举行。眉山市组织 14 家企业参加第十一届四川国际茶业博览会。洪雅县茶产业区域公用品牌"瓦屋春雪"首次亮相四川国际茶博会，无峰、映雪两款茶产品在第十一届四川国际茶博会"金熊猫奖"茶叶评选中获金奖。

（王　飞）

旅游业

TOURISM

旅游业发展 / 旅游项目推进 / 旅游管理与服务 / 旅游营销与旅游节会 / 旅游景区选介

旅游业发展
Tourism Development

【概况】2022年，眉山市成功创建国家级文旅品牌5个（东坡醉月地入选第二批国家级夜间文化和旅游消费集聚区，老峨山、彭祖山景区成功创建为国家AAAA级旅游景区，青杠坪·茶客空间景区、天府茶灵谷景区功创建为国家AAA级旅游景区）、省级文旅品牌12个，全市A级旅游景区累计接待游客704万人次、实现门票收入4397万元，18个重点文旅项目完成投资78.5亿元、占全省投资总额的8.32%。

【文旅产业融合发展】眉山市文旅系统围绕眉山"一区三带四基地"（建设东坡文旅经济发展核心区、环天府新区高端休闲度假文旅经济带、南部国际康养度假文旅经济带、岷江流域特色文旅经济带、多点支撑的文旅产业四基地）发展格局，发展研学、自驾旅居、商务会展、夜间文旅、康体旅游等多元业态。三苏祠博物馆式苏轩文物库房、洪雅柳江古镇乡贤文化街区、青神竹里院子精品民宿、江口沉银博物馆及配套基础设施、幸福古村民俗风情体验中心5个项目成功入选全省文旅融合示范项目，获省财政补助资金5000万元。眉山市有四川省文化产业示范（试验）园区2个：柳江古镇、眉山东坡宋城；四川省文化产业示范基地2个：眉山东坡文化产业园、四川洪雅县幺麻子食品有限公司；市级文化产业示范基地15家。

【旅游品牌创建】"东坡醉月地"成功创建为第二批国家级夜间文化和旅游消费集聚区，东坡区被评为天府旅游名县，仁寿县被评为天府旅游名县候选县，青神县成功创建为省级全域旅游示范区。青神县兰沟村、洪雅县六七山居、三苏祠博物馆徐丽、中国泡菜博物馆的食遇东坡——土陶熊猫罐系列分别被评为天府旅游名村、名宿、名导、名品，千禾味道馆、玉屏山分别被认定为省级工业旅游、体育旅游示范基地。参加四川旅游商品大赛荣获一金四银五铜。三苏祠、《少年苏东坡传奇》、彭祖山、瓦屋山、大雅堂、国际竹艺城6项IP入选首批天府文旅IP项目。

【旅游景区创建】天府茶灵谷景区、青杠坪·茶客空间景区创建为国家AAA级旅游景区；彭祖山景区、老峨山景区创建为国家AAAA级旅游景区；东坡区尚义镇龚村、彭山区江口街道双江村、仁寿县方家镇曲江社区、洪雅县瓦屋山镇龙圣村、丹棱县仁美镇雄义村5个村创建为省级乡村旅游重点村；创建A级以上旅游厕所9座；申报省级研学旅行实践基地（营地）创建单位6家（仁寿茶灵谷景区、秀天下，彭山公义小镇，洪雅青杠坪·茶客空间，丹棱大雅堂博物馆，青神汉阳湖景区）。

（张丛文）

旅游项目推进
Tourism Projects Promotion

【概况】2022年，眉山市文广旅局严格落实市委、市政府"红黑榜"项目工作机制，建立文旅重点项目"一名市领导联系、一个市级部门牵头协调，一个责任单位负责推进"的重大文旅项目推进机制，形成上下齐心、整体联动推动项目建设的强大合力。推进青神竹艺文旅融合示范项目、铂尔曼酒店、瓦屋山综合开发等18个省市重点文旅项目建设，全年全市18个重点文旅项目完成投资78.5亿元，占全省文旅项目投资计划的8.32%，投资额位居全省第一方阵。瓦屋山国家森林公园、柳江古镇旅游基础设施项目列入中央预算内投资项目。丹棱幸福谷民俗风情体验中心项目和江口沉银博物馆项目纳入2022年四川省文旅融合示范项目范畴，获省级专项补助资金2400万元。

【青神竹艺文旅融合示范项目建设】青神竹艺文旅融合示范项目系省级重点项目，选址青神县青竹街道，总投资4.47亿元，规划用地1462亩。项目以全国乡村旅游重点村兰沟村为依托，拟打造全国最美竹林风景线、竹文化产业园区（基地）。主要建设竹里院子、竹里巷子、竹里萤光、竹里稻香等项目。截至2022年年底，完成投资4亿元，项目接近尾声。

【江口沉银博物馆建设】江口沉银博物馆系省级重点项目，选址眉山市彭山区江口街道，总投资10亿元，占地面积200亩，建筑面积5万平方米，主要建设文保展示、西南水下考古中心、文物标本库建设工程等。截至2022年年底，完成投资6亿元，完成项目主体工程及部分配套文旅基础设施建设。

【瓦屋山国家森林公园项目建设】瓦屋山国家森林公园项目位于洪雅县瓦屋山镇，由瓦屋山投资有限公司建设打造，项目总投资20亿元。主要包括瓦屋山景区核心区后期提升打造、雅女湖及周边旅游综合开发、温德姆文化旅游度假区、场镇旅游综合开发、古村落旅游度假区等项目。截至2022年年底，完成投资15亿元，完成中高山游步道栈道施工、完善标识标牌、部分节点服务设施用房建设、温德姆酒店主体工程建设等。

【柳江古镇旅游基础设施项目建设】柳江古镇旅游基础设施项目位于洪雅县柳江镇，总投资5000万元，由天洪投资开发有限公司投资打造。建设景区李湾口大桥上游步道慢行系统，景区标志标识设施，VI导视系统，视频监控系统，改建扩能景区道路，改造提升部分供电设施。截至2022年年底，完成投资3000万元，完成明月西街、玉屏北街游步道慢行系统改建扩能，老街、半边街消防设施改造和玉屏北街、明月西街、迎宾大道、桂花沟大桥下滨河路亮化工程。

（张丛文）

旅游管理与服务
Tourism Management and Service

【概况】2022年，眉山市文旅系统持续加强疫情防控，落实常态化疫情防控措施；强化安全生产，开展安全生产专项整治三年行动巩固提升年行动等专项行动和文旅行业安全应急演练；开展研学旅行实践基地和星级旅游饭店等级旅游民宿贯标培训，提升服务质量；联合公安等部门开展旅游市场整治专项行动，打击"黑导"等违法违规行为；开展文明旅游宣传和诚信体系建设，全年办理旅行社行政许可7件，受理旅游投诉举报70件，办结率100%；旅游服务质量稳中有升，旅游市场安全有序，没有发生一起重特大旅游安全事故。

【旅游行业管理】 眉山市文广旅局更新一体化政务服务平台3.0系统事项70余个，重新认领并编辑发布一体化政务服务平台4.0系统事项30余个，行政审批事项网办率、群众满意率均达100%；开展私设“景点”问题专项整治等10余项安全生产督导检查，出动检查人员1200余人次，检查文旅企业500余家次，督促87家文旅企业全面完成整改；开展“双随机、一公开”“奋战一百天 献礼二十大”等15项执法检查专项治理，出动执法人员15936人次，检查场所6179家次，办结案件51件，处罚款44.9万元，其中文旅部部督案1件，全省文化市场综合执法重大案件1件，全省查处侵权盗版大案要案1件。

【旅游人才管理】 眉山市文广旅局举办2022年全市研学旅行贯标培训、2022年全市星级饭店和旅游民宿贯标培训、2022年旅游饭店服务技能培训、文明旅游志愿者服务活动5次、2022年文广旅行业应急演练等旅游服务质量培训和活动10次，带动提升文旅队伍职业素养和整体形象。推荐评审旅游工程专业中级职称人才1名；三苏祠博物馆徐丽被评为第二批天府旅游名导；组织参加第二届全省研学旅行指导师技能大赛总决赛，眉山东坡宋城文化旅游公司伍艳荣获二等奖，丹棱大雅堂博物馆刘静荣获三等奖。

【旅游住宿管理】 眉山市文广旅局加强对全市星级旅游饭店和绿色旅游饭店的经营管理、运营质量和安全工作指导及规范；开展垃圾分类工作、节能减排工作指导；加强疫情防控工作并制订《眉山市旅游民宿和网约房管理工作方案》；组织开展全市星级饭店和旅游民宿贯标培训，提升饭店住宿管理和服务水平。洪雅六七山居民宿成功创建为第二批天府旅游民宿。

【旅游市场规范】 眉山市文广旅局规范事前审批，严格市场准入，印发《关于进一步加强旅行社管理的通知》，规范旅行社、分社和网点经营。2022年新审批四川涌能研学旅行有限公司、眉山东坡宋城文化旅游发展有限公司、四川星趣文化旅游有限公司、四川一同研学旅行服务有限公司、眉山苏小妹商业管理有限公司5家旅行社。截至12月31日，全市共有20家旅行社。

【旅游市场监管】 眉山市文广旅局全年开展“不合理低价游”、私设“景点”专项整治行动、未经许可经营旅行社业务等执法检查3次；开展跨市联合执法2次；开展文广旅行业安全生产大检查，自建房安全风险隐患排查整治，春节假期前文广旅行业疫情防控和安全生产督导检查，劳动节、端午节文广旅行业安全生产和疫情防控工作督导，两会期间文广旅行业城镇燃气和消防安全督导，文广旅行业国庆和中共二十大安全生产联合督导，“网剑行动”等文旅市场专项整治7次，引导旅游企业依法、诚信、规范经营。

【旅游服务质量提升】 眉山市文广旅局在全市旅游行业中推动建立“首席质量官”“标杆服务员”制度，加强旅游行业质量人才队伍建设，树立质量标杆，带动全市旅游行业提升质量竞争力。举办2022年全市研学旅行贯标培训、2022年全市星级饭店和旅游民宿贯标培训，加强旅游服务规范管理，提升服务质量和水平。2022年，全市共受理旅游投诉举报70件，办结70件，其中，全国文化市场技术监管服务平台交办1件，“12345”党务政务服务热线交办69件，办结率和满意率均为100%。全市未发生一起因旅游服务质量引发的负面舆情。

【文明旅游宣传教育】 眉山市文广旅局利用节假日、寒暑假、“5·19”中国旅游日、“6·12”安全宣传咨询日等重要时段，在三苏祠、彭祖山、眉山东站等重要场所设立志愿服务站点，开展文明旅游志愿服务、防疫知识宣传等活动，发放文明旅游宣传资料5000余份，引导游客养成健康卫生、文明有礼、科学防疫的旅游习惯。在《眉山日报》、眉山网、“好耍在眉山”微信公众平台上发布文明旅游温馨提示，向游客提供咨询，宣传文明旅游。三苏祠博物馆成功创建为首批省级文明旅游示范单位。

（张丛文）

旅游营销与旅游节会
Tourism Marketing and Festivals

【概况】 2022年，眉山市文旅系统创新宣传营销方式，构建宣传营销矩阵，拓宽宣传营销渠道，通过与《中国文化报》《中国旅游报》《四川日报》等8家媒体开展合作，在《人民日报》、中央电视台、新华社等媒体上发布眉山文旅稿件4000余篇，在“好耍在眉山”抖音号发布眉山文旅短视频209个。开展“寻美乡村·乐游眉山”乡村旅游季、眉山市文化旅游主题宣传月等各类文旅节会活动55个，组织参加四川文旅（重庆）推介会、四川文旅（贵阳）推介会等文旅展会活动15个，推出眉山四季旅游线路42条，进一步提高和扩大眉山文旅知名度、美誉度、影响力。

【国内旅游营销】 眉山市文广旅局与《中国文化报》《中国旅游报》等8家媒体开展年度合作，在《人民日报》、中央电视台、新华社等上百家中央、省、市主流媒体和各类新媒体平台发布眉山文旅宣传稿件4000余条。通过“好耍在眉山”抖音号发布短视频209条，粉丝达21万余次，点赞量达65万余次，总播放量达6900万余次，4月、5月连续两月荣登全省市（州）文化和旅游行政主管部门抖音号传播力TOP1，推出《功夫局长说文旅》系列短视频，全网浏览量超300万次。加强区域联动，推出眉山市内、成德眉资、眉山·重庆精品旅游线路42条。

【国际旅游营销】 眉山市通过立体化多维度宣传报道，向全世界讲述东坡故事，宣传介绍眉山生活品质之城、历史文化名城的独特魅力和眉山独特的文化资源、旅游资源。争取省文化和旅游厅支持，拍摄制作推出6种语音版本的《诗词里的中国——在四川眉山寻找苏东坡》宣传片，该宣传片自2022年中秋节发布以来，共有40多家海外中国文化中心和驻外旅游机构在Facebook等国外社交媒体平台进行展示推介。围绕东坡文化节各项活动，邀请《人民日报》等30余家媒体到眉山采访报道，其中新华社结合文字、图片、短视频等表现方式，撰写并翻译的稿件 *Dongpo Cultural Festival to be held in Meishan, China, the hometown of Su Dongpo* 在美国、日本、韩国以三种语言同时发布，总计浏览量超过 300 万人次。

【文旅节会营销】 眉山市文广旅局全年举办 2022 眉山迎春购物月暨“促消费 迎新春”大型寻年味活动、苏东坡 985 周年诞辰日纪念活动、第十二届东坡文化节暨眉山市东坡文化月等各类文旅节会活动 55 个，其中在省文化和旅游厅开展 2022 年眉山市文化旅游主题宣传月新闻通气会，通过中央、省、市主流媒体、抖音、微信、视频号、快手等新媒体，向省内外游客宣传推介三苏修心、瓦屋清肺、龙滩观湖、彭祖养生、丹棱游村、青神赏竹等康养品牌及线路产品，首发《功夫局长说文旅》短视频，在新媒体平台上引起关注，全网浏览量超 300 万人次。

【美食营销】 眉山市争取省文化和旅游厅支持，拍摄制作推出 6 种语音版本的《诗词里的中国——在四川眉山寻找苏东坡》宣传片，重点展示东坡肘子等美食，共有 40 多家海外中国文化中心和驻外旅游机构在 Facebook、Twitter、Youtube 等国外社交媒体平台进行展示推介。《一带一路报道》（中英文）杂志专题报道《春日眉山行 | 千年泡菜 东坡故里》（中英文），宣传东坡泡菜及中国泡菜博物馆。四川国际传播中心超级体验官森永所长带你打卡《〈China WOW！超级中国〉第二站》，宣传眉山市东坡肉等美食。

【第十二届东坡文化节暨眉山市东坡文化月】 2022 年 11 月 17—20 日，第十二届东坡文化节暨眉山市东坡文化月在眉山举办。此次文化节共开展七大核心活动和 12 项配套活动，发布《苏轼书法全集》，出版《苏海漫游——东坡文化研究丛书》（3 辑），联合东坡遗址遗迹地城市发布《传承三苏文脉弘扬东坡文化》倡议书，征集高水平学术论文 147 篇。各项活动线下参与群众超 10 万人次，线上参与群众超 4000 万人次，《人民日报》、新华社、中央电视台等 30 余家主流媒体到眉山采访，《中国青年报》《新京报》等先后推出专题报道，相关宣传产品海外覆盖超 3 亿人次。

图 82 2022 年 10 月，2022“寻美乡村 乐游眉山”乡村旅游季活动 （供图：市文广旅局）

【2022“寻美乡村 乐游眉山”大型乡村旅游季】 3—12 月，眉山市文旅系统组织开展 2022“寻美乡村 乐游眉山”大型乡村旅游季活动，共组织乡村游活动 16 场，直接吸引 2000 余人参与，间接带动各类游客 730 万人次体验眉山乡村旅游，宣传展示眉山 50 个特色乡村旅游点文旅资源，100 多种地方特色美食，100 余种地方特产、非遗产品和旅游商品，近 30 种趣味游戏和非遗技艺深度植入活动中，进一步带动眉山乡村旅游，促进疫后眉山市文旅经济复苏。

（张丛文）

旅游景区选介
Introduction of Tourism Scenic Spots

【概况】 2022 年，眉山市有国家 A 级旅游景区 32 个，其中，国家 AAAA 级旅游景区 10 个（三苏祠、中国泡菜城、黑龙滩、仁寿城市湿地公园、柳江古镇、瓦屋山、江湾神木园、国际竹艺城、老峨山、彭祖山）、AAA 级旅游景区 15 个、AA 级景区 6 个、A 级景区 1 个；有国家历史文化名镇 1 个（洪雅县柳江镇）、省级历史文化名镇 2 个（洪雅县柳江镇、洪雅县高庙镇）、省级旅游度假区 2 个（黑龙滩、七里坪）、省级生态旅游示范区 2 个（玉屏山、黑龙滩）。

【三苏祠景区】 三苏祠位于眉山市东坡区纱縠行南段，是北宋著名文学家苏洵、苏轼、苏辙三父子的故居。元代改宅为祠，明末毁于兵火，清康熙四年（1665）在原址上模拟重建，经历年添修扩建，现占地 106 亩，是蜀中最负盛名的名人祠堂和古典园林，也是历代名人雅士、文人墨客拜谒、凭吊三苏的文化圣地。现为全国重点文物保护单位、国家 AAAA 级旅游景区、全国文化系统廉政文化教育基地、国家二级博物馆、四川省爱国主义教育基地、四川省古籍重点保护单

图 83 三苏祠 （供图：市文广旅局）

2022 年眉山市 A 级旅游景区一览表

表 18

序号	景区名称	县（区）	景区等级	评定时间
1	三苏祠景区	眉山市东坡区	AAAA	2010 年 2 月 1 日
2	中国泡菜城景区		AAAA	2017 年 1 月 3 日
3	眉山樱花博览园		AAA	2019 年 1 月 2 日
4	蒙牛乳业（眉山）工业旅游景区		AAA	2014 年 12 月 30 日
5	国瑞皓峰景区		AAA	2018 年 12 月 5 日
6	桂花湖景区		AAA	2018 年 2 月 9 日
7	惠川景区		AAA	2021 年 1 月 8 日
8	彭祖山景区	眉山市彭山区	AAAA	2022 年 2 月 24 日
9	黑龙滩景区	眉山市仁寿县	AAAA	2014 年 4 月 29 日
10	仁寿城市湿地公园		AAAA	2017 年 1 月 3 日
11	响水六坊景区		AAA	2016 年 11 月 6 日
12	诺伊谷景区		AAA	2021 年 1 月 8 日
13	天府茶灵谷景区		AAA	2022 年 3 月 14 日
14	沙子湾景区		AA	2018 年 12 月 5 日
15	天池山景区		AA	2018 年 12 月 5 日
16	柳江古镇景区	眉山市洪雅县	AAAA	2015 年 12 月 16 日
17	瓦屋山景区		AAAA	2019 年 4 月 9 日
18	雅女湖有机农庄		AAA	2018 年 12 月 5 日
19	幺麻子藤椒文化旅游景区		AAA	2019 年 1 月 2 日
20	青杠坪·茶客空间景区		AAA	2022 年 3 月 14 日
21	春驿花园景区		AA	2020 年 1 月 3 日
22	稻香湾梦幻田园景区		AA	2020 年 1 月 3 日
23	老峨山景区	眉山市丹棱县	AAAA	2022 年 2 月 24 日
24	丹棱·桃花源		AAA	2014 年 12 月 30 日
25	大雅文化旅游景区		AAA	2020 年 1 月 3 日
26	狮子生态农业景区		AA	2019 年 1 月 2 日
27	天府橙都景区		AA	2021 年 1 月 8 日
28	峨山老窖景区		A	2019 年 1 月 2 日
29	江湾神木园	眉山市青神县	AAAA	2015 年 8 月 20 日
30	国际竹艺城		AAAA	2016 年 10 月 8 日
31	汉阳湖景区		AAA	2018 年 9 月 27 日
32	中岩景区		AAA	2021 年 1 月 8 日

图 84　黑龙滩　（供图：市文广旅局）

位、三苏文化社科普及基地、四川省城市文化名片、成渝十大文旅新地标、天府十大文化地标、四川统一战线中国特色社会主义教育基地、四川省文明单位。2018 年 1 月，联合国教科文组织授予三苏祠文化遗产保护荣誉证书。

【中国泡菜城景区】 中国泡菜城景区位于眉山市东坡区顺江大道北段，总体规划面积 17.94 平方千米，主导产业为泡菜食品及配套产业。建园以来始终坚持一、二、三产业融合发展，重点打造“一中心六基地”（即泡菜加工中心、泡菜质量检测基地、泡菜研发基地、泡菜教育培训基地、泡菜文化旅游博览基地、泡菜交易展示基地、泡菜有机原料生产基地），实现七个“全国第一”：唯一的泡菜食品产业城、唯一的国家级泡菜质量检验中心、唯一的泡菜产业技术研究院、唯一的泡菜专业博物馆、唯一经商务部审核颁布的中国泡菜行业标准、唯一的泡菜行业国家 AAAA 级旅游景区、唯一的泡菜食品国际博览会永久举办地。形成集旅游商务会展、产业集群加工、原料基地种植为一体，一、二、三产业融合发展的特色产业园区。2017 年被评为国家 AAAA 级旅游景区。

【黑龙滩景区】 黑龙滩景区位于仁寿县黑龙滩镇，总面积 115.3 平方千米，核心景区面积 30.9 平方千米，湖岸线长 310 千米，湖水面积 23.6 平方千米。黑龙滩景区是川西最大的人工湖泊，蓄水量 3.6 亿立方米，景区林木绿化 5062 公顷，森林覆盖率达 38.4%，植被覆盖率达 98.4%；拥有野鸭、白鹭等上百种鸟类栖息。景区集秀、奇、幽、野、翠于一身，有大坝雄姿、龙岩古迹、蟠龙绿岛等 40 余处景点，湖中七峡七坝 85 座群岛星罗棋布。1986 年被省政府审定为四川第一批省级风景名胜区，2013 年获评国家水利风景区，2014 年获评国家 AAAA 级旅游景区、四川省级森林公园，2016 年获评四川省旅游度假区、四川省生态旅游示范区，2019 年获评国家湿地公园。

【柳江古镇景区】 柳江古镇景区位于洪雅县柳江镇，占地面积 4.33 平方千米；始建于南宋绍兴十年（1140），距今已有 800 多年历史，是四川十大古镇之

图 85　柳江古镇　（供图：市文广旅局）

图 86　瓦屋山　（供图：市文广旅局）

一。“一镇、一河、一泉、一山、一村（古镇、花溪河、温泉、玉屏山、两河村）”共同构成柳江古镇生态闲适休憩型特色，享有“烟雨柳江、雅女之乡”的美誉。古镇历史文化资源丰富，有中西合璧曾家园、川西风情吊脚楼、仿古寻悠水码头及光明寺禅院、圣母山碑林、108 棵千年古树等特色景点。2015 年被评为国家 AAAA 级旅游景区、四川省文化旅游特色小镇，2019 年被评为中国历史文化名镇并入选“四川 100 个最美观景拍摄点”。

【瓦屋山景区】　瓦屋山景区位于洪雅县瓦屋山镇，面积 693.3 平方千米，海拔 1154 ~ 2830 米，山顶平台面积约 1500 亩，被《国家地理》杂志评为“最美桌山”，被英国植物学家、探险家威尔逊誉为“云霭之上一座巨大的诺亚方舟”。瓦屋山早在唐宋时期就与峨眉山并称为“蜀中二绝”，是历史上著名的道教圣地，山顶可东望峨眉山，西看贡嘎山，北望邛崃山，南眺晒金山。瓦屋山有野生动物 890 多种、植物 3500 多种，其中数十万亩天然杜鹃和珙桐，被誉为“世界杜鹃花的王国”“中国鸽子花的故乡”；景区四季气候分明，春看万亩杜鹃、夏观飞瀑流泉、秋赏五彩林海、冬睹冰瀑雪景，四季可观日出、云海、佛光，是著名的休闲度假、森林康养避暑胜地。2019 年被评为国家 AAAA 级旅游景区、2020 年被评为巴蜀文化旅游走廊新地标。

【国际竹艺城景区】　国际竹艺城景区位于青神县兰沟村，是集竹编艺术博览、竹编文化体验、竹艺旅游观光、生态休闲度假为一体的国际竹编产业园、国家特色文化产业示范区、中国竹编艺术之乡。景区有国际竹文化中心（游客中心）、国际竹产业展览中心、国际竹编艺术博览馆、熊猫馆、中国首家竹林湿地、竹里巷子、竹里海棠公园、竹里院子精品民宿、竹里萤光科普艺术馆等景点。2016 年 10 月，被评为国家 AAAA 级旅游景区。

【彭祖山景区】　彭祖山景区位于眉山市彭山区江口街道，海拔 432 ~ 610 米，占地面积约 30 平方千米，包含齐山双佛、长寿养生文化体系（房中术、膳食术、导引术、调摄术）、彭祖书院、彭祖文化中心等核心资源。彭祖山是中国传说中八百岁寿星彭祖及其女儿修身之地，是世界长寿文化和茶叶文化的发源地之一，被尊为中华养生文化第一山、中华养生文化发祥地。2022 年 2 月，被评为国家 AAAA 级旅游景区。

【老峨山景区】　老峨山是峨眉山的姊妹山，位于丹棱县张场镇峨山村，最高海拔 1142 米，辖区面积 11.8 平方千米。年平均气温 16℃，森林覆盖率 90% 以上，植物种类 46 科 200 余种，其中 9 种列入国家二级保护植物，舍身崖的千年银杏被奉为树神，拥有灵山睡佛、金顶佛光、宝子古刹、澄怀碧波、祈福大道以及摄身崖、东坡岭、九老洞、核桃沟等自然和人文景观。景区历史文化底蕴深厚，《丹棱县志》记：“佛教入蜀，兴于老峨山，再传二峨山”，素有“佛教入蜀第一山”之美誉。老峨山建寺于汉代，兴盛于唐宋，鼎盛时期，有 48 庙、36 庵，僧侣上千人。“六月六”朝山会历经 1600 年而不衰，是丹棱、眉山、蒲江、雅安的区域文化盛会和非遗文化名片。2022 年 2 月，被评为国家 AAAA 级旅游景区。

（张丛文）

图 87　彭祖山　（供图：市文广旅局）

图 88　老峨山金顶　（供图：丹棱县委宣传部）

金融业

FINANCIAL INDUSTRY

金融业发展 / 金融管理 / 银保监管 / 银行业 / 保险业

金融业发展
Financial Industry Development

【概况】 2022年，眉山市金融系统坚持稳中求进工作总基调，聚焦服务实体经济、防控金融风险、深化金融改革3项任务，各项工作开创新局面。截至2022年年末，全市存贷款余额5404亿元、同比增速15.84%，列全省第二位；贷款余额2216亿元，较年初增加384亿元，同比增长20.99%，列全省第二位，分别高于全国、全省10.59和6.18个百分点；存贷比70%，列全省第六位。保费收入78.52亿元，总量居全省第七位。新增直接融资73.73亿元，位列全省第一方阵。新增地方金融牌照3张，位列全省第一。2022年全市金融业增加值86.15亿元，增速7.1%，高于全省1个百分点。

【企业上市服务】 眉山市金融工作局先后邀请四川证监局、上海证券交易所、深圳证券交易所到眉山调研指导，积极对接中信、中金、中信建投、华泰、国泰君安等头部证券机构，组建企业上市"一对一"工作组，为市内企业上市提供优质服务，推动幺麻子上市工作。柯美特从基础层晋升创新层并报四川证监局辅导，16家企业进入省上市后备资源库，位居全省第一方阵。四川品轩酒业有限公司、四川诺尔电气有限公司、四川家家乐饲料有限公司、四川天网渔具有限公司、四川玉屏山旅游资源开发有限公司、四川宏瑞钢结构有限公司、四川厨丰食品有限公司、四川创天圣世混凝土有限公司、眉山金豆智能科技有限公司、四川恒卓玻璃有限公司10家企业在天府股交中心挂牌，40家企业完成规范化改制工作。截至2022年年末，眉山市拥有上市企业3家；新三板挂牌企业2家，区域性场外市场挂牌企业111家。

【全域乡村振兴金融创新示范区建设试点单位】 眉山成为全省首个全域入围乡村振兴金融创新示范区建设试点单位，扛牢建设新时代更高水平"天府粮仓"示范区使命，落地全国首单"柑橘溯源保""农村闲置资产履约保证保险"，全省首笔"乡村振兴全域旅游贷"，全市首笔"生猪活体抵押贷"和"强村贷"，全市涉农贷款余额1024.79亿元，同比增长24.68%。积极践行金融工作政治性、人民性，推动东坡区成功申报创建国家级普惠金融发展示范区，获批中央财政奖补资金2250万元，充分发挥财金互动作用，推动普惠金融高质量发展，全市小微贷款余额616.54亿元，同比增长31.89%。

【机构引进】 2022年，绵阳市商业银行眉山分行顺利开业展业，新增环天融资租赁、仁寿聚惠小贷、美兴小贷（四川）仁寿分公司3家地方金融组织。

【非法集资防范与处置】 眉山市金融工作局突出防风险，持续开展普法宣传、集中宣传月、"守住钱袋子·护好幸福家"等系列活动，全年新立非法集资案件立案数量、涉案金额、涉案人数同比分别下降42.86%、17.62%、38.16%。推动化解非法集资存案6件，结案率35.29%。常态化开展防范和处置非法集资风险排查，依法推进相关案件处置和化解，积极协助做好跨区域非法集资案件的处置及重点人员稳控。

【金融信息报送与通报】 眉山市金融工作局坚持每月按时收集本地和异地金融机构信贷投放情况，以"一月一通报"形式全市通报，同时收集全市金融业改革、创新、发展经验和思路，以动态形式发送全市金融机构、县（区）国资金融局，并择优报送市委、市政府及省地方金融监督管理局。全市金融业信息沟通网络运行平稳。

（陈　茜）

2022年眉山市上市企业一览表

表19

序号	企业简称	股票代码	上市／挂牌时间	所属板块	备注
1	千禾味业	603027	2016年3月7日	上交所主板	
2	德恩精工	300780	2019年5月31日	创业板	
3	台海核电	002366	2010年3月12日	中小板	曾用名：丹甫股份
4	眉车股份	837497	2016年4月29日	新三板挂牌	
5	柯美特	870086	2016年11月25日	新三板挂牌	

金融管理
Financial Management

【概况】 2022年，中国人民银行眉山市中心支行（简称人行眉山市中心支行）深入学习贯彻中共二十大和习近平总书记来川视察重要指示精神，贯彻落实党中央、人民银行总分行党委决策部署，推动党建与业务深度融合，全面履行基层人民银行职责，促进地方经济金融平稳健康发展。中心支行"大党建"工作格局持续深化、从严治党"两个责任"同频驱动；年轻干部培养教育、房地产金融服务和法治央行建设等5项工作在分行作经验交流；中心支行被评为国家级节约型机关，14项工作、18人次获总分行和地方党政荣誉表彰；40余篇信息调研被总行及以上采用；30余篇新闻稿被《新华财经》等媒体刊载。

【金融综合管理】 人行眉山市中心支行对辖内21家银行业金融机构进行量化考核，4家机构进入A等，其他机构均为B等，无C、D等机构；对眉山农商银行开展综合执法检查。

【金融风险监管】 人行眉山市中心支行深入推进辖区金融风险防控，辖区金融运行稳中向好，全市不良贷款率1.46%。法人银行机构风险收敛，问题机构清零，无高风险机构，守住不发生系统性区域性金融风险底线。

【央行金融机构评级】 人行眉山市中心支行对眉山市7家法人银行业金融机构开展央行金融机构评级，综合评价金融机构经营管理和风险状况，持续引导金融机构审慎稳健经营。

【存款保险风险评分】 人行眉山市中心支行对眉山市7家投保机构开展存款保险风险评分，根据评分结果对投保机构实施差别费率管理和保费核定工作，持续指导督促辖内7家投保机构按制度要求交纳保费。

【支付结算管理】 人行眉山市中心支行落实“放管服”要求，持续改善辖区营商环境，推动银行业金融机构优化账户服务，全部对公网点开通小微企业开户绿色通道，84个网点应用电子营业执照开户，近100个对接“四川政务服务网”或四川“银商通”平台，实现企业登记注册和开户一站式办理。落实四部委降低支付手续费政策，引导银行实施支付结算费用自主减免，2022年全市银行机构累计降费4254.51万元，惠及小微企业和个体工商户11.5万户。深化农村支付环境建设，在656个服务点推广“金融服务乡村振兴一码通”，在醒目位置张贴二维码，推动银行建成“四流合一”农村金融综合服务站98个，其中2022年新增54个。全年新发行乡村振兴主题3.1万张。指导银行机构推进票据电子化，2022年新签约663户，签发电票2139笔，金额25.98亿元；累计开立单位结算卡2.29万户，办理结算31.75万笔，金额40.09亿元。深入推动“移动支付便民工程”建设，移动支付在全市公交领域实现全覆盖，820余台公交车应用移动支付，利用云闪付平台成功实施“千载诗书城东坡释万卷”“不老彭山新春乐购”“礼献陵州大美仁寿”“洪雅支付惠旅温暖伴你随行”“大雅丹棱惠民齐乐”等政府消费券活动12次，累计发放消费券62.85万余张，承接资金4000余万元，实现银联侧收单交易1.25亿元，惠及商户门店1200余户。优化银行网点适老服务环境，设立老年人特色服务挂牌网点46个，348个网点设置老年人爱心窗口，363个网点配置老年人适用设施。推动普惠金融，便利支付结算服务，全市银行机构在用银行卡1362.93万张，网上银行和手机银行分别开户312.35万户和393.2万户，布设ATM机（存取款一体机）1362台。有力保障眉山市资金结算需要，全市通过大小额支付系统清算资金1023万笔，金额1.51万亿元。

【反洗钱管理】 人行眉山市中心支行积极推动辖区反洗钱工作，成立三年专项行动领导小组，制定《眉山市打击治理洗钱违法犯罪三年专项行动实施方案（2022—2024）》，助力打击洗钱犯罪活动。对金融机构履行反洗钱义务情况进行监督管理，对辖内64家银行、证券、保险业金融机构开展反洗钱分类评级，依法对1家金融机构执行反洗钱法规情况开展执法检查，完成对2家机构处罚程序，共计对机构罚款45万元，处罚3名责任人员4万元。对金融机构开展监管走访7次，对3家机构进行约谈，下发监管意见书（提示函）5份，拟发洗钱风险提示1期，推动金融机构提升反洗钱工作水平。发挥金融情报作用，督导金融机构加强反洗钱资金监测，2022年接受和处理金融机构报送重点可疑交易报告22份，经分析研判后向公安、税务等部门移送案件线索14条，推动立案9起，破案7起；协助公安、税务、纪监委等部门协查案件60余起；向人行成都分行申请开展反洗钱行政调查1起。发挥三年专项行动领导小组作用，推动3起涉毒洗钱罪判决，其中生效2起（含1起自洗钱），上诉中1起。开展反洗钱宣传，组织反洗钱集中宣传月活动，开展10余场次专题宣传，提高社会公众和特定群体对洗钱犯罪活动的认识和洗钱风险防范意识。

【人民币管理】 人行眉山市中心支行持续监测银行、企业现金业务情况，分析疫情防控常态化下现金运行趋势，合理调运、有序投放发行基金，全力保障辖区现金供应和用现安全，2022年累计投放基金82.8亿元，回笼70.02亿元，净投放12.78亿元。积极推进现金服务网格化管理工作，设立网格责任区847个，责任网点415个，对接社区544个。强化整治拒收现金工作，以收费场景、主体为重点，每季开展宣传排查，2022年根据线索开展调查7次，处理5户违规主体。扎实开展反假宣传，密切配合公安部门摸排案件线索，筛查涉嫌冠字号码10余批次，提供真伪鉴定5次，破获假币犯罪案件3起，收缴涉案假币17.32万元，2022年共收缴假币45.78万元。深入推进人民币净化工程，落实小面额现金备付金、主办网点、主办银行三项制度，加大残损券回收力度，着力提升流通人民币质量。

【财政资金与国债管理】 人行眉山市中心支行办理眉山市各级次预算收入资金673.93亿元，其中地方公共预算收入156.17亿元；拨付各类财政款934.5亿元，其中地方公共预算支出303.36亿元；办理各类预算收入资金退付52.55亿元；办理更正调库163.77亿元。组织发行储蓄国债14期，金额3.77亿元，其中凭证式国债6期、电子式国债8期。

【应收账款融资管理】 人行眉山市中心支行加强政策宣传和平台推广，指导金融机构多维度挖掘持有优质应收账款且有融资需求的小微企业，针对性地开展应收账款融资业务辅导。2022年，全市开通中征平台企业用户43户，实现应收账款质押融资51亿元。

【外汇管理】 国家外汇管理局眉山市中心支局持续优化外汇管理服务，推进外汇领域改革开放，支持眉山涉外经济发展。服务企业管理汇率风险。2022年年初，市人民银行、外汇局与市财政局、市商务局、市金融工作局联合拟发文件对汇率避险工具使用制定奖补措施，年内各银行为3户企业办理汇率避险业务2318万美元，增长45.06%。外汇便利化政策有效推进。组织各银行为2户外贸企业办理贸易收支便利化业务92笔、1893万美元，为3户外商投资企业办理资本项目收入支付便利化业务20笔、2140.38万美元；利用外汇局区块链平台为企业办理“出口应收账款融资”100万美元；为1户“专精特新”企业办理跨境融资外债试点业务500万元。推进小微涉外企业培育工程建设。确定53户小微涉外企业开展培育，引导企业使用跨境结算、贸易融资、远期结售汇等外汇金融服务产品，为培育企业办理跨境收支38244万美元、贸易融资1515万美元，发放人民币贷款37320万元。跨境结算量大幅增长。2022年，眉山市跨境收付总额15.73亿美元（含异地数据），比2021年（下同）增长48.66%，结算总额再创历史新高。其中跨境收入9亿美元，增长41.91%，跨境支出6.73亿美元，增长58.76%，收支顺差2.27亿美元，增长7.87%。资本项目跨境收支总额为2.45亿美元，小幅增长0.4%。其中流入2.39亿美元，增长56.21%，流出544.46万美元，大幅下降93.43%。经常项目跨境收支13.28亿美元，增长63.14%。其中，出口收汇6.31亿美元，增长38.23%，进口付汇6.38亿美元，增长131.55%。辖内个人购汇2931.35万美元，增长23.42%，个人结汇1963.25万美元，增长5.38%。

（费冬梅）

银保监管
Banking and Insurance Industry Supervision and Management

【概况】 2022年，眉山银保监分局全面落实“疫情要防住、经济要稳住、发展要安全”要求，以党的建设高质量统领监管中心工作，服务稳大盘保民生、防风险守底线、推改革促发展三大任务高质量发展，有力保障眉山银行业保险业平稳运行，为眉山经济加快恢复向好和社会稳定发展提供强力金融支撑。截至12月末，全市有银行保险机构56家，其中银行业金融机构22家、保险公司34家。资产规模3878.39亿元，从业人员1.7万余人。辖内银行业存款余额3133.87亿元、贷款余额2215.94亿元，分别较年初增长12.79%、21.02%，增速分别居全省第十二位、第三位；保险业实现原保费收入78.52亿元，全省排名第七位，比2021年（下同）下降0.61%，赔付支出22.2亿元，下降4.4%，提供风险保障6.88万亿元，全省排名第九位。全年无重大金融案件和安全责任事故发生。

【金融行政监管】 眉山银保监分局全年批复行政许可事项123项，开展现场检查4项，实施行政处罚10单，处罚机构4家、责任人员6单，罚没金额200万元。组织全市银行保险机构创新开展消费者投诉“诉源治理专项行动”，从源头上化解投诉举报激增难题，妥善处理投诉、举报、信访共计1795件。联合公安部门成功打击1起异地保险从业人员在眉涉养老诈骗案件，联合市公安局、金融工作局等部门打击防范非法“代理退保”。

【金融综合服务】 眉山银保监分局提出金融支持小微企业十二条措施，推动政策“应享尽享”。引导银行机构加大信贷支持力度，加强薄弱环节金融服务；会同税务、电力、金融工作局推出全国首个“税电指数贷”。截至12月末，辖内银行机构累计发放小微企业贷款775.83亿元，较年初增长27.35%，涉农贷款余额1024.78亿元，较年初增长24.42%，占各项贷款余额的46.25%。全市制造业贷款余额135.97亿元，增速高出各项贷款平均增速33.75个百分点。建立金融综合服务站（点）332个，助农取款点1338个，“裕农通”服务点819个、乡镇保险服务站188个，村级保险服务站1442个。联动财政、农业部门大力推广三大主粮险，三大主粮作物保险覆盖率超过80%，提供农业风险保障金额同比上升25.88%，累计赔付4745.44万元。联合市财政局推进大灾农业保险理赔工作，旱灾农险赔付1993.69万元。

【风险防控管理】 眉山银保监分局专题研判风险、研究风险处置，实施重点风险机构名单制管理，辖内2家机构经营状况和主要监管指标持续向好。稳妥推进重点企业信用风险处置化解，茂华集团、乐商行、鑫福高速等风险处置取得实质性进展。截至12月末，不良贷款余额32.28亿元，不良率1.46%，比上年下降0.04个百分点。督导泛华联兴保险销售股份公司做实法人主体及注册地总部整改，公司治理构架得到进一步完善。成立房地产金融风险化解领导小组和工作专班，在全省首次开展全银行机构参加的房地产贷款压力测试。对恒大、融创等多个涉风险楼盘按周监测，截至12月末，房地产贷款余额848.9亿元，比各项贷款增速低7.15个百分点。

【银行业改革创新】 眉山银保监分局支持合格金融机构进驻，绵阳商业银行眉山分行顺利开业，清理注销5家保险中介机构，进一步优化辖内金融机构布局。引领农合机构坚守支农支小定位。推动洪雅县联社达标改制。继续贯彻落实中小银行深化改革和化解风险指导意见，推动辖内村镇银行与主发起行两端发力。深化法人机构公司治理，常态化开展董事监事履职评价、股权关联交易乱象整治。推动专属商业养老保险扩大试点，协助“东坡惠民保”成功上线，覆盖参保对象超61万人，参保率居2022年全省城市定制型商业保险项目第一位。车险改革红利日益显现，“降价、增保、提质”阶段性目标基本完成，车险业务占比59.51%，同比下降6.61个百分点。加大对外开放和产品创新。全国首单柑橘溯源保成功落地眉山。持续打造优质高效营商环境。深化“放管服”“证照分离”改革，行政许可事项审批时限平均缩减8天。

【债委会建立和管理】 截至12月末，眉山市有债委会10户，授信总额29.76亿元，用信总额25.86亿元；债务余额14.4亿元，帮扶类企业6户、退出类企业4户。实施稳贷策略的债委会3户，用信余额2.89亿元；实施减贷策略的债委会5户，用信余额9.21亿元；实施重组策略的债委会2户，用信余额7.18亿元。充分发挥加强金融债权管理、防范化解重大风险等方面积极作用，通过延期付息、减免贷款利息等方式帮助困难企业复产脱困。

（钟　莹）

银行业
Banking Industry

【概况】 2022年，眉山市银行业金融机构组织体系持续完善，绵阳市商业银行股份有限公司眉山分行顺利开业。截至12月末，全市有银行业金融机构22家，其中，政策性银行1家，国有商业银行5家，股份制商业银行2家，城商行6家，农村合作金融机构6家（农村商业银行5家、农村信用社1家），村镇银行2家。

【信贷投放】 眉山市银行业金融机构贯彻稳健货币政策，落实逆周期调控要求，主动向上争取政策资源，积极向下对接市场主体，靠前发力、精准发力、持续发力，为帮助市场主体纾困解难和稳住实体经济大盘提供有力保障，全市信贷总量克服重重压力持续稳定增长。截至12月末，全市各项贷款余额2215.92亿元，较年初新增384.46亿元，同比多增91亿元，余额较年初增长20.99%（增速位居全省第二，成都平原经济区第一），高于全市地区生产总值增速17.19个百分点。其中，政策性银行新增贷款46.75亿元、国有商业银行新增贷款157.26亿元、地方法人银行机构新增贷款85.47亿元、其他银行机构新增贷款94.98亿元。工行、农发行、农行新增投放均超过40亿元。

【负债业务发展】 眉山市银行业金融机构本外币各项存款余额3187.68亿元,比年初增长12.5%;2022年新增存款354.27亿元。

【信贷管理】 眉山市银行业金融机构围绕制造业、民营小微、乡村振兴、绿色发展、科技创新等重点领域,深入开展"金融支持专精特新""三访三问三送""送码入户、一键贷款""星辰计划"等专项活动,加强金融助企纾困政策宣传、融资对接,切实保障有效融资需求。截至12月末,全市制造业贷款比上年(下同)增长33.52%,普惠小微贷款增长28.3%,涉农贷款增长24.68%,绿色贷款增长50.59%,科创贷款增长21.12%,均保持快速增长势头。各银行机构认真落实人民银行总行"23条"、人民银行成都分行"19条"等助企纾困金融支持政策措施,累计为1968户受疫情影响还款困难普惠小微主体提供贷款延期支持28.16亿元,帮助市场主体渡难关、稳经营、保就业。各银行机构认真落实"房地产金融十六条",按照差别化住房信贷政策要求,合理下调住房贷款利率和最低首付比例,加强需求摸排对接,满足房地产领域合理融资需求。截至12月末,全市房地产贷款比上年增长12.76%。

【融资成本】 眉山市银行业金融机构进一步优化定价机制,降低负债端成本,保持贷款利率稳中有降。截至12月末,全市新发放贷款加权平均利率5.21%,较上年同期下降17个BP,其中普惠小微贷款加权平均利率4.68%,较上年同期下降53个BP。各银行机构持续优化营商环境,落实让利实体措施,2022年累计为11.5万户小微企业和个体工商户减免支付服务手续费4254.51万元。各地方法人银行机构运用人民银行再贷款发放"支小惠商贷""助农振兴贷",并帮助市场主体申报财政贴息资金,累计节约融资成本1124.64万元;运用政策工具对普惠小微贷款开展阶段性减息,为市场主体减免利息1829.37万元。

【金融改革创新】 人行眉山市中心支行指导各银行机构抢抓成渝地区双城经济圈和成德眉资同城化等机遇,积极应对复杂多变经济金融形势带来的困难与挑战,切实落实改革创新举措,激发实体经济发展新活力。LPR(贷款基础利率)改革效能持续释放,贷款利率定价水平进一步提升。眉山农商行、青神农商行、丹棱农商行成为全国市场利率定价自律机制"基础成员",洪雅农信联社

2022年眉山市中资银行业金融机构一览表

表20

序号	机构属性	机构名称	机构所在城市名称	地址
1	政策性银行	中国农业发展银行眉山市分行	眉山市	眉山市东坡区一环路西段255号
2	国有商业银行	中国工商银行股份有限公司眉山分行	眉山市	眉山市东坡区三苏路81号
3	国有商业银行	中国农业银行股份有限公司眉山分行	眉山市	眉山市东坡区金鑫西街160号
4	国有商业银行	中国银行股份有限公司眉山分行	眉山市	眉山市东坡区三苏路56号
5	国有商业银行	中国建设银行股份有限公司眉山分行	眉山市	眉山市东坡区红星西路119号
6	国有商业银行	中国邮政储蓄银行股份有限公司眉山市分行	眉山市	眉山市东坡区眉州大道西三段123号
7	全国性股份制银行	广发银行股份有限公司眉山分行	眉山市	眉山市东坡区二环东路(北)61.63.65.67.69号
8	全国性股份制银行	中国光大银行股份有限公司眉山分行	眉山市	眉山市东坡区学士街88号、90号、92号
9	地方商业银行	四川银行股份有限公司眉山分行	眉山市	眉山市东坡区湖滨路中一段8号
10	地方商业银行	乐山市商业银行股份有限公司眉山分行	眉山市	眉山市东坡区琼海路61号
11	地方商业银行	绵阳市商业银行眉山分行	眉山市	眉山市东坡区二环东路28号
12	地方商业银行	成都银行股份有限公司眉山分行	眉山市	眉山市东坡区湖滨路南一段106号
13	地方商业银行	长城华西银行股份有限公司眉山分行	眉山市	眉山市东坡区东坡大道南四段191.193.195号底楼门面及205号2~4楼营业大楼
14	地方商业银行	泸州银行股份有限公司眉山分行	眉山市	眉山市东坡区眉州大道东段168号
15	地方商业银行	成都农村商业银行股份有限公司眉山分行	眉山市	眉山市东坡区东坡大道南一段67号
16	农商行	眉山农村商业银行股份有限公司	眉山市	眉山市东坡区玉屏街250~292双号B1幢1号
17	农商行	四川仁寿农村商业银行股份有限公司	仁寿县	仁寿县陵州路二段22号
18	信用社	洪雅县农村信用合作联社	洪雅县	洪雅县洪川镇北街36号
19	农商行	四川青神农村商业银行股份有限公司	青神县	青神县青城镇大南街53号
20	农商行	四川丹棱农村商业银行股份有限公司	丹棱县	丹棱县齐乐镇东升路124号
21	村镇银行	仁寿民富村镇银行有限责任公司	仁寿县	仁寿县仁寿大道腾飞时代大厦
22	村镇银行	彭山珠江村镇银行股份有限公司	彭山区	眉山市彭山区蔡山东路223号

成为“观察成员”。金融支持成德眉资同城化进展明显，三个批次21项工作任务进展顺利。55个省市重点项目获得贷款44.21亿元。知识产权质押代办登记业务落地眉山。天府信用通平台融资笔数排名全省第二。成眉毗邻区（丹棱蒲江等地）金融同城化发展合作机制、产品服务实现多点突破。金融产品和服务创新不断取得突破。眉山农商行在全省率先推出以企业政府质量奖荣誉为质押的“质量贷”产品，农行、青神农商行等创新支持村集体经济组织融资取得突破，多家银行参与的仁寿县“惠集贷”财金互动模式获四川省乡村振兴十佳案例，农行运用智慧农业创新推出生猪活体抵押贷款。外汇服务便利化试点稳步推进，2022年办理贸易、资本收支便利化业务112笔，合计金额4033.38万美元，利用跨境金融服务平台办理“出口应收账款融资”100万美元，为1户“专精特新”企业办理跨境融资外债试点业务500万元人民币。

【金融支持乡村振兴】 人行眉山市中心支行指导银行机构围绕以重点农业产业、现代农业园区、新型农业经营主体、村集体经济组织等重点领域和支持对象，深入开展“送码入户，一键贷款”金融服务乡村振兴信贷直通、金融服务乡村振兴劳动竞赛等专项活动，推动再贷款等货币政策工具和贷款贴息、风险补偿金等运用，创新金融产品和服务，积极支持脱贫攻坚成果巩固与乡村振兴衔接过程中的各类融资需求。截至2022年年末，全市银行业金融机构金融精准帮扶贷款余额57.94亿元，累计发放贷款28.71亿元，累计带动7.33万人；全市银行业金融机构涉农贷款余额1024.79亿元，比年初增加203.59亿元，余额同比增长24.68%，高于四川省8.38个百分点。

【民营小微金融服务】 人行眉山市中心支行以中小微企业金融服务能力提升工程和“个体工商户服务月”“三访三问三送”活动为载体，多渠道开展政策宣传和融资对接，协调解决市场主体融资难题，累计为286户民营小微企业发放贷款99.81亿元，为3756户个体工商户发放贷款15.28亿元。加大金融助企纾困力度，引导银行机构累计为1968户受疫情影响还款困难的普惠小微主体提供贷款延期支持28.16亿元，切实帮助小微企业渡难关、稳经营、保就业。推动产品和服务创新，引导银行机构针对小微企业、个体工商户特点，开发随借随还产品10余款，有贷款余额的普惠小微主体户数较年初增加13121户，同比增长42.06%。加强财金政策互动，推动运用眉山市企业应急转贷资金和贷款风险补偿基金帮助59户企业获得贷款7.63亿元，组织银行机构申报2021年度首贷户和小微企业贷款财政奖补资金1168.9万元。截至2022年年末，全市普惠小微贷款余额227.86亿元，较年初新增50.27亿元，余额同比增长28.3%；民营经济贷款余额415.98亿元，较年初新增54.5亿元，余额同比增长15.08%。

【直接债务融资】 持续监测了解银行间市场发行债务融资企业还本付息能力，维护本地金融信誉环境。加大企业到银行间市场发行债务融资辅导培育，2022年辖区新增1笔银行间市场融资10亿元。配合市金融工作局开展“规范化公司制改制助推行动”和“重点企业上市培育专项行动”，完善眉山市上市和挂牌后备企业资源库，积极开展培育辅导。落实企业直接融资财金互动政策，为1户企业申报银行间市场中期票据贴息50万元。

【金融消费权益保护】 人行眉山市中心支行持续推动金融知识进校园课程提质增效，印发《农村中学金融素养教育项目实施方案》，明确实施范围扩大到10所农村中学。积极指导“东坡金融教育示范基地”发挥阵地作用，在官方媒体《眉山日报》公开年度课程安排，累计开课59期，制作教学课件《切勿相信征信修复》《识别假币小妙招》等41期。打造“萤火虫”金融法律志愿服务队，建立农民夜校常态化机制和“主办行”制度，加入地方“党员志愿服务队”，设立志愿“服务站”“实践站”等，多渠道、多举措开展志愿服务活动。全年受理处理投诉共计42笔，办结率100%，满意率97%。统筹开展“金融消费者权益日”“普及金融知识、守住钱袋子”“金融知识普及月”等宣传活动，累计开展宣传活动1158次，受众达92余万人。

【信用体系建设】 人行眉山市中心支行积极推动天府信用通平台与眉山市融资综合信用服务平台对接，签订《天府信用通平台眉山子平台与眉山市融资综合信用服务平台合作共建协议》。积极推广天府信用通平台，助力稳企业保就业工作，截至12月末，眉山市天府信用通平台累计注册认证企业6248户，累计注册认证个人经营者3688户，金融机构企业信用档案查询15955次，促成融资8746笔，融资金额612.44亿元，其中2022年注册认证企业1582户、个人经营者1654户，金融机构企业信用档案查询4145次，促成融资3610笔、金额195.98亿元。联合市经信局，组织园区管委会等部门，评定2022年度“产业园区红名单企业”86户和“产业园区白名单企业”143户。以新型农业经营主体信用评定为重点推动农村信用体系建设进一步深化，通过天府信用通平台共享12099家新型农业经营主体信息，“整村授信”范围覆盖全市510个行政村，并带动信用户、信用村、信用乡镇评定。截至2022年年底，眉山市已评定信用新型农业经营主体9632户、信用农户45.38万户，评定信用村294个、信用乡镇40个，其中2022年新增评定信用村82个，信用乡（镇）11个。开展2022年金融生态环境评价，在全省21个市州中，眉山市金融生态环境评价排名第六。

（费冬梅）

保险业
Insurance Industry

【概况】 2022年，眉山保险业有保险公司34家，其中财险公司15家，人身险公司19家；有分支机构245家，保险从业人员1.17万余人；全市保险业实现原保费收入78.52亿元，比2021年（下同）减少0.61%，保费收入全省排名第7位，增速排名第17位；发挥防灾减灾、经济补偿等方面保障功能，全市保险业累计赔款及给付22.19亿元；推动复工复产保险产品、家政服务行业保险、医疗责任保险、食品安全责任保险、安全生产责任保险发展；保险业风险总体可控，产、寿险偿付能力充足稳定，服务经济社会能力不断增强。

【财产保险业务发展】 眉山财产险公司原保费收入20.54亿元，比2021年（下同）增长8.43%。全市各财产险公司原保费收入排名前五的公司依次为中国人民财产保险股份有限公司眉山市分公司、中国平安财产保险股份有限公司眉山中心支公司、中国太平洋财产保险股份有限公司眉山中心支公司、中国人寿财产保险股份有限公司眉山市中心支公司、阳光财产保险股份有限公司眉山中心支公司。车险、农险、企财险、工程险同比增长6.37%、37.08%、20.45%、-32.11%，全市赔款及给付支出11.51亿元，比上年减少4.64%。

【人身保险业务发展】 眉山人身险公司原保费收入总合计57.98亿元，比上年（下同）减少3.47%。全市各人身险公司原保费收入排名前五的公司依次为中国人寿保险股份有限公司眉山市分公司、中国太平洋人寿保险股份有限公司眉山中心支公司、恒大人寿保险有限公司眉山中心支公司、华夏人寿保险股份有限公司眉山中心支公司、国华人寿保险股份有限公司眉山中心支公司。人身险个人代理渠道保费收入27.34亿元，减少1.68%；银邮渠道保费收入27.62亿元，减少5.67%；公司直销渠道（含团险、电销、网销）保费收入2.76亿元，增长2.08%；代理公司渠道保费收入2633.01万元。全市人身险赔款及给付支出10.68亿元，减少4.14%。

【保险业务服务】 眉山银保监分局加强监管，着力提升保险业服务质量。强化民生服务保障，大病保险稳定运行。城乡居民大病保险覆盖全市147万余名城乡居民，提供风险保障3073亿元，全年共赔付1.07亿元。"东坡惠民保"成功上线，首年参保率21.15%，居全省第一位。积极助力乡村振兴，大力保障农业生产。2022年，农业保险保障金额比上年上升27.9%，累计赔付1.14亿元。三大主粮作物保险承保面积86.4万亩，覆盖率达到81.45%，为27.8万农户提供风险保障6.3亿元。大力支持生猪稳产保供，2019—2022年来生猪保险累计赔款4.3亿元，受益农户23万户次。积极创新保险产品。落地全国首单"柑橘溯源保"，为农户提供风险保障30万元；落地天气巨灾指数保险，提供风险保障5000余万元，赔款693.1万元；在全省率先推出"农村闲置资产履约保证保险""土地经营权流转履约保证保险"，为847亩流转土地和房屋提供保障，盘活资金54.34万元。迅速应对重大自然灾害。2022年，积极应对眉山市连续极端高温干旱天气，及时启动农业保险重大旱灾应急响应机制，组织召开县（区）推进会，加强到县督导，提前完成水稻、玉米赔付支出1994万元，赔付率100%，做到应赔尽赔。保险市场乱象有序整治方面，眉山银保监分局联合市公安局、市市场监督管理局等多部门开展联合"代理退保"黑产乱象联合整治专项行动，拍摄防范"代理退保"风险宣传视频，制作防范"代理退保"风险提示手册，受到四川银保监局充分肯定。重点领域风险有效防控方面，稳控满退风险，近四年来，未发生非正常退保和给付群体性事件。稳妥处置涉众风险，有效处置异地保险从业人员在眉山涉养老诈骗风险苗头，为4名老年人挽回经济损失14万余元；有效解决出租车投保难问题，妥善处置出租车主群诉风险隐患。切实保障消费者合法权益，妥善处理550件保险领域各类投诉及35件保险举报。

（钟　莹）

2022年眉山市辖内保险公司一览表

表21

序号	机构名称	级　别	地　址
		财险分支机构	
1	中国人寿财产保险股份有限公司眉山市中心支公司	中心支公司	眉山市东坡区苏源路377号华陆·新天地5号楼第17、18层楼
2	中国平安财产保险股份有限公司眉山中心支公司	中心支公司	眉山市东坡区眉州大道西一段71号华陆大厦2F
3	太平财产保险有限公司眉山中心支公司	中心支公司	眉山市东坡区眉州大道西一段111号29幢23楼
4	永安财产保险股份有限公司眉山中心支公司	中心支公司	眉山市东坡区湖滨路北二段16号1栋3楼2号
5	中国大地财产保险股份有限公司眉山中心支公司	中心支公司	眉山市东坡区眉州大道西一段71号华陆大厦1楼73号、5楼1～3号
6	华泰财产保险有限公司眉山中心支公司	中心支公司	眉山市东坡区三苏大道168号华地沃尔玛1栋2单元15层2号
7	大家财产保险有限责任公司四川分公司眉山中心支公司	中心支公司	眉山市东坡区大北街111号巴黎春天商业街2幢1单元
8	阳光财产保险股份有限公司眉山中心支公司	中心支公司	眉山市东坡区三苏大道会凌大厦3楼
9	鼎和财产保险股份有限公司眉山中心支公司	中心支公司	眉山市东坡区三苏大道168号华地·沃尔玛1栋2单元15层4号
10	中国太平洋财产保险股份有限公司眉山中心支公司	中心支公司	眉山市东坡区文安路西一段18号1单元1层3～6号，2层1、2号及商业楼2层4号
11	中国人民财产保险股份有限公司眉山市分公司	分公司	眉山市东坡区东坡大道南三段55号
12	永诚财产保险股份有限公司眉山中心支公司	中心支公司	眉山市东坡区眉州大道西一段71号华陆世纪景城29栋6层2号
13	锦泰财产保险股份有限公司眉山中心支公司	中心支公司	眉山市东坡区三苏大道东段207号
14	中华联合财产保险股份有限公司眉山中心支公司	中心支公司	眉山市东坡区同运口171号眉山春熙广场1幢17层1～26号
15	中航安盟财产保险有限公司眉山中心支公司	中心支公司	眉山市东坡区眉州大道东三段32号1、2层

续表 21

序号	机构名称	级 别	地 址
		寿险分支机构	
1	长生人寿保险有限公司眉山中心支公司	中心支公司	眉山市东坡区湖滨路东坡湖广场3栋3层3号~6号
2	中融人寿保险股份有限公司眉山中心支公司	中心支公司	眉山市东坡区裴城路69号1栋2单元6层2号
3	国华人寿保险股份有限公司眉山中心支公司	中心支公司	眉山市东坡区裴城路69号财富中心A座12楼
4	天安人寿保险股份有限公司眉山中心支公司	中心支公司	眉山市东坡区杭州东路1号5楼、6楼
5	华夏人寿保险股份有限公司眉山中心支公司	中心支公司	眉山市东坡区东坡大道东坡湖广场1号3栋1单元1层、2层
6	恒大人寿保险有限公司眉山中心支公司	中心支公司	眉山市东坡区眉州大道西一段71号
7	恒安标准人寿保险有限公司眉山中心支公司	中心支公司	眉山市东坡区三苏大道东段207号银鹏国际酒店和九龙豪号4栋1单元13层5~10号、21~26号
8	前海人寿保险股份有限公司眉山中心支公司	中心支公司	眉山市东坡区眉州大道西一段71号16层
9	北大方正人寿保险有限公司眉山中心支公司	中心支公司	眉山市东坡区二环东路273号万景国际大厦15楼
10	中国人寿保险股份有限公司眉山市分公司	分公司	眉山市东坡区三苏大道158号
11	富德生命人寿保险股份有限公司眉山中心支公司	中心支公司	眉山市东坡区裴城路69号财富中心11层
12	中国人民人寿保险股份有限公司眉山中心支公司	中心支公司	眉山市东坡区东坡大道南一段69号凯旋广场12栋3层2号
13	中国太平洋人寿保险股份有限公司眉山中心支公司	中心支公司	眉山市东坡区杭州中路与三苏大道交会处会凌大厦1、2楼部分及4楼
14	新华人寿保险股份有限公司眉山中心支公司	中心支公司	眉山市东坡区同运街171号19~20楼（1~11号、14~26号）
15	中国平安人寿保险股份有限公司眉山中心支公司	中心支公司	眉山市东坡区眉州大道西五段1层38~40号、2层24~38号
16	太平人寿保险有限公司眉山中心支公司	中心支公司	眉山市东坡区苏源路377号华陆国际中心11层1~25号
17	百年人寿保险股份有限公司眉山中心支公司	中心支公司	眉山市东坡区二环东路273号万景国际商业楼（栋）16层1号、2号、3号、5号、6号、7号、13号、15号、16号
18	中国人民健康保险股份有限公司眉山中心支公司	中心支公司	眉山市东坡区裴城路69号1幢1单元4层3号
19	泰康人寿保险有限责任公司四川眉山中心支公司	中心支公司	眉山市东坡区苏源路377号华陆国际中心8层整层及9层8~13号、20~22号

2022年眉山市各财产险公司承保、理赔情况统计表

表 22

公司名称	原保险保费收入（万元）	同比增长（%）	赔款支出（万元）	同比增长（%）
中国人民财产保险股份有限公司眉山市分公司	90434.03	2.76	51441.90	-10.83
中国平安财产保险股份有限公司眉山中心支公司	40668.03	14.54	23155.73	7.41
中国太平洋财产保险股份有限公司眉山中心支公司	23510.36	19.54	11681.23	2.51
中国人寿财产保险股份有限公司眉山市中心支公司	18106.04	17.21	10425.54	3.57
阳光财产保险股份有限公司眉山中心支公司	8731.87	11.81	4663.72	21.57
中华联合财产保险股份有限公司眉山中心支公司	7793.01	7.68	4965.47	1.88
锦泰财产保险股份有限公司眉山中心支公司	4003.57	-24.35	1983.33	-22.26
中国大地财产保险股份有限公司眉山中心支公司	3486.37	2.65	1958.54	4.82
太平财产保险有限公司眉山中心支公司	2671.46	15.54	1579.16	-8.54
中航安盟财产保险有限公司眉山市东坡营销服务部	1736.74	114.30	939.84	-48.97
永安财产保险股份有限公司眉山中心支公司	1682.86	4.33	1009.55	-32.86
华泰财产保险有限公司眉山中心支公司	1182.41	45.84	491.21	13.99
大家财产保险有限责任公司四川分公司眉山中心支公司	1015.66	35.49	379.70	-24.09
永诚财产保险股份有限公司眉山中心支公司	373.52	-37.69	253.11	-47.45
鼎和财产保险股份有限公司眉山中心支公司	27.91	-85.44	188.41	-52.41
合计	205423.83	8.43	115116.43	-7.53

2022年眉山市各人身险公司承保、理赔情况统计表

表23

公司名称	原保险保费收入(万元)	同比增长(%)	赔付支出(万元)	同比增长(%)
中国人寿保险股份有限公司眉山市分公司	176108.46	2.99	52710.74	18.00
中国太平洋人寿保险股份有限公司眉山中心支公司	59201.32	23.02	10851.63	-54.41
恒大人寿保险有限公司眉山中心支公司	56237.83	11.02	6503.92	313.31
华夏人寿保险股份有限公司眉山中心支公司	48453.14	-3.56	5866.62	-32.95
国华人寿保险股份有限公司眉山中心支公司	42159.73	21.67	1162.45	7.50
中国人民人寿保险股份有限公司眉山中心支公司	38008.80	-5.17	5960.93	38.27
中国平安人寿保险股份有限公司眉山中心支公司	34036.92	-7.00	5393.83	17.80
前海人寿保险股份有限公司眉山中心支公司	33589.24	-64.49	1246.83	22.88
泰康人寿保险有限责任公司四川眉山中心支公司	26865.18	-0.06	5256.69	-22.40
太平人寿保险有限公司眉山中心支公司	26354.05	21.10	3533.21	-37.63
天安人寿保险股份有限公司眉山中心支公司	25547.97	67.86	426.34	-21.21
新华人寿保险股份有限公司眉山中心支公司	24158.28	26.66	7142.10	-42.49
富德生命人寿保险股份有限公司眉山中心支公司	14587.91	27.71	331.17	-33.88
百年人寿保险股份有限公司眉山中心支公司	13896.13	36.07	141.02	137.88
中融人寿保险股份有限公司眉山中心支公司	3543.98	-70.16	101.97	-30.09
中国人民健康保险股份有限公司眉山中心支公司	578.72	197.35	587.26	-47.65
北大方正人寿保险有限公司眉山中心支公司	342.46	1.36	59.81	926.60
恒安标准人寿保险有限公司眉山中心支公司	78.57	-13.46	3.20	-92.01
长生人寿保险有限公司眉山中心支公司	59.18	15.60	0.42	0.00
中邮人寿保险股份有限公司(虚拟)	25062.87	5.37	5497.88	43.48
建信人寿保险有限公司(虚拟)	3608.22	0.00	354.91	0.00
和谐健康保险股份有限公司(虚拟)	111.40	0.00	0.00	0.00
利安人寿保险股份有限公司(虚拟)	53.00	0.00	0.00	0.00
大家人寿保险股份有限公司(虚拟)	1144.71	0.00	0.00	0.00
合计	579786.96	-3.47	106839.96	-4.14

说明:华夏人寿保险股份有限公司眉山中心支公司和天安人寿保险股份有限公司眉山中心支公司由于受银保监会托管,其保费收入不计算在眉山统计范畴

交 通

TRANSPORTATION AND POSTAL INDUSTRY

交通规划 / 交通建设 / 区域交通 / 交通运输管理 / 交通安全管理 / 邮政管理 / 邮政业务

交通规划
Transportation Planning

【概况】 2022年，眉山市交通运输局深入贯彻习近平总书记对四川工作系列重要指示和视察眉山重要讲话精神，部署落实中央《交通强国建设纲要》和省政府交通强省建设要求，深刻把握成渝双城经济圈建设和成德眉资同城发展重大战略意义，完成《成德眉资同城化综合交通发展规划（2022—2025年）》，印发实施《眉山市“十四五”综合交通运输发展规划》，指导县（区）编制《乡镇及片区交通运输费专项规划》。

【眉山市“十四五”综合交通运输发展规划】 3月，市政府常务会审定通过印发《眉山市“十四五”综合交通运输发展规划》（简称《规划》）。《规划》以习近平新时代中国特色社会主义思想为指导，全面贯彻中共二十大、省委全会和市党代会精神，抢抓交通强国、成渝地区双城经济圈建设、交通强省、成德眉资同城化发展等国省重大机遇，加快构建“航空引领、轨道突破、公路成网、水路贯通、运输高效”的现代化综合交通运输体系，以“畅通道、建枢纽、强极核、联产业、优服务、抓保障”为抓手，聚焦轨道交通、高快干线、枢纽港站等关键领域，实现“铁公水空”多式联运新突破。“十四五”期间拟实施综合交通重点项目80个，到2025年，构建“11高8轨21快”［11高：已建成8高，成都经济区环线高速、遂（宁）资（阳）眉（山）高速、成（都）雅（安）高速、成（都）乐（山）高速、成（都）自（贡）泸（州）赤（水）高速、成（都）宜（宾）高速、乐（山）雅（安）高速、仁（寿）沐（川）新（市镇）高速；在建2高，天（府新区）眉（山）乐（山）高速、铜梁经乐山至荥经高速；启动前期1高，成（都）峨（眉山）高速。8轨：已建成3轨，成（都）贵（阳）高铁、成（都）昆（明）铁路（含复线）、连（界）汪（洋）燕（岗）铁路；在建2轨，市域（郊）铁路成都至眉山线、（四川）川（西藏）藏铁路眉山段；启动前期1轨，成都外环铁路；21快：已建成12快，天府大道、剑南岷东大道、环天府新区快速通道、天府大道眉山段、太和大道、岷（东新区）黑（龙滩）快速通道、梓州大道南延线、益州大道南延线、工业大道、丹（棱）蒲（江）快速、通江大道、大峨眉西环线；在建6快，眉山环城公路南环线、天府大道眉山城区段、滨江大道、金（堂）简（阳）仁（寿）快速、金（堂）简（阳）黄（龙溪）快速、锦江大道；启动前期3快，眉州大道东延线、东（坡）蒲（江）快速、彭（山）蒲（江）快速］40条综合大通道，基本实现“233”（2个突破：建成市域铁路，实现轨道交通历史突破；建成“两港一枢纽”，实现货运枢纽历史突破。3个先行：创建都市圈轨道交通、高快速路同城同网、运输服务同质同价，实现同城交通先行；创建交通引领城市发展、农业发展、工业发展、文化旅游服务业发展，实现交产融合先行；创建国家、省级全域“四好农村路”示范，实现“乡村振兴”交通先行。3个交通圈：依托轨道交通、高速公路、快速路等打造成眉半小时通勤圈、相邻市际半小时通达圈、市域半小时通行圈）交通发展目标，建设成都都市圈南部综合交通枢纽，支撑眉山建设成都都市圈高质量发展新兴城市。

【成眉交通同城化发展规划】 眉山市深入贯彻落实中央推动成渝地区双城经济圈战略部署、省委“四化同步、城乡融合、五区共兴”决策部署，奋力建设成都都市圈南部综合交通枢纽，全力推动成眉交通同城再上新台阶。在《成都都市圈发展规划》《成渝地区双城经济圈多层次轨道交通规划》等国省规划基础上，2022年10月编制印发《成德眉资同城化综合交通发展规划（2022—2025年）》，推动构建成眉间“7高8轨16快”［7高：成（都）雅（安）高速、成都经济区环线高速、成（都）乐（山）高速、成（都）自（贡）泸（州）赤（水）高速、成（都）宜（宾）高速、天（府新区）眉（山）乐（山）高速、成（都）峨（眉山）高速；8轨：成（都）昆（明）铁路、成（都）贵（阳）高铁、（四川）川（西藏）藏铁路、成都外环环线铁路、市域（郊）铁路成都至眉山线、市域铁路S5线仁寿支线、成（都）眉（山）市域铁路S16线、连（界）汪（洋）燕（岗）铁路；16快：工业大道、剑南岷东大道、天府大道、滨江大道、环天府新区快速、丹（棱）蒲（江）快速、金（堂）简（阳）仁（寿）快速、金（堂）简（阳）黄（龙溪）快速、彭（山）邛（崃）快速、东（坡）蒲（江）快速、彭（山）蒲（江）快速、锦江大道、梓州大道南延线、益州大道南延线、通江大道、眉（山）资（阳）快速路］31条同城大通道。

【乡镇级片区交通运输专项规划】 眉山市委、市政府全面贯彻落实省委、省政府做好两项改革“后半篇”文章相关工作的决策部署，按照省交通运输厅《关于开展乡镇级片区交通运输专项规划编制工作的通知》要求，眉山市交通运输局统筹各县（区）交通运输系统，以21个乡镇级片区为单位、16个中心镇为核心，突出交通服务产业、旅游发展、便利群众出行、支撑片区核心等功能开展规划编制。5月，完成21个乡镇级片区交通运输专项规划编制及矢量数据梳理，全市共布局农村公路6496条，线网总里程11144千米。

【成眉同城工作】 眉山市印发实施《成德眉资同城化综合交通发展规划（2022—2025年）》《打通同城化城际“断头路”第二批行动计划》，建成天府大道眉山段、丹（棱）蒲（江）快速路，开工建设市域（郊）铁路成都至眉山线、天（府新区）眉（山）乐（山）高速公路，初步构建起“6高3轨13快”［6高：天（府新区）眉（山）乐（山）高速公路、成（都）雅（安）高速公路、成（都）乐（山）高速公路、成（都）自（贡）泸（州）赤（水）高速公路、成（都）宜（宾）高速公路、成都经济区环线高速公路；3轨：市域（郊）铁路成都至眉山线、成（都）贵（阳）高铁、成（都）昆（明）铁路；13快：剑南岷东大道、天府大道、工业大道、滨江大道、环天府新区快速通道、丹（棱）蒲（江）快速、天府大道眉山段、通江大道、金（堂）简（阳）仁（寿）快速、金（堂）简（阳）黄（龙溪）快速、锦江大道、梓州大道南延线、益州大道南延线］22条同城大通道，成眉两市基本实现轨道半小时、公路一小时通勤。梓州大道南延线、彭（山）蒲（江）快速路、工业大道北段等7条成眉间快速路成功纳入打通同城化城际“断头路”第二批行动计划。成眉间日开行动车达到105列，较2021年增加19列，平均发车间隔缩短至9分钟，基本实现铁路公交化运营。新开通丹棱至蒲江公交线路，两市间稳定开行5条跨市公交线路，每日运送旅客超过万人。

（魏　平）

交通建设
Transportation Construction

【概况】 2022年，眉山市综合交通建设完成投资168.5亿元。全年新开工铁路1条40千米（成都至眉山市域铁路S5主线）、高速公路2条102.7千米[市域（郊）铁路成都至眉山线、乐资高速公路]、一级公路2条26.7千米（天府大道城区段、国道351线丹棱县城过境段）、二级公路2条19.9千米（工业大道北段、省道429线洪雅东岳至柳江段）；建成通车一级公路4条（段）32.3千米（天府大道眉山段、眉山南环线东段、彭山岷江二桥引道、省道401线东坡崇仁至丹棱杨场段）、二级公路3条18.7千米（省道210线高家至新民段、彭山环湖东路、锦江大道彭山段）、综合客运枢纽1个（彭山北综合客运枢纽）、独立桥梁2座760米（锦江大桥、彭山岷江大桥）；完成新改建农村公路超过600千米；续建高速公路1条4千米[成（都）乐（山）高速扩容青龙以北段]，一级公路2条19.5千米（眉山南环线西段、天府大道二峨山段），二级公路1条9.7千米（七里坪连接线），航电项目3个（汤坝、尖子山、虎渡溪航电枢纽）。

【成乐高速公路扩容项目眉山青龙以北新建段建设】 国道0512线成都至乐山高速公路扩容工程位于成都市、眉山市和乐山市境内，是连接成都双流国际机场与三市的快速通道，分为主线和乐山城区过境复线两部分，总长141.29千米，总投资估算231亿元，新建、扩建段均为双向八车道，路宽分别为42米和41米，设计时速分别为120千米和100千米，沥青混凝土路面。项目主线划分为成都三环路川藏立交至彭山青龙场段新建复线和青龙场至乐山段原路加宽两段，主线起点位于成都市三环路川藏立交，止于乐山张徐坝互通，在张徐坝互通顺接乐宜高速公路并与乐雅高速公路形成十字交叉，里程129.93千米。乐山城区过境复线起于棉竹北枢纽互通跨青衣江大桥西侧桥台，顺接乐自高速公路乐山城区连接线，止于冷山枢纽互通，与乐雅高速公路十字交叉，顺接乐雅高速公路峨眉连接线，里程11.36千米。项目全段工程可行性研究报告于2017年5月16日获省发展改革委核准批复，眉山市境内长60千米，估算投资60亿元，分三期进行建设。一期工程青龙场至眉山互通试验段长28千米，于2019年11月27日建成通车。二期工程眉山互通至乐山交界段长31.5千米，其中主线26.5千米，青神互通连接线5千米，基本沿主路加宽改造（四平道改八平道）。2019年6月开工建设，由省公路设计院公司设计，四川省亚通工程咨询有限公司监理，四川交投建设工程股份有限公司施工。2021年12月15日，主线建成通车。三期工程青龙场枢纽互通以北新建段眉山境内4.1千米双向八车道新建高架桥段，2020年10月开工建设，由省公路设计院公司设计，重庆交通管理咨询有限公司监理，中交第四公路工程有限公司施工。2022年，开展青龙枢纽互通改造和路基桥梁施工，完成投资4亿元，累计完成投资7亿元。

【天府新区经眉山至乐山高速公路开工建设】 天府新区经眉山至乐山高速公路起于成都天府新区国道108线，经眉山天府新区、彭山区、东坡区、仁寿县、青神县，止于乐山市市中区，接乐山绕城高速，全长约94千米，总投资291亿元（其中成都段约15千米、投资59亿元，眉山段约69千米、投资199亿元，乐山段约10千米、投资33亿元），项目在眉山境内设置互通11座（其中枢纽互通2座，落地互通9座），在仁寿视高设置彭祖山服务区、青神白果乡设置青神服务区。项目业主为四川天眉乐高速公路有限责任公司，由四川省交通勘察设计研究院有限公司设计，山东格瑞特监理咨询有限公司、四川正信工程监理咨询有限公司、四川省公路院工程监理有限公司、四川公路工程咨询监理有限公司、四川省亚通工程咨询有限公司监理，眉山段划分为8个施工标段，其中，2至7标总承包单位为四川省交通建设集团有限责任公司，8至9标总承包单位为中铁十七局集团有限公司。2022年9月中旬仁寿视高互通、东坡土地互通、青神岷江虎渡溪特大桥等控制性工程先期开工，完成投资20.02亿元。

【资（中）乐（山）高速公路开工建设】 资中至乐山高速公路起于内江市资中县，线路走向自东向西，途经眉山市仁寿县识经镇、汪洋镇、彰加镇，进入乐山市井研县，止于乐山市中区。路线全长约93.3千米，双向六车道，估算投资195.64亿元，平均每千米造价2.09亿元，眉山市仁寿县境内长约37千米，估算投资71亿元。2020年12月31日，省政府办公厅批复项目采取BOT模式建设，授权资阳市牵头，内江、眉山、乐山市配合开展投资人招标。2021年3月公开招标，四川省铁路产业投资集团有限责任公司、中铁城市发展投资集团有限公司、四川公路桥梁建设集团有限公司联合体中标。2022年12月27日，项目公司四川乐资铜高速公路有限公司与仁寿县政府在仁寿县签订征拆工作协议，12月29日项目控制性工程促进村大桥开工建设，完成投资1.5亿元。

【市域（郊）铁路成都至眉山线（S5）开工建设】 市域（郊）铁路成都至眉山线（S5）为向北至成都方向的跨行政区市域轨道交通线，串联成都和眉山。线路起于成都天府新区红莲站，向南串联天府文创城、视高、南天府公园、乐高、黑龙滩、岷东新区，止于眉山东站。线路全长约59千米，成都段约19千米，眉山段约40千米，概算投资220.5亿元，其中成都段84亿元，眉山段136亿元，共设车站13座，眉山段8座，成都段5座。建设年限为4年，项目业主为成眉轨道交通有限公司。2020年7月27日成眉两市签订《市域铁路S5共建共管协议》，2021年12月纳入《成渝地区双城经济圈多层次轨道交通规划》，开展工可编制，完成项目公司组建。2022年8月23日取得省发改委立项批复，9月20日取得省发改委初

图 89　2022 年 12 月，市域（郊）铁路成都至眉山线（S5）眉山岷江特大桥建设桥基施工　（摄影：侯建明）

步设计批复，完成环评、水保、林地等 30 个前期要件报批。2022 年 9 月 26 日开工建设，由中铁二院工程集团有限责任公司设计，中铁二院（成都）咨询监理有限责任公司监理，中国电力建设股份有限公司（总包）、中国水利水电第五工程局有限公司、中国水利水电第六工程局有限公司、中国水利水电第七工程局有限公司、中国水利水电第十四工程局有限公司、中国电建市政建设集团有限公司、上海电力建设有限责任公司、四川公路桥梁建设集团有限公司施工。2022 年完成眉山段项目部驻地、临建设施建设工作，开展视高站、跨岷江特大桥等控制性工程施工，完成投资 10 亿元。

【连汪燕铁路仁寿段建成通车】 连汪燕铁路仁寿段工程是国家铁路网威远—连界—汪洋—燕岗（简称连汪燕）铁路的重要组成部分，是以省铁投公司为投资主体，地方政府共同参与建设的地方性铁路。项目在眉山市境内里程长 30 千米，均在仁寿县境内，为单线货运铁路，是仁寿县第一条铁路，总投资 15.68 亿元。2022 年 7 月通过静态、动态验收，9 月完成联调联试工作，11 月 4 日完成初步验收，12 月 30 日正式通车开始试运行，计划 2023 年 6 月正式运营。

【洪雅通用机场建设】 洪雅平乐通用机场，项目总投资约 5 亿元（含征地拆迁费用），用地 566 亩，2022 年 5 月取得军方场址审核意见，12 月 30 日签订军地协议，完成机场建设公司组建，完成机场连接线可研报告初稿，机场连接线涉及基本农田调整已纳入三区三线方案。

【天府大道眉山段建成通车】 天府大道眉山段起于天府大道与成黑旅游通道平交口，经眉山天府新区、仁寿县、东坡区，止于岷东大道，路线全长 17.714 千米，采用一级公路（兼顾城市道路功能）标准建设，机动车道设计时速 80 千米，辅道设计时速 40 千米，路基宽度 80 米，双向 12 车道（8 个机动车道 +4 个非机动车道），沥青混凝土路面。采用 PPP 模式建设，由眉山天环基础设施项目开发有限责任公司组织实施，四川省交通勘察设计研究院有限公司设计，四川公路工程咨询监理有限公司监理，四川路航建设工程有限责任公司施工。2019 年 3 月 27 日开工建设，2022 年 12 月建成，完成投资 13.6 亿元，累计完成投资 41.6 亿元。

【眉山环城公路南环线东段建成通车】 眉山环城公路南环线（省道 428 线）工程起于东坡区工业大道南段，止于岷东大道，路线由西至东，先后与工业大道、成（都）乐（山）高速、成（都）昆（明）铁路、成绵乐客专、国道 245 线（原省道 103 线）、顺江大道、崇礼中路（在建）、岷东大道交叉，同时在岷江一桥下游约 5 千米处跨岷江，路线全长 14.34 千米，一级公路技术标准，设计时速 80 千米，配套市政设施，双向六车道，标准路幅宽 60 米，项目控制性工程为跨岷江的岷江特大桥、跨成（都）昆（明）铁路［含成（都）昆（明）铁路复线］大桥。项目划分为东、西两段实施，东段起于国道 245 线，止于岷东大道，长 7.5 千米，2019 年 3 月 27 日开工，由中国华西工程设计建设有限公司设计，四川亚通工程咨询有限公司监理，四川公路桥梁建设集团有限公司施工。2021 年 12 月全线控制性工程岷江三号特大桥主体完工。2022 年 5 月 27 日，东段全面建成开放交通，累计完成投资 19.36 亿元。

【彭山岷江大桥建成通车】 彭山岷江大桥建设（拆除重建）工程项目建设地点位于彭山区原岷江大桥旧址，起于迎宾大道与国道 245 线交叉口长寿牌坊平交处，

图 90　2022 年 4 月，天府大道眉山段高架桥　（摄影：侯建明）

止于岷江东岸规划环湖东路交叉口，路线总长 2.86 千米，其中桥梁全长约 509 米，二级公路标准，沥青混凝土路面，双向六车道，设计速度每小时 60 千米，主桥采用三塔斜拉桥，上部孔跨布置结构采用 37.5 + 39 + 55 + 120 + 120 + 55 + 39 + 35 米整联连续预应力混凝土箱梁，是全国首座采用竖转施工的双拱塔双索面三塔斜拉桥。2020 年 5 月开工建设，由彭山区投资建设，林同棪国际工程咨询（中国）有限公司设计，成都衡泰工程管理有限责任公司监理，四川公路桥梁建设集团有限公司施工。2022 年 12 月建成通车，完成投资 0.58 亿元，累计完成投资 2.8 亿元。

【彭山岷江二桥引道建成通车】 彭山区岷江二桥引道改扩建工程位于彭山区观音街道、江口街道，路线起于岷江二桥引道至观音街道附近，与国道 245 线相交，止于岷东大道，顺接岷东大道，路线全长 3.68 千米，路基宽度 29 米，双向六车道，一级公路标准，沥青混凝土路面。2022 年 2 月开工建设，由重庆交通大学工程设计研究院有限公司设计，四川省天府兴通建设工程项目管理有限公司监理，重庆市实力公路开发有限公司施工。2022 年 10 月建成通车，完成投资 0.75 亿元。

【锦江大桥建成通车】 锦江大桥位于彭山区牧马镇府河之上，河西连牧马镇及黄龙溪景区，河东接锦江乡中法农业科技园旅游区。线路全长约 2.1 千米，其中桥梁长约 250 米，双向四车道，设计时速 50 千米，路基宽度 30 米。2020 年 9 月开工建设，由四川省川建勘察设计院勘察，中国建筑西南设计研究院有限公司设计，四川元丰建设项目管理有限公司监理，中建科工集团有限公司施工。2022 年 9 月建成通车，完成投资 0.7 亿元，累计完成投资 1.95 亿元。

【彭山环湖东路建成通车】 彭山区环湖东路位于彭山城区岷江东岸，路线起于拟建岷江大桥东岸桥头，自北向南沿规划尖子山航电枢纽工程左岸河堤布线，止于规划尖子山航电枢纽工程大坝东岸，路线全长 5.272 千米，设计时速 60 千米，路基宽度 26 米，双向四车道，二级公路标准，配套市政设施，沥青混凝土路面。2021 年 2 月开工建设，由重庆交通大学工程设计研究院有限公司设计，中成建充集团有限公司监理，天津路桥建设工程有限公司施工。2022 年 12 月建成通车，完成投资 1.5 亿元，累计完成投资 2.3 亿元。

【省道 401 线东坡崇仁至丹棱杨场段建成通车】 省道 401 线东坡崇仁至丹棱杨场段是眉山市“一核三环”公路路网的重要组成部分，起于丹棱县杨场镇，止于东坡区思蒙镇，与东坡区规划道路相接，最终止于工业大道，建成后连接丹棱县陶瓷产业园区与东坡区甘眉工业园区，线路全长 4.129 千米，按一级公路标准新建，设计时速 80 千米，路基宽 22.5 米，双向四车道，沥青混凝土路面。2021 年 4 月开工建设，由成都市交通规划勘察设计研究院有限公司设计，河南交院工程技术集团有限公司监理，洪润路桥工程有限公司施工。2022 年 6 月全线贯通，完成投资 0.5 亿元，累计完成投资 2.36 亿元。

【丹（棱）蒲（江）快速路建成通车】 省道 401 线丹蒲旅游快速通道是丹棱向北融入成都，实现与成新蒲快速通道、成蒲高铁、天府绿道无缝对接的交通主动脉，“成眉同城化”发展的重大交通基础设施项目。路线起于丹棱县国道 351 线与端淑大道交叉口，止于蒲江县官帽村（丹蒲交界处），全长 13.991 千米，一级公路技术标准，沥青混凝土路面，设计时速 80 千米，路基宽度 24.5 米（城区段 K0 + 000 ~ K2 + 000 采用 34.5 米市政配套），主线桥梁共计 1375 米 / 6 座，涵洞 1811 米 / 56 座，配套建设 10 米宽绿化带、3 米宽绿道、2 个驿站、1 个特色农产品售卖长廊，总投资 11.08 亿元。2018 年 3 月开工建设，由中国华西工程设计建设有限公司设计，四川新疆昆仑工程监理有限责任公司监理，贵州建工集团有限公司施工。2022 年 5 月建成通车，完成投资 0.28 亿元，累计完成投资 11.02 亿元。

【丹（棱）名（山）路建成通车】 省道 104 线丹名旅游快速通道是丹棱向西北融入大峨眉旅游环线，对接雅安市名山区，连接蒲（江）名（山）快速、成（都）雅（安）高铁、成（都）雅（安）高速的交通要道。路线起于丹棱县与东坡区交界处，止于丹棱县与雅安市名山区交界处（K20+792），全长 20.863 千米（其中 K0 + 00 ~ K2 + 723 段为丹棱县城利用段，K2 + 723 ~ K4 + 623.9 段与省道 401 线重合），按二级公路技术标准进行改建，沥青混凝土路面，设计时速 60 千米，县城至幸福古村段路基宽度 15 米，双向四车道，其余路段路基宽度 10 米，双向两车道，配套建设 10 米宽绿化带、3 米宽绿道，2 个观景平台，共有桥梁 1375 米 / 11 座，涵洞 1122.1 米 / 48 座，隧洞 424 米 / 1 座，采用 PPP 模式建设，总投资 6.04 亿元。2018 年 3 月开工建设，由中国华西工程设计建设有限公司设计，四川新疆昆仑工

图 91　2022 年 5 月，丹棱至名山快速路　　（摄影：侯建明）

图 92　2022 年 6 月，洪雅至瓦屋山旅游快速通道　（摄影：侯建明）

程监理有限责任公司监理，贵州建工集团有限公司施工。2022 年 11 月全线贯通，完成投资 0.34 亿元，累计完成投资 5.9 亿元。

【洪雅至瓦屋山旅游快速通道建设】洪雅至瓦屋山旅游快速通道（省道 308 线眉山市洪雅县袁坪至瓦屋山镇段新建工程）起于洪雅县柳江镇郭山村柳桃平交，接大峨眉国际旅游西环线二标 ZK30 + 360 处，经王关、双溪村、瓦屋山镇、沙湾村，止于瓦屋山国家森林公园，全长 37.543 千米，总投资 19.55 亿元，采用 PPP 模式建设，二级公路技术标准，沥青混凝土路面。其中袁坪至瓦屋山镇段 21.311 千米路基宽度 12 米，设计时速 60 千米，投资 10.7 亿元。瓦屋山场镇张沙路至金花桥段 15.72 千米，K0 + 000—K8 + 000（瓦屋山镇至富坪段）路基宽度 12 米，设计时速 60 千米，K8 + 000—K15 + 720（富坪至终点段）路基宽度 8.5 米，设计速度每小时 40 千米。2019 年 5 月 29 日开工建设，由江西省交通设计研究院有限责任公司设计，四川省天府兴通建设工程项目管理有限公司监理，四川公路桥梁建设集团有限公司施工。2022 年 12 月主体工程基本完工，初步具备通车条件，完成投资 1.24 亿元，累计完成投资 10.7 亿元。

【天府仁寿大道二峨山段建设】天府仁寿大道二峨山段项目起于简蒲高速仁寿黑龙滩立交附近，接天府仁寿大道清水至三绕段，与在建的天府仁寿大道大化至城区段在团灯坝位置顺接，全长 12.459 千米（其中，隧道 2 座总长 2637 米，采用四洞单向通行隧道），一级公路技术标准，双向八车道，路基宽度 45.5 米和 80 米，设计时速 80 千米，沥青混凝土路面，总投资 25.8481 亿元。2020 年 5 月开工建设，由中国华西工程设计建设有限公司设计，北京中交安通工程技术咨询有限公司监理，中铁二十三局集团有限公司投资建设。2022 年正在进行路基、桥涵和隧道施工，完成投资 5.02 亿元，累计完成投资 17.54 亿元。

【锦江大道建设】江回路改造（锦江大道）新建公路工程，分为南、北两段。南段起于彭山区江口街道，与府江大桥引桥段平交，沿府河东侧向北布设，途经江口街道、锦江镇，终点与规划中法农业科技园锦江大道市政段起点顺接；北段起点与规划中法农业科技园锦江大道市政段终点顺接，止于眉山天府新区与成都市双流区交界，与籍黄路顺接。线路全长约 5.03 千米，采用施工总承包模式建设，二级公路技术标准，设计时速 60 千米，双向四车道，沥青混凝土路面，总投资 5.36 亿元。2020 年 12 月开工建设，由眉山天府新区管委会负责投资建设，上海市政工程设计研究总院（集团）有限公司设计，四川合石工程管理有限公司监理，中建城开环境建设有限公司施工。2022 年完成投资 1.2 亿元，累计完成投资 2.4 亿元。

【梓州大道南延线建设】梓州大道南延线（省道 424 线大林至仁寿段）全长 17.284 千米（含连接线长度），采用新建“双向六车道 + 双向两车道辅道”一级公路标准，沥青混凝土路面，设计时速 80 千米，路基标准宽度 48 米，其中与红星路南延线仁寿共线段采用新建双向八车道标准，路基宽度为 40.5 米，总投资 28.07 亿元。全线共设置桥梁 3 座，天桥 5 座，涵洞及通道 46 道，穿龙泉山脉隧道 1 处，互通立交 1 处。2020 年 10 月开工建设，由华设设计集团股份有限公司设计，四川省天府新通建设工程项目管理有限公司监理，中国二冶集团有限公司施工。2022 年加快路基、路面建设，完成投资 7.4 亿元，累计完成投资 13 亿元。

【七里坪连接线建设】洪雅七里坪连接线起于西环线 2K45 + 830 处，与西环线平面交叉，路线沿山腰顺势而下，经雅峨村，止于峨洪路，全长 9.6 千米，路基宽度

图 93　2022 年 8 月，麻柳坪特大桥完成合龙　（供图：眉山日报社）

10 米，沥青混凝土路面，三级公路技术标准，设计时速 30 千米，总投资 3.4 亿元。2020 年 6 月开工建设，由中交基础设施养护集团有限公司设计，河南交院工程技术有限公司监理，四川衡源工程技术有限公司、中天交通建设投资集团有限公司施工。2022 年正在进行桥涵施工，完成投资 0.5 亿元，累计完成投资 1.4 亿元。

【滨江大道北段东线建设】 滨江大道北段东线起于环天府新区快速通道，与环天快速路连接采用分离式立交平面交叉，路线向正北方向展线，在桩号 K1＋651.5 与规划道路航空大道连接线平面交叉，在桩号 K1＋940 与规划道路通江大道平面交叉，止于新津县工业及物流集中贸易发展区与郑园路止点顺接，路线全长 2.554 千米，一级公路标准，设计时速 60 千米，沥青混凝土路面，总投资 2.5 亿元。2021 年 5 月开工建设，由中交公路规划设计院有限公司勘察设计，成都久久工程项目管理有限公司监理，重庆黄金建设（集团）有限公司施工。2022 年完成投资 0.6 亿元，累计完成投资 1.45 亿元。

【通江大道建设】 通江大道起于彭山区青龙镇南河上已建设顺河大桥桥头引道处，由西向东展线，与滨江大道北段东线在 K1＋100 处平面交叉，止于彭山区牧马镇在建航空大道 K1＋783.236 处，路线全长 4.831 千米，双向六车道，采用二级公路（含市政配套）建设标准，设计时速 60 千米，路基宽度 40 米，其中跨线桥段路基宽度 42.5 米，沥青混凝土路面，总投资 2.7 亿元。2021 年 6 月开工建设，由成都交通规划勘察设计研究院有限公司勘察设计，四川亚通工程咨询有限公司监理，四川汇品建设工程有限公司施工。2022 年完成投资 0.3 亿元，累计完成投资 1.1 亿元。

【省道 210 线高家至新民段建设】 省道 210 线高家至新民段改扩建工程位于眉山天府新区高家镇，起于高家镇，止于新民村，全长约 7.135 千米，采用新建双向四车道二级公路标准，设计时速 60 千米，路基标准宽度 17 米，总投资 2.32 亿元。2021 年 7 月开工建设，由四川天府新区眉山管理委员会负责投资建设，眉山环天建设工程集团有限公司代建代管，四川城乡发展工程设计有限公司勘察，中国华西工程设计建设有限公司设计，江苏隆泰工程咨询监理有限公司监理，江西赣基集团工程有限公司施工。2022 年开展路基、桥涵施工，完成投资 0.9 亿元，累计完成投资 1.7 亿元。

【益州大道南延线建设】 益州大道南延线起于成都市益州大道规划终点处（成都天府新区与眉山天府新区交界处），途经视高街道、成都第三绕城高速、天府大道眉山段，止于黑龙滩附近与天府大道眉山段相交处，路线全长 16.254 千米，全线采用一级公路（兼顾城市道路功能）技术标准，主路设计时速 80 千米，辅路设计时速 40 千米，双向 12 车道，路基宽度 60 米，沥青混凝土路面，总投资 36.49 亿元。2020 年 10 月开工建设，由中交第一公路勘察设计研究院有限公司设计，成都久久工程项目管理有限公司监理，中交第二航务工程局有限公司（牵头单位）、中交第三航务工程局有限公司（成员单位）施工。2022 年正在进行路基、桥涵、隧道施工，完成投资 10.2 亿元，累计完成投资 26.7 亿元。

【眉山环城公路南环线西段建设】 眉山环城公路南环线（省道 428 线）工程起于东坡区工业大道南段，止于岷东大道，路线由西至东，先后与工业大道、成（都）乐（山）高速、成（都）昆（明）铁路、成绵乐客专、国道 245 线（原省道 103 线）、顺江大道、崇礼中路（在建）、岷东大道交叉，同时在岷江一桥下游约 5 千米处跨岷江，路线全长 14.34 千米，一级公路技术标准，设计时速 80 千米，配套市政设施，双向六车道，标准路幅宽 60 米，项目控制性工程为跨岷江的岷江特大桥、跨成（都）昆（明）铁路［含成（都）昆（明）铁路复线］大桥。项目划分为东、西两段实施，西段起于工业大道，止于国道 245 线，长 6.9 千米，由四川省公路规划勘察设计研究院有限公司设计，四川亚通工程咨询有限公司监理，四川公路桥梁建设集团有限公司施工。2020 年 9 月开工建设，2021 年完成靠近工业大道处 2 千米路段路基主体，开展路面工程施工。2022 年 3 月 31 日，西段靠近工业大道 2 千米主线建成开放交通，剩余路段正抓紧桥梁、路基工程施工，累计完成投资 5.9 亿元。

【天府大道眉山城区段开工建设】 天府大道眉山城区段起于天府大道眉山段终点与岷东大道交叉口，止于工业大道，路线由东向西经过东坡区富牛镇、太和镇、尚义镇，先后跨岷江，下穿成绵乐客专，上跨成（都）昆（明）铁路和成（都）乐（山）高速，路线全长 16.6 千米，一级公路（配套市政功能），机动车通道设计时速 80 千米，辅道设计时速 40 千米，双向 12 车道（8 个机动车道＋4 个非机动车道），沥青混凝土路面，路基宽度 33.5~80 米，总投资约 41.12 亿元，其中由天眉乐公司投资建设部分约 29.53 亿元，由其代建部分投资约 11.59 亿元。由四川省交通勘察设计研究院有限公司设计，四川正信工程监理咨询有限公司监理，四川省交通建设集团有限责任公司施工。2022 年 12 月 23 日，天府大道眉山城区段道路工程国道 245 线大件临时改道工程先期开工，完成投资 5.02 亿元。

【工业大道北段开工建设】 眉山天府新区工业大道青龙互通至新津大件外绕段项目起于青龙大道与格力大道交叉口附近，顺接成（都）乐（山）高速扩容建设青龙场跨线桥起点，经青龙大道、建设路，在 K2＋785 下穿成绵乐城际高铁后沿城际高铁右侧设线，于 K3＋347.497 与环天府新区快速通道平面交叉，在 K6＋480 处与国道 245 线共线，止于大件路与国道 108 线平交口处，路线全长 5.257 千米（扣除涉铁段路线）。项目采用二级公路标准（满足大件运输兼顾市政配套），设计速度每小时 60 千米，双向四车道，沥青混凝土路面，总投资 5.79 亿元。2022 年 9 月 29 日开工建设，由中国华西工程设计建设有限公司设计，四川合石工程管理有限公司监理，四川中梁建设工程有限公司施工，完成投资 0.4 亿元。

【省道 429 线洪雅东岳至柳江段开工建设】 省道 429 线洪雅东岳至柳江段改建工程起点位于洪雅县东岳镇，止于柳江镇李湾口大桥，与县道 170 线柳江镇至玉屏山段平交，路线全长 14.521 千米，其中改建路段 12.893 千米，路面改造段 1.428 千米，完全利用段 0.2 千米，采用二级公路标准建设，设计时速40千米，沥青混凝土路面，总投资1.47亿元。2022年7月开工建设，由中国华西工程设计建设有限公司设计，中成建充集团有限公司监理，中交路桥建设有限公司施工。正开展路基、桥涵施工，完成投资0.4亿元。

【国道351线丹棱县城过境段开工建设】 国道351线丹棱县城过境段是依托丹棱发展规划，连接眉山—丹棱—洪雅—峨眉，引导各类优势资源向丹棱集聚的重要过境要道与物流集散通道。项目起于丹棱县与东坡区交界处附近冲子靴，止于狮子村汪林山附近，全长9.825千米（含利用段0.899千米），按一级公路技术标准建设，设计时速80千米，路基宽度33米（利用段路基宽度40米），双向四车道，沥青混凝土路面，主线有桥梁473米/4座，涵洞453米/10座，总投资7亿元。2022年5月开工建设，由安徽省交通规划设计研究总院股份有限公司设计，四川亚通工程咨询有限公司监理，中交路桥建设有限公司施工，正在开展桥梁、路基工程施工，完成投资4亿元。

【彭山北客运枢纽建成投运】 彭山北综合客运枢纽站建设项目是眉山市“十四五”发展规划重点建设的综合客运枢纽项目，也是彭山区委、区政府强力推进的民生工程。项目位于成绵乐客运专线彭山北站的北侧，总占地80亩，新建综合客运枢纽站3651.44平方米、公交检修用房436.08平方米、设备用房282.5平方米、室外附属60644平方米、道路1004米，改造现有站前广场，新建驻车发班区及充电区，形成高铁、汽车客运、公交、出租、社会车辆一站换乘的综合交通枢纽。2021年7月开工建设，由信息产业电子第十一设计研究科技工程股份有限公司设计，四川明清工程咨询有限公司监理，成都华阳建筑股份有限公司施工。2022年10月建成投入运营，累计完成投资15418万元。

【农村公路建设】 眉山市农村公路完成投资15.59亿元、建成827.7千米。其中撤并建制村畅通工程完成投资1.22亿元、建成205.4千米，美丽乡村旅游示范路完成投资1.88亿元、建成34.3千米，通30户及以上组硬化路完成投资2.04亿元、建成357.7千米，计划外农村公路完成投资10.45亿元、建成230.3千米。

【汤坝航电枢纽工程建设】 岷江汤坝航电枢纽工程位于眉山市东坡区境内，是规划调整后岷江中游6级航电规划自上而下开发的第2个梯级，2009年获省发改委、省交通运输厅、省水利厅审查批准。2016年纳入《四川省高等级航道达标升级2016—2020年专项工程方案》，2017年5月纳入《四川省公路水路交通运输“十三五”发展规划》《四川省“十三五”内河水运发展规划》，2021年7月纳入《四川省“十四五”内河水运发展规划》，2022年5月纳入《岷江成都至乐山段航运发展规划》，是四川省“十三五”期省重点开工建设项目。由眉山岷江水电开发有限公司开发建设，以通航为主，发电为辅，兼顾防洪、灌溉、供水、流域综合开发，按照4级航道标准设计，坝址位于眉山市主城区岷江一桥下游约1.7千米处，水库正常蓄水位414.8米，电站装机容量6.9万千瓦，多年平均发电量2.83亿千瓦时，船闸按四级航道通行2×500吨级船队进行设计，渠化航道13.8千米，工程概算总投资21.06亿元。2016年9月30日取得项目核准批复，2017年2月20日取得移民安置规划大纲批复，5月9日取得水资源论证报告和取水申请批复，9月29日取得移民安置规划报告批复，11月20日取得初步设计批复，12月11日取得项目环评批复，项目35项前期专题报告全部完成并取得批复。2017年12月开工建设，由四川省水利水电勘测设计研究院、四川省交通运输厅交通勘察设计研究院设计，四川大桥水电咨询监理有限责任公司、成都交大工程建设集团有限公司监理，四川一沙兴蓉建设工程有限公司、四川东昇岷泰建设工程有限公司施工。2022年，完成1号机组安装、2号机组部分安装和2号料场建设，实施部分220千伏送出工程、防洪堤压脚工程、鱼道工程、1号料场拆除等施工，完成投资16亿元，累计完成投资44.27亿元。

【尖子山航电枢纽工程建设】 尖子山航电枢纽工程位于眉山市彭山区境内，是规划调整后岷江中游6级航电规划自上而下开发的第1个梯级，2009年获省发改委、省交通运输厅、省水利厅审查批准建设。2016年纳入《四川省高等级航道达标升级2016—2020年专项工程方案》。2017年5月纳入《四川省公路水路交通运输“十三五”发展规划》《四川省“十三五”内河水运发展规划》。2021年7月纳入《四川省“十四五”内河水运发展规划》，是省重点综合交通建设项目。2022年5月纳入《岷江成都至乐山段航运发

图94　2022年5月，洪雅至瓦屋山旅游快速通道——柳江大桥　（摄影：侯建明）

图95　2022年4月，丹棱幸福古村交通路网　（摄影：侯建明）

图 96 2022 年 4 月,建设中的彭山岷江尖子山航电工程 （摄影:侯建明）

图 97 2022 年 4 月,青神岷江虎渡溪航电工程 （摄影:侯建明）

展规划》,以通航为主,发电为辅,兼顾水环境综合整治和防洪功能综合开发,2016 年开始前期勘测,按照 4 级航道标准设计,完成 32 个专题报告的审批,水库正常蓄水位 426 米,电站装机容量 6.9 万千瓦,年发电量 2.85 亿千瓦时,渠化航道 14.9 千米,工程概算总投资 16.89 亿元。2017 年 11 月取得立项批复,2018 年 11 月经四川省交通运输厅初设批复。2019 年经公开招商,广西亚王水电有限公司中标投资建设尖子山航电工程,2019 年 10 月 9 日开工建设,由四川省岷源水利水电工程设计有限公司、四川省交通运输厅交通勘察设计研究院设计,湖南水利水电工程监理承包总公司、四川省水运工程监理事务所有限公司监理,成都水利水电建设有限责任公司施工。由于资金链断接和融资未到位,2020 年 10 月工程停工。2021 年 9 月投资建设方与彭山区政府签订退出与承接事宜备忘录。2022 年 8 月彭山区政府完成重新招商工作,中国葛洲坝机电建设有限公司中标为新的投资建设单位,2022 年 12 月工程复工,开展钢筋加工场、骨料筛分场、一枯围堰和施工营地建设,完成投资 1 亿元,累计完成投资 7.87 亿元。

【虎渡溪航电枢纽工程建设】 岷江虎渡溪航电枢纽工程位于眉山市青神县境内,是规划调整后岷江中游 6 级航电规划自上而下开发的第 4 个梯级。2009 年获省发改委、省交通运输厅、省水利厅审查批准建设,2016 年纳入《四川省高等级航道达标升级 2016—2020 年专项工程方案》,2017 年 5 月纳入《四川省公路水路交通运输“十三五”发展规划》《四川省“十三五”内河水运发展规划》,2021 年 7 月纳入《四川省“十四五”内河水运发展规划》,2022 年 5 月纳入《岷江成都至乐山段航运发展规划》,是四川省“十三五”期省重点开工建设项目。工程建设以通航为主,发电为辅,兼顾防洪、灌溉、供水、流域综合开发,按照 4 级航道标准设计,坝址位于眉山市青神县主城区岷江一桥下游约 3.5 千米处,水库正常蓄水位 391 米,电站装机容量 6.3 万千瓦,多年平均发电量 2.04 亿千瓦时,船闸按四级航道通行 2×500 吨级船队进行设计,渠化航道 13.4 千米,工程总投资 14.25 亿元。2016 年 6 月取得项目核准批复,2017 年 9 月取得项目初步设计批复,前期共有 32 个专题报告全部取得批复。2020 年 10 月开工建设,由青神虎渡溪航电开发有限公司开发建设,湖南省水利水电勘测设计规划研究总院有限公司、四川省水发勘测设计研究有限公司设计,湖南水利水电工程监理有限公司监理,四川水发建设有限公司施工。2022 年完成征地移民工作,土建工程完成 98%,完成 1 号水轮发电机组安装,开展 2 号机组、3 号机组安装工作,完成投资 3 亿元,累计完成投资 14.84 亿元。

（魏 平）

区域交通
Regional Transportation

【概况】 2022 年,眉山市交通运输局加强区域交通合作,落实公交优先发展战略,加大城市公交资金、用地、政策支持力度,新开行丹棱至蒲江 960 路跨市公交,成眉两市稳定日开行 5 条跨市公交线路。在成绵乐客运专线动车组实行日常线、高峰线、定制等方式组织运输,成眉动车历经 4 次调图,经停眉山动车列数达 105 列。依托“金通工程”,按照“交邮融合、产业联动”工作思路,不断深化农村物流供给侧结构改革。充分发挥成(都)昆(明)铁路(含复线)、成乐(成雅)高速和毗邻双流、天府国际双机场的交通优势,不断创新物流组织模式,大力推进货物多式联运。全市拥有城市公交客运线路 132 条,营运车辆 1044 辆,年运送旅客 5300 万人次。

【交通运输绿色发展】 眉山市优化调整运输结构,推广节能低碳型交通工具,新购公交车 100% 为新能源纯电动公交车,在新建站场项目(彭山北综合客运枢纽、仁寿县交通枢纽站等重点项目)配套建设充电桩 218 座。积极引导低碳出行,全市 972 辆巡游出租车全部为清洁能源车辆,眉山天府新区、东坡区、彭山区、仁寿县实现城市公交一卡通互联互通,彭山区、丹棱县、青神县实现城乡公交一体化,提升城乡客运服务均等化水平。

【新能源公交】 眉山市新投放 105 辆纯电动公交车,全市新能源公交车共计 567 辆,其中纯电动公交车 485 辆,混合动力公交车 82 辆,新能源公交车占总车辆数的比例达 53%。

【金通工程】 眉山市交通运输局结合乡村振兴战略,紧盯两项改革“后半篇”文章任务,纵深推进乡村运输“金通工程”和“金通工程”样板县建设,创新多种出行方式,提供出行包车、定制客运、预约车,推行“赶场车”“上学车”等“响应式”服务,巩固好乡镇和建制村 100%

通客车，城乡出行更加便利。推进城乡客运一体化，对符合条件的乡村客运实施公交化改造，彭山区、丹棱县和青神县实现城乡公交一体化。彭山区、丹棱县成功创建全省首批乡村运输“金通工程”样板县，丹棱县成功获批全省首批“交商邮”融合发展试点县。

【成眉动车公交化运营】 眉山市对接国铁成都局集团公司推进增购1组4辆编组公交化动车购置工作，新购置车辆未到位情况下，协调国铁成都局集团公司调配车辆，实现成眉间开行动车100列以上目标。2022年7月与国铁成都局集团公司成都车务段完成续签2022年度《眉山市旅客列车合作合同》和签订《眉山市旅客列车合作合同补充协议》，10月11日实施第四季度列车运行图后，实现成眉动车日开行105列，实现成眉动车公交化运营。

【丹棱至蒲江跨市公交开通运营】 5月丹（棱）至蒲（江）城际公交960路正式开通运行，投入232万元，购置4辆26座纯电动公交车，首末站设置在丹棱县丹棱客运站和蒲江县蒲江高铁站，中途停靠13个站点，线路总长20千米，运行时长约40分钟，收发班时间为6：30—18：30，发班间隔15～30分钟／班次，票价2元／人。

【交邮通物流节点建设】 眉山市交通运输局按照《眉山市推进“金通工程·天府交邮通”品牌建设实施方案》，纵深推进“金通工程·天府交邮通”建设，全年建成6个县级物流仓配中心、73个乡镇级快递物流运营中心、512个村级“金通·邮快驿站”，实现城乡物流配送网络县乡村三级全覆盖。“金通工程”串联城市与农村、农田与市场，“城货下乡、山货进城”更流畅，“进城就业、返乡创业”更便捷。

【公路水路运输】 眉山市完成公路客运量794.518万人次，旅客周转量30507.674万人千米；货运量9287.422万吨，货物周转量777471.074万吨千米，客货运输总周转量780521.842万吨千米，与2021年同比增幅3.18%（全省平均增幅3.06%），排名第七位。完成水路客运量7.98万人次，旅客周转量118.5万人千米。

（魏　平）

交通运输管理
Transportation Management

【概况】 2022年，眉山市交通运输局持续坚持“安全第一、预防为主、综合治理”方针，深入开展“平安交通”“智慧交通”建设，加强交通安全监管、公路水路、道路运输安全隐患排查整治，打非治违、车辆超限治理等工作，严格工程质量和造价管理。全年公路通车总里程9263.7千米，通航里程280千米，公路密度百平方千米129.7千米，国省干线公路路面性能使用指标（PQI）91.2，乡村公路通达率100%，客运站总数946个，营运车辆18205辆。客运量794.5万人次，旅客周转量30507.6万人千米，货运量9287.4万吨，货物周转量777471吨千米，客货运输总周转量同比增长3.18%，增速位列全省第一方阵。货车超限率控制在0.5%以内，超额完成省定2%以内的目标任务。水上交通安全连续25年保持无事故、无经济损失、无死亡人数“三为零”，道路运输连续15年没有发生负源头管理责任事故，公路及在建工程没有发生安全责任事故。

【资金争取】 眉山市累计向上争取到位交通项目部省补助资金88509.72万元，其中累计农村公路（含农村公路项目、养护、“四好农村路”示范县奖补）对上争取资金15407.97万元。部省补助资金来源包括全国“四好农村路”示范县奖励1000万元，省级“四好农村路”示范县奖励1000万元，普通国省道养护工程补助2732万元，省道危桥整治工程356.5万元，国省道交通事故易发路段整治923.25万元，国省道建设补助60030万元［国道213线眉山市仁寿县视高镇至文宫段4500万元、省道428线东坡区永寿镇至尚义镇段新建工程6608万元、省道211线仁寿视高至东坡富牛段（天府大道眉山段）8900万元、省道424线仁寿县贵平镇至宝飞镇段（红星路南延线）31402万元、省道104线洪雅县七里坪镇（鲜湾村至七里坪社区）段改建工程3600万元、省道429线洪雅县东岳镇至柳江镇段3700万元、省道401线东坡思蒙至丹棱杨场段1320万元］，农村公路项目资金12223.97万元［洪雅县Y176东两路（东岳镇桥口村至柳江镇两河村段）美丽乡村路298万元、丹棱县X079511424仁洪路（张场镇锁江社区至张场镇大田坎村段）美丽乡村路160万元、撤并建制村畅通工程5641万元、自然村通硬化路工程4924万元、农村铁索桥改公路桥266万元、农村公路危桥改造230.82万元、村道安防工程建设324万元、乡镇运输服务站128万元、村道生命安全防护工程23.66万元、农村公路交通事故易发路段整治183.3万元、撤并建制村畅通工程2021年清算资金45.19万元］，农村公路养护补助1184万元，普通公路超限检测站电子抓拍系统240万元，2021年公路水路灾毁应急保障600万元，农村客运补贴1430.49万元，2021年“金通工程”样板县奖励1000万元（彭山区500万元、丹棱县500万元），交通运输信息化建设159万元，交通建设领域成效明显市（州）激励资金2500万元，2022年疫情防控应急车辆征用补偿资金5.13万元，取消政府还贷二级公路收费省级补助资金1486万元，农村客运出租车成品油价格补助资金1639.38万元。

【“四好农村路”国省示范创建】 眉山市全面推进“四好农村路”国省示范创建工作，全年建成并保有“四好农村路”示范路约800千米，各县（区）保有量均超过100千米。眉山市成功创建为“四好农村路”省级示范市，彭山区成功创建为“四好农村路”全国示范县，东坡区、仁寿县、洪雅县成功创建为“四好农村路”省级示范县，全市实现“四好农村路”全域示范。

【交通运输安全监管】 眉山市交通运输局坚持“安全第一、预防为主、综合治理”方针，结合交通工作实际，扎实开展隐患排查治理，狠抓行业安全监管，道路运输没有发生源头管理责任事故，水上交通连续25年保持无事故、无经济损失、无死亡人数“三为零”目标，公路及在建工程没有发生安全责任事故，全市交通运输安全形势持续稳定。

【交通安全生产监管】 眉山市交通运输局严格落实道路运输“三把关一监督”“三不进站、七不出站”“车辆例检”“三品检查”等制度，按照市际以上客运班线实名制售票乘车等安全管理规定，突出“两客一危”“农村客运”等重点车辆，强化动态监管，严查重处非法违法行为。全年对安全生产主体责任落实不到位的运输企业进行约谈4次，约谈企业8家次。对5家重点道路运输企业、205辆次重点营运车辆安全生产记分，对1822人次驾驶员从业资格证记分，其中停业整顿车辆24辆次，1540名道路运输从业人员被列入“道路运输从业人员重点监控名单”，7名道路运输从业人员被列入“道路运输行业禁止进入名单”。查处重点货运源头企业59家次，依托12个固定检测站，检测货车2065483辆次，查处超限运输车辆1582辆次，卸载超限货物6.9万余吨，超限率控制在0.5%以内。查处非法营运“黑车”515辆，货车非法改拼装290辆，道路运输企业和营运车辆违法违规行为3369起，累计处罚907.1万余元。严格落实普通公路巡查制度，加强国省干线公路和县道巡查、检查力度，特别是对临水临崖、长大纵坡、急弯陡坡、桥梁隧道等重点部位，开展集中隐患排查整治，强力整治摆摊设点、占道经营、侵占路产路权等违法违规行为。水上交通突出抓好重点船舶、重点时段、重点水域和重要环节四道关口的安全监管，严把船舶适航关、船员适任关和航行停泊关。依法注销灭失船舶登记信息185艘，取缔、拆解燃油客运船舶96艘，清退、拆解涉沙船舶9艘，清理处置“三无”船舶25艘。对重点交通建设工程项目进行99次行政执法检查，开展专项检查12次，下发限期整改通知书14份。

【交通应急预案】 眉山市交通运输局组织修订完善《地震应急预案》《防汛应急预案》等6项应急预案，组建约500人的应急队伍，落实应急储备客货车辆760辆、抢险机具28台、其他应急物资若干，配齐应急队伍和机具。会同彭山区人民政府成功承办“交通使命-2022”厅地联合应急演练，指导县（区）交通运输主管部门、行业协会和市级重点企业组织开展应急演练20次。健全完善岷江、青衣江流域汛情传递机制和“市、县（区）、企业”三级预警信息传递机制，确保政令畅通，信息传递及时、准确。严格执行24小时值班、领导带班和信息报告制度，采取市局当日值班员不定时抽查各县（区）局当日值班人员、带班领导在位的方式，督促各县（区）局保持人员全时在位，确保安全工作信息传递的快捷畅通。

【交通隐患排查整治】 眉山市交通运输局以安全生产专项整治巩固提升年行动、安全生产大检查为统揽，组成7个安全生产工作督查组，分别由局党组成员带队，突出元旦、春节、全国两会、汛期、中秋、国庆、中共二十大等重点时段，建立包保工作机制，开展定期、不定期安全督查110次。全年共排查隐患824处，均建立台账，落实整改要求、时限和责任人，逐一销号，全部整改到位。

【“交通使命-2022”地震应急联合演练】 5月，四川省交通运输厅和眉山市人民政府联合主办，省交通运输厅公路局、省交通运输厅物资储备中心和眉山市交通运输局、彭山区人民政府具体承办的“交通使命-2022”地震联合应急演练在眉山市彭山区岷江锁江渡口举行，演练设立预警与集结、现场侦测、物资投送、快速桥架设、公路抢通、受灾群众转移安置等科目，出动无人机、长臂挖掘机、动力舟桥、快速桥、全地形抢险救援工作车等多种应急抢险装备，参演人员600余人。通过演练，进一步检验交通运输地震应急预案的实际性，明确资源需求和人员职责；进一步增强交通应急队伍的整体意识、协调意识和纪律意识；进一步展示交通应急处置的科技水平和应对地震灾害应急抢险救援、保障生命通道畅通的应急处置能力。

【交通综合执法】 眉山市全面启用四川省交通运输行政执法综合管理信息系统进行行政检查录入和行政处罚全流程办理，组织区县进行系统应用培训。全年抽检客运、普货、危货、驾培等道路运输企业6162家次，抽检客运车辆53515辆次，检查水运企业、渡口、码头、船舶258次，其他检查1834次，办理行政处罚、行政强制案件3610起。全面实施交通执法队伍准军事化管理，按“四基四化”建设要求，启动国道351线新义检测站外观标识改造和执法车辆外观标识改造及车辆编号工作，完成综合行政执法制式服装和标志配发工作。2022年10月，眉山市交通行政执法支队参加省交通运输厅和省总工会组织的全省交通运输综合行政执法“大练兵大比武”决赛暨执法人员技能大赛，获第四名。

【打非治违】 眉山市交通运输局开展“眉山市道路运输非法营运专项整治行动”“眉山市道路客货运输突出违法违规专项整治行动”“眉山市网约车违法违规行为百日攻坚专项整治行动”“眉山市数字打非专项工作”等专项活动，查处非法营运“黑车”515辆，违规网约车113辆，违规巡游出租车297辆，违规危险货物运输车辆11辆。全年累计对重点道路运输企业5家次、车辆205辆次、从业人员1822名记分，其中停业整顿车辆24辆次，1540名道路运输从业人员被列入“道路运输从业人员重点监控名单”，7名道路运输从业人员被列入“道路运输行业禁止进入名单”。

【超限治理】 眉山市交通运输局全面落实交通公安联合巡查制度，邀请行业主管部门参加，对重点货运源头企业实行联合巡查，检查重点货运源头企业1512次，查处货运源头企业超限装载处罚案件66件。加强全市超限检测站规范化管理，开展核载4.5吨的蓝牌照二轴货车超限超载违法行为专项治理，从2022年4月21日起，联合交警部门开展超限检测站秩序专项整治行动，确保货车过站必检、凡超必处。全年投入执法人员73091人次，检测货运车辆206万余辆，查处非法改拼装违法车辆290余辆，立案查处超限车辆1582辆，卸载货物6.9万余吨，全市超限率控制在0.5%以内。大力推进“非现场”执法，全市统筹规划不停车检测系统点位10个，其中省道210线仁寿县宝飞不停车检测点于2022年6月竣工。

【公路养护管理】 眉山市全面加强公路养护，提升公路服务水平。推进实施国省干线养护工程81千米，国道公路PQI（路面使用性能指数）91.2，处于优等水平。落实深化农村公路管理养护体制改革各项工作任务，印发《眉山市市级农村公路日常养护资金分配办法》，开展农村公路管理养护绩效考核，全市农村中等以上比例达到81%。持续做好桥隧养护管理和公路安全管理，16座四、五类危桥整治完工14座，在建2座，完工村道安全生命防护工程58.594千米，排查整治公路安全隐患252处，桥隧养护管理和公路安全运营保障水平持续提升。

【公路工程质量监督】 眉山市交通运输局直接监督监管的续建新建公路水运项目共22个，其中高速公路项目1个，一级公路项目9个，水运项目2个，隧道15个、特大桥6座。全年认真践行新时代发展理念，坚持监督工作标准化，严格监督与热情服务并重，推进施工标准化、红线行动、安全生产专项整治三年行动，开展综合检查1次，专项检查4次，日常巡查200余次，县（区）质监工作和农村公路质量督查1次。发出问题通报整改类书面通知31份，其中督查结果通知8份、整改通知4份、问题清单5份、转发通知1份，抽查意见通知13份，约谈企业负责人3次；立案调查违法案件1件，发现并督促整改落实质量安全环保各类问题约800个。全市交通建设工程质量稳步提升，安全形势稳定，环保意识进一步提高。全年交工验收项目合格率100%，竣工验收优良率55%，路基滑移沉降、沥青路面裂缝等问题大大减少。在2022年全省公路工程实体质量监督抽检中，眉山市共计抽检2039点，公路工程总体合格率99%，全省排名第2位。成（都）乐（山）高速扩容项目获2020—2021年度四川省建设工程天府杯奖。年度信用评价A级比例5%。

【造价监督管理】 眉山市交通运输局强化工程建设造价监督管理，开展眉山环城公路南环线等项目造价监督检查4次，收集材价信息600余条，发布材价信息12期，全年全市新建交通建设项目审查率100%。对9个交通建设项目进行造价审查，其中概算审查项目7个，送审金额256647万元，审查金额248812万元，审减6671万元，审减率2.6%；预算审查项目2个，送审金额21652万元，审查金额20867万元，审减783万元，审减率3.6%。在概预算审查项目中，国省干线项目3个，送审金额46251万元，审减766万元，审减率1.7%；农村公路项目6个（共43条路），送审金额232048万元，审减7110万元，审减率3.1%。完成环天府新区快速通道项目三工区、新增工程（一类变更）、多杆合一工程、10千伏配电工程、景观提升工程、公路设施交安工程等464项材料价格询价工作。

（魏　平）

2022年眉山市交通运输能力统计表

表24

公路			
通车里程	总里程（千米）:9263.698		
	其中	高速公路	457.6
		一级公路	488.97
		二级公路	477.177
		三级公路	354.053
		四级公路	6740.526
		等外公路	745.372
公路密度	按辖区面积算:129.7千米/百平方千米		
	按人口计算:31.31千米/万人		
通达程度	通公路的乡镇72个，占乡镇100%		
	通公路的村1272个，占村100%		
客运站	总数（个）:953		
	其中	一级站	1
		二级站	5
		三级站	1
		四级及以下站	946
营运车辆	总数（辆）:18205		
	其中	客车1225辆27036座	
		货车16980辆226494吨	
公路运量	客运	客运量（万人次）	794.518
		旅客周转量（万人千米）	30507.674
	货运	货运量（万吨）	9287.422
		货物周转量（万吨千米）	777471.074

内河			
通航里程	总里程（千米）:280		
	其中	三级航道	—
		四级航道	14
		五级航道	—
		六级航道	64.7
		七级航道	11.02
港口（码头）	总数（个）:37		
	吞吐量	旅客吞吐量（万人次）	15
		货物吞吐量（万吨）	—
水路运量	客运	客运量（万人次）	7.98
		旅客周转量（万人千米）	118
	货运	货运量（万吨）	—
		货物周转量（万吨千米）	—
营运船舶	总数（艘）:97		
	其中	客船41艘1300座	
		货船56艘4000吨	
城市公交运输			
营运车辆	1044辆		
公交线路	132条		
公交站	2890个		
运量	0.53亿人次		
备注			

交通安全管理
Traffic Safety Management

【概况】 2022年,眉山市公安机关聚焦中共二十大交通安保主线,以“磐石”系列专项行动、事故预防“减量控大”为抓手,全力防风险、除隐患、保安全、保畅通、促发展、护稳定,有力确保全市道路交通安全形势持续平稳向好。全市道路交通事故总量与上年同比下降17.52%,其中亡人事故起数、亡人数同比分别下降9.93%和9.93%,实现“六个严防、三个确保”目标。连续4年未发生一次死亡3人以上较大道路交通事故,创历史最好成绩。

【道路交通秩序管理】 眉山市公安机关坚持聚焦路面主战场,紧盯重点区域、重点时段、重点车型,部署开展“磐石”行动、百日行动、蓝天保卫战、泛西南货车整治、冬季交通安全整治等20个系列专项整治行动,不断净化道路交通环境。全年全市查处各类突出交通违法行为9.23万起,其中酒醉驾6952起、货车超载2.91万起,载客汽车超员3231起,疲劳驾驶64起、超速(50%以上)421起,城市道路电动车违法1.67万起,查扣非标电动三、四轮车72台,吊销机动车驾驶证773件,行政拘留613件,刑事案件移送546件,联合环保部门抽查货车尾气外放5642台次,处理不达标车辆2807辆、抛洒滴漏71起。

【道路交通安全综合治理】 眉山市公安机关始终坚持“防事故、东省保畅通、护安全、促发展”目标,锚定全国安全生产大检查契机,借势借力实施“挂牌”“摘帽”行动,联合住建、交通、应急部门实施综合治理,对危险路段、事故多发点段、新建改建道路常态化排治。依托市道安委、市安委会平台,建立完善风险隐患提醒、督促、约谈和“罚点球”制度,对重大道路交通安全风险隐患实行台账式管理,严格落实“一见面四到位”(与区县分管领导和乡镇党委政府主要负责人见面,将上级工作要求传达到位,将当地风险隐患情况反馈到位,将失职失责后果提醒到位,将下步工作举措明确到位),督促逐条销号。全年完成省级督办洪雅县西环线隐患整治验收,有效整治市级督办仁寿县213县全段、工业大道彭山段等21处隐患,推动县(区)整治交通安全隐患路口95处。

【农村道路交通安全管理】 眉山市公安机关按照“主体在县、管理在乡、延伸到村”的农村道路交通安全管理模式,建立问题隐患和整改责任“两个清单”,规范道路交通安全隐患排查、统计、整治、监督、销号全过程闭环管理机制,对排查出的隐患,按照“五方共治”原则,由公安+交通+应急管理+发展改革+财政等部门配合,从立项、资金、建设、验收入手,全面实现道路隐患“减存量、控增量”治理目标。以交通标志、交通标线、照明灯、减速带、自动声光提示设施等为主要内容,开展农村道路安全设施“三小工程”,全市累计投入建设资金近1亿元,完善农村道路安全设施173千米,增设加强型防撞墙、防撞墩516个,添设警示标志标牌1700余套,完成“一灯一带”建设81处。

【道路交通安全宣传】 眉山市公安机关创新宣传工作全向收集、全量评估、协媒发声、定向导控、复盘总结“五同步”机制,全市联合媒体策划活动19次,邀请记者随警报道60余次,开展“五大曝光”行动11期,制作专题节目37期,微博、微信公众号推送1260条。定期深入运输企业、党政机关、学校、社区和乡镇,开展“美丽乡村行”等交通安全宣传活动,累计开展农村大喇叭宣传活动64次,美丽乡村行宣传活动23次,发放宣传材料60万余份,上交通安全课115次。7月利用一则网络热点视频开展交通安全宣传,引起社会广泛共鸣共振,策划作品被央视新闻、人民网微博、“人民日报”微信公众号、中政委长安剑等30余家主流媒体转载报道。

【道路交通事故应急演练】 眉山市公安机关整合“122”“110”“120”“119”资源,构建交通事故应急救援联勤联动合作网络。按照道路交通事故应急救援“四位一体”工作机制要求,交警支队联合眉山市展通公交公司、眉山市骨科医院、东坡区消防救援大队、保险公司等部门,在眉山东站开展道路交通事故“四位一体”应急救援演练。按照“综合协调、分工负责,精心组织、确保安全,统一领导”的原则,各部门配合采取静态展示和动态演示相结合的形式,进行全要素、全过程演练。通过演练增强各部门协作能力和处置效率,提升救援水平,为今后交通事故救援处置工作打下坚实基础。

【机动车检测与驾驶人管理】 眉山市机动车保有量92.4万辆、驾驶人保有量102.5万人。市公安局狠抓公安交管“放管服”改革措施落实,新增社会化安检机构1家、机动车登记服务站3家,全年办理各类机动车业务18.5万笔,车辆年检4.43万笔,其他业务6.49万笔,办理各类驾驶证业务5.91万笔,满分学习2827笔,注销登记583笔,转出业务5238笔。

(钟丽娟)

邮政管理
Postal Management

【概况】 2022年,眉山市有快递品牌19个,2000平方米以上的分拨中心6个(东坡区中通分拨中心、东坡区圆通分拨中心、东坡区邮政分拨中心、仁寿县邮政分拨中心、仁寿县快递分拨中心、彭山区快递分拨中心),1000平方米以上的分拨中心6个(东坡区韵达分拨中心、东坡区申通分拨中心、东坡区极兔分拨中心、东坡区京东分拨中心、东坡区顺丰分拨中心、东坡区德邦分拨中心)。有邮政快递服务网点814个,其中邮政普遍服务网点238处、快递法人企业34家、分支机构50家、备案的末端网点492处。从业人员3000余人,车辆1500余辆(含电动三轮车)。邮政、快递服务网点均实现乡镇全覆盖。

【行业发展】 眉山市邮政管理局全年完成业务量149396.99万元,居全省第五位,同比增长10.37%;邮政业业务收入完成118730.1万元,居全省第八位,同比增长9.15%。其中快递业务量完成12979.81万件,居全省第三位,同比增长10.49%;快递业务收入完成71887.91万元,居全省第五位,同比增长7.19%。快递发展优势凸显,全年全市快递业务量占邮政业业务量的89.94%，快递业务收入占邮政业业务收入的92.83%。快递业务量比重占前三位的品牌是中通、圆通、韵达。从单个品牌发展来看，中通、苏宁易购、韵达、顺丰、圆通、申通、极兔7个品牌的快递业务量占据快递行业业务总量的94.27%，快递业务收入占据快递行业业务总收入的84.71%。

【组织建设】 眉山市邮政管理局新建京东、德邦2家企业单建工会组织，累计发展快递员群体会员1500余人。完成全市快递行业集体协商。市快递行业工会联合会向市总工会争取7.2万元工作经费。

【快递品牌项目打造】 眉山市邮政管理局全力打造“眉山柑橘”快递服务农业金牌项目，快递+眉山柑橘已连续3年成功创建全国快递服务现代农业超千万件金牌项目。组织邮政、快递企业负责人培训，明确数据填报要求、时间节点，建立微信交流群。积极联系市农业农村局、市商务局到柑橘产量高的区县、乡镇调研，鼓励邮政、快递企业为柑橘销售提供“仓储+包装+运输”一体化服务。全年完成快递服务柑橘业务量1590万件、泡菜业务量1192万件、调味品业务量1265万件。完成全年眉山柑橘、眉山泡菜两大金牌项目目标任务，新增调味品金牌项目。

【综合管理】 眉山市邮政管理局以服务人民为中心，强化邮政普遍服务监管。依法开展《壬寅年》生肖特种邮票、《中国共产党第二十次全国代表大会》等纪特邮票发行监督工作。采用“双随机”方式，与乡镇邮政服务专项检查工作相结合，全年检查普服网点35处，开展两轮全覆盖机要专项检查，检查机要网点6个，转运场所2处。全市建制村直接通邮率达到100%，积极推动邮快合作，邮快合作通达建制村覆盖率100%。严格落实一把手责任，扎实开展“扫黄打非”工作，严查严堵非法出版物，防范和打击利用寄递渠道寄递非法出版物的违法行为，检查报刊亭6个，通过了解报刊亭进货渠道及责任书签订情况，现场检查未发现非法出版物。发动监督员开展纪特邮票发行情况调查等专项行动，全年收到监督员报表64张。依法行使邮政普遍服务监督管理职权，邮政普遍服务网点就近迁址备案13处，备案信息变更15处。向市邮政公司下发季度通报4份。开展2022年高校录取通知书寄递服务回访调查工作。做好邮政普遍服务监督管理信息系统及行政执法信息系统使用，及时录入执法信息和常用报表。

【基础设施建设】 眉山市邮政管理局加大普服指标的监控与管理，全市普服网点营业时长、日均签到率签退率均为100%；整治普服网点基础信息，完善全市238个普服网点名称，完成委办改自办网点13个，压降营投合一单人网点53个；加大普服网点营业用品的规范，投入资金2.5万元，更换全市177个普服网点日戳；加大对网点的日常管理，按月通过现场及非现场检查，对网点环境、服务、收寄安全等进行检查，及时通报考核；加强渠道拓展，协助相关部门建立主题邮局、校园网点等专业机构；围绕“服务三农”中心任务，将合作领域延伸拓展至田间地头，为农村、农民提供优质、便捷的产品和服务，巩固乡村振兴成果，相关事迹在中国交通新闻网、《眉山日报》、四川广播电视台官方账号“直播四川联盟”刊登报道。设计制作特色邮品《大江东去》和邮资封，为东坡文化走出眉山、走出四川、走向全国架起邮政桥梁。

图98 2022年2月17日，中央电视台国际频道（CCTV-4）采访眉山快递进村 （供图：市邮政管理局）

【投递网格建设】 眉山市邮政管理局制定《2022年眉山揽投网能力提升方案》，完成东坡区、仁寿揽投部拆分新增3个，完成眉山、仁寿揽投网标准化建设。实现仁寿、青神通过自动分拣机将邮件直分到段，5个揽投部缩减进口邮件内部处理时长，进口邮件内部作业处理时长平均减少20分钟，实现处理中心直分1个网格。全市6个城区揽投部，其中5个揽投部实施网格化作业（青神除外），共18个网格实际运行，其中东坡区6个、仁寿5个、彭山2个、洪雅3个、丹棱2个。17个网格实行内部承包，1个网格实行外包代办。全市有运营自提点344个，其中68个邮政支局所型自提点，75个邮政综合便民服务站型自提点，7个大学校园型邮政自提点，150个社区商超型邮政自提点，44个金通邮快驿站型自提点。新增三轮车15量，新增掌上电脑（PDA）45台。

【便民服务网点（站）建设】 眉山市邮政管理局深化“支局+站点”渠道拓展模式，全市累计建成“1+N”优质邮乐购站点402个。其中非批销活跃站点964个，批销站点362个，进销存站点41个。分类推进五类网点转型242处，明确“规定+自选”转型措施和业务叠加清单，自营网点收入均达万元以上；打造青神县西龙祥和便民服务站获得上级部门肯定并全省复制推广，打造丹棱县分公司齐乐大道、东坡区分公司崇礼和白马支局、洪雅县分公司花溪邮政所、彭山区分公司武阳支局5个转型标杆网点。联合工会、退役军人事务局打造劳动者驿站和退伍军人服务驿站20个。完成青神、

图99　2022年3月，眉山邮政公司工作人员为村民送化肥　（供图：市邮政公司）

丹棱、仁寿、洪雅和东坡三级物流乡镇、村级站点布局，将邮政便民延伸至“最后一百米”，打造村级站点510个，打造丹棱县杨场邮政支局和青神县西龙三级寄递物流体系优胜网点。

【市场监管】 眉山市邮政管理局加强日常检查和培训。全年检查企业392家1333人次，约谈6家快递公司，下发责令整改38份。做好疫情、汛期、两会期间、快递业务旺季等重要时间节点的寄递安全和服务保障工作。结合日常检查“双随机”工作，开展快递市场秩序整顿专项行动、安全生产大排查大整治行动、邮件快件处理场所“四不”问题整治工作，督促企业严格落实企业安全生产主体责任。做好许可有效期延续审核，推动许可便利化标准化建设。全年共计审核（配合省局核查）法人企业3家，分支机构20家，末端网点316家（含备案智能快件箱）。发挥申诉与市场监管的联动机制，综合治理，营造“放心舒心”消费环境。全年收到政务中心转办件921件，局长信箱3件，省局转办工单4件，均已办结，满意率100%。

【行业宣传】 眉山市邮政管理局利用“3·15”消费者权益日、“6·26”国际禁毒日、“10·9”世界邮政日、“12·4”法制宣传日等重要节点和日常检查。央视国际频道聚焦眉山采访快递进村。

（何思齐）

邮政业务
Postal Service

【概况】 2022年，中国邮政集团有限公司眉山市分公司（简称邮政集团眉山市分公司）下辖东坡、彭山2个区分公司和仁寿、洪雅、丹棱、青神4个县级分公司，累计建有普遍服务网点238个（其中金融网点81个、纯邮务类点5个、委代办点152个）、镇级寄递物流运营中心73个、村级综合服务便民站510个、揽投部7个、揽投人员143人、邮路292条、投递段道105条、生产车辆302辆；建有邮件处理中心10092平方米，日均设计处理能力达11万件、单日最高峰达15万件；每日组开邮路59趟次，日运行单程达4922千米；配有自助设备289台。

【邮政企业经营发展】 邮政集团眉山市分公司全年累计实现收入4.7亿元，进度103.16%、增幅12.06%，均列全省第九位，且分别超全省1.77、1.7个百分点；实现经营利润1.22亿元，利润规模列全省第八位，收入利润率25.91%，列全省第四位。

【邮政企业服务地方经济】 邮政集团眉山市分公司加强网络规划布局，结合地方片区划分及中心镇（副中心镇）建设，新增金融网点2处、入驻大专院校5所，新建主题邮局1个；累计建成自提点902处，渠道转型网点覆盖率100%，综合排名全省第一位。重点推进“邮政+政务”项目，在网点叠加就业咨询、工会爱心驿站、农民工综合服务、税邮/警邮/公交充值/工商营业执照打印等服务。持续深化“金通工程天府交邮通”品牌，推进交商邮合作，以县乡村农村物流配送“三点一线”为重点，建成县级共配中心6个、乡镇运营中心67个、村级综合便民服务站512个。打造信用村99个，发放乡村振兴贷款5683万元，惠及地方农户170余户；建设农品基地6个，打造中邮惠农综合服务示范社4家，开展社区团购160场次，带动农产品销售约1800万元。

【邮政企业安全生产管理】 邮政集团眉山市分公司坚决贯彻落实市委、市政府安全生产、疫情防控工作方针政策。加大安全生产资金投入和教育培训演练，集中投入873.84万元落实安保外包服务、安防/消防等设施设备新增/巡检维保/修理等；印发《寄递禁毒工作手册》《“一懂三会”消防手册》，提升全员安全意识；全年围绕企业人身、邮件、金融、消防、交通、信息、机要、舆情、重大时期活动安全保障重点领域，持续完善落实安全生产主体责任制落实、安全生产资金投入、安全生产教育培训、安全生产应急预案演练、安全生产检查整改、安全生产信息报送、年度重要安全专项活动安全生产责任体系，完成工作任务目标，眉山市分公司获评2022年度全省“平安邮政”创建活动优秀单位。机要通信未发生国家秘密载体失泄密事故；普遍服务未出现被监管部门处罚事件。

（邹　凤）

城乡建设与管理

URBAN-RURAL CONSTRUCTION AND MANAGEMENT

城乡规划 / 城市建设 / 城镇与乡村建设 / 城乡绿化 / 房屋建设 / 市政管理 /
城市新中心规划建设 / 东部新城规划建设

城乡规划
Urban and Rural Planning

【概况】 2022年,眉山市规划和自然资源局聚焦成渝地区双城经济圈、成眉同城化等国省战略,紧扣市委"三市一城"发展目标,统筹推进市县国土空间规划、专项规划、详细规划编制和实施,着力构建国土空间规划体系。全力加快《眉山市国土空间规划(2020—2035)》编制,初步建成眉山市国土空间基础信息平台及国土空间规划"一张图"实施监督信息系统。全年筹备召开市国土空间规划委员会会议5次,审议议题21个,城市建设不断提速、城市功能不断完善、城市品质不断提升。

【市县国土空间总体规划编制】 眉山市规划和自然资源局按照部、省工作安排,采取集中办公、统一标准、及时报告的方式,开展市、县"三区三线"(生态空间、农业空间、城镇空间,生态保护红线、永久基本农田保护红线、城镇开发边界控制线)划定工作,经过三轮试划和三轮划定,10月形成最终成果,划定生态保护红线106.12万亩,耕地保护任务203.71万亩、永久基本农田保护面积184.02万亩,城镇开发边界58.94万亩,并于11月1日通过自然资源部审查并正式启用。结合"三区三线"划定成果持续推进市、县国土空间总体规划修改完善,严格传导上位规划约束性指标和强制性内容,落实市县最新发展思路、发展要求。

【乡村国土空间规划编制】 眉山市规划和自然资源局贯彻落实省委、省政府以片区为单元编制乡村国土空间规划工作部署,全年分两个批次(6月底前完成13个,12月底前完成8个),编制完成全部21个乡镇级片区国土空间总体规划,并通过市县工作专班审查。同步完成村级片区国土空间规划30个,并报送自然资源厅备案审查。

【专项规划编制】 眉山市规划和自然资源局编制完成《眉山市街道一体化设计导则》《天府大道南延线科创走廊国土空间专项规划》;稳步推进《眉山市历史文化名城保护规划》《眉山市公园城市专项规划》《眉山市主城区雕塑设置专项规划》等规划编制,规划成果将统筹纳入正在编制的国土空间总体规划和片区控制性详细规划。

【国家历史文化名城创建规划】 眉山市规划和自然资源局加快开展《眉山历史文化名城保护规划》修编工作,眉山市江口古街、太和老镇等街区保护规划修编先后通过市规划委员会审议。

【规划行政许可】 眉山市规划和自然资源局深入推进"放管服"改革,持续推进"一件事一次办"、"跨区域通办"、工程建设项目审批制度改革,落实容缺审批,创新推行一张申请表办理建设用地规划许可。依托省一体化政务服务平台,进一步优化审批流程、精简申报材料、压减审批时间,一体化政务服务平台全程网办率100%,申请材料减免率52.77%,办理时限较法定时限减少92.65%。全面提升"一网通办"能力,积极推进电子证照应用,做好电子证照的归集、签发和推广,完成电子证照生产、电子印章加盖工作任务。推进"互联网+监管"相关工作,完成目录清单认领率100%、执法人员入驻率100%、实施清单完备率100%,落实监管事项实施。全年依法办理"一书两证"100份,其中,《建设项目用地预审与选址意见书》30份,建设用地规划许可证27份,建设工程规划许可证43份。全年共办理规划用地许可面积约180.47万平方米(2707.05亩),办理工程规划许可总建筑面积约104.48万平方米,切实保证各项城市建设项目依法审批。

【规划方案审批】 眉山市规划和自然资源局修订城市规划管理技术规定,持续推进各类公共项目、房地产开发项目、基础设施项目等规划设计方案审查审批,完成S5号线市域铁路站点、区域医疗中心等重点项目规划选址工作;出具大石桥社区卫生服务中心、峰投花园住宅小区、悦澜苑住宅小区、东坡岛体育公园和城市新中心12宗商住用地共计1050亩的规划设计条件和红线图。稳步推进城市森林花园建筑试点规划管理,全年审批建筑面积18.4万平方米。有序推进城市基础设施改造,全年完成城市新中心新建道路和阜成路、青衣街、铁环东路、三苏大道、一环南路等道路改造工程设计方案审批,工程规模达27千米。

【规划监督执法检查】 眉山市规划和自然资源局加大对中心城区主要干道、重点区域和重大项目建设巡查力度。开展专项治理,推进影响消防安全违规搭建排查、城镇燃气安全排查整治、自建房安全专项整治、东坡区城市更新改造等工作。全年发出违法建设执法文书130份,移送违法建设3件,函告不动产登记中心暂停产权变更登记5件,开展在建工程项目专项检查3次。

【建设工程规划核实】 眉山市规划和自然资源局完善并执行建设工程放验线、竣工规划核实工作制度和程序,中心城区(含东坡区、彭山区)全年完成规划核实124项,核实面积354.6万平方米。

【地理信息测绘】 眉山市规划和自然资源局完成市、县两级2022年度测绘成果质量监督抽查、测绘资质巡查、测绘成果保密检查"双随机、一公开"监督抽查工作。持续推进市级北斗定位分中心工作,提升北斗导航定位系统在眉山高山区域的测量精度;完成全市测量标志普查实施方案编制及全市卫星导航定位基准站清理工作。整合规划、测绘、自然资源等多行业信息资源,完成《眉山市地图》《眉山市城区图》2022版的编制。

(高嘉翔)

城市建设
Urban Construction

【概况】 2022年,眉山市城市更新改造成效初显,眉山入选全省城市更新试点城市,青神县入选全省城市更新县级试点城市。加快推进民生实事建设,全面完成老旧小区改造、棚户区改造和既有住宅增设电梯任务,推动东坡城区、彭山城区融合发展,打造眉山城市新中心。

【城市基础设施建设】 眉山市住房和城乡建设局牵头推进22个城市基础设施建

图 100 2022 年 1 月 7 日，眉山老旧小区改造经验在全国视频会上交流

（摄影：马莉）

图 101 2022 年 6 月，改造后的东坡区民政局家属区

（供图：市住建局）

设项目，完成投资 4.9 亿元，其中通惠河环境整治工程、苏湖路改造工程、科二路市政道路、眉山城区绿地景观提升工程等 12 个项目完工建设；通惠河城区段道路沉陷整治工程、荣军巷至鑫诚花园 7 期管网改造工程、眉山主城区排水管网改造工程（一期）等项目正在施工建设。推进"城市更新改造攻坚年"，全年开工 46 个改造项目，完工项目 23 个，完成投资 20 亿元。实施小北街特色商业街区（西区）改造提升工程、商业西街等 8 条街巷完成改造，改造区域城市环境和商业活力明显提升。完成 8 千米东坡步道·大家之路（一期）建设。

【老旧小区改造】 眉山市住房和城乡建设局全面完成城镇老旧小区改造任务，全年老旧小区改造开工小区 720 个、完工小区 324 个，争取国家、省级老旧小区改造资金 4.68 亿元。1 月 7 日，眉山市在全国城镇老旧小区改造工作经验交流视频会上作交流发言。青神县获批全省唯一住房和城乡建设部城镇老旧小区改造县级联系点。

【棚户区改造】 眉山市住房和城乡建设局稳步推进住房安居工程，全市棚户区改造开工 130 户，保障性租赁住房改造开工 248 套，发放公租房租赁补贴 1458 户。成功创建四川省绿色社区 40 个，全市省级绿色社区达 68 个，占全市城市社区的 64.76%。

【既有住宅增设电梯】 眉山市住房和城乡建设局印发《关于进一步做好既有住宅电梯增设工作的实施意见》，创新增加针对失能人员、老年人、残疾人既有住宅增设电梯的优抚政策。编制《既有住宅加装电梯指导手册》，优化电梯增设工作流程和资料报备，全年既有住宅电梯增设完工 200 部。

（沈宁雪　杨　竹）

城镇与乡村建设
Towns and Rural Construction

【概况】 2022 年，眉山市住房和城乡建设局加快推进重点中心镇建设发展，东坡区万胜镇、仁寿县汪洋镇成功创建首批"省级百强中心镇"。加快推进城乡污水处理设施建设，实施农村危房和土坯房改造工程，开展房屋安全隐患排查。

【中心镇建设】 眉山市住房和城乡建设局加强中心镇建设和传统村落保护发展，全年改造实施乡镇场镇、农村路灯照明工程 8865 组，一批重点村镇获得国省荣誉称号。洪雅县瓦屋山镇自新村、丹棱县顺龙乡幸福村列入第六批中国传统村落名录，东坡区复兴镇红五星村列入第五批四川传统村落名录。东坡区万胜镇、仁寿县汪洋镇成功创建首批"省级百强中心镇"。丹棱县农房和村庄现代化建设经验在全国交流，丹棱县幸福古村生态民宿聚落荣获联合国"2022 亚洲都市景观奖"、科技部第 19 届精瑞人居奖。

【污水处理设施建设】 眉山市住房和城乡建设局按照《四川省城镇生活污水和城乡生活垃圾处理设施建设三年推进总体方案（2021—2023 年）》，全市城镇污水建设项目共计 37 个，全年开工项目 32 个，完工 19 个。大力开展污水管网检测及修复改造工作，全市完成污水管网排查检测 687.2 千米；新改建排水管网 86.6 千米，完成 35 条街道 33.68 千米雨污管网建设。

【农村危房和土坯房改造】 眉山市住房和城乡建设局加强农村危房和土坯房改造，全年改造农村危房改造任务数 403 户，开工率 100%，竣工 323 户，竣工率 80%。完成农村土坯房改造 4305 户，开工率 100%，竣工率 100%。

【房屋安全隐患排查】 眉山市住房和城乡建设局持续推进城镇自建房安全专项整治工作和"百日行动"，做好"回头看"整改工作，共排查录入自建房 95.43 万栋，经营性自建房 4.49 万栋，排查完成率 100%，存在安全隐患的经营性自建房 637 栋，"回头看"率 100%，已进行安全鉴定 57 栋，已采取工程措施 201 栋、采取管控措施 436 栋，隐患管控率 100%。

城乡绿化
Urban and Rural Greening

【概况】 2022 年，眉山市切实抓好园林绿化品质提升，积极开展四川省生态园林城市系列申报，仁寿县曹家镇梨树社区被评为四川省园林村，麓峰·棕榈岛、中南新悦府、万科梦想之光 3 个小区被评为四川省园林式居住小区，四川省都江堰黑龙滩灌区管理处、仁寿县第二高级职业中学、仁寿县盛景丽园饮食文化有限公司、仁寿县鳌峰小学5个单位被评为四川省园林式单位。

【公园绿地新技术新理念利用】 眉山市住房和城乡建设局以“公园+”理念在东坡城市湿地公园引进棋类活动中心，为市民提供传统棋类活动、学术和文化交流、赛事举办场所。编制《城市园林绿化养护管理技术手册》。采用打透气孔、安装PVC透气管、浇灌生根剂等系统措施，对根系不良、萌枝力弱、树叶枯黄的老弱乔木进行复壮，让根系恢复再生功能，取得明显效果，获人民网好评。

【公园绿地项目建设】 眉山市住房和城乡建设局全年完成建设项目配套园林绿化专项设计方案审查9份，公共区域景观升级改造方案审查1份，竣工验收资料初审12份。建设10处城市“口袋”公园，其中丹棱县6个，分别为丹蒲路口绿地、齐乐大道绿地、东环路绿地、新南西路绿地、思蒙河西岸西顺街绿地、药科学院绿地；中心城区4个，分别为万景玺悦口袋公园、岷江水文局外口袋公园、桐花巷口袋公园、高铁桥口袋公园。

【城区公共绿化建设】 眉山市住房和城乡建设局提升改造眉州大道高铁沿线、东坡大道绿道10千米，改造绿地面积约4.5万平方米，安装通惠河生态浮岛723平方米。严格按照《城市古树名木保护管理办法》和相关规定要求，全面落实保护管理责任，对古树名木进行挂牌保护，全市建成区累计挂牌保护古树名木209株。

（沈宁雪　杨　竹）

房屋建设
Housing Construction

【概况】 2022年，眉山市完成建筑业产值531.77亿元，总产值增速同比增长8.9%，房地产开发投资531亿元、同比增长1.4%，商品房销售面积859.88万平方米、同比下降10%，销售总量名列全省第二、增速名列全省第三。春熙广场项目在眉山建筑工程历史上首获国家优质工程“鲁班奖”。

【建筑业发展】 眉山市住房和城乡建设局全年制定支持建筑业高质量发展12条政策措施。深化建筑业改革发展组织模式、建造方式和监管模式改革，大力推进建筑业产值留眉工作，产值留眉比例49.3%，较2021年提高19个百分点。加大公路、水利、机电、通信等专项资质培育和引进，四川山立建筑科技有限公司获批省级装配式产业基地，中铁十七局、四川交建在眉山成立子公司，全年新增一级资质建筑企业4家。全年新增达到规模以上纳入统计建筑企业60家，纳入统计单位名录库建筑业企业总数达344家。

【房地产市场发展】 眉山市住房和城乡建设局坚持“稳市场、稳预期、提信心”，精准发力、创新作为、稳定市场。全年两次出台促进房地产发展17条政策措施，有效解决房地产供给端和需求端面临的问题。组织15家房企赴省内外9个城市开展城市营销暨精品楼盘推介，全年市外购房42399套、占比46.2%。全市房地产开发投资531亿元、同比增长1.4%，分别高于全国、全省11.4个、5.6个百分点，投资总量名列全省第二、增速名列全省第五。商品房销售面积859.88万平方米、同比下降10%，分别比全国、全省少降14.3个、14.5个百分点，销售总量名列全省第二、增速名列全省第三。争取“保交楼、稳民生”专项借款22.7亿元，推动恒大、融创5个涉险项目复工复产。

【建筑行业专项治理】 眉山市住房和城乡建设局出台《建筑施工总承包企业和监理企业信用综合评价管理办法》等10个信用管理办法，涵盖住建领域的12类企业、7类执业人员，在全国率先对执业人员实施信用管理。积极推进守信联合激励和失信联合惩戒机制，把治理乱象纳入法治化、制度化轨道。全市注册企业4404家、各类执业人员12860人，共有389个工程建设项目招投标中运用评价结果。持续开展建筑市场“三包一挂”专项整治工作，以实名制管理与信用管理相结合，以保障农民工工资与建筑市场管理相结合，以建筑业企业动态核查与促建筑业企业发展相结合，建立建筑市场主体分级分类监管和促进发展的新模式，对企业在市场和现场重点环节采取差异化监管和量化评价措施，实现行业风险预警分类监管。全市累计检查项目数452个，立案查处“三包一挂”问题项目4个，处罚金52万余元，扣除信用分24分，“恶意竞标”“强揽工程”“强迫交易”等现象基本制止，市场秩序明显好转。

【项目审批与咨询】 眉山市住房和城乡建设局印发《眉山市关于进一步深化工程建设项目审批制度改革实施方案》《眉山市工程建设项目审批制度改革工作联席会议制度》《关于修订工程建设项目审批制度改革文件的通知》，从5个方面推出22项改革举措。将工程建设项目全流程审批用时控制在20～80个工作日以内；社会投资简易低风险工程建设项目全流程审批环节压缩至8个工作日以内，审批时限压缩至20个工作日以内。

【房屋勘察设计监管】 眉山市住房和城乡建设局加强勘察现场作业监督管理，推行建设单位派遣专业技术人员全程跟踪勘察现场作业的监督管理工作方式，对勘察工作量进行复核。改变勘察合同计价方式，推行按量计价的勘察合同签订方式。减少项目初步设计审查环节，社会投资项目除城市森林花园建筑外业主可自主申报初步设计审查，取消部分功能单一、技术要求简单的社会投资项目初步设计审查。制定《眉山市房屋建筑和市政基础设施工程勘察设计变更管理规定》，对重大变更和一般变更进行划分和明确。推动勘察设计文件联合审查，将消防设计、人防工程设计纳入施工图联合审查，主管部门依据施工图审查机构的审查意见出具审查报告，不再单独审查。充分运用一体化平台数字审图系统，开展在线施工图审查工作，将施工图设计文件审查备案转变为告知性备案。对施工图审查机构审查全过程留痕，由结果监管向过程监管的转变，保证项目审查内容可追溯。中心城区累计完成7个项目的勘察现场作业见证；完成建设工程项目初步设计审查48件；特殊建设工程消防设计审查8件，办理施工图审查备案及设计变更45个。

【建筑节能与绿色建筑监管】 眉山市住房和城乡建设局严格执行绿色建筑相关强制性标准和管理规定，全面推广中水（经处理后无污染废水）回收利用和再生能源应用。在施工图审查备案环节，核验项目门窗及墙体材料的节能参数及使用情况，推广应用绿色节能材料。严格《四川省推进绿色建筑行动实施细则》要求，执行建筑节能措施，推进绿色建筑星级评价，推动建筑领域向绿色建筑转型。推动竹钢等绿色建材在工程建设中的运用，政府性投资项目及社会投资项目鼓励优先采用绿色建材产品和竹产品，构建低碳、绿色、环保的社会生活环境。全市有20多个项目采用竹钢等竹产品。

【消防审查验收】 眉山市住房和城乡建设局按照《关于进一步加强建设工程消防设计审查验收工作的通知》，明确建设工程消防设计审查验收职能职责、工作措施，落实建设工程消防设计审查验收工作责任。消防设计审查阶段，由图审机构按照法律法规、国家标准及《消防设计施工图审查意见表》，完成实质性技术审查。主管部门根据技术审查意见或报告出具消防设计审查意见书。其他工程的消防技术审查纳入施工图联合审查，一并出具审查意见。全年完成特殊建设工程消防设计审查8件，开展5次消防设计审查专项检查。

【住建领域信访问题化解】 眉山市住房和城乡建设局全年通过“12345”、人民网留言板、“眉山住建”微信公众号等渠道及时高效处理群众反映的热点、难点问题9520件，按期办理率100%，满意度达96.22%，人民网留言办理情况在2022年获得人民网“四川频道”板块肯定性报道。针对41个“问题楼盘”落实83名领导干部包案化解，“一案一专班”“一案一举措”，维护广大购房群众的合法权益。住房和城乡建设部信访信息专报刊登《坚持依法治理　斩断欠薪“链条”切实维护建筑工人合法权益》，推广眉山经验做法。

【住建系统扫黑除恶专项行动】 眉山市住房和城乡建设局开展扫黑除恶斗争常态化宣传活动，发放宣传资料2.8万余份、张贴宣传海报800余张、悬挂各类标语横幅480余条、设置常态化宣传专栏60余个。加强对“三包一挂”（工程建设中分包、转包、内包、挂靠）专项行动、根治欠薪等工作中发现的涉黑涉恶线索的分析判断，及时移交线索，确保扫黑除恶专项行动取得成效。依托“双随机、一公开”执法检查和日常巡查，强化线索搜集排查，全年检查物业服务企业450家，发现问题147个，扣除信用分值147分；检查房地产开发企业125家，发现问题50个，扣除信用分值110.7分；检查经纪机构139个，扣除信用分值274分，监督整改到位，通过开展房地产领域突出问题专项整治，遏制乱点乱象。

（沈宁雪　杨　竹）

市政管理
Municipal Administration

【概况】 眉山市住房和城乡建设局持续深入开展城市精细化管理，提高城市精细管理水平和城市管理信息采集水平。在住房城乡建设厅及全市行政执法案卷评查中均获优秀，住房城乡建设厅对眉山市住建执法工作给予通报表扬。

【城市防汛管理】 眉山市住房和城乡建设局结合海绵城市建设、老旧小区改造、城市更新改造等工作，制发《眉山市城市内涝治理三年攻坚实施方案（2022—2024年）》，逐步建立完善城市防洪排涝体系，系统化推进城市内涝治理，提高城市内涝智慧化管理水平。成立8支约900人防汛应急抢险队伍，储备雨衣、雨靴等雨具1300余件、各类水泵40余台、防汛保障车辆100余台、防汛沙袋5000个等防汛抢险物资。保障汛期管网畅通，对城区地下雨污管网进行重点疏通清障，梳理城区易积水点位，制定应急抢险举措。多部门联合开展2022年防汛应急演练，锻炼抢险救援应急队伍实战能力。

【环境卫生管理】 眉山市住房和城乡建设局强化街面、水域保洁质量和巡查力度，持续开展医院、学校、商场等重点场所周边环境整治。对不同大小、不同区域的漂浮物进行精细化打捞，累计清除水面及岸坡垃圾1450余吨。根据重污染天气预警等级，采用洒水车、扫地车、雾炮车联动作业，通过增加车辆、优化线路、加大频次等方式，提高机械化作业覆盖面，全年道路机械化作业率达83%，同比增长3%。印发《眉山市主城区餐厨垃圾收集、运输、处置监管考核办法（暂行）》，餐厨垃圾收运率达98%，全年收运2.92万余吨，同比增长33%。完善生活垃圾分类体制机制建设，改造建设生活垃圾分类驿站，建成5个居民小区“垃圾回收银行”。处置生活垃圾41万余吨，处置建筑装修垃圾3.8万余吨，处置大件垃圾180余吨。

【污水处理管理】 眉山市住房和城乡建设局修订完善《眉山市城镇生活污水处理厂运行管理办法（试行）》《眉山市城镇生活污水处理厂污泥处理处置管理办法（试行）》，全市中心城区污水集中收集率由47%提升到57.6%。全市9座城市（县城）生活污水处理厂进水COD浓度均达100毫克/升以上，城镇生活污水处理厂污泥无害化处置率达100%。

【市容环境管理】 眉山市住房和城乡建设局安装智慧监控平台弥补人力缺陷，通过执法人员+劝导员+智慧监控平台相结合模式，有效规范占道经营。全年分4阶段完成眉山主城区1094家餐饮商户油烟净化设备升级改造。健全证照联审、现场核查、分级动态管控机制，发放油烟净化设备安装告知书400份，督促清洗1000余家。加强共享自行车调度、考评、运营管理，施划停放区4000余处，3家企业共投放1.9万余辆，完成“智能中控+分体锁”升级换代，便捷市民骑行。

【路灯管理】 眉山市住房和城乡建设局编制印发《智慧多功能灯杆设计导则》《眉山市城市照明管理办法》，街区试点安装360组智慧路灯，增设63套智能喷雾系统。完成苏湖路、青衣街2条市政道路和26条市政道路路灯改造。中心城区共检修路灯20770余盏、配电控制柜970余次，处理路灯地下网络故障140余次；清除灯杆小广告2070余处，清洗灯杆7200余柱，美化路灯变压器及控制柜19台，清扫片区路灯蜘蛛网6600余处，拆除违规广告1000余处，完成眉州大道全段、湿地公园、苏洵路等路段1084柱路灯翻新喷漆美化工作，确保路灯设施卫生整洁。

【城管智能化管理】 眉山市住房和城乡建设局采取人工巡查和AI智能车巡结合方式，提高城市管理信息采集水平。全年数字城管平台受理城市管理问题124485件，立案124254件，准确立案率99.12%；专业部门处置57440件，采集人员自行处置66814件，处置率98.97%，同比上升1.02%；按期处置率87.50%，同比下降4.16%；返工率1.68%，同比上升0.14%。开展"智慧工地"管理系统建设，"智慧工地"作为"统规统建"模式开展信息化建设试点项目，实现"信息基础设施协同，数据算力资源共享"。通过"智慧工地"管理系统建设，构建覆盖主管部门、企业、施工现场多方联动的可视化建筑施工项目监管体系，构造"动态监测、实时预警、在线处置、信用评价"的智慧监管应用场景，提高建设工程质量安全和文明施工管理水平。

【城管行政执法】 眉山市住房和城乡建设局围绕行业规范、管理提质要求，优化执法机制，常态化开展燃气安全、工程质量等执法检查，严厉查处行业内各类违法违规行为，共检查项目345个，发现问题523个。制定《案件办理责任制度》，完善案件办理机制，开展结案行政处罚案卷交叉评比，全面提升住建领域执法水平。在住房城乡建设厅及全市行政执法案卷评查中均获优秀，住房城乡建设厅对眉山市住建执法工作给予通报表扬。

（沈宁雪　杨　竹）

城市新中心规划建设
Planning and Construction of New Urban Center

【概况】 眉山城市新中心位于东坡城区和彭山城区之间，东至滨江大道，西至成绵乐城际铁路以东200米，南至东坡区科二路东段和天府大道西段，北至彭山区兴旺路，总面积26.06平方千米，纳入城镇开发边界内的可建设空间约14.36平方千米。该区域以岷江冲积平原为主，地势平坦，外江内湖、左田右水，有丰富的河流和水域资源，生态环境优良。同时该区域位于三苏文化与彭祖文化交汇带，历史底蕴深厚。1月26日，眉山成立由中共眉山市委书记、市政府市长担任"双组长"的眉山城市新中心建设领导小组，全面统筹城市新中心建设，初步构建起城市新中心建设领导小组、建设领导小组办公室、城市新中心建设联席会议的三级管理体制，实行城市新中心建设发展委员会推进、城市新中心投资运营公司实施的运行机制。

【新中心规划编制】 眉山城市新中心坚持"高起点谋划、高标准规划、高水平建设"理念，践行"谋定而动、规划先行、有序实施"发展方略。组织赴成都、深圳、珠海、苏州等地考察学习，以发展定位、资金平衡、交通体系、地下空间等11个专项课题为研究，为高质量编制城市新中心策划规划提供基础支撑。优选国际一流团队高水平完成策划方案，以打造"成眉同城新支点、产业赋能新中枢、诗书眉山新湖城"为总体定位，建设南都会、中湖城、北湾岛3个城市组团，建成体现新发展理念、带动东彭融合、融入成都都市圈的城市之"芯"。坚持"产业为基、生态打底、聚人为要"的开发思路，推进"形态、业态、生态、文态、心态"五态融合。创新实行"1+N"的片区开发建设模式，推行"EPC+F""基金购买"等筹资方式。确定七大重点建设项目，总投资88.36亿元，全年完成投资13.53亿元。

【新中心基础设施建设】 眉山城市新中心融入海绵城市、智慧城市、韧性城市理念，开展科三路、科四路、青衣街、双凤街、文安西路、彭寿街、安和街、景贤街等18条市政道路建设［含道路工程、市政管网（道）工程、交安工程、桥梁工程、智慧路灯、智慧交通工程等］。截至年底，完成科三路（东坡大道至景贤街）、彭寿街（科二路至科三路）面层沥青摊铺；完成科三路（景贤街至彭寿街）第二层水稳摊铺；科三路、科四路、双凤街、青衣街、科二路北侧道路、安和街等市政道路完成雨污水管沟开挖、管道埋设约2500米，同步进行污水井施工；其他道路完成清表、打围和临时便道施工。

【城市艺术中心建设】 眉山城市艺术中心位于太和公园西南角，位置显著，昭示性强。规划总建筑面积为26100平方米，其中地上建筑面积14390平方米，地下建筑面积11710平方米，地上三层，地下一层。建筑由规划馆（6050平方米）和美术馆（8850平方米）两部分构成，规划馆主要功能包括城市沙盘展示和规划成果展示等，美术馆主要功能包括艺术展厅和公共教育等。截至年底，完成眉山艺术中心详勘工作和地下室施工图设计，并开工建设。

【太和公园建设】 太和公园总用地面积1037亩，功能分区分为安谧溪谷、新城客厅、乐活水岸、未来水街、律动绿谷、极限运动公园六大主题功能板块，包含儿童主

图102　2022年12月7日，连接东坡大道和滨江大道的科二路市政道路工程正式通车　（供图：市住建局）

题景观、地下停车场、步行桥、文化活动场所、户外沙滩、国际攀岩中心等。截至年底，完成区域详勘和湖区、建筑物地下室施工图设计，并开工建设。

【太和老镇历史文化街区建设】 太和老镇历史文化街区项目总投资9.5亿元。9月，对区域内不可移动文物和历史建筑进行修缮，对传统风貌建筑进行保留改造和整治改造，同时织补更新房屋及配套道路、服务用房、专用停车场、充电桩、文化创意区、健身及休闲设施等。2022年完成建设进度：香樟街（总62栋，基础开挖完成52栋，条石安装完成34栋，木结构主体完成2栋）正街（总130栋，基础开挖完成101栋，条石安装完成88栋，木结构主体完成57栋。装饰工程施工19栋。）横街（总117栋，横街基础开挖完成18栋，清理工作完成99栋，屋面拆除工作完成82栋），施工产值约7000万元。

【国家区域医疗中心（省儿童医院）建设】 国家区域医疗中心（省儿童医院）项目估算总投资12.99亿元，选址位于眉山城市新中心核心区域，规划建设床位2000张，用地面积249亩。初步建成国内一流的高水平儿童诊疗中心、高层次儿科人才培养基地、高水准儿童医学创新与转化平台，逐步打造成为“立足四川、辐射西部、面向全国、接轨国际”的全国一流国家儿童区域医疗中心。截至年底，完成施工场地“三通一平”工作。

【城市新中心智慧停车建设】 眉山城市新中心智慧停车项目估算总投资8亿元，占地面积203亩，建筑面积约9.07万平方米，建设在市域（郊）铁路成都至眉山线眉山北站周边建设驻车换乘停车场，配套建设充电桩、智慧停车系统、排水、照明、管理用房等设施，配套修建地下通道连接四川省儿童医院，为市域（郊）铁路成都至眉山线眉山北站周边提供P+R换乘停车服务，同时改善四川省儿童医院周边停车环境。截至年底，完成场平工作，进行桩基和降水井施工。

【城市新中心体育公园建设】 眉山城市新中心体育公园项目估算总投资0.29亿元，项目占地面积约11.6万平方米，主要建设内容包含排球场、羽毛球场、足球场、篮球场、网球场、森氧跑道、健身步道、健身广场、滑板广场、多功能运动场地、儿童游戏场地等，并配套基础设施建设。截至年底，完成现场临电临水接入并进行临建设施施工。

【新中心综合运营开发】 眉山城市新中心综合运营开发坚持“企业主体、市场运作、自求平衡”，探索新形势下片区开发建设的新模式。通过公开招商方式选择片区开发建设综合运营商，确定眉山国投集团、城市新中心投资运营公司联合体为运营企业。探索“1+N”的开发建设模式，采取“EPC+F”“基金购买+施工总承包”等建设模式，“组团式、分单元”有序推进开发建设。全年实现筹融资41.78亿元，争取政策性开发性金融工具项目基金1.78亿元，实际投入土地征拆资金15.2亿元，项目建设投资6亿元。带头落实市委、市政府的决策部署，实施建设用地耕作层剥离，开展公园城市和海绵城市建设。探索建筑业产值留眉路径，推动中铁十七局在眉山成立子公司（中铁十七局集团四川建设有限公司），平移3个一级资质到眉山公司。四川交建在眉山成立子公司（四川交建眉州建设有限公司），平移2个一级资质、5个专业资质到眉山公司。

（沈宁雪　杨　竹）

东部新城规划建设

Planning and Construction of Eastern New Town

【概况】 眉山东部新城与眉山天府新区一体化管理运行，北接四川天府新区直管区、东临成都东部新区，距天府国际机场12千米，距双流国际机场57千米，是成都东部新区协同发展区，规划面积397.2平方千米，包括贵平镇、高家镇、龙马镇、北斗镇4个镇。

【东部新城规划编制】 眉山东部新城贯彻落实《成德眉资综合试验区总体方案》，与眉山天府新区一体推进国土空间规划编制，初步形成《眉东新城产业规划》《眉东新城三岔湖片区总体策划》《控制性详细规划和城市设计》等“1+N”规划策划体系。

【东部新城基础设施建设】 眉山东部新城累计投入约34.5亿元，稳步推进梓州大道南延线、三岔湖环湖路、金简仁快速路、成都外环铁路等重大项目建设，加快实施仁资快速路前期工作，“三纵三横”交通网络初步构建。积极开展污水处理厂、眉东新城学校、医疗次中心等生产生活配套设施前期工作。

（王　伟）

生态环保

ECOLOGICAL ENVIRONMENTAL PROTECTION

生态文明建设 / 国土资源保护 / 矿产资源保护 / 森林资源保护 / 水资源保护 / 生态保护 / 环境保护

生态文明建设
Ecological Civilization Construction

【概况】 2022年,眉山市坚持以习近平新时代中国特色社会主义思想为指导,全面贯彻落实中共二十大精神、习近平生态文明思想和习近平总书记来川视察重要指示精神,在经济工作稳字当头、稳中求进大背景下,统筹抓好服务经济高质量发展、污染防治攻坚、生态保护修复、疫情防控环境监管等各项重点工作,持续加强生态文明建设,加快推进绿色低碳转型,全市生态环境质量稳步改善,生态文明建设实现新进步。眉山市入选全国"十四五"时期"无废城市"建设城市、2021年度危险废物规范化环境管理评估排全省第一,丹棱县成功创建国家生态文明建设示范区。

【国家生态文明建设示范市创建】 眉山市认真践行习近平生态文明思想,牢固树立"绿水青山就是金山银山"理念,全面推进国家生态文明建设示范市创建。1月,《眉山市国家生态文明建设示范市规划(2021—2030年)研究报告》《眉山市国家生态文明建设示范市规划(2021—2030年)》(送审稿)编写完成,眉山市政府函请生态环境厅组织开展评审;9月30日,受生态环境部委托,生态环境厅组织专家对《眉山市国家生态文明建设示范市规划(2021—2030年)》进行评审,7名与会专家原则同意通过,眉山市生态环境局立即对接编制单位充实编制队伍力量驻扎眉山,集中开展修改完善工作;11月18日,生态环境部印发公告(2022年第26号),决定命名眉山市丹棱县等106个地区为第六批生态文明建设示范区;12月7日,眉山市生态环境局组织召开《眉山市国家生态文明建设示范市规划(2021—2030年)》(修订稿)讨论会,就中共二十大后新的政策方针对《规划》提出新要求。

【生态文明制度体系建设】 眉山市始终把生态文明制度体系建设摆在全局工作突出位置,坚持规划先行、统筹推进,出台《眉山市"十四五"生态环境保护规划》《眉山市"十四五"水生态环境保护规划》《眉山市"十四五"土壤污染防治规划》《眉山市"十四五"饮用水水源环境保护规划》,编制《眉山市国家生态文明建设示范市规划》《眉山市"无废城市"建设实施方案》,形成全面系统路线图和施工图。制定《2022年度眉山天府新区、县(区)和市级有关部门(单位)生态环境保护党政同责工作考评细则》,印发《2022年度市(州)分工方案生态环境保护党政同责工作考评细则任务分工表》,出台《眉山市环境质量改善不力约谈办法》。落实污染防治攻坚战、政务目标考核评价制度,将环境保护目标完成情况纳入各级各部门考核内容,推动形成齐抓共管的环保大格局。

【绿色低碳循环经济体系建设】 眉山市生态环境局加快推进绿色低碳循环经济体系建设。出台《关于以"双碳"战略为引领推进制造强市加快"1+3"产业绿色低碳高质量发展的决定》,持续壮大"1+3"主导产业规模,优化产业结构,前瞻谋划打造全球新能源新材料基地。全年培育和创建国家级绿色工厂7户、国家级绿色设计产品14种、省级绿色工厂34户、市级绿色工厂47户。其中,国家级绿色工厂、国家级绿色设计产品、省级绿色工厂数量均列全省前列。强化生态环境分区管控成果运用,全面推行环评预审机制,全年共对9个重点项目、1个省级经开区(四川仁寿经济开发区)规划项目开展环评预审,从源头严防"两高"项目落地建设。

【全域生态保护体系构建】 眉山市生态环境局大力构建全域生态保护体系,力争构建生态文明新格局。全面完成"市县乡村"四级林长设置工作,设立四级林长、副林长2064人。印发《眉山市科学绿化实施方案》,全市完成绿化造林12万亩,森林覆盖率达50.25%。制定矿山"一矿一策",统筹推进矿山生态修复排查整治工作。持续开展"绿盾"专项行动,强化自然保护地监督。加强生物多样性保护,开展生物多样性普查,据统计,境内有野生植物2278种、陆生野生动物469种、淡水水生野生保护动物75种。

【生态保护补偿机制建设】 眉山市全面推动生态环境损害赔偿制度向纵深迈进。10月27日,市生态环境保护委员会办公室召开全市生态环境损害赔偿工作推进视频会;12月8日,市生态环境保护委员会办公室印发《眉山市2022年度生态环境损害赔偿工作目标任务考核方案》。全年共向县(区)移送生态环境损害赔偿案件线索81条,确定符合生态环境损害赔偿案件线索5条。全市共启动生态环境损害赔偿案件42起,赔偿金额共计313万元。组织企业参加环境信用评价,全年组织109家企业参加2021年度全省企业环境信用评价;组织84家企业参加2021年度市级企业环境信用评价,评价结果已公示。

【低碳城市建设】 眉山市生态环境局制定眉山市《关于完整准确全面贯彻新发展理念做好碳达峰碳中和工作实施意见》,起草《眉山市"十四五"节能减排综合工作方案》,推动建立碳达峰碳中和"1+N"政策体系。推进近零碳园区建设,四川彭山经开区、四川青神经开区被纳入全省近零碳园区试点,成为除成都以外列入试点单位最多的市(州)。编制温室气体排放清单,对全市15家温室气体重点排放企业开展"双随机"检查,确保企业使用低碳环保的原辅料、燃料,切实减少温室气体排放。四川环龙新材料有限公司成为首批纳入全国碳排放权交易市场的温室气体重点排放单位。

(刘泠池)

【碳达峰碳中和】 眉山市发展改革委印发《关于完整准确全面贯彻新发展理念做好碳达峰碳中和工作的实施意见》,统筹推进碳达峰行动。召开专题会议组织碳达峰碳中和成员单位研究眉山市碳达峰、碳中和工作同国省层面顶层设计衔接,安排部署重点领域碳达峰行动方案研究编制工作,充实完善《碳达峰碳中和政策汇编》,拟制碳达峰碳中和办公室工作规则,成立碳排放统计核算工作组,统筹全市开展节约型机关、绿色商场、绿色校园、绿色建筑、绿色出行、绿色社区等活动,绿色生产生活方式融入经济社会各个方面,相关领域形成初步成果;开展原料用能测算和统计,为落实新增可再生能源和原料用能不纳入能源消费总量控制奠定基础,推动能源"双控"向碳排放总量和强度"双控"转变。

【生态环境保护】 眉山市持续开展江河湖清漂专项行动、废弃汽车专项整治行动、塑料污染治理行动、商品过度包装整治行动，全面开展“两高一低”（高能耗、高污染、低水平行业）项目专项排查工作，梳理排查在建、拟建、存量“两高一低”项目，坚决遏制“两高”项目盲目发展。加快落后产能淘汰，腾退能耗21万吨标煤；将项目能效水平达到行业先进值作为项目准入条件，全力推动万华化学、通威太阳能、中创新航等一大批符合绿色低碳优势产业条件的龙头企业入驻眉山，全年通过省节能审查的优质项目24个，通过数量居全省第二名，实现“1+3”产业高质量发展，全年单位地区生产总值能耗下降1.6%。组织开展省级开发区循环化改造，眉山高新区、甘眉工业园区、仁寿县经开区和丹棱县经开区通过省发展改革委循环化改造审查。深入推进秸秆“五化”（秸秆肥料化、饲料化、基料化、原料化、燃料化）利用，印发眉山市2022年秸秆综合利用实施方案，全市秸秆综合利用率持续保持在92%以上。

（李旭平）

国土资源保护
Land Resources Protection

【概况】 2022年，眉山市规划和自然资源局紧扣“规划引领、管控约束、要素保障”核心职责，统筹推进各项工作取得新成效。“三区三线”（生态空间、农业空间、城镇空间，生态保护红线、永久基本农田保护红线、城镇开发边界控制线）划定生态保护红线106.12万亩、城镇开发边界58.94万亩。推行用地报批“专班服务”机制，加快土地报批速度，保障重点区域、重大产业和重大项目用地；坚守耕地保护红线，在全省率先成立以党政主要负责人为双组长的市耕地保护工作领导小组，设立市、县各级田长制办公室，全面推行“田长制”工作；严格规范用地秩序，深化工业用地“标准地”改革，提升“一网通办”能力和不动产登记服务水平，自然资源管理能力和管理水平持续提升。

【耕地保护】 眉山市规划和自然资源局合理布局农业、生态、城镇等功能空间，划定全市耕地保护目标203.71万亩，永久基本农田保护目标184.02万亩，为国土空间规划和乡镇片区规划编制奠定基础。编制年度耕地“进出平衡”方案，眉山市全年农用地内部耕地流出3546亩，经认定恢复到位4632亩，净流入1086亩。积极探索土地整治、政策激励、村级兜底等“三个一批”耕地恢复路径，“一地一策”制定恢复方案推动耕地恢复，全年累计恢复耕地4.1万亩，其中纳入2021年变更认定1.66万亩，纳入2022年变更认定2.44万亩。推进田长制工作，制定运行管理办法（试行），设立市、县（区）田长制办公室，设置四级田长、“四员”，实行“包片联户”机制。深入推进成都平原耕地保护专项行动，对标对表推进整改。开展耕地保护先进县（区）、先进乡（镇）命名工作；制发《眉山市规划和自然资源局关于进一步规范临时用地管理的通知》《眉山市规划和自然资源局临时用地审批工作指引》《关于贯彻落实川自然资发〔2022〕35号文件精神强化耕地用途管制严格耕地年度进出平衡的通知》等政策文件，坚决遏制耕地“非农化”、严格管控“非粮化”。

【废弃矿山生态修复】 眉山市规划和自然资源局按照“共抓大保护，不搞大开发”总体要求，核实部下发历史遗留矿山疑似图斑246个，认定历史遗留图斑23个，面积约612亩；通过表土回填、场地平整、土壤培肥、新建排水渠、植被重建等工程措施，消除矿山活动形成的次生裸地，完成丹棱县历史遗留矿山修复工作，修复面积6.6亩。

【城乡建设用地增减挂钩】 眉山市规划和自然资源局坚持政府主导、部门联动，大力推进城乡建设用地增减挂钩项目建设。全年申报城乡建设用地增减挂钩项目11个，规模4431亩；加快实施19个已批在建项目，复垦规模7550亩；验收项目6个，归还挂钩周转指标353亩。

【土地利用政策】 眉山市规划和自然资源局严格执行国家、省、市关于土地利用的相关法律法规规定，持续规范市本级划拨土地使用权管理，全年印发《关于强化工业用地利用管理支持制造业发展的通知》《眉山市工业项目用地提质增效十条措施（暂行）》《眉山市批而未供、闲置和低效工业用地清理处置三年行动工作方案》，进一步规范土地利用。

【土地利用管理】 眉山市规划和自然资源局完成市本级土地定级与基准地价更新，指导眉山高新技术产业园区、甘眉工业园区、成眉化工园区完成化工园区认定，通过省政府审定；指导青神经济开发区扩区并取得省政府批复。完成全市工业园区“亩均论英雄”评价，启动全市园林草地分等工作。深入开展批而未供和闲置土地处置，全年眉山市共消化处置“批而未供”土地3.23万亩，其中处置2009—2018年批而未供土地1.06万亩，处置闲置土地1.1万亩。

【土地利用监测】 眉山市规划和自然资源局推进2021年度国土变更调查，完成自然资源综合动态监测，全市“三调”成果圆满通过省级验收；6月14日，自然资源厅确定东坡区、贵平镇为城镇国土空间监测省级试点区域；11月1日，自然资源厅确定彭山区为自然资源调查监测支撑田长制省级试点区域；12月31日，完成城镇国土空间监测试点成果提交。

【土地报批】 眉山市规划和自然资源局通过落实专班服务、落实专人实时跟踪，提前介入市域铁路S5线、天眉乐高速公路等重点项目土地报批工作；全年上报建设用地107个批（次）、面积3.38万亩，批回88个批（次）、面积3.37万亩，保障万华化学、宁德时代、中创新航等重点区域、重大项目、重点产业用地需求。积极承接眉山天府新区省级用地审批权委托下放，牵头建立业务会议、联审会议机制，形成《眉山市承接省政府委托行使天府新区眉山片区农用地转用和土地征收、土地征收成片开发方案、使用挂钩指标报征审批权实施方案》报经省厅审查备案，共批复天府新区眉山片区用地2个批次、574亩。

【土地出让】 眉山市规划和自然资源局全面推行工业用地20年弹性年期出让，5~10年租赁使用等比例降低土地出让价格，推广多层标准厂房建设出租；

对容积率达到1.2的给予30元/平方米奖励;增加中试、展示等设施用地比例控制,鼓励工业用地复合利用;全市累计实施工业用地标准地供应32宗1827.48亩,以弹性年期出让方式供应工业用地23宗837亩,建设高标准厂房26万平方米;全市共清理认定低效工业用地73宗3655.496亩,处置30宗1562.18亩;全市累计出让土地431宗27693亩,出让价款276.59亿元;划拨土地408宗10195亩,划拨价款6.567亿元。

【土地综合整治】 眉山市规划和自然资源局全年实施土地整理项目4个,整理规模5.4万亩;验收土地整理项目1个,新增耕地面积196亩。

【国有建设用地管理】 眉山市规划和自然资源局印发《眉山市市本级土地直管区二级市场改变使用条件征收出让价款的标准》《眉山市国有建设用地使用权转让出租抵押二级市场管理暂行办法》,在房屋预售审核中,严格审核土地出让金缴纳和不动产登记、抵押、查封和冻结情况,全年共审核42批次。同时,严格审核土地二级资料,全年共审核296宗,土地面积8873.16平方米,收缴价款264.06万元。探索批而未用撂荒建设用地复耕复种,对符合复耕复种条件的109宗6918亩批而未用(含征而未供、供而未用)土地全面复耕复种到位,有关经验做法全省推广。

【不动产统一登记】 眉山市规划和自然资源局持续优化营商环境。依托“银政通”平台,助推实现成都、德阳、眉山、资阳四市不动产抵押登记业务一网通办;深入推进与银、企合作,全市已有32家银行(含支行)和143家房地产企业注册使用互联网平台在线办理业务。积极承接林权数据汇交工作。全市完成林权数据汇交,眉山天府新区和6个县(区)已将林权类不动产登记纳入不动产统一登记;创新设立不动产登记农村产权交易分中心。10月17日,全省首家眉山市不动产登记(农村产权)综合服务中心在市农交所挂牌成立,开创全省不动产登记和农村产权交易综合服务先河。

(高嘉翔)

矿产资源保护
Mineral Resources Protection

【概况】 2022年,眉山市共发现矿产有煤、地热、天然气、铁、铜、铅、锌、锰、沙金、钙芒硝、硫铁矿、菱镁矿、磷、石膏、脉石英、膨润土、白云岩、玄武岩、石灰岩、饰面用花岗岩、石英砂岩、建筑用砂岩、砖瓦用页岩、建筑用砂、砖瓦用黏土、矿泉水26种,已开发利用18种,其中开发利用的主要矿种为芒硝(含钙芒硝)、建筑石料用灰岩、建筑用玄武岩、膨润土、砖瓦用建材(页岩、砂岩及黏土)、矿泉水等。截至年末,全市持有采矿许可证的矿山企业143个;全年共办理17宗矿业权审批,其中,探矿权审批3宗、采矿权审批14宗。

【矿产资源管理】 眉山市规划和自然资源局编制《眉山市矿产资源总体规划(2021—2025年)》。全年共办结17宗矿业权审批(含注销矿业权7宗)。开展矿业权出让论证报告审查共25个,编制完成仁寿县8宗石灰岩矿出让方案,共出让市级颁证采矿权8宗,成交价款2.7823亿元。征收12个采矿企业矿业权占用费共计16.922万元,征收矿业权出让收益4017.67万元,矿业权出让收益滞纳金9.54932万元。全市探矿权应公示1个,实际公示1个,公示率100%。采矿权应公示113个,实际公示113个,公示率100%。连续两年实现“双百”公示率。完成111个矿山企业矿产资源开发利用统计填报工作,上报率100%。对四川省仁寿县百汇金矿业有限公司喊天坡灰岩矿建筑石料用灰岩等5个资源储量核实报告开展评审,并对其中3个进行备案。全面完成眉山市生态保护红线内24宗矿业权退出工作。扎实开展自然资源领域安全生产专项行动和安全生产隐患排查,发现一般安全生产隐患93个,整改完成87个。

【矿区环保问题整改】 眉山市规划和自然资源局通过工程修复和自然修复完成生态保护红线内24宗拟退出矿业权的生态修复,并通过专家组验收。对第二轮省级环保督察反馈的12座露天矿山生态环境问题,通过排水沟整治、覆土复绿、喷淋降尘等措施完成整改验收,并将整改成果在政府门户网站公式,按程序完成销号。开展矿山地质环境保护与土地复垦“双随机、一公开”检查,扎实推进眉山市矿山地质环境保护与土地复垦工作,督促矿山企业落实“边开采、边修复”义务。

【地质灾害防治】 眉山市规划和自然资源局全年集中排查地质灾害隐患6轮,确认隐患点417处,逐一建立台账清单、制定防灾预案、落实防范措施,全覆盖开展宣传培训1412场3.34万人次、避险演练1483场1.92万人次。精准发布预警信息42万余条,提前转移群众22784人,应对地质灾害险情18起,无人员因灾伤亡。全力推进《地质灾害全域综合整治三年行动计划(2021—2023年)》任务,消除地质灾害隐患点589处,减少受威胁人数9372人,实现“三年任务两年完成”。创新保险保障机制,为7444名受威胁群众人身及其房屋等购买商业救助保险。被省地质灾害指挥部表彰为“2021年度四川省地质灾害防治工作先进集体”。

(高嘉翔)

森林资源保护
Forest Resources Conservation

【概况】 2022年,眉山市召开林长制全体会议,发布第1号林长令,印发《眉山市林长制工作考核办法》《眉山市林长制办公室成员单位协作制度》,设立林长公示牌789个,设立市县乡村四级林长、副林长2064人,配备监管员643名、专(兼)职护林员1356名。全年各级林长共开展巡林72673次,发现并解决问题2500余个。截至2022年年底,眉山市森林面积358932.62公顷,森林覆盖率50.25%,森林蓄积2515.05万立方米,城乡绿化覆盖率60.59%。

【国家森林城市成果巩固】 眉山市深入实施森林生态体系、森林产业体系、生态文化体系、森林保障体系“四大重点工程”，绿化范畴涵盖城市、集镇、乡村、道路、水系、园区，加速推进城乡绿化一体化进程，实现城乡绿量和绿化水平的同步提升，全面完成2022年国家森林城市提升期剩余的58个项目建设，累计完成投资超过6亿元。

【天然林保护工程实施】 眉山市严格按照国省要求，全面停止天然林商业性采伐，加强公益林管护，完善天然林保护修复监管制度。全市管护森林面积133.61万亩，实施集体公益林生态补偿39.1万亩，兑现生态补偿资金625万元。

【森林乡镇森林村庄创建】 2022年，眉山市建成仁寿县方家镇、洪雅县洪川镇2个市级森林乡镇，眉山天府新区锦江镇锦江社区、高家镇双河社区等27个市级森林村庄（绿色社区），眉山天府新区聚亿天府锦城等7个森林小区，东坡区千禾味业、复兴镇人民政府等7个森林单位（绿色机关）。

【竹林风景线建设】 眉山市建成青神岷东、天府大道南延线等翠竹长廊78千米。巩固提升青神岷东百里翠竹长廊1条，建设竹林人家、竹林康养基地各1个。

【绿化全川眉山行动】 眉山市林业局大力实施绿化造林项目，进一步筑牢长江上游生态屏障，完成营造林12.14万亩，为年度目标任务的134.9%。

【自然保护地管理】 眉山市林业局根据“三区三线”统筹自然保护地调整规则及要件清单，对四川瓦屋山国家森林公园和四川周公河珍稀鱼类省级自然保护区部分地块及区域进行优化调整，整合完善预案。全面启动风景名胜区优化整合工作，对符合整合优化规则的黑龙滩等4个风景名胜区予以优化，共调出地块面积1099.66公顷，合理解决管理矛盾冲突。严格项目准入审核，全年审核环森路（洪雅县洪柳新区城乡一体化建设项目一期—产业连接道路）项目、玉屏山野生动物救助点项目、野鸡坪至水竹林防火通道、国家储备林项目（一期）配套设施项目、黑龙滩（杨柳场镇）滨水区生态恢复工程示范等5个项目进入自然保护地实施。

【大熊猫国家公园建设】 眉山市林业局实施2021年横断山区水源涵养与生物多样性保护项目，封山育林8000亩，栽种青冈、桦木、冷杉等树种4万余株，修建宣传碑2座、警示牌4块。投入2000万元，建成展陈面积2555平方米的四川省首家穿透式自然借景熊猫博物馆并对外展示开放。投入400万元完成瓦屋山区域数字林草天空地一体化监测系统（一期）建设任务，布设具备森林防火预警监测、动物种群监测、卡口监测等功能的监测点位15个。组织开展清山解套、禁止违规打笋专项行动，累计达到90多天1200余人次。大熊猫国家公园四川省管理局授予洪雅县“大熊猫国家公园生态体验先行试验区”。四川省林业和草原局授予大熊猫国家公园眉山管理分局“大熊猫国家公园首批原生态与友好产品推广单位”“2022年度林草重点工作表现突出单位”。

【野生动植物保护】 眉山市林业局以世界湿地日、世界野生动植物日、爱鸟周、“5·22”国际生物多样性日为契机，组织各县（区）开展23次野生动植物保护现场设点集中宣传，悬挂宣传标语79幅，发放宣传资料4.63万份。设置野生动植物野外监测点53个，在大熊猫国家公园等重点区域设置野外监测巡护线路164条，安装红外相机74个。开展“清网、清套、清夹”活动，持续加大对破坏野生动植物资源“捕、盗、售、购、运、食”全链条打击力度。全市共查处破坏野生动物行政案件2件，移交公安机关立案侦查野生动植物案件4件。

【森林防火】 眉山市林业局以巩固森林防灭火专项整治成果为契机，抓实抓细森林防灭火各项工作，实现建区设市25年无较大以上火灾发生。顺利通过国务院安委会综合检查组第六组对眉山市森林防灭火工作的延伸检查，未被扣分，并受到充分肯定。眉山市森林防火卡口建设“八个一”、“七步”工作法在全省推广。森林火灾风险普查评估与区划“一省一市”试点顺利通过国省质检验收。

（邓　伟）

水资源保护
Water Resources Protection

【概况】 2022年，眉山市平均降水量1049.6毫米，比多年平均值偏少18.5%；水资源总量43.75亿立方米（不含过境水量），比多年平均值偏少22.8%，人均拥有水资源量1480立方米。

【水资源利用】 眉山市年总供水量12.14亿立方米，比上年减少0.33亿立方米。农田灌溉、林牧渔、工业、城镇公共、居民生活、生态环境用水量分别为6.72亿立方米、1.71亿立方米、0.83亿立方米、0.40亿立方米、1.53亿立方米、0.95亿立方米，分别占总用水量的55.35%、14.09%、6.84%、3.29%、12.60%、7.83%。万元地区生产总值用水量76.87立方米，同比2020年下降9.2%；万元工业增加值用水量17.59立方米，同比2020年下降5.92%；农田灌溉水有效利用系数为0.52，和上一年度持平；全国重要江河湖泊水功能区水质达标率100%。眉山市全年总耗水量6.52亿立方米，占总用水量的53.71%。

【水资源管理】 眉山市水利局规范取水许可审批管理，全市73个小（1）型及以上水库灌区均按规定办理取水许可证。持续强化取水口监测计量，非农实际统计水量占非农许可水量比值达86.37%，区域取用水计量率提高至57%，居全省第五位。完善用水统计调查对象名录库，全市新增用水统计调查对象88个，累计建立用水统计调查对象534个。完成39个规模以上非农取水口在线监测计量设施建设，补助资金33.43万元，全市规模以上非农取水户及5万亩以上灌区渠首在线计量设施建成率100%。眉山市中心城区应急备用水源——青衣江引水工程于2021年3月正式通水，与黑龙滩水源互为备用水源，完成4个省级经济开发区规划水资源论证并取得水利厅审查意见，全市纳入国、省考核的青衣江、岷江、思蒙河等10条重要河流，水质均达到或优于Ⅲ类，优良水体比例达100%。对6个非水利建设项目水资源论证开展节水评价，核减水量90.37万立方米，叫停节水评价审查未通过的项目1个，全面完成水利厅移交的11个疑似超许可取水项目整改工作。仁寿县、丹棱县完成节水型社会达标建设并通过市级技术评估和省级验收，全市节水型社会建设达标县（区）建成率达66.7%，超额完成“十四五”期末55%的省定目标。成功创建24个节水型企业（其中省级5个）、8个水利行业节水型单位、15个节水型小区，节水载体覆盖面持续扩大，示范引领作用逐步显现。

【“河长制”体系建设】 眉山市17条市级河（湖、渠系）、7个国考断面、8个省考核断面水质优良率首次实现“三个100%”。2022年，以市总河长令印发《眉山市2022年全面强化河湖长制工作要点》，落实管、治、保“三项职责”，先后召开市总河长全体会议、小流域污染治理攻坚会、全市河湖长制推进会，坚持问题导向、落实问题整改、推动水质改善。加强《四川省河湖长制条例》宣传贯彻落实，在全市80个村、社区启动基层河湖管护“解放”模式试点推广，打通河湖管护“最后一公里”。2022年，市级河长累计巡河128次，县乡级河长巡河23131次，共发现问题4685个，解决4455个。落实清河、护岸长效机制。开展集中清河行动2次，共投入资金1700余万元，出动人员5.5万余人次，清理河岸、河面垃圾1.7万余吨，河道淤泥5万余吨。通过河道清淤、拆除河道阻水构作物、新建生态堤防等方式，开展中小河流综合治理，完成思蒙河、锦江、越溪河等中小河流综合治理任务，综合整治河长15千米。同时投入7300余万元开展河湖生态廊道和生态节点打造，共打造生态廊道120余千米，绿化河岸700余亩，栽种树木1.7万余株。开展16条市、县级河流河湖健康评价，为做好河流健康体检，为河湖提供基础保障，评价结果均为健康。

【河湖空间管控】 眉山市水利局开展涉河建设工程项目审批工作，按照职能职责和行政审批事项要求，严格对市级河流涉河建设项目行洪论证和河势稳定影响评价报告的审批，2022年共完成市域铁路S5线、天眉乐高速公路涉河桥梁及其他涉河建设项目行洪论证和河势稳定评价报告审批28个、审批涉河建设项目4个，协调长江水利委员会开展9个涉河建设项目行洪论证和河势稳定评价报告审查。严格河湖采砂管理，维护正常开采秩序，严厉打击非法采砂行为，开展专项整治行动，全年共审批青神县2022年度、2023年度采砂实施方案，严格落实一场一证、一船一证，严厉打击非法采砂。指导县（区）航电项目工程性采砂行为，规范工程性疏浚砂的利用，进行全方位监管。严厉打击河道非法采砂行为，指导各县（区）查处非法采砂案件6起，其中移送公安机关2起。严格河湖空间管理，指导各县（区）深入开展妨碍河道行洪突出问题清理整治，全市各级排查出的14个突出问题，全部得到有效整改，确保河道行洪畅通。完成全市堤防水闸数据全面复核上报和存在隐患问题整改销号。

【“引青入东”引水工程建设】 为解决东坡区岷江以西46万名农村居民安全饮水问题，同时保障眉山中心城区供水，眉山市、东坡区党委政府决定实施“农村饮水安全巩固提升工程（青衣江引水工程）”。该项目建设地址位于眉山市东坡区，总规模10万立方米每天。分两期建设，一期工程主要包括取水泵房、原水输水管道以及净水厂，于2019年10月开工，2020年12月完工。二期工程为配水主管网及管网二次供水点，4条共计77千米的配水主管网同3个管网二次供水点，分布在东坡区岷江以西三苏、修文、思蒙、万胜、秦家、多悦等8个镇。总投资11.5亿元，其中项目资本金2.5亿元，由股东通过货币投入。项目贷款9亿元，融资模式为农发行贷款。二期项目于2021年3月开工，2022年4月建成投运。

2022年，东坡水厂日供水量达6万立方米每天；东坡水厂供水量共计1697.8101万立方米，比上年增长101.65%；应收水费3877.92万元，实收水费3861.31万元，水费回收率达99.6%，平均售水单价2.23元／吨；完成配水主管上8处流量、压力监测点安装，有效获取管网运行数据，便于掌握东坡区用水情况，对发生爆管泄露事件起到预警作用，并在汛期、枯水期间调整工艺，保证水质合格率100%，让老百姓吃上放心水。

【饮用水水源地监测保护】 眉山市水利局全面完成县级及以上饮用水水源地保护区划定、标识标牌设立、水质监测、水源地保护制度建设等规范化建设工作。完成2022年度黑龙滩饮用水水源地安全保障达标建设自评估工作。全市6个县级及以上集中式饮用水水源地水质达标率均为100%。

【水土保持】 2022年，眉山市治理水土流失面积90.61平方千米，天河沟水土保持科技示范园成功创建国家级示范园。全市审批水保方案312个，其中市本级50个。水土保持方案申报率100%，审批率100%。加强事中监管，开展监督检查680余人次，对辖区内本级及以上审批的在建项目实现全覆盖。对查出问题要求限期整改并开展“回头看”，做到全流程闭环管理。认真对水利部、水利厅下发的117个2022年度遥感监管疑似违法违规扰动图斑开展现场核查认定，对核查发现的问题下发限期整改通知书35份。加强事后监管，规范开展生产建设项目水土保持设施验收报备和核查工作。水土保持设施自主验收报备211个。

【水土保持监管】 眉山市水利局建立健全水土保持监管与执法、执法与司法衔接机制，立案查处生产建设单位1个，并实施生态赔偿。全年印发限期整改通知书71份、约谈生产建设单位53个。将4个生产建设项目纳入“两单制”管理，实行信用惩戒。挂牌督办违反水保法生产建设项目5个。2022年征收水土保持补偿费2297.64万元，其中市本级456.68万元，均按分成比例解缴入库。市、县两级财政持续加大水土流失治理投入，预算安排水土保持资金414万元，其中市本级108万元。

【农村饮水安全保障】 截至2022年年底，眉山市建成农村集中供水工程159处（其中规模化供水工程14处），城市管网延伸工程6处，形成104.93万吨／天规模的供水能力，覆盖226.05万农村人口的安全饮水，全市集中供水率达到96.01%，自来水普及率达到92.72%，规模化工程服务人口比例达到91.27%。东坡区建设“引青入东”工程，丹棱县实施“引青入丹”工程，将青衣江优质水源引入，彻底解决两县（区）部分水源地水质不达标问题；仁寿县建设黑龙滩水厂，结合文林水厂等实施“一洞五厂六线”骨干工程、“进村入户”工程及全域供水巩固提升工程建设；彭山区建设“五纵二横”供水管道；洪雅县新建总岗山水厂管网延伸和江南水厂“两廊”工程、瓦屋山场镇自来水厂和七里坪水厂“两区”工程；青神县建设城乡一体化管网延伸工程等。2022年7月12日，东坡区“青衣江引水工程”入围全国20例农村规模化供水工程“两手发力”典型案例；眉山市乡村水务工作得到水利厅认可，2月17—18日，四川省“新农水”暨春灌用水工作会议在眉山市召开；2022年12月14日，仁寿县、东坡区被评为全省乡村水务先进县。

【小水电安全监管】 眉山市全面建立健全水电站安全监管体制机制，建立市、县、乡三级“三单一书”监管机制，全市141座在运水电站（含在建航电工程）均已建立首席安全官安全员制度，市级累计排查发现的150座水电站4558个安全隐患问题全部整改完成，省级水电行业专项督导反馈眉山市100项问题全部整改到位，市级成立水电站安全专业委员会，并建立健全包保联系制度、联席会议制度、督导通报制度、联合执法制度、整改验收制度、考核问责制度6项机制。开展防汛保安全、有限空间作业安全、电力（水电站）行业安全专项整治行动，全市水电站安全生产形势持续稳定。聚焦重点难点，实施“一站一策”，按期完成2022年度6座限期退出类小水电退出任务，并完成市级全覆盖复核和上报备案。扎实推进第二轮央督反馈小水电问题整改，按期完成整改并上报销号。联合相关部门制定出台《眉山市水电站下泄生态流量监管和考核实施办法（试行）》，深入开展水电站下泄生态流量监管，监管责任逐级落实到市、县、乡三级相关部门和河长，采用线上、线下监督检查结合的形式，将水电站下泄生态流量监管任务纳入各级河长巡河、河湖长制暗访督查内容，全年开展2次水电站下泄生态流量专项监督检查，对全市需下泄生态流量的103座水电站全覆盖开展生态流量泄放情况评估工作，2022年累计发现问题48个，全部整改完成。

【水务综合执法】 眉山市水利局以属地管理、分级负责为原则，以日常执法巡查和专项执法整治相结合，深入开展水利工程建设质量与安全、水资源管理领域“双随机、一公开”执法检查，强化水行政执法频次和力度。加强同公安、交通等部门的执法联动，严格落实市级河道采砂管理合作机制，重点加强对非法采砂行为的打击力度。2022年度全市水利系统共计开展执法巡查1120余次，出动执法人员2000余人次，发现并制止各类水事违法行为18起，通过“行刑衔接”移送公安机关查处3起，行政立案查处水事违法案件15起，其中已办结案件9起，共处罚款64.71万元，没收违法所得8.2万元；在办案件6起。

（方　媛）

生态保护
Ecological Protection

【概况】 2022年，眉山市生态环境局精准、科学、依法打好蓝天保卫战，全面消除重污染天气，$PM_{2.5}$浓度为37.8微克/立方米，全年空气优良天数283天，优良率77.5%；环境空气质量综合指数为4.05。全市水环境质量持续向好，地表水环境质量实现新突破，纳入国、省考核的15个断面中，水质优良断面占比首次达到“两个100%”，较2021年分别提高14.3个、12.5个百分点；青衣江、岷江出境断面水质稳定达到地表水Ⅱ类。县级及以上集中式饮用水水源地水质达标率100%。715个行政村（含涉农社区）生活污水有效治理率达90.6%，超额完成省定目标10个百分点，居全省前列。

【地下水污染防治监督】 眉山市生态环境局围绕地下水生态环境安全目标，推进地下水污染防治监督。组织编制《眉山市“双源”地下水环境状况调查评估（一期）》《眉山市地下水污染防治重点区划分》项目，已申报进入中央和省级项目库。督导县（区）对地下水“双源”193个监测井、3个重点化工园区、中明公司开展地下水环境状况调查评估，初步了解掌握全市地下水污染状况。组织开展《眉山市“十四五”国家地下水环境质量考核点位达标或保持方案》编制，按生态环境厅要求，对眉山2个地下水国考点位组织编制达标或保持方案，并完成编制上报生态环境厅。

【饮用水水源地规范化建设】 眉山市生态环境局完善饮用水水源地标识和隔离设施。以乡镇及以下集中式饮用水水源为重点，参照《饮用水水源保护区标志技术要求》（HJ/T 433—2008），排查保护区界标和交通警示牌规范设置情况，对颜色、内容、格式等存在问题的标志标牌重新设置。加强已建标识标牌管理维护，及时更换污损、破损的标识标牌，对被遮挡标识标牌的遮挡物进行清理。跨保护区水体桥梁或沿河、湖（库）公路、铁路，在穿越桥梁或路段两端设置交通警示牌。推进青衣江亭子山、黑龙滩民生隧洞、龚家堰水库、复兴水库、总岗山水库和洪雅县乡镇及以下饮用水水源保护区界标、宣传牌、交通警示牌更新完善。全面推进一级保护区封闭隔离，强化二级保护区等受人为活动影响突出区域的隔离防护。坚持因地制宜原则，采用灌木、乔木等自然植被进行生物隔离或设置隔离网、隔离墙进行物理隔离。加强青衣江亭子山、龚家堰水库、复兴水库、总岗山水库和洪雅县乡镇及以下饮用水水源保护区隔离防护设施建设。

【岷江干流眉山出境断面水质保障】 眉山市生态环境局全力推进岷江干流眉山出境断面水质保障各项工作落地见效。加强水资源保护，严格水资源“三条红线”管理，规范取水行为；加快推进黑龙滩水库中央环保督察反馈问题整改，开展乡镇集中式饮用水水源地整治，饮用水水源地水质达标率100%；开展入河排污口“查、测、溯、治”工作，建立岷江774个入河排污口台账，完成排污口整治方案制定，开展分类、溯源、竖立标牌等整治工作。加强水域岸线管理保护，开展河湖“清四乱”，全面排查整治岷江干流“四乱”问题，排查整改问题5个；实施青龙街道岷江武阳大桥上游顺河坝堤防水毁工程、岷江左岸彭山区青龙大堤气死洞段防洪治理工程、岷江东坡大堤永寿段防洪工程、岷江右岸青神县黑龙大堤高石坝堤防工程，共加固堤防7.68千米；建立完善河道采砂责任人体系，制定完善河道采砂重点河段、敏感水域“四个责任人”名单，层层压实河道采砂管理责任，强化对沙石企业、重点河道、敏感水域开展巡查监管。推进化肥农药减量行动，推广水肥一体化、有机肥替代化肥、绿色防控等技术措施，完善生产和销售等台账记录。

【青衣江出境断面水质保障】 眉山市生态环境局坚持水岸同治，促进青衣江出境断面水环境质量不断改善。强化河湖水域岸线管理，建立河湖“清四乱”妨碍河道行洪突出问题常态化排查机制，对流域内青衣江干流及其支流安溪河、花溪河等15条主要河流开展全面排查，完成水利部妨碍河道行洪突出问题卫星遥感疑似点复核25个，排查出妨碍河道行洪突出问题1个、河湖“四乱”问题2个，已全部完成整改。推进水环境治理，开展病虫害绿色防控和统防统治6万亩，示范带动区域内化肥、化学农药减量技术集成推广，实现流域内化肥农药使用量负增长；完成7个行政村农村生活污水治理“千村示范工程”，进一步改善农村水环境；开展水库水环境治理，水库水质达标率100%、县乡集中式饮用水水源地水质优良率为100%；建立《涉及下泄生态流量小水电重点监管名录》，加强生态流量管控，落实专人常态化对91座小水电下泄生态流量情况进行巡查监管。争取到位中省资金1.0155亿元项目资金，集成防洪、生态、景观功能一体措施治理青衣江、中小河流、山洪沟治理项目4个。青衣江眉山木城镇断面水质稳定保持Ⅱ类，其中总磷、氨氮、化学需氧量、高锰酸盐平均指标比入境断面分别下降39.86%、32.50%、8.50%、45.93%。流域内主要支流周公河、花溪河稳定保持Ⅰ类。

【醴泉河流域污染治理】 眉山市进一步提升醴泉河流域稳定达标能力，强化生活污染治理，完成醴泉河流域沿线的尚义、松江、秦家、通惠街道管网修复，累计修复污水管网18千米。强化农业面源污染整治，持续推进醴泉河流域化肥农药减量化工作，流域沿线新建化肥农药减量增效示范点10个，面积4118亩；机械化施肥面积2518亩，推广缓释肥料2008亩，水肥一体化6182亩，商品有机肥621吨，种植绿肥22468亩，秸秆还田1980亩，实施畜禽养殖场种养循环提升工程4个。强化工业污染治理，市、县（区）两级累计出动1500余人次，检查企业1400余户次，严防反弹。强化生态修复，在醴泉河太和段通过水环境治理、水生态修复、滨江水景观打造等工程改善水质，项目总长13.6千米，河道清障22万平方米，设置砾石床370平方米，支流生态治理3600平方米，景观节点总面积2400平方米。全年醴泉河主要污染物为总磷，平均浓度为0.193毫克/升，平均水质为Ⅲ类，完成市定水质目标任务。

【毛河流域污染治理】 眉山市全力推进毛河流域污染治理各项工作任务落地落实，毛河水环境质量持续改善，平均水质为Ⅲ类达标水质。印发《眉山市2022年度毛河河长制工作清单》，将毛河治理的问题、目标、任务细化分解到东坡区、彭山区和市级相关单位部门，督促相关县（区）和部门共同做好毛河水生态环境维护工作。针对全市大气水污染防治督查、“大排查大整治大提升”专项行动中毛河流域发现的12个问题，制定问题清单，联系相应县（区）对问题进行逐条分析并制定整改措施，明确整改时限、责任单位及责任人，确保如期解决问题。全年开展巡河19次，协助市级河长开展督导检查2次，共发现毛河流域问题24个，针对性提出彭山区凤鸣段红星社区石家安置小区断面总磷超标问题，督促责任单位加强毛河流域生态修复，会同相关街道及时做好河面清洁打捞，加强沿岸居民引导教育，禁止在非种植区种植农作物，持续完善管网建设，不断强化污水收集处理能力。

【思蒙河流域污染治理】 眉山市主动作为、因地制宜，思蒙河水质保持Ⅲ类标准，实现年度治理目标。推广基层河湖管护“解放模式”试点，思蒙河流域承担9个村的试点任务，各试点村分类建成村级河湖管护“解放模式”并正常运转，切实加强农村水环境治理，着力解决农村河湖功能衰退、水域岸线侵占、水环境恶化等突出问题，探索建立农村河湖管护长效机制，打造群众满意的宜居水环境。市级河长巡河6次，全面覆盖东坡段、青神段、丹棱段，发现问题现场部署解决，疑难问题指示市思蒙河河长办牵头，其他市级责任部门和相关县（区）协调协作，专项督办、限时解决。丹棱县齐乐镇除做好日常巡河保洁工作外，争取省级专项资金开展韩坝支流综合治理项目，大力整治韩坝支流各类污染问题，全年思蒙河4个监测指标的月平均值分别是总磷0.15毫克/升、氨氮0.42毫克/升、高锰酸盐指数4.7毫克/升、化学需氧量指数15毫克/升。

【球溪河流域污染治理】 眉山市扎实推进球溪河流域污染治理工作。球溪河市级河长办先后会同市级部门巡河、督导、暗访30余次，常态化开展清河行动15次，累计出动9100余人次，清理各类河渠2800余千米，清理河道垃圾6.4万余吨。全力推进污水处理设施建设，投资2.1亿元实施乡镇污水管网提升工程及南侧截污干管工程，项目新建污水管网约168千米；投入资金3.8亿元，实施第三城市污水处理厂一、二期工程；分别投入资金5923万元、5114万元、3574万元，实施文宫二污、慈航污水处理站扩容项目建设。深入实施生态修复工程，通过建设生态护岸、水生植被恢复、湿地改造等方式对仁寿县杨家河、陈家沟河流域生态治理项目进行流域生态修复，计划总投资约8600万元；通过渠道对球溪河实施17立方米每秒的生态补水，鼓励有条件的乡镇通过水库、沟渠向河道实施生态补水，增强水体自净能力，保证球溪河枯水期生态基流，提高水体自净能力，全年完成补水2000余万立方米。投资7.5亿元，建成信利配套工业污水处理厂等3个工业园区集中污水处理设施；优化畜禽养殖区域，加强养殖粪污综合利用，完成禁养区内387户规模养殖场关闭搬迁，完成种养提升工程300余户，大型规模养殖场设施配套率达100%，畜禽粪污综合利用率达到86%；争取2021年省级农村生活污水治理“千村示范”以奖代补资金708万元，253个行政村农村生活污水得到有效治理，94%的行政村（社区）具备生活污水处理能力。推进27个村（社区）基本完成基层河湖“解放模式”组织机构及制度建设。2022年，球溪河水质平均为地表水Ⅲ类，达到省、市要求水质目标。

【越溪河流域污染治理】 眉山市强化精细管控，通过“徒步丈量巡河道+先外后内查企业+询问群众看面源+随机快检测水质”方式，全年对越溪河流域开展暗查暗访25次，发现问题点位60个，完成整改58个。4月19日，生态环境厅同意在越溪河仁寿段增设“箩筐坝”省考断面，用于对眉山市及仁寿县越溪河出境水质的省级考核、评价、排名；6月初，邀请并配合省生态环境监测中心站有关专家到越溪河流域现场开展水污染防治工作调研指导。按照生态环境厅安排和枯水期水质管控要求，督促指导仁寿县编制《越溪河水质达标攻坚方案》《越溪河枯水期水质管控方案》，制定越溪河河长制年度“四张清单”（问题清单、目标清单、任务清单和责任清单）。2022年，越溪河于佳乡黄龙桥国考断面水质为地表水Ⅲ类，化学需氧量平均浓度18.5毫克/升，同比下降16.2%。5—12月，越溪河箩筐坝省考断面水质为地表水Ⅲ类，化学需氧量平均浓度15.4毫克/升。

【农业面源污染治理】 眉山市生态环境局围绕监督指导化肥农药减量增效、畜禽粪污资源化利用、农业废弃物资源化利用、健康养殖等，持续推动农业绿色生态、高质量发展。实施化肥农药减量控害行动、畜禽养殖污染综合治理行动、水产健康养殖行动、农业废弃物资源化利用行动“四大行动”，新建化肥农药减量增效示范点27个、肥料农药使用监测调查点200个；印发《关于进一步做好畜禽粪污资源化利用工作的通知》《眉山市“十四五”畜禽养殖污染防治规划》《眉山市畜禽粪污资源化利用填报技术指南》，全年实施畜禽养殖场种养循环提升工程120个，建设畜禽养殖场臭气深度治理工程20个；推广池塘“浮板种稻（菜、花卉等）”、水库“净水渔业”、稻渔综合种养等健康养殖模式，建立尾水治理和健康养殖示范点28处，池塘健康养殖面积15万余亩，稻渔综合种养5.25万亩，水库“净水渔业”6.18万亩；大力推行“积分制”“押金制”“有偿制”农药包装废弃物回收，再通过具有资质的企业无害化处置，建立农药包装废弃物回收点2935个、存储站20个，实现“回收即处置”，回收处置率达100%，全市农药包装废弃物回收体系基本建成。

【农村生活污水治理】 2022年，全市农村生活污水治理工作稳步推进，东坡区太和镇永丰村农村生活污水处理模式获得习近平总书记肯定。全年完成35个行政村（含涉农社区）农村生活污水“千村示范”工程治理，新建污水治理三格池6019座、完成2080户农户污水管网收集建设、实施10901户农户生态改造污水综合利用。眉山天府新区、各县（区）农村生活污水治理率均达80%以上。

【天然水域禁捕退捕】 眉山市生态环境局围绕国际生物多样性日“共建地球生命共同体”主题，联合市、县（区）生态环境、林业和农业农村等部门在全市范围内开展“2022年国际生物多样性日主题知识宣传”、眉山市野生动物（野生植物）保护情况展示、眉山市生物多样性保护视频展示，宣传生物多样性保护知识及野生动植物保护法律法规。对《关于通报2022年第一轮省级长江禁捕暗查暗访问题线索的函》涉及洪雅县的问题线索，市生态环境局从生物多样性保护角度和生态文明示范创建县要求，配合农业农村局做好相关问题整改督导指导工作，并完成整改。

（刘泠池）

环境保护
Environment Protection

【概况】 2022年，眉山市生态环境质量持续向好，土壤环境状况安全稳定，土壤环境风险管控有效。秸秆综合利用率达94.04%，畜禽养殖粪污综合利用率达94.2%，主要农作物化肥农药使用量持续6年负增长。全市受污染耕地安全利用率达92.05%，重点建设用地安全利用率达100%。固体废物得到综合利用和安全处置，危险废物安全利用处置率达98%。

【环保政策法规制定实施】 眉山市生态环境系统以习近平法治思想为指引，深入推进依法治市工作，协助推进地方立法工作。参与市人大组织的立法调研，配合开展《眉山市黑龙滩水库保护条例》立法工作，参加研讨会议，加强环境立法。组织专项法治宣传2起，下沉县（区）开展专项执法7次，发放宣传资料2000余份，组织法治宣传进企业活动5起。

【中央、省环保督察反馈问题及信访交办件整改】 眉山市生态环境局不断夯实督察整改政治责任，稳步推进中央、省环保督察反馈问题及信访交办件整改落实。市委常委会会议、市政府常务会议先后32次研究生态环境保护工作。市委、市政府先后召开市生态环境保护督察工作领导小组全体会议、第二轮中央生态环境保护督察反馈问题整改推进会、生态环境突出问题整改调度会等各类会议11次，推进问题整改。牵头制发《眉山市第二轮中央生态环境督察报告整改实施方案》，分解85条整改措施；制定《眉山生态环境保护督察问题整改销号办法》，形成“限期整改、销号闭环”工作机制。第二轮央督报告整改任务清单中13项整改任务已完成5项，85条整改措施已完成47条；第二轮央督群众信访交办件涉及眉山的162件已完成152件。第二轮省督反馈意见指出眉山的36项整改任务和311件群众信访交办件已全部完成。

【大气污染防治】 眉山市生态环境局全力以赴打好大气污染防治攻坚战，推动空气质量持续改善，筑牢长江上游生态屏障责任。2022年，眉山市委、市政府主要领导、分管领导主持召开“蓝天保卫战”誓师大会、大气污染防治工作推进会、调度会等30余次，市政府常务会议每月听取大气污染防治工作推进情况。构建以《眉山市大气污染防治攻坚行动方案》为统揽的“1+N”大气污染防治体系，健全以《眉山市重污染天气应急预案（试行）》为支撑的重污染天气应急体系，强化“三源”整治，突出工业领域大气污染整治提升、建筑领域“智慧工地”精细化管理、移动源领域结构调整等“三大行动”，全力抢抓优良天，全面消除重度及以上污染天气。

【水污染防治】 眉山市生态环境局以水生态环境质量改善为核心，深入实施小流域治理专项行动，对重点小流域水生态环境问题开展检查和暗访，全面压实属地政府、有关单位治水责任，发现问题160余个，下发问题整改通知书、提示单40余次。开展入河排污口排查整治，推动印发《眉山市入河排污口排查整治工作实施方案》，按照“查、测、溯、治”原则，抓实抓细774个长江干支流入河排污口排查整治工作。协同推进河湖长制工作，推动制定《眉山市2022年全面强化河湖长制工作要点》，压实河湖长管、治、保“三项职责”。全市15个国家、省考断面,水质首次全部达Ⅲ类及以上。

【土壤污染防治】 眉山市生态环境局深入推进土壤污染防治行动,防范化解土壤污染风险,强化土壤污染重点风险源监管,推进土壤污染重点单位隐患排查和自行监测工作。推动印发《关于加强建设用地土壤环境联动监管的通知》,完成全市重点建设用地安全利用核算及问题整改工作;联合制发《眉山市农用地土壤镉等重金属污染源头防治行动实施方案》,加强农用地土壤污染源头防控。结合“十四五”污染防治攻坚战总体目标任务,编制《“十四五”污染防治规划》,以眉山市生态环境保护委员会办公室名义印发。推进生活垃圾分类,生活垃圾无害化处置率100%。加强危险废物规范化管理,推进工业固废资源综合利用,全市工业固废综合利用率达80%以上,危险废物安全利用处置率达98%以上。

【污染物总量减排】 眉山市生态环境局从污水处理厂改扩建、管网建设改造、产业结构升级等方面,深挖减排潜力。以重点区域、重点行业污染排放总量减排为抓手,实施大气重点减排项目,共实施总量减排项目33个,其中,水减排项目1个,大气减排项目32个,“十四五”以来,化学需氧量累计减排9921吨、氨氮累计减排1318吨、氮氧化物减排量3532吨、挥发性有机物1630吨。截至年末,已报生态环境部审核。

【环保宣传】 眉山市生态环境局聚焦主题主线,大力宣传习近平生态文明思想,助力打赢污染防治攻坚战。举办“共建清洁美丽世界”眉山市六五环境日暨习近平生态文明思想进农村、进学校启动仪式、习近平生态文明思想巡回宣讲乡村行(洪雅专场)活动,参与达500余人次。制作《从这里看见美丽中国—眉山》宣传片在生态环境部专栏展播,点击量过百万。围绕“生态文明建设·眉山这十年”“美丽乡村·幸福眉山”等主题举办新闻发布会4场,邀请中央、省级、市级媒体参加,刊发外宣稿件50余篇。聚焦“一体共治、两水同治、三级联治”农村生活污水治理经验成效,以“一池碧水映新村”“美丽乡村 幸福眉山”为主题,邀请《中国报道》《中国环境报》等中央、省、市主流媒体开展采风活动,刊发外宣稿件10余篇。制定《眉山市蓝天保卫战宣传发动方案》,发动市、县(区)融媒体中心在重要版面、主要时段开设“打好蓝天保卫战”专栏,形成文字稿件30余篇、歌舞剧3个、摄影作品1000余幅。

【辐射环境管理】 眉山市生态环境局坚持“理性、协调、并进”核安全观,加强核与辐射安全监管,确保全市辐射环境安全。制发《眉山市2022年度核与辐射安全隐患排查工作实施方案》的通知,全市生态环境系统出动检查人员354人次,完成153家核技术利用单位辐射安全隐患排查,对发现的289个问题,逐一移交整改,生态环境部门现场核查率100%;全市262家核技术利用单位,均办理辐射安全许可证,落实辐射安全规章制度。采取线上审核、现场核实、企业承诺+部门容缺受理三项措施全年办理辐射安全许可证126件,办结率100%;依法简化和加快眉山东坡圣寿110千伏输变电工程、市域S5线外电工程等重要辐射项目环评审批程序,促进项目落地。做好对上争取,汇报方案脚本、经费保障、困难问题等,落实应急演练10万元财政专项资金。组织全系统应急观摩,采取“模拟+实战”模式,重点检验辐射事故应急预案有效性、事故处置能力、物资装备保障等。借助国家安全教育日、世界环境日,开展核与辐射安全宣传教育。全市通过网站发布宣传科普知识60余条,利用各单位LED播放宣传标语80余条,发放核安全宣传单1000余份,为群众讲解核安全知识和接受群众咨询500余人次。

【环评审批与排污许可】 眉山市生态环境局贯彻执行《中华人民共和国环境影响评价法》《规划环境影响评价条例》《排污许可管理条例》,强化环境影响评价,把住环境准入关,实施固定污染源排污许可制度。执行环评审批“五不批”原则,坚持规划环评、总量指标等环评审批要求,依法审批。实施生态环境分区管控,推进生态环境高水平保护与经济社会高质量发展。全市审批建设项目环评文件214个,其中,市生态环境局完成市域(郊)铁路成都至眉山线工程等81个建设项目环评文件审批,涉及总投资约560.5亿元。成立市生态环境局重点项目环评审批服务工作专班,创新开展“四个提前”环评审批服务,运用长江经济带“三线一单”成果开展项目环评预审服务,对市域(郊)铁路成都至眉山线项目等10余个重大项目开展环评预审。完成28个建设项目环评文件审批,其中,为四川德康通内斯高端肉制品屠宰加工、万华化学磷酸铁锂锂电正极材料、四川锦源晟锂电新材料、四川研一科技动力电池电解液、四川万陆实业NMP、四川万陆实业尾气综合利用、四川顺应动力锂电三元正极材料、四川天华时代氢氧化锂、四川晴胺材料科技氰胺碳氮材料产业链、四川金象赛瑞化工尾气综合利用10个省重点项目开展环评审批服务;为四川道弘新材料氟橡胶、四川迪信新能源、雅保四川新材料、通威太阳能等18个市重点项目开展环评审批服务。印发《眉山市排污许可提质增效实施方案(2022—2024年)》,通过开展联合审查、核发排污许可证现场审核、排污许可证执行报告提交与规范性审核、开展排污许可证审核管理培训等方式,提高排污许可证核发质量,提升排污许可证后监管效率。全年新核发排污许可证139个,实现416家企业排污许可证质量审核,完成241个执行报告内容规范性审核。

【环境监测管理】 眉山市生态环境局以生态环境质量改善为核心,以确保监测数据“真、准、全”为根本,以监测服务管理为导向,编制出台全市年度监测方案,明确38项监测工作。督导全市1000余家涉气企业开展自行监测,对900余家涉VOCs(挥发性有机物)重点企业组织开展排查抽测,为核实全市重点涉气企业污染源清单提供依据。争取市级财政配套资金747万元,加快推进大气复合型颗粒物及光化学组分站建设、声环境功能区自动监测站建设、县(区)秸秆焚烧高空视频监控、黑龙滩水质自动监测站监测设备升级更新建设等项目;争取市级财政落实资金140万元,购买便携式颗粒物激光平扫雷达,提升空气环境监测能力。完成氮氧化物仪器采购项目、环境空气挥发性有机物自动监测系统建设项目、长江经济带水质自动监测仪器设备项目等10个建设项目验收。完成全省第二批固定污染源自动监测监控体系试点项目建设,完成验收率93%。

协调争取生态环境厅同意在越溪河仁寿县段增设“箩筐坝”省考手工监测断面，厘清与内江市威远县断面共考问题。启动水质自动站废液转运处置项目，保障水质自动站废液安全妥善处置。落实国控省控水站采水系统运维服务项目，保障国控省控水站采水系统有序稳定运行。开展国控空气自动站颗粒物比对监测、中心城区大气颗粒物手工源解析。

【环境监管执法】 眉山市生态环境局强化“生态环境+行业主管部门”“五市跨区域+三区四县交叉”联合执法，组织执法人员以区域包片、参加大气督导专班等方式，紧盯重点时段，突出重点区域，检查点位3238个，发现问题点位1090个，约谈企业63家，下发整改通知书43份，曝光涉气典型案例15个；组织开展越溪河流域生态环境问题排查，重点对流域内3座污水处理厂（站）、23家企业和沿途入河排污口开展检查，对前期发现的15个环境问题进行复核，新发现环境问题9个，均按时完成整改。全年办理上级移交问题线索185件，其中书面移交问题线索11件，移动执法系统移交问题线索174件，均办结并完成整改；全市共下达处罚决定书55件，同比下降55.7%；处罚金额705.4万元，同比下降53.2%。全市行政处罚案件配套办法使用共计9件，其中移送拘留7件，查封扣押2件。

【危险废物物联网建设】 眉山市生态环境局对危险废物精准和全过程监管，强化危险废物环境监管现代化、规范化和信息化建设，先后召开危险废物全过程物联网监管试点工作动员会和现场推进会，确定35家试点单位，扎实推进危险废物全过程物联网监管试点工作，并按期完成建设。

【危险废物管理制度落实】 眉山市生态环境局严格落实危险废物规范化管理各项部署要求，印发《关于开展2022年度危险废物规范化管理评估工作的通知》，成立以市生态环境局分管负责人为组长的危险废物规范化环境管理评估工作小组，对全市危险废物规范化管理评估工作全面部署。评估工作小组对照《县（区）园区生态环境部门危险废物规范化环境管理评估指标》对相关企业进行评估，现场移交问题311个，建立问题清单、整改清单，明确整改时限，督促企业落实主体责任。全年出动140余批次、320余人次，对123家单位开展危险废物规范化管理评估。对发现问题整改情况加强跟踪调度和督促指导，督导企业立行立改、及时整改。推进2021年考核评估的216个移交问题整改，所有问题均完成整改。眉山市率先建立危险废物综合利用信息公开和投资引导性机制，在市人民政府信息公开网发布《眉山市生态环境局关于发布危险废物利用处置有关信息的公告》，获生态环境厅表扬。眉山市危险废物环境管理工作在全省固体废物与化学品环境管理技术培训班上作经验交流发言。

【医疗和危险废物处置】 眉山市建有医疗废物处置单位2个，在全省率先配置移动式医废处置车1台，确定应急协同处置单位3家，形成医疗废物安全处置体系。落实疫情防控环境监管专班责任，保障疫情期间医废安全、高效、及时处置。全年安全处置医疗废物3992.96吨，其中涉疫医疗废物1526.72吨。

【规模化畜禽养殖粪污利用】 眉山市生态环境局印发《关于进一步做好畜禽粪污资源化利用工作的通知》《眉山市“十四五”畜禽养殖污染防治规划》《眉山市畜禽粪污资源化利用填报技术指南》《关于加强畜禽养殖节约用水的通知》，组织召开2022年畜禽养殖环保安全和生产统计工作培训会。争取支持政策，落实绿色种养循环农业试点县、畜禽绿色产业发展、奶业生产能力提升整县推进等项目资金4000万元，已到位资金3000万元。全域推进种养循环，推广粪污管网输送等农牧结合生态治理模式，引导畜禽养殖场配套完善雨污分流、干湿分离、异位发酵、粪污贮存输送利用、臭气治理设施设备，全市实施畜禽养殖场种养循环提升工程121个，畜禽养殖场臭气深度治理工程20个，畜牧节水示范工程10个，畜禽粪污综合利用率达94.2%。

【生活垃圾无害化处理】 眉山市建成投运生活垃圾无害化处置设施3个，其中，东坡区、仁寿县各1个生活垃圾焚烧设施，处置能力分别为1500吨/天和800吨/天。全年全市生活垃圾清运量约68万吨，焚烧处置能力充足，焚烧处置占比为90%以上，少量通过填埋处理，无害化处置率达100%。全市建有餐厨垃圾处置设施2座，处置能力达250吨/天。

【“十四五”时期“无废城市”建设】 4月，眉山市入选全国“十四五”时期“无废城市”建设城市，是四川省首批8个城市之一。眉山成立由市长为组长、分管副市长为副组长、市发展改革委等24个市级部门主要负责人为成员的“无废城市”建设工作领导小组。确定生态环境部环境规划院和四川省环境政策研究与规划院为眉山市“无废城市”建设实施方案的联合编制单位，科学编制《眉山市“无废城市”建设实施方案》。开展现场调研和部门走访，组织2次专题研讨会和2次专家咨询会，12月13日方案通过专家评审，2023年1月18日经市政府常务会议审议并印发。

【环保企业管理】 眉山市生态环境局大力实施节能环保产业和环保基础设施项目招商，协助环保企业争取绿色金融贷款和申报财政贴息，助力企业纾困解难。聚焦环保细分领域和关键环节，梳理形成308家全国优秀环保企业目录，依托生态环境厅“云发布”招商信息实现高效招引，全年共签约节能环保产业和环保基础设施项目43个，总投资约760亿元。强化环保企业融资贷款帮扶，持续发挥与农发行眉山分行签订的3年融资贷款120亿元战略合作协议，7个生态环保融资项目申请融资44.8亿元，完成融资29.9亿元。发动环保企业（项目）申报财政贴息，缓解环保企业生产运营压力，按照生态环境厅、财政厅、人民银行成都分行《关于2021年四川省污染防治成效巩固财政贴息备案审核结果的通知》，全市2021年四川省污染防治成效巩固财政贴息备案审核通过共12个1390.85万元。

（刘泠池）

教育·科技

EDUCATION & SCIENCE AND TECHNOLOGY

教育事业发展 / 校园建设 / 师资建设 / 素质教育 / 基础教育 / 职业教育 / 高等教育 / 民办教育 / 招生考试 / 教学科研 / 教育督导 / 驻眉山高校选介 / 科学技术

教育事业发展
Educational Undertakings Development

【概况】 2022年，眉山市有幼儿园416所、在园幼儿8.71万人，小学171所、小学学生17.18万人，初级中学138所、初级中学学生8.26万人，高级中学26所、高级中学学生4.61万人，中等职业学校16所、中等职业学校学生3.98万人，特殊学校7所、特殊学校学生0.06万人。全市学前三年毛入园率97.66%、小学和初中入学率100%、高中毛入学率98.13%。

【教育信息化建设】 眉山市教体局投入1.4亿元，加快"眉山云教主播会场"等教育装备及信息化建设；开展全市中小学教师信息技术应用能力提升工程2.0培训2.3万人次；依托"四川云教"平台，完成课堂直播335次，上传优质教学资源163节次。

【教育民生工程实施】 眉山市坚持以人为本，全面完成教育民生工程各项目标任务。减免10503名普惠性幼儿园在园家庭经济困难儿童、孤儿和残疾儿童学前保教费，为31091名义务教育阶段家庭经济困难学生提供生活费补助、2879名义务教育阶段学生提供营养膳食补助，向10586名家庭经济困难的普通高中学生发放助学金。改善19所农村义务教育薄弱学校办学条件。支持进城务工人员随迁子女就近入学，按规定为2.14万名义务教育阶段进城务工人员随迁子女就读学校提供经费保障。

【学校基层党建】 眉山市教体局印发《眉山市教体系统深入学习宣传贯彻中共二十大精神工作方案》，各学校党组织书记开展专题党课辅导，推动中共二十大精神在教体系统落地生根；积极推进党组织领导下的校长负责制，全市公办中小学校党组织100%完成规范设置，48%的学校完成改革任务；开展第二批新时代眉山中小学校党组织"教育先锋"行动，确定13个"教育先锋"学校党组织、33名"育人先锋"党员教师培育对象；举办学校党组织书记培训班，对60名学校党组织书记开展集中培训，组织120人参加第六期全国中小学校党组织书记网络培训示范班。全市21所民办中小学校实现党建工作全覆盖。

【语言文字事业发展】 眉山市教体局组织开展中华经典诵写讲演系列活动，20余万名师生参与；启动党政机关干部职工专场测试工作，全年开展普通话测试1279人；组织开展200余名学前教育保教人员及东坡诗词诵读培训；培养市级红领巾讲解员600余名、省级红领巾讲解员3名。

【教育同城化发展】 眉山市深化双城经济圈建设和成都都市圈教育合作，推动成德眉资同城化教育改革创新试验区建设，承办成都都市圈2022年教育工作联席会，联合制定《成德眉资同城化教育事业发展规划》。与重庆巴蜀中学、重庆第八中学开展全方位合作。

【区域教育联盟发展】 眉山市教体局深化校联体建设，组织51所小学初中优质校联体成员校、45所市级及80所县级结对帮带成员校开展学科论坛、"教导主任论坛·班主任论坛"、同课异构、学科教师赛课等，推进管理共商、教师共培、课程共享。

【"双规范双减"工作】 眉山市教体局通过招生计划、停办停招分流、政府购买学位等方式，实现民办义务教育在校学生数规模占比控制在5%以内的省定目标；采取"基础+拓展、作业+社团、走教+走班"等多种形式满足学生课后服务需求，全市学校开展课后服务覆盖率100%，学生参与率96.06%、教师参与率96.18%；深入各类培训机构开展摸底调研，处理各类问题机构50余所次；363所校外培训机构全部纳入国、省平台管理，完成率100%；机构资质审核进度、监管账户开通、支付渠道开通、课程上架、平台售卖课程等5个指标完成率100%。"双减"工作经验被教育部"战线联播"刊发。

【学校安全管理】 眉山市教体局细化中小学（幼儿园）55个岗位安全责任，实施防范学生溺水有奖预警干预机制，创建"平安校园"336所，副省长郑备在《眉山市"131"模式密织学生防溺水防控网》作肯定性批示；借助"眉山教育体育"微信公众号建立"问题反馈"平台，全年办理各类信访件1820件，满意率达95%。

（辜乾刚）

校园建设
Campus Construction

【概况】 2022年，眉山市新建（改扩建）公办幼儿园、中小学21所，总投入113763万元，新增学位16820个；新建（改扩建）普通高中和中等职业学校校舍11.8万平方米，购置教学仪器设备8629件。

【公办幼儿园建设】 眉山市撤并幼儿园15所，新建（改扩建）投用公办幼儿园

图103　2022年12月，清华附中眉山天府学校（筹）项目施工现场　（供图：市教体局）

2022 年眉山市新建幼儿园统计表

表 25

序号	项目(学校)名称	占地面积(亩)	总投资(万元)	新增学位数(个)
1	东坡二幼	10	3200	450
2	东坡三幼	10	3200	450
3	东坡四幼	10	3200	450
4	东坡五幼	10	3200	450
5	东坡六幼	6	3000	360
6	彭山区第五幼儿园	15	4700	450
7	仁寿县星光幼儿园	15	4600	450
8	仁寿县文缜幼儿园	22	6500	450
9	仁寿县城北第一幼儿园	16	3543	450
10	仁寿县佐桥小学附设幼儿园	4	180	360
11	洪雅县第六幼儿园	12	2000	450
12	丹棱县果果幼儿园	10	1900	450
合计		140	39223	5220

2022 年眉山市新建(改扩建)义务教育学校统计表

表 26

序号	项目(学校)名称	占地面积(亩)	总投资(万元)	新增学位数(个)
1	东坡区眉师附小崇礼校区	61	15000	2000
2	东坡小学(扩建)	0	3000	1530
3	东坡区通惠小学(扩建)	0	500	450
4	彭山区第五小学	45	12000	1800
5	仁寿县文同小学长平校区	55	9790	1620
6	仁寿县长平初级中学	74	14850	1800
7	仁寿县文缜初级中学	74	17600	1800
8	丹棱县城区小学(改建)	0	300	0
9	青神县学道街小学(扩建)	42	1500	600
合计		351	74540	11600

12 所，投入资金 39223 万元，新增学位 5220 个，公办园在园幼儿占比达 52.97%，普惠性幼儿园覆盖率达 85.81%。

【义务教育学校建设】 眉山市撤并义务教育学校 25 所，新建(改扩建)投用公办义务教育学校 9 所，投入资金 74540 万元，新增学位 11600 个，改善农村义务教育薄弱学校办学条件 19 所。

【高中阶段学校建设】 眉山市普通高中新建(改扩建)校舍 8 万余平方米，购置图书 17.8 万册，购置教学仪器设备 5220 件。全市中等职业学校新建(改扩建)校舍 3.8 万平方米，购置仪器设备 3409 件。

(辜乾刚)

师资建设

Teachers Team Construction

【概况】 2022 年，眉山市有教职工 44989 人(含高校 6730 人)，专任教师 35142 人，其中，幼儿园 5759 人、小学 11489 人、初中 7179 人、高中 4076 人、中职 1852 人、特校 151 人、专门学校 11 人、高校 4625 人。全市有在岗特级教师 56 名、天府名师 2 名、正高级教师 41 名、四川省学术技术带头人后备人选 1 人、省级名师 14 名、名校长 5 名、名班主任 3 名、眉州名师 30 名。

【教师全员培训】 眉山市教体局整合优质教育资源，构建市、县(区)、校三级联动教师、校长培训体系，按要求遴选参加“国培”及“省培”，分类分层实施教师及校(园)长素质能力提升培训。建立健全培训项目管理制度，做好训前调研、训中管理、训后评估跟踪。积极推进培训方式方法创新，采用交互式、参与式、案例式、研究式、体验式等各种培训方式开展教师专项培训。全年投入教师培训专项经费 900 余万元，采用线上线下方式培训教师 2.8 万余人次。

【教师职称评审与资格认定】 眉山市全年开展 2 次教师资格认定工作，完成高中教师资格认定 746 人，指导县(区)完成

图 104 2022 年 9 月 9 日，市委教育工作会议暨庆祝第 38 个教师节会议召开 (供图:市教体局)

幼儿园、小学和初中教师资格认定2819人。全年完成各级各类职称评审2460人,其中,推荐评审通过正高级教师职务14名,组织评审通过高级教师673人、中级898人、初级875人。

【教师队伍管理】 眉山市教体局开展师德师风宣传周活动和中小学有偿补课和教师违规收受礼品礼金问题专项整治,查处违反师德师风情况9起,查处人数12人。补充在编教师739名、编外教师725名。交流轮岗专任教师641人、校级干部99人。评选表扬眉山市优秀教师50名、眉山市优秀校长10名、眉州名师30名和教育系统先进个人100名。

(辜乾刚)

素质教育
Quality-oriented Education

【概况】 2022年,眉山市坚持为党育人、为国育才,落实立德树人根本任务,促进"五育"融合,落实减负提质,不断提升作业管理水平、提升课后服务水平、提升课堂教学质量,召开全市中小学教学质量分析会,推进建设教育教学质量提升机制。拓宽中小学研学、劳动教育、科技创新、体育艺术渠道,培养全面发展的社会主义建设者和接班人。

【中小学研学活动】 加入成德眉资中小学生研学实践联盟。依托三苏文化、竹编文化、泡菜文化等眉山特有资源,串联"三苏祠—中岩寺、国际竹艺城—中国泡菜城、红色西山—郭祝三"等,形成三苏文化、劳动实践、生态科普、红色教育等多条研学主题路线。鼓励学校、基地、机构依托路线地域特色开发课程,开发《人间至味是清欢》等课程40余套,作为省级研学教材《可爱的四川》和市级研学读本《东坡故里 天府眉山》的补充,初步构建省、市、校三级研学课程体系。推荐千禾味业食品股份有限公司、公义研学小镇、四川秀天下农业发展有限公司、青岗坪茶客空间、丹棱县大雅堂博物馆、汉阳湖研学旅行基地和天府茶灵谷山地运动公园为省级研学旅行实践基地(营地)创建单位。

【劳动教育】 眉山市教体局制发《眉山市中小学假期劳动教育清单》,分学段设计假期生活劳动、生产劳动、服务劳动项目97个;利用课后托管服务开设劳动特色课程10余个;组织开展全市劳动教育研讨会、劳动教育实践及技能大比拼活动。彭山区观音小学、仁寿县满井镇初级中学、仁寿县华兴中学被评为省级劳动实验学校。眉山市中小学劳动教育被中央电视台、《人民日报》、新华社报道。

【学生体育竞赛】 眉山市积极组队参加2022年四川省中学生田径比赛、四川省校园足球最佳阵容遴选赛,承办四川省"贡嘎杯"青少年校园体育联赛三大球城市联赛;申办全国青年柔道锦标赛等省级以上学生体育竞赛和活动;举办中小学生运动会;青神中学女子橄榄球队荣获2022年全国青少年U系列英式七人制橄榄球冠军赛女子学校俱乐部组冠军。

【学生艺术展演】 以"一起向未来"为主题,举办2022年眉山市青少年艺术展演活动暨第五届师生书画大赛;组织开展"文化传承 强国有我"青少年传习大会,17个书画教学课例和作品获省级奖项;组织参加眉山市首届文艺新作大赛,获一等奖2个、二等奖2个、三等奖6个;组织开展第十二届中日韩青少年国际书画交流展等为主的美育赛事活动,报送书画作品34幅。

【体育艺术类特色教育】 眉山市严格落实学校美育课程开设刚性要求,不断拓宽课程领域,丰富课程内容,配齐配好美育教师。以班级为单位,采用线上线下结合方式方法,全面实施中小学生艺术素质测评,并加强监督管理。仁寿县东方红小学合唱《新的希望》登上中央电视台,市一小合唱《三个斑鸠》在四川省中小学春季"开学第一课"中精彩亮相。鼓励和支持学校"一校一品""一校多品"体育特色发展,打造足球特色学校、篮球特色学校、橄榄球特色学校等,招纳11名优秀退役运动员进入体育特色学校从事教练员工作,助力打造体育特色学校。

【青少年科技教育】 10月,举办以"创新、体验、成长"为主题的眉山市第21届青少年科技创新大赛,征集作品2039件。组织26所中小学校开展科普大篷车"东坡文化进校园"活动,1.5万余名师生参加观摩、体验活动,"学习强国"眉山学习平台对活动进行报道。

【东坡文化进校园】 眉山市教体局印发《关于开展"东坡文化进校园"工作的实施意见》,将传承弘扬东坡文化融入校园文化、教育教学、主题活动等。借助"眉山教育体育"微信公众平台开设"诵东坡 爱眉山"专栏,展示诗词赏析、东坡趣事、家风故事等内容。东坡文化传承工作被中央电视台、《中国教育报》等主流媒体报道。

【中小学普法教育】 眉山市教体局把法治教育作为一项重要内容列入教学课时计划,开齐开足《道德与法治》和《习近平新时代中国特色社会主义思想学生读本》等课程,每周2~3课时,做到法治教育教材、课程、师资、经费、考试"五落实"。全年开展法治宣传教育860余场,覆盖学生30万人。开展省、市依法治校示范校复核和创建工作。

【中小学家庭教育】 眉山市教体局开通"眉山超级教师平台",设置网络家长学校,开通服务热线,为全市中小学家长提供家庭教育指导服务。组织开展"苏门家风润校园""是父是子——三苏家风进万家"等活动。开展规范化家长学校实践活动,突出"以家长为中心"的理念,探索"家长班级成人学习"模式,彭山区、丹棱县、青神县及46所学校分别被中国下一代教育基金会、中国关工委事业发展中心评为第二阶段全国规范化家长学校实践活动实践区和实践学校。编印《看见家书》,青神县幼儿园《家园携手 共促幼小衔接适应性教育》获全国教育系统关工委"家长学校优质课程"征集推介活动最佳课程。《眉山市坚持"三个引领"促进家校社共育》《家风家训进校园 传统美德润心田》《多方协同联动 涵养良好家风 扎实推动眉山家庭家教家风建设》分别在《精神文明手机报》《省教育厅简报》《眉山日报》上刊载。彭山区第三中学被省妇联、省文明办评为四川省"家庭工作先进集体";仁寿县杨柳小学被省妇联、省教育厅授予"四川省家风家教创新实践基地"称号。

【优秀学生评选】 眉山市全年评选市级优秀学生174名、优秀学生干部92名、优秀班集体81个。110名学生获四川省红领巾奖章，26个集体获四星章集体，26名学生获评省级优秀少先队员，2名学生获宋庆龄奖学金。

（辜乾刚）

基础教育
Basic Education

【概况】 2022年，眉山市有幼儿园559所（附设幼儿园143所、民办340所）、小学184所（含教学点13个）、初中138所（含九年一贯制57所）、高中29所（高级中学15所、完全中学5所、十二年一贯制6所、高中附设班3个）、中职校22所（含附设班6个）、特校7所。

【学前教育】 2022年秋季，招收2～3岁托育幼儿5017名，托幼一体化发展工作经验被《中国教育报》头版刊发。举办全市优质幼儿园校联体线上活动1期，6万余人参与。落实现役军人、消防人员子女入园优待55人。推荐省级示范性幼儿园7所，创建市级示范性幼儿园15所。

【义务教育】 眉山市严格落实国省招生政策、公办和民办学校统一管理、同步报名录取，实现应读尽读。全市招生小学28748名、初中27941名，小学公办占比96.27%、初中公办占比94.44%。解决农民工、进城务工经商及随迁人员子女入学19635名、落实各类政策优待入学386名。完成284所义务教育学校办学管理达标认定，评选市级义务教育办学管理达标学校36所，推荐省级义务教育优质发展共同体领航学校6所。完成21个学区规划，确定67个中心学校引领区域学校发展。51所小学、初中优质校联体成员校，45所市级结对帮带成员校，80所县级结对帮带成员校推进管理共商、教师共培、课程共享。

【普通高中教育】 眉山市全面消除普通高中大班额，修订完善普通高中体育、艺术特长生招生办法，制定拔尖创新人才培养工作方案，制定省一级示范高中创建规划，推荐省一级示范高中2所、二级示范高中1所。

【特殊教育】 眉山市建成东坡特校、仁寿特校2个县级特殊教育资源中心，在仁寿县特殊教育学校开设职业高中班、学前部。将残疾少年儿童入学纳入义务教育招

2022年眉山市基础教育办学基本情况统计表

表27

学校类型	学校数（所）	毕业生数（人）	招生数（人）	在校生数（人）	教职工数（人）	
					合计	其中：专任教师
1. 普通中学	164	37061	42984	128762	12955	11258
高中	26	14201	15043	46126	4878	4078
其中：民办	8	3909	3787	11823	1278	835
初中	138	22860	27941	82636	8077	7180
其中：民办	1	1722	1553	5317	650	413
2. 小学	171	27398	28748	13117	12852	11489
其中：民办	9	1780	1072	1353	1021	625
3. 幼儿园	416	9848	23921	87065	9848	5759
其中：民办	340	4901	10768	40948	4901	2748
4. 特殊教育学校	7	94	103	615	207	151

2022年眉山市国家级、省级示范普通中学一览表

表28

学校名称	地址	负责人	备注
四川省仁寿第一中学校北校区	仁寿县文林街道仁寿大道二段56号	叶小兵	省一级示范高中（算一所）
四川省仁寿第一中学校南校区	仁寿县文林街道南坛路一段217号	高世金	
四川省眉山中学	眉山市东坡区三苏大道中段372号	罗金福	省一级示范高中
四川省眉山第一中学	眉山市东坡区五圣路57号	邹义平	省二级示范高中
眉山市彭山区第一中学	眉山市彭山区彭溪镇翰林路81号	李永祥	省二级示范高中
四川省洪雅中学	洪雅县洪川镇文昌路67号	冯罗宁	省二级示范高中
四川省眉山车城中学	眉山市东坡区太和镇	邹义强	省二级示范高中
四川省仁寿县铧强中学	仁寿县文林街道陵州路三段181号	李绍青	省二级示范高中
四川省青神中学	青神县学道街10号	陈学兵	省二级示范高中
四川省丹棱中学	丹棱县丹棱镇北环路152号	王华云	省二级示范高中
仁寿县华兴中学	仁寿县文林街道迎宾大道63号	付登超	省二级示范高中

生工作，残疾儿童少年入学率达97.28%。

【德育教育】 眉山市教体局组织开展"喜迎二十大、永远跟党走、奋进新征程""学习新思想，做好接班人""我是追梦人""强国复兴有我"等活动，开展"眉山故事少年说"等比赛。彭山区观音小学入选全国乡村温馨校园，教师李倩获"全国五一劳动奖章"，丹棱县幼儿园被评为"四川省三八红旗集体"。

【艺术和国防教育】 眉山市教体局组织开展2022年眉山市青少年艺术展演活动暨第五届师生书画大赛，32万名师生参与；组织开展"文化传承 强国有我"青少年传习大会；组织参加眉山市首届文艺新作大赛；组织参加第十二届中日韩青少年国际书画交流展等美育赛事活动，获1枚金牌、4枚银牌、1枚铜牌及6个优秀奖。整合各方资源，抓好空军、海军青少年航校招生、宣传、录取工作，配合做好征兵学历政审工作。车城中学成功创建为国防教育示范学校。

【中小学招生录取方式改革优化】 眉山市教体局形成基于学业水平结合综合素质评价、信息技术考试等级的多元录取机制。除东坡区、青神县学校沿用自建报名系统外，其余县（区）学校均使用"四川省基础教育招生升学综合管理信息系统"，实现统一报名、统一录取。

（辜乾刚）

职业教育
Vocational Education

【概况】 2022年，眉山市有中等职业学校19所（含技工学校3所），在校生4万余人，在建省级示范学校1所，在建省级示范（特色）专业3个，年毕业生1.1万余人，就业（升学）率达99.59%。

【职业教育改革】 眉山市加强成（都）德（阳）眉（山）资（阳）雅（安）乐（山）阿（坝）同城化职教联盟建设，以职教联盟为平台，开展教研活动；围绕眉山产业发展优化专业结构，加大中高职衔接力度，向高校输送3500余名优质生源；组织120名教师参加"教师、教材、教法""三教"改革培训；推动职业教育与产业深度融合，实行工学结合、校企合作、顶岗实习的人才培养模式；坚持学校教育与职业培训并举，全日制与非全日制并重；加强"双师型"教师队伍和实训基地建设，提升职业教育基础能力。

【职业教育体系建设】 眉山市落实地方教育附加费用于职业教育比例不低于30%政策；实施中职招生"阳光工程"，中职招生15521人，职普招生大体相当；实施中高职教育衔接，力争升入高职院校的中职毕业生比例达50%以上；优化专业、课程和教材体系，18所中职校、36所高职院校签订中高职衔接协议。

【职业教育基础能力建设】 眉山市教体局争取现代职业教育质量提升计划中央专项资金2016.47万元，评选职业教育"三名工程"立项建设单位2个，指导创建眉山市"1+3"主导产业高技能人才培训基地3个。

【中等职业教育教学】 眉山市教体局开展中职学校质量年度报告和教学诊断与改进工作，改进中职学生学业水平考试、中职学生升学诊断性考试；组织中职校教分管教学副校长、教务主任及教师123人参加职业院校教师素质提高计划"国培"项目；组织19所中职学校开展2022年中等职业学校专业课骨干教师培训；组织7391名中职学生参加全省高职单招考试，录取6328人，录取率85.6%。

【中等职业学生技能大赛】 举办眉山市第十三届职业院校技能大赛中职学生综合素质大赛，1300余名中职学生参加6大项目15大类37小类的比赛。学生参加省职业院校技能大赛，获二等奖7个、三等奖10个。

【"9+3"免费教育】 眉山市教体局组织4所"9+3"学校赴甘孜州、凉山州进行招生宣传，招收"9+3"学生1708人，

2022年眉山市中等职业教育基本情况统计表

表29

学校类型	学校数（所）	毕业生数（人）	招生数（人）	在校生数（人）	教职工数（人）	
					合计	其中：专职教师
中职学校	16	11930	15476	33808	2128	1649
技工院校	3	785	2130	5022	294	227

2022年眉山市国家级、省级重点中职校一览表

表30

学校名称	地址	负责人	备注
四川省仁寿县第二高级职业中学	眉山市仁寿县怀仁街道龙潭大道一段101号	刘 杰	国家级重点中职学校
眉山工程技师学院	眉山市彭山区青龙街道	代 军	国家级重点中职学校
眉山科学技术学校	眉山市东坡区齐通路189号	王 鲁	国家级重点中职学校
眉山电子职业技术学校	眉山市洪雅县洪川镇广场南路三段	李劲松	省级重点中职学校
四川省东坡中等职业技术学校	眉山市东坡区诗书路南段160号	张兴华	省级重点中职学校
仁寿新科综合高中学校	眉山市仁寿县怀仁街道办蜂蜜社区正西街180号	李智慧	省级重点中职学校

全市有“9+3”学生4509人；督促指导学校抓好“9+3”学生对口升学考试，组织902名学生参加单招考试，升学523人，379名学生落实就业岗位。

【劳动者终身职业培训】 眉山市教体局围绕产业发展对技术技能型人才的需求，充分发挥职教中心（职业学校）功能，推进实施劳动者终身职业培训体系建设计划，完成劳动者技能培训9747人，农村劳动力品牌培训3019人，开展创业培训868人。

（辜乾刚）

高等教育
Higher Education

【概况】 2022年，眉山市有全日制高校10所（其中职业大学1所、高职院校7所、应用型试点本科院校2所），在校生13万余人，设置93个院系365个专业。

【创新创业教育推进】 眉山市教体局立足服务眉山“1+3”主导产业发展，优化职业院校专业设置，打造与产业链匹配的专业集群；鼓励在眉职业院校与眉山企业开展“订单班”人才培养模式合作，打造一流产教学研融合平台；加快建设乡村振兴产业学院，为乡村振兴提供人才和智力支撑；开展针对高校毕业生的线上线下等多形式招聘会，多举措帮助高校毕业生实现就业。

【四川大学眉山校区开工建设】 2020年12月31日，四川大学眉山校区获教育部正式批复同意。2021年1月14日，眉山市与四川大学正式签约。项目选址在岷东新区东部组团（岷东大道以东、岷黑快速通道以南相应地块），规划总用地面积约3000亩，其中一期约1000亩，二期约1000亩，预留周边区域约1000亩。该项目按照“统一规划、分期建设、滚动发展”原则建设，一期投资规模约32亿元，建筑面积约30.7万平方米，将建设新技术研发与技术中试平台、高水平学科交叉平台、人文社科研究基地（东坡书院）及国际合作交流基地和教育培训中心等。2022年12月29日，四川大学眉山校区项目正式启动。

（辜乾刚）

民办教育
Non-government Funded Education

【概况】 2022年，眉山市有民办义务教育学校17所（眉山天府新区3所、东坡区5所、仁寿县9所），其中小学9所、九年一贯制1所、十二年一贯制6所、完全中学1所，无“公参民”学校，没有新审批民办学校。全市义务教育在校生总数256389人，民办义务教育在校学生13871人（含政府购买学位1550人），占比4.8%。

【民办学校分类登记】 眉山市教体局全年开展民办学校名称、地址、举办者变更审批30所次；实施民办学校年检，合格学校386所，基本合格9所，终止办学36所。

【民办学校审批优化】 眉山市先后2次召开民办中小学专题工作会，全覆盖检查民办学校在党建、依法办学、教育教学、资产管理、财务监管、安全工作等方面工

2022年眉山市高等教育基本情况统计表

表31

学校类型	学校数（所）	毕业生数（人）	招生数（人）	在校生数（人）	教职工数（人）	
					合计	其中：专职教师
专科	7	13157	34305	89564	4675	3795
本科	3	9618		42396	2394	1558

2022年眉山市高等院校一览表

表32

学校名称	地址	负责人	公办/民办	本科/专科
四川大学锦江学院	四川省眉山市彭山区锦江大道1号	晏世经	民办	本科
四川工商学院（眉山校区）	四川省眉山市眉州大道岷东段9号	夏明忠	民办	本科
成都艺术职业大学（眉山校区）	四川省眉山市青神县成艺路88号	余天翔	民办	本科
眉山职业技术学院	四川省眉山市眉州大道岷东段5号	徐井万	公办	专科
四川科技职业学院	四川省眉山市视高经济开发区花海大道大学路1号	陈 宇	民办	专科
四川城市职业学院（眉山校区）	四川省眉山市岷东新区岷东大道南段1号	王世伦	民办	专科
天府新区航空旅游职业学院	四川省天府新区剑南大道南延线航空大道中段168号	刘存绪	民办	专科
天府新区通用航空职业学院	四川省天府新区视高经济开发区天府大道南三段50号	马继刚	民办	专科
天府新区信息职业学院	四川省天府新区视高经济开发区大学路2号	张建平	民办	专科
眉山药科职业学院	四川省眉山市丹棱县葡园路79号	曾晓荣	民办	专科

作情况，向社会发布13所学校合格、4所基本合格的检查结果公告。指导东辰、保罗2所学校完成名称变更工作。

【民办教育办学行为规范】 根据中共中央办公厅 国务院办公厅《关于规范民办义务教育发展的意见》和全省规范民办义务教育发展工作视频会议精神，制定《眉山市规范民办义务教育发展的工作方案》，通过压减招生计划、停办3所民办学校（眉山市东坡区蓝天学校、仁寿县慈航镇兴华小学校、仁寿县富加镇爱心小学校）、政府购买公办学位1550个（天府新区302个、东坡区1248个）等，实现民办义务教育学校在校生规模“只减不增”。民办义务教育学校招生2625人，在校学生13871人，占比4.8%。

（辜乾刚）

招生考试
Entrance Examinations

【概况】 2022年，眉山市教育招生考试系统严格疫情防控、加强考务管理、狠抓考风考纪、优化考试服务，实现“健康考试、温馨考试、平安考试”工作目标。

【高中招生考试】 眉山市教体局印发《招生指南》《招生问答》2.7万份，明确市内学校招收随迁子女身份条件和成绩条件，印发关于外出就读普通高中的风险提示，严禁违规超计划、超范围招生；组织实施生物地理初二考、生物实验操作初二考、信息技术上机考、道法历史开卷考、体育科目“4+X”［4个规定项目：中长跑（男生1000米、女生800米）、立定跳远、掷实心球、男生引体向上、女生仰卧起坐+1个选考项目：足球、篮球、排球、乒乓球、羽毛球］考试。2022年，眉山市有19289名考生参加中考，正式录取11764人，其中定向切块3280人，特长生198人。

【普通高校招生考试】 眉山市2022年报名参加普通高校招生统考考生26470人，比2021年增加3994人，增幅17.77%。其中，普通类考生19779人（文科8985人、理科10794人），比2021年增加2080人，增幅11.75%；对口高职类考生6691人，比2021年增加1914人，增幅40%。上一本控制分数线的有2821人、比上年减少155人，上二本控制分数线的有8831人、比上年增加335人；本科录取8834人，其中一本录取2405人、比上年减少199人，二本录取5429人、比上年增加396人，艺体本科录取984人、比上年增加209人，职教本科录取16人、比上年减少5人。对口高职类录取5934人，比上年增加1615人。

【成人高校招生考试】 眉山市参加成人高校招生报名5807人，比2021年减少692人，减幅10.6%；录取5102人，其中高中起点专科录取2762人，高中起点本科录取13人，专升本录取2327人。

【高等教育自学考试】 眉山市组织高等教育自学考试2次，报名参考16020人，共报考39847科次，比上年减少10436人，减幅40%。

【非学历证书考试】 眉山市组织大学英语四、六级考试2次，21786人参考；组织全国计算机等级考试2次，8809人参考；组织中小学教师资格证笔试、面试考试各2次，37123人参考；举办四川省书法水平测试考试1次，28639人参考，比上年增加2485人。

（辜乾刚）

教学科研
Teaching and Scientific Research

【概况】 2022年，眉山市教育科学研究所（简称市教科所）加强教研队伍建设，落实教研主要任务，创新教研实践样态，构建教研开放合作新格局，完成各项目标任务。

【课程改革】 眉山市教科所全年举行生态文明教育、心理健康、化学实验操作、可爱的四川等17个学科优质课展评；开发校本劳动实践课程30余个，编写《劳动》《竹编》《陶艺》等校本教材10套。

【教学管理】 眉山市教科所采取“集中+分散”模式推进教研员包片、驻校、进班；开展全市234所小学27756名小学五年级学生、147所初中26618名初中八年级学生教学质量检测；修订《普通高中质量评价指标》，形成市、县（区）、校三级考核标准、结果统一运用机制。

【教学研究】 眉山市教科所组织送教送培活动50余场次，惠及3000余名教师；全年网络教研活动65382人次参与；教师参加全省学科展评选优，获得省一等奖122人次、二等奖242人次、三等奖357人次。

（辜乾刚）

教育督导
Educational Supervision

【概况】 2022年，眉山市完成第四届市政府督学换届，聘任市政府督学57名；完成教育现代化发展40项指标评估监测；常态化开展对县（区）人民政府履行教育职责评价，社会公众对全市教育总体满意度达92.99%，位列全省第二。

【督学制度和培训】 眉山市聘有督学429人，划分督学责任区37个，挂牌督学283人。根据《中办国办关于深化新时代教育督导体制机制改革的意见》要求，进一步完善督学培训机制，制定年度督学培训计划，将督学培训纳入督学管理考核，通过培训，进一步提升督学专业化水平和工作能力。全年开展全市中小学（幼儿园）专兼职督学培训150人次。完成线上各类督学培训960人次。

【教育专项督导】 眉山市开展“双减”（减轻义务教育阶段学生作业负担和校外培训负担）“五项管理”（手机管理、睡眠管理、读物管理、作业管理、体质管理）工作、规范民办义务教育发展、提升基础教育教研能力、职业学校办学突出问题、教育装备产品质量问题等专项督查，对督查发现的问题列出清单，及时反馈，督查整改，并将整改落实情况纳入政府履行教育职责评价考核内容。

【教育督导评估】 眉山市教体局组织对眉山天府新区、丹棱县政府履行教育职责情况开展实地督导，对贯彻执行党的教育方针、落实教育法规政策、各级各类教育发展情况、统筹推进工作、加强教育保障、学校规范办学等情况进行评价，市教育督导委员会反馈督查反馈意见，列出问题整改清单，提出整改要求，对推进县（区）政府切实履行教育职责起到积极作用。由各县（区）教育督导部门组织对幼儿园办园行为情况开展新一轮督导评估，通过自评、实地督导、结果反馈、问题整改、复查等程序，对全市128所幼儿园开展督导评估，优良率达87%，合格率13%。通过督查评估，进一步规范办园行为，推进学前教育普及普惠发展，提高全市保教水平。

（辜乾刚）

驻眉山高校选介
Colleges and Universities in Meishan

【四川大学锦江学院】 四川大学锦江学院是2006年4月经教育部批准，由四川大学和四川旭峰实业有限公司合办的普通本科高等学校。学校位于眉山市彭山区锦江大道1号，占地面积1000亩，现设14个二级学院、53个本科专业、18个专科专业，涵盖文、理、工、经、管、艺六大学科门类；图书馆面积7120平方米，有馆藏纸质图书138.95万册、电子图书202.45万册。截至2022年年末，四川大学锦江学院有学生22293人（本科生19423人、专科生2870人），教职工896人，专任教师768人，正高级职称32人，副高级职称128人。

2022年，四川大学锦江学院实施一流课程创优培育工程，获批省级一流课程10门，省级“课程思政”示范课程1门、示范教学团队1个，“思想道德与法治专题讲座”入选教育部社区教育“能者为师”系列特色课程。获批省级教改项目4个，其中“新工科背景下基于OBE（成果导向教育）的计算机类专业实践教学模式的改革研究与实践”为重点项目；获批教育部“产学合作协同育人”项目15项。获批省级大学生校外实践教育基地建设项目1项。与甘眉工业园区合作成立智能制造产业学院。教师主持省科技厅项目1项、省社科项目1项、眉山市社会科学项目4项，发表论文160篇，主编教材3本，获得国家专利83项、软件著作权186项；学生在各类学科竞赛中获国家级奖项80项，省级奖项385项，其中，第八届“互联网+”大学生创新创业大赛省赛金奖2项、银奖5项、铜奖25项，第十三届“挑战杯”中国大学生创业计划竞赛省赛金奖1项、银奖5项、铜奖5项；在非学科竞赛中获国家级奖项1项，省级奖项63项。“东坡文化普及基地”获批省级科普基地建设项目，是四川省民办高校首个省级科普基地。马克思主义学院“关于抓好大中小学思政课建设的建议”研究成果被中央教育工作领导小组秘书组采纳。

（辜乾刚）

【四川工商学院】 四川工商学院是经教育部批准设立的综合性民办普通本科高校，前身为始建于2001年的“四川师范大学电子信息工程学院”，2004年设置为独立学院“四川师范大学成都学院”，2015年转设为普通本科高校，建有成都和眉山2个校区。眉山校区占地面积1737亩，有5个二级学院、21个专业。截至2022年年末，四川工商学院（眉山校区）有学生10887人，教职工783人。

2022年，四川工商学院（眉山校区）转型改革经验2次被省教育体制改革领导小组专题报送省委、省政府等四大班子，并转发至全省各地（市、州）和各高校学习推广，先后8次在全国全省作经验交流；典型案例10余次被媒体报道。近三年完成服务地方项目50余个；搭建思政实践育人平台，在凉山州盐源县实施“四百科教帮扶工程”成为全省唯一一所连续3年受到四川省委、省政府表彰的定点扶贫民办高校。建立中兴通信学院、眉山市电子信息现代产业学院等6个现代产业学院；与日本、美国、英国等国家的20余所高校建立合作关系。获“四川省高校先进基层党组织”荣誉称号；2个学生党支部荣获“四川省高校党建工作样板支部”培育单位；1个教师党支部荣获“四川省高校先进基层党组织”称号。党建工作创新案例在全省作交流，民办高校“党建改革”获省级体制机制改革重点支持建设项目。

（辜乾刚）

【眉山职业技术学院】 眉山职业技术学院是一所历史悠久的全日制公办普通高等学校，前身为创建于民国16年（1927）的四川省眉山国民师范学校和创建于1958年的四川省乐山专区农业学校，2012年通过高职高专人才培养工作评估，2017年建成省级示范性高职院校，2019年增挂眉山技师学院牌子。学校占地面积634.63平方千米，校舍建筑面积239.66平方千米。有馆藏纸质图书63.91万册、电子图书78万册。截至2022年年末，眉山职业技术学院有学生10934人，教职工512人，专任教师345人，正高级职称18人，副高级职称99人。

2022年，眉山职业技术学院单独成立天府新能源新材料产业学院，正式开工建设产业学院“两中心一基地”项目。统筹推进省“双高”和国省乡村振兴人才培养优质校建设，全国乡村振兴人才培养优质校建设做法和经验入选农业农村部科教司简报向全国推介。深化内涵建设，1门课程入围国家在线精品课程，2门课程入围国家涉农职业院校服务乡村振兴“名课名师”资助项目，2门课程被认定为省精品在线开放课程，4门课程被认定为省级课程思政示范课，成功申报“省级课程思政教学研究示范中心”。教师获职业院校教师教学能力大赛省一等奖4个、二等奖5个、三等奖4个，省政府教学成果一等奖1项、二等奖3项。首次承办四川省职业院校技能大赛高职组赛项，学生获国省职业技能大赛国家二等奖1项，省一等奖25项、二等奖30项、三等奖34项，获创新创业大赛省金奖1项、银奖6项、铜奖10项；建成省级大师工作室1个、“双师型”名师工作室1个，1名教师获全国五一劳动奖章，1名教师获四川省农业丰收奖先进个人。强化科技服务，承接“四川科技兴村在线”眉山市级平台和东坡区级平台运营工作，5名教师入选眉山市晚熟柑橘产业科技特派员服务团，5名教师入选眉山市县（区）粮食和大豆油料科技服务队。与岷江现代农业园区连续7年合作举办“一优两高”水稻生产竞赛，学校专家团队长期服务助推“天府粮仓”建设的典型事迹被教育部收入向全国政协“双周协商”座谈会的专题汇报片，得到全国政协、教育部、农业农村部领导肯定。

（辜乾刚　张若梅）

【四川城市职业学院】 四川城市职业学院前身为成立于1999年的四川师范大学南洋学院；2002年，学校更名为四川师范大学信息技术学院；2007年，在四川师范大学信息技术学院、外事学院基础上组建四川城市职业学院。2013年，通过高等职业院校人才培养工作评估；2017年，被列入“十三五”规划升本院校；开展四川省高等职业院校内部质量保证体系诊断与改进现场复核；2021年，被列入四川省高水平高等职业学校培育单位。学校现有成都和眉山两个校区，眉山校区占地面积1255亩，有6个二级学院、46个专业。截至2022年年末，四川城市职业学院（眉山校区）有学生8636人，教职工774人。

2022年，四川城市职业学院有各类重点特色示范专业18个，获批9项省级课程思政示范项目，其中，示范专业2个、示范课程4门、示范教学团队2个、教学研究示范中心2个。立项“十四五”首批职业教育精品在线开放课程5门；立项国家级在线精品课程2门。立项省级及以上各级各类科研课题82项，其中国家级课题1项，省部级课题5项。共发表核心期刊40篇，SCI检索2篇，EI检索5篇。出版教材专著25部，研发专利42项。与校企合作单位开展横向科技项目97项。入选教育部“一站式”学生社区综合管理模式建设自主试点单位；获批“四川省2022年职业院校‘三全育人’典型学校”培育学校。成功申报省级精品项目1项、省级德育与学生管理工作典型案例1个。1名学生获得荣获“全国优秀共青团员”称号。全国职业院校技能大赛养老服务赛项国赛一等奖，省级以上各类技能竞赛一等奖39项、二等奖52项、三等奖77项。第八届四川省国际“互联网+”大学生创新创业大赛省级金奖1个、银奖3个；全国教师教学能力大赛三等奖1个；四川省教师教学能力大赛一等奖4个、二等奖1个；四川省第二届美术教育教师基本功竞赛一等奖6个、二等奖3个；四川省职业院校外语课程思政教学比赛一等奖1个，2022职业院校外语课程思政优秀教学案例比赛全国优秀案例一等奖1个。联合企业建成教师企业实践流动站20个，校企联合申报科技成果3个。

（辜乾刚）

科学技术
Science and Technology

【概况】 2022年，是“十四五”深化之年，也是全市“制造强市突破年”。全市科技创新工作围绕加快建设成德眉资创新共同体、打造成眉高新技术产业带等重大任务，聚力制造强市、开放兴市、品质立市，坚定不移走创新驱动引领高质量发展之路，科技助力成都都市圈高质量发展新兴城市建设。

【科技政策】 眉山市科技局印发《眉山市“十四五”科技创新规划》《眉山市科创产业中长期规划（2021—2035年）》《关于减免科技企业孵化器在孵企业用房租金（试行）的通知》《眉山市市本级科技专项资金使用管理办法》《科研项目经费“包干制”试点工作方案》《眉山市科技人才队伍建设专项方案（2022—2025）》《眉山市工程技术研究中心暂行管理办法》《眉山市激励培育壮大创新主体创新发展后补助实施细则》《眉山市激励企业加大研发投入后补助实施细则》《眉山市支持科学技术奖后补助实施细则》《眉山市支持创新平台建设后补助实施细则》《眉山市支持融资贴息后补助实施细则》《眉山市支持科技成果转化后补助实施细则》《眉山市科技计划项目揭榜制试点管理暂行办法》《眉山市深化职务科技成果赋权改革试点实施方案（试行）》等政策文件，进一步营造良好科创氛围。

【科技项目实施】 眉山市科技局实施省级以上重点科技攻关项目60项，争取项目资金4878.93万元；实施重大科技成果转化项目32项。“超高分子生物活性物质工业发酵与绿色功能新型肥料产业化开发”“高效利用低品位红土镍矿一步法制备高能量密度、高稳定性高镍三元材料技术产业化”2个项目纳入2022年度中央在川高校院所重大科技成果转化项目。

【科技平台建设】 眉山市科技局精准摸底，把有基础、有研发的企业进行梳理列入培育库；精准培育，鼓励企业加大研究投入，不断提升自主创新能力，做好创新平台提档升级；精准指导，抓好初审和申报材料撰写，邀请省厅专业老师进行培训或专项指导，确保申报成功率。全年新创建省级新型研发机构1家（四川东坡中国泡菜产业技术研究院）、省级工程技术研究中心2家（四川道弘新材料有限公司、中车眉山车辆有限公司）、省级瞪羚企业2家（四川道弘新材料有限公司、眉山博雅新材料有限公司）；新组建市级产业技术研究院2家（眉山元创稀土生态应用研究院、眉山万邦锂电池新材料产业技术研究院），市级工程技术研究中心11家。

【国家高新技术企业培育】 眉山市科技局建立高新技术企业、科技型中小企业“储备、培育、提升”梯次动态管理，全年新培育国家高新技术企业47家，评价备案科技型中小企业198家。截至2022年12月底，眉山市有国家高新技术企业164家，高新技术产业营业收入656亿元。

【科技成果】 眉山市有9项科技成果：动力电池用高能量密度、高稳定性镍基三元正极材料制备技术及关键装备；现代木竹结构关键技术研究及规范体系构建和工程应用；新型肥料增效剂研发与产业化应用关键技术；大型机场复杂钢结构建造关键技术；晚熟柑橘新品种选育与绿色高效栽培关键技术创新及应用；高速铁路无缝线路钢轨闪光焊成套技术与装备及应用；新型紧固连接系统的研制与推广应用；适应澳洲市场的铁路货车关键技术研究及应用；优良玉米自交系LSC107及其杂交种选育与应用获评“2021年度四川省科学技术奖”，其中科技进步奖一等奖2项、二等奖4项、三等奖3项。完成技术合同交易额15905万元，比上年增长41%。

【科技金融保障】 四川伊诺达博医药科技有限公司、四川飞普科技有限公司、四川省眉山益稷农业科技有限公司、四川锐宏电子科技有限公司、四川新达粘胶科技有限公司5个科创项目获四川省“天府科创贷”贴息40.93万元；开展“天府科创贷”宣传推广活动，指导企业100余家；新增“天府科创贷”平台注册企业28

家，9 家企业新获贷款 5733.7 万元。

【科技创新创业】 眉山市科技局推荐万象国家科技企业孵化器、四川天府江东科技有限公司国家级企业技术中心、四川东坡中国泡菜产业技术研究院、四川省生物源农药工程技术研究中心、四川省休闲糖果糕点工程技术研究中心、四川省三聚氰胺工程技术研究中心、四川省轨道交通工程技术研究中心 7 个创新平台纳入天府大道科创走廊创新联合体；组织 50 余家企业参加成都市“菁蓉汇 校企双进”科技对接专场活动 4 场；与成都科技企业孵化器协会共同举办“成眉协同孵化促创新”交流座谈会；与成都、德阳、资阳 3 市共同举办“成德眉资健康食品创新大赛”，2 个项目分别获得一等奖和三等奖。

【科技人才引育】 眉山市科技局新引进 9 名外籍人才，其中 A 类外国专家 2 人；推荐 4 人申报 2022 年国家科技创业领军人才计划，推荐 15 人申报 2022 年天府科技人才；开发科研助理岗位 135 个。

图 105　2022 年 7 月，国家级科技企业孵化器——万象创新科技产业园　（供图：市科技局）

【科技为农服务】 眉山市科技局组建“眉山市晚熟柑橘产业科技特派员服务团队”，选派晚熟柑橘产业科技特派员 40 名；六县（区）实现一县一个科技特派员团队；新建 5 个“四川科技兴村在线”平台（1 个市级、4 个县区级），完成专家 431 人和信息员 1477 人入库；举办 2022 年科技活动周大型科普宣传活动，组织 19 场科技培训，解决农户生产技术难题 182 个。

（刘桥华）

文化·体育

CULTURE AND SPORTS

文化事业发展 / 专业文艺 / 群众文化 / 考古发掘 / 文物保护 / 非物质文化遗产保护 / “三苏文化”研究 / 传媒事业发展 / 广播电视 / 报刊宣传 / 体育事业发展 / 竞技体育 / 社会体育 / 档案工作 / 史志编纂

文化事业发展
Cultural Undertakings Development

【概况】 2022年，眉山市坚持"政府主导、社会参与，改革创新、共建共享"原则，以基层综合性文化服务中心建设为载体，全面提升公共文化服务效能。全市"三馆一站"（公共图书馆、文化馆、美术馆、乡镇综合文化站）、村（社区）文化活动室全部实现免费开放，鼓励社会力量参与公共文化建设，开创公共文化建设和服务新模式。

【基层公共文化建设】 眉山市基本建成市、县（区）、乡镇（街道）、村（社区）四级公共文化服务设施网络。全市有文化馆7个、图书馆7个、美术馆7个、博物馆2个、乡镇（街道）综合文化站133个、村（社区）文化活动室847个。全市156个公共图书馆、文化馆、美术馆、博物馆（纪念馆），847个村（社区）文化活动室全部实现免费开放。东坡区松江镇综合文化站站长田康林入选全国乡村文旅带头人支持项目名单；东坡区东坡读书会被评为全国学雷锋"四个100"最佳志愿服务组织。东坡区太和镇综合文化站被评为四川省"金熊猫"奖先进集体；丹棱县幸福古村农文旅融合入选四川省文化和旅游领域改革典型案例；东坡书院、东坡亲子非遗课堂、"百姓舞台 人民的节日"仁寿县乡镇文艺调演、丹棱县作平文化艺术团4个项目入选四川省文旅公共服务高质量发展"四个一批"、4人被评为"2022年四川省突出贡献文旅能人"。

【文化市场综合执法】 眉山市开展"奋战一百天、献礼二十大"以及旅行社、艺术考级、歌舞娱乐场所、出版印刷等行业专项治理，共出动执法人员17647人次，检查场所6816家次，全年共办结案件51件（其中获评文旅部部督案件1件，全省查处侵权盗版大案要案1件），处罚款44.9万元。获得第三届全国文化市场综合执法岗位练兵技能竞赛四川竞赛团体全能二等奖；1人获得"四川省知识产权保护工作成绩突出个人"。

【"扫黄打非"行动】 眉山市文广旅局围绕查堵和整治两个重要环节，持续开展"扫黄打非·正道2022""扫黄打非·新风2022"集中行动，收缴涉嫌淫秽光碟51张，非法出版物122本，查处1家书店销售非法出版物案件，1家游戏游艺设备含有禁止内容案件，1家歌舞娱乐场所点歌系统含有禁止性内容。2022年眉山市文化市场综合行政执法支队被评为全省"扫黄打非"先进集体，1人获得全省"扫黄打非"先进个人。

（张丛文）

专业文艺
Professional Arts

【概况】 2022年，眉山市举办首届文艺新作大赛，收到参赛作品63件，评选出获奖作品42件；市歌舞剧院与中国东方演艺集团签订合作协议，共同打造舞蹈诗剧《东坡》；由市歌舞剧院承演的诗乐舞《大国芬芳》首次在眉山展演5场；市文化馆刘戈《"羌音楚韵"青衣羌族瓦屋山山歌组歌》成功入选2022年度四川艺术基金青年艺术人才培养（个人）资助项目。

【眉山市首届文艺新作大赛】 眉山市文广旅局会同市委宣传部、市教体局联合举办眉山市首届文艺新作大赛，分舞蹈类、语言类、音乐类3项，共收到参赛作品63件，评选出获奖作品42件，提升眉山市舞台艺术创作和表演水平、挖掘发现一批艺术创作和表演人才。11月1日，部分获奖作品在眉山市"东坡文化月"启动仪式上展演。

【《大国芬芳》诗乐舞演出】 2022年11月，由眉山市歌舞剧院出演的诗乐舞《大国芬芳》首次在眉展演，此次演出共计演出5场，观演观众达4000人次。

【《诗忆东坡》现代舞诗剧创作】 2022年，眉山市歌舞剧院联合中国东方演艺集团创排大型现代舞诗剧《诗忆东坡》，打造独具中国传统文化魅力的舞台剧。1月17日，中国东方演艺集团与眉山市歌舞剧院正式签订联合创排舞蹈诗剧《诗忆东坡》合作协议；7月，舞蹈诗剧《诗忆东坡》创作研讨座谈会在眉山三苏祠正式召开。会上，中国东方演艺集团及眉山市相关部门领导、苏学专家、文艺界人士等围绕《诗忆东坡》的创意、主题、制作、市场运营等方面进行深入交流与研讨，正式启动现代舞诗剧《诗忆东坡》项目。

（张丛文）

群众文化
Mass Culture

【概况】 2022年，眉山市文广旅局持续完善公共文化服务体系，基本建成覆盖

图106 2022年11月，市歌舞剧院诗乐舞《大国芬芳》剧照

（供图：市文广旅局）

图107 2022年11月1日，东坡文化月启动仪式上，市内各行业代表宣读《传承三苏文脉 弘扬东坡文化倡议书》

（供图：市文广旅局）

城乡、便捷高效、保基本、促公平的具有眉山特色的现代公共文化服务体系，市、县（区）、乡镇（街道）、村（社区）四级公共文化设施网络实现全覆盖。

【市图书馆新馆建设】 眉山市图书馆新馆位于岷东新区岷东大道与青神路交叉口西北侧，按照国家一级馆标准建设，图书馆地上面积16757平方米。功能设置藏书借阅区、咨询服务区、公共活动与辅助服务区、业务区、技术设备区和后勤保障区等。主要含书库、报刊阅览室、图书借阅室、少儿阅览室、地方文献阅览室、视障阅览室、多媒体阅览室、视听文献阅览室、陈列展览厅、小型会议室、培训教室、采编加工室和典藏室等。2022年6月，市图书馆新馆建设项目取得施工许可证，全面开工建设。

【市文化馆新馆建设】 眉山市文化馆新馆位于岷东新区岷东大道与青神路交叉口西北侧，按照国家一级馆标准建设，文化馆地上面积10209平方米。功能设置群众文化活动区、业务区、学术报告厅、综合展览区等。主要含综合排练厅、舞蹈排练厅、合唱排练厅、乐队排练厅、艺术讲堂、大小展厅、少儿艺术体验室、各类专业库房、各艺术门类工作室、化妆间、录音棚、制作室、档案室、综合展览区、公共培训教室等。2022年6月，市文化馆新馆建设项目取得施工许可证，全面开工建设。

【美术展览】 眉山市美术馆先后举办“修身守正立心铸魂——四川省书法家协会国学修养与书法青年书法创作骨干研习班”学员学习心得书法作品展、“萌友”犬主题创作展、“朝花夕拾——庄朝华先生书画作品展”、“礼赞新时代奋进新征程”2022成渝德眉资美术书法摄影优秀作品展等10场展览，展出书画、摄影作品1000余件，进馆观展3万余人次，线上服务群众20余万人次；5月12日，四川国防书画院首个创作基地在眉山市美术馆挂牌。

【乡镇（街道）综合文化站评估定级】 6月，眉山市被文化和旅游厅认定为全省唯一的乡镇（街道）综合文化站评估定级市级试点单位。在文化和旅游厅指导下，眉山市根据全省乡镇（街道）综合文化站等级评定标准（测试稿），指导各县（区）以评促建、以评促改、以评促用，提高全市乡镇（街道）综合文化站服务水平。截至12月底，完成县（区）自评、第三方实地调查等工作。

【群众文化活动】 眉山市文广旅局采用“线上＋线下”形式开展群众文化活动，打造“东坡大舞台”文化（戏曲）惠民乡村行、“4·23”世界读书日全民阅读、万人赏月诵中秋、群众广场舞集中展演等品牌群众文化活动。全年开展群众文化活动1616场，惠及群众300余万人。

（张丛文）

考古发掘
Archaeological Excavation

【概况】 2022年，眉山市完成江口沉银第五期考古发掘，出水文物1万余件；完成抢救性考古发掘和文物调查勘探6项，其中天府新区1项、东坡区2项、彭山区1项、丹棱县1项、跨区域联合调查1项。

（张丛文）

【江口沉银遗址考古发掘】 2021年12月至2022年5月，完成江口沉银第五期考古发掘工作，发掘面积1000平方米，总计出土文物1万余件，抢救和保护以“荣世子宝”金印、“永昌督理之印”银印和“钦赐崇德书院”铜印等为代表的一大批珍贵文物。基本上确认江口明末战场遗址南部边界位于彭山岷江大桥附近。此次考古发掘，不仅出水大量明末时期文物，还发现大量巴蜀青铜兵器和工具，时代上早至西周，晚至战国，种类包括柳叶形剑、无胡三角援戈、荷包形钺、斤和凿等，这批青铜器形制完整，保存完好，对研究巴蜀青铜兵器的起源发展具有重要意义；此外，本次发掘还出水上至秦半两、下至民国银圆在内的9万余枚历代钱币，时间延续2000多年，对于四川经济史、货币铸造史和岷江内河航运史的研究均具有重要价值。

（张丛文 廖涔岑 徐莉岚）

【天府新区中法农业科技园文物调查勘探项目】 2022年4月至5月，四川省文物考古研究院依法对天府新区中法农业科技园（46号、157号地块）建设用地区域进行文物调查勘探。用地范围内发现文物点1处：赵家砭墓葬群，共探明墓葬33座，其中宋代墓葬5座、明代墓葬11座、清代墓葬17座，均为竖穴土圹墓。赵家砭墓葬群位于项目建设范围内，在其修建过程中会对墓葬群造成破坏，建议避让。如果无法避让，须按相关程序报批，进行抢救性考古发掘。

【彭山区第三人民医院（江口区域医疗中心）建设项目文物调查勘探】 2022年6

图108 2022年6月，江口沉银遗址挖掘现场 （供图：眉山日报社）

月，眉山市彭山区江口街道社区卫生服务中心委托四川省文物考古研究院依法对该项目涉及的建设用地区域进行考古勘探。彭山区第三人民医院（江口区域医疗中心）建设项目用地范围内发现文物点一处：宋—明代时期大坟包墓地，由7座宋代墓葬、5座明代墓葬组成。建议项目避让。

【甘眉工业园区宁德时代场坪项目文物勘探】 2022年4月至5月，四川省文物考古研究院依法对建设用地区域进行文物调查勘探。眉山市东坡区甘眉工业园宁德时代场坪项目用地范围内发现文物点1处：桤抛树汉—宋代遗址，包括汉代砖室墓4座、汉代灰坑4座、宋代砖室墓1座、宋代窑址1座为Y1。桤抛树汉—宋代遗址位于施工红线范围内，施工过程会造成破坏，建议避让，如果无法避让，须按相关程序报批，进行抢救性考古发掘。

【市域（郊）铁路S5号线成都至眉山线文物调查勘探项目】 2022年7月至8月，四川省文物考古研究院与眉山市文物保护研究所、天府新区眉山管委会教育体育和文化旅游局、东坡区文化遗产保护中心、仁寿县文物管理中心、彭山区文物保护研究所共同抽调文物、考古方面的专业人员组成文物调查勘探队，依法对市域（郊）铁路S5号线（眉山段）建设用地区域进行文物调查勘探，共发现文物点7处。

【眉山文庙遗址（眉师附小扩建项目）文物涉及区域抢救性发掘】 2022年3月，眉师附小扩建项目施工单位发现大量砖石遗迹，经相关专家评估认定为清光绪十三年（1887）文庙宫墙遗迹。4月，报经四川省文物局同意，眉山考古工作站组织四川省文物考古研究院、眉山市文物保护研究所、眉山市东坡区文化遗产保护中心，“三级联动”对眉山文庙遗址（眉师附小扩建项目）进行文物勘探和考古发掘。通过考古发掘，出土（含采集）文物288件，清理出清光绪十三年（1887）眉山文庙北侧、西侧宫墙遗迹，掌握眉师附小扩建项目范围内清光绪年间（1875—1908）眉山文庙的宫墙范围，同时了解修筑方式及兴废历史。

（张丛文）

文物保护
Cultural Relics Preservation

【概况】 2022年，眉山市有备案博物馆17家，分别为洪雅县台会博物馆、青神竹编博物馆、眉山三苏祠博物馆、东坡泡菜博物馆、彭山博物馆（眉山市彭山区汉崖墓博物馆）、丹棱县博物馆（丹棱县大雅堂博物馆）、眉山三苏纪念馆、冯建吴石鲁艺术博物馆、眉山天府新区高家镇乡村史馆、黑龙滩陈列馆、四川监狱博物馆、七里坪乡史馆、宝镜村村史馆、罗平旧时光社区博物馆、英勇社区博物馆、洪雅县罗家大院民俗馆、青神国际竹编艺术博览馆。可移动文物数量6783件（套），其中一级文物12件（套）、二级文物78件（套）、三级文物1041件（套），一般文物3694件（套）、未定级文物1958件（套）。不可移动文物拥有全国重点文物保护单位13处15个点，省级文物保护单位44处，市级文物保护单位154处，县级文物保护单位254处。

【文物资源调查】 眉山市文物保护研究所开展碑刻石刻文物拓印管理专项排查，确定全市馆藏文物拓片登记在档3839件（套）。实施全国名碑名刻文物遴选推荐及碑刻石刻文物资源摸底调研，摸清不可移动碑刻石刻文物75处，可移动碑刻石刻文物97件（套）。

【文物资源管理】 眉山市核定公布第五批市级文物保护单位，新增16处市级文保单位，现有市级文保单位升至154处。评审文物保护修缮方案11个，竣工验收文物保护工程项目4个。

【文物安全防范】 眉山市文物保护研究所会同市公安局建立文物博物馆单位治安防范常态化工作机制，联合多部门部署开展汛期、节前等重要时段文物安全防范、排查整治工作，全年检查文物博物馆单位1503家次，发现文物安全隐患226处，督促隐患整改226处，发放整改通知书2份，有效处置文物违法案件1件。

【文保项目申报】 眉山市全年向上争取实施文物保护项目4个，争取国保资金1190万元、省保资金200万元，为上年同期的1.22倍。安排市级文物保护专项资金177万元，实施修缮文保项目8个。

【革命文物保护】 黑龙滩水利工程、7054气象台旧址2处文保单位成功入选四川省第二批不可移动革命文物，实现眉山市省级革命文物“从零到有”的突破。

【博物馆建设】 成功创建省级第二批乡史村史和社区博物馆建设示范项目10个（罗平旧时光社区博物馆、尚义镇英勇社区村史馆、眉山天府新区高家镇乡村史馆、黑龙滩陈列馆、冯建吴·石鲁艺术博物馆、罗家大院民俗馆、七里坪社区史馆、止戈文化博物馆、幸福古村村史馆、万年村村史馆），数量位居全省第一。建成市级乡村史馆示范项目7个（黑龙滩陈列馆、英勇社区村史馆、中保民俗文化博物馆、东岳镇戈文化博物馆、锦江镇莲花社区史馆、桂香村村史馆、杨柳漕村村史馆）。全市备案博物馆新增9家（冯建吴石鲁艺术博物馆、眉山天府新区高家镇乡村史馆、黑龙滩陈列馆、七里坪乡史馆、宝镜村村史馆、罗平旧时光社区博物馆、英勇社区博物馆、洪雅县罗家大院民俗馆、青神国际竹编艺术博览馆），总数增至17家。

【三苏遗址遗迹保护】 眉山市文广旅局编制《眉山市文物保护总体规划》《眉山市三苏遗址遗迹保护利用规划》《全国三苏文物主题游径眉山示范带规划》，将三苏遗址遗迹全面纳入实施保护。三苏祠入选国家文物局文物建筑保护利用典型案例，并在国家文物局《文物建筑保护利用案例解读》发布交流会上作经验交流。三苏祠成功创建为全省首批文明旅游示范单位、对台交流基地、第十批中国华侨国际文化交流基地。

【文物保护宣传】 眉山市文广旅局组织各文博单位于“5·18”国际博物馆日、“文化和自然遗产日”，依托“线上+线下”形式举办宣传活动22场，形成全社会参与文物保护的良好氛围。

【眉州古城墙遗址保护】 2022年11月，由市文广旅局牵头负责，市文物保护研究所作为业主单位与四川省省文物考古研

2022年眉山市全国重点文物保护单位和省级文物保护单位一览表

表33

序号	文物保护单位	项目级别	认定时间	序号	文物保护单位	项目级别	认定时间
1	彭山江口崖墓	国保	2006年5月	30	大旺寺白塔	省保	2007年6月
2	瑞峰崖墓群	国保	2006年5月	31	寨子城	省保	2007年6月
3	牛角寨石窟	国保	2006年5月	32	眉州武庙	省保	2007年6月
4	三苏祠	国保	2006年5月	33	文林天主堂	省保	2007年6月
5	眉山报恩寺	国保	2006年5月	34	北斗叶家祠	省保	2007年6月
6	双堡牌坊	国保	2006年5月	35	周家祠	省保	2007年6月
7	丹棱白塔	国保	2013年3月	36	五龙祠	省保	2007年6月
8	郑山、刘嘴摩崖造像	国保	2013年3月	37	修文塔	省保	2007年6月
9	能仁寺摩崖造像	国保	2013年3月	38	蜂耳洞崖墓群	省保	2012年7月
10	中岩寺摩崖造像	国保	2013年3月	39	八角洞崖墓群	省保	2012年7月
11	冒水村摩崖造像	国保	2013年3月	40	洞子山崖墓群	省保	2012年7月
12	禾加甘泉寺	国保	2013年3月	41	陈沟千佛岩摩崖造像	省保	2012年7月
13	曾家园	国保	2013年3月	42	老鹰岩摩崖造像	省保	2012年7月
14	龙鹄山松柏之铭碑及摩崖造像	省保	1991年4月	43	观音堂崖墓群	省保	2012年7月
15	仁寿奎星阁	省保	1991年4月	44	田公祠古建筑群	省保	2012年7月
16	重瞳观	省保	2002年12月	45	黑龙滩农田水利工程	省保	2012年7月
17	梓潼宫	省保	2002年12月	46	牛尾股山崖墓群	省保	2019年1月
18	苟王寨摩崖造像	省保	2002年12月	47	北平观遗址及摩崖造像	省保	2019年1月
19	江口石龙	省保	2002年12月	48	虞允文墓	省保	2019年1月
20	武阳故城遗址	省保	2007年6月	49	大雅杨氏墓	省保	2019年1月
21	丈六院摩崖造像	省保	2007年6月	50	盘鳌弥陀寺	省保	2019年1月
22	石碓窝摩崖造像	省保	2007年6月	51	陈家碥和尚塔	省保	2019年1月
23	鸡公山摩崖造像	省保	2007年6月	52	二龙庙大殿	省保	2019年1月
24	两岔河摩崖造像	省保	2007年6月	53	“德利源”酒坊窖群	省保	2019年1月
25	彭山陶窑遗址	省保	2007年6月	54	永寿报本寺	省保	2019年1月
26	连鳌山石刻	省保	2007年6月	55	文幼章旧居	省保	2019年1月
27	苏洵家族墓地	省保	2007年6月	56	三江庙古建筑群	省保	2019年1月
28	虞公著夫妇合葬墓	省保	2007年6月	57	牛尾股山崖墓群	省保	2019年1月
29	坛罐窑窑址（坛罐窑遗址）	省保	2007年6月				

究院签订合同，开展眉州古城墙历史文化街区（一期）考古调查勘探工作。

（张丛文）

【太和古镇历史文化街区保护】 太和老镇历史文化街区加紧开展核心区示范点建筑保护修缮，完成3栋建筑示范点修缮。

【太平古街历史文化街区保护】 太平古街历史文化街区锁定一期保护整治范围，实施兴隆街个别传统风貌建筑、历史建筑点位的修缮施工。

（沈宁雪）

【江口沉银博物馆建设】 江口沉银博物馆项目位于彭山区江口沉银遗址旁、两江汇流的三角洲上，规划面积200亩，建筑面积5万平方米，估算总投资10亿元。该项目被列入四川省《建设文化强省中长期规划（2019—2025年）》，博物馆重点建设项目。截至2022年12月底，江口沉银博物馆建设主体结构全部封顶，完成主体建设左侧屋面防水施工、室内砌体及二次构造；地下室消防管道安装完成80%，砌体完成30%；累计投入资金7100万元。

（张丛文）

非物质文化遗产保护
Intangible Cultural Heritage Protection

【概况】 2022年，眉山市有非遗项目239个，列入国家级非遗项目名录1项、省级17项、市级66项、县级155项；累计公布七批市级非物质文化遗产代表性传承人136名，有国家级非遗生产性保护示范基地1个，省级非遗传习基地1个，省级非遗体验基地5个，市级非遗生产性保护基地5个，市级非遗传习基地5个。

【非遗申报保护】 瓦屋山山歌、三苏龙眼酥制作技艺、丹棱冻粑制作技艺、洪雅风酱肉制作技艺、八百寿酒传统酿造技艺、青神传统杆秤制作技艺、仁寿陶艺、谢氏正骨疗法、老峨山六月六朝山会、仁寿石雕技艺、刘氏匾联木刻技艺、曹家梨膏传统制作技艺、雅连生产习俗、马嘴河白酒传统酿造技艺、阴沉木木雕技艺15个项目成功入选第六批省级非物质文化遗产代表性项目名录。

【省级非遗代表性传承人抢救记录】 眉山市全年拍摄非遗实践片、口述片、传承教学片、综述片视频171小时，录制传承人口述史音频171.5小时，整理口述史文稿46万字；收集纸质文献37件，各类电子文献90件，实物文献43件，图片508张，精选图片134张。2022年6月，市非遗中心与市档案馆合作共建非遗档案，将眉山市省级非遗代表性传承人抢救性记录、市级非遗代表性传承人抢救性数字记录等非遗保护成果音视频、图文等相关资料通过专业数字化手段完整保存。

【眉山非遗讲堂】 眉山市县联动开展暑期特色非遗讲堂，市非遗中心组织东坡剪纸、钦斋泥塑、刘氏匾联木刻技艺传承人进行授课，仁寿县非遗中心组织仁寿陶艺、仁寿篆刻传承人开展传承展示活动，丹棱县非遗中心组织丹棱唢呐传承人进行授课，市、县共开展暑假非遗讲堂20场，参与学生及市民2000人次。

【苏东坡传说陈列馆】 苏东坡传说是四川省省级非遗代表性项目，苏东坡传说陈列馆是依托现有市级文物保护单位眉州城墙的附属建筑城门楼建设的首家苏东坡传说非遗馆，2020年被评为四川省社区博物馆建设示范项目。2022年陈列馆接待《经济日报》团队、网红大V“意公子”团队及三苏遗址遗迹规划团队参观调研苏东坡传说陈列馆，推动东坡文化研究传承工作；举办“苏东坡传说”眉山非遗讲堂、“苏东坡传说”进社区进学校；在眉山市2022年“文化和自然遗产日”举办《眉山瑰宝——眉山文化遗产保护图片展》等系列传承实践活动，接待观众2.3万人次，观众满意度达90%以上。

【东坡泡菜制作技艺宣传推广】 眉山市非遗中心在老坛子泡菜传习基地开展非遗泡菜研学、非遗技艺交流、非遗培训等传承、体验、交流活动80余次；开展东坡泡菜制作技艺走进社区研学体验和网上直播活动10余次，直播参与活动人数约150万人；最新研发的袋装老坛子活泡菜零添加系列泡菜产品入选京东金牌榜，并入选抖音“东方甄选”；接待来自全国各地的央视媒体、省内媒体、企业人员及学者约2000人，并多次受中央电视台、四川电视台、《四川日报》等主流媒体宣传报道。

（张丛文）

2022年眉山市国家级、省级非遗项目一览表

表34

序号	项目名称	项目级别	认定时间
1	青神竹编	国家级	2008年6月
2	抬工号子	省级	2007年3月
3	丹棱唢呐	省级	2007年3月
4	复兴耍锣鼓	省级	2007年3月
5	青神捻条画艺术	省级	2009年7月
6	“长春号”南味豆腐传统手工制作技艺	省级	2009年7月
7	裕泰乾马氏芝麻糕制作技艺	省级	2009年7月
8	五月台会（城隍庙会）	省级	2009年7月
9	竹琴（道琴）	省级	2011年6月
10	苏东坡酒传统酿造技艺	省级	2011年6月
11	洪雅师道戏	省级	2014年6月
12	东坡肘子制作技艺	省级	2014年6月
13	瑞峰端午龙舟节	省级	2014年6月
14	彭祖山三月三朝山会	省级	2014年6月
15	苏东坡传说	省级	2018年12月
16	东坡泡菜制作技艺	省级	2018年12月
17	何首乌饮片传统加工技艺	省级	2018年12月
18	洪雅雅纸制作技艺	省级	2018年12月

“三苏文化”研究

Research on the Three-Su Culture

【概况】 2022年，眉山市三苏祠博物馆圆满完成习近平总书记三苏祠考察接待任务，入选国家文物局文物建筑保护利用典型案例，三苏祠文物保护利用经验及做法在《中国文物报》头条刊发；完成《苏轼书法全集》编辑出版；举办“吾家东坡”——苏轼题材文物展及《苏轼书法全集》图录特展；与市纪委、市委宣传部、市教体局等单位合作举办“三苏家风进万家”主题展；与央视合作完成的“文化十

2022年眉山市国家级、省级非遗保护示范／传习体验基地一览表

表35

序号	基地名称	地址	项目级别	认定时间
1	青神竹编生产性保护示范基地	四川省眉山市青神县竹艺街3号中国竹艺城	国家级 省级	国家级：2014年5月 省级：2012年12月
2	青神竹编工艺传习基地	四川省眉山市青神县竹艺街3号中国竹艺城	省级	2019年7月
3	青神竹编体验基地	四川省眉山市青神县竹艺街3号中国竹艺城	省级	2019年7月
4	东坡泡菜技艺体验基地	四川省眉山市东坡区泡菜城大道1号	省级	2019年7月
5	洪雅幺麻子藤椒油体验基地	四川省眉山市洪雅县藤椒文化博物馆	省级	2019年7月
6	巧巧赵氏核桃糖技艺体验基地	四川省眉山市东坡区万胜镇茂华大道8号	省级	2019年7月
7	仁寿陶艺体验基地	四川省眉山市仁寿县天峨乡三坛村4组	省级	2019年7月

图 109 2022 年 7 月 8 日，“日啖荔枝三百颗”东坡荔枝分享会 （供图：市文广旅局）

分”栏目三苏祠宣传片在中央电视台综艺频道（CCTV-3）播出；与创境领域（深圳）科技有限公司共同研发 3D 沉浸式公益文化课程“文曲星苏轼”；与“意公子”合作，推出短视频 5 条，总点击量 6000 万次。

【吾家东坡——苏轼题材文物特展·《苏轼书法全集》（四十五册本）图录特展】 1 月 21 日（农历腊月十九），苏东坡 985 周年诞辰，眉山三苏祠博物馆与故宫博物院、西南大学书法研究所、四川宋瓷博物馆、彭州博物馆等联合举办吾家东坡——苏轼题材文物展及《苏轼书法全集》（四十五册本）图录特展在三苏祠式苏轩开展，本次特展共展出与东坡先生相关的宋代至近代的书画、拓本、瓷器、金银器等文物 34 件（套），书法作品 170 余件，全面呈现苏轼的书法艺术成就，实现眉山人家门口看文物大展的愿望。

【三地联动“日啖荔枝三百颗”活动】 7 月 8—9 日，三苏祠博物馆联合泸州市博物馆、惠州苏东坡祠（东坡纪念馆），在三苏祠荔枝树下每日向游客分享 300 颗三地荔枝，实现“日啖荔枝三百颗”自由。

【“是父是子——‘三苏家风进万家’主题展”】 9 月 28 日，三苏祠博物馆与市纪委、市委宣传部、市教体局等单位合作举办的“是父是子——‘三苏家风进万家’主题展”活动在三苏祠启贤广场启动，以流动展馆形式，深入眉山各村（社区），普及三苏家风家教，培育文明和谐家风，弘扬优秀传统文化，深化家庭道德文明建设，践行社会主义核心价值观。

【四川作家“深入生活　扎根人民”新时代文学实践点授牌仪式活动】 11 月 13 日，四川作家“深入生活扎根人民”新时代文学实践点授牌仪式在三苏祠博物馆举行。四川作家“深入生活　扎根人民”新时代文学实践点是四川省作家协会为四川作家深入生活、扎根人民搭建的优质文学创作平台，也是四川作家面向社会、面向基层开展文学服务的重要载体。首批入选实践点共 12 个，眉山市三苏祠博物馆和眉山市东坡区太和镇永丰村位列其中。

【第五届眉山东坡文化学术高峰论坛】 11 月 18 日，眉山市举办第五届眉山东坡文化学术高峰论坛，以“苏东坡与宋代生活审美”和“苏东坡的家国情怀”为主题，全方位、多角度对苏东坡的书法绘画、美学思想、家国情怀等进行挖掘，进一步完善东坡文化理论体系，丰富理论研究成果，共征集 37 篇特约论文和 31 篇社会入选论文。

【《苏轼书法全集》发布】 11 月 18 日，《苏轼书法全集》（四十五册本）正式发布。《苏轼书法全集》（四十五册本）是眉山市人民政府与西南大学校地合作的重大文化工程，分总目卷、墨迹卷、法帖卷、碑刻卷、释文卷五部分，共收录海内外 20 多家文博机构及私人藏家收藏的苏轼一门书法作品 540 余件。

【东坡书院主题阅读空间】 东坡书院主题阅读空间是四川省文化产业发展专项资金扶持项目，该项目有利于三苏祠馆藏书籍得到更好利用，为公众展示相关三苏精品书籍。东坡书院主题阅读空间以传播三苏文化为核心，将三苏文化元素植入空间场景，打造集书籍阅读、读书分享、

图 110 2022 年 11 月 18 日，《苏轼书法全集》（四十五册本）正式发布 （供图：市文广旅局）

图 111 2022 年 11 月 18 日，第五届眉山东坡文化学术高峰论坛会 （供图：市文广旅局）

美育课堂于一体的主题空间。11月18日,东坡书院阅读体验空间——东坡文化专题图书馆建成投用。

【苏轼主题文物特展】 11月29日,苏轼主题文物特展在四川博物院正式开展。此次特展以"东坡真迹"及其相关文物为核心展品,齐聚全国30余家博物馆珍藏的苏轼主题相关文物274件,其中三苏祠博物馆共有33件展品展出。除苏轼真迹《潇湘竹石图》《洞庭春色赋·中山松醪赋卷》《阳羡帖》手卷等珍贵展品,其他宋代精品文物,包括瓷器、金银器、铜器、书画、茶具、酒具、文房四宝以及反映宋代文人生活四艺的点茶、焚香、插花、挂画,反映宋代文人闲适生活的宴饮、捶丸、蹴鞠、投壶等展品也集体亮相。

(张丛文)

传媒事业发展
Media Industry Development

【概况】 2022年,眉山市文广旅局开展全省非法直播卫星小耳朵清理调查试点工作,完成市级广播电视安全播出和节目监看系统建设任务,升级改造7座地面数字电视发射台站,高质量完成2021年度市广播电视和网络视听节目市级奖评审工作。

【广电行业管理】 眉山市文广旅局全面完成2022年民生实事广播电视户户通运行维护任务,确保全市11255个自然村广播电视设施、设备长期通、优质通。在东坡区开展全省非法直播卫星小耳朵清理调查试点工作,协调市经信局处理5G信号干扰,打击黑广播1处,圆满完成迎接中共二十大、冬奥会等广播电视重保期安全播出工作,全市全年未发生广播电视安全播出事故。

【"智慧广电"建设】 丹棱县完成应急广播平台建设,仁寿县应急广播项目成功进入省广电局2022—2024年建设范围,争取省级补助资金300万元。青神县进入省广电局"智慧广电"试点县建设范围,争取省级补助资金300万元。制定全市地面数字电视单频网建设方案,全市投入450余万元,升级改造7座地面数字电视发射台站,建成统一运行的地面数字单频网,信号覆盖率达80%以上,提升本地广播电视节目覆盖率,保障人民群众基本公共服务权益,同时完成广电700兆赫频率腾退工作任务。

【广电宣传和节目评选】 眉山市文广旅局组织开展防范非法集资、禁毒、生态环境政治、文化进万家、安全生产月、森林防灭火、防汛抗旱等宣传工作;完成2021年度市广播电视和网络视听节目市级奖评审工作,共评出获奖作品130件,其中优秀奖46件、提名奖84件;完成"时代光影 百部川扬"网络视听作品推优工作,1件作品获省级优秀,3件作品获提名;动画片《少年苏东坡传奇》全国首播,收视率排同时段卡通节目全国第一;仁寿县融媒体中心荣获中宣部办公厅、文化和旅游部办公厅、国家广电总局办公厅联合表彰的第九届全国服务农民、服务基层文化建设县级融媒体中心和基层广播电视机构先进集体,也是全省唯一获此殊荣的融媒体中心。

(张丛文)

广播电视
Radio and Television

【概况】 2022年,眉山市广播电视台在市委、市政府领导下,认真学习宣传贯彻中共二十大精神和习近平总书记来川视察重要指示精神,围绕"讲政治、抓发展、惠民生、保安全"总体思路,把准"稳中求进"总基调,服务"三市一城"建设工作大局,精心开展"两新三大"活动,全面推进"品质提升年"各项任务。对外宣传实现历史性突破,"眉山发布"连续获评"微政四川十佳市州政务新媒体",传播力排名位列全省政务微信榜第一方阵,共有8件作品获四川新闻奖,其中,《1000亿件快递见证乡村振兴》《中国年度第1000亿件快递今天从眉山发出》荣获四川新闻奖一等奖;《屹立不倒的百年大树》《烈火金刚》分别获得国家级扶持项目和提名奖。

【主题宣传】 眉山市广播电视台围绕中共二十大主题主线,在电视、广播、新媒体三大平台开设《中共二十大特别报道》《二十大时光》《学习贯彻中共二十大精神》《学习贯彻市委五届五次全会精神》《牢记嘱托 忠诚担当 真抓实干 为新时代治蜀兴川再上新台阶贡献眉山力量》等50余个专栏,通过新闻、专题、图文信息等形式,有力宣传全市上下认真学习宣传贯彻中共二十大精神、习近平总书记来川视察重要指示精神和省第十二次党代会精神,贯彻落实中央、省委、市委决策部署,推动"三市一城"建设的生动实践,共播出新闻2万余条。

【节目宣传】 眉山市广播电视台全年在中央级各类媒体平台发稿233条,其中,《新闻联播》35条,央视直播3条,《焦点访谈》4条。聚焦眉山青神发展萤火虫经济,点亮乡村特色产业的《四川:特色产业点亮乡村经济》在央视《新闻联播》单条报道;10分钟专题节目《三苏祠:诗赋传千古 家风历久新》在中央电视台综艺频道(CCTV-3)《文化十分》栏目播出。在省级各类媒体平台发稿872条,其中,《四川新闻联播》264条,《胡元坤:牢记殷殷嘱托 谱写崭新篇章》《眉山:开放引领聚产业 其势已成》等一批超5分钟重头稿件在头条或单条播出。

【新媒体建设】 眉山市广播电视台按照市委要求,全面做好新媒体和电视新闻栏目改版工作,大力宣传新一届市委推进"三市一城"建设发展战略的庄严承诺和生动实践。将眉山电视台公共频道打造成为文旅乡村频道,展示眉山文化旅游和乡村振兴特色亮点。落实媒体深度融合发展三年行动计划,在智慧广电媒体建设、全媒体人才队伍等方面取得明显成效。"新闻+政务服务商务"更加凸显,"眉山发布"和"智慧眉山"App新增用户数10万户,舆论动员能力和网上传播能力得到进一步提升。

【媒体活动】 眉山市广播电视台统筹常态化疫情防控和经营发展,开展政务新媒体运营,承接各级各类重要政务活动,圆满执行"约惠东坡·乐购生活"2022金秋眉山消费季、"寻美乡村·乐游眉山"大型乡村旅游季、"第十二届东坡文化节暨眉山市东坡文化月"等活动40余次;高质量完成20余部专题片和微视频摄制。同时,广播电台FM93.1频率积极拓展新型创收渠道,新开设《家在眉山》《饭饭之交》栏目。

（李 霞）

报刊宣传
Newspaper and Periodicals Publicity

【概况】 2022年,眉山日报社围绕市委、市政府中心工作,服务眉山发展大局,继续深化完善改革举措,全面稳步推进媒体融合,充分发挥市委机关报宣传主阵地作用,为眉山推进制造强市、开放兴市、品质立市,奋力建设成都都市圈高质量发展新兴城市营造良好舆论氛围;4项工作被市委、市政府评为先进集体受到表彰,分别为"2021年度党风廉政建设先进集体""2021年度宣传工作先进集体""2021年度走基层直接联系服务群众工作先进集体""2021年度全市征地拆迁'征而未安'问题整治工作先进集体";获四川新闻奖11件、四川新闻奖报纸副刊作品奖10件,眉山新闻奖20余件。

【重大活动宣传】 眉山日报社立足党报主责主业,紧扣迎接、宣传、贯彻中共二十大工作主线,围绕习近平总书记来川视察重要指示精神,发挥融合传播优势,打响"东坡传风雅 千里一线牵"系列报道、大学习大实践大提升、东坡文化月暨东坡文化节、"决战四季度 大干一百天"等重大宣传战役;全力推进中央、省、市重大决策部署落地落实,推出"新时代新征程新伟业""全力以赴拼经济搞建设""我们的新时代"及泡博会、竹博会、疫情防控等重大宣传、主题报道;推出系列有温度、有深度的综合新闻报道,营造良好舆论氛围;聚焦重大主题集中策划,内外宣稿件受到市委、市政府领导肯定性批示,采写的《以党建大院撬动基层治理的虞丞探索》《仁寿方家:争当"天府粮仓"丘区示范区标杆》分别获得市委宣传部、市政府表扬;参与网络直播《"四城联动"看月亮爬上来!东坡故里邀你"云端赏月度中秋"》受到省委网信办通报表扬。

【对外宣传】 眉山日报社在《人民日报》、新华社、《光明日报》、《经济日报》、中新社、《四川日报》等中央、省级主流媒体纸媒上发稿200多件(组);在新华社客户端、人民日报人民号、"学习强国"学习平台等头部新媒体上发稿上千件,其中在新华社平台总浏览量超过1.5亿次。

【新媒体建设】 2022年重点对"眉山日报"App进行改版升级,突出"新闻+政务+商务+服务"功能,让可视化产品更加贴近基层、贴近生活、贴近群众,让媒体融合带来的宣传效果最大化。"眉山日报"App、微信微博、眉山日报抖音号、眉山日报视频号等平台的总用户数达到110万户,并荣获"微政四川2021年度十佳市州政务新媒体"。2022年6月,眉山日报社获批四川省广播电视局核发"信息网络传播视听节目许可证",系全省第二家市州报社取得视听节目服务"牌照",进一步加强网络视听节目的生产制作与传播。

【媒体融合发展】 眉山日报社不断建强融媒队伍,鼓励引导采编一线编辑记者走专业技术路线,继续实施能上能下的干部选用机制。生产前端的记者和生产后端的编辑逐步向全媒体记者和全媒体编辑转型,记者比较熟练掌握采、写、拍、编技能,编辑熟练掌握报纸编辑、新媒体编辑技能。进一步理顺策采编发等各环节,实现"一次采集、多次生成、多元发布、全媒传播"的宣传态势,搭建起"以纸端为依托,以客户端为主体,以网站、微信公众号和视频号为快反"的现代传媒矩阵体系。

【市融媒体中心建设】 眉山市融媒体中心综合项目于2019年经四届市政府第80次常务会、四届市委第105次常委会审议同意建设,是打造眉山新型融媒体综合采编平台、补齐眉山中心城区公共文化基础设施短板的重要民生实事项目。项目由市委宣传部、市文广旅局牵头实施,眉山市眉山日报报业传媒有限责任公司建设运营,列入2022年眉山市20件民生实事,写入市委《关于深入贯彻习近平总书记来川视察重要指示精神传承三苏文脉弘扬东坡文化的决定》及市政府工作报告"品质立市"2022年重点工作,属市委、市政府督查红黑榜项目。项目选址位于岷东新区岷东大道与青神路交叉口西北侧,用地面积80亩,主要建设内容为市图书馆新馆、市文化馆新馆及融媒体中心。总建筑面积60514平方米,其中图书馆面积16757平方米,文化馆面积10209平方米,融媒体中心面积22696平方米,传媒文化产业创意空间及商业配套2280平方米,其余为地下停车场、人防及配套机房。项目概算总投资为5.26亿元,采取地方政府专项债+市财政配套资金模式筹资,其中地方政府专项债3.9亿元,市财政配套1.36亿元。2022年一季度、二季度分两次到位项目地方政府专项债资金12900万元,市本级配套地下文物抢救发掘资金59.3万元。抢抓财税惠企政策红利,成功争取留抵退税资金1069万元,年度建设资金要素保障到位。2022年6月,市融媒体中心建设项目取得施工许可证,正式开工建设。

【报社创新发展】 眉山日报社认真贯彻落实市委要求,省内市州第六个开办"学习强国"App地方学习平台,并于2022年年底正式上线;《在眉山,有一种幸福叫"我家住在公园旁"》版面入选由中央宣传部(国家新闻出版署)、中国报业协会主办的新时代党报成就展(线上展),四川地市州报社只有2件作品入选,是《眉山日报》开办以来首次入选全国报业展览。

（何海娟）

档案工作
Archives Work

【概况】 2022年,眉山市档案馆在党委政府指导下,档案部门探索建立"局牵头、馆承办,统筹力量、一体运行"的档案工作协调运行机制,突出"三个统筹"(力量统筹、工作部署统筹、监管执法统筹),在重大建设项目、重大会节活动、脱贫攻坚、疫情防控等方面更好地发挥档案存史留凭作用。

【档案接收征集】 眉山市档案馆整合用好外力，广泛发动部门力量，做好社会档案征集。在市文化与艺术界联合会支持下，顺利将马识途的4幅书法作品及《“东坡”从何而来？》手稿“迎接”进馆；走访眉山抗战将士纪念馆、郭祝三故居和东坡区、洪雅县、丹棱县烈士陵园，征集到照片、实物展示件等红色档案，为《红色四川·眉山篇》编写提供第一手资料；从市林业局、市总工会、市长效办征集到国家森林城市荣誉奖牌、国家卫生城市荣誉奖牌、国家文明城市奖牌等实物档案；征集中车眉山车辆有限公司实物档案3件，王氏族谱1本，眉山知名书画家捐赠字画10幅，资料5册。做好档案接收，严格落实“双套制”（同时存放同一文件的纸文件和电子文件）进馆要求，做好原市国土资源局等10个单位档案接收，补充完善6个单位全宗卷，超额完成市馆全年3500卷（件）目标任务。全市共接收档案64969卷、279537件，4961.16GB（吉字节）。

【档案资源开发利用】 眉山市档案馆立足馆藏资源，开展数据审核，收集14个市级部门及6个县（区）档案馆《成渝双城经济圈概览》数据资料，安排专人完成审核、修改、上报工作。组织档案编研，组织、指导全市各综合档案馆深度挖掘馆藏档案，开发编研成果，彭山区拍摄《彭山风潮劲 同心筑堡垒——川西南第一个县委的诞生》等5期革命红色档案故事；洪雅县编研《洪雅档案精选》《洪雅县地下党活动简述》等7本书籍，拍摄制作4集红色党史专题片；丹棱县档案馆编印《丹棱民俗》，撰写《丹棱藉唯一老红军瞿恒洲革命经历》文稿。加强部门合作，与市文管所签署《眉山非遗档案共建合作协议》，发布非遗普查成果211个，在全省率先启动非遗代表性传承人抢救性记录工作，收集纸质文献136件、电子文献238件、实物文献254件，整理图片4621张，共同建设维护眉山非物质文化遗产档案库。加强区域合作，积极参加成德眉资“20件珍档喜迎二十大”红色珍档评选发布会；组建调研小组深入各县（区）综合档案馆，充分挖掘馆藏红色档案资源，甄选出10件精品档案代表眉山参加前期评选，其中解放西南胜利纪念章、地下党组织联络信物——五星酒瓶、郭祝霖革命烈士证明书、老红军瞿恒洲个人档案等4件珍档成功入选，首次对外发布。

【档案信息化建设】 眉山市档案馆推进“存量数字化”，开展馆藏资源数字化加工工作，建立完善各类目录数据库和档案全文数据库，逐步实现对数字档案信息资源的网络化管理、分层次多渠道提供档案信息资源利用和社会共享服务。2022年，全市共投入数字化加工专项经费207.5万元，完成馆藏档案全文数字化97.96万条、487.2万页。

【档案法治建设】 眉山市档案馆做好一体化政务服务平台工作，对市本级行政权力事项进行重新认领，公开行政许可1项，行政处罚5项，行政检查1项，行政奖励1项，其他行政权力11项，合计19项，让权力在阳光下运行；严格按照系统规定流程进行数据、材料录入，助推“一网通办”改革，事项办结率100%；开展档案行政执法检查，全市集中档案业务人员力量，检查指导129个立档单位档案规范化管理情况，“双随机”抽查99个立档单位（其中12个市级单位），对存在的问题进行点名通报并限期整改，定期进行复查，巩固检查成果。

【民生档案管理】 眉山市档案馆梳理公共服务事项，进一步完善《眉山市档案利用制度》和查档须知，简化程序、规范流程，实现群众查档“仅跑一次”；采取电话咨询、借阅、复印、摘抄、打印等多种形式，开展异地查档、跨馆查档、值班查档等“一站式”服务。全年共接待档案查阅利用31023人次，查阅档案74097卷，复印档案71622页，协助其他市州提供异地查询服务350人次。

【重大活动档案管理】 眉山市档案馆做好习近平总书记到眉山视察档案资料收集整理工作，共接收相关文书档案139件、实物档案15件、光盘18张，保存于市档案馆专门库房；印发《关于做好学习宣传贯彻习近平总书记来川视察重要指示精神文件材料收集归档工作的通知》，完成对34个重点单位“一对一”全覆盖档案业务指导。

【园区和项目档案管理】 眉山市档案馆开展重大建设项目档案工作，指导各级项目主管部门做好档案登记，完成全市196个重点项目档案登记备案。开展重点项目档案业务指导110次，完成3个档案专项验收。

【档案安全管理】 眉山市档案馆严格落实各项防控措施，定期开展安全检查教育、消防培训和演练，做好档案库房防护工作。对新进馆藏档案进行全方面杀虫灭菌处理；对电子数据档案进行分类统计，多套制备份，更新安全管理台账；对市级立档单位和县（区）档案馆开展汛期安全隐患排查，确保档案实体和信息绝对安全。

【档案规范化管理】 眉山市档案馆围绕疫情防控、脱贫攻坚等中心工作，通过印发文件、召开专题工作会、“一对一”上门服务、电话咨询等形式，明确重点部门档案工作责任，明晰档案收集范围和移交要求，全市共指导机关、团体、企事业单位、产业园区档案业务工作111次，指导疫情防控、乡村振兴、党史学习教育归档资料155次；印发《关于全面推行机关档案分类方案、文件材料归档范围和档案保管期限表“三合一”制度的通知》，指导各机关单位规范编制“三合一”制度65次，完成制度审批程序；组织召开档案专题培训、讲座，提升档案人员业务水平；市、县（区）联合举办档案专题培训8次190人次，讲座7期81人次，实现档案规范化管理被检对象全覆盖。

【档案宣传教育】 眉山市档案馆联合眉山电视台、东坡区档案馆开展以“汲取信仰力量 奋斗铸就辉煌”为主题的系列宣传活动，活动采用“线下+线上”模式，开展“千人读档，眉山接力”、档案捐赠仪式和“信仰的力量”主题档案展系列活动。活动在“智慧眉山”网络平台进行全程直播，超4万人在线观看，6万人次参与网络知识问答专栏互动，为有效保护、利用档案创造良好社会环境。

【市档案馆新馆建设】 眉山市档案馆抓好市综合档案馆项目建设，专班专职履行项目业主责任，严格全过程监督，协调解决项目建设中的问题。市档案馆新馆

图 112 2022 年 5 月 26 日，眉山市综合档案馆主体封顶 （供图：市档案馆）

建设项目于 2021 年 7 月开工建设，截至 2022 年 12 月底，已完成主体封顶。

（汤丹艺）

史志编纂
Party's History and Local Chronicles Compilation

【概况】 2022 年，眉山市党史和地方志编纂中心（简称市史志编纂中心）聚焦党史编研、志鉴编纂、阵地建设、史志宣教等主责主业，推动全市地方志工作高质量发展。编纂出版的《眉山市志》《眉山年鉴》等史志书籍被国家方志馆收藏；眉山市党史和方志馆顺利开馆；《红心向党》获全省“百年辉煌 百年荣光”活动三等奖，系全市唯一的获奖音频作品；微党课《重新安排山河 造福子孙后代——仁寿黑龙滩建设历史》被评为全市 2022 年度“十佳”视频；《眉山市志》获四川省第二十次地方志优秀成果志书类一等奖；《眉山年鉴（2021）》获四川省第二十次地方志优秀成果年鉴类一等奖；《龙正镇志》《丹棱艺文志》获四川省第二十次地方志优秀成果志书类二等奖；《眉州属志（清·嘉庆版）校注本》《读史随笔 译注（上下册）》分别获四川省第二十次地方志优秀成果旧志整理类一、二等奖；地方志工作获得市委主要领导肯定性批示。

【党史征编】 眉山市史志编纂中心完成《中共眉山市委执政实录（2021）》编纂出版工作；完成《中共四川省委执政实录（2021）》眉山部分编纂；完成 2022 年度全市大事记编纂；收集整理全市重要图片 300 余张，文字类资料 150 余万字；梳理“黑龙滩建设”“成功并网 028”等眉山重要历史事件线索 12 条，展现眉山市委团结和带领全市人民在改革开放和全面建成小康社会过程中取得的巨大成就和宝贵历史经验；完成 10 篇抗美援朝老战士共 90 余万字口述资料征集、整理工作；完成《全面建成小康社会的四川实践》眉山部分编纂，全面反映眉山在推进全面建成小康社会的历程、成就和经验。

【党史研究】 眉山市史志编纂中心围绕党委中心工作，深入开展党史专题研究和资政研究。3 月，中心选送的《眉山市大调解实践历程与启示》《中国共产党眉山地区历史（1997—2000）》《建设“天府新区增长极大都市区新高地”的眉山路径研究》《红色西山——青神革命斗争史纪实》党史成果分别获得全省党史部门 2016—2020 年科研成果论文类、著作类、资政成果类、影视音像作品类优秀成果奖。《眉山市开放发展的回顾与思考》获眉山市第十六次哲学社会科学优秀成果三等奖。《眉山泡菜产业国际化发展方向研究》《关于引进眉山籍在外经济人士 助推眉山开放发展的调研和思考》入选《四川省党史部门资政文章选编（2021）》，《青神县三线建设的经验 历史作用和启示研究》《一门三英杰 革命一家人》入选《四川省党史部门专题研究文章选编（2021）》。《眉山市红色资源目录研究》《浅析全面建成小康社会的眉山实践》顺利结题。

【党史文献审核】 按《中共四川省委党史研究室重要党史文献题材作品（材料）审看办法（试行）》，抓好重要纪念活动、党史重大题材出版物、影视剧本等审读审查，推进党史纪念设施、纪念馆、陈列馆及涉及党史内容的审查核实。参与眉山市烈士事迹陈列馆展陈大纲审核，提出相关意见近 10 条，认真审读反映青神红色西山武装暴动事迹的主旋律影片《子规》剧本，并出具审读意见。协助市委宣传部做好革命历史类纪念设施特别是爱国主义教育基地的排查评估工作。

【红色遗址普查】 眉山市史志编纂中心组织各县（区）党史工作部门，采取实地考察、多部门联动等方式，进行红色遗址普查登记工作。全市普查登记红色遗址 474 处，各类资源时间跨度近 100 年，包括新民主主义革命时期、社会主义革命和建设时期、改革开放和社会主义现代化建设时期以及中国特色社会主义新时代四个历史时期，普查工作取得阶段性成果。11 月，中心制发《关于开展全市红色遗址普查成果审核工作的通知》，安排部署全市红色遗址普查成果审核工作。各县（区）普查出的红色遗址遗迹均经过县（区）委常委会讨论通过，普查工作为以后建立红色数据库提供基础数据，也为红色资源保护利用打好基础。

【年鉴编纂】 眉山市史志编纂中心巩固深化综合年鉴“一年一鉴、公开出版”成果。年初，根据省志办提出的篇目审查意见，及时做好修改完善。《眉山年鉴（2022）》共设 28 个类目、220 个分目、1541 个条目、82 张图表、109 张随文照片、98 张前置彩页照片，11 月由方志出版社公开出版。该书全面、系统、准确记载 2021 年眉山市经济建设和社会事业等方面大事、要事、新事、特事。全面翔实反映眉山在改善民生和服务社会等方面的重大举措、进展情况和取得的成就。同步做好六县（区）2021卷地方综合年鉴质量抽查和2022卷年鉴篇目审查工作，印发《眉山市"精品年鉴品读季"活动实施方案》，对照精品年鉴，及时查找问题，力求质量提升。截至12月，全市六县（区）地方综合年鉴全部公开出版。完成《中国地方志年鉴（2022）》《成渝地区双城经济圈建设年鉴（2022）》《四川年鉴（2022）》《成都年鉴（2022）》和《四川地方志发展报告（2021）》眉山部分编写工作。

【三轮修志】 眉山市史志编纂中心围绕全市二轮修志组织领导、具体成果、相关举措、存在不足等方面进行总结，形成专项报告报省地方志办。指导已达到三轮修志时限的东坡区、彭山区、仁寿县开展第三轮志书编纂工作，做好第三轮修志组织管理、运行模式、资料收集、编纂方案、审查验收、出版发行等筹备工作，同时做好编修人才储备和培训。《东坡区志（2001—2020）》《彭山区志（2001—2020）》《仁寿县志（2003—2020）》正式启动编纂工作，完成篇目大纲拟定，召开编纂培训会。

【乡镇志、部门志编纂】 眉山市史志编纂中心进一步加强对全市乡镇（街道）、村志编纂指导工作，先后对《三苏镇志》《张场镇志》《保胜乡志》等多部乡镇志开展业务指导。及时制定《全市乡镇（街道）、村志编纂工作培训方案》，全年分5批次对全市67个乡镇和13个街道分管地方志工作的领导和志书编纂人员开展培训授课。2022年，编纂出版《广济乡志》《黄丰镇志》《保胜乡志》《龙安村志》《黑龙滩镇志》《汉阳社区志》6部乡镇志；指导市应急管理局完成《眉山市地震志》审核出版工作；指导洪雅县完成《洪雅林场志》审核出版工作。

【旧志整理】 彭山区完成《彭山县志（清·嘉庆版）》影印点校工作，该书由巴蜀书社出版印刷，全面完成现存所有彭山旧志点校出版任务。洪雅县完成田锡文集《咸平集　注解》出版任务，全书分为上下两册，80余万字。启动《咸平集白话精选》编译工作，成书约18万字。

【史志阵地建设】 10月18日，眉山市党史和方志馆（简称眉山史志馆）顺利开馆，总面积1200余平方米。全馆多样立体展示眉山近3000年的历史文化成就和党组织发展历程，全力打造成市情资料收藏展示中心、地方文化交流中心及爱国主义教育基地。开馆以来，接收整理各方珍贵赠书近千册，其中包括省地方志办赠书300余册、省委党史研究室赠书400余册，完成各类史志书籍整理、上架5万余册。截至12月，共接待市委办机关党委、市群团组织、民盟东坡区总支、四川工商学院等各级各类参观团队20余批次1000余人次。彭山区完成党史和方志馆基础建设和外部装修，全面启动场馆内部布展设计。洪雅县加快史志馆建设，完成展陈稿编纂。开展省市县史志阅览室共建工作，建成东坡区永丰村等21个史志阅览室，建成村史馆18个。加强对已命名党史教育基地管理和保护，向省委党史研究室推荐申报青神县红色西山革命教育基地为省级党史教育基地，同时按照"成熟一批申报一批"原则，开展第三批市级党史教育基地申报、命名工作。截至12月，眉山市有四川省中共党史教育基地1处、眉山市中共党史教育基地9处。

【史志宣传】 眉山市史志编纂中心多渠道收集史志资料，积极与市文化馆、市文广旅局、市文联作家协会、市政协文史委等单位（部门）对接，全方位搜集反映眉山本土文化相关史志资料。多形式开展新媒体宣传，与四川新闻网、眉山日报社等新闻媒体签订合作协议，公开发布宣传文稿38篇，广泛开展史志宣传。在"史志眉山"微信公众号设立工作动态、党史学习、地情荟萃等栏目，全年刊发史志动态信息、党史知识和地情文化信息257条，阅读量2.1万人次。3月，中心制作的《红心向党（第一期）》音频在中共四川省直属机关工作委员会、四川省教育厅、四川省地方志工作办公室、共青团四川省委、四川日报社共同主办的"百年辉煌　百年荣光——庆祝中国共产党成立100周年"文字和影像作品征集活动中荣获三等奖，系全省唯一的获奖音频作品。

（苗　慧　李　霞）

图113　2022年10月18日，眉山市党史和方志馆开馆　（供图：市史志编纂中心）

体育事业发展
Sports Undertakings Development

【概况】 2022年，眉山市教体局着力推动体育高质量发展，努力办好人民满意的体育，完成全年各项目标任务，眉山市教体局被评为2022年度全省群众体育工作、竞技体育工作和体育产业工作突出单位。

【体育场馆设施建设及服务】 眉山市全年建成乡村振兴体育示范村5个，新建及改扩建体育公园11个，建成篮球场38片、足球场11片，提升改造智慧体育公园3处，人均体育场地面积达2.4平方米。采集公园体育健身数据2万余人次，服务健身人群190万人次，推动群众15

分钟健身圈向10分钟健身圈提档升级。

【体育产业发展】 眉山市依托地方人文及自然资源，举办眉山市纪念毛泽东题词70周年主题活动暨大众田径达标赛（眉山站）、眉山市2022年羽毛球联赛、眉山市2022年象棋民间棋王争霸赛、眉山市云健步走大赛、眉山市庆端午游岷江抢鸭子活动、眉山市市级机关篮球足球比赛、眉山篮球联赛、世界田径日（眉山站），眉山市老年人羽毛球、乒乓球等赛事活动累计场次达114次，拉动体育消费3000余万元。玉屏山景区入选省体育旅游示范基地、黑龙滩中铁体育公园入选省第二批四星级体育服务综合体。体育彩票销售4亿元。

（辜乾刚）

竞技体育
Competitive Sports

【概况】 2022年，眉山市着眼省十五运新周期，制发《眉山市重点项目体育后备人才基地和特色项目布点校管理办法》《眉山市运动员选拔进队技术标准》，构建新型青训体系。省市共建摔跤、柔道、水上运动、橄榄球训练基地，打造高水平运动队伍。举办体育教师、校园足球教练员培训3期，培训154人。成功承办全省三大球城市联赛西南片区球赛。

【竞技体育水平提升】 眉山市派出789名运动员组团参加四川省第十四届运动会，获37个大项289个小项比赛金牌13枚、银牌7枚、铜牌17枚，为近三届省运会最好成绩。成立省十五运备战领导小组，制定选材标准，拟定保障方案，构建十五运周期全市青少年体育人才培养体系和竞赛体系，打造通往国家级“训练营”和成为“尖子计划”重点培养对象通道。

【眉山市中小学生运动会】 11月17—27日，眉山市举行中小学生运动会，设置篮球、足球、排球、田径、羽毛球、乒乓球、跳绳等7个比赛项目，共计3000余名中小学生参赛。

（辜乾刚）

社会体育
Social Sports

【概况】 2022年，眉山市举办纪念毛泽东题词70周年主题活动暨大众田径达标赛（眉山站）、“我要上省运”群众项目眉山市选拔赛、眉山市云健步走大赛、眉山市庆端午游岷江抢鸭子活动、眉山市篮球足球广场舞等赛事活动30余项。

【全民健身战略实施】 眉山市人民政府印发《眉山市全民健身实施计划》，围绕创建全国运动健身模范市总体目标，从实施健身设施补短板，构建“运动眉山”赛事体系等方面对“十四五”期间眉山市全民健身进行安排部署，提出具体举措21条，推动体育强市和健康眉山建设。

【“我要上省运”群众项目眉山市选拔赛】 为选拔优秀运动员代表眉山参加省运会群众项目比赛，自3月起，眉山市先后举办羽毛球、健身气功、太极拳等项目选拔赛。

【眉山市云健步走大赛】 6月10—26日，眉山市全民健身云健步走大赛举行，2000余名群众参赛。本次2022年眉山市全民健身云健步走比赛路线设计串联全市10个公园，从东坡城市湿地公园出发，经苏堤公园，看五湖四海湿地，观柴桑河生态，到达苏洵公园，在运动中感受古韵诗意和山水风情。最终123名参赛获奖选手喜提健身大奖。

【眉山市庆端午游岷江抢鸭子活动】 5月28日，眉山市“游遍四川／端午抢鸭子”活动在岷江眉山段举行，眉山市各县（区）400余名游泳爱好者参加活动。

【四川省“全民健身日”主题活动（省级主会场）】 8月5日，四川省“全民健身日”主题活动（省级主会场）暨社区运动会启动仪式在东坡城市湿地公园举行，各县（区）2000余人参加“全民健身日”主题活动。

【四川省老年人健身秧歌视频比赛】 6月16日，四川省老年人健身秧歌视频比赛评审仪式在眉山举行，比赛共吸引全省26支代表队383人参赛。洪雅县代表队获规定套路得分第一名，自编套路第二名。

（辜乾刚）

图114 2022年8月15日，眉山市运动健儿王泓鉴在“四川农信杯”四川省第十四届运动会“协鑫杯”田径比赛男子100米栏比赛中，打破省运会纪录夺金 （供图：市教体局）

图115 2022年8月5日，2022年四川省“全民健身日”主题活动（省级主会场）暨社区运动会启动仪式在东坡城市湿地公园举行 （供图：市教体局）

卫生健康

HYGIENE AND HEALTH

卫生健康事业发展 / 医疗卫生改革 / 医政管理 / 疾病预防控制 / 人口监测与家庭发展 / 妇幼保健 / 中医药管理 / 医疗保障 / 健康促进 / 驻眉山三甲医院

卫生健康事业发展
Health Undertakings Development

【概况】 2022年，眉山市有各级各类医疗卫生机构2151个，其中：卫生监督机构5个，妇幼保健院7个，中心血站1个，单采血浆公司2个，医院78个，卫生院69个，诊所、卫生所、医务室567个，社区卫生服务中心20个，村卫生站（室）1391个。床位21561张，其中医院床位14464张，卫生院床位数5276张。卫生人员共27378人，其中卫生技术人员21845人。执业（助理）医师9049人，注册护士9197人，药剂人员1057人，检验人员771人，其他技术人员928人。每千常住人口有卫生技术人员7.38人，每千人口执业医师（助理）3.06人、注册护士3.11人、医疗机构床位数7.29张。

【医疗卫生行业监管】 眉山市卫健委印发《2022年医疗乱象专项治理行动方案》，收集线索1447条，调查处理674条，涉及处理违规执业公立医院9家，社会办医111家，处理人员98人，清理违法医疗广告30条，罚没金额2084.66万元。开展医疗美容行业专项治理，受理医疗美容相关投诉举报26件，调查处理19件，立案查处1件，罚款金额2.2万元。全年完成“双随机”监督国抽任务数共计784家，关闭50家，任务完结率100%，行政处罚63家，处罚金额3.52万元。其中市本级完成53家，关闭2家，完成率100%，行政处罚10家，处罚金额0.45万元。行政处罚案件共计317件，其中简易程序196件，一般程序121件，罚没款共计78.7468万元；全市所有二级以上医疗机构完成依法自查工作。强化综合监管及结果运用，全年闭环5次，筛查线索27749条，行政处罚案件2起，责任追究13起，院内处理149起，医疗机构不良行为记分6分，线索运用率达到5.9‰。开展疫情防控督查，参加疫情防控常态化督查63轮，印发专项通报47期。推荐1家省级健康企业；创建1家省级营养健康食堂。

【基本药物保障】 眉山以国家基本药物目录为核心，以药械采购平台为基础，按照不同等级不同类别医疗机构基本药物配备要求，各医疗机构建立药品采购目录或特殊病种药品目录，持续优化用药结构，并通过医联体等模式实现上下级医疗机构临床用药协调联动。开展药品使用监测和短缺药品分级应对。

【基本公共卫生服务】 眉山市、县（区）均制定年度基本公共卫生服务项目工作实施方案和资金分配方案，将项目工作纳入乡镇区划和村级建制调整改革提能升级方案。5月，全市基本公共卫生服务项目数据完成迁移，统一使用“四川省健康档案云平台”。2022年居民电子健康档案建档率97.94%，管理高血压患者21.03万余人，高血压患者基层规范管理服务率88.15%，管理糖尿病患者7.47万余人，糖尿病患者基层规范管理服务率86.56%。开展高血压和糖尿病门诊用药保障专项行动示范城市工作。成立工作专班负责具体工作，指定市人民医院、市中医医院分别牵头建立分级分片指导体系。组建由市、县（区）两级高血压、糖尿病领域专家组成的健康管理医师指导队伍，对危急重症患者救治提供技术支持。在乡村两级医疗机构设立高血压和糖尿病患者用药专柜，规范开展健康教育和随访服务。

【医疗卫生设施建设】 四川大学华西第二医院天府医院（四川省儿童医院）落户眉山并成功申报第四批国家区域医疗中心项目，12月医院一期项目实现挂牌开诊。华西医院眉山医院新院区、市公共卫生综合临床医疗中心、市精神卫生中心等项目启动前期工作。全年实施新（续）建项目24个，眉山市疾控中心、眉山市方舱医院、洪雅县中医医院等项目建成投用，东坡区疾控中心综合业务楼、洪雅县人民医院七里坪院区项目竣工，眉山天府新区人民医院、彭山区精神卫生保健院暨传染病区、仁寿县疾病防治快速检验中心等项目快速推进，当年完成投资约8.1亿元。中央预算投资项目累计开工率100%、投用率99.6%、中央预算投资完成率100%，均进入全省第一方阵。全年争取到中央预算内资金150万元，地方政府专项债券资金6.04亿元。

【基本药物制度巩固】 眉山市持续巩固基本药物制度实施成效，将基本药物使用情况与基层实施基本药物制度补助资金拨付、公立医院综合改革奖补资金分配挂钩。各县（区）落实公立医疗机构药品“零加成”销售，及时足额拨付中央、省级补助资金和县级配套经费，坚持基本药物主导地位，鼓励民营医疗机构采购和使用国家基本药物。

【卫生信息化建设】 眉山市持续强化涉疫信息系统保障应用，全市电视电话会议系统保持正常运行，“四川省核酸检测信息系统”保障到位，全天候支持全市开展核酸信息采集、数据清洗、数据提取、数据上报工作。医疗卫生机构信息化能力增强，创建三星智慧医院1家，二星智慧医院1家，四星智慧医院4家；成渝双城经济圈和成德眉资同城发展市卫健行业信息化建设取得成效，全市21家二级及以上公立医疗卫生机构全部接入电子健康卡管平台，“眉山医健通”智慧医疗服务平台运行良好，全市电子健康卡办卡量214余万张，实现成渝双城经济圈和成德眉资同城发展市电子健康卡互认互通，一卡通用。

【卫生人事管理】 眉山市卫健委开展干部选拔任用、职级晋升工作3次，选拔科级干部15人、晋升职级9人。进一步扩大公立医院人事自主权，采取事前报批、事后备案两种形式落实医疗卫生机构员额人员招聘自主权，有效缩短招聘周期，提升人才引进效率。引进卫生专业人才1164人，其中市本级196人、区县965人，硕士研究生105人、本科生355人。依托医联体、医共体建设，探索建立岗编适度分离管理模式，推进县招乡用、乡聘村用。大力实施农村订单定向医学生免费培养工作全年完成3名毕业生的入编安置，完成98名2017届眉山市农村医学定向生在校期间学杂费补助第一次补助金额的发放工作。深化眉山医疗机构与四川大学、成都中医药大学、省人民医院等知名院校的合作，柔性引进76名专家人才到眉山担任学科主任、开设特需门诊、开展手术带教等。开展第二届“眉州名医”培育工作，举办专题培训班6次，培养骨干人才600余人次，评选推荐第二届“眉州名医”10人提交市人才办命名。

【卫生宣传教育】 眉山市卫健委加强对外宣传，全年在主要媒体刊登稿件1643篇，其中市级媒体1180篇，省级媒体427篇，国家级媒体36篇。12月24日，《眉山丹棱：夯实基层医疗“网底”牢守农村居民健康》亮相央视《新闻联播》。“健康眉山”微信公众号累计推送525期，推送信息1824条，阅读量达740万余次，关注人数7.4万余人，在四川卫生健康系统微信影响力排行榜中位列全省第三。组织开展卫生“三下乡”、健康知识讲座、健康教育志愿宣传等宣传活动135余场，为群众提供免费义诊13万余人次，讲解健康知识，发放各种健康宣传资料1.23万余份、宣传品1万余份。

【卫生计生行政审批】 眉山市卫健委深化“放管服”改革，组织开展“一网通办”攻坚行动，推进跨省、川渝通办改革，生育服务登记、义诊活动备案等事项实现川渝通办，消毒产品备案、医疗广告审批等事项实现跨省通办。开展卫生健康系统深化“放管服”改革优化营商环境问题专项整治行动，围绕简政放权、优化服务、放管结合、依法行政和作风建设五个方面的主要问题，进行全面清理和自查自纠。落实政务服务“好差评”制度和“五心服务”，政务服务窗口共受理办结行政许可事项306件，实现办结率100%、满意率100%。

【合作办医】 眉山市持续深化与华西医院、华西二院、省人民医院、成都中医药大学、西南医科大学等优质医疗资源战略合作。省人民政府批复四川大学华西第二医院天府医院·四川省儿童医院选址眉山，填补四川省国家区域医疗中心和省级儿童医院建设空白，是全国唯一一个走出省会城市、布局地市级城市的省级儿童医院，项目一期于12月19日正式揭牌开诊，项目二期纳入全省2023年重大项目。启动建设眉山市中医药研究所、成都中医药大学临床医学院眉山分院、成都中医药大学健康产业技术研究院眉山分院，促进医教研产协同发展。眉山天府新区与西南医科大学合作共建西南医科大学附属天府医院，项目已完成总工程量的87%。华西医院、华西二院分别领办市人民医院、市妇幼保健院，通过“在线”和“在位”帮扶方式，推动学科建设、人才队伍、医疗技术、科研能力及医疗管理等全面提升。彭山区人民医院借助省人民医院托管优势，通过细化学科建设、加强专科建设、开展新项目及新技术等方式，全面提升医院发展核心竞争力。

【社会资本办医】 眉山市有民营医院59家，其中三级民营医院2家，二级民营医院20家，一级民营医院23家。全年实有床位数5586张，占所有医院实有床位数的38.62%。民营医院门诊诊疗106.52万人次，占16.97%；民营医院出院12.2万人次，占29.6%。

（刘　璇）

医疗卫生改革
Medical and Health Reform

【概况】 2022年，眉山市深入推进医药卫生体制改革，学习推广三明市医改经验，强化组织领导，持续推进公立医院综合改革，加强医联体建设，完善现代医院管理和药品供应保障，全力推进各项改革工作。

【医疗卫生体制综合改革】 眉山市医药卫生体制改革涉及五项重点改革制度，即分级诊疗制度、现代医院管理制度、全民医保制度、药品供应保障制度、综合监管制度。调整组织领导结构，成立由市长任组长，分管副市长任副组长，相关责任单位主要负责人为成员的医改领导小组，将医改工作纳入对县（区）人民政府及成员部门单项目标绩效管理，强化部门协作，工作推进问责。

【医联体建设】 眉山市已建成不同形式医联体23个（其中城市医疗集团2个，县域医共体12个，专科联盟4个，远程诊疗协作网5个）。进一步深化与省级医院医联体合作，其中眉山市人民医院作为华西医院领办型医联体单位，与成都医疗机构组建专科联盟。全年市人民医院聘请华西专家11人任学科主任，邀请上级医院专家到眉山坐诊136人次，服务2162人次，手术示教137台次，培训讲座96场次，培训人员986人次。市妇幼保健院通过医联体持续提升医疗技术，全年华西专家坐诊特需门诊537诊次，接诊病员8371人次，完成高质量手术43台次，开展培训讲座9次，教学查房239次。

【公立医院综合改革】 眉山市巩固完善公立医院补偿新机制，继续实施取消药品加成改革。持续控制医疗费用不合理增长，公立医院次均门诊费用同比增长8.73%，人均住院费用同比增长0.77%。深入推进医保支付方式改革，出台《关于印发〈眉山市DRG付费方式改革三年行动计划〉的通知》，推进按DRG付费方式（疾病诊断相关分组付费）改革走深走实；出台《关于开展按DRG付费基层病组的通知》，推动医疗资源向基层倾斜；出台《关于部分中医优势病种实施按病种付费的通知》，支持中医技术传承发展与创新；实行安宁疗护按床日付费试点，助力医养结合。推进医疗服务价格改革，规范合理用药、合理使用耗材，全市公立医院药占比22.22%、耗占比11.47%均优于全省平均水平。

【分级诊疗】 眉山市综合运用医疗、医保、价格和宣传等手段，完善基层医疗体系建设、医疗联合体建设、家庭医生签约服务机制等，逐步形成“小病在基层，大病到医院，康复回社区”的就医格局。以家庭医生签约服务为载体，落实“基层首诊”，全市完成家庭医生签约173.22万人，家庭医生签约率74.5%。落实“双向转诊”，转诊过程中上级医院为下级医院和基层医疗卫生机构上转患者优先提供接诊、检查、住院等服务，优先满足转诊所需的专家、专科门诊等号源。对下转患者，上级医院提供患者在住院期间的诊治信息和后续治疗方案。以明确大型医院功能定位为导向，引导三级公立医院提高收治疑难疾病、危急重症占比，分流常见病、多发病、慢性病患者。加强与四川大学华西医院、四川大学华西第二医院、省人民医院、成都中医药大学合作，提升眉山三级公立医院收治疑难疾病、危急重症能力。以医联体建设为抓手，推进服务协同。全市县级医疗机构病床使用率91.51%，基层医疗机构病床使用率69.54%，县域内住院率82.22%。

【现代医院管理】 眉山市持续推进市人民医院、市中医医院省级现代医院管理制度试点工作，市人民医院启动医疗小组、绩效分配等管理体制和运行机制改革；将医院章程制定纳入公立医院绩效考核，全市二级及以上公立医院100%制定章程，100%民营医院制定章程。

【药品供应保障】 眉山市组织公立医疗机构开展四批次集中带量采购，分别是国家第六批、省际中成药、国家第七批、国家二三四批续约，降低药品价格。推动仿制药临床使用，坚持基本药物主导地位，基本药物达到规定比例的机构数90%以上。指导医疗机构抓好短缺药品管理，持续保障国家医保谈判药品和带量采购药品配备使用，定期上报临床配备使用情况。

（刘　璇）

医政管理
Medical Administration

【概况】 2022年，眉山市在全力抓好疫情防控医疗救治的同时积极推进医疗管理工作有序开展。持续加强医疗服务改进，严把医疗质量和安全管理，紧盯医疗机构行风建设，规范医疗废物管理工作。

【医疗技术管理】 眉山市卫健委加强限制类医疗技术管理，对三家医疗机构7项限制类医疗技术进行备案管理。强化血液安全监管与采供血管理，通过临床输血质控中心定期开展临床用血调研和技术指导，督查并服务于临床输血，有效防范临床用血风险，全年无临床用血责任技术事故发生，全年自愿无偿献血26381人次，献血量43120U。强化实验室安全监管，对全市医疗机构病原微生物实验室进行抽查，依托省卫生健康委科技项目管理平台对其进行管理。开展市内质控和室间质评，通过新冠病毒核酸检测质控中心和临检质控中心对全市核酸检测机构开展两轮全覆盖督导检查。加强临床基因扩增实验室管理，完成7家临床基因扩增实验室备案工作。

【医疗机构管理】 眉山市卫健委多措并举持续加强医疗机构监管。深入开展重点领域乱象治理，以影响群众看病就医获得感的身边事为切入点，纠治收受红包行为，在医疗机构"红包"回扣专项整治行动中，79人主动上缴"红包"8.126万元，均为在无法拒收情况下主动上缴并作备案。保持打击回扣行为高压态势，严惩侵害患者合法权益的医疗乱象；开展卫生健康行业内扫黑除恶，纠正扰乱医疗服务领域行业秩序行为；配合开展定点医疗机构规范使用医保基金专项治理工作。开展不合理医疗检查专项治理工作。对违反临床技术操作规范、诊疗指南、临床路径等规定的不合理医疗检查行为进行监管，重点整治超适应证检查、违规重复检查、不合理组合式检查等行为。通过"医疗机构、医疗人员、医疗行为"综合监管平台全年闭环5次，筛查线索27749条，行政处罚案件2起，责任追究13起，院内处理149起，医疗机构不良行为记分6分。

【医疗废物管理】 眉山市卫健委将医疗机构产生的医疗废物、生活垃圾、输液瓶（袋）等进行分类管理，各医疗卫生机构产生的医疗废物（包括感染性医疗废物、损伤性医疗废物、病理性医疗废物、化学性医疗废物、药物性医疗废物）均交由具备处置资质的第三方单位予以集中处置，严格做到分类投放、分类收集、分类贮存、分类交接、分类转运。同时做好医疗废物登记管理，确保源头可追溯，总量可统计，避免医疗废弃物流失。医疗废水按照《医疗机构水污染物排放标准（GB 18466—2005）》进行监测和排放。实行医疗废物集中处置。全市医疗卫生机构诊疗1674.25万人次（日均4.59万人次），产生医疗废物2514.8吨（日均6.89吨），均交由具备医疗废物处置资质的单位集中处置，至2022年年底，全市拥有医疗废物回收处置单位2个，年处置能力4545吨，能够满足处置需求。规范处置未被污染输液瓶（袋）。全市各医疗机构均严格按照相关管理规定对未被污染的输液瓶（袋）进行单独收集，并交由有回收资质的企业处置，做好相关交接登记，确保未被污染的输液瓶（袋）流向可追溯。

【医疗质量管理】 眉山市新成立医务管理、门诊管理等5个市级医疗质控中心，市级医疗质控中心扩充至49个，覆盖临床、辅助、医技、护理等专业。各医疗质控中心陆续开展质量监督、规范诊疗技术及专业领域的人才培养、学术交流、技术推广和成果共享等多种形式的质控活动，提升全市医疗质量控制工作水平、促进全市医疗质量管理与评价的规范化与同质化，通过建立工作台账，进行规范化管理，形成工作简报。11月，对市级质量控制中心年度工作进行考核评选，对9个优秀质控中心和5个新成立的质控中心予以专项经费补助。

【医疗纠纷处置】 眉山市医疗机构累计接到投诉346起，产生医疗纠纷247起，通过医院自行处理、行政调解、人民调解、司法途径予以处理。充分发挥医调委作用，在东坡区、仁寿县、洪雅县设置调处办公室，协助医院做好医疗纠纷调处工作，全年受理（协助调解）医疗纠纷66件，调解成功57件，调解成功率86.36%。继续完善医疗风险分担机制，通过医疗责任保险经纪公司持续优化医疗风险分担、医疗纠纷调处和医疗风险防范专业管理体系和调赔结合机制，全市二级以上医疗机构均已购买医责险。在三级医疗机构开展术前谈话第三方见证41场次。针对性开展医疗纠纷风险防范和处理专题培训6场次，600余人次参加。

【医师资格技能考试】 眉山市卫健委组织医师资格考试、护士资格考试、卫生职称考试的报名及资格审核、考务组织工作，8496人报名参考，6873人通过审核，6804人参加考试，1349人取得医师、护士资格证，1912人取得中级职称任职资格。深化卫生、中医高级职称申报评审工作，全年审核上报评审卫生、中医高级职称任职资格381人，完成中医高级职称评审线上答辩组织工作，组织30人参加答辩。

【儿童医疗服务】 眉山市争取国家区域医疗中心（四川大学华西第二医院天府医院·四川省儿童医院）落户眉山建设，与华西二院深度合作，市妇幼保健院与国家区域医疗中心实行统筹管理。市妇幼保健院创建省级新生儿保健特色专科，申报创建国家婚前保健特色专科和国家孕前保健特色专科，并接受市级产科重点专科验收，申报立项儿科、影像科市级重点专科建设。东坡区、青神县妇幼保健院完成市级儿童早期发展优质服务基地创建。按照《四川省危重孕产妇救治中心建设指南》要求，推进全市已建立的12个新生儿救治中心标准化建设；印发《眉山市2022年危重孕产妇和新生儿急救值班安排表》，加强全市产儿科急救管理，确保危重孕产妇和新生儿急救、转诊通道畅通；加强市县两级救治体系高效运转，全年转诊救治危重新生儿10例。强化学科带头人和业务骨干培养，开展产儿科适宜技术培训200人次，选派65名技术骨干参加全省基层医师、新生儿科医师等人才培训。

【血液管理】 眉山市卫健委建立健全政府主导、部门协作、全社会共同参与的无偿献血长效机制，落实《眉山市无偿献血工作局际联席会议制度》，以市政府办名义印发《眉山市人民政府办公室关于加强疫情防控期间血液保障工作的通知》，加强无偿献血组织领导。加强对市中心血站的监管，对市中心血站依法执业和采供血业务、医疗废物（水）管理、院感管理等情况进行督导。市中心血站血液检测实验室顺利通过国家卫健委临检中心室间质评。临床输血质控中心定期开展临床用血调研和技术指导，督查并服务于临床输血，有效防范临床用血风险，杜绝临床用血责任技术事故发生。全市自愿无偿献血26381人次，献血量43120U，其中街头400毫升采集比例74%，同比增长1.24%；团体应急献血8118人次，献血量12864.5U，占比30.77%，同比增长2.6%；高校团体献血7540人次，献血量10513.75U，献血比例28.58%，同比增长4.3%；无偿献血农村1019人次，献血量1798.5U，献血比例3.8%，同比增长60.72%。采供血量同比增长12.9%，保证全市临床急救用血的需求。全年未发生血液质量安全事故。

【医疗服务改善】 眉山市卫健委全年对33家医疗机构开展现场校验，规范医疗行为，确保医疗质量和安全；开展护理员培训，组织相关医疗机构以及全市4家医疗护理员培训备案机构学习《四川省医疗护理员服务规范》解读视频，规范全市护理员培训工作；加强胸痛中心、卒中中心建设，全市已建成卒中中心8个，胸痛中心3个，仁寿县人民医院和彭山区人民医院胸痛中心有序推进建设；提升院前急救能力，全市开设急诊急救医疗机构37个、急诊急救医务人员787名、抢救监护型救护车99辆、负压救护车33辆；强化县级医院服务能力，通过对口帮扶、医联体和远程诊疗服务，助力各县（区）县级综合医院服务能力提升，66个社区卫生服务中心、乡镇卫生院与二、三级医院建立稳定的技术帮扶和分工协作关系。截至12月，各县区人民医院均达到医疗服务能力标准，仁寿县人民医院、青神县人民医院达到推荐标准，被纳入国家“千县工程”。

（刘　璇）

疾病预防控制
Disease Prevention and Control

【概况】 2022年，眉山市疾病预防控制工作围绕“健康眉山”建设，以机构改革为契机，全面提升疾病防控能力。全年报告甲乙类传染病6285例，甲乙类传染病率220.22/10万；打赢疫情防控阻击战，慎终如始抓好常态化疫情防控。

【新冠疫情防控】 眉山市卫健委累计报送每日疫情形势研判309期，提供各类重大会节活动疫情研判分析报告20期。在“健康眉山”“眉山疾病防控”微信公众号每日更新“新冠肺炎疫情最新防控提示”。按照市应急指挥部《关于做好重点公共场所疫情防控工作的通知》要求，全面加强重点场所管理，严格落实戴口罩、消毒、通风和卫生清洁等措施。做好重大会务会节保障，完成全省项目推进会、泡博会、东坡文化节等重要会节及高考、公务员考试、教师招考等重大考试活动疫情防控工作100余场次。先后抽调20批次共1548名医务人员、2辆移动检测车、20辆救护车，分赴吉林、上海、新疆、重庆、成都、广安、阿坝、南充、宜宾、内江、广元等地支援。先后派出7批84人次公卫骨干力量支援成都、海南、宜宾、泸州、重庆等地新冠肺炎疫情工作，其中1名市级骨干人员被抽调进入国家队参与处置重庆疫情并获得好评。举办6期约2100人次的疫情防控相关培训班。以市、县两级疾病预防控制中心为重点，市疾控中心和仁寿县疾控中心建成二甲疾控机构，其他疾控机构达到二乙水平。县（市）疾控中心共建设P2实验室28个，P2+实验室10个。

【传染病防控】 眉山市未发现霍乱和疑似霍乱病例。继续推进流感监测网建设，全市报告流感样病例30903例，占门诊病例的5.72%，采样检测1240例，检出阳性125例。报告甲乙类传染病6285例，乙肝、肺结核、梅毒、丙肝和艾滋病发病数居前五；报告丙类传染病6491例，同比下降13.12%。

【艾滋病防治】 眉山市积极推进艾滋病防治规范化进程，召开市级专家组会议，助力提升艾滋病综合防治工作质量和管理水平，全市扩大检测1309461人次，常住人口检测比例44.31%，治疗覆盖率95.95%，治疗成功率94.46%。

图116　2022年9月1日，眉山市援蓉核酸采样检测队出征仪式　（供图：市卫健委）

图 117 2022 年 8 月 2 日，群众欢送驰援医疗队 （摄影：何泽琼）

【血吸虫病防治】 眉山市查螺 9070.8 万平方米，灭螺 2570.74 万平方米，查病 24.53 万人次，扩大化疗 4.19 万人次，现存晚血病人 649 人，晚血治疗 577 人次，均超额完成全年目标任务。各县（区）均被列为国家血吸虫病监测点，除天府新区外的各县（区）均按照监测方案开展四川省风险监测以及发热病人风险监测工作。全年无急血病例发生。

【结核病防治】 眉山市以“3·24”世界防治结核病日宣传活动为契机，各县（区）积极开展亮灯行动，组织参加第四届结核病防治知识网络竞赛，营造结核病防治宣传氛围。印发《关于进一步规范全市耐多药结核病防治工作的通知》，自 5 月 1 日起将市级耐多药结核病治疗定点医院由仁寿县人民医院调整为市人民医院。市卫健委、市教体局联合印发《关于进一步加强学校结核病防控工作的通知》《眉山市学校结核病防控工作任务清单》，举办全市学校结核病防控能力提升培训 2 期。全市登记并治疗活动性肺结核病人 1141 例，病原学阳性率 70%、总体到位率 98.47%、治疗成功率 95.82%，耐多药高危人群耐药筛查率 100%。

【狂犬病防治】 眉山市卫健委开展狂犬病防控知识宣传，累计报告犬伤就诊患者 32405 人，均进行伤口处置和狂犬疫苗接种，1533 人注射狂犬病免疫球蛋白，全年无狂犬病病例报告。

【职业病防治】 眉山市卫健委开展《中华人民共和国职业病防治法》宣传周活动，通过进入企业、社区等地现场进行知识宣讲、发放职业病防护用品、防治知识折页和宣传品、线上连载宣传知识等方式开展宣教活动。完成全市重点职业病常规监测、130 名劳动者健康素养调查、485 名尘肺病随访、115 家工作场所职业病危害因素现场监测、8 家非医疗机构辐射防护监测、15 台放射诊疗设备性能及其场所辐射防护监测、7 家医疗机构从放人员放射性疾病监测、53 家医疗机构放射性诊疗机构监测等中财职业病防治监测项目工作，对县（区）承担的监测工作进行技术指导和现场调查，按时提交各项监测数据结果和分析报告。

【慢性病和地方病防控】 眉山市卫健委开展死因、肿瘤、心脑血管、儿童伤害、慢阻肺等监测工作。全市共报告死亡病例 24774 例，户籍人口粗死亡率 727.55/10 万；肿瘤登记报告发病 9085 例，粗发病率 266.95/10 万；死亡 5164 例，粗死亡率 151.74/10 万。搜索 50 个医疗机构中登记在册的心肌病病例 29 例，均未发现克山病病例。

【精神障碍患者管理】 眉山市卫健委不断完善精神卫生综合管理协调机制，健全服务管理体系和网络，建立精神卫生长效保障机制，加强精神卫生工作培训、督导，提升服务能力。截至年末，全市在册患者 14988 人，报告患病率为 5.07‰，年管理率为 97.78%，在册患者服药率 84.31%。

【免疫规划管理】 眉山市卫健委举办全市免疫规划疫苗接种“家长课堂”宣讲竞赛，经选拔推荐 1 人参加全省竞赛，取得二等奖。通过“4·25”预防接种日、“7·28”世界肝炎日等宣传日和微博、微信、手机 App 等平台开展预防接种宣传活动。全市国家免疫规划疫苗常规免疫报告接种率为 99.39%。

【卫生监测管理】 眉山市卫健委巩固饮用水卫生监测乡镇全覆盖，市县卫健部门饮用水卫生状况信息每季度公开，全年监测水样 814 份，合格 755 份，合格率

92.75%。完成47所学校学生近视及其他重点常见病监测，对学校卫生工作情况、教学生活环境、健康影响因素开展问卷调查21282份，通过制作发放宣传折页等各类宣传品在学校开展学生近视、肥胖和脊柱弯曲异常等学生常见病和健康影响因素监测与干预活动。

【疾控基础建设】 眉山市卫健委坚持以项目建设为引领，推动疾控机构软硬件水平提升。截至12月，市疾控中心完成搬迁并投入使用；眉山天府新区疾控中心正在进行安装和装修施工；东坡区疾控中心完成电梯认质认价工作；仁寿县疾控中心医技楼主体封顶，主体已装到六楼；洪雅县疾控中心完成项目选址，正在开展可行性研究。

（刘　璇）

人口监测与家庭发展
Population Monitoring and Family Development

【概况】 眉山市贯彻落实《中共中央国务院关于优化生育政策促进人口长期均衡发展的决定》和省委、省政府实施意见，依法实施三孩生育政策，加强人口监测与形势研判，推进托育服务健康发展，降低生育、养育成本，完善计划生育服务管理、落实计生惠民政策。

【人口监测】 眉山市卫健委推行便民服务，共建婚姻登记、免费婚检和孕前优生健康检查一站式服务。加强人口监测，开展信息比对，掌握人口变动态势。全市育龄妇女人数58.08万人，同比减少1.25万人；结婚登记人数16920对，同比减少2884对；出生人口20255人，同比减少1577人；死亡人口31337人，同比增加4438人。全市人口出生性别比110.73（以女性为100），人口出生率6.93‰，死亡率10.73‰，人口自然增长率-3.8‰。全市人口呈现婚育年龄普遍推迟、育龄妇女持续减少、生育水平持续走低、老龄化不断加剧等特点。

【计划生育扶助关怀】 眉山市卫健委落实政府代缴计生特殊家庭城乡基本医疗保险和城乡基本养老保险，将60岁以上计生特殊家庭纳入老年人意外伤害保险政府代缴范围。全面落实特殊家庭“双岗联系人”等三个全覆盖，市、县两级确定7家特殊家庭就医绿色通道定点医院，为特殊家庭提供“两免四优先”（免门诊挂号费和一般诊疗费，优先检查、优先看病、优先取药、优先住院）医疗便利服务。全市8604名计生特殊家庭购买住院护理补贴保险，全年向1715人次支付住院护理补贴147.57万元。7月，国家卫生健康委人口家庭司、中国人口与研究中心到眉山调研，肯定眉山市计生特殊家庭扶助关怀工作，《眉山市“三坚持三化”模式关怀计生特殊家庭》被国家卫生健康委刊发。

【计划生育惠民政策实施】 眉山市奖励扶助、特别扶助等五项计生惠民政策通过“健康眉山”微信公众号、政务服务窗口、政务村务公开栏等平台公布，组织县（区）、乡（镇）按照工作规范做好乡村联合核查、县级复查、市级质量抽查、年审等工作，确保资格确认质量。全年确认农村部分计划生育家庭奖励扶助对象171222人，特别扶助对象9080人，独生子女父母奖励对象53472.5户，兑现资金2.61亿元。

【三孩生育政策实施】 眉山市取消社会抚养费征收，完成与三孩政策不一致、不衔接的规范性清理废止工作。将个人生育情况与入户、入学、入职彻底脱钩。进一步完善生育服务管理，取消再生育审批，优化“网上+现场”登记、“省内+跨省”通办等生育登记制度。全市共受理办结16776对生育登记，其中异地办理543对。及时将三孩生育费用纳入医疗保障范围。4923户纳税人享受到3岁以下婴幼儿照护个人所得税专项附加扣除优惠政策。落实住房税收政策，对符合生育政策的三孩家庭，将公积金贷款额度提高至70万元，住房公积金实行“即提又贷”。指导用人单位依法落实产假、生育假、育儿假等产休假政策。

【婴幼儿照护服务】 眉山市制定《眉山市“一老一小”整体解决方案》，印发《眉山市促进3岁以下婴幼儿照护服务发展的实施意见》《眉山市促进3岁以下婴幼儿照护服务发展的工作方案》，研究制定关于家庭科学育儿、普惠机构认定、水电气支持等相关配套政策，形成“1个整体方案+2个实施意见+N个配套文件”的托育服务政策体系。全年建成市级托育中心1个、县级公办托育机构12个、乡镇（街道）托育机构12个、社区托育设施9个，可提供托位3300个。全市备案托育机构达31家。全市总托位数达9304个，每千人口拥有托位3.15个。依托市妇幼保健院成立市婴幼儿照护服务指导中心，承担全市托育机构标准制定、质量评价、人员培训等职责。举办全市婴幼儿照护技能竞赛，开展家庭养育指导525场、服务38250人次。组织开展普惠托育机构认定，全市共认定普惠托育机构44家，提供普惠托位2990个。开展首批“全国婴幼儿照护服务示范城市”创建活动。

【计划生育药具服务】 眉山市免费避孕药具公共服务管理体系进一步健全，全市避孕药具发放人工网点累计达到2298个，免费提供口服避孕药、外用避孕药、避孕套和宫内节育器，设有68台凭身份证刷卡领取避孕药具的自助发放机、126台用手机二维码领取避孕药具的自助发放机。强化预防艾滋病传播宣传，提高育龄群众知晓率，保障广大育龄群众避孕节育和生殖健康需求。

（刘　璇）

妇幼保健
Maternal and Child Health Care

【概况】 2022年，眉山市稳步提升妇幼健康服务能力，市妇幼保健院、仁寿县妇幼保健院创建三级甲等和三级乙等妇幼保健院；青神县妇幼保健院成功通过二级甲等妇幼保健院复评。市妇幼保健院、东坡区妇幼保健院分别于6月和7月完成整体搬迁，并全面开诊运营。国家区域医疗中心（四川大学华西二院天府医院·四川省儿童医院）于10月正式落户眉山，12月底完成一期开诊、二期开工建设。

【妇幼健康服务】 眉山市卫健委推进妇幼重大公卫项目，落实农村生育妇女免费增补叶酸项目，实施免费孕前优生健康检查和免费婚前医学检查，免费孕检项目目标人群覆盖率104.22%；免费婚检项目婚检率 95.4%；推进预防艾滋病、梅毒和乙肝母婴传播项目，孕产妇艾滋病、梅毒和乙肝检测率 99.97%，实现艾滋病母婴零传播。

【母婴安全保障】 眉山市孕产妇死亡率 23.73/10 万，婴儿死亡率 1.78‰，5 岁以下儿童死亡率 3.38‰；被评为 2021 年度母婴安全先进集体。

【新生儿疾病筛查与缺陷防治】 眉山市新生儿疾病筛查率 99.22%，听力筛查率 96.65%。孕前优生率 104.22%，孕产妇系统管理率 97.9%，3 岁以下儿童系统管理率 97.3%。

【农村妇女"两癌"免费筛查】 眉山市强力推进农村妇女"两癌"筛查，全年共检查 100173 人。其中，宫颈癌检查 50470 人，乳腺癌检查 49703 人。做到早发现、早诊断、早治疗，有效保障妇女健康水平。

（刘 璇）

中医药管理
Traditional Chinese Medicine Management

【概况】 2022 年，眉山市有中医类医院 10 家，其中三级甲等 2 家，三级乙等 2 家，二级 3 家，其他 3 家。全市有中医（助理）医师 2319 人，省学术技术带头人及后备人选 8 人，享受国务院政府特殊津贴 1 人，四川省十大名中医 1 人，省名中医 12 人，市名中医 47 人，首届眉州名医 3 人，眉州名医培养对象 15 人，第一批眉山市拔尖中青年中医师 15 人，县（区）级名中医 41 人，建成国家级中医重点学科 1 个、省级中医重点专科 19 个（在建 8 个），市级中医重点专科 38 个（在建 13 个），全国名中医药专家传承工作室 4 个，全国基层中医药工作先进单位 3 个，全国综合医院中医药示范单位 1 个，全国基层中医药示范社区 1 个，省农村中医药工作先进单位 6 个，市级中医药类非物质文化遗产 7 个。

【中医药传承创新】 眉山市全面推进国家中医药综合改革示范区和中医药强市建设工作，调整完善以市长为组长的专项工作领导小组，召开中医药强市建设推进会，印发《眉山市中医药强市建设行动方案（2021—2025 年）》，推动中医药事业、产业、文化一体化发展；联合医保部门印发《医保支持中医药传承创新发展的实施办法》，有序实施强市建设十大行动，支持洪雅县申报中医药强县。

【中医药体系建设】 眉山市推进市级公立中医医院独立设置，彭山区中医医院建成三级乙等中医医院，洪雅县中医医院完成整体搬迁，内涵建设中医馆 38 个，覆盖率达 100%；95% 的村卫生室、100% 的社区卫生服务站能提供中医药服务，基层中医药服务量 47.6%。

【中医药服务能力提升】 眉山市实施提升工程，夯实中医药服务能力。眉山市中医医院建设省名中医工作室 1 个，市中医医院肾病科、肺病科、重症医学科，彭山区中医医院脾胃病科、肺病科、康复科，洪雅县中医医院肿瘤科评为市级中医重点专科建设单位。全年下达眉山的中央补助资金共 470.15 万元，项目 8 个；省级财政中医药发展专项资金 340 万元，项目 2 个；组织实施县域区域中医诊疗次中心，区域中医康复中心等项目建设，开展中央、省级中医药专项资金绩效评价。

【中医药人才培养】 眉山市全面加强中医药人才队伍建设。通过住院医师规范化培训、继续医学教育、全科医生转岗培训、西学中培训、中医适宜技术培训及竞赛、中医确有专长考核、国医大家学术经验传承班等方式，储备和培养中医药技术人才 1000 余人。持续开展省、市、县中医强基层"百千万"行动，落实省级专家团队指导巡诊，优化市级专家团队，强化 229 名县乡中医医师驻村帮扶指导。全市乡镇卫生院中医药人员达到医药总人数的 20%。

【中医药康养发展】 眉山市共有中药材 3000 余种，中药材种植面积 9 万余亩，年产量 4 万余吨，产值 16.1 亿元，规模以上中药企业 8 家，有 5000 万元 ~1 亿元的中医药产品 2 个，其中儿肤康搽剂、除湿止痒软膏、参柴胶囊等 18 个品种为全国独家产品。彭祖山建成省级中医药健康旅游示范基地；依托彭祖养生文化和东坡文化资源优势，打造"中医药 + 健康服务业"新业态，开发中医康养、森林康养、乡村康养等康养旅游系列产品。持续推进"医养一体化"，建设以中医药健康养老为主的养护中心 3 个，其中眉山市中医医院龚村养护中心荣获"省级医养结合服务示范单位"、成渝地区双城经济圈"优秀医养结合康养机构"，建成为眉山市安宁疗护试点机构；洪雅七里坪建成全国首家抗衰老健康产业试验区；野鸡坪建成四川省首批森林康养试点示范基地。

【中医药文化建设】 眉山市启动建设东坡中医药文化研究院，挖掘东坡医养文化、彭祖养生文化内涵，加强眉山籍名医名家、学术流派的中医药医学、养生学术思想整理和研究。市级中医药文化宣传教育基地 3 个。发布国家、省、市中医药相关宣传报道 30 余篇。开展中医药法"实施五周年"活动、中医药进校园等"六进"活动，印发海报、折页、展板，累计发放 15 万余份。强化中医药类非遗传承和保护，"谢氏正骨疗法""雅连生产习俗"成功申报第六批省级非物质文化遗产，民间中医药资源项目 10 余项，认定命名市级非遗代表性传承人 5 名。

【中医药疫情防控】 眉山市发挥中医药在疫病防治中的优势作用，推动中医药尽早、全程、深度介入疫情防控。对收治的确诊病例和无症状感染者实施"一人一诊一方"辨证施治，对康复患者给予中医药调理。通过主动配送、预约定制等方式免费发放"大锅汤" 20 万人次。全市中医医疗机构先后派出医护人员 600 余人次驰援成都、阿坝、新疆、南充、内江等兄弟市（州），开展核酸采样、检测和中医药救治服务，服务近 5 万人次。

（刘 璇）

医疗保障
Medical Security

【概况】 眉山市医疗保障局围绕"增进民生福祉，提高人民生活品质"工作目标，扎实开展“医保质量提升”“医保便民”“药店净化”行动，各项工作取得新进展。医保基金运行评价、医药服务价格管理、政务信息报送等排名全省前列，医保管理服务获全省通报表扬，医保经办管理服务、医疗服务价格工作在全省作经验交流，《小病不出村　看病有医保——眉山市贯彻落实习近平总书记对乡村医疗卫生体系建设重要指示精神》获全国医疗保障经办服务规范建设典型案例综合类二等奖。眉山市医疗保障局被省医疗保障局表扬为“2022年度政务信息报送先进单位”“2022年度医疗服务价格管理先进单位”。

【成德眉资医疗保障同城化工作推进】眉山市医疗保障局持续深入推动成德眉资一体化和成都、眉山医保同城化工作，参加省内各级有关部门组织的同城化会议、座谈近10次，形成《成德眉资四市医保同城化及生育保险工作调研报告》。赴昆山调研学习沪昆公共服务同城化发展，学习昆山融入上海经验做法。全年向市同城办报送信息、总结等材料20余篇。同时眉山市职工医保、生育保险、职工门诊统筹、医疗救助等相关政策调整积极与成都、德阳、资阳三市靠拢并达成共识，方便参保人同城就医，无差别报销。

【医保支付方式改革】眉山市医疗保障局深化DRG（疾病诊断相关分组）付费改革，研究国家三年行动计划，总结4年实际付费的成效经验，出台《眉山市DRG付费方式改革三年行动计划》，提出2022—2024年工作规划，着力构建上下联动、内外协同、标准规范、管用高效的医保支付新机制。两种付费（按DRG付费基层病组和部分中医优势病种按病种付费）定向支持，丰富DRG付费内涵。出台《关于开展按DRG付费基层病组的通知》，确定7个基层病组在二级及以下医疗机构同比提高5%费率，涉及病种400余个，引导医疗资源流向基层，支持基层医疗机构发展。探索中医优势病种按DRG付费，出台《关于部分中医优势病种按病种付费的通知》，确定中医优势病种4个，涉及西医诊断49个。两项机制（DRG评估规范和补充协议）纵向调整，优化DRG付费体系。修订并印发《按疾病诊断相关分组（DRG）付费定点医疗机构绩效评估规范》，形成9个大项13个小项绩效评估指标体系，引导医疗机构规范诊疗。修订“补充协议”，第一次明确DRG付费违约行为及处罚基数、倍数，DRG监管进一步落地。

【职工医疗保险】眉山市医疗保障局制定《眉山市职工基本医疗保险门诊共济保障实施细则》由市政府办公室印发，细则明确个人账户使用范围、计入办法，将眉山市职工医保参保人普通门诊费用纳入医保统筹基金支付范围，一个自然年度内，在职职工起付线200元，退休人员150元，在三级定点医疗机构支付比例为50%（退休人员60%），二级及以下定点医疗机构和符合条件的定点零售药店支付比例为60%（退休人员70%），年度支付限额在职职工2000元，退休人员2500元，减轻医疗费用负担，提高基金使用效率。

【城乡居民医疗保险】眉山市医疗保障局完成2022—2024年城乡居民大病保险（居民补充医保）承办机构招标，印发《眉山市城乡居民大病保险管理办法》，完善风险调控机制，将分段报销比例提高至60%、70%、80%，综合报销比例提高至60%以上。配套出台《眉山市城乡居民大病保险业务经办规程》，指导商业机构规范运行。

【生育保险】眉山市医疗保障局取消生育待遇报销需要提供身份证、结婚证、生育服务证等材料的规定，方便参保人及时享受生育保险待遇。优化成都、德阳、眉山、资阳四市一体的医保同城化服务，参加四市生育保险同城化工作讨论。完成生育医疗费和生育津贴申报跨省通办，在网厅和国家医保服务平台均可以申请。

【医疗救助】眉山市医疗保障局印发《眉山市重特大疾病医疗保险和救助制度实施细则》，明确全市医疗救助对象的类别、资助参保的政策、救助费用的保障范围以及分类救助的水平，明确提出2023年在全市实施医疗救助市级统筹，与财政局联合印发《眉山市医疗救助资金市级统筹暂行实施办法》，促进医疗救助统筹层次与基本医保统筹层次相协调，提高救助资金使用效率。

【医保待遇】眉山市医疗保障局印发《关于调整门诊特殊疾病有关政策的通知》，将门诊特殊病种增加至45个（Ⅰ类30个、Ⅱ类15个），普提Ⅱ类门诊特殊年度报销限额，将重型精神病、糖尿病胰岛素治疗纳入Ⅱ类门诊特殊管理，取消门诊特殊用药小目录和定点管理。下沉“两病”（高血压、糖尿病）认定备案至乡镇卫生院，精神病认定放宽至一级专科医院。印发《关于将定点零售药店纳入“两病”用药保障机构试点的通知》，方便城乡居民“两病”患者就近购药。印发《关于进一步优化基本医疗保险异地就医直接结算经办服务管理的通知》，把异地就医备案权限下沉至具有相关资质的定点医疗机构、乡镇（村社）医保服务窗口（站）、第三方医保服务站，把年度内因同种疾病再次入院的，取消必须办理转诊单的规定，把因恶性肿瘤等二类门诊特殊疾病转诊的有效期延长至1年，方便城乡居民就近办理异地就医备案。

【“东坡惠民保”正式上市】眉山市医疗保障局出台《关于实施社商融合普惠性健康商业保险“东坡惠民保”的指导意见》，指导市场主体推出“东坡惠民保”，基于保障大病、惠民便民原则，在产品方案设计、实施路径、系统开发等环节进行指导，市内住院“一站式”理赔服务属全省唯一。“东坡惠民保”参保人数61.33万人，参保率21.15%，首年参保率位居全省第一。截至年末，赔付人数1761人，累计赔付金额341.36万元，赔付率9.44%。

【医保基金监管】眉山市医疗保障局压紧压实各级医保部门基金监管责任，明确检查对象、检查重点和检查内容，采取日常巡查、抽查复查，各县区间采用交叉互查的方式，执行监督检查工作。制定《2022年度眉山市医疗保障基金监督检查实施方案的通知》，开展以“织密基金监管网　共筑医保防护线”为主题的打击欺诈骗保集中宣传活动，实现医保经办机构、定点医药机构、参保人员宣传全覆盖。采取规则筛选、大数据分析、现场检查、药品（耗材）进销存核查、询问调查等方式，以“药店净化行动”“定点医疗机构专项行动”为抓手，对110家药店，66家定点医疗机构医保基金使用情况进行全面检查。发现传输虚假数据、非门特药品串换报销、个账超范围报销等违规违约行为74起，涉及违规金额30.4万元。向全市定点医疗机构印发《医保基金监管常见违规违约行为清单（第一批）》共计62条，通过书面答疑，全面指导和督促医疗机构对照自查。全年全市定点医疗机构自查自纠金额达1355.64万元，比2021年增长1143万元。

【药械带量采购（药品集采）】 眉山市医疗保障局落地实施9批次带量采购药械，同比增长50%，减轻群众医药负担约7218万元。全市累计落地11批次药品，品种数达350种，累计落地7类医用耗材。药械落地情况5次被载入眉山要情、眉山政讯，并被“川观新闻”、《眉山日报》、“智慧眉山”等媒体广泛报道；全年指导医疗机构对11批次药械进行精准报量，在口腔种植体报量工作中，首次覆盖民营医疗机构，48家民营医疗机构参与报量，占报量总机构数的90%；基金预付回款有突破，在线上预付人工关节、骨科创伤、中成药省际联盟、八省二区联盟第三批等8批次（含续约）药械集中带量采购货款；探索平台“三流合一”综合管理（货款资金流、订单信息流、货物物流集中采购模式）建设，80%以上公立医疗卫生机构已开通结算账户，部分医疗机构在平台完成普通货款的线上支付；采取定期与专项结合的方式对带量采购情况进行监管。每月定期分析药品带量采购使用情况，及时沟通协调配送企业供货。组织4次专项通报，就备案采购超额超限、带量采购完成量滞后问题在全市进行通报，并要求限期整改。在11月全省胰岛素专项带量采购情况通报中，眉山市完成进度居全省第二。

【医疗服务价格管理】 眉山市医疗保障局全年开展2次新增项目价格核定工作，新增57个医疗服务价格项目试行价格。探索成本调研工作新方式，通过医疗机构录制视频、调研观看视频的方式对项目用时、操作人数、试剂耗材等进行价格核查。9月，联合市卫生健康委员会开展本年度调价评估，达到调整评估启动条件，优先调整价格矛盾突出、体现技术劳务价值的重点项目。结合实际调整两次下调新型冠状病毒检测项目价格，为群众核酸检测提供保障。全力推进口腔种植医疗服务相关工作，开展市内调查登记、市州交叉检查、视频动员会等工作。在赴成都的交叉检查工作中，对重点、突出问题进行梳理，为各市州纠偏提供参考，获省局高度评价。全力支持国家区域医疗中心发展。多次到省医疗保障局就四川大学华西第二医院天府医院（四川省儿童医院）医疗服务项目价格问题进行专题汇报，助力国家区域医疗中心发展，促使优质医疗资源在眉山落地。

【医保信息化建设】 眉山市医疗保障局完成5批次药品编码的入库工作，组织全市医药机构基线版接口改造、城镇职工医保个账共济改造工作，推进医保电子处方流转接口改造工作。完成医保移动支付试点工作，组织眉山市人民医院完成医保移动支付系统改造并上线运行。完成医保数据资源共享服务区眉山市专区项目的立项工作。眉山市医保电子凭证激活率为48.47%，激活率稳居全省前三位。信息化标准化考核每月数据位列全省前列。配合完成“东坡惠民保”系统开发对接，硬件安装测试工作；组织技术力量配合两定机构常态化做好清算对账工作；做好“一网通办”中数据公开与共享工作；协调人社局配合完成德卡读卡器系统升级，解决外国人刷卡异常问题。牵头完成医院互联网端挂号门诊诊查费线下支付，解决群众反映无法享受线上挂号的问题。信息技术科处理各种渠道网上信访件33件，接待群众来访求助1232次，累计处理医保电子凭证参保地显示错误需修改、职工个人账户共济、参保人就医买药划卡报错、智慧医保公众号无法参保缴费、参保人无法申领医保电子凭证等问题2874次。完成国家区域医疗中心（四川省儿童医院）系统适应性改造，保障区域医疗中心在眉山按时开诊。

（秦圆皓　姚廷岗）

健康促进
Health Promotion

【概况】 2022年，眉山市卫健委按照健康眉山《健康知识普及专项行动方案（2020—2030）年》要求，在全市范围内开展健康知识普及行动，完善健康科普专家库，库内共有科普专家77名。开展居民健康素养监测，对全市城市、农村、机关企事业单位、学校等监测点进行抽样、培训、现场调查、问卷录入、数据分析等工作，全市居民健康素养水平为26.5%，较2021年高出0.59个百分点；扎实推进省级健康县创建工作，青神县高标准推进省级健康县创建。

【健康教育促进】 眉山市卫健委落实健康眉山－健康知识普及行动，建立完善市级健康科普专家库，开展健康科普视频录制宣传4期，组织科普专家进学校（老年大学）开展高血压相关健康知识宣讲。开展公益性健康科普宣传，《眉山日报》开辟专版专栏，定期宣传各种健康知识和卫生常识，电视台《每日快报》栏目中开设“卫生与健康”版块，共刊载播发健康知识22期。组织开展各类卫生日宣传“肿瘤防治宣传周”“职业病防治宣传周”等重点卫生日线上宣传活动和进企业、进学校、进社区活动，加强科普宣传力度，累计发放《家庭防控救治宣传手册》等宣传资料约20万份。

【爱国卫生管理】 眉山市卫健委结合疫情防控需要，在全市范围内组织以健康教育宣传、环境消杀消毒、病媒生物防治等为主要内容的冬春季爱国卫生运动，持续倡导文明健康绿色环保生活方式。以“文明健康　绿色环保”为主题开展爱国卫生运动70周年纪念活动和“第34个爱国卫生月”主题宣传活动。设立市国家卫生城市长效管理指挥部，牵头组建市国家卫生城市长效管理指挥部办公室，常态化开展国家卫生城市长效管理工作。推动丹棱县国家卫生县长效管理工作，推进仁寿县、洪雅县、青神县创建国家卫生县。全市创建省级卫生乡镇6个、省级卫生村（社区）120个、省级卫生单位81个和省级无烟单位229个。

【国民营养计划实施】 眉山市卫健委组织开展全民营养周暨“5·20”中国学生营养日主题宣传活动，组织现场活动189场次，开展营养知识讲座13期，出动宣传员340余人，现场受众共5.6万余人，线上受众2万余人，悬挂宣传横幅14

条，展板50块，张贴海报600余张，发放宣传资料5万余份、宣传品2万余份，接受现场咨询7000余人。

【公共卫生监测】 眉山市全年开展中心城区公共场所（旅店、文化娱乐场所、美容院、理发店等）卫生监测，共监测公共场所70家，合格66家，合格率94.29%。

【病媒生物防制】 眉山市卫健委召开全市病媒生物防制工作培训会，组织全市认真开展病媒生物滋生地调查和治理，科学组织病媒生物防制药物消杀和“三防”设施建设维护。全面做好建成区省级病媒生物防制达标考核准备工作，10月12日至13日接受省专家组考核并通过。

【公共场所控烟】 眉山市卫健委以“烟草威胁环境”为主题，在全市组织开展“戒烟—医者先行”等为主要内容的第35个世界无烟日宣传活动。持续巩固无烟党政机关、无烟医疗卫生机构建设成果，全面推进无烟学校建设，全市各级党政机关、医疗卫生机构、各级各类学校均全面建成无烟党政机关、无烟医疗卫生机构和无烟学校。

【城乡医疗卫生对口支援】 眉山市卫健委实施对口支援“传帮带”工程，13家医疗机构与18家脱贫地区医疗机构建立结对帮扶关系，市域内25家医疗机构与39家下级医疗机构建立结对帮扶关系，捐赠帮扶物资、资金43万余元；全市共选派精业务、懂管理、会带教的中级以上职称业务骨干299人开展驻点帮扶工作，帮扶周期为1~2年，其中脱贫地区选派40人、组团式帮扶选派5人（含院长1人、脱贫地区1人）、市域内非贫困地区选派255人。支援人员在受援单位开展学术讲座及业务培训1150余次，门诊、急诊诊疗患者32478人次，住院诊疗患者35953人次，开展住院手术7921台，会诊指导2970余次，培训医院医务人员14246人次。眉山市人民医院帮扶茂县人民医院新建内二科（含心血管、内分泌、消化）临床专科1个，启动新生儿急救中心建设工作，开展脑梗死吞咽功能评估等6项新项目新技术；仁寿县妇幼保健院帮扶金川县妇幼保健院通过“二级乙等”妇幼保健院复评。

（刘　璇）

驻眉山三甲医院

Hospitals of All-level Grade A in Meishan

【概况】 2022年，眉山市有三甲医院5家，分别是眉山市人民医院（四川大学华西医院眉山医院）、眉山市妇幼保健院（四川大学华西第二医院眉山市妇女儿童医院）、眉山市中医医院（成都中医药大学附属眉山医院）、仁寿县人民医院、仁寿县中医医院。

【眉山市人民医院（川大华西眉山医院）】 眉山市人民医院始建于民国26年（1937），前身是由国民党四川省政府批准建立的眉山县戒烟医院，新中国成立后由人民政府接管，改建为眉山县人民医院；2002年，医院命名为眉山市第二人民医院；2008年，眉山市第二人民医院合并眉山市第一人民医院（原电子工业部第408职工医院）和市第四人民医院（市传染病医院）组建成立眉山市人民医院；2020年1月，四川大学华西医院领办眉山市人民医院。

川大华西眉山医院目前是全市规模最大、学科齐全、技术精良、设备先进、服务一流，集医疗、急救、教学、科研、预防、保健于一体的国家三级甲等综合医院，爱婴医院。是国家级住院医师规范化培训基地（全科医师住培基地）、四川省专业技术人员继续教育基地，四川省全科医师培训基地、西南医科大学联合培养硕士研究生基地、西南医科大学、成都中医药大学等医学院校的临床教学实习基地、四川省护士规范化培训基地。

川大华西眉山医院总占地面积218.221亩，包括东坡院区、文庙院区和青神县黑龙镇院区。医疗服务主要集中在东坡院区。医院编制床位1199张，开放床位1620张。临床科室33个，医技科室12个。拥有省学术技术带头人后备人选1人，省卫健委学术技术带头人和后备人选3人，省中医药管理局学术和技术带头人后备人选1人，博士研究生导师1人，硕士研究生导师2人，省卫健委有突出贡献中青年专家2人，省临床技能名师3人，市学术技术带头人4人，市拔尖中青年中医师6人，市名中医3人。有6个省级医学重点专科（含在建）（泌尿外科、肾内科、放射科、检验科、骨科、胃肠外科），2个省级临床重点专科建设项目（老年医学科、麻醉科），市级临床重点专科（含立项）31个。40个市级医疗质控中心落户医院。医院拥有320排、64排及数套64排以下X线计算机断层扫描仪（CT）；3.0T、1.5T磁共振成像系统（MR）；10Mv直线加速器（LA）；心脏外科体外循环系统；数字血管造影机（DSA）；移动式三维C型臂X光机；超声骨动力系统；电生理导航及射频消融系统；激光扫描检眼镜及视觉质量分析系统；数字化手术室；钬激光；高压氧舱（16+4人舱）；神经内镜手术系统；腔镜手术系统；全自动生化、免疫流水线；全自动血常规流水线；全自动多腔清洗机等先进医疗设备。

2022年，川大华西眉山医院引进硕士研究生38人，本科39人；在职职工1870人（博士7人、硕士201人、本科1079人；正高74人、副高237人，中级720人），其中卫生专业技术人员1594人（医疗532人、医技181人、护理823人、药剂44人、其他见习卫生技术人员14人）。全年门诊1251236人次，急诊252624人次，手术操作46018人，出院68899人次。

学科建设发展。川大华西眉山医院发挥华西11名派驻学科主任助力学科发展带动作用，全年开展华西专家讲座90次，培训932人次，高质量手术示教137台次，特需门诊坐诊127次，服务患者2028人次。医院老年医学科、麻醉科获批四川省临床重点专科建设项目；耳鼻咽喉科、肿瘤科、甲乳外科、神经外科通过市级临床重点专科立项，麻醉科通过市级临床重点专科验收。呼吸与危重症医学科顺利通过国家PCCM规范化评审；眼科成功申报眉山市青少年近视防控中心；皮肤·医学美容科成功申请国家级银屑病诊疗中心。

医疗技术与服务能力建设。川大华西眉山医院进一步修订完善医疗质量与安全相关制度；建立完善“院、科及医疗组、医生”三级质量监管体系，加强对医疗质量与安全的监管。全年开展新技术新项目82项，其中包括胸心外科“胸骨上段小切口免缝合主动脉瓣置换联合升主动脉成形术”、骨科“脊柱肿瘤根治性切除术”、妇科“经阴子宫腹壁悬吊术”等技术。医院血液科已能常态化开展自体造血干细胞移植手术；胸心外科心脏外科团队已能成熟开展心脏外科技术，全年手术量达150台次以上。医院多举措改善医疗服务，成立院内医保工作站，承接16项医保便民工作；推出“微信便民自助开单”服务，上线诊间支付，启用互联网医院，进一步优化服务流程，改善患者就医体验。医院获评四川省第一批老年友善医疗机构。

科研教学能力建设。川大华西眉山医院GCP实现新跃升，共完成9项药品GCP立项工作，其中包含首例医疗器械GCP研究；全年签订临床试验合同15份，总金额达300余万元。获得国内实用新型和外观设计专利授权18项。全年在核心期刊发表文章36篇，SCI5篇。获得四川省医学科研课题2项、四川省医学青年创新课题1项、伤口疾病专项科研课题1项、四川省医院协会2022年青年药师科研专项资金项目2项。完成国家级全科专业住院医师规范化培训基地5名学员招录工作，招收护理规培学员53人。全年选派68名医护人员到上级医院进修、专培。完成214人实习生招生、岗前培训、轮转安排及教学工作；完成全市9名乡镇卫生院、社区卫生服务中心骨干人员培训。

图118　2022年4月1日，四川大学华西医院眉山医院眉山市人民医院抗疫援吉医疗队出征仪式

（供图：市人民医院）

医联体建设。川大华西眉山医院深入推进医联体建设，新增与眉山市康复医院、东坡区大石桥街道社区卫生服务中心、苏祠街道社区卫生服务中心、太和镇卫生院和仁寿县视高街道卫生服务中心5家医疗机构签约医联体合作协议。选派5名医务人员赴金川县人民医院、茂县人民医院开展城乡医疗卫生对口支援“传帮带”工作；5月，在省委组织部组织下，选派5名医师帮扶茂县人民医院；新派22名医护人员到丹棱县人民医院、青神县人民医院、彭山区中医医院、洪雅县中医院对口支援，2022年，共有115名医护人员在四家医院开展对口支援，对受援医院的医疗、科教、管理等工作开展全面帮扶。全年完成帮扶医院门急诊14185人次，住院患者8879人次，住院手术1099台次，会诊及疑难病例讨论1065人次，开展新技术新业务86项，学术讲座1000余次，教学查房次数1200多次，巡回医疗、义诊6000余人次，培训医务人员5272人次。

信息化建设。川大华西眉山医院通过三星级智慧医院评价、电子病历系统应用水平分级评价四级评审。为临床医疗提供服务技术工具和技术支持，保障医院信息安全。完成单病种质量控制系统和VTE防治系统、新版病案首页实施与上

图119　2022年5月30日，四川大学华西医院眉山医院眉山市人民医院“组团式”帮扶茂县人民医院

（供图：市人民医院）

线、医院 5G 应用建设、医保移动支付开发与实施等项目，进一步提升医院信息化服务水平。

（代 姣）

【眉山市妇幼保健院（华西二院眉山妇女儿童医院）】 眉山市妇幼保健院有职工 632 人（含华西管理团队 7 人），其中卫生专业技术人员 523 人，核定编制床位 300 张，开放床位 220 张。5 月，医院完成党政分设，配齐党政领导班子，坚持党委领导下的院长负责制，完善党委会和院长办公会议事规则，严格执行“三重一大”制度。医院设有党委办公室、纪检内审科、院长办公室、运营管理部、医务部、公共卫生科等 15 个职能科室，持续推行以妇产科、儿科教研室为主导、妇幼保健四大部门为支撑，下设产科、妇科、儿科、外科、儿童保健科等 18 个临床保健医技科室。

新院区全面开诊。华西二医院眉山市妇女儿童医院新址位于眉山市东坡区科四路 868 号。5 月完成整体搬迁，5 月 9 日注销“眉山市东坡区黄州东路 69 号”院区执业地点。6 月 26 日，在医院多功能厅举行开诊仪式。医院面向社会主要提供妇产科、儿科、儿童保健科、外科等门诊及住院、检验检查辅助医疗保健服务。医院的正式开诊标志着眉医疗同城、品质同城取得新突破，为眉山乃至周边地区群众带来优质医疗服务。

创等提级。四川省卫生健康委员会在 3 月 30 日下发《关于确定四川省妇幼保健院等 40 家妇幼保健院等级的通知》（川卫妇幼函〔2022〕61 号），确定眉山市妇幼保健院为三级甲等妇幼保健院。

学科建设与创新发展。华西二院眉山市妇女儿童医院聘请华西第二医院和华西医院教授作为麻醉科、中医科学科主任，指导学科发展。创建为国家首批“孤独症防治规范化建设培育单位”、四川省第二批新生儿保健特色专科建设单位、中国疾病预防控制中心妇幼保健中心“两癌”监测项目单位，挂牌眉山市乳腺癌、宫颈癌筛查管理中心和眉山市产前诊断中心；完成省级婚前保健特色专科和孕前保健特殊专科申报答辩，推进省级重点学科申报和实验室 ISO 15189 认可筹备，产科创成市级甲级临床重点专科，儿科、医学影像科通过市级临床重点专科验收、立项，加入市级“120”急救网络平台，开展院前急救，新开设美容医学科、小儿血液延伸病房。

医疗与保健融合发展。华西二院眉山市妇女儿童医院诊疗 369958 人次，较 2021 年同期增长 3.63%，其中，门诊 321400 人次，急诊 48558 人次；出院 12224 人次，较 2021 年同期增长 29.66%，门诊手术 5610 例，住院手术 4318 例，较 2021 年同期增长 37.69%，危重病人抢救 1919 人次，抢救成功率 100%，床位使用率 89.89%，平均住院日 5.06 天，非医学指征剖宫产率 10.42%。住院分娩产妇数 3407 人，较 2021 年同期增长 10.19%，活产数 3426 人。

妇幼健康服务。华西二院眉山市妇女儿童医院组织专家开展培训，下沉区县指导、质控，召开全市工作会议及培训 31 次，开展辖区综合、专项督导和质量控制 20 次。

图 120　2022 年 6 月 27 日，眉山市妇幼保健院资产交接仪式　（供图：市妇幼保健院）

特色亮点业务。华西二院眉山市妇女儿童医院整体康复中心开设 WAFF 运动康复训练，集运动健身、功能康复、姿态调节及身心放松于一体，是眉山首家；产科开展 LDR 一体化家庭式产房；设置母婴健康管理中心，推动产前产后一体化管理服务，强化产妇产后健康保健和新生儿照护。

健康促进与健康教育。华西二院眉山市妇女儿童医院通过官方视频号和抖音号积极推送新闻动态、健康教育等信息，其中微信 248 条，视频 99 个，简讯 232 篇，喜迎二十大视频获得“四川观察”转载。开展孕妇学校公益讲座 47 场，父母课堂公益讲座 29 场。进幼儿园、社区、单位等开展院内外志愿服务活动如义诊、健康宣传、咨询服务、慰问、无偿献血 44 场次，引导全民践行健康文明的生活方式。

科技创新。华西二院眉山市妇女儿童医院新增省级科研课题立项 3 项，在研项目 10 项。发表论文 43 篇，其中 SCI（IF：9.075）、（IF：8.786）2 篇， 核心期刊 5 篇；获得实用新型专利“一种全自动胶体金检测设备”1 项，实现专利“零”的突破，开展新技术 12 项。

人才队伍建设。华西二院眉山市妇女儿童医院重培养、抓引进，引进 3 名优秀人才和 5 名高层次人才，招聘 81 人，其中卫生专业技术人员 68 人。开展行政后勤定岗定编工作，发布《员工职业生涯规划管理办法》试行版，指导员工建立职业生涯规划档案。

医院信息化建设。华西二院眉山市妇女儿童医院创成二星智慧医院，申报 5G + 医疗健康应用项目是眉山市唯一试点医院，与华西第二医院建立远程会诊中心。

国家区域医疗中心布局眉山。在四川省人民政府和眉山市人民政府以及四川大学、四川大学华西第二医院支持下，四川省儿童医院（四川省儿童医学中心）、国家区域医疗中心（四川大学华西第二医院天府医院）布局眉山，眉山市妇幼保健院 600 张床位规模资产划转用作四川省儿童医院（四川省儿童医学中心）一期，这是第四批国家区域医疗中心建设项目之一，填补四川省国家级区域医疗中心和省级儿童医院建设空白，是全国唯一一个走出省会城市、布局地市级城市的省级儿童医院。项目由四川大学华西第二医院牵头建设，华西医学（含华西医院、华西口腔医院）整合所有儿科医疗资源和学科平台资源协同支撑。12月19日，四川大学华西第二医院天府医院（四川省儿童医院）正式揭牌开诊。

资产管理。华西二院眉山市妇女儿童医院新投入使用院区占地93073平方米，建筑面积139922.92平方米。6月28日，举行资产交接仪式，将位于东坡区黄州东路69号的原眉山市妇幼保健院国有资产移交东坡区妇幼保健院。9月6日，眉山市机关事务管理局同意将眉山市妇幼保健院600张床位规模资产（占地面积81752.68平方米，建筑面积117028.08平方米，包括门诊、急诊医技住院楼、多功能厅、综合楼、发热门诊、门卫室、化学废液暂存间、污水处理站、制氧站、地下室，不包含智慧医院建设项目和医疗设备、医疗家具，估值以决算价为准）无偿划转四川省儿童医学中心（四川省儿童医院）筹建处。

项目建设。华西二院眉山市妇女儿童医院积极推进医育融合工作，建立眉山市托育综合服务中心及眉山市第一托育园，占地面积3298.62平方米，设置托位150个，拟开展全日托、半日托、计时托和延时班等多形式托育服务，满足不同家庭需要。

（曾小玲）

【眉山市中医医院（成都中医药大学附属眉山医院）】 眉山市中医医院始建于1986年11月，2021年5月成为成都中医药大学直属附属眉山医院。眉山市中医医院是四川大学华西医院、西部战区总医院远程会诊、远程教学定点医院，第三批国家中医住院医师规范化培训基地和省级专业技术人员继续教育基地，四川中医药高等专科学校实习基地，四川省针灸学校教学医院。是一所专科优势突出、设备先进、中西并重，集医疗、教学、科研、预防保健、康复养老五位于一体的具有较强综合实力的国家三级甲等中医医院和四川省精品中医医院，拥有眉山市中医医院总院、眉山市东坡区精神病医院（眉山市精神卫生中心）、眉山市东坡区血吸虫病防治站、眉山市中医医院龚村养护中心、眉山市中医医院新星养老医护中心的大型综合性医疗机构。有国家级重点中医学科1个，省级重点专科8个，市级重点专科25个。是眉山市中医教学基地、中医执业医师实践技能考试基地。

眉山市中医医院占地面积361.5亩，建筑面积276946平方米，拥有3.0T磁共振、256排螺旋CT、DSA、直线加速器等价值超5亿元的国内外先进设备，总资产16亿元。现有编制床位1780张，博士生导师1人，硕士生导师4人，享受国务院政府特殊津贴专家1人，国家级名中医2人，省名中医7人，市名中医13人。开设40个专科门诊，47个临床医技科室，33个住院病区和1个体检中心。医院信息化建设走在全市前列。医院拥有进口256排、64排等X射线断层成像系统（CT）6台，进口3.0T核磁共振系统（MRI）、1.5T国产高端核磁共振系统（MRI）、进口10MeV医用电子直线加速器（LA）、进口数字减影血管造影系统（DSA）、4K腹腔镜、钬激光、椎间盘内窥镜、超声电子支气管镜（EBUS）、四维彩超、肌骨超声、主动脉内球囊反搏泵、超广角激光扫描检眼镜、良性阵发性位置性眩晕诊疗系统、口腔种植导航系统、椅旁CAD/CAM数字化全瓷修复系统、高压氧舱等万元以上医疗设备超过2700台（件），全院医疗设备总价值超过6亿元。

医疗与人才队伍建设。眉山市中医医院全年门诊736945人次，急诊40952人次，手术操作41242人次，出院49453人次。引进硕士研究生40人，本科103人；在职职工1898人（博士2人、硕士125人、本科947人；正高38人、副高147人、中级441人），其中卫生专业技术人员1546人（医疗587人、医技124人、护理777人、药剂53人、其他见习卫生技术人员5人）。

学科发展建设。眉山市中医医院整合医疗资源，推进多学科融合发展，形成大专科、中心化的诊疗模式。6月，产科病房启用，形成生殖—妇科—男科—产科业务集群。通过整合胃肠外科、消化内科、消化内镜中心、超声科，成立消化系统疾病诊疗中心，发挥多学科联合诊疗的优势，运用药物、内镜治疗、微创手术等多种治疗手段融合，为每例消化疾病患者提供规范化、综合化、个性化的诊疗服务。8月，整合神经内科、神经外科、高压氧治疗中心以及神经电生理科，成立神经系统疾病诊疗中心，包含创伤肿瘤、脑血管病、癫痫和神经变性疾病、神经电生理、高压氧治疗五大专业，为患者进行全方位的病情量化评估，提供专业化、精准化和个体化的横向诊疗方案和纵向随访流程，帮助患者全病程管理。开展DRG支付下全院糖尿病患者管理体系建设，以糖尿病管理为抓手，实现DRG支付下的患者正确入组、病组治疗预算最大化和治疗成本最优化，规范患者的血糖管理工作，保障医疗质量和安全，有效减少糖代谢紊乱相关并发症，缩短住院时间，降低住院费用。

医疗技术与服务能力建设。眉山市中医医院新立项经口腔镜下甲状腺肿瘤切除术、冠脉内血流储备分数检

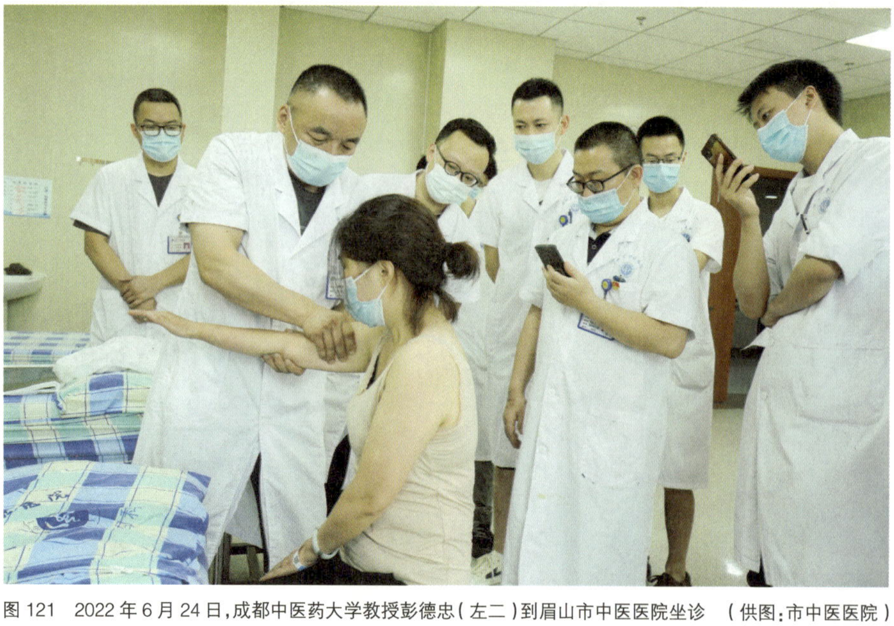

图121 2022年6月24日，成都中医药大学教授彭德忠（左二）到眉山市中医医院坐诊 （供图：市中医医院）

查（FFR）、2.2毫米同轴微切口白内障超生乳化抽吸联合人工晶体植入术等71项新技术。推动卒中、胸痛、创伤中心建设，全年开展急诊卒中手术491人次，筛查胸痛患者1097人次，开展急诊冠心病介入手术92人次，收治创伤患者3564人次，收入院共计59例。继续实施三、四级手术和日间手术，全年开展三、四级手术11785台次，占手术的比例为66.43%；开展日间手术2421台次，占择期手术的比例为18.03%。

科研教学能力建设。眉山市中医医院全年申报各类科研课题193项，立项64项，获资金资助9.3万。新增成都中医药大学省科技厅协作项目1项、广东省科技厅省部级课题1项，获得协作资金14万；加强项目执行管理，实现运行课题142项，申请结题15项，其中2020年四川省科技厅项目顺利结题1项，其他的市级课题项目均按进度在推进。发表SCI文章4篇，其中最高影响因子为5.98，中文核心及CSCD期刊2篇，核心期刊论文10篇，普刊120余篇，出版专著2本。获得专利9项，尚有10余种专利在申报中。完成国家级第三批中医住院医师规范化培训基地42名住培学员招录工作（中医住院医师20名，中医类别助理全科医师20名，专硕研究生2名）。全年共选派66名医护人员到上级医院进修、专培，共接收进修生71名。完成433名实习生招生、岗前培训、轮转安排及教学工作。完成眉山市中医全科医生转岗培训项目中全市37名中医医师集中理论培训，完成东坡区全科医生转岗培训12名学员（临床类别9人，中医类别3人）临床轮训，四川省乡镇卫生院和社区卫生服务中心1名骨干全科医生培训，全市13名乡镇卫生院临床骨干在院接受为期120天的临床培训，东坡区27名乡村医生在院接受为期30天的临床培训。完成全市2021级中医全科转岗培训48名学员结业考试工作。

医联体建设。2015年9月，组建以眉山市中医医院为龙头的全市第一家医联体，全市拥有32家成员单位，其中，县级公立医疗机构3家，社区卫生服务中心3家，乡镇卫生院20家，司法系统医院1家，民营医疗机构3家，跨市医联体2家。2016年区域远程影像中心正式启动。全年为基层卫生院提供13871例DR报告诊断、21580例CT远程诊断服务。全年为基层卫生院提供1421例区域心电诊断。2019年构建互联网+医联体的新型综合业务管理信息平台，截至2022年年底，已与9家基层卫生院、1家司法系统医院完成合作。2021年胸痛、卒中中心区域协同救治网络成立专科联盟，与彭山区中医医院、仁寿县中医医院、丹棱县南苑中医医院等7家区县医院签订胸痛、卒中区域协同合作协议，形成区域性专科联盟，到各救治网点开展相关专业巡讲。

信息化建设。眉山市中医医院通过电子病历系统应用水平分级评价四级评审。以推进信息化项目升级、数据中心升级扩容、搭建医护人员能力建设平台、医保接口改造、健康体检系统升级、中药预防包线上售卖、互联网医院等为工作主线，积极发挥信息技术在各部门、各科室系统管理及应用流程中的作用，实现医院各部门、各科室工作方法和学习方式的根本变革，提高全体医护工作人员应用信息技术服务医务工作、服务患者的水平，改善患者就医体验。

（程诗和）

社会民生

SOCIETY AND PEOPLE'S LIVELIHOOD

人口管理 / 治安管理 / 退役军人事务 / 民族和宗教事务 / 劳动就业 / 社会保障 / 住房公积金管理 / 社会管理 / 社会服务 / 老龄服务 / 民生工程

人口管理
Population Management

【概况】 2022年，眉山市户政管理沿袭市公安局、县（区）公安局、派出所三级管理制。全年总户数1227308户，总人数3386135人，其中男性1713606人，占总人口的50.6%；女性1672529人，占总人口的49.4%。迁入人口8409人，迁出人口15545人，人口机械增长率–2.2‰。

【“一标三实”信息采集】 眉山市更新维护实有人口信息300万余条，实地核查重点单位5472家，核查涉疫人员信息70万条；完成2批次114531人去向查明，标准地址引用完成率达100%。

【户政管理】 为贯彻落实国务院、省政府“放管服”“最多跑一次”决策部署和省厅党委打造最强服务要求，全市公安机关进一步深化户籍制度改革，全面提升便民利民服务，提高户政服务效率。深化户籍制度改革，实行“零门槛、全面放开”城镇落户限制，鼓励农村居民到城镇落户，全市5082人由农村转为城镇居民落户城镇；户籍人口城镇化率39.2%，同比2021年上升0.18%；深化“放管服”改革，开通新生儿入户“省内通办”和川渝黔地区“跨省通办”便民服务。2022年，全市制发居民身份证157556张，其中居民身份证换领、补领跨省通办和省内通办分别为21584件和5272件，户口迁移跨省通办和省内通办分别为498件和920件。深入推进专项行动，完成对29058人出生医学证明编号补报（更正）工作和846个村（社区）基本要素填报专项工作；清理死亡注销20425人，清理完成率100%；开展涉拐妇女、儿童专项行动线索摸排工作，排查无户口妇女35人，儿童132人，清理非常规登记户口儿童204人，解决无户口人员登记281人，推送疑似违法犯罪线索24条，其中移交刑侦部门线索4条。

【流动人口居住证制度管理】 眉山市公安机关继续按照《眉山市居住证暂行办法》管理，居住证持有人依法享有与常住人口相同的就业、社保、教育、医疗、交通等待遇。结合“一标三实”信息采集，全市采集出租房屋信息810334户，登记流动人口327611人，办理居住证18472本。

【公民出入境管理】 眉山市公安局严格出入境证件审核调查，制作《面见询问清单》，坚持疑点必查的工作理念，全年共发函核查67起，回复外省市发函核查315起；深化“我为群众办实事”实践，通过LED显示屏循环播放非必要非紧急不出国境宣传，张贴智慧出入境“五星”服务、“三非”（未经合法手续而在中国非法就业，非法入境和非法居留）外国人有奖举报等海报，成功劝阻群众出国（境）约400人次，规范某劳务公司外派海员就业服务1起3人，接到群众举报“三非”外国人1起；开展“一把手走流程”体验活动。全年处理社会投诉、救助工单回复4起，收到群众赠送的锦旗3面，感谢信1封。深入开展严厉打击妨害国（边）境管理犯罪专项行动，发挥出入境部门主责作用，强化与各警种力量整合、手段配合，主动与检法部门沟通联络，建立协作机制，形成多手段并举、多警种协同、多部门参与的有效打击格局，2022年全年打击妨害国（边）境管理犯罪立案100余起。

（钟丽娟）

治安管理
Security Management

【概况】 2022年，眉山市查处治安案件5363件（查处卖淫嫖娼行政案件313件，行政处罚650余人；查处赌博行政案件675件，行政处罚2400余人）；开展“打击枪爆违法犯罪”专项行动，破获非法持有枪支案件37起，非法制造枪支、非法私藏及其他涉枪案件13起，非法存储爆炸物品案1起，查处非法存储、运输、燃放烟花爆竹案41起；全年未发生持枪作案和枪支打响案件。

【社会治安防控体系建设】 眉山市委、市政府将社会治安防控体系纳入党政工程，并纳入眉山“十四五”规划；眉山率先完成成都大运会安保环蓉圈层查控智慧公安检查站建设任务，获得省厅领导肯定；聘请有建设经验的第三方公司为眉山开展标准化设计，查找问题短板；顺利完成全国社会治安防控体系建设“示范城市”创建评测工作，排名全省第七。

【社会服务行业管理】 眉山市公安局推出便民利企举措，为企业减负降本，做实“一网通办”，强化事中事后监管。2022年为新开办企业免费服务3800余次，免费刻制印章6105套24360枚，直接为企业节约开办成本682.08万元。将民用爆炸物品购买审批和运输许可审批事项由法定5个工作日提速至2个工作日，全年共审批民爆物品购买证328条、运输证422条。改进乡村民宿管理，服务乡村民宿高质量发展。为符合条件的142家民宿发放旅馆业特种行业许可证。组织新保安人员培训，强力推进“一网通办”工作，市县两级政务服务事项网上可办率达100%，“最多跑一次”事项达95%以上，全程网办事项达85%以上，承诺时限比法定时限平均减少60%以上，“一网通办”在全市A组第一方阵行列。全年完成牵头和配合其他单位联查企业102家，出动执法人员120余人次。

【禁黄禁赌行动】 眉山市公安机关持续开展“磐石”等专项行动及常态化扫黑除恶斗争，持续保持对涉黄涉赌违法犯罪严打严查严控高压态势，全力净化社会风气。全市全年共查处黄赌案件1000余件，行政处罚3100余人，移送起诉200余人；成功侦办部督“1·25”开设赌场案，发起全国集群作战，破获省督“6·16”开设赌场案、“江上月清组织卖淫案”等案件。

【扫黑除恶专项行动】 眉山市移送审查起诉涉黑案件1起，移送起诉涉黑组织成员33人；两起涉黑案件一审宣判；新增立案侦办涉黑案件1起，抓获犯罪嫌疑人20人，破获各类案件30起。

【涉枪违法犯罪专项行动】 眉山市全年起诉涉枪案件55起，起诉60人，收缴枪支、弹药、枪支零部件若干。5月以来，组队参加省厅组织的全国涉枪集群战役2次，分别前往安徽省、天津市开展线索落地核查工作。全年未发生持枪作案和枪支打响案件。

【“打拐”专项行动】 眉山市公安机关加大拐卖妇女儿童线索摸排力度，全面推动反拐宣传进社区、进学校、进企业、进农村、进家庭，破获涉拐积案3起，打击处理涉拐犯罪嫌疑人2名，抓获涉拐在逃犯罪嫌疑人2名，找回失踪妇女3名，失踪儿童1名。全年无拐卖现案发生。

【“打击侵财犯罪”专项行动】 眉山市公安局侦破“1·7”系列盗窃柴油案、“1·11”盗窃车内财物案、“5·20”特大入室盗窃案、“7·29”入室盗窃案、“10·23”金店被盗案等有较大社会影响的传统盗抢骗案件，全市公诉传统侵财案件317起、525人；打击整治养老诈骗专项行动，立案侦办案件39起，破案39起，抓获犯罪嫌疑人88名、在逃犯罪嫌疑人1名，追赃挽损2496万元；打击整治假冒僧人违法犯罪专项行动，侦破1起假冒道家传承弟子，以收徒传道能医治疑难杂症的名义实施的诈骗案件，成功挽回5名受害人财产损失30余万元。

【“扫毒”专项行动】 眉山市全年破获毒品刑事案件122件，抓获毒品犯罪嫌疑人248人，查处吸毒人员675人，裁决强制隔离戒毒156人，缴获各类毒品0.393千克；其中“5·28”非法买卖易制毒化学品案件被评为全省十大精品案件，“7·19”集群打零案件被评为全省十大典型案件。2022年，全市未发生一起辖区制毒案件。

【金融犯罪与涉税犯罪打击行动】 眉山市公安局成功破获省公安厅督办的甘某等人涉嫌贷款诈骗案，于夏季治安打击整治“百日行动”冲刺阶段发起该案全国集群战役和集中收网行动，成功打掉一涉及全国12个省份、涉案金额1.1亿元的公积金贷款诈骗团伙，公安部经侦局、省公安厅经侦总队先后发电祝贺，被评为2022年全省公安机关一类大要案。成功破获“9·23”虚开增值税专用发票案，被省公安厅纳入全省片区会战战果。

（钟丽娟）

退役军人事务

Veterans Affairs

【概况】 2022年，眉山市退役军人工作坚持以习近平强军思想和习近平总书记关于退役军人工作的重要论述为根本遵循，以落实“十四五”退役军人事务发展规划为牵引，坚持“稳字当头、稳中求进”工作总基调，围绕“1238”工作思路，即锚定各项工作处于全省第一方阵前列目标，以退役军人获得感成色更足为主题、以推动退役军人工作高质量发展为主线，巩固信访稳定基本盘、服务体系完善、工作多点突破“三项成果”，深入实施铸魂、浸润、精品、突破、暖心、稳定、壮体、提能“八大工程”，守正创新、踔厉奋发，全面完成全年各项目标任务。

【退役军人安置】 眉山市退役军人事务局全年完成计划安置转业军官、复员军官、逐月领取退役金退役军人、符合政府安排工作退役军士和退出消防员的接收安置；“直通车+三公开、六优先”安置方式，助力转业军官安置实现人岗相适；举办四川省2022年由政府安排工作退役士兵和退出消防员适应性培训眉山示范班；完成自主择业军转干部年度登记、退役金定期增资和年度调整；全面铺开自主就业退役士兵移交安置“一站式”服务工作。

【退役军人就业创业】 眉山市退役军人事务局出台《眉山市关于全面做好退役士兵教育培训工作的实施办法》，全面规范教育培训工作；通过自主就业退役士兵全员适应性培训、有培训意愿的退役士兵实行全覆盖免费培训，帮助退役军人尽快适应地方发展、提升就业竞争力。在全市高校、工业园区建立退役军人就业创业服务站；召开多场退役军人专场招聘会，帮助退役军人充分就业。开展眉山市首届退役军人创业示范企业（户）评选，共评选出20户退役军人创业示范企业和示范户；全面建立市、县（区）、乡（镇）三级党政领导干部联系军创企业制度，为企业解决260个困难和问题；筹集到位眉山市退役军人创业基金，帮助军创企业解决发展融资；开展创业导师“巡诊”活动，为军创企业巡诊把脉，解决问题；青神县成立军创企业协会；高建刚入选2022年四川省就业创业之星。眉山市退役军人事务局、东坡区退役军人事务局被四川省退役军人事务厅评为2022年度就业创业工作先进单位。

【军休服务】 眉山市退役军人事务局全面落实军休干部“两个待遇”（政治待遇和生活待遇）。开展眉山市军休疗养活动；推进军休医疗服务“一站式”服务，东坡区、彭山区、丹棱县与医疗机构签约，为军休干部就医开通绿色通道；完成军队离退休干部（士官）家属、遗属医疗、生活补助申报。

【优待抚恤】 眉山市退役军人事务局严格执行现行优抚政策，依法依规做好各类优抚对象身份审核认定，按时足额发放各类抚恤补助，落实优抚对象医疗保障。落实“属地管理、各负其责”优抚数据管理原则，加强优抚对象数据精细化管理，按要求开展优抚数据年度审定和优抚对象年度确认工作。落实《伤残抚恤管理办法》等政策，规范残疾等级评定程序，做好伤残抚恤关系转接以及伤残人员证件新办、换发、补办工作。逐步拓宽优待项目和优待证使用场景，推动交通、文旅、医疗、教育等方面60余项优待内容。

【退役军人权益维护】 眉山市退役军人事务局会同司法部门，充分发挥市、县（区）、乡镇（街道）三级退役军人公共法律服务平台作用，为退役军人及家属提供咨询、调解、调查取证等法律援助，办理涉退役军人维权案件，发挥签约律师事务所作用，向涉法涉诉退役军人提供法律咨询；落实信访问题首问首办责任制，切实把“三到位”总要求贯穿信访事项办理全过程，强化跟踪回访，提高一次性化解率和群众满意度。

【退役军人关爱帮扶】 持续发挥财政、慈善“两个基金”作用，对退役军人在困难救助、急难救助、医疗救助等方面实施精准帮扶。2022年，全市对特殊困难退役军人给予基金帮扶，帮助困难退役军人解决实际问题。免费为全市低保、贫困退役军人购买防癌抗癌保险。2022年年

图 122　2022 年 5 月 25 日，眉山市退役军人创业基金启动仪式
（供图：市退役军人事务局）

图 123　2022 年春节，“关爱眉山退役老兵”公益活动
（供图：市退役军人事务局）

初，会同市广播电视台，联合全市 10 余家企业，在仁寿县退役军人局开展慰问抗战、抗美援朝老兵线上线下直播活动。

【退役军人服务保障体系建设】　眉山市退役军人服务中心完成服务大厅、接待室、法律咨询室等基本功能室设计和装修工作，开展大厅试运行，为更好服务退役军人打下坚实基础。积极协调省厅，为仁寿县和丹棱县分别争取 294 万元、67 万元用于县级退役军人人事档案室建设。彭山区、洪雅县、东坡区太和镇、青神县凤阳社区退役军人服务中心（站）主任（站长）被评为 2022 年度全省退役军人服务中心（站）“百名优秀主任（站长）”，仁寿县、青神县青竹街道、彭山区公义场社区退役军人服务中心（站）被评为 2022 年度全省“百家优秀退役军人服务中心（站）”。指导上海市眉山退役军人服务站，全力做好眉山籍在沪退役军人就业、就学、就医、法律援助等服务工作。完成全市退役军人和其他优抚对象建档立卡工作。

【烈士纪念设施三年提升行动】　眉山市贯彻落实四川省烈士纪念设施三年提升行动工作要求，秉承“三园合一”建设理念和“四化”标准，新建眉山市烈士事迹陈列馆及烈士陵园附属设施提质改造，完成 5 个建设项目 17 项建设内容，完成率 95%，努力推动“三年任务两年完成”。全省烈士纪念设施三年提升行动工作推进会议现场调研活动在眉山举行，眉山市退役军人事务局、眉山市东坡区退役军人事务局被四川省退役军人事务厅表彰为“烈士纪念设施三年提升行动先进单位”。

【退役军人“三支队伍”建设】　眉山市深入推进退役军人“兵支书”、志愿服务、红色宣讲“三支队伍”建设，积极为退役军人干事创业搭建舞台。截至 2022 年 12 月底，选拔多名退役军人进入村（社区）“两委”班子；组建以功臣模范、参战参试老兵等为主的红色宣讲团 7 个，常态开展进机关、进社区、进学校、进企业等宣讲活动，开展宣讲 30 余场，受众 2 万余人次；组建眉山市退役军人“橄榄绿”志愿服务队 935 支，其中市级 1 支、县（区）级 7 支、乡镇（街道）级 80 支、村（社区）级 847 支，吸纳退役军人注册成为志愿者，常态化开展志愿服务活动，累计帮扶援助 3000 余人次，参与化解矛盾纠纷 3000 多起，参与社会服务 5000 多次，服务群众 3 万余人次。

（周异峰）

民族和宗教事务
Ethnic and Religious Affairs

【概况】　2022 年，眉山市有 50 个少数民族，有佛教、道教、伊斯兰教、天主教、

图 124　2022 年 6 月，眉山市退役军人服务中心大厅
（供图：市退役军人事务局）

图 125　2022 年 12 月，彭山区公义场社区退役军人服务站大厅
（供图：市退役军人事务局）

基督教五大宗教，有爱国宗教团体21个，依法登记开放的宗教活动场所120处（佛教活动场所56处、道教活动场所11处、伊斯兰教活动场所1处、天主教活动场所28处、基督教活动场所24处），教职人员165人。全市信教群众近20万人。

【民族团结进步示范创建】 眉山市民宗局印发《全市民族团结进步示范区示范单位评审命名流程》《全市民族团结进步教育基地评审认定流程》等工作方案，深入乡镇、学校、机关等开展民族团结进步宣传教育15场次；持续开展民族团结进步创建活动，仁寿县青岗乡、东坡区公安分局、眉山职业技术学院等8个单位被确定为省级民族团结进步示范单位五年期满复核通过对象。开展铸牢中华民族共同体意识主题实践活动，指导仁寿二职中、彭山区谢家小学、东坡区悦兴小学等学校开展中华民族文化宣讲主题班会、“祖国在我心中”主题书画展、“中华民族一家亲　同心共筑中国梦”等主题活动7场次。

【民族宗教领域平安治理】 眉山市民宗局开展民族宗教领域常态化隐患排查，全年累计开展安全调研检查40余次，建立安全工作台账35份。开展专项整治三年提升行动，重点开展以房屋建筑、消防安全、食品安全、森林防火为重点的安全隐患排查治理，开展集中安全排查整治4次，整改各类安全隐患40起。

【宗教活动场所管理】 眉山市民宗局以100万元宗教活动场所维修补助资金为抓手，推进宗教活动场所“四改”（改厨房、改厕所、改水管、改消防设施）工程，建设“坚定文化自信，坚持中国化方向”示范宗教活动场所。持续开展宗教领域问题治理，巩固中央、省委宗教工作督查整改成果。

【法律进宗教场所活动】 眉山市民宗局开展“法律进宗教活动场所”活动，全年举办《互联网宗教信息管理办法》等民族宗教理论政策法规培训20期，开展反宗教极端思想宣传8场次，修订宗教活动场所规范化管理标准清单。

（赖自力）

劳动就业
Labour and Employment

【概况】 2022年，眉山市劳动监察机构做好就业“六稳”工作，全面落实就业“六保”任务，应对新冠肺炎疫情挑战，优先稳就业保民生，更大力度实施就业优先政策，全年开展就业创业促进、创业担保贷款发放、高校毕业生就业创业、职业技能提升、农民工服务等行动，实现更高质量和更充分就业，维护全市就业大局稳定。

【就业促进】 2022年，眉山市城镇新增就业34681人，完成全年目标任务的120.21%；失业人员再就业6400人，完成全年目标任务的145.45%；就业困难人员实现就业3361人，完成全年目标任务的134.44%；城镇登记失业率3.05%，始终控制在4.3%以内。劳务品牌培训2214人，完成年度目标任务的104.2%；农民工返乡创业培训1043人，完成年度目标任务的110.7%。全市农村劳动力转移99.43万人，劳务收入271.44亿元。

【劳动监察】 眉山市人社局开展日常检查和根治欠薪夏季行动，全年共检查企业（工地）421户次，涉及劳动者4.6万人，审查用人单位书面资料317户次，纠正用人单位违法违规23户次，约谈企业10户次；开展人力资源清理整顿专项行动，出动检查执法人员46人次，检查各类人力资源服务机构32户，职业培训机构8户，用人单位57户，未发现强迫劳动、非法拘禁、就业歧视、使用童工等违法行为。依法处理投诉举报案件，2022年全市立案查处拖欠工资等各类案件17件，协调处理340件，追讨劳动报酬1265.52万元，涉及1470人。实施根治欠薪工作“红黑榜”通报8次，其中红榜通报表扬35个、黑榜问题曝光6个，压紧压实政府属地责任、行业主管部门监管责任和企业主体责任。

【劳动争议仲裁调解】 眉山市人社局持续推行“立案当即办”工作模式，健全案前调解工作机制，压缩仲裁结案时限等方式，实现“快立、快调、快审、快结”。2022年，全市仲裁机构共受理劳动人事争议案件1018件，调解结案920件，调解成功率90.4%，到期结案率为100%，涉及金额1964.96万元。

【创业担保贷款发放】 2022年，眉山市共发放创业担保贷款1.59亿元，完成全年目标任务数106%。

【高校毕业生就业】 眉山市人社局依托四川公共就业创业服务管理系统V3.0，实名登记离校未就业高校毕业生，“一对一”回访详细了解实际情况，全部纳入就业创业促进计划，提供“131”（1次职业指导，3次岗位推介，1次技能培训和就业见习机会）精准服务；积极落实就业见习政策，搭建就业见习平台，为高校毕业生提供见习机会，全市共建见习基地182个，提供就业见习岗位1631个，在岗见习人员358人，全年累计完成就业见习人数498人，完成全年省目标任务的110.67%；接收离校未就业大学生4282人，引导就业创业4099人，有效联系率99.58%，就业创业比例为97.76%，全口径就业率为94.96%。

【大学生创新创业引导】 眉山市全年完成大学生创新创业2074人次，完成全年市定目标任务的138.27%；扶持大学生创业49人（享受创业补贴49人），发放大学生创业补贴49万元，做实创业补贴应补尽补工作。开展在校大学生SYB创业培训29期，共42个班、1227人；推荐14名大学生成功创业者参加全省第十三届“我能飞”创业提升培训，提升企业经营管理综合能力，提高企业存活率和创业成功率。

【技能培训】 眉山市全年开展各类政府补贴性培训20184人，开展劳务品牌培训2214人，返乡创业培训1073人，发放补贴资金近千万元。

（黄　霞）

社会保障
Social Security

【概况】 2022年，眉山市民政部门将保障和改善基本民生放在突出位置，织牢民政兜底民生保障网，持续巩固脱贫攻坚兜底保障成果，加强社会救助与乡村振兴有效衔接，建立健全分层分类社会救助体系，深化养老、未保领域服务体系建设。

【城乡低保】 眉山市民政局提高保障标准，城乡低保保障标准分别提高到700元／月、520元／月。截至2022年12月，全市共纳入城乡低保对象93485人，其中新增低保对象10914人，累计支出城乡低保资金29385万元。完善低收入人口动态监测预警机制。进一步拓展低收入人口动态监测信息平台功能，将已纳入保障范围的低保、特困对象和低保保障标准2倍以下脱贫不稳定人口、边缘易致贫人口、刚性支出较大等低收入人口5.7万人全部纳入监测范围。通过线上线下比对监测，及时将符合条件的困难群众8251人纳入救助范围。巩固拓展社会救助兜底脱贫成果。印发《眉山市巩固拓展民政领域脱贫攻坚成果同乡村振兴有效衔接2022年重点工作安排》，定期与乡村振兴部门开展数据比对，重点对脱贫不稳定户、边缘易致贫户、突发严重困难户进行排查。截至2022年12月，纳入兜底保障范围的脱贫人口27835人，占全市脱贫总人数的20%。2022年，眉山市民政局被民政部表彰为全国社会救助工作先进单位。

【特困人员供养】 眉山市民政局按城乡低保保障标准的1.3倍提高特困供养标准，城市提高到910元／月，农村提高到680元／月。截至2022年12月，全市共纳入城乡特困供养对象17934人，新增供养对象688人，累计支出特困救助供养金14633万元。

【临时救助】 眉山市民政局落实临时救助备用金制度。各县（区）民政部门根据乡镇（街道）人口数量按不低于1元／人标准下拨临时救助备用金350万元。加强社会救助与受灾人员救助政策有效衔接。对因灾情导致基本生活出现困难的群众，根据困难需求，及时给予基本生活救助或专项救助。积极开展“先行救助”。乡镇（街道）、县级民政部门根据救助对象急难情形，简化申请人家庭经济状况核对、民主评议和公示等环节，直接予以救助，并在急难情况缓解后，按程序补办手续。对于重大生活困难，采取“一事一议”方式给予救助。截至2022年12月，全市共实施临时救助1.94万人次，发放临时救助资金2162万元。

【救助管理】 眉山市民政局投入资金148万元（其中争取省级财政补助资金90万元）对彭山区、洪雅县、青神县救助管理机构进行能力提升改造。创新“夏季送清凉”“寒冬送温暖”专项救助行动形式，推动形成社会广泛参与的生活无着流浪乞讨人员救助管理工作新格局。强化机构安全管理，持续做好安全隐患排查工作，确保全市救助管理机构安全“无事故”。截至2022年12月，全市救助流浪乞讨人员和临时遇困人员等服务对象2011人次，31名滞留人员成功回归家庭，15人实现落户安置，源头治理回访帮扶144人。

【儿童关爱保护】 2022年4月29日，全省未成年人保护阵地建设工作现场会在眉山召开，东坡区未成年人保护工作阵地经验被全省推广。开展全国未成年人保护示范创建，东坡区拟被命名为全国未成年人保护示范区，11月1日，民政部印发简报，加按语在全国推广“四川省眉山市坚持五个导向抓实示范创建”工作做法。指导东坡区试点建立“儿童主任考核办法”，设立每月160元～240元工作补贴。组织儿童督导员、儿童主任示范培训。将未成年人保护工作纳入市政府表扬目录，8月以眉山市人民政府办公室名义表扬全市30个未成年人保护工作先进集体、60名未成年人保护工作先进个人。全市共有孤弃儿童117名，其中散居孤儿103名，机构集中供养孤儿14名，生活保障标准分别为1200元／（人·月）和1600元／（人·月）；18名艾滋病病毒感染儿童参照散居孤儿基本生活费标准全额执行。全市事实上无人抚养儿童337名，生活补贴标准1200元／（人·月）。针对孤儿年满18周岁后仍就读高中，以及事实无人抚养儿童助学等“政策盲区”，出台“眉山市困境儿童爱心圆梦工程”，率先将就读全日制高中、中专、大专、本科等类型的孤儿、事实无人抚养儿童纳入助学保障，最高享受1.44万／人·年。实施“6＋6”未成年人保护行动，在省“六大行动计划”上，结合眉山实际，启动百村护童、百校护苗、百企护娃、百警护未、百心护芽、百老护幼“六百提升工程”。根据困境儿童需求，采取项目化方式，发布“快乐家”困境女童宜居改造、“云守护”留守儿童远程关爱、“手拉手”残疾家庭婴幼儿照护、“向阳花”网瘾少年暑期陪伴、“发展梦”孤弃儿童就业扶持、“爱相伴”单亲家庭监护指导等6个项目，精准支持3670名困境儿童。全市共办理国内收养登记13例。儿童保障工作评估位居全省第一。

（刘　洁）

【社会保险】 2022年，眉山市城乡居民保险基础养老金最低标准提升至117元／月，养老金按时足额社会化发放率100%。为5.2万名低保对象等群体代缴城乡居民基本养老保险费。持续实施阶段性降低工伤保险费率政策，累计为企业（单位）减负1.46亿元。对22个困难行业及中小微企业中的196户企业落实阶段性缓缴三项社保费4787.13万元。向4578家企业（单位）发放稳岗返还资金6228万元，惠及职工14万人。向452户企业发放一次性扩岗补助184万元，惠及高校毕业生、登记失业青年1842人；向413户企业发放一次性留工培训补助611万元，惠及职工12222人。全市公务员和参照公务员法管理单位工作人员按照规定参加工伤保险。稳步开展新就业形态就业人员职业伤害保障试点工作，推动25家基层快递企业优先参加工伤保险。在全市40家重点领域中小型企业开展工伤预防服务。

【社保基金监管】 眉山市人社局开展社保基金管理提升年行动，不断巩固“四位一体”监管体系。自2021年社保基金专项整治工作开展以来，共核实部、省级下发疑点数据8.88万条，发现违规基金1476.58万元，追回违规基金1074.63万元，追回率72.78%。始终坚持社保基金常态化监管，基金监管系统上线率、核查率、追回率“三率”继续保持稳定。

（黄　霞）

住房公积金管理
Housing Provident Fund Management

【概况】 2022年，眉山市住房公积金管理中心稳步推进住房公积金缴存、提取、贷款、服务等管理，实现缴存人数、缴存额和提取额、贷款额平稳增长。

【住房公积金缴存】 眉山市住房公积金缴存单位新开户569家，实缴单位3390家，净增362家。缴存职工新开户2.48万人，当年实缴职工18.37万人，比上年年末净增1.2万人。全年共缴存住房公积金34.19亿元，同比增长3.39%；年末缴存总额259.98亿元，缴存余额92.78亿元。缴存职工中，国家机关和事业单位占45.67%，国有企业占17.73%，城镇集体企业占1.77%，外商投资企业占0.87%，城镇私营企业及其他城镇企业占30.74%，民办非企业单位和社会团体占2.41%，灵活就业人员占0.53%，其他占0.28%；中、低收入占98.7%，高收入占1.3%。眉山市住房公积金缴存基数上限为22795元，比2021年降低461元；缴存基数下限为1970元，比2021年提高320元。

【住房公积金提取】 眉山市职工全年提取住房公积金24.37亿元，同比增长8.95%；提取额占当年缴存额的71.28%，比上年增加3.64个百分点。截至2022年年末，全市共提取住房公积金167.21亿元，比上年年末增长17.06%。当年提取金额中，住房消费类提取占80.55%（其中购买、建造、翻建、大修自住住房占16.64%，偿还购房贷款本息占59.24%，租赁住房占4.53%，支持老旧小区改造占0.14%）；非住房消费类提取19.45%，其中离休和退休提取占15.67%，完全丧失劳动能力并与单位终止劳动关系提取占1.81%，出境定居占0.01%，死亡提取占0.5%，其他占1.46%。提取职工住房公积金中，中、低收入占98.34%，高收入占1.66%。

【住房公积金贷款】 眉山市全年发放个人住房贷款4500笔，同比下降24.29%；发放贷款金额16.25亿元，同比下降20.74%。截至2022年年末，累计发放个人住房贷款6.46万笔161.73亿元；贷款余额90亿元，占缴存余额的97.01%，比上年年末减少5.28个百分点。全年发放异地贷款1741笔6.19亿元，累计发放异地贷款总额41.05亿元，异地贷款余额28.35亿元。

职工贷款笔数中，购房建筑面积90（含）平方米以下占36.36%，91～144（含）平方米占59.56%，144平方米以上占4.08%。购买新房占91.6%，购买二手房占8.4%。

贷款职工中，30岁（含）以下占43.37%，31～40岁（含）占37.86%，41～50岁（含）占16.25%，50岁以上占2.52%；购买首套住房申请贷款占80.15%，购买二套及以上申请贷款占19.85%。

【住房公积金管理】 眉山市住房公积金业务2022年全年业务收入29828.42万元，同比增长10.58%，其中存款利息879.31万元，委托贷款利息28945.29万元，其他3.82万元；业务支出15390.98万元，同比增长9.27%，其中支付职工住房公积金利息13357.08万元，委托贷款手续费893.46万元，其他1140.44万元。全年共实现增值收益14437.44万元，同比增长12.01%，增值收益率1.63%，比上年减少0.04个百分点。在增值收益分配中，提取贷款风险准备金1028.16万元，提取管理费用2566.87万元，提取城市廉租住房（公共租赁住房）建设补充资金8382.89万元。截至2022年年末，眉山市住房公积金贷款风险准备金余额16972.02万元，累计提取城市廉租住房（公共租赁住房）建设补充资金10842.41万元。

【住房公积金政策】 2022年5月，眉山市出台住房公积金阶段性支持政策措施，主要聚焦受疫情影响的企业、受疫情影响的公积金借款人、公积金租房提取人等三类群体，实施企业缓缴、公积金贷款逾期不做处理、加大房租提取支持力度三项举措。截至12月底，支持受疫情影响10家企业按规定申请缓缴，涉及职工771人、缓缴金额161.2万元；对受疫情影响的2324名租房职工，提高租房提取额度，提取公积金4149.7万元；对受疫情影响不能正常还贷的674户贷款，不作逾期处理。

2021年7月，四川省住房和城乡建设厅正式批复同意眉山市纳入成都市灵活就业人员参加住房公积金制度国家试点范围。2022年3月，市住房公积金管理委员会审议通过《眉山市灵活就业人员参加住房公积金制度试点实施方案》和《眉山市灵活就业人员参加住房公积金制度试点管理办法》（简称《方案》《办法》）；2022年6月，眉山市人民政府办公室正式印发《方案》和《办法》，2022年7月20日正式实施。截至12月31日，新增灵活就业人员开户人数301人，归集总额169万元，原农村居民专户转入6403人，累计开户6704人，缴存总额3.22亿元。

2022年3月3日，市住房和城乡建设局和市自然资源局联合印发《关于〈促进房地产业良性循环和健康发展政策措施〉的通知》，其中公积金提取政策调整为：允许未办理过住房公积金提取、贷款业务的职工提取住房公积金支持子女或父母购买自住房、偿还住房贷款；允许未办理过住房公积金提取、贷款业务的职工在申请住房公积金贷款时，提取未纳入贷款额度计算的缴存余额用于支付首付款。

2022年5月30日，市住房公积金管理中心出台《关于实施住房公积金有关支持政策的通知》（简称《通知》），《通知》提出：一是提高贷款额度，符合国家生育政策生育二孩的缴存职工家庭，贷款最高额度在现行贷款政策规定的最高额度上提高10万元；符合国家生育政策生育三孩的缴存职工家庭，贷款最高额度在现行贷款政策规定的最高额度上提高20万元。二是实施“既提又贷”，符合国家生育政策生育三孩的缴存职工家庭，在眉山市范围购房申请住房公积金贷款时，可提取未纳入贷款额度计算的住房公积金用于购房首付，贷款发放后可申请提取住房公积金用于还贷。

【住房公积金服务】 信息化建设方面，依托省住建厅与省人社厅、省公安厅的总对总平台对接和信息共享，打通与人社、公安部门的数据互联互通。企业和职工办理员工录用、退休和死亡销户业务时，在多部门联办环节中，可同步申请公积金个人账户开户、退休提取公积金、死亡提取公积金服务，实现服务事项一窗办理，减少群众跑腿，为参保企业和个人跨部门政务服务一体化管理提供信息支撑；完成住房公积金+银政通平台接口对接任务，打通全省公积金中心与商业银行数据共享渠道，实现住房公积金和商贷数据互查互认；完成住房公积金法院查冻扣总对总对接工作，依托该接口，与省法院系统建立线上联动执行机制。服务改进方面，2022年新增灵活就业人员线上缴存、信息变更、企业开户、补缴、再交易房申请公积金贷款、死亡提取公积金等线上业务办理，群众足不出户就可办理公积金业务，推行"不见面办理"和"不见面审批"；依托与公安部门、人社部门的数据共享，完成"身后一件事"（缴存职工死亡提取公积金）、"招聘一件事"、"退休一件事"等系统对接工作。

（江　欢）

社会管理
Social Management

【概况】 2022年，眉山市民政局聚焦治理体系夯实基层基础，着力发展社会事业、促进社会公正、加强社会管理，有效维护社会秩序、促进社会和谐。

【两项改革"后半篇"文章】 眉山市委、市政府先后召开常委会、常务会、领导小组会等8次会议，组建常务副市长任组长的工作专班，建立市级领导"一对一"联系镇级片区机制，高位推动两项改革"后半篇"文章走深走实。加速完成乡镇级片区规划编制任务，全市2个批次21个乡镇级片区全部形成规划成果并提交至自然资源厅。推动16个片区中心镇建设，开展11个市级中心镇试点，东坡区多悦镇、思蒙镇等11个乡镇纳入"省级百强中心镇"入库候选名单，其中东坡区万胜镇、仁寿县汪洋镇成功获得"全省百强中心镇"命名。开展"学区制"改革，撤并学校40所，新（续）建投用公办中小学、幼儿园29所，其中建成21所，新增学位1.83万个。启动县域医疗卫生次中心建设7个。建成养老服务综合体（服务中心、服务站点）46个，完成公办幼儿园托班建设16家，新增托位680个。完成建制村畅通工程118千米，旅游路产业路30千米，"四好农村路"200千米，所有建制村实现100%通客车，建成乡镇级物流中心26个、村级"金通·邮快驿站"217个。全市集中供水率达到95.97%，服务人口比例达到89.36%，生活垃圾收运处置体系覆盖率100%。

【地名管理】 眉山市民政局加强地名文化传承保护，梳理眉山地名文化资源及地名名录。《地名天府》第一季"千年名县"《千载诗书城》在四川广播电视台文化旅游频道《龙门阵摆四川》栏目中全省首播；"四川观察"App上登载"坤维上腴，岷峨奥区《地名天府》走进眉山市东坡区"；拍摄《地名天府——东坡区的由来》。市、县、乡组织开展《地名管理条例》专题学习活动，通过公众号、LED屏、镇村公开公示栏、印制海报等方式宣传新修订的国务院《地名管理条例》，营造良好社会氛围。审慎开展不规范地名清理整治，按照中省部署，稳妥开展不规范地名清理整治工作，完成11处（东坡区8处、仁寿县3处）住宅小区不规范地名清理整治和标识标牌更换工作。构建眉山地名管理协调机制，建立由市民政局牵头，市委宣传部、市委政法委等21个单位参加的地名管理联席会议制度，研究地名管理中面临的重大问题。开展国家地名信息库数据质量建设行动，对全市29025条地名信息进行补充完善，并对其中的3000余条重点地名重新编写入库。

【行政区域界线管理】 眉山市民政局完成仁井线、雁仁线、井青线3条市（州）间县界年检。组织毗邻的仁寿县、青神县、资阳市雁江区、乐山市井研县相关人员成立联检工作小组，联检工作人员实地对界桩、界线进行踏勘查验，清除界桩周围遮挡物，对界桩上的文字重新描红。制发《关于印发〈眉山市平安边界工作协作机制〉的通知》，完善平安边界协作工作机制。联合资阳市雁江区、乐山市井研县开展平安边界建设活动，通过入村座谈、实地检查、入户走访等形式，扎实推动平安边界创建。通过界线联合检查，保障行政区域界线法定性、稳定性和严肃性。

【村民自治】 眉山市民政局制发《眉山市开展创新基层群众自治试点工作实施方案》，扎实开展创新基层群众自治试点，全覆盖设置完善公共卫生、环境物业、治安防控、红白理事等村级下设组织，深化"四议两公开"（"四议"即村党支部会提议、村"两委"会商议、党员大会审议、村民代表会议或村民会议决议；"两公开"即决议公开、实施结果公开），推动落实议事协商制度，丰富议事堂、议事墙、参事会、坝坝会等议事载体，推行"道德超市""道德银行"做法，完善积分管理制度，有效拓展自治空间。东坡区崇礼镇大定桥村、丹棱县仁美镇桂香村、青神县高台镇百家池村3个村入选"全国村级议事协商创新实验单位"，青神县高台镇百家池村获评"全国先进群众性自治组织"，仁寿县大化镇水利社区、丹棱县仁美镇桂香村、东坡区太和镇四维村入选第九批"全国民主法治示范村（社区）"。

【社区建设】 眉山市全面完成3年121个城市社区亲民化改造，建成邻里中心20个、小区活动阵地295个，开发社区服务岗位150个，打造城市"15分钟街区—10分钟社区—5分钟小区"便民生活圈。城乡社区治理试点示范成效显著，系统推进省级城乡社区治理试点、基层治理试点、"五社联动"（社区、社会组织、社工、社会资源及社区自治组织的联动）试点，打造点位19个，编印《眉山市城乡社区治理试点经验汇编》，大力培育治理主体，建立完善"五社联动"机制，以点带面提升全市社区治理水平。东坡区、青神县分别被全省第二批省级城乡社区治理试点列入绩效评价一等、二等；东坡区苏祠街道、青神县青竹街道等4个街镇，东坡区芙蓉路社区、青神县花园社区等5个社区被确定为全省基层治理示范街道示范社区；洪雅县、丹棱县被列入省级第三批城乡社区治理试点单位。在全省率先建立社区治理"微网格"，以30～50户为标准，全市划分社区微网格2.15万个，建立"居民基本信息、入（返）眉人员"2本台账，明确10项职责，织牢织密防控网络，经验被民政厅全省推广。

【社会组织管理】 2022年，全市登记社会组织1620个（社会团体870个、民办非 750 个），其中市本级 247 个（社会团体 175 个、民办非 72 个）。新登记社会组织 70 个，注销登记社会组织 35 个，撤销登记社会组织 98 个。市社会组织第二综合党委新成立社会组织党组织 13 个，接收预备党员 15 名，党员总数达 157 人，党建工作全部写入社会组织章程。建成眉山市社会组织孵化园，培育社会组织 20 个，举办培训 30 余场次，培训法人、财务人员、项目负责人 447 人次，解答社会组织问题 23 次，市社会组织孵化园建设获评全省先进。引导社会组织参与乡村振兴工作，引导参与疫情防控、复工复产、抗震救灾等工作，累计捐赠资金约 100 万元、物资约 4.2 万件（个），衔接社会资金 1.5 亿元助力乡村振兴。46 家社会组织承接政府购买服务金额达 1200 余万元。

【志愿社工】 眉山市民政局出台《关于加强社区工作者专业化职业化建设的实施意见》，激发社会工作从业人员积极性和主动性。投入 1006 万元，纵向建成"市—县—乡—村"四级社会工作服务站点 133 个，横向建设学校社工室和小区社工室 15 个，初步构建起纵向服务联动、横向领域拓展的服务网络。加强服务主体培育，通过政策扶持、机构转型，加快培育本地社会工作专业机构。试点工作以来新登记注册社工机构 27 家，总数达到 42 家。加强部门联动，构建组织部门牵头抓总，民政部门具体负责，政法、宣传、公安、司法、人社等部门密切配合，分类培育的社工人才队伍培育格局。2022 年报考和通过人数继续居全省第二，通过 653 人，再创历史新高，持证社工实现一年翻番，达到 1356 人。加强专业培训，依托社工站打造社会工作专业人才培训和实训基地，基层干部社会工作普及率达到 100%，全市社会工作专业人才达到 4042 人，占全市常住人口的 1.4‰。制发《关于进一步加强新时代志愿服务工作的实施意见》，推进志愿服务工作常态化、制度化，拓宽服务领域。联合文明办、团市委、妇联组织开展志愿服务项目创投大赛，培育扶持优秀志愿服务项目，推进志愿服务发展，全市志愿者人数稳步增长，实名注册志愿者达 65.9 万人，占全市常住人口的 22.3%，有志愿服务时间记录的占比 63.3%。

【慈善事业】 眉山市有慈善基金 6 个，募集资金总量 1092.77 万元。开展"慈善情暖万家·新年关爱慰问活动"，走访慰问困难群众 9000 余人；实施"快乐小东坡"系列项目，累计帮助 700 名困难未成年人解决生活困难；实施"新冠肺炎疫情生活困难群众临时救助"项目，惠及全市困难群众 62 户；开展扶贫济困、扶老助医项目，救助困难群众 346 人。实施"守望成长·慈善筑梦"公益项目，第一批为全市农村中小学校捐赠体育用品爱心包 320 个。制定《眉山市慈善总会社区基金管理办法》，引导和激发更多的公益资源流转到社区，进一步拓宽社会公众参与慈善渠道，健全社会慈善力量参与社区治理机制。设立 43 支社区慈善资金，筹集资金 50.77 万元。

【福利彩票销售】 福彩眉山市分中心全年销售福利彩票 27872 万元，用于民生项目公益金达 2371.69 万元，比 2021 年提高 77.91%。

（刘　洁）

社会服务
Social Services

【概况】 2022 年，眉山市民政局践行"民政为民、民政爱民"工作理念，全力以赴保民生、兜底线、救急难、促稳定。稳步提升婚姻登记管理服务水平，持续推进婚俗改革，深入实施全域绿色惠民殡葬，深化拓展残疾人社会福利。

【婚姻登记管理】 眉山市民政局深入推进东坡区省级婚俗改革实验区建设，完成青神县公园式婚姻登记处建设。10 月 30 日，东坡区为 9 对抗疫新人举行集体婚礼，用实际行动摒弃婚事大操大办陈规陋习，助力婚俗改革；5 月 20 日，青神县为 12 对新人举行宋制主题婚典活动，用蕴含优秀民俗、体现时代风尚的婚俗新文化取代旧陋习旧风俗。印发《眉山市民政领域移风易俗三年行动实施方案》，以婚丧礼俗改革试点为抓手，培育文明向上婚俗文化，加强行业规范自律，发挥社会工作者专业优势，激发"五社联动"机制活力，整合社会资源，深入推进民政领域移风易俗。印发《眉山市"公民婚育一件事"联办工作实施方案（试行）》，各婚姻登记机构实现婚姻登记、户口登记信息婚姻状况变更、夫妻投靠户口迁移、生育登记"公民婚育一件事"联办服务。持续开展婚姻家庭辅导工作，全市各婚姻登记处设置婚姻家庭辅导室，推行"社工 + 党员志愿者"服务模式，2022 年共开展辅导教育 429 次，服务 1.2 万人次。持续开展婚姻登记"跨省通办""全市通办"试点工作，2022 年依法办理结婚登记 16920 对、离婚登记 7377 对，其中通办 699 对。

【乡村公益性公墓建设】 2022 年，眉山市新建乡村公益性公墓 6 处，全市公益性安葬设施达 107 处，墓（穴）位达 9.1 万个，实现公益性安葬设施全覆盖。

【绿色殡葬改革】 全省殡葬工作会议连续两年在眉山召开，"1 + 3 + 3"零散坟墓治理模式全省推广，零散坟墓治理率达 53%，腾退土地 1200 余亩，连续九年举办"集体公益生态安葬"活动，先后免费节地生态安葬逝者 2094 名。殡葬公共服务能力全面提升，仁寿县火葬区范围调整有序推进，洪雅县殡仪馆建设加快推进，丹棱县经营性公墓异址扩建完成设计审批。在全省率先制发眉山市《公墓年度检查办法》，完成 8 处经营性公墓，101 处公益性公墓年检，公墓年检率达 100%。实施绿色惠民殡葬政策，进一步优化申报程序，实现补助资金"打卡发放"，群众"最多跑一次"，免除 11738 名群众基本丧葬费用 1225.38 万元。有力有序有效做好冬季遗体火化处置工作，全市火化区火化率达 98%。

【残疾人社会福利】 眉山市建立三、四级智力和精神残疾人护理补贴制度，发放 50 元 /（人·月）护理补贴，帮助解决残疾人照护和生活困难；全面落实残疾人"两项补贴"资格申请"全程网办""跨省通办"，切实解决残疾人办理两补申请"多地跑""折返跑"困扰；进一步加强残疾人"两项补贴"动态管理工作，建立健全动态监管和部门联动机制，切实提高政策落实的精准度。全年为 34712 名困难残疾人发放生活补贴 4809 万元，为 43200 名重度残疾人发放护理补贴4110万元，为6253名三、四级智力和精神残疾人发放护理补贴150余万元。争取省级资金100万元，市级投入15万元，在彭山区、仁寿县、洪雅县推进精神障碍社区康复服务，全市已在4个县（区）建设11个精神障碍社区康复站，覆盖率67%。开展精康宣传和知识讲座10余次，培育精康社工机构1个，招募志愿者参与精康志愿服务400余人次。

（刘　洁）

老龄服务
Services for Ageing People

【概况】 2022年，眉山市大力推进养老服务改革，完善城市“综合体+”普惠养老服务网络，在全省率先制定和出台《眉山市基本养老服务清单》《眉山市区域性养老服务中心建设运营指南》。《“综合体+”酿造家门口养老幸福味道》入选民政部、财政部公布的居家和社区养老服务改革优秀案例。

【养老行业综合监管】 眉山市开展打击整治养老诈骗专项行动，制定《眉山市民政系统打击整治养老服务诈骗专项行动工作方案》，发放传单、手册等共计2.5万余份，制作宣传视频1部，对所有养老机构开展风险研判，形成“绿黄橙红”4类管控名单，全部为绿档。成立市打击整治养老机构非法行医专项领导小组，排查整改问题隐患4条，建立起常态化宣传机制、举报机制、督导机制。在23家养老机构试点进行信息化监管，利用智慧养老服务平台录入食品安全、消防安全工作数据，如食堂人员每日晨检、食品留样、每月清洗烟道、每月两次防火巡查等工作记录，实现实时监管。开展养老服务领域安全工作大排查大整治专项行动，对全市所有养老机构建立隐患、整改、责任三张清单，代表四川省接受国务院安全生产和消防考核巡查组第六组考核巡查，获得巡查组好评。

（刘　洁　刘　璇）

【老龄管理机制】 眉山市强化老龄办统筹协调职能，将老龄工作纳入政府目标绩效单项考核。市委编办对市老龄健康服务中心职能职责进行明确，进一步理顺管理体制。深入开展人口老龄化国情省情市情教育，将人口老龄化国情教育纳入市委党校培训课程。重新聘任9名身体健康、热心老龄事业的退休厅级领导担任老龄工作督导员，制定印发《眉山市老龄工作督导机制建设管理实施细则》。

【老龄健康服务】 截至2022年12月，眉山市有老年专科医院5家，5家二级及以上综合性医院设立老年医学科，设置率71.43%。实施银龄健康工程，开展失能老年人“健康敲门行动”，为0.81万65岁以上失能老年人免费提供“三个一”健康服务。开展省级老年友善医疗机构、全国示范性老年友好型社区创建活动，1家医疗机构创建为省级老年友善医疗机构，3个社区（村）成功创建为全国示范性老年友好型社区。

【老年人保险】 眉山市持续实施老年人意外伤害保险，县（区）财政落实资金770余万元全额资助高龄、低保、特困、优抚、计生特扶、残疾等特殊困难老年人参保。2022年，全市31.26万老人参保，较2021年增加2.07万人，其中社会参保老人12.01万人，政府资助参保老人19.25万人，全市参保率全省第一。

【高龄津贴落实】 眉山市民政局开展困难家庭适老化改造，采用政府补贴等方式，对困难老年人家庭实施无障碍设计等适老化改造，截至12月，全市累计改造2452户；按80岁以上老年人不低于25元/月，90岁以上老年人不低于100元/月，100岁以上老年人不低于500元/月标准定期足额发放高龄津贴。

【养老服务】 眉山市召开全市养老服务发展领导小组全体会议，以市政府名义印发《关于推进全市养老服务事业高质量发展的意见》《眉山市“一老一小”整体解决方案》，制定《眉山市“十四五”养老服务体系规划》等文件。在全省率先制定《眉山市基本养老服务清单》，将国家基本养老服务的16项清单拓展到31项。发展普惠养老。完善城市“综合体+”普惠养老服务网络，实现所有街道至少建成一个养老服务综合体。在全省率先出台《眉山市社区助老餐厅建设运营导则（试行）》，推动社区助老餐厅建设。在全省率先探索实践“养老+体育”模式，将市体育馆、市全民健身活动中心等全市9个体育场所融入“15分钟养老服务圈”。2022年，建成养老服务综合体5个，社区养老服务设施34个，其中社区助老餐厅31个。眉山经验《“综合体+”酿造家门口养老幸福味道》入选民政部、财政部公布的居家和社区养老服务改革优秀案例，全省仅4个。补齐农村短板。每个县（区）选择1个乡镇实现农村养老服务阵地全覆盖，全市建成农村养老服务分中心、服务点135个。在全省率先出台《眉山市区域性养老服务中心建设运营指南》，相关经验在全省农村养老服务发展现场会上作交流发言。推进智慧养老。在“眉山发布”微信公众号、“智慧眉山”App、“眉山日报”App、“眉山市民政局”微信公众号等新媒体平台上线眉山市老年关爱地图，实现全市所有养老机构图片、收费标准、服务内容等信息线上展示，方便老年人选择。

（刘　洁）

【医养结合】 眉山市开展医养结合机构服务能力提升行动，进一步规范服务资质、巩固核心制度，提升服务质量和疫情防控能力。向上争取社区医养结合能力提升项目3个，支持3家基层医疗卫生机构实施适老化改造，新增养老床位数135张。开展医疗卫生机构与养老机构签约服务，全市127对医疗卫生机构与养老服务机构建立签约合作关系，服务老年人6000余人次。

【敬老爱老助老活动】 眉山市组织开展“敬老月”系列活动，老年协会组织开办重阳门球、棋牌运动会等活动，丰富老年人精神文化生活。评选市级“老有所为”先进个人30人、“先进老协组织”12个。市委、市人大、市政府、市政协主要领导带头慰问老人21人，全市慰问3000余人，发放慰问金130余万元。

【老龄宣传】 眉山市利用“老年健康宣传周”“敬老月”等活动，开展老年健康知识大讲堂“六进”活动，印制《眉山市老年人健康知识100条》5000册，老年健康手提袋2000个、纸盒3000个，防疫包5000份。

（刘　璇）

民生工程
People's Livelihood Projects

【概况】 2022年,眉山市在城市更新、就业创业、教育医疗、“一老一小”、困难救助、交通出行等领域实施20件民生实事115个项目,均全面完成年度目标任务,共筹集拨付资金117.8亿元,占计划安排资金106.33亿元的110.79%。

【城市更新方面】 眉山市入选全省城市更新试点城市,城市新中心建设全面启动,城市艺术中心、太和公园、18条市政道路等标志性工程开工建设。完成城市更新改造提升项目21个。开工改造城镇老旧小区720个,既有住宅增设电梯200部,33个农贸市场完成提升改造。

【就业创业方面】 打造“东坡苏小妹”“仁寿陵州妹子”等地方特色劳务品牌。发放创业担保贷款1.56亿元、稳岗返还资金6228万元。城镇新增就业3.54万人,城镇登记失业率3.05%。

【教育医疗方面】 全省第一个国家区域医疗中心落户眉山;省儿童医院正式开诊,是全国唯一一个走出省会城市的省级儿童医院。全市第一所985高校四川大学眉山校区开工建设,全省第一所清华附中落户眉山。成功创建三甲医院1家、三乙医院2家。新(续)建公办学校29所、新增学位1.8万余个。

【“一老一小”方面】 眉山市成功创建为第一批全国婴幼儿照护服务示范城市,建成婴幼儿照护服务机构34家,可提供托位3160个。东坡区创成全国未成年人保护示范区,居家和社区养老服务经验入选民政部、财政部优秀改革案例。

【困难救助方面】 眉山市为5.08万名、23.67万名困难群众代缴基本养老、医疗保险。发放救助资金5亿元,救助困难群众160.55万人次,被评为“全国社会救助工作先进单位”。

【交通出行方面】 市域铁路S5线、天眉乐高速开工建设,天府大道眉山段等16个项目建成投用,成昆复线全线通车,成眉间日开行动车增至105列,获评“四好农村路”省级示范市。

(朱霈露)

应急管理

EMERGENCY MANAGEMENT

应急预案管理 / 安全生产管理 / 防灾减灾救灾 / 消防救援管理

应急预案管理
Contingency Plan Management

【概况】 2022年,眉山市应急管理局坚持以人民为中心的发展思想,以改革创新为动力,以基层基础建设为保障,着力建机制、补短板、强能力、促协同,扎实做好应急救援、应急预案管理等工作,有效确保全市安全稳定。

【应急管理体制与机制建设】 眉山市应急委及各专项指挥部牵头,进一步理顺指挥机制,构建上下贯通、衔接有序的应急指挥体系,加强会商研判和风险评估,精准发布预警,精准组织抢险救援。建立应急部门统筹、相关部门参加的应急联动机制,推动形成上下联动、部门联动、军地联动、社会联动的应急救援格局;深入推进"成德眉资"区域应急合作,完善重大灾害事件预防和应急救援联动机制。建立以应急视频会商系统为支撑、应急指挥中心为中枢的应急指挥平台系统,依托贯通"部—省—市—县"四级国家应急指挥综合业务系统、应急指挥一张图系统等,形成上下贯通的事故灾害应急指挥网络,进一步统筹救援队伍、专家、物资、装备等应急资源。

【应急值守】 眉山市应急管理局完善工作制度,修订完善《市应急管理局值班工作制度》,印发《关于调整值班值守工作方案的通知》《关于做好2022年汛期应对工作的通知》,严格执行24小时在岗值班规定,明确值班工作要求,确保应急值守工作规范有序。强化信息报送,印发《关于进一步强化突发事件信息报送工作的通知》,提高各级各部门信息报送敏感性,压实信息收集、审核、报送工作责任,规范和统一信息处理程序,提升信息报送时效性和准确性,杜绝信息迟报、瞒报等问题。

【应急预案体系建设】 眉山市应急管理局充分发挥"三委六部"牵头统揽作用,编制完成总体预案8个、重点专项预案108个(含多灾种叠加应急预案)、重点部门预案55个,构建起"横向到边、纵向到底"的预案体系。

【应急救援队伍建设】 眉山市应急管理局加强与消防救援队伍工作衔接,与市消防救援支队联合建立《突发事件处置信息共享协同机制》,充分发挥各级消防救援队伍"国家队、主力军"作用。持续强化市化工专业救援队,打造省级化工救援"尖刀队";指导市矿山救护队强化标准化建设,顺利通过省三级标准验收。积极引导社会救援力量规范参与应急救援行动,组织代表队参加四川省第二届社会力量水域救援技能竞赛,组织代表队参加四川省第二届社会力量水域救援技能竞赛,获顽强拼搏奖和1个单项三等奖。通过政府采购方式,购置100万元应急救援装备前置到武警、矿山、民兵等队伍,提升队伍应急救援能力。

【应急演练】 眉山市应急管理局印发《眉山市2022年防灾救灾应急演练计划的通知》,推进应急演练常态化,统筹开展市级重点演练60次。牵头开展水上救援、山地救援、山洪救援应急演练。7月,市防汛抗旱指挥部组织开展眉山市"应急使命-2022"防汛救灾实战演练,市委、市政府主要领导及其他相关市领导出席。全市各级各部门、企事业单位累计开展各类防灾减灾救灾演练4600余次。

【应急宣传教育】 眉山市应急管理局强化宣传阵地建设,拓宽有效宣传平台,高质、高效运维"眉山应急"微信公众号及"眉山应急"官方微博,全年推送微信公众号信息259期,发布信息716条,阅读量28万余人次;推送微博信息3252条,阅读量320万余人次。配合中央电视台12频道《社会与法》栏目组和四川省应急管理厅,拍摄《应急时刻》节目,对眉山市特种作业人员持证上岗情况进行明察暗访,并对侦破的1起网络伪造、贩卖特种作业操作证件案进行回访,节目于2022年1月2日在中央电视台社会与法频道(CCTV-12)播出。按照中省要求,结合眉山安全生产实际操作考试考点建设特点,在全省率先采用政府购买服务方式实现实操考试"教考分离"。全年考核安全生产主要负责人、安全生产管理人员、特种作业人员共12171人。

(李松懋)

安全生产管理
Production Safety Management

【概况】 2022年,眉山市发生各类生产安全事故36起、死亡36人,事故起数、死亡人数比上年减少27起、27人,分别下降42.86%、42.86%。无较大及以上生产安全事故发生,连续5年实现"双下降",连续3年未发生较大生产安全事故,连续12年未发生重大及以上生产安全事故,安全生产形势持续稳定向好。

【安全生产责任落实】 眉山市坚持人民至上、生命至上,市委常委会、市政府常务会、市委理论学习中心组等先后26次专题传达学习习近平总书记关于安全生产的重要论述、重要指示批示精神,集中观看《生命重于泰山》专题片;市、县(区)两级党委坚持每年把习近平总书记关于安全生产重要论述纳入党委宣传工作重点、干部培训内容;市委、市政府鲜明提出"隐患排查零死角、整改整治零容忍、严管重罚零放过"工作要求,坚持将安全生产工作纳入党代会公报和政府工作报告重要内容,坚持每月研判风险、部署推进阶段性工作,每季度召开安委会全体会议,全面安排安全生产工作。市委、市政府领导带头开展年度安全生产专项述职,切实担负起"促一方发展、保一方平安"的政治责任,以安全工作的实效作为践行"两个维护"的现实检验。市安委会设立15个安全专业委员会,由行业领域分管副市长任专业委员会主任,切实形成市安委会牵总、各专业委员会各司其职的专业化监管机制,推进安全生产监督管理专业化、规范化。市安委会印发《眉山市市级部门安全生产工作任务分工》,对市级部门安全生产职责进行重新修订,作为"三定"方案补充。市安委会印发《关于明确有关新技术新产业新业态新模式等行业领域安全生产监督管理职责的通知》《关于进一步明确剧本娱乐经营活动安全监管职责的通知》《关于明确部分行业领域安全监管责任的通知》,进一步厘清非A级景区、民宿、密室逃脱等21个新行业安全监管职责,堵住监管漏洞。

【安全生产风险防控】 结合眉山实际，出台《贯彻落实国务院安委会安全生产十五条措施的实施意见》，明确49条实施意见、118项具体任务，确保贯彻措施更有针对性、操作性。按照《贯彻落实国务院安委会安全生产十五条措施的实施意见》规划，市安委会先后建立市县乡三级安全生产工作常态化抓落实督导和约谈机制，将安全生产督导和约谈工作制度化、规范化，倒逼各级各部门严格履行属地监管和行业监管职责。印发《安全生产大检查方案》，紧盯25个行业领域存在的突出问题和薄弱环节，以“分阶段、全覆盖”检查形式推动方案落实。同时，市安委会负有安全生产监管职责的部门制定本行业领域安全生产大检查方案，牵头开展行业领域内安全生产明察暗访，督促行业、企业全面排查整治重大风险隐患；各县（区）、市属园区成立工作小组，由市安办统筹部署，先后组织开展企业自查、市级部门专项检查、区县交叉执法检查和综合督查等工作，切实解决辖区内安全生产难点问题，从源头上堵住漏洞、消除盲区。

【安全基层建设】 眉山市应急管理局指导洪雅县成功创建省级安全发展示范城市，督促仁寿县新建2个省级安全社区，奖励资金20万元。

【安全生产标准化建设】 眉山市应急管理局指导企业健全完成安全风险分级管控和隐患排查治理双重预防机制建设；持续推进未达标企业和已达标企业改进提档升级工作，2022年，全市新增（复评）工贸行业标准化三级以上企业55家；新增（复评）危化行业标准化三级以上企业50家；新增（复评）非煤矿山三级以上企业1家。对2021年度安全生产先进生产经营单位进行表扬奖励，10家年度安全生产工作先进企业、1家首次创建省级安全文化建设示范企业和12家首次通过安全生产标准化二级达标企业，共获得安全生产专项奖励111万元。

【非煤矿山安全监管】 眉山市建立非煤矿山安全生产专委会，制定出台《眉山市非煤矿山安全专业委员会议事规则（试行）》，对6座地下矿山逐矿落实县（区）政府领导包保，推动研究解决重大突出问题，督促指导8座非煤矿山推行首席安全官和首席安全员制度。扎实开展非煤矿山安全生产大检查，共检查矿山96座（次），排查整治各类隐患和问题274处，退出不具备安全生产条件非煤矿山4座。投入100万元，支持2座地下矿山优化改造通风系统，建成远程风险监测预警平台。督促指导13座矿山制作并悬挂举报奖励公告牌，全面接受社会监督。

【危险化学品和烟花爆竹安全监管】 眉山市全年迎接国家级安全指导检查5次、省级专项和综合检查18次，发现整治问题隐患7400余处，依法立案企业28家，行政处罚162.88万元，停产停业整顿企业13家，实现“零死亡”目标。指导高新工业产业园区、甘眉工业园区、彭山经济开发区3个园区申报化工园区认定获得省政府批准，眉山市成为全省获批化工园区较多的市州之一。开展安全风险集中治理，制定9个专项整治方案，细化5个大项24个小项整治工作措施，明确责任和工作时限，彻底解决生产储存环节重大安全风险、化工园区安全风险等6大类25个方面突出问题和重大安全风险。完成危险生产企业安全设施设计诊断42家，精细化工“四个清零”整治20家，老旧装置安全风险评估2家3套装置，硝酸铵生产企业隐患排查1家，苯乙烯企业4家，高危细分领域重大危险源企业9家。完成全市46家危化生产经营企业的信息更新、市县审核、省级复审和部级终审工作。组织工伤预防能力提升培训18场，培训6000余人次，提升安全主体责任意识。

【安全生产行政审批】 眉山市应急管理局全力推进“一件事一次办”和“全域通办”，将安全条件和安全设施设计并联审批，完成15家市级重点建设项目全程指导服务，获市政务服务管理局五星服务4次。开展安全生产中介评价机构评价报告质量专项整治，检查21家评价机构报告198份，发现问题报告182份，重大问题报告2份，移交立案查处2起。全年共受理办结各类安全生产行政审批事项8089件，其中企业安全生产许可证事项115件，特种作业人员操作资格证及企业安全生产知识管理能力考核合格证7974件，接受各类业务咨询服务1498人次，实现办事群众“最多跑一次”、全程网办率、信息发布率、一次办结率、电子证照签章率、办事群众满意率“6个100%”。

【安全生产执法监察】 眉山市扎实高效推进应急管理综合行政执法改革，市、县（区）应急管理综合行政执法队伍组建完成。贯彻落实国务院安委会安全生产15条硬措施，以“守底线　防风险　保安全”为目标，采取明察暗访、“四不两直”（不发通知、不打招呼、不听汇报、不用陪同接待，直奔基层、直插现场的调研方式）、“三带三查”（三带：带专家查、带执法查、带行运埸媒体查；三查：查深、查细、查实）等方式，扎实开展安全生产大检查。认真履行监管执法职责，全面推行“三位一体”执法模式，以高水平执法推动提升安全生产管理水平，服务高质量发展。全面推行“互联网+执法”系统应用，提高执法科技信息水平。2022年，全市安全生产监管执法机构计划监察执法生产经营单位218家，实际完成424家，发现各类事故隐患1257项（重大隐患80项），整改1250项，完成率99.44%，暂停设备和作业场所37处，全市立案查处安全生产违法行为案件73件，实施行政罚款处罚430.8万元。无一起行政复议、行政诉讼案件。

【安全生产文化建设】 眉山市统筹推进安全宣传“进企业、进农村、进社区、进学校、进家庭”工作，2022年投入120万元财政专项资金用于安全宣传“五进”示范点位建设，全市共创建38个安全宣传“五进”示范点，包括：市县共建示范点6个，县级自建示范点32个。2022年8月18日，应急厅在眉山召开2022年全省安全宣传“五进”推进工作会。助力企业推进安全文化建设，成功培育省级安全文化建设示范企业1家。

【安全生产宣传】 眉山市应急管理局组织开展第二十一个全国“安全生产月”活动，全市共投入“安全生产月”专项资金800余万元，保障“安全生产月”各项活动顺利开展。“安全生产月”活动期间，市、县两级累计安排理论学习中心组专题学习183次，参与学习6500人次；组织集中学习观看《生命重于泰山——学习习近平总书记关于安全生产重要论述》电视专题片516场，参与

5.9 万余人次；组织开展主题宣讲 65 次，设置主题学习展板 256 个；开展网络课堂培训 94 场，参与 13892 人次；在报刊、广播、网络、新媒体等平台开设专栏专题 22 个。开展“面对面”普法宣传，采购《中华人民共和国安全生产法》释义及单行本 1.2 万套，发放给各企业和单位。

（李松懋）

防灾减灾救灾
Disaster Prevention, Reduction and Relief

【概况】 2022 年，眉山市应急管理系统坚持人民至上、生命至上，抓防范、抓应对、强基础、筑防线，高效应对“3·14”风雹、“7·16”洪涝、“8·17”干旱等自然灾害，实现“四不”目标；实现建区设市 25 年无较大及以上森林火灾；高效推进第一次全国自然灾害综合风险普查，被国务院普查办确定为全国“一省一市”灾害风险评估与区划试点市，经验做法被省普查办以现场会的形式向全省推广。

【防灾减灾救灾体系建设】 眉山市应急管理局建立区域应急协作联动机制和事故灾难、自然灾害相互支援机制，先后与成都、德阳、资阳、乐山、雅安、自贡六地签订应急联动协议和备忘录 10 余个，推进救援队伍和救援装备共用共享、互补短板；积极对接眉山军分区、武警眉山支队等，建立完善军地应急指挥协同“六项”机制，提高军地协同遂行抢险救援行动能力；印发《关于推动全市应急志愿服务加快发展的指导意见》，推动建立“平战结合”的应急救援志愿服务体系；与四川路正通航公司签订救援协议，完成 7 处直升机临时起降点选址和上报工作，建立覆盖全市的空中救援网络。

【自然灾害监测预警】 眉山市减灾委办公室会同市规划自然资源局、市住房城乡建设局、市水利局、市农业农村局、市林业局、市气象局、眉山水文中心等相关部门对全市自然灾害风险进行综合会商，形成《全市自然灾害风险分析报告》9 期，为应急救援力量前置和救援物资调拨提供科学依据。健全部门间在抗震救灾、地质灾害防治、防汛抗旱、森林防灭火、气象预报等工作上的联动机制；修订完善《眉山市防汛抗旱应急预案（2022 年修订）》《眉山市森林火灾应急预案（2022 年修订）》《眉山市地震应急预案（2022 年修订）》《眉山市自然灾害救助实施意见（2022 年修订）》等相关自然灾害专项应急预案，提升自然灾害防范应对能力。全年市减灾委员会主要成员单位共计会商调度 31 次，会商研判信息 35 期，发布蓝色暴雨预警 8 期、高温蓝色预警 4 期、高温黄色预警 1 期、高温橙色预警 1 期、暴雨预警信号 25 期、大风预警信号 23 期，高温预警信号 184 期次；雷电预警信号 43 期、地质灾害气象风险预警 4 期、中小河流洪水气象风险预警 3 期、灾害（高温、暴雨、强对流、雷电、大风）短时临近天气预报 76 期、气象信息快报 5 期，制作气象信息专报 29 期，重大气象服务专报 2 期，自然灾害各类预警信息发送人次 230 余万条。

【救灾物资保障】 2022 年，眉山市先后遭遇“3·14”风雹灾害、“6·23”“6·26”“7·16”“8·2”洪涝灾害以及“8·17”干旱灾害等 6 次自然灾害，累计造成 16.5 万人受灾，紧急避险转移 1684 人，紧急转移安置 791 人。全年累计发放冬春救助资金 1432 万元［其中，市、县（区）配套救助资金 343 万元，向上争取资金 1089 万元］，下拨市级自然灾害生活救助资金 100 万元，救助受灾困难群众 38298 户 89622 人，发放棉被、棉大衣、棉衣裤等 1.3 万余件御寒物资，价值约 232.82 万元。

【水旱灾害救援】 眉山市应急管理局有序承接防办职能，及时调整完善市防汛抗旱指挥部成员单位，在乡镇（街道）设立防汛抗旱指挥部、村（社区）设立防汛抗旱工作小组，并落实人员和经费。构建“市级领导包县（区）、县级领导包乡镇、乡镇领导包村组（社区）、村组（社区）干部包户到人”的防汛包保责任体系。修订完善《眉山市防汛抗旱应急预案》，并以眉山市人民政府办公室名义印发。7 月 27 日，市党政主要领导在彭山区观音街道五湖四海组织开展眉山市“应急使命-2022”防汛救灾实战演练，检验预案、磨合机制、锻炼队伍。高效应对“5·8”“6·3”“6·22”“7·15”等 8 次强降雨险情，出动抢险救援人员 1391 人次，救援装备 86 台次，转移群众 2895 户 6800 人，解救被困群众 6 人，实现“人员不伤亡，水库不垮坝，重要堤防不决口，重大基础设施不受冲击”安全度汛“四不”目标。

【地震与地质灾害救援】 2022 年，建成洪雅地球物理台，全面实现“一县一台”建设目标，全市地震台站增至 49 个，配备 376 套地震预警终端、101 套地震预

图 126　2022 年 7 月，眉山市“应急使命-2022”防汛救灾实战演练
（供图：市应急管理局）

图 127　2022 年 7 月，眉山市“应急使命-2022”防汛救灾实战演练现场
（供图：市应急管理局）

警广播发布系统，全市地震信息综合服务能力极大提升。开展会商研判，产出《眉山市2023年度地震趋势研究报告》等分析预报成果60余份。加强区域协作，与自贡地震监测中心站签订全方位合作协议，进一步提高震情趋势研判水平。全年共监测到地震事件30次，其中洪雅县16次、丹棱县11次、东坡区2次、仁寿县1次，最大为2022年3月29日5时25分丹棱县仁美镇（北纬30.03°、东经103.41°）4.3级地震，震源深度10千米，地震未造成人员伤亡和重大财产损失。组织开展眉山市2022年应对重大地震灾害检验性演练，进一步提升各部门应急处置能力和水平；组织学校、医院、商场等人员密集场所开展地震疏散演练300余次，地震应急演练实现常态化。印发《眉山市2022年度地质灾害应急应对工作方案》《2022年汛期地质灾害应急救援工作要点》和《眉山市自然灾害风险分析报告》，为地质灾害应急救援力量、救灾物资科学前置和应急救援处置提供有力依据，全年组织开展应急系统地质灾害隐患排查5次、在建工程项目地质灾害防灾措施落实检查32次，开展会商调度14次，发布地灾预警短信42万余条，提前转移群众22784人，高效应对全市突发地质灾害灾险情16起，无人员因灾伤亡，特别是6月25日仁寿县黑龙滩镇大坝社区二组半边山（G351线K2851＋500黑龙滩路口处）发生崩塌灾害，组织4台50型装载机和4辆自卸货车进行土石清理，紧急转移避险崩塌灾害危险区域内的4户10人，实现无人员伤亡和重大财产损失、G351线黑龙滩段在2小时内恢复半幅通行。

【火灾防治管理】 眉山市全年未发生一起森林火灾。坚持风险隐患治理常态化，签订森林草原防灭火责任和承诺书市级7份、县（区）级76份、乡（镇）级650份、村组4142份，合理布局森林防灭火检查卡口317处，并按照“八个一”“七步”工作法规范化建设，牢牢守住山，有效杜绝火种进山入林，圆满完成森林防灭火专项整治“回头看”工作。常态化治理以来，全市累计投入资金10348.53万元，新建车辆防火通道115.17千米、新建开设防火隔离带77.61千米、消防蓄水池54口、新购消防水车18辆、新购水泵83台、新建直升机野外停机坪6个、新建航空取水点4处，新建视频监控系统21套，充分运用视频监控、无人机监测、卫星热点核查等信息化手段，及时发现火灾隐患，及时处置。全市建成地方专业扑火队伍7支281人，全市修订总体预案8份，专项预案26份，开展演练109次，成功举办眉山市2022年森林火灾应急处置演练。

【综合减灾示范社区建设】 国家减灾委办公室、应急管理部、中国气象局、中国地震局四部门联合发文，命名眉山市彭山区公义镇公义场社区、眉山天府新区锦江镇莲花社区、洪雅县将军镇杨场社区3个社区为“全国综合减灾示范社区”，命名数量居全省第二名。

【防灾减灾宣传教育】 眉山市减灾委办公室会同市减灾委成员单位以及各县（区）减灾委，结合“5·12”全国防灾减灾日和“10·13”国际减灾日，全力推进防灾减灾和自然灾害综合风险普查“五进”宣传活动。全市各级各部门累计悬挂、张贴防灾减灾宣传画、标语2040余幅（条），展板1590多个，向群众发放宣传单28.2万余份、宣传手册11.5万余本、各类宣传小物件5.9万余个，组织开展科普咨询培训，共培训5.3万余人次，开展各类应急演练165场、参加3.9万人次，发送公益短信140余万条，参加防灾减灾知识竞赛或有奖竞猜4.7万人次、新闻报道84条，制作短视频57条。全市开通12条风险普查公交车宣传线路，在380台公交车车载视频平台滚动播放普查公益视频，眉山市风险普查之歌《告诉我》MV入选国务院普查办宣传展播作品。强化科普宣传阵地建设，2022年成功创建省级防震减灾科普示范学校1所、市级示范学校6所。

（李松懋）

消防救援管理

Fire and Rescue Management

【概况】 2022年，眉山市消防救援支队把保民平安作为精准治理基本遵循，落实火灾防控“常态化、精准化、社会化”，确保全市消防安全形势持续稳定。

【指挥与作战体系建设】 眉山市消防救援支队利用熟悉演练数字平台、数字化预案系统分类制定计划，全流程督导基层基础工作，并自动进行数据汇总分析，“数字引领”熟悉演练工作走深走实。牵头编制《消防安全重点单位灭火救援信息共享规则》省级地方标准，将灾害事故处置事前、事中、事后全过程有利信息标准化程序化共享至作战人员，提升灭火救援成效。承办成德眉资同城化勤务暨灭火救援协作圈第二次工作例会，研讨机制方案，推广支队灭火救援准备工作数字化管理平台建设成果。牵头开展座谈交流2次，参观学习1次，联合熟悉2次，联合拉动演练2次，与在眉执业的38家消防技术服务机构建立联动机制，实时推送维保对象消防设施运行情况，战时配合现场救援。陆续投入400余万元，购入各类无人机38架，提升灾害现场专业建模能力，打造可视化、多维度、全视角指挥体系。对标“一短三快”初战机制改革任务，根据辖区灾害类型、响应等级，实行“车辆编组、作战编队、战术分解”，同步推行全市接警调度员与通信员轮岗驻训，提升指挥调度和应急通信科学性、精准性。以数字化基础信息采集为着力点，分析作战编成在训练、演练、实战中的各项数据，进一步量化实战能力指标，优化改进作战单元、作战编成的组成结构和人、车、装等力量的配备比例，明确“多大情况就用多大编成来进行解决”，实现最佳作战效能。以无人机应用助力作战现场联合通信信息汇聚，重点去除作战训练效能视障，全要素采集作战对象关键数据、图像，制定消防安全重点单位灭火救援信息共享规则标准化模板，统一信息展示体例格式，规范关联1500余家重点单位外观图、平面图、消防设施图“三张图”等全要素信息，全面应用至指挥调度编成、灭火作战预案，利用态势图标绘和沙盘模拟系统可视化展示灭火救援行动全过程，并以此为前提，打造“熟悉—推演—实练—复盘—改进”闭环式熟悉演练新模式在总队层面推广，倒逼执勤训练体系向单兵个人倾斜，向班组合成要战斗力，形成“有编队、有战法、有支撑”的灭火救援作战新形态。

【消防监督执法】 眉山市消防救援支队对消防安全专项整治三年行动2022年重点项目进行细化，对13类70项目标任务实行挂图作战，并延伸开展15个专项治理行动。督促900家消防安全重点单位落实“三自主、两公开、一承诺”。解决包括12个区域性重大火灾隐患在内的一系列历史遗留问题，落实整改资金800万元，完成远景楼重大火灾隐患整治销案。检查消防技术服务机构183家次，开展执业质量检查348家次，立案查处不合格执业项目44起，重塑并规范消防技术服务环境。2022年，全市消防救援机构共检查单位场所6823家，发现并督促整改火灾隐患8224处，下发行政处罚决定书727份，罚款279.2万元，查封95家，“三停”（停产停业、停止施工、停止使用）64家，拘留2人。

【消防基层治理】 眉山市消防救援支队开展基层消防治理体系建设试点工作，进一步打通基层消防安全脉络。成立县消防安全指导服务机构，统筹、协调、指导片区内火灾防范和救援工作，各乡镇（街道）成立镇级消安委，研究部署、指导协调本地区消防安全工作。各乡镇（街道）依托党政综合办事机构挂牌成立消防工作站，实体化履行消防安全管理事权。各村（社区）设立消防安全小组，负责本村（社区）消防安全工作的具体组织和实施。推动出台《关于加强基层消防力量建设的实施意见》《乡镇（街道）消防安全委员会工作规定》《乡镇（街道）消防工作站工作规定》。全市共设立县（区）消安委4个、乡镇（街道）消安委43个、乡镇（街道）消防工作办公室43个，配备事业编制人员92名。

【火灾防控】 眉山市消防救援支队在全省范围内率先开展基层消防治理体系建设试点工作，眉山天府新区以及六县（区）43个乡镇逐步落实消防工作机构和人员编制，16个中心镇消防站全面承接基层防火巡查和消防宣传“五进”，127个行政村（社区）微型消防站被纳入市委、市政府民生工程，把消防安全防范责任措施、识险避险常识压实到“最后一公里”，全面推动消防安全覆盖到基层治理最末端；成立由市领导亲自挂帅的工作专班，用时半年消除远景楼重大火灾隐患整治；聚焦系列重大消防安保任务，抽调100人组成机动队在划定的14个片区、53个重要点位驻守巡防，确保全市消防安全稳定，继续保持建市以来连续22年未发生较大以上火灾纪录，逐步扭转乡镇村社消防薄弱局面。市安委会、市委办、市政府办印发系列文件，进一步明晰各行业主管部门、属地党委政府消防安全职责，明确具体任务，实现群防群治全覆盖、无死角。投入160余万元继续推动全市2416个小区和公共建筑全部完成消防车通道标线标识施划，并建立长效机制，协调住建部门将其纳入建设工程验收项目内容，并会同市房管局、物业协会等部门，培训和函告物管企业300家，分期培训物业消防设施操作员900余名开展此项工作。全面推进与公安交管部门对堵塞消防车通道违法行为的联合执法，全年共开展138次，占用消防车通道行为得到有效遏制。

2022年眉山市火灾统计表

表36

	火灾起数（起）	死亡人数（人）	受伤人数（人）	直接财产损失（万元）
东坡区	453	0	1	94.32
仁寿县	565	0	0	115.08
彭山区	185	1	0	71.08
洪雅县	77	0	5	128.65
丹棱县	80	0	0	23.40
青神县	78	0	0	11.81
合计	1438	1	6	444.34

【消防训练与演练】 眉山市消防救援支队全面推进政府专职消防队伍管理体系建设，制定出台支队《政府专职消防队伍暂行管理规定》和《政府专职消防队伍管理考评实施办法》，组织完成687名政府专职队员和文员定级套改，分两批开展专职队员集中招录和集中培训，全面实现全市专职消防队伍“统招、统训、统管”。召开练兵督办会2次、视频通报会3次，开展作战训练安全专项督导58次，发现问题隐患96个，下发帮扶督导函58份。组织召开战训大讲堂11次，典型火灾案例战评总结会3次，攻坚班组作战能力提升研讨会2次，开展4批次固定消防设施操作集中培训，找准理论实操结合点。通过队站布防结构编配、队站内部单元编配、作战编成合成编配，优化升级执勤力量布防体系，构建应用作战编成救援模式，探索打造“布防精准、编成科学、专常兼备、快速高效”执勤模式，建设新的实践路径。创建推广森消融合初战灭火操作法，探索最不利条件下的极限救援。举办第三届“火蓝荣耀杯”运动会，以实战课目代替传统项目，涵盖高层、地下、化工、森林火灾处置4个方面，重点考核

图128　2022年4月18日，2022年新征召专职消防队员集训结业仪式　（供图：市消防救援支队）

图 129　2022 年 9 月 5 日，眉山消防赴雅安市石棉县新民乡开展地震跨区救援
（供图：市消防救援支队）

图 130　2022 年 9 月 6 日，眉山消防救援队为石棉县新民乡群众提供饮用水
（供图：眉山日报社）

浓烟搜救、高层供水、纵深进攻、梯次掩护、接力供水、堵漏洗消六大重点环节，进一步拉近“操场”和“战场”的距离。

【消防宣传教育】 中共眉山市委宣传部印发《关于进一步加强消防安全宣传培训的通知》，进一步明确各级消防宣传责任。开展 6 类、18 项主题宣传活动，营造“119”消防宣传月良好氛围。配合四川省消防救援总队宣传处制作的全国首部大型线下消防主题剧本杀《燃烧》上线，召开媒体发布会，在线观看量达 46.3 万人次，协助中央电视台《生命线》栏目制作眉山支队在雅安市石棉县幸福村救援专题节目、录制“中国骄傲”晚会，制作的“卫星电话报平安”“救助村民”短视频阅读量达 800 余万人次。开展“消防公益说”活动，推出“谭谈交通灭火版”科普宣传视频，抖音点赞量达 5 万次。

【重大救援任务】 眉山市消防救援支队全年接处警 3621 起，以“零伤亡、零事故、零失误”纪录，抢救人员 371 人，疏散转移群众 557 名，保护财产 1.2 亿元。9 月 5 日 12 时 52 分，四川省甘孜州泸定县磨西镇（北纬 29.61°、东经 102.14°）发生 6.8 级地震，震源深度 16 千米。地震发生后，眉山市消防救援支队地震救援快反分队 4 车 19 人紧急前置出动，支队长何涛带领地震救援队 11 车 51 人紧急驰援震区雅安石棉方向。在灾区 11 天 10 夜中，支队地震救援队全力投入被困人员搜救、失联人员定位、危房排查拆除、群众转移安置、重要物资转运等抗震救灾工作。共排查房屋 193 户，转移疏散群众 161 人，协助拆除危房 34 户，加固修缮群众房屋 12 处，转移牲畜 52 头，帮助群众转移生活用品家电家具 2100 余件套及食物 0.925 万余千克，从废墟中抢出现金 10 万余元，同时联系前方指挥部派遣直升机转运重伤员 1 人、轻伤员 4 人、孕妇 1 人、儿童 1 人，配合医疗救援队救治轻伤员 24 人，帮助搭建帐篷 40 余顶，同步承接灾民安置点火灾防范工作。

（黄雨晴）

眉山天府新区·县（区）

MEISHAN TIANFU NEW AREA AND COUNTIES (DISTRICTS)

眉山天府新区 / 东坡区 / 彭山区 / 仁寿县 / 洪雅县 / 丹棱县 / 青神县

眉山天府新区
Meishan Tianfu New Area

图 131　2022 年 10 月 13 日，眉山天府新区现代服务业发展推介暨项目集中签约仪式
（供图：天府新区眉山管委会）

【概况】　眉山天府新区是国家级新区——四川天府新区的重要组成部分，位于成都南部、眉山北部，东临成都东部新区、简州区，南接仁寿县，西连双流区、彭山区，北靠四川天府新区成都片区。天府新区眉山党工委、管委会驻视高街道中建大道二段 8 号。2022 年，眉山天府新区辖区面积 697.51 平方千米，辖视高、青龙 2 个街道，锦江、贵平、高家、龙马、北斗 5 个镇。

眉山天府新区地处成渝双城、成眉同城核心区域，北距成都市中心（天府广场）48 千米、南距眉山市政中心 26 千米、西距双流国际机场 32 千米、东距天府国际机场 28 千米。成眉市域铁路 S5 线开工建设，天府大道、益州大道、梓州大道联南纳北，环天府新区快速通道、成都第三绕城高速承东启西，“7 高 8 铁 9 快双机场”交通格局加快构建，半小时到成都市中心、2 小时至重庆交通圈逐步实现。

2022 年，眉山天府新区实现地区生产总值（GDP）209.84 亿元，全社会固定资产投资完成 259.7 亿元、增长 14.9%，地方一般公共预算收入 30.9 亿元、增长 21.9%。设立视高、青龙、临空三大产业功能区，集聚联合利华、格力电工、中建科工等先进制造企业 200 余家，新筑智装、中广核等高新技术企业 100 余家，全国首个腾讯音乐潮玩基地、SAP、浪潮、国联、东创建国等现代服务业企业 80 余家。成功发射 10 颗卫星，打造全国首个以星空地为一体、以智慧城市为主题的“天府星座”。争创国家进口贸易促进创新示范区、加工贸易产业园、中国（眉山）跨境电子商务综合试验区等平台 10 余个，眉山国际铁路港稳定开行国际班列 51 列。成眉高新技术产业带、天府大道南延线科创走廊稳步推进，培育国家级高新技术企业 47 家、国省“专精特新”企业 26 家。拥有全省门类最齐全的市民服务中心，企业开办“4 小时办结”，投资项目“50 天内开工”。拥有高校 5 所、师生 6 万余名，西南地区唯一一所清华附中落户新区，西南医科大学附属天府医院一期即将投用，柴桑河、泉龙河等一批生态公园对外开放，20 余千米竹林风景线、天府大道林木景观整体呈现，城乡绿化率达 62% 以上。

【新区规划编制】　眉山天府新区出台《关于学习贯彻习近平总书记来川视察重要指示精神　加快眉山天府新区高质量发展的实施意见》，锚定“现代产业新高地、创新发展新引擎、内陆开放新门户、公园城市新典范”目标，实施“一心两轴三区”空间发展战略，奋力打造成都都市圈高质量发展新兴城市先行示范区。围绕推进基层治理体系和治理能力现代化，启动实施为期 3 年的城乡基层治理攻坚“六大工程”，着力构建以党建工作为统揽、以服务民生为导向、以改革创新为动力、以共建共治共享为路径、群众广泛参与的治理体系，加快建设高品质美好生活家园。《眉山天府新区国土空间规划》完成“三区三线”划定，编制视高片区、青龙片区、锦江片区控制性详细规划和城市设计。委托赛迪研究院、盛裕集团等，编制产业发展、乡村振兴等顶层规划，明确先进制造业主攻方向为电子信息制造、新能源新材料、机械及高端装备制造三大产业；明确现代服务业主攻方向为科技服务、现代物流、现代金融三大生产性服务业及商业贸易、旅游度假、文化创意等五大生活性服务业，建设成都都市圈南部消费和服务副中心；明确数字经济主攻方向为高端电子材料及器件、物联网、大数据等，打造具有区域影响力的数字产业集群。

【成德眉资同城化综合试验区申建】　眉东新城全域纳入综合试验区。四川省发展改革委印发《成德眉资同城化综合试验区总体方案》，明确眉东新城重点发展智能制造、现代物流、数字经济、科教文旅等产业，建设临空智造城和临湖科创城。正在规划建设眉东新城国际物流中心，梓州大道南延线项目成功纳入物流中心项目包装发债内容，对接洽谈蜀道集团、今朝时代、东星教育、中洲文旅等产业项目 16 个，稳步推进元通 110 千伏变电站、“三纵三横”等项目建设，省同城

图 132　2022 年 3 月 11 日，四川天府新区眉山管委会与西南医科大学举行共建西南医科大学附属天府医院签约仪式
（供图：天府新区眉山管委会）

图 133 2022 年 7 月 17 日，眉山"天府星座"东坡 01-07 号卫星从吉林长春航天信息产业园出征，前往山西太原 （供图：天府新区眉山管委会）

图 134 2022 年，眉山天府新区 （供图：眉山日报社）

化办《工作简报》宣传报道眉东新城建设工作。

【新区招商引资】 眉山天府新区成功举办数字经济产业发展峰会、现代服务业发展推介暨项目集中签约，深入开展制造业招商引资"春季攻势"和"百日攻坚"行动，赴北京、苏州等地对接洽谈 100 余次，签约引进通威 32GW（吉瓦）电池、建国汽车城市商业体、腾讯音乐潮玩基地等 34 个项目、协议总投资 280.65 亿元，全年到位资金 170.2 亿元。

【产业项目建设】 制定出台《眉山天府新区重大项目包保推进办法》，数字经济孵化基地等 119 个项目开工建设，通威太阳能电池片、菲斯特激光显示等重大项目稳步推进，联合利华三期、保税物流中心等 40 个项目竣工投用，其中 9 个省重点、24 个市重点项目分别完成投资 61 亿元、83.4 亿元，超目标任务 17.4 个、16 个百分点，投资贡献全市最多。工业投资完成 35.6 亿元、增长 57%，服务业投资完成 47.1 亿元、增长 12.7%，农业投资实现"零的突破"。

【科技创新发展】 成功发射天府星座 10 颗卫星并完成一阶段组网，定位以智慧城市为主题的低轨道遥感卫星星座，可广泛应用于自然资源、农林水牧、交通城建、环境保护、应急救灾、文化旅游等领域。深入实施创新驱动发展战略，引入环天智慧—启明星辰网络安全攻防实验室、环天智慧—海康威视城市物联感知实验室、环天智慧—浪潮数据中心创新技术实验室、德国 SAP 数字化赋能中心等创新平台 5 个，天府江东荣获全市唯一国家级企业技术中心，倍特电动车、塔牌电缆等 11 户企业被认定为国家级高新技术企业，金山制药、诺宜生药业等 7 户企业入选省级以上"专精特新"企业，玉骑铃科技、中建钢构被评为省级企业设计中心。

【产城融合发展】 眉山天府新区积极推进泉龙河二期、天府体育公园建设，配合编制《龙泉山城市森林公园（眉山区域）总体规划》，天府大道 8 千米翠竹长廊增绿添彩。推动"十四五"学校规划布局调整，天府新区第一幼儿园建成投用，投入 7659 万元用于设备采购、信息化建设，更多优质教育资源惠及人民群众。聚焦"一老一小"，建成托育服务中心、养老服务综合体等各类设施 29 处。发挥社会保障"稳定器"作用，拨付 3680 万元用于低保、临时救助支出，为 5331 名低保对象、特困人员等群体代缴养老保险。全力解决"征而未安"问题，安置群众 4 万余人。

【发展要素保障】 眉山天府新区全年投入 7.7 亿元，建成市政道路 46 条。锦江第一污水处理厂建成投运，视高污水处理厂扩改建等工程有序实施，污水处理能力增长 17.8%。新（改）建市政供水主管约 9 千米，黑龙滩引水工程投入使用，建制镇、较大居民聚居点供水管网实现"两个全覆盖"。启动电网建设攻坚三年行动，开工项目 12 个、投资 11.6 亿元，杉杉电力廊道 A ~ C 段全线贯通，建成视高区域首座 220 千伏变电站。针对用地难，结合"三区三线"划定，累计上报建设用地批次 26 个、批回 3224 亩，保障重点项目建设需求。针对融资难，及时兑现各级各类扶持资金 6000 余万元，累计帮助企业争取银行贷款近 5 亿元。

（王　伟）

2022 年眉山天府新区主要经济指标统计表

表 37

指标名称	新区情况				全市情况	
	绝对值（亿元）	增长（%）	排位	占全市比重（%）	绝对值（亿元）	增长（%）
地区生产总值	209.84	1.8	7	12.8	1635.51	3.8
第一产业增加值	20.22	4.4	5	8.3	242.31	4.6
第二产业增加值	124.63	1.9	6	19	657.61	4.6
规模以上工业增加值	—	0.1	7	—	—	7.0
建筑业增加值	4.05	6.4	1	2.5	163.12	4
第三产业增加值	64.99	0.9	7	8.8	735.59	2.9
民营经济增加值	120.84	1.8	7	12.9	935.18	3.8

续表 37

指标名称	新区情况				全市情况	
	绝对值（亿元）	增长（%）	排位	占全市比重（%）	绝对值（亿元）	增长（%）
固定资产投资额	259.7	14.9	1	17.6	1474	11.4
农业投资	0.36	—	—	—	—	—
工业投资	35.6	57.1	1	—	—	23.3
服务业投资	47.1	12.7	—	—	—	—
招商引资到位资金	170.23	—	2（总量）	19.2	888.27	—
外贸进出口总额	36.9	37.6	1（总量）	30.9	119.2	48.5
“1+3”产业产值	279.3	—	—	—	—	—
战略性新兴产业产值	232.1	—	—	—	—	—
高新技术产业营业收入	153.4	—	—	—	—	—
社会消费品零售总额	75.1	1.4	4	11.7	639.75	1.6
商品房销售面积（万平方米）	242.9	-23	7	28.2	859.88	-10
建筑业总产值	30	5.9	6	5.6	531.77	8.9
地方一般公共预算收入	30.9	21.9	2	19.8	156.09	13.2
税务机构税收收入	28.1	-27.8	6	20	140.79	-18.7

2022 年眉山天府新区招商引资签约重点项目一览表

表 38　　单位：亿元

序号	项目名称	企业名称	建设内容	协议投资	签约时间
1	四川通威太阳能（眉山）太阳能 32GW（吉瓦）高效晶硅电池项目	通威太阳能（彭山）有限公司	新建高效晶硅电池生产线及相关生产设施、配套设施	120	2022 年 3 月 31 日
2	广东海弘智能（眉山）海弘智能智造基地项目	四川海弘联动智能科技有限公司	生物智能指纹识别、平板、手机、消费类电子产品、自动化、军工电装、涉密级研制、生产、销售等；项目包括：研发、运营、办公、销售、供应链金融基地，指纹识别等消费类电子智造基地	5	2022 年 3 月 26 日
3	四川菲斯特（眉山）激光显示光学屏创新产业基地项目	四川菲斯特科技有限公司	项目分两批次建设：第一批次拟用地约 100 亩，建设周期 18 个月，规划建设微纳米超精密制造中心和建设 88 英寸、100 英寸两条光学屏幕生产线，实现年产 100 万件激光电视和智能投影光学屏幕，微结构光学膜 2000 万平方米。第二批次拟用地约 100 亩，在第一批次建成投产后 6 个月内动工建设（最晚不超过 2024 年 6 月），建设周期 18 个月，规划建设 80 英寸、130 英寸两条投影显示光学屏幕生产线，建成后新增光学屏产能 300 万件／年，新增光学膜产能 3000 万平方米	15	2022 年 4 月 25 日
4	浙江客商（眉山）医用辅料生产项目	四川金山制药有限公司	投资 1 亿元，在青龙街道建设 9000 平方米生产车间，用于医用辅料生产加工项目	1	2022 年 4 月 26 日
5	四川客商（眉山）光伏电缆生产项目	四川鸿鑫国泰电缆有限责任公司	建设光伏电缆、轨道交通电缆、盾构电缆等生产线，生产厂房 10 万平方米	5	2022 年 5 月 12 日
6	四川客商（眉山）特种电缆生产项目	四川塔牌电缆绕组线有限责任公司	建设家装电线、电力电缆、控制电缆、架空电缆等 22 条生产线，生产厂房 1.7 万平方米	2	2022 年 5 月 12 日
7	广东北交资本（眉山）绿色环保材料生产研发项目	眉山天府新区投资集团有限公司	投资 6 亿元，拟在眉山天府新区用地约 160 亩，建设厂房 13 万平方米，建设绿色环保材料生产研发项目	6	2022 年 5 月 13 日
8	四川客商（眉山）环保设备、新能源特种汽车及零配件项目	四川爱普康新能源科技有限公司	投资 2.5 亿元，拟用地 45 亩，建设专用车柔性装配生产线、专用车部件生产线、产品研发中心及相关配套设施	2.5	2022 年 5 月 13 日

续表 38

序号	项目名称	企业名称	建设内容	协议投资	签约时间
9	四川万圣通（眉山）精密管件生产项目	四川万圣通精密机械制造有限公司	投资5亿元，拟用地60亩，投入纵剪机组1台、高频焊管机组3条、无氧化热处理炉4台、三线拉拔机3台、连续自动轧机18台、联合矫直探伤4条等，建设5.5万吨车用精密管件生产线项目	5	2022年5月13日
10	四川客商（眉山）精密锻造数控生产线项目	四川省恒生嘉德锻造有限公司	投资3亿元，在眉山天府新区用地约50亩，建设电机流水生产线1条，年产电机5万台；精密锻造数控生产线4条，年产锻件3万吨	3	2022年5月13日
11	四川建国（眉山）眉山天府新区建国汽车城市商业体项目	眉山国创房地产开发有限公司	主要建设包括汽车博览集群、汽车主题特色商业街区、配套酒店、会议中心及区域性总部办公等	50	2022年6月28日
12	四川海意科技（眉山）海赛集团算力服务中心项目	四川海赛数字科技集团有限责任公司	拟需要办公场地500平方米，主要建设西南运营服务中心、AI训练中心、研发中心及AI算力服务中心。项目建成投运后，前三年累计实现营收1.5亿元，缴纳税收不低于1200万元。从第四年起，年营收不低于1亿元，年缴纳税收不低于600万元	0.5	2022年7月15日
13	四川中开院（眉山）中开院数字经济产业创新中心项目	中开院（眉山）科技有限公司	1. 建设中开院数字经济产业创新中心。2. 建设产业孵化器，并力争在孵化器正式运营的第四年成功申请国家级科技企业孵化器。3. 创新中心正式运营第1年，孵化数字经济、新一代电子信息产业中具有先进技术、科研能力强、转化程度高的企业5家。第2年，孵化数字经济、新一代电子信息产业中具有先进技术、科研能力强、转化程度高的企业10家。第3年，孵化数字经济、新一代电子信息产业中具有先进技术、科研能力强、转化程度高的企业5家。4. 创新中心正式运营前3年，培育数字经济、新一代电子信息产业小微企业2家。创新中心正式运营第1年，产值不低于1亿元，缴纳产业税收不低于300万元。第2年，产值不低于3亿元，缴纳产业税收不低于800万元。第3年起，产值不低于5亿元／年，缴纳产业税收不低于1000万元／年	3	2022年7月15日
14	陕西智享慧科（眉山）SAP数字化赋能中心项目	四川天眉矩阵科技有限责任公司	建设一个数字化展示平台、一个数字化产业赋能平台、一个数字化研发创新平台、一个产学研人才平台	0.6	2022年6月29日
15	浙江海康威视（眉山）海康－环天智慧联合实验室项目	环天智慧有限公司	环天智慧负责实验室场地、设备等；海康威视负责人员投入以及提供技术支持，每年委派不低于5人的专项负责科研研发人员和不低于20人的兼职科研研发人员。实验室作为智慧城市物联感知领域的研究机构，发挥调研分析、总体规划、研发实验、标准制定、全程督导、模式创新、辅助决策等作用，通过两年时间，研究并完成智慧城市物联感知融合赋能平台及支撑城市一网统管的工作，形成可复制模式，力争成为全省、全国标杆	0.5	2022年8月4日
16	北京悦禾升（眉山）艺山智慧农场农业产业项目	眉山天府新区悦禾升农业有限公司	农业种植、养殖、农业科普教育、一二三产融合体验	1.2	2022年8月5日
17	山东浪潮（眉山）新基建物联感知实验室项目	眉山浪潮数字科技有限公司	乙方联合浪潮集团权属单位，在眉山天府新区建立物联感知实验室，包含研发中心、测试中心、新基建建设及智慧城市建设运营	1	2022年8月10日
18	江苏万帮（眉山）万帮数字能源四川运营中心项目	四川万邦数字能源科技有限公司	主要建设万帮数字能源四川运营中心，主营业务包括电动汽车充电桩相关设备销售等	30	2022年8月2日
19	四川客商（眉山）绿色环保沥青材料生产研发项目	四川山峰绿创建材有限公司	该项目用地76亩，建设厂房3.5万平方米，建设“环保沥青混凝土，绿色再生沥青混凝土、水泥稳定碎石料”，5条湿拌砂浆、预拌混凝土生产线	3	2022年8月3日
20	眉山天府新区腾讯音乐潮玩基地项目	腾讯音乐娱乐深圳有限公司、四川全时天地先锋网络技术有限公司	在眉山天府新区运营周期内线上及线下累计投资资源总价值不低于2亿元，打造眉山天府新区腾讯音乐潮玩基地，基地包括但不限于数字音乐体验馆、数字剧本杀馆、数字电竞体验馆、数字时尚露营基地等四大业态，并包含主题空间相关授权、传播物料授权、合作期间运营活动授权、“你好，大学声”校园音乐会、宣传推广资源等	2	2022年9月30日

东坡区
Dongpo District

【概况】 东坡区是眉山市政治、经济、文化中心，位于四川盆地成都平原西南边缘，地处岷江中游；属成都平原经济圈；东邻仁寿县，南靠青神县、乐山市夹江县，西接丹棱县、成都市蒲江县，北连彭山区；东坡区人民政府驻下西街79号。2022年，东坡区辖区面积1336平方千米，其中建成区面积52.28平方千米，耕地面积42.55万亩；辖苏祠、通惠、大石桥3个街道，太和、富牛、崇礼、复兴、尚义、三苏、思蒙、万胜、多悦、秦家、修文、永寿、松江13个镇，125个村，92个社区；年末常住人口90.8万人，户籍总数36.44万户、户籍人口87.21万人（其中城镇人口41.61万人、乡村人口45.6万人），城镇化率61.76%，全年人口出生率6.24‰、人口自然增长率-2.53‰，人口密度653人/平方千米。

东坡区是"三苏文化"的发源地，古称眉州，2300多年前是州、郡治所，因"千古第一文人"苏东坡而得名，是唐宋八大家中苏洵、苏轼、苏辙的故乡，孕育出以"三苏文化"为代表的眉山独特地域文化，是中国历史上著名的"进士之乡"，宋代诗人陆游盛赞："孕奇蓄秀当此地，郁然千载诗书城。"

东坡区属成都平原半小时经济圈，交通方便，基础设施齐全，环境优势突出。北距成都60千米、双流机场50千米、天府国际机场80千米，南到乐山、峨眉山50千米。成昆铁路、成乐高速公路、国道245线、岷东大道、滨江大道、工业大道、工业环线贯通南北，简蒲高速、遂资眉高速、国道351线、眉洪公路横贯东西。成昆铁路境内有4个货运站，成绵乐客专实行公交化营运，全区高速公路通车里程104.05千米，国省级公路通车里程177.06千米。

东坡区境内发现矿藏5种，分别为钙芒硝、石膏、页岩、矿泉水、砂石，其中钙芒硝矿集中分布于多悦、万胜、三苏、秦家等乡镇，探明储量约37.038亿吨，是全区优势矿种。东坡区旅游资源丰富，自然景观有省级森林公园寨子城、森林康养基地大旺山、东坡城市湿地公园；人文景观有著名文学家苏洵、苏轼、苏辙的故居"三苏祠"、全国重点文物保护单位报恩寺、唐代摩崖造像"丈六院摩崖造像"、苏东坡青年时唯一题留的"连鳌山石刻"巨字人文景观。东坡区饮食文化以"东坡"系列美食东坡泡菜、东坡肉、东坡肘子、东坡鱼等最为著名，传统地方美食还包括芝麻糕、龙眼酥、东坡饼子、核桃糖等。

2022年，东坡区地区生产总值572.27亿元，比2021年（下同）增长5.2%；地方一般公共预算收入33.06亿元，增长24.3%；城镇居民人均可支配收入45642元，增长4.5%；农村居民人均可支配收入25685元，增长6.3%。东坡区获评天府旅游名县、全国投资潜力百强区、全省乡村振兴成效显著区、2022年四川省会展创新发展引领区，入选国家乡村振兴示范县创建名单、四川省全国百强区培育名单，现代水产种业园区入选省级种业园区培育名单，区粮蔬现代农业园区入选省级现代农业园区培育名单，川南酿造获评农业产业化国家重点龙头企业。

【区域综合发展】 2022年，东坡区高标准启动新时代更高水平"天府粮仓"核心区建设，建成高标准农田2.14万亩，完成粮食间（套）种4万亩，粮食播种面积58.5万亩，粮食产量29.9万吨，成功申报国家级制种大县，获中央财政奖励资金1.5亿元，成功打造"东坡大米"品牌；出栏生猪52.1万头，超额完成市定任务，万家好创成国家生猪核心育种场。正大300万只蛋鸡项目满产运行，日产蛋量达150吨，西南地区规模最大。实现一产增加值66.3亿元、增长4.8%，农村居民人均可支配收入25685元、增长6.3%，全年签约秦川物联、青山利康、大扬商贸等项目40个，签约金额193.7亿元，重大项目9个，"1+3"产业项目16个，引进全区首个院士项目川宇健维，签约项目数、合同总金额、实际到位资金均超额完成市定任务，3次位列全市"红榜"。与四川大学、电子科技大学等15所高校开展校企地合作，为乡村振兴、产业升级提供全链条智力支撑；中车、格林泰科等4户企业晋升省级科创平台，其中，中国泡菜产业技术研究院获评全省首批省级新型研发机构；完成科技型中小企业备案35家，高新技术企业达到29家，科技成果转化20余个、转化率超90%；连续4年实施"东坡英才""八大行业人才"培育计划，3名国家、省级专家携资入驻东坡，全年副高级以上人才增加292名、技能型人才增加830名。区市民服务中心建成投用，设置40个综合窗口、整合30个部门服务，依申请类政务服务事项提速

图135　2022年12月9日，"东坡大米"首次亮相四川农业博览会
（供图：眉山日报社）

图136　2022年12月30日，眉山市东坡区永丰片区"天府粮仓"核心区建设专项规划新闻发布会
（供图：东坡区史志编纂中心）

2022 年东坡区经济社会发展主要指标统计表

表 39

项目	单位	实绩	同比增长(%)
地区生产总值	亿元	572.27	5.2
人均地区生产总值	元	63102	7.7
第一产业增加值	亿元	66.34	4.8
第二产业增加值	亿元	239.65	7.3
工业增加值	亿元	182.91	8.3
第三产业增加值	亿元	266.28	3.5
社会消费品零售总额	亿元	226.25	1.8
全社会固定资产投资总额	亿元	348.6	-0.8
引进到位内资总额	亿元	283.23	—
引进到位外资总额	万美元	2399.93	—
外贸出口总额	万元	15.11	37.2
地方财政收入	亿元	57.53	-15.8
一般公共预算收入	亿元	33.06	24.3
地方财政支出	亿元	98.57	-0.7
一般公共预算支出	亿元	50.59	3.4
城镇居民人均可支配收入	元	45642	4.5
农村居民人均可支配收入	元	25685	6.3
城乡居民储蓄存款余额	亿元	831.47	18.1
科学技术财政投入	万元	3401	6.5
教育事业财政投入	万元	117025	11.19
中小学校数	所	99	-2.9
中小学在校学生数	万人	10.59	4.9
文化旅游体育与传媒事业财政投入	万元	3982	15.52
卫生健康事业财政投入	万元	61279	11.0
卫生机构数	个	441	-11.4
卫生机构床位数	张	8863	9.6
卫生技术人员	人	8364	8.8

80%以上;助力市场主体渡过难关,执行减税降费超19亿元,出台稳增长、稳市场主体、保就业等21个专项政策,全面覆盖三次产业,兑现奖补资金1.5亿元;全年注册企业增加3696户,登记个体工商户增加10215个,个转企176户、企升规79户,超额完成市定任务。

【乡村振兴】 东坡区全力推进乡村振兴,深化农村发展改革,入围国家级乡村振兴示范县创建名单,创成省级乡村振兴成效显著县。农村改革成效初显,推进两项改革“后半篇”文章,编制4个镇级片区国土空间总体规划,万胜镇入选全省首批“省级百强中心镇”、三苏镇创成省级乡村振兴先进镇;严格耕地保护政策措施,恢复耕地6086亩,实现耕地净流入2335亩;建成镇级快递物流运营中心13个、村级邮快驿站125个,打造崇礼、万胜、永寿、太和4个“乡村电商”示范点,集体经济收入增长50.7%,51个行政村集体经济收入突破10万元,入选全省首批县域商业建设行动示范区名单。巩固脱贫成果,常态化开展27415名脱贫人员防返贫监测和帮扶;安排产业发展、以工代赈等项目94个,落实各级衔接资金近1.5亿元;解决脱贫人口就业13324人,发放各类保障救助资金8343万元,脱贫群众和监测对象人均纯收入、人均经营性收入分别增长15.5%、21.8%。改善人居环境,实施农村无害化卫生厕所改造近1.2万户,建成2022年农村“厕所革命”整村推进示范村28个;75座农村生活污水处理设施、4200余座厌氧+人工湿地建成运行,85.6%的行政村农村生活污水得到有效处理;行政村生活垃圾转运及无害化处理率达到100%。建成“四好农村路”66千米,安装路灯1550组,创成“四好农村路”省级示范县。

图 137 2022 年 8 月,东坡区永丰村高标准农田 (摄影:侯建明)

【民生保障】 东坡区全年完成10件区人大代表票决民生实事项目和20件民生实事。加强基本保障,发放就业创业资金6172万元,降低失业保险费2806万元;全年东坡创客孵化园吸纳14个创业项目入驻,建成“1+7”农民工综合服务站5个,搭建“眉州人才云市场”等线上招聘平台,开展“春风行动”等招聘活动80余场,实现城镇就业增加10502人,城镇登记失业率控制在3.26%。社会服务扩容提质,东坡二幼等5所公办幼儿园、眉师附小崇礼校区、东坡小学扩容项目建成投用,增加学位6450个,义务教育学校课后服务“5+2”模式全覆盖,高考重本率、本科上线率全市第一。市中医医院与省人民医院实现远程会诊,区妇保中心完成搬迁改造,集成打造思蒙、万胜区域医疗次中心;开通400余家定点药店、130家医疗机构跨省门诊直接结算业务。累计建成邻里中心26个,三级便

图 138　2022 年 8 月 10 日,东坡区市民服务中心启动仪式　　　　（供图:东坡区史志编纂中心）

民服务网络初步成型。“一老一小”引领示范,建成老年友善医疗机构 18 家,镇村组三级养老服务设施总数达到 125 个,完成特殊困难家庭适老化改造 230 户,龚村养护中心创成全省首批医养服务示范单位,白虎滩社区创成全国示范性老年友好型社区。托育机构增加 8 家、普惠性托位增加 660 个;打造未成年人保护示范站点 13 个,未成年人示范阵地建设“1533”模式经验全省交流,创成全国未成年人保护示范区。

【平安东坡建设与应急管理】　东坡区推进法治建设,开展“磐石”系列专项行动,推进警务运行机制改革,治安、刑事警情分别下降 16.8%、23.8%;在全省率先开展让群众“最多访一次”改革试点,矛盾纠纷化解率达到 95.6%。多悦镇获评全省基层治理示范镇,太和镇四维村获评“全国民主法治示范村”,全省城乡社区治理试点单位绩效评价获“优”。巩固提升安全生产专项整治三年行动成果,完成 18 户企业安全生产标准化达标建设,应对极端高温天气影响,各类生产安全事故连续 3 年呈下降趋势,顺利通过国务院安委会安全生产和消防工作巡查考核。按照新冠病毒感染“乙类乙管”要求调整防疫重心,构建“1+N”防疫工作新机制,多渠道保障医疗物资储备供应,加强区镇村三级医疗救治体系建设,全方位提高医疗救治能力,保障群众生命健康安全。

【三苏文化传承弘扬】　东坡区有序推进三苏祠、眉州古城墙、太和老镇、太平古街 4 条历史文化街区保护整治,完成蟆颐山重瞳观等文保单位修缮,累计建成文化馆分馆 22 个、图书馆分馆 33 个,常态化开展“三苏家风进万家”等系列主题活动,《少年苏东坡传奇》在全国 60 余个电视和网络频道热播,通过省现代公共文化服务体系示范县建设中期评估检查。

【东坡区市民服务中心建成投用】　8 月 15 日,眉山市东坡区市民服务中心正式对外办公。东坡区市民服务中心位于岷东新区仁寿路北段(松林苑西区旁),是原东坡区政务服务大厅(黄州中路 136 号)整体搬迁至此,并更名为眉山市东坡区市民服务中心。新建的东坡区市民服务中心设置 40 个综合窗口,办理全区 30 个部门(单位)业务。其中, A 幢一楼设置公安户籍、出入境、医保、水电气缴费等服务窗口和 24 小时自助服务区;二楼设置税务等服务窗口。B 幢一楼设置行政审批、社会事务、工程审批、婚姻登记窗口等;二楼设置市场主体登记窗口、婚检服务等;三楼设置有东坡区政务服务和公共资源交易服务中心。为给群众和企业提供无差别政务服务,打造“24 小时自助服务区”,提供非工作时间段政务服务,实现“24 小时服务不打烊”目标。中心还设置有打印室、母婴室、茶水间、阅览室等区域,为办事群众提供更加贴心的服务。同时,负一楼停车场、地面非机动车停车场方便群众停车。

（张　科）

彭山区
Pengshan District

【概况】　彭山区位于川西平原南缘丘陵地区,地处岷江中游;东邻仁寿县,南接东坡区,西与成都市蒲江县、邛崃市交界,北与成都市新津区、双流区相连;彭山区人民政府驻凤鸣街道西街 98 号。2022 年,彭山区辖区面积 462 平方千米,其中建成区面积 17.1 平方千米、耕地面积 8502.97 公顷;辖凤鸣、观音、谢家、青龙、江口 5 个街道,锦江、黄丰、公义 3 个镇,有 35 个村、30 个社区;年末常住人口 33 万人,户籍总数 12.46 万户,户籍人口 32.32 万人,人口自然增长率 -4.28‰,人口密度 700 人/平方千米。

彭山,古称武阳,建制于秦,至今已有 2300 多年历史;素有“长寿之乡”“忠孝之邦”的美誉,先后孕育寿高 880 岁的商贤大夫彭祖、刚正不阿的东汉忠臣张纲和孝感天下的西晋《陈情表》作者李密。彭山区是国家级生态示范区、全国知识产权强县试点区、全国新型城镇化推进试点区、国家海峡两岸产业合作区、全国第二批农村改革试验区、全国公共资源交易百强区、全国第三批节水型社会建设达标区、全国一体化政务平台建设工作县(区)级联系点、全国新一轮农村宅基地制度改革试点地区、全国农村产权流转交易服务标准化试点、“四好农村路”全国示范县、全国信访工作“三无”县。

彭山区位优越,属于成都半小时经济圈,地处天府新区核心区域,是成渝地区双城经济圈、成都都市圈的重要组成部分,距成都市中心仅 45 千米,距双流国际机场 27 千米,距天府国际机场 70 千米。矿产资源丰富,主要有芒硝、砖瓦用页岩、矿泉水等,登记有效的采矿权共 4 个(全部为芒硝矿),登记矿区总面积为 6.4647 平方千米,矿山累计查明芒硝矿资源量约 17866.3 万吨。彭山区旅游资源丰富,有国家 AAAA 级旅游景区彭祖山、省级历史文化名镇江口古镇和蜚声中外的“武阳茶肆”、千年古刹象耳寺,有集中大量崖墓出土文物的“汉崖墓博物馆”,有中国道教开山祖师王乔、张道陵潜心修炼的北平观;有川西坝子第一洞之誉的“香山仙洞”、亚洲第一的中国长寿城牌坊、仙女湖等旅游景点。

2022年,彭山区地区生产总值(GDP)209.54亿元,比2021年(下同)增长3.4%;地方一般公共预算收入21.69亿元,增长15.5%;城镇居民人均可支配收入45171元,增长4.3%;农村居民人均可支配收入25666元,增长45.8%。彭山区围绕建设“开放发展先行区”和全省锂电池及材料产业生产基地总目标,以新能源新材料和高端装备制造为主导产业,杉杉、雅保等企业加快投产,打造完整的锂电池及材料产业链;全年引进重大项目26个,实现眉山动力电池整装“零的突破”,2次刷新全省报地最快纪录;获评“四好农村路”全国示范县、省级乡村振兴先进区、首批省级生态县、首批省乡村运输“金通工程样板县”。

【锂电池和材料产业发展】 彭山区全力培育增长动能,深耕新能源新材料和高端装备制造两大主导产业,以锂电池及材料产业为突破口,蓄力打造“千亿元园区”。先后引进杉杉科技、中创新航、美国雅保、广州天赐、天奈科技等龙头企业10余家,初步形成从上游基础锂盐,到中游正负极材料、电解液三大主材及导电剂、黏合剂等重要辅料,再到下游动力电池整装的锂电及材料全产业链。全速推进杉杉科技、美国雅保、中创新航、研一等重大项目快投快建快达产,杉杉科技(48天)、中创新航(37天)项目土地报批连续创造全省最快纪录。杉杉科技、研一、美国雅保3个省重点项目全年完成固定投资31.17亿元。

【重大项目招引和对外合作交流】 3月28日,全省项目投资工作暨“十四五”规划重大工程项目建设推进现场会在彭山区召开。会议通报全省重大项目投资情况,强调要始终把项目投资工作摆在突出位置来抓。借此机遇,彭山区以“重大项目突破年”为主题,聚焦主导产业,综合运用产业链招商、头部企业招商、商协会招商等手段,先后引进中创新航、天奈科技等优质项目26个,荣获全市招商引资“春季攻势”“红榜”,其中,中创新航项目实现眉山动力电池整装“零”的突破。引进项目合同总金额达223.36亿元,完成市下达目标任务190亿元的117.56%,累计到位资金102.12亿元。完成工业投资55亿元,比上年增长28.5%,签约“三强”投资或10亿元以上重大项目6个,利用外资3500万美元。区属规上工业总产值实现213亿元,首次突破200亿元,新增规上工业企业16户,培育国家高新技术企业8户、省级“专精特新”中小企业2户。

【全面深化改革】 2022年,彭山区承担中省改革任务29项、重点改革任务56项、重点专项改革方案35项,开展小微创新改革66项,相关改革均推进顺利。深化成眉同城,推动事项通办,成彭“通办”事项增加265个,发布东彭“通办”事项152个。推进交通同网,剑南大道南延线同标化改造、天眉乐高速公路及连接线和滨江大道北段项目同步快速推进,成贵铁路客运专线日停靠车次增加到25对50趟,跨市公交日均开行240趟次,日均跨城通勤量近9000人次;深化农业农村改革,推进全国第二批农村改革试验区拓展试验任务,“三权”分置改革确权登记24万亩,覆盖率100%,全面完成23个宅改试点村宅基地改革任务,建成全省首个农村宅基地线上审批平台。促进家庭农场高质量发展改革经验全国推广,职业农民制度试点改革经验全省交流;深化“放管服”改革,新增省级改革创新试点3项,13个国家重点“一件事一次办”事项全面落地。退役军人政务服务事项“一网通办”正式运行。完成全区6个镇街便民服务中心、26个村社便民服务站标准化规范化便利化建设;深化重点领域改革,完成59项国企改革任务,国企改革“三年行动”收官。完成深化小型水库管理体制改革任务,获评省级示范县。县域共青团基层组织改革试点工作被考核评估为全国优秀,全省第一。创新推动锂电新能源改革经验被《四川改革动态》刊载。

【乡村振兴】 彭山区推动巩固拓展脱贫攻坚成果同乡村振兴有效衔接,顺利通过2022年实地考核评估,获评省级乡村振兴先进区,成功创建省级乡村振兴示范村2个、省级乡村文化振兴样板村镇1个,团结村被评为全省合并村集体经济融合发展试点先进村,公义镇宅基地改革工作入选新时代农业农村发展成就展。“三品一标”保有量达20个,“味在眉山”实现销售收入198亿元;智慧葡萄设施和生产水平全国领先,亩均产值达2.5万元,丰收现场被中央电视台新闻频道(CCTV-13)直播报道;建成高标准农田1.75万亩,全省率先推广“田长制智慧管理系

图139 2022年4月28日,眉山市2022年第二季度重大项目集中开工暨中创新航眉山基地项目开工动员仪式在彭山区举行 (供图:彭山区委宣传部)

图140 2022年7月8日,雅保四川年产5万吨氢氧化锂锂电池材料项目开工仪式 (供图:彭山区委宣传部)

图 141　2022 年 11 月 28 日，彭山区稻药现代农业产业园区　（摄影：马诗雨）

图 142　2022 年 12 月 9 日，彭山岷江大桥建成通车　（供图：彭山区委宣传部）

统”；落实生猪生产政策，全年生猪出栏 13.09 万头，增长 7%；建设美丽院落示范村 3 个，创建“最美庭院”43 户，新增改水改厕 2855 户，厕所长效管护“五化”机制（管护服务“全域化”、管护平台“智能化”、报抽报修“便捷化”、管护费用“多元化”、粪液利用“资源化”）全省推广；聚焦巩固成果，全覆盖排查 8.3 万户 26 万人，财政衔接推进乡村振兴资金产业投入占比达 58%；打造新型农村电商业态服务站 2 个，销售额 6.43 亿元；新培育区级以上示范家庭农场 248 个，扶持分散经营农户 1 万户，带动 2.2 万户增收；建成区、镇、村三级物流供配服务站点 46 个，实现寄递服务“村村通”；新改扩建农村公路 21.59 千米、农村管网 21 千米、燃气管网 14.8 千米、净水厂（供水站）3 座，开通公交线路 34 条，实现城乡公交全覆盖，成功创建四川省乡村运输“金通工程样板县”；盘活“三块地”巩固脱贫成果助农增收案例入选全省典型经验做法清单，人才助力乡村振兴被《人民日报》刊载，1 人获评“全国百强乡土人才”。

【城市品质提升】 2022 年，彭山区城镇化率达到 61.09%，比上年提高 1.65%，高于全市平均水平。完成高铁片区、“四馆”配套道路、“口袋”公园等城建项目 20 个，改造老旧小区 56 个，有序推进 6 个城中村改造，新（改）建供水管道 5 千米、雨污管网 10 千米；置信广场商业综合体建成投运，永辉超市、肯德基、太平洋院线等新业态成功入驻；完成综合交通大会战投资 13 亿元，尖子山航电枢纽工程复工重启，环湖东路、岷江大桥、岷江二桥引道、锦江大道彭山段建成通车，龙湾大道、南巷慢街等城市道路实现全面改造，彭山北综合客运枢纽投入运行，交通路网外联内畅；实施“绿荫彭山、全域增绿”项目 6 个，完成迎宾大道忠孝公园、区人民医院节点公园等 7 个城市小游园和节点打造，区域内 5 个城市化公园实现市场化运营，营造林 7000 亩，森林覆盖率稳定在 38% 以上，国家森林城市建设成果得到巩固；成功入围省级全域旅游示范区创建单位名单，彭祖山成功创建国家 AAAA 级旅游景区、省级中医药健康旅游示范基地。

【民生工程建设】 彭山区全年累计筹集、拨付民生工程项目资金 23.4 亿元，完成 20 件民生实事。坚持稳定和促进就业，关注高校毕业生、农民工等重点群

2022 年彭山区经济社会发展主要指标统计表

表 40

项　目	单位	实绩	同比增长（%）
地区生产总值	亿元	209.54	3.4
第一产业增加值	亿元	19.41	4.6
第二产业增加值	亿元	103.27	5.4
工业增加值	亿元	85.28	5.8
第三产业增加值	亿元	86.86	1.0
社会消费品零售总额	亿元	86.35	1.3
全社会固定资产投资总额	亿元	—	10.9
招商引资到位资金	亿元	102.12	—
外贸进出口总额	亿元	3.16	41.6
地方财政收入	亿元	13.86	—
一般公共预算收入	亿元	21.69	15.5
城镇居民人均可支配收入	元	45171	4.3
农村居民人均可支配收入	元	25666	5.8
住户储蓄存款余额	亿元	274.29	13.9
科学技术财政投入	万元	1231	—
教育事业财政投入	亿元	4.23	—
中小学校数	所	29	—
中小学在校学生数	万人	3.29	—
卫生事业财政投入	亿元	2.53	—
卫生机构数	个	210	—
卫生机构床位数	张	1992	—
卫生技术人员	人	2002	—

体，发放稳岗返还资金 895 万元、创业担保贴息贷款 2496.7 万元，举办招聘会 37 场，达成就业意向 8200 余人，全年城镇新增就业 4500 余人，城镇登记失业率 3.14%，就业服务中心荣获全省就业促进专项行动先进单位；加快推进教育资源均等化，撤并 5 所农村小规模学校，完成彭山第四小学扩建，彭山第五小学、锦绣路幼儿园建成并投入使用，新增学位 3450 个；区中医医院成功创建三级乙等中医院，5 个乡镇卫生院（分院）能力提升项目建成投用，21 个村卫生室完成信息化建设，城乡居民基本医疗参保率保持 98%；完成 10 个养老服务设施和 6 个助老餐厅建设，提供婴幼儿托位 500 个；发放各类困难补助金 4900 余万元，保障重点群体生活所需；创新开展货币补助购买商品房安置，安置 2000 人，全面完成“征而未安”三年行动计划。

【生态文明建设】 彭山区深入践行“绿水青山就是金山银山”理念，全力打好“蓝天、碧水、净土”保卫战，燃煤锅炉实现全域“清零”，PM_{10}、$PM_{2.5}$ 质量分别排名全市第一、第二，二氧化氮（NO_2）改善幅度全市第二。严格落实河（湖）长制，加强重点流域治理，国家、省、市考河流断面水质均达标，农村生活污水得到有效治理的行政村达 100%，城市集中式饮用水水源地水质达标率达 100%。一般工业固体废物综合利用率达 100%。全面完成第二轮中央环保督察移交的 9 件信访件和第二轮省环保督察 64 件反馈问题及信访件整改工作。荣获首批省级生态县称号。

（廖涔岑　徐莉岚）

仁寿县
Renshou County

【概况】 仁寿县地处川中丘陵，位于成都市正南方向，东接资阳市雁江区、内江市资中县，西邻东坡区、彭山区、青神县，南接乐山市井研县、自贡市荣县、内江市威远县，北连成都市双流区；仁寿县人民政府驻文林街道文林路一段 380 号。2022 年，仁寿县辖区面积 2608 平方千米，辖文林、普宁、怀仁、视高 4 个街道，珠嘉、宝马、满井、文宫、方家、龙马、谢安、北斗、富加、新店、藕塘、板桥、禾加、禄加、宝飞、汪洋、彰加、钟祥、龙正、高家、贵平、黑龙滩、大化、曹家、始建、慈航 26 个镇和虞丞、青岗 2 个乡，有 216 个村、147 个社区；年末有常住人口 111.1 万人，户籍总数 50.3 万户，户籍人口（不含眉山天府新区代管乡镇和街道）120.66 万人，是全省常住人口第一大县；全年人口出生率 8.46‰，人口自然增长率 -4.45‰，人口密度 576 人 / 平方千米。

仁寿秦时属武阳，南朝梁普通年间（520—527）定名怀仁，北朝西魏（535—556）更名普宁，隋开皇十八年（598）定名仁寿。著名历史人物有南宋抗金名相虞允文、五代“花间派”词人孙光宪、北宋末年中书侍郎何栗；近现代有爱国将领潘文华、“东方梵高”石鲁、著名画家冯建吴、中国地质泰斗黄汲清等。仁寿县有始建于清乾隆元年（1736）、重建于同治二年（1863）的奎星阁；全国重点文物“双石牌坊”，其中一号坊建于清光绪七年（1882）、二号坊建于光绪八年（1883）；有仁寿大佛、牛角寨石窟、甘泉寺、能仁寺摩崖造像、大佛沟摩崖造像、虞公陵、国家 AAAA 级旅游景区黑龙滩风景区、仁寿城市湿地公园旅游景区、天府农耕·响水六坊景区、诺伊谷 AAA 级旅游风景区、曹家百年梨乡、方家曲水留香、藕塘玫瑰基地、青岗油菜花坞、怀仁街道办樱桃基地、禾加五龙山景区、禄加天府茶灵谷景区、二峨山景区、三岔湖景区仁寿段、李家沟水库、石鲁艺术馆、火车来斯等文物和旅游资源。

仁寿县矿产资源主要有煤、石灰石、膨润土、页岩，主要分布于汪洋镇、禄加镇；膨润土储量 1000 万吨，分布于大十、兆加一带；石灰石、页岩储量丰富，石灰石主要分布在汪洋镇、禾加镇、禄加镇，页岩遍布于各乡镇。有野生动物 100 余种，野生植物 130 余种，中草药 550 余种。特色美食有“黑龙滩全鱼宴”、芝麻糕、汪洋干巴牛肉、文宫枇杷、百年曹家梨。

仁寿县是成都正南第一城，全域进入天府新区辐射区，4 个镇、1 个街道被纳入眉山环天府新区经济带；紧邻双流、天府两大国际机场，最长城市中轴线——天府大道 150 千米直达县城，坐拥“成都区位、仁寿成本”比较优势。成自泸赤高速、遂资眉高速、仁沐新高速、成都经济区环线高速、天府仁寿大道、站华路延伸线、红星路南延线、连汪燕铁路、环天府新区快速通道、国道 213 线、省道 106 线贯穿全境，成仁、眉仁、临空、县域 4 个“半小时交通圈”基本形成。仁寿县是全省三大粮食基地之一，是中国枇杷之乡、中国青见之乡、中国优质柑橘（不知火）之乡。

2022 年，仁寿县地区生产总值达到 520 亿元，比 2021 年（下同）增长 3%；地方一般公共预算收入 50.27 亿元，增长 10.6%；城镇居民人均可支配收入 42646 元，增长 4.2%；农村居民人均可支配收入 20916 元，增长 6.3%。仁寿县全面推进“天府粮仓”丘区示范区建设，粮食播种面积、产量分别达 177.1 万亩、64 万吨；信利（仁寿）项目产值达 112 亿元，实现本土百亿级企业“零”的突破；信利光电入选省“贡嘎培优”企业名单，新培育高新技术企业 5 家、创新型企业 5 家；“四有”（有地种粮、有人种粮、有技种粮、有利种粮）种粮模式全国推广，荣获省级农业丰收奖；德康全产业链项目被农业农村部评为全省唯一的生猪全产业链标准化试点基地；仁寿经济开发区成功创建正县级园区；粮油园区顺利晋升为省五星级农业园区；汪洋镇获评首批“省级百强中心镇”；成功打造栖西里、长平水街等网红消费新场景；成功入选天府旅游名县候选县。

【全国百强县创建】 仁寿县于 2018 年正式提出创建全国百强县目标。2019 年，组织编制《眉山市仁寿县争创全国百强县工作实施方案》，确立“固优势、强弱项、缩差距”创建思路。2021 年，成功承办全省重点开发区县域经济高质量发展座谈会；在省发改委指导下制定《眉山市仁寿县争创全国百强县工作实施方案》。2022 年，全域土地综合整治等试点政策落地仁寿，争取到位百强县培育资金 6367 万元；市政府出台培育政策 13 条，县委、县政府出台《鼓励企业项目春节期间不停工不停产的通知》等系列政策措施，推动项目建设再提速；出台新能源汽车购置、购房、就业稳岗等多项补贴，发放多批次消费券，全力稳市场、促消费；始终保持高频次对接评价机构，持续跟踪百强县后 5 位及重点培育县情况，主动掌握指标调整

图 143　2022 年 6 月 4 日，仁寿县城　（摄影：郭侨）

及百强县评价动态、分析研判创建形势。截至 2022 年年末，全县一般公共预算收入从 37 亿元增长至 50.27 亿元；社会消费品零售总额从 187.1 亿元增长至 220.2 亿元；进出口贸易总额达 42.1 亿元；近三年平均固定资产投资额达 456.87 亿元；金融机构本外币各项存款、贷款余额分别达 983 亿元、716 亿元。2022 年 6 月，成功创建为“全国县域高质量发展百强县”；11 月成功上榜“全国综合实力百强县”。

【“天府粮仓”丘区示范区建设】 仁寿县立足“天府粮仓”初步发展规划，出台《关于深入贯彻中共二十大精神和习近平总书记来川视察重要指示精神建设新时代更高水平“天府粮仓”丘区示范区的决定》《关于成立仁寿县打造新时代更高水平的“天府粮仓”工作领导小组的通知》等配套政策文件，编制《仁寿县五良融合宜机化改造实施细则》，规划布局“天府粮仓”一核三带四基地。截至 2022 年 12 月，仁寿县完成工程（硬件类）实施项目 7 个，出台相关文件 20 个，科技引领、服务体系提升、品牌创建等（软件类）实施项目 7 个，核心区完成投资 0.526 亿元，完成“两张清单”“挂帅包片市级示范区”任务 12 项。严格落实县、乡、村三级“田长制”责任体系，实现耕地和永久基本农田保护责任全覆盖，打造 60 万亩高品质粮油产业带，盘活撂荒地 5.39 万亩、腾退低质低效经果林 1.01 万亩，累计建成高标准农田 63.2 万亩。全年粮食作物播种面积达 177.1 万亩、粮食产量 64 万吨。

【乡村振兴】 仁寿县引进中德通内斯—德康（眉山）高端肉制品加工项目，打造年屠宰量约 200 万头的生猪屠宰与肉食品加工基地；成功招引川果智慧冷链物流项目，打造集“仓储、冷链、加工、分拣”等功能于一体的现代化物流配送服务中心，实现年产值 5 亿元以上；投入 5000 万元建成新品种选育基地、新技术示范基地、初加工研发基地、人才培训中心等三基地一中心和四川晚熟柑橘研究院，为品种培育、田间管理、品质提升等提供技术支持。挂牌运行新时代文明实践中心、所、站 321 个，形成文明实践 15 分钟生活圈，累计打造县级文明实践示范所 9 个，县级示范站 36 个。制定《仁寿县“精英才俊”奖励办法》，遴选 8 个领域 152 名本土菁才，开展专家人才“五进”活动 18 次，培育乡村振兴、产业发展等领域人才 1.4 万人。创新推出乡村振兴“惠集贷”财金互动产品，授信贷款 20 个集体经济组织 1700 万元。县财政投入乡村振兴经费 8.8 亿元，较上年增长 0.23%。农业农村系统对上争取项目 69 个、7.14 亿元。筛选交通、乡村振兴领域 12 个项目推广以工代赈方式实施，项目总投资 3049.02 万元、务工人数 976 人，发放劳务报酬 433.95 万元。投资 70 亿元，提能升级农村公路 2800 千米，成功创建省级“四好农村路”示范县。构建三甲医院 + 县域次中心 + 乡镇卫生院 + 村卫生室的“2 + 7 + 17 + N”医疗服务体系，方便群众就近看病治病。纵深推进农村“三大革命”（农村垃圾、污水、厕所革命），全县农村户用卫生厕所普及率达 90%，生活污水、生活垃圾得到有效处理的村（社区）占比分别达 90%、100%。农村自来水普及率达 95%，乡村水务试点县考核位列全省第三。实施集体经济攻坚三年提升行动，79 个村集体经济收入达 10 万元以上，改革经验全省推广。成功创建省级实施乡村振兴战略成效显著县，脱贫攻坚成果持续巩固。

【工业经济转型升级】 仁寿县出台《政府投资项目管理办法》《对上争取工作考评管理办法》《重大项目用地保障若干措施》等系列制度办法，创新实施“六步法”（即组建专班、政策研判、谋划项目、做实前期、申报跟踪、加快推进六步），全年共争取到位资金 85 亿元，比

图 144　2022 年 3 月 15 日，仁寿县珠嘉镇棚村村粮食种植基地　（摄影：郭侨）

图 145　2022 年 7 月 5 日，仁寿城市湿地公园　（摄影：郭侨）

上年增长 52.2%；全社会固定资产投资增长 12.4%。川威装配式产业园、“一县一业”富民产业园等 116 个项目开工建设，华赐半导体、卓航电子等 106 个项目竣工投产。开展制造强县攻坚年招商引资“春季攻势”和专项攻坚行动，推行产业链招商、精准招商，新签约项目 23 个，其中“1+3”（“1”即突出发展新能源新材料产业；“3”即重点发展电子信息、机械及高端制造装备、生物医药产业）工业项目 15 个，招商引资到位资金 156 亿元。总投资 50 亿元的协鑫项目从招引到开工仅用 56 天。县属国有企业资产总额实现 605 亿元，比上年增长 30.8%，仁寿城投集团、鑫龙环境集团分别成功获批 AA+、AA 主体信用评级，综合实力稳步增强。处置工业低效用地 560 亩，新建标准厂房 34 万平方米，工业亩均产出提高 10%。金融支持实体经济能力明显提升，县内金融机构贷款余额 716 亿元，增长 18.7%。实施制造强县攻坚行动，县属规模以上工业总产值实现 230 亿元，增长 12.2%，其中，先进制造业产值 134 亿元、占规模以上工业比重达 58.4%。完成工业投资 66.1 亿元，全年新增规模以上工业企业 15 户，累计 108 户。仁寿县经济开发区成功创建为正县级园区。信利（仁寿）项目产值达 112 亿元，实现本土百亿级企业“零的突破”。信利光电入选省“贡嘎培优”企业名单，新培育高新技术企业 5 家、创新型企业 5 家。

【天府旅游名县创建】 2022 年，仁寿县启动天府旅游名县创建工作，制定《仁寿县天府旅游名县命名县暨四川省级全域旅游示范区创建方案》，全面安排部署天府旅游名县暨四川省级全域旅游示范区创建工作。县文化广播电视和旅游局制定《关于创建天府旅游名县命名县暨省级全域旅游示范区内部分工方案》，

2022 年仁寿县经济社会发展主要指标统计表

表 41

项　目	单位	实绩	同比增长（%）
地区生产总值	亿元	519.98	8.4
人均地区生产总值	元	46825	3
第一产业增加值	亿元	103.66	4.5
第二产业增加值	亿元	195.67	1.7
第三产业增加值	亿元	220.65	3.3
社会消费品零售总额	亿元	220.25	1.6
全社会固定资产投资总额	亿元	522.45	15
外贸出口总额	亿元	31.44	11.2
地方财政收入	亿元		
一般公共预算收入	亿元	50.27	10.6
地方财政支出	亿元		
一般公共预算支出	亿元	97.46	9
城镇居民人均可支配收入	元	42646	4.2
农村居民人均可支配收入	元	20916	6.3
城乡居民储蓄存款余额	亿元	800.2	12.7
教育事业财政投入	万元	17.87	—
中小学校数	所	151	—
中小学在校学生数	万人	12.71	—
卫生健康事业财政投入	万元	8.65	—
卫生机构数	个	849	—
卫生机构床位数	张	6539	—
卫生技术人员	人	7073	—

相继成立县文化广播电视和旅游局双创工作领导小组，双创工作领导小组下设统筹协调、软件资料、基础建设、宣传营销、全域整治5个工作小组，召开创建工作启动会，全面启动该项工作。制定《仁寿县创建天府旅游名县命名县资料收集任务分解表》，持续优化品牌资源，补充完善相关资料和对应的责任单位。同时制定《仁寿县创建天府旅游名县命名县现场迎检点位设置一览表》《仁寿县创建天府旅游名县命名县现场检查迎检路线安排》《仁寿县天府旅游名县命名县暨四川省级全域旅游示范区创建硬件提升任务分解》，详细安排检查线路和检查线路旅游基础设施提升改造、全域旅游服务环境整治、全域宣传营销等工作。制定城乡交通加速成网计划，打破交通路网瓶颈制约。截至2022年年底，建成通车粮食园区产业大道、汪促路等5条县内交通干道，新（扩）建农村公路约1600千米；建成党建文化公园等3个城市公园、"两山一河"玻璃栈道等9个景点，新增城市绿地面积10万平方米。2022年10月，仁寿县成功创建为"天府旅游名县候选县"。

（吴俊霞）

洪雅县
Hongya County

【概况】 洪雅县位于四川盆地西南边缘，青衣江下游；北接丹棱县，南连乐山市金口河区、雅安市荥经县、汉源县，东邻乐山市夹江县、峨眉山市，西接雅安市雨城区、名山区；洪雅县人民政府驻洪川镇洪州大道299号，距眉山市50千米。2022年，洪雅县辖区面积1898平方千米，其中县城建成区面积11.76平方千米，耕地面积1.26万公顷；辖洪川、止戈、瓦屋山、七里坪、高庙、槽渔滩、东岳、中保、余坪、将军、中山、柳江12个镇，有61个村、28个社区；年末常住人口29.6万人，户籍总数11.05万户，户籍人口34.05万人（其中城镇人口12.96万人、农村人口21.09万人）；全年人口出生率6.54‰，人口自然增长率-3.18‰，人口密度179人/平方千米。

洪雅县著名历史人物有唐代国师悟达，宋代直臣田锡，明代"青天"张鹏，清代"文诚"曾璧光，民国进步人士杨茂修。洪雅县是国家级生态县、全国生态文明示范工程试点县、第二批国家生态文明建设示范县、全国森林旅游示范县、中国宜居养生之都、全国森林康养基地试点县，并获得中国首届生态文明奖。

洪雅县紧邻成昆线，遂资眉高速、广洪高速、乐雅高速在止戈镇相交，处于成都一小时经济圈内；自然资源丰富，芒硝储量37亿吨，铅锌矿储量6.56万吨，可连续开采；青衣江横穿县境，全县水资源总量31.14亿立方米；林业用地13.88万公顷，活立木总蓄积1777万立方米，商品林蓄积975万立方米，森林覆盖率72.49%；植物资源在3500种以上，其中野生植物有2500余种，国家级保护植物有桫椤、银杏、红豆杉、香樟、楠木等；野生动物有796种，国家级保护动物有大熊猫、小熊猫、扭角羚、豹、云豹、猕猴等；拥有瓦屋山风景区、七里坪度假区、柳江古镇景区、槽渔滩风景名胜区四大景区，乡村民风淳朴、民宿茂集，被省旅发委评为四川省乡村旅游强县；地方特产"雅"字号的有雅女、雅猪、雅鱼、雅连、雅笋、雅茶、雅酒、雅椒，其他还有藤椒油、钵钵鸡、老腊肉、岩蜂蜜等；全国重点文物保护单位有曾家园，省级文物保护单位有苟王寨摩崖造像、修文塔、周家祠等；省级非物质文化遗产有复兴耍锣鼓、五月台会，市级非物质文化遗产有洪雅堂灯、洪雅师道戏、瓦屋山山歌、雅妹子风酱肉制作技艺、雅纸制作技艺、藤椒油秘制技艺、高庙白酒酿造技艺等。农作物以种植水稻、玉米、油菜、茶叶为主；工业产品以电力、机械、地砖、化工、药品、茶叶、

2022年洪雅县经济社会发展主要指标统计表

表42

项目	单位	实绩	同比增长(%)
地区生产总值	亿元	147.28	2.9
人均地区生产总值	元	43254.04	5.19
第一产业增加值	亿元	23.77	4.3
第二产业增加值	亿元	44.44	3.2
第三产业增加值	亿元	79.07	2.3
社会消费品零售总额	亿元	51.32	1.5
全社会固定资产投资总额	亿元	134.42	12.2
引进到位内资总额	亿元	73.55	3.45
引进到位外资总额	万美元	589	-0.67
外贸出口总额	亿元	3.67	24.83
地方财政总收入	亿元	38.51	26.3
一般公共预算收入	亿元	12.69	13.08
地方财政总支出	亿元	38.51	26.3
一般公共预算支出	亿元	26.48	12.19
城镇居民人均可支配收入	元	42471	4.3
农村居民人均可支配收入	元	24020	5.9
城乡居民储蓄存款余额	亿元	224.77	11.9
科学技术财政投入	亿元	0.02	71.03
教育事业财政投入	亿元	3.59	4.85
中小学校数	所	32	-8.57
中小学在校学生数	万人	3.04	2.01
文化体育与传媒财政投入	万元	3247	25.37
卫生事业财政投入	亿元	2.32	16.23
卫生机构数	个	255	-1.16
卫生机构床位数	张	1677	1.82
卫生技术人员	人	1801	3.15

食品为传统产品。

2022年,洪雅县地区生产总值147.28亿元,比2021年(下同)增长2.9%,地方一般公共预算收入12.69亿元,增长13.08%;城镇居民人均可支配收入42471元,增长4.3%;农村居民人均可支配收入24020元,增长5.9%。洪州科创园一期4万平方米标准化厂房完成建设,全市最大的茶叶智能加工园区建成投用;规划实施"一园一核三片""柳江—东岳"示范片核心区域启动建设,累计建成高标准农田26.09万亩,粮食播种21.6万亩,总产量10.4万吨,大豆玉米带状复合种植经验被中央电视台《新闻联播》宣传报道,全域综合整治耕地和生产障碍修复利用工作获农业农村部表扬;"瓦屋春雪"进军四川国际茶博会,茶产业综合产值突破60亿元,竹产业综合产值实现17.3亿元,藤椒产业综合产值实现7.5亿元,获评四川唯一的茶业科技助农示范县,连续4年入围中国茶业百强县,中山镇入选全国农业产业强镇建设名单,自新村获评中国传统村落,止戈镇获评省级乡村振兴先进县,止火街社区、联丰村获评省级乡村振兴示范村;中保平乐通用机场场址获军方批复,瓦屋山快速通道具备通车条件,入选全省交通强县试点县,成功创建省级"四好农村路"示范县、省级健康促进县。

【洪州科创园建设】 洪雅县增量配电产业园区发展建设项目洪州科创园位于洪雅经济开发区将军片区,用地7.8公顷,建筑面积13.3万平方米,项目分两期进行建设,主要建设标准化厂房和附属配套设施,建设年限为2022年至2024年。主要引进电子信息、新能源、新材料企业,通过租用标准化厂房推动项目快落地、快投产,收益包括厂房出租收入、食堂自营收入、物业收入、停车位收入和供热收入等。一期工程规划用地面积约40亩,总建筑面积为4.5万平方米,主要建设4栋标准化厂房和食堂等配套设施。截至2022年年末,全部竣工投入使用,并引进合佳科技、卓捷智联、雅光光电、汇鑫光电、峰霖光通信5家企业,实现年产值3.32亿元,年缴纳税金51万元。二期工程规划用地面积约77亩,总建筑面积8.8万平方米,主要建设内容为7栋标准化厂房及附属配套设施。截至2022年年末,二期项目有序推进。

【全国茶业科技助农示范县创建】 洪雅县严格落实眉山市委、市政府"一杯茶"工程决策部署,坚持"1+2"生态优先、绿色发展道路。全年产干茶3.6万吨,产值42亿元,年综合产值60亿元,茶叶亩均收入7000余元,连续4年荣获"中国茶业百强县"称号,入选2022年度茶业科技助农示范县名单。2022年,投资3亿元建成投用4万平方米瓦屋春雪茶叶智能加工园区,引进全国先进的智能化精加工生产线,提升全县茶叶精加工水平。依托中国工程院刘仲华院士团队,专注培育"瓦屋春雪"区域公用品牌,"瓦屋春雪"茶产品成为2022年全国两会代表团用茶,无峰、映雪两款茶产品在第十一届四川国际茶博会"金熊猫奖"茶叶评选中获金奖。落实专人管护树龄70年以上的老川茶古树,保护特色种质资源。稳定福鼎大白、名山131、福选9号等10多个传统良种,因地制宜种植安吉白茶、黄金芽、奶白茶等5个特色品种,与四川省农科院茶科所联合推广天府5号、天府6号两个本土选育新品种,全县茶园良种覆盖率达95%以上。利用新型职业农民培育、农民夜校等多种培训途径,全年培训茶农1.2万人次。选派管理技术人员190余人次,分赴全县12个镇,深入茶园指导茶农生产管理。在中山镇邹岗村、谢岩村和止戈镇青杠坪村等地,建设茶叶科技示范园66.67公顷,将标准化种植、标准化管理融入示范园建设,示范带动茶农科学种茶。

【粮食现代产业园区"柳江—东岳"示范片建设】 洪雅县坚决贯彻落实习近平总书记来川视察重要指示精神,建设"两山"转化示范县、绿色发展先行区,按照全市在青衣江流域建设10万亩粮食产业带要求,着力构建"一园一核三片"发展格局。"柳江—东岳"示范片位于柳江镇、东岳镇,耕地面积633.33公顷,粮食种植面积540公顷。中心区包括柳江镇花溪社区、两河村、兴胜村和东岳镇桥口村、天宫村,耕地面积326.67公顷。示范片突出绿色发展,依托种养循环试点项目,实施沼液、水肥一体化精量灌溉,集成推广化肥农药减量技术,打造绿色生态高效种植基地。突出粮旅相融,依托国家AAAA级旅游景区柳江古镇,实施玉屏花溪粮旅相融项目。突出科技引领,对耕地生产障碍进行修复利用,建设优良品种中试熟化基地和盆周弱温光生态区水稻高产攻关田。突出系统治理,实施山水林田路、农村人居环境综合治理提升,建设美丽庭院、智慧农田、田园景观,打造全省具有影响力的种养循环示范区、"天府粮仓"粮旅相融示范区。2022年,示范片各项建设推进顺利。

【省级健康促进县创建】 按照国家卫生健康委《健康中国行动(2019—2030年)》要求,"开展健康促进县(区)建设",深入推进健康中国、健康四川建设,提高居民健康素养水平,2019年洪雅县被省卫健委列为全省健康促进县创建单位。洪雅县高度重视,迅速召开创建动员大会,成立由县政府主要领导担任组长、分管县级领导担任副组长,33个部门主要负责人为成员的创建机构,牢固树立"一盘棋"工作格局,强力推进创建工作。结合洪雅实际印发《健康洪雅行动实施方案》《健康洪雅专项行动方案(2020—2030)》《洪雅县创建健康促进县工作方案》等20余个配套实施文件,明确部门职责,确保工作任务落地落实。在"康养洪雅"App、"山水洪雅"微信公众号健康专栏发布合理饮食、疾病预防、体育锻炼等各类健康知识2万余条、举办专题讲座活动42场,联合华西专家团队推出"名医话健康"的健康类电视节目,常年参与锻炼超过10万人。依托田锡水景公园打造健康主题公园,打造健康医院、健康社区、健康学校等各类健康促进场所134个,评定县级健康家庭184个,突出以点带面、示范引领的正面导向。全县环境空气质量优良天数优良率为91%,生活饮用水水质和食品监督抽检合格率、生活垃圾无害化处理率(城市建成区)达100%。据第三方测评,全县居民健康素养超过全省平均水平。特别是在抗击新冠疫情战役中最大限度守护群众身体健康和生命安全。2022年6月15日,四川省卫生健康委印发《关于公布2019—2021年度健康促进县(区)建设省级技术评估结果的通知》,洪雅县榜上有名,代表创建成功县(区)在全省健康促进县建设会议上作经验交流。

【江南水厂建成投入使用】 2020年,江南水厂建设项目正式启动,厂址选定在高

图 146　2022 年 9 月 27 日，洪雅县中医医院新院区举行开诊仪式　　（供图：洪雅县史志编纂中心）

庙镇吴河村 5 组，取用花溪河水源，水管网由厂区直至将军镇高岩社区。项目预算总投资 1.82 亿元，一期建设取水口 + 原输水管网 + 厂区 + 清水配水管网（至柳江），柳江以下管网在二期进行建设。其中，一期建设投资约 1.11 亿元，二期建设投资约 7115 万元，资金来源为业主自筹及专项债券资金等。截至 2022 年年末，完成一期项目建设，实现向柳江供水；二期项目被纳入 2023 年全县民生任务，正在编制初步设计。

【洪雅县中医医院新院区开诊】 洪雅县中医医院新院区位于止戈镇中心东路（瓦屋山大道旁），建筑面积 5 万余平方米，开放床位 500 张，设有肺病科、骨伤科、康复科、肿瘤科、血透室等 23 个临床医技科室。其中，中医内科、针灸科、康复科、骨伤科、放射科、彩超检查等科室已搬迁至新院区。医院建有祝之友全国名老中医药专家传承工作室，赵文生省级名中医诊疗室，配备有 1.5T 核磁共振、40 排螺旋 CT、DR、椎间孔镜、钬激光等诊疗设备。2022 年 9 月 27 日，洪雅县中医医院新院区正式开诊。

【第六幼儿园建成投入使用】 第六幼儿园位于洪雅县止戈镇五龙社区，是县教体局直属公办幼儿园。全园占地面积 8000.39 平方米，总建筑面积 4499.06 平方米，总投资 2000 余万元；拟建全日制 12 班幼儿园，每班 30 人，可容纳 360 人，幼儿用房为三层，总建筑高度 13.5 米。由儿童活动用房、多功能活动室、办公用房、服务管理用房、门卫大门和其他后勤供应辅助用房等组成。2021 年 11 月，项目完成招投标工作，确定施工单位为中欧国际建工集团有限公司；12 月 7 日，开工建设。2022 年 9 月 1 日，第六幼儿园正式开园投入使用，较民生实事项目计划提前 3 个月完成目标任务。

图 147　2022 年 5 月 10 日，洪雅县森林碳汇管理局挂牌　　（供图：洪雅县史志编纂中心）

【田锡文化展厅建成开放】 田锡文化展厅位于洪雅县城田锡水景公园内的遗直书院，是为纪念洪雅先贤，北宋政治家、文学家田锡而建。明代正德十二年（1517），洪雅知县杨麒取苏轼赞田锡“古之遗直”语，在城北九胜山兴建“遗直书院”，后来因战乱被毁。2019 年，县委、县政府在田锡水景公园重建“遗直书院”，特邀时任中国书法家协会主席苏士澍题写匾额。2022 年 5 月，对遗直书院进行升级改造，建成田锡文化展厅。田锡文化展厅分为第一展厅和第二展厅，两个展厅中间有天井地面、书屋及文创展品室。展厅以田锡文化为核心，田锡生平事迹为主线，相关延伸物品资料为支撑，集人物纪念、物品展陈、文化弘扬、廉政教育于一体，采用图文声像等形式，运用浮雕绘画、微雕艺术、情景再现和智能触摸等技术，直观、立体、生动地展现田锡生平家世、政治建树、文学成就、历史影响，既有文化底蕴，又有现代科技感，生动再现田锡正人精神的历史内涵和时代价值。2023 年 1 月 1 日，田锡文化展厅正式免费对外开放。

【全省首个森林碳汇管理局挂牌】 2022 年 2 月，《中共洪雅县委关于以实现碳达峰碳中和目标为引领加快生态产品价值实现的决定》出台，进一步明确全县林业碳汇发展思路；4 月 21 日，经中共眉山市委编办批复，县委编办同意县林业局挂“洪雅县森林碳汇管理局”牌子，承担森林碳汇管理行政职能；5 月 10 日，洪雅县森林碳汇管理局正式挂牌成立，多家平台媒体进行宣传报道，这是全省首个、全国第二个县级森林碳汇管理行政机构；6 月，《四川省林业和草原局关于启动全省林草碳汇项目开发试点的通知》正式确定洪雅县、洪雅县国有林场为全省首批试点县（单位）；9 月，洪雅县国有林场作为全省唯一单位，成为全国 39 个森林碳汇试点市（县）和国有林场之一。

（白银福　王　璇）

丹棱县
Danling County

【概况】 丹棱县位于四川盆地西南边缘，地处岷江以西，青衣江以东，总岗山南麓，东与东坡区毗邻，东南与乐山市夹江县接壤，南与洪雅县相连，西与雅安市名山区为邻，北与成都市蒲江县连接；丹棱县人民政府驻齐乐镇县街1号。2022年，丹棱县辖区面积449平方千米，其中建城区面积8.1平方千米、耕地面积3913公顷；辖齐乐、仁美、张场、杨场4个镇和顺龙1个乡，有35个村、15个社区；年末常住人口14.9万人，户籍总数5.65万户，户籍人口16.08万人（其中城镇人口6.95万人、农村人口9.13万人），城镇化率44.07%；全年人口出生率5.88‰、人口自然增长率-4.37‰；人口密度358人/平方千米。

丹棱县古称齐乐郡，隋开皇十三年（593）设县治，因城北有红色有棱、状若飞旗的赤岩山而得名。丹棱县境内矿藏资源富集，具有较高的开发价值，钙芒硝矿储量达250亿吨，具有品位高、埋藏浅、利开采等特点，利用钙芒硝生产的精制元明粉（无水硫酸钠）远销全国各地并部分出口国外；页岩资源丰富，是陶瓷建材企业的理想原料基地；天然气资源丰富，开发日产10万立方米的深井一口，县内日供气量达30万立方米。矿泉水储量17亿吨以上，属优质矿泉水。

丹棱县地处成都一小时经济圈，国道351线、省道106线、401线、遂（宁）资（阳）眉（山）高速公路穿境而过；有不知火柑橘、龙秀牌土鸡蛋、峨山云雾玉芽、脆红李、枇杷、葡萄等特产，有丹棱冻粑、八娘凉粉、刘鸡肉、碗碗羊肉等名小吃。大雅堂是集唐代杜甫诗和北宋黄庭坚书法艺术为一体的诗书殿堂，被后人称为“诗书双绝”的大雅圣殿。作为大雅文化的重要传承地，丹棱县深入挖掘大雅文化的内涵和精髓，带动全县文化事业和文化产业的发展。

2022年，丹棱县地区生产总值83.42亿元，比2021年（下同）增长4.3%；地方一般公共预算收入5.37亿元，增长8%；城镇居民人均可支配收入41447元，增长4.1%，农村居民人均可支配收入25080元，增长6.1%。丹棱县被确定为全省首批“交通强县”试点县、“交商邮”融合发展试点县、全省首批“金通工程”样板县、入选“四好农村路”全国示范县创建全面推进单位；丹棱县农房和村庄建设现代化全面推进经验全国推广、老峨山成功创建国家AAAA级旅游景区、国家生态文明建设示范区首创即成、幸福村入选中国传统村落、幸福岭获评联合国“亚洲都市景观奖”、《幸福村：农文旅融合“古村模式”赋能乡村振兴》入选《2022世界旅游联盟旅游助力乡村振兴案例》。

图148　老峨山玻璃吊桥　（供图：丹棱县委宣传部）

【国家生态文明建设示范区创建】 丹棱县实施清洁能源替代，投入4亿元完成27家陶瓷企业“煤改气”。建成环境空气监测微站15个，精准开展空气质量预测、预警。投入1.8亿元实现县城—园区—乡镇污水处理设施全覆盖，乡镇集中式饮用水水源地标准化建设率达100%，县域内3条流域水质持续稳定保持Ⅲ类及以上；借鉴雅安“解放模式”成功经验基础上，探索治水新思路，将基层河湖与农村垃圾治理“一元钱”模式有效衔接，实现村级河湖管护新格局。全域实施有机肥替代化肥、绿色防控替代化学防治。全县农药化肥使用量保持零增长，农膜回收利用率超93%，秸秆综合利用率达92.5%，成功创建全国第一批有机肥替代化肥示范县项目。打好“蓝天、碧水、净土”三大保卫战。2022年，成功创建第六批国家生态文明建设示范区。丹棱县

图149　2022年，幸福岭获评联合国“亚洲都市景观奖”　（供图：丹棱县委宣传部）

被命名为第六批国家"生态文明建设示范区"，评选为建设"城乡融合·共同富裕"先行示范区2022年度十件大事之一。示范县创建案例被评选为2022年度四川改革典型案例。

【丹蒲成际公交开通】 2019年1月，S401线丹（棱）蒲（江）旅游快速通道开工建设，该项目是丹棱向北融入成都，实现与成（都）新（津）蒲（江）快速通道、成蒲高铁、天府绿道无缝对接的交通主动脉。一级公路技术标准，设计时速80千米，路基宽度24.5米（城区段K0+000~K2+000采用34.5米市政配套），主线桥梁共计1375米／6座，涵洞1811米／56座，项目总投资11.08亿元，完成投资0.28亿元。2022年5月1日，跨市城际公交班线丹蒲城际公交正式开通，全长约20千米，从丹棱县客运中心站出发，终点站为蒲江高铁站。途经龙滩新村、石桥社区、樱桃山游客中心、蒲江广场、驭仙桥等人口密集的路口、路段。间隔30分钟循环发班，日客运量达1000余人次。使用新能源公交车，车长8米，增加乘客乘车舒适度。通行时间缩短20分钟，公共交通实现微信、支付宝一卡通，认可老年卡等优惠政策，为丹蒲共赢、区域协同发展奠定基础，《人民日报》等多家媒体报道。

2022年丹棱县经济社会发展主要指标统计表

表43

项　目	单位	实绩	同比增长（%）
地区生产总值	亿元	83.42	4.3
第一产业增加值	亿元	15.76	4.2
第二产业增加值	亿元	31.3	5.5
工业增加值	亿元	23.93	6.1
第三产业增加值	亿元	36.56	3.2
社会消费品零售总额	亿元	25.7	1.3
全社会固定资产投资总额	亿元	69.39	12.0
招商引资到位资金	亿元	51	7.59
外贸进出口总额	亿元	2.15	27.3
地方财政收入	亿元	13.39	—
一般公共预算收入	亿元	5.37	8.0
地方财政支出	亿元	28.5	20.81
一般公共预算支出	亿元	14.78	0.8
城镇居民人均可支配收入	元	41447	4.1
农村居民人均可支配收入	元	25080	6.1
住户储蓄存款余额	亿元	125.97	18.7
科学技术财政投入	万元	571	15.12
教育事业财政投入	万元	22385	3.75
中小学校数	所	17	—
中小学在校学生数	万人	1.13	—
卫生事业财政投入	万元	11088	18.5
卫生机构数	个	113	—
卫生机构床位数	张	877	—
卫生技术人员	人	1330	—

【熊河碥湿地公园建成开园】 熊河碥湿地公园占地200亩，其中河道水域面积80亩，建设内容包括景观工程、公厕及配套用房建设、道路工程、河道治理等，配套建设排水工程、污水工程、照明工程、交通工程、绿化工程、科技产品等公用基础设施。公园从场地自然本底出发，利用场地高差、水系空间、市政界面等不同空间，形成多样的活动空间，将人与场地紧密联系在一起，让河流回归生活，活化丹棱人文风貌，提升城市环境。2022年5

图150　2022年8月6日，丹棱城区　（摄影：刘敏）

图 151 2022 年 11 月 19 日，蓝天白云下的幸福古村 （摄影：姚永亮）

月，启动熊河碥公园建设，9 月建成，10 月开园。

【农村养老服务分中心建设】 2022 年，丹棱县有效利用乡镇、村闲置资产，因地制宜打造农村养老服务分中心和助老餐厅，融入儿童照料、医养结合、助餐送餐等服务。新建成农村养老服务分中心 3 个，农村养老服务点 12 个。农家大院、农村茶馆转型升级为养老服务点，让全县农村老人有去处有要处。截至 2022 年年末，全县累计建成农村养老服务分中心 35 个，农村养老服务点 44 个，助老餐厅 3 个，仁美镇实现农村"1＋N＋N"养老服务阵地全覆盖。完成特困老人适老化改造 110 户和家庭养老照护床位适老化改造 11 户，政府购买居家养老服务 2766 人。丹棱县养老护理员参加全市养老护理员大赛获得个人二等奖和三等奖，中心敬老院被评为眉山市优秀养老机构。《丹棱县实施"三项工程"关爱"一老一小"》经验被四川省人民政府信息公开办公室《政府工作交流》第 14 期刊载，《四川省丹棱县互助养老中心助农村老人安享晚年》被《中国社会报》刊载，《多位代表委员为破解农村养老服务难题献计献策》被民政部和《中国社会报》刊载。

【幸福村入选中国传统村落】 按照《住房和城乡建设部办公厅等关于做好第六批中国传统村落调查推荐工作的通知》要求，丹棱县住建局聘请四川省村镇服务中心专家为丹棱县顺龙乡幸福村编制申报材料，同时对上争取。2022 年 11 月 2 日，顺龙乡幸福村被列入第六批中国传统村落名录公示名单，2023 年 3 月，顺龙乡幸福村入选第六批中国传统村落名录。

【普惠型托育试点服务中心建成投用】 整合县域内"达标"闲置资产和托育服务人力资源规划"1＋2＋N"（"1"即建设一个以县妇幼保健院为技术服务和师资培训为支撑的县级指导培训服务中心，"2"即建设 2 个公立的县级婴幼儿照护服务示范引领机构，"N"即结合需求建设一些公办民营、民办民营等多种类型的托育机构）普惠型托育服务体系和托育机构区域空间布局，制定《丹棱县促进 3 岁以下婴幼儿照护服务发展工作方案》《丹棱县"1＋2＋N"普惠型托育机构建设发展方案》，实施"丹棱县家庭照护服务提能建设三年行动"，建成公立县妇幼保健院托育示范指导培训服务中心，完成 3 个民营机构改扩建，新建丹棱县果果幼儿园，新增学位 330 个，其中托位 60 个，全市率先开启公办幼儿园托育服务新模式。全县累计新增普惠型托位 240 个，托位总数达到 623 个，师资人数达到 463 人，其中大专以上文化程度人员占比 73.1%。

【农房和村庄建设现代化全面推进经验全国推广】 丹棱县探索建设"城乡融合·共同富裕"先行示范区，农房和村庄建设"三四五六"模式，描绘出"房漂亮、院整洁、水清亮、路通畅"的美丽乡村新画卷。尊重山水林田湖草生态脉络，对农房建设布局、建筑功能与风貌、配套设施进行规划设计，形成自然、紧凑、有序的农房群落。统筹主房、辅房、院落功能，满足居住品质、生产工具存放、车辆停放等需求。编制《县域农房风貌整治提升规划》，设计 3 类 51 套标准农房图集供农户免费选择，让农房与乡土风貌、地域特色相协调。推进"数字农房"建设。严控新增占用耕地，建成"数字农房"一体化平台，整合"人、地、房"数据 20 余万条，实现信息"一键获取"。实现农房选址、农房建设、农房质量、农房风貌全方位监督、管控。2022 年 12 月，丹棱县作为全国唯一区县代表，在住建部县域统筹推进村镇建设工作会上作经验交流发言，将实践经验在全国进行推广。

（万　玲）

青神县
Qingshen County

【概况】 青神县位于川西平原西南边缘，扼岷江中游；东连仁寿县、乐山市井研县，南接乐山市市中区，西与乐山市夹江县接壤，北与东坡区交界，距眉山市城区 23 千米，是眉山市南向重要门户；青神县人民政府驻青竹街道大西街 8 号。2022 年，青神县辖区面积 387 平方千米，辖青竹 1 个街道，西龙、高台、瑞峰、汉阳 4 个镇，白果、罗波 2 个乡，有 38 个村、20 个社区；年末常住人口 16.8 万人，户籍总数 6.82 万户，户籍人口 18.82 万人（其中城镇人口 7.07 万人、乡村人口 11.75 万人），城镇化率 48.18%；全年人口出生率 6.06‰，人口自然增长率 –5.86‰，人口密度 486 人 / 平方千米。

青神，古蜀国"后户"，西魏废帝二年（552）建政，以崇祀蚕丛"着青衣教民农桑，民皆神之"得名；历史悠久、古迹众多，自然风光优美，旅游资源丰富；江河纵横、溪流交错，水资源丰富，有"一江五河三十二溪流"。中岩开山祖师诺巨罗（俗名罗尧远，青神人，著名释迦弟子，佛门早期十六罗汉第五尊者）于中岩留下许多珍贵遗迹。北宋大文豪苏轼曾负笈于此求学三年，继与恩师王方爱女王弗结为伉俪,留下“唤鱼联姻”的历史佳话。青神以其“岩壑隽秀、不减峨山”,曾招来历代文人黄庭坚、陆游、范成大等人流连于此,留下大量的人文古迹。中岩寺、德云寺、汉崖墓群以“古”扬名,平羌三峡、仙姑湖以“秀”著称,神海以“幽”迷人,中国竹艺城以“特”叫绝。青神先后被誉为南方丝绸之路、岷江古航道小峨眉,是中国椪柑之乡、中国竹编艺术之乡。

青神县属于成渝城市群发展规划范围,处于“一轴两带、双核三区”空间格局中的成德眉乐城市带上,也处于成都都市圈副中心南部区域,是连接川南的独特区域和西部陆海新通道的重要节点。成乐高速公路、成贵客运专线贯穿全境,汉阳航电枢纽等交通基础设施的规划建设使青神县更加紧密地融入成都平原城市群以及成都1小时都市圈,并具有主动承接成都经济辐射、加快与成都平原经济区一体化发展以及融入成都都市圈产业集群发展的突出优势。

2022年,青神县地区生产总值103.02亿元,比2021年(下同)增长2.8%;地方一般公共预算收入6.81亿元,增长12.3%;城镇居民人均可支配收入42693元,增长4.4%,农村居民人均可支配收入24755元,增长6.1%。推动青神经济开发区成功扩区,成为2022年全省唯一成功扩区的省级开发区;以全国第一、全省唯一竞得国家农村综合性改革试点试验项目;成功创建省级全域旅游示范区,获评全国村庄清洁行动先进县、四川省农村改革工作先进县、四川省休闲农业重点县,被纳入四川省县域城乡融合试点县名单;省乡村振兴先进县“回头看”考核获优秀等次。

图153 2022年12月26日,青神经济开发区 (摄影:古良驹)

【乡村振兴】 青神县启动“天府粮仓”特色示范区建设,出台《关于深入贯彻习近平总书记来川视察重要指示精神建设新时代更高水平“天府粮仓”特色示范区的决定》,规划构建“一园两片三区”粮食生产格局,投入3.5亿元,建设10万亩粮油现代农业园区,探索“1423”(“1”即打造10万亩粮油现代农业园区,“4”即退草还粮、退园还耕、撂荒复种、林果套豆4项举措,“2”即优化种植模式和种植结构,“3”即强化组织保障、政策保障、技术保障)稳粮扩面工作法,建成1.3万亩粮油高标准种植基地,粮食播种面积14.29万亩,产量6.38万吨,成为全国首批大豆玉米复合种植农调点。全年出栏生猪16.87万头。全面建成复兴水库扩建工程,全县农田有效灌溉面积85%以上。全面实行“田长制”,清退5000亩草坪和2000亩低效果园,全部换种高标准水稻,复耕复种撂荒地100.54亩,恢复耕地2100亩。投资35亿元的斑布健康竹产业园建成投用,成功举办2022年中国国际竹产业交易博览会,现场成交7368万元,意向成交额5.7亿元。投资3500万元,加快推进全国晚熟柑橘产业集群项目,建成西南地区最大单轨运输基地、农产品仓储物流基地,获评“中国晚熟柑橘出口示范区”。全域推广“拆收改栽画”五字工作法,实现农村户用卫生厕所普及率97.8%,垃圾和污水得到有效处理的行政村占比达到100%,新打造田园美、庭院美、居室美、厨厕美、家风美“五美”家庭1000余户,全县美丽宜居乡村达47个,农村人居环境整治工作经验作为全国唯一区县在农业农村部举办的学习习近平总书记关于“三农”工作重要论述培训班交流。建成乡镇农业废弃物资源化利用中心,农药包装回收率87.1%,农膜回收率90.8%。建成种养循环示范基地3个,畜禽粪污综合利用率94.9%。开展文明村镇创建,县级以上文明乡镇和文明村覆盖率分别为100%、96.15%,百家池村、兰沟村获评省级乡村文化振兴样板村。

图152 2022年11月3日,青神县西龙镇光辉村高标准农田 (摄影:古良驹)

【青神经开区扩区】 青神县抢抓成都都市圈发展机遇，主动融入全市“1+3”现代工业体系，聚焦制造强县战略，聚力推动四川青神经开区扩区工作。市委、市政府，县委、县政府，以及市县发改、经信、自然资源、生态环境等部门积极向省委、省政府和省级有关部门汇报争取，反复对接扩区发展规划、用地审查、产业指标等事项，推动经济指标、环评论证、土地审查等审批进度。抓住四川青神经开区纳入《成都都市圈发展规划》机遇，加快建设西南表面处理循环经济产业园项目，推动四川青神经开区扩区。2022年11月，省人民政府函复同意四川青神经开区扩区，四川青神经开区核准面积由152.26公顷调整为306.35公顷。截至2022年年底，四川青神经开区入驻企业130余户，拥有国家高新技术企业14家，国家级专精特新“小巨人”企业4家、省级专精特新中小企业6家，国家知识产权优势企业2家，国家两化融合管理体系贯标试点企业2家、省级两化融合管理贯标体系示范企业3家，国家级绿色工厂2个，四川省制造业“贡嘎培优”企业1家，省级技术创新示范企业2家，省级企业技术中心6个，省级工程技术研究中心2个，培育上市企业2家。

【城乡公交一体运营】 青神县城乡公交一体化项目被列入全县十大民生实事。按照“一县一公司”原则，成立青神县交通投资建设有限公司，实现国有化、公司化经营。5月完成客运站停车场改建，安装充电桩30个。累计投资7000万元，投入新能源公交车48辆，整合原有11辆“金通工程”客运车辆，优化开行城市公交线路4条，实现通车里程51千米；城乡公交线路9条，实现通车里程158千米；乡村支线公交4条，实现通车里程78千米；在全县范围内改造、新建63个站牌和126个站亭，开通公交的建制村（社区）占比达到100%，城乡公交在全市率先实现全域覆盖，塑造全域公交样板，乡村客运服务从“量”的增长转向“质”的提升。城区实行1元票价，城乡实行2元票价，相比原城乡客运票价，普遍降幅60%～70%。

【全省人才工作先行区建设】 青神县高位推进人才工作先行区建设，“人才引进+绿色发展”做法被央视《新闻联播》报道，先行区做法在党建引领·天府论坛和全省推进会上作经验交流，青神县被评为四川省博士后智力服务示范基地。县委全会安排部署人才工作任务，县委常委会、领导小组会研究人才工作7次，党政主要负责人带队赴知名高校开展招才引智活动6场，出席人才活动17次。深化与清华大学、中国农业大学等合作，引进“浙江省千人计划青年人才”在内博士9人、硕士116人，比上年增长1.3倍，提拔选调生和事业高层次人才25名，新入选四川“天府青城计划”1人。实体化运行机械产业研究院、竹产业研究院，探索“带编入企”，推行协议工资制、年薪制、项目工资制等模式。新培育国家级专精特新“小巨人”企业1家、高新技术企业5家，入选省“贡嘎培优”企业1家。建立党委联系服务专家人才制度，26名县领导联系专家人才230名，出台“人才8条”，配套制定教育、卫生等专项政策9个，高标准建设人才公寓，举办“青春遇见·礼遇人才”活动，发放“优才卡”，营造浓厚爱才氛围。

【机械产业发展】 青神县成立机械产业研究院，以“政府+龙头企业+院校”模式，围绕机械装备制造领域开展“产学研”攻关和成果转化，以“市管县用、县招企（院）用”模式招揽人才1名，在木工机械研发领域取得专利7件，其中发明专利1件，在专业期刊发布学术文章5篇；德恩精工“基于互联网服务的智能工厂模式的研究与应用”被省经信厅在全省中小企业内推广，扩大企业智能制造在全省制造业领域的影响力；引入成都力兴集团，投资2亿元建设占地120亩的力兴机械孵化园，实现“小散”机械企业入园发展，孵化园率先在全省首创危险废物管理“N+1”联合体，集中管理小微机械企业危险废物和固体废物，其“同城发展、配套完善、资源集约”的模式被省经信厅、省环保厅在全省推广。截至2022年年底，力兴机械孵化园入驻小微企业36户。

【竹产业发展】 青神县围绕“竹编、竹纸、竹家具”三大产业，加快推进国家青神竹编产业示范园和斑布竹产业园竹业“两园”建设。2022年5月，斑布20万吨竹材生物质精炼项目顺利投运，成为全国最大的竹纤维全价循环利用基地。竹制品实现产值51.94亿元，占竹产业总产值的73.57%，竹产业实现综合产值70.6亿元。与国际竹藤组织、国际竹藤中心共建博士工作站和竹产业研究院，引进中国科学院院士、林学教授等高端人才10余名，攻克全竹溶解制替塑产品、竹材卫品吸收芯材等科研难题7个，相关研究成果获四川省专利一等奖。实施“竹+品牌”战略，云华竹旅、竹福竹艺等竹企业成功与美国梦工厂、爱马仕等国际知名品牌合作，共同推出“斑布·功夫熊猫”“竹+X（皮、玉、瓷、珠宝等）”系列品牌产品36种，产品远销欧洲、美洲、澳洲以及东南亚等50多个国

图154 2022年9月1日，青神县城乡公交一体化项目正式运营 （供图：青神县交通运输局）

家和地区。斑布手帕纸亮相北京2022冬奥会开幕式；满竹里公司“跨境电商B2B直接出口”货物顺利完成通关，实现眉山市跨境电商“9710”报关数据“零”的突破。成功举办2022中国国际竹产业交易博览会，活动以“竹子联通世界，创享低碳未来”为主题，举办国际竹产品创意设计大赛、中国竹产业峰会、全国竹产业社会组织负责人联席会、竹制品展销、项目参观考察等系列活动，现场成交额7368万元，意向成交额5.7亿元，间接带动餐饮、住宿、商超等消费达3亿元，成功发布《中国竹业标准化高质量发展眉山宣言》。

【柑橘产业发展】 青神县投入2亿元推进全国晚熟柑橘产业集群项目，建设45.71亩柑橘良种繁育基地，适度规模户水肥一体化等设施基本覆盖。全域推行化肥、农药双减行动，病虫害绿色防控，种养循环、林下经济等新生产模式，果品优质率提高到85%。累计在晚熟柑橘产业集群项目中建设中小型冷链点49个，形成眉山市最大区域性农产品仓储冷链物流中心。改造提升生产线1条，新建生产线13条，对柑橘实现糖分、大小、重量等精确分选，柑橘日处理能力达200吨以上。建设2条柑橘枳实烘干系统，将疏下的幼果进行加工，有效提升柑橘综合利用能力及价值。培育从事生产、冷藏、包装、运输、销售等新型经营主体256家，社会化服务组织22家。积极组织参加“农博会”“西博会”“泡博会”等国际国内重要商贸活动，高水平举办青神县第十二届椪柑节。进行“马克斗”地理标志证明商标注册申报工作，提高柑橘类“两品一标”数量，眉山市乐天果业有限公司获得有机食品认证，青神县孟平种植家庭农场等9家经营主体的柑橘获得绿色食品认证。打造智慧气象数字果园，与四川省农科院合作，建设智慧果园数字终端系统，实景监测果园生态环境，预警气象灾害，进行水肥一体化等管理，推广“1+1+1+N”智慧农业试点3000亩。培育柑橘出口基地备案4家，获评中国晚熟柑橘出口示范区。全县柑橘种植面积达11.12万亩，年产量20.47万吨，年产值19.7亿元。

（曾 怡）

图155 2022年11月23日，金茂源（西南 青神）表面处理循环经济产业园 （摄影：古良驹）

2022年青神县经济社会发展主要指标统计表

表44

项 目	单位	实绩	同比增长（%）
地区生产总值	亿元	103.02	2.8
人均地区生产总值	元		
第一产业增加值	亿元	13.35	4.7
第二产业增加值	亿元	43.5	2.7
工业增加值	亿元	34.76	2.4
第三产业增加值	亿元	46.17	2.4
社会消费品零售总额	亿元	29.87	1.2
全社会固定资产投资总额	亿元	73.5	13.7
引进到位内资总额	亿元	51.5	—
引进到位外资总额	万美元	612.6	—
外贸出口总额	万元	1.33	—
地方财政收入	亿元		
一般公共预算收入	亿元	6.81	12.3
地方财政支出	亿元		
一般公共预算支出	亿元	17.82	2.2
城镇居民人均可支配收入	元	42693	4.4
农村居民人均可支配收入	元	24755	6.1
城乡居民储蓄存款余额	亿元	158.7	14
科学技术财政投入	万元	1924	—
教育事业财政投入	万元	38958	—
中小学校数	所	18	—
中小学在校学生数	万人	1.24	—
文化旅游体育与传媒事业财政投入	万元	3298	—
卫生机构数	个	183	—
卫生机构床位数	张	1326	—
卫生技术人员	人	1197	—

人 物

PERSONAGES

领导人物 / 先进人物 / 去世人物

领导人物

Leaders

2022年中共眉山市委书记、副书记、常委一览表

表45

职务	姓名	性别	民族	出生年月	籍贯	政治面貌	入党时间	参加工作时间	学历学位职称	备注
书记	胡元坤	男	汉族	1970年1月	江苏沭阳	中共党员	1991年3月	1991年8月	南京农业大学土地资源管理专业毕业，博士研究生学历	
副书记	黄　河	男	土家族	1967年3月	重庆	中共党员	1996年4月	1990年7月	四川省工商管理学院工商管理专业毕业，研究生学历	
副书记	刘先伟	男	汉族	1966年10月	四川成都	中共党员	1993年3月	1987年7月	四川省委党校法学专业毕业，党校研究生学历	12月离任
常委	何迎晓	女	汉族	1968年7月	重庆	中共党员	1999年4月	1990年7月	电子科技大学工商管理专业毕业，硕士学位	
常委	刘　海	男	汉族	1973年4月	河北永年	中共党员	1999年4月	1994年7月	四川大学法律专业毕业，硕士学位	
常委	杨　军	男	汉族	1970年4月	四川成都	中共党员	1991年5月	1988年8月	四川省工商管理学院工商管理专业、四川省委党校法学专业毕业，研究生、党校研究生学历	
常委	来　建	男	汉族	1972年8月	四川简阳	中共党员	1996年1月	1996年7月	西南交通大学公共管理专业毕业，硕士研究生学历	
常委	郝文全	男	汉族	1967年9月	山东乐陵	中共党员	1988年9月	1986年10月	天津师范大学公共管理专业毕业，硕士学位	
常委	孙　剑	男	汉族	1971年5月	四川仁寿	中共党员	1992年11月	1993年8月	中央党校经济学专业毕业，党校研究生学历	
常委	曾令举	女	汉族	1976年7月	湖北仙桃	中共党员	1996年3月	1998年7月	四川省工商管理学院工商管理专业，研究生学历	7月离任
常委	高立新	男	汉族	1970年4月	四川达州	中共党员	1992年6月	1994年7月	中央党校经济管理专业、电子科技大学软件工程专业毕业，党校研究生学历、硕士学位	9月任职
常委	鲁　力	男	汉族	1970年6月	四川青神	中共党员	1992年1月	1992年7月	四川省委党校法学专业毕业，党校研究生学历	
常委	王淑琳	女	满族	1978年1月	辽宁营口	中共党员	1998年4月	2000年7月	华中科技大学计算机科学与技术专业毕业，硕士学位	挂职，6月离任
常委	赵金霞	女	汉族	1975年3月	河北黄骅	中共党员	2002年5月	1997年7月	内蒙古大学法律专业毕业，硕士研究生学历	挂职，6月任职

2022年眉山市人大常委会主任、副主任、秘书长一览表

表46

职务	姓名	性别	民族	出生年月	籍贯	政治面貌	入党时间	参加工作时间	学历学位职称	备注
主任	杜紫平	男	汉族	1962年9月	四川洪雅	中共党员	1984年5月	1984年7月	省委党校研究生学历	12月免职。因涉嫌严重违纪违法，2023年1月，四川省第十三届人大常委会第三十九次会议决定罢免其第十三届全国人民代表大会代表职务

续表 46

职务	姓名	性别	民族	出生年月	籍贯	政治面貌	入党时间	参加工作时间	学历学位职称	备注
副主任	立胡左格	男	彝族	1966 年 6 月	四川马边	无党派		1987 年 7 月	大学学历，文学学士	
副主任	肖忠良	男	汉族	1964 年 4 月	四川眉山	中共党员	1989 年 5 月	1982 年 9 月	大学学历	12 月任代理主任
副主任	王晓丽	女	汉族	1965 年 6 月	四川眉山	中共党员	1986 年 12 月	1987 年 7 月	省委党校研究生学历，历史学学士	
副主任	肖　巍	男	汉族	1967 年 11 月	四川仁寿	中共党员	1997 年 9 月	1988 年 7 月	省委党校研究生学历	
副主任	王泽文	男	汉族	1968 年 9 月	四川仁寿	中共党员	1991 年 4 月	1989 年 8 月	省委党校大学学历	
副主任	廖小宁	男	汉族	1968 年 7 月	四川仁寿	中共党员	1988 年 5 月	1989 年 7 月	省委党校大学学历	
秘书长	何万高	男	汉族	1966 年 12 月	四川沐川	中共党员	1990 年 10 月	1986 年 7 月	省委党校研究生学历	

2022 年眉山市人民政府市长、副市长、秘书长一览表

表 47

职务	姓名	性别	民族	出生年月	籍贯	政治面貌	入党时间	参加工作时间	学历学位职称	备注
市长	黄　河	男	土家族	1967 年 3 月	重庆	中共党员	1996 年 4 月	1990 年 7 月	四川省工商管理学院工商管理专业毕业，研究生学历	
副市长	孙　剑	男	汉族	1971 年 5 月	四川仁寿	中共党员	1992 年 11 月	1993 年 8 月	中央党校经济学专业毕业，党校研究生学历	
副市长	王淑琳	女	满族	1978 年 1 月	辽宁营口	中共党员	1998 年 4 月	2000 年 7 月	华中科技大学计算机科学与技术专业毕业，硕士学位	挂职，6 月离任
副市长	赵金霞	女	汉族	1975 年 3 月	河北黄骅	中共党员	2002 年 5 月	1997 年 7 月	内蒙古大学法律专业毕业，硕士研究生学历	挂职，6 月任职
副市长	李建兴	男	汉族	1972 年 10 月	山西原平	九三学社		2001 年 8 月	天津大学建筑技术科学专业毕业，博士研究生学历	
副市长	戴林莉	女	汉族	1975 年 10 月	重庆	中共党员	2001 年 12 月	1997 年 6 月	西南财经大学经济法学专业毕业，博士研究生学历	
副市长	邹汝林	男	汉族	1970 年 9 月	四川眉山	中共党员	1994 年 6 月	1991 年 8 月	四川省委党校经济管理专业毕业，省委党校大学学历	
副市长	李东武	男	汉族	1972 年 7 月	河南邓州	中共党员	1994 年 6 月	1995 年 7 月	西南政法大学侦查学专业毕业，大学学历	
副市长	宋良勇	男	汉族	1974 年 5 月	四川仁寿	中共党员	1994 年 12 月	1993 年 7 月	四川省委党校现代管理专业，党校研究生学历	
副市长	黄秀航	男	汉族	1981 年 10 月	重庆	中共党员	2001 年 12 月	2003 年 7 月	西南科技大学经济学专业，大学学历	
副市长	郭　艺	女	汉族	1975 年 5 月	河北邯郸	九三学社		1998 年 7 月	清华大学法律硕士专业毕业，硕士研究生学历	挂职，12 月任职
秘书长	吴　江	男	汉族	1971 年 2 月	四川开江	中共党员	2002 年 11 月	1989 年 4 月	四川师范大学政治教育（经济管理）专业毕业，大学学历	

2022 年政协眉山市委员会主席、副主席、秘书长一览表

表 48

职务	姓名	性别	民族	出生年月	籍贯	政治面貌	入党时间	参加工作时间	学历学位职称	备注
主席	黄剑东	男	汉族	1965 年 5 月	江苏武进	中共党员	1987 年 4 月	1985 年 7 月	大学学历，管理学硕士	
副主席	祝明洪	男	汉族	1964 年 8 月	四川洪雅	民建会员		1984 年 7 月	省委党校大学学历	
副主席	周　强	男	汉族	1963 年 8 月	四川眉山	民进会员		1986 年 7 月	研究生学历，文学硕士	
副主席	曹　晖	女	汉族	1969 年 4 月	四川成都	致公党党员		1991 年 7 月	大学学历，文学学士	
副主席	熊　英	男	汉族	1966 年 5 月	四川乐山	中共党员	1985 年 5 月	1985 年 8 月	省委党校大学学历	

续表 48

职务	姓名	性别	民族	出生年月	籍贯	政治面貌	入党时间	参加工作时间	学历学位职称	备注
副主席	阳运良	男	汉族	1967 年 2 月	四川仁寿	中共党员	1986 年 5 月	1986 年 7 月	研究生学历，工商管理硕士	2023 年 3 月，涉嫌职务违法犯罪，被省纪委省监委立案审查和留置。2023 年 4 月，免职
副主席	刘友洪	男	汉族	1968 年 9 月	四川乐山	中共党员	1986 年 11 月	1991 年 7 月	省委党校研究生学历，工程硕士	
副主席	向　东	男	汉族	1970 年 9 月	四川成都	民进会员		1993 年 9 月	研究生学历，工学硕士	
秘书长	胡建辉	男	汉族	1965 年 10 月	四川仁寿	中共党员	1988 年 12 月	1984 年 8 月	大学学历	

先进人物
Advanced People

【李倩】 女，汉族，1984 年 3 月生，四川乐山人，教育硕士，2006 年 7 月参加工作，2003 年 12 月加入中国共产党，眉山职业技术学院副教授、高级技师。2022 年 4 月，中华全国总工会授予李倩“全国五一劳动奖章”称号。2022 年 3 月，四川省妇女联合会、四川省人力资源和社会保障厅授予李倩“四川省三八红旗手”称号。

李倩从事茶艺和茶文化研究、创新、教学和推广普及已有 15 年，技艺精湛，2020 年作品被世界技能博物馆收藏。主持教育部国家级教学资源库“中华茶艺国际版”项目，为 12 个国家输出中华茶艺标准。领办教育部国家级茶艺技术技能大师工作室、四川省农业厅乡村手工艺大师工作室。指导学生获得全国茶艺大赛一等奖 6 项，四川省茶艺大赛一等奖 16 项、二等奖 32 项。出版《中华茶艺》专著一部，与地方政府共同完成横向课题 12 项，在包括核心期刊在内的公开刊物发表文章 20 余篇。带领地方茶农致富，联合地方文旅部门研发地方文创茶品牌——东坡家手作茶，为 22 家茶农创收数百万元。推广茶文化走向世界，指导学生代表国家和四川，多次赴意大利、美国等地参与茶文化交流。近五年来，她培养具有茶艺技能的毕业生 5000 余人，在全球 12 个国家开办茶文化专业技能与专题研修班，输出中华茶艺标准，展示中国工匠水平。

【成敏】 男，汉族，1972 年生，四川成都人，职高毕业，中共党员，眉山方大蓉光炭素有限责任公司维修班长。多次获方大集团“方大劳模”“优秀共产党员”“优秀员工”荣誉称号。2022 年 4 月，四川省总工会授予成敏“四川省五一劳动奖章”称号。

成敏在工作中利用一切机会和时间钻研专业知识，主动与生产现场工作人员交流并向他们学习，了解设备的使用要求和工作中容易出现的问题，以及怎样去判断、解决问题，有效保证公司电气设备安全运行。在 36 室清理机调试与维修工作中，成敏经过与厂家调试人员沟通，将电极在清理机上料位检测改为接近清理机开关检测，让电极不直接对开关撞击，同时要求操作工平时多观察、维修人员多紧固松动的螺丝，确保清理机高效安全平稳地工作，为公司石墨电极产量和质量提供保障。在安装 36 室焙烧取样机时，成敏积极主动配合钳工师傅对所有机械设备进行安装，完成对电气控制部分的安装与调试工作，确保取样工作顺利进行。此外，成敏还解决了隧道窑和石墨化分厂行车升降机出现异常声音故障的维修，机加分厂自动接头线故障维修等工作，为各工序的正常生产运行提供坚强保障。

【汪晶】 女，1984 年 3 月生，中共党员，眉山市仁寿县文林街道文林社区党委书记兼居委会主任、团总支书记。2022 年 4 月，共青团中央授予汪晶“全国优秀共青团干部”称号。

汪晶扎根社区基层工作 10 余年，从一名普通的社区干部一步步成长为独当一面的社区党委书记，将最美好的青春年华奉献给了社区工作，她是“模范书记”“全能选手”“知心姐姐”，更是朝气蓬勃、奋发进取的青年团干部。曾先后获“四川省优秀共青团干部”“眉山市优秀党务工作者”“仁寿县优秀共产党员”等多项荣誉称号。2021 年 10 月，当选为眉山市党代表和人大代表。作为一名基层团干部，汪晶始终以服务中心、服务大局为行动方向，积极带领团员青年参与到社区治理当中，共同打造党建引领、青年参与、共建共享、朝气蓬勃的社区共同体。

【文艳红】 女，汉族，1981 年 4 月生，中共党员，眉山市东坡区苏辙小学少先队大队辅导员、党总支支委。2023 年 1 月 2 日，共青团中央、教育部、全国少工委授予文艳红“全国优秀少先队辅导员”称号。

文艳红在大队辅导员岗位上耕耘 16 载，忠诚党的少年儿童事业，勤恳敬业，信念坚定，是队员的亲密朋友和引路人。她用实际行动关爱特殊群体学生，先后参与帮扶困难学生 1500 余名。先后获得“四川省优秀少先队辅导员”；眉山市“优秀科技辅导员”“优秀科技组织工作者”“优秀教师”；东坡区“关心下一代工作先进个人”“十佳师德标兵”“十佳艺体教师”“艺术节优秀指导教师”等荣誉。担任苏辙小学（2016 年 9 月建校）大队辅导员期间，学校被评为眉山市“优秀少先队集体”、授予红领巾奖章“集体三星章”；1 个中队被授予“集体三星章”，4 个中队被授予“集体二星章”；队员马樱涵、赵子岩、石晋瑜、山槿萱获团省委表彰，上百个中队和队员获省、市、区级表彰。

【邹伟】 男，汉族，1997 年 4 月生，共青团员，洪雅县中医医院急诊科护士。2022 年 4 月，共青团中央授予邹伟“全国共青团优秀共青团员”称号。

从西南边陲小镇到武汉防疫一线，凌晨四点钟的电话满足了邹伟驰援的强烈愿望;从急诊科护士到单元责任人，44名病人的安危是他坚守阵地的无声力量;从方舱小单元到红十字医院,高强度快节奏的工作是他新的防疫战场。38天的坚守和付出,邹伟用满腔热忱书写了最满意的抗疫答卷。

【丁子心】 女,汉族，2009年10月生,就读于仁寿县城北小学六年级14班,担任学校大队长。2023年1月2日,共青团中央、教育部、全国少工委授予丁子心“全国优秀少先队员”称号。

丁子心出生在一个军人家庭,从小在长辈的影响下树立了正确的爱国观和民族观。自从加入中国少年先锋队以来,更是以高标准要求自己,她热爱少先队工作,主持和参与了各项少先队活动,并于2021年7月9日参加在眉山召开的中国少年先锋队眉山市第二次代表大会,被推选为光荣的主席团成员。

【弋皎皎】 女,汉族，1986年6月生,中共党员,眉山市硕仙农业技术服务有限公司总经理。2022年3月,被四川省妇联表彰为“四川省三八红旗手标兵”。

2015年,在妇联组织支持下,弋皎皎以公司火龙果种植基地为依托,打造“四川省妇女居家灵活就业基地”和“四川省女大学生创业实践基地”,为当地创业就业妇女提供专业技术培训和创业就业指导。7年来,基地培训女大学生和返乡创业就业女性400余人,带动周边妇女群众再就业150余人,接待云南、西藏、成都等省内外慕名学习交流创业女性1000余人。

【李俊英】 女，1963年12月生,农工党党员,眉山市李妈妈爱心协会会长。2022年3月,被四川省妇联表彰为“四川省三八红旗手”。

李俊英于2012年成立“李妈妈爱心协会”,从事无偿专职志愿服务,服务时间上万小时,组织、参与的公益爱心活动上千次。12年来,李俊英带领协会成员一直坚持依托“李妈妈情感热线”“李妈妈爱心工作室”,开展婚姻家庭辅导和矛盾化解,组织爱心会员走进乡村学校、福利院、城乡困难儿童家中开展女童安全(防性侵)教育,为特殊困难家庭送去生活物资和情感慰藉,各类服务直接惠及群众4.8万人次。

【黄小芮】 女,汉族，1985年11月生,中共党员,眉山市仁寿县曹家镇党委书记。2022年3月,被四川省妇联表彰为“四川省三八红旗手”。

2019年,黄小芮调任仁寿县曹家镇,先后任党委副书记、镇长、党委书记,从一名高层次紧缺人才成长为镇党委书记,她以“为官一任,造福一方”的强烈责任感和使命感,发挥专长,依托“百年梨乡”资源优势,按照“美丽乡村一体布局、人才发展一体培育、农旅产业一体规划、基础设施一体提升”的工作思路,强力推进农旅文融合发展。经过两年多的工作实践,黄小芮带领全镇干部群众走出一条乡村良序善治的新路,推动基层堡垒强起来、乡土人才聚起来、特色产业旺起来、村庄院落美起来、梨乡文明好起来。

【沈根莲】 女,汉族，1967年12月生,四川环龙新材料有限公司董事长。2022年3月,被四川省妇联表彰为“四川省三八红旗手”。

作为中国竹纤维本色纸第一品牌“斑布”创始人,三十年来,沈根莲带领团队在脱水材料和竹产业上奋发进取、拼搏奉献,以永不懈怠的精神状态和一往无前的奋斗姿态,创造全国竹产业本色纤维材料行业领军企业——四川环龙新材料有限公司。公司“斑布BABO”品牌深受消费者欢迎,累计实现销售收入85亿元、税收2.5亿元,解决稳岗就业2000人,为四川竹纸找到一条崭新的发展之路,引领四川竹制品走向国内外市场,为区域经济发展做出突出贡献。

【江利兵】 男,汉族,中共党员，1975年10月生,眉山市丹棱县国有林场职工。2022年,被四川省精神文明建设办公室评为第一季度“敬业奉献类四川好人”。

江利兵于1998年进入丹棱县国有林场任护林员,至今已有23年,他的爷爷和父亲都是丹棱县国有林场的护林员,祖孙三代在大山深处坚守了70多年。江利兵每月有26天吃住都在山里,23年来与家人聚少离多,家里有什么困难也无暇顾及,甚至在第一个孩子出生时也不能离岗,直到10天后才匆匆赶回家。凭着对护林事业的热爱和对祖辈父辈护林使命的传承,他一遍又一遍地走过林场每一寸土地。山区雨水多路况差,长期是“泥水路”,就是这样的15千米护林路,他每月要走上20多遍,一年下来要走4000多千米。

【任丽蓉】 女,汉族，1966年6月生,成都行建城市环卫服务有限公司青神分公司环卫工人。2022年,被四川省精神文明建设办公室评为第二季度“诚实守信类四川好人”。

2021年7月5日6时,天还没有完全亮,青神县环卫工人任丽蓉在城区幸福街路口将一堆垃圾往簸箕里装。“突然扫到垃圾当中有一个皮包,起初我只当是有人乱扔垃圾,但又感觉包有些沉,不像是空的。”回忆起发现皮包的经过时,任丽蓉憨厚地笑着说。捡起钱包,仔细一看,任丽蓉才发现皮包的拉链是开着的,里面有厚厚的一沓钱,清点了一下,竟有1万多元!此外,还有不少证件。任丽蓉每个月的工资仅1600多元,钱包当中的1万多元相当于她大半年的工资了。然而此时,她没有别的想法,立刻拿着钱包前往城市环境综合服务中心,找到环卫保洁工作负责人辜位全,两人一同拨打“110”,请警察帮助寻找失主。2022年年初,任丽蓉又捡到一个钱包,里面也有1万多元现金;这是她第二次在幸福街拾金不昧。

【吴建明】 男,汉族，1971年1月生,眉山市仁寿县城市湿地公园安保人员。2022年,被四川省精神文明建设办公室评为第三季度“见义勇为类四川好人”。

2022年2月3日上午,湿地公园市民中心岗亭安保人员吴建明在岗位上班时,发现入园市民中一名年轻女士神情恍惚,便对其重点观察。该女士在喷泉对面休闲廊徘徊一段时间后,纵身一跃跳入湖中。吴建明见该女士跳入湖中,立马冲向湖边,跳入寒冷刺骨的湖水中救人,他用左手从女子背后穿过将其夹住,防止她下沉。随即同班保安邹旭东和环卫工人郭长清在看到这一幕时,也是即刻冲向湖边,急忙取下附近树木上约3米长的承棒,递给湖中的吴建明让他抓住承棒。附近热心市民也纷纷上前帮忙,一名热心市民在拨打“120”,其余市民与值班工作人员一起在岸上拉,吴建明在湖中一手抓住承棒一手夹住轻生女士,最后成功将该女士从湖中救起。

【徐孝睿】 男,汉族,中共党员,1988 年 12 月生,眉山市仁寿县纪委监委第九纪检监察室主任。2022 年,被四川省精神文明建设办公室评为第三季度“孝老爱亲类四川好人”。

两岁时,徐孝睿的父亲因病去世,四岁时,母亲又因意外摔伤成截瘫,失去自理能力,但是,女子本弱,为母则刚,从小母亲就教育他要学会自立自强、永不言弃。自母亲瘫痪后,徐孝睿一边努力学习,一边学着做家务活、悉心照料母亲,为母亲处理大小便等等,默默付出,减轻家庭负担。在成都上大学期间,为了能够更好地照顾母亲生活,毅然决定“背着母亲上大学”,并在课余做两份工撑起这个小家。无论到哪里,他都会带着母亲一起生活,多年来,一直不离不弃。2012 年 10 月,回到仁寿参加工作后,徐孝睿几乎每天下班后第一件事就是回家照顾瘫痪在床的母亲,年少至今,徐孝睿一直勉励自己“百善孝为先,父母养我小,我养父母老”。

【李利红】 女,汉族,1978 年 10 月生,眉山市彭山区笑语倚竹家庭农场负责人。2022 年,被四川省精神文明建设办公室评为第四季度“助人为乐类四川好人”。

李利红 8 岁时,因交通事故失去了右腿,虽身体残疾,但她却从未停下前进的脚步,用“独腿”一步步走上创业“重生”路。2015 年,在彭山区公义镇流转土地 70 亩,创办以种植现代果蔬为主的笑语倚竹家庭农场,2021 年李利红被评为川渝乡村女能人之“农业致富女能手”,她以绿色生态的种植理念,借助高科技手段新经营模式,用“新思维、新模式助力乡村产业振兴”。经过 6 年的“跨界”历练,她用“独腿”撑起属于自己的一片蓝天。凭借踏实乐观、乐于助人的性格,李利红还被选为彭山区肢体残疾人协会主席。担任协会主席以来,她帮助和带动 100 余名残疾人就业、创业,引领协会 4000 多人发展林下养鸡、参加各类技术培训,让他们过上了更美好的生活。

去世人物
Deceased People

【余斌】 男,1948 年 12 月生,四川宣汉人,1964 年 10 月参加工作,1973 年 12 月加入中国共产党。历任乐山冶金机械轧辊厂党委副书记、纪委书记、副厂长;乐山市计经委副主任、政治部主任,乐山市五通桥区委书记、区政协主席,乐山市委常委、宣传部部长,乐山市委常委、组织部部长,乐山市委副书记;眉山地委副书记、地区行署专员,眉山市委副书记、市人民政府市长,眉山市委书记;四川省委巡视组正厅级巡视专员、巡视组副组长,四川省纪委、省监察厅正厅级纪检员、监察专员,四川省人大常委会法制委员会副主任委员。2012 年 7 月退休。2022 年 7 月 3 日 5 时 43 分,余斌因病医治无效,在眉山逝世,享年 74 岁。

图 156　余斌

余斌是新组建的眉山地委副书记、地区行署专员和眉山首任市长,是建区设市的亲历者、推动者和建设者。他对党忠诚、担当作为,作风正派、清简务实,受到广大党员干部群众的敬重,无论在岗还是退休,都始终情系眉山,为眉山发展倾注心血与力量。

附 录

APPENDICES

组织机构 · 负责人名录 / 文献 · 文件 / 统计资料

组织机构·负责人名录

Organizations and People in charge of Institutions

组织机构

【市委机构】 2022年，中共眉山市委有工作机关15个，即市纪委监委、市委办公室、市委组织部、市委宣传部、市委统战部、市委政法委、市委政研室、市委基治办、市委外办、市委编办、市直机关工委、市委巡察办、市委老干部局、市委保密机要局、市委目标绩效办。

市委直属事业单位5家，即市委党校（市社会主义学院、市行政学院、市委讲师团）、眉山日报社、市公务服务中心、市档案馆、市党史和地方志编纂中心。

（陈思翰）

【人大机构】 2022年，眉山市人民代表大会及其常务委员会有工作部门12个，分别为市人大常委会办公室、市人大常委会研究室、市人大常委会人事代表外侨工作委员会、市人大常委会法制工作委员会、市人大法制委员会、市人大监察和司法委员会、市人大经济委员会、市人大教科文卫民宗委员会、市人大农业与农村委员会、市人大城乡环境资源保护委员会、市人大预算委员会、市人大社会建设委员会。

（刘 荣）

【政府机构】 2022年，眉山市人民政府有工作部门32个，即市政府办公室、市发展改革委、市经济和信息化局、市教体局、市科技局、市公安局、市民政局、市司法局、市财政局、市人力资源社会保障局、市规划和自然资源局、市生态环境局、市住房城乡建设局、市交通运输局、市水利局、市农业农村局、市商务局、市文广旅局、市卫健委、市退役军人事务局、市应急管理局、市审计局、市国资委、市市场监管局、市经济合作局、市统计局、市信访局、市林业局、市机关事务管理局、市金融工作局、市医疗保障局、市政务服务管理局。

市政府直属事业单位4家，即眉山职业技术学院（眉山技师学院）、市住房公积金管理中心、市广播电视台、市东坡文化旅游景区管委会（眉山三苏祠博物馆、眉山三苏纪念馆、眉山东坡书院）。

市委、市政府派出机关（机构）12个，即四川天府新区眉山党工委、管委会，眉东新城党工委、管委会，眉山高新技术产业园区党工委、管委会，甘眉工业园区党工委、管委会，眉山市岷东新区党工委、管委会，甘眉工业园区南区党工委、管委会，四川彭山经济开发区党工委、管委会，四川仁寿经济开发区党工委、管委会，仁寿县黑龙滩风景区党工委、管委会，眉山市城市新中心建设发展委员会，四川省仁寿县现代农业产业园区党工委、管委会，丹棱县老峨山风景区党工委、管委会。

（陈思翰）

【政协机构】 2022年，政协眉山市委员会设办公室、研究室2个综合办事机构，设提案委员会、经济科技委员会、农业和农村委员会、教体医卫委员会、法制群团委员会、文化文史和学习委员会、民族宗教港澳台侨外事委员会、资源环境保护监督委员会和委员联络管理委员会9个专门委员会。

市政协办公室设秘书科、综合科、行政科、老干部管理科、提案科、经济科技科、农业和农村科、教体医卫科、法制群团科、文化文史和学习科、民族宗教港澳台侨外事科、资源环境保护监督科、委员联络管理科、市政协研究室设信息调研科、宣传网络科15个内设科室；市政协办公室下设市政协书画院、市政协委员服务中心（2022年4月15日由市政协信息中心更名）2个正科级事业单位。

（姚迪雅）

【纪检监察机构】 2022年，眉山市纪委监委有内设机构21个，即办公室、纪检监察干部监督室、组织部、宣传部、法规研究室、党风政风监督室、信访室、案件监督管理室、案件审理室、第一至十一纪检监察室、机关党委办公室；下属事业单位3个，即市纪检监察公开信访举报中心（2022年7月更名为市党风廉政建设教育宣传中心）、市纪检监察电教中心（2022年7月更名为市纪检监察技术保障中心）、市纪检监察干部教育培训中心（市监委留置管理中心）。

（游 鹏）

2022年部门（单位）及各县（区）负责人名录

中国共产党眉山市纪律检查委员会

书记：刘 海

常务副书记：郑高庆

副书记：邓世虎、李懿

眉山市监察委员会

主任：刘 海

副主任：郑高庆、邓世虎、李懿（1月任职）

眉山市中级人民法院

院长：付 宝（12月任代理院长，2023年1月任院长）

易晓东（12月离任）

常务副院长：陈卫东

眉山市人民检察院

检察长：于 强

常务副检察长：夏成刚（2023年1月任职）

市委各部委

市委办公室

主任：李勇刚

市委组织部

部长：高立新（9月任职）

曾令举（7月离任）

市委宣传部

部长：何迎晓

市委统战部

部长：鲁 力

市委政法委

书记：杨 军

市委政研室

主任：李勇刚

市委基治办

主任：高立新

市委外办

主任：王晨曦（8月任职）

余 敏（2月离任）

市委编办

主任：刘 波

市直机关工委

书记：高立新（11月任职）

曾令举（11月离任）

常务副书记：谢 志

市委巡察办

主任：陈 霞（2月任职）

郑高庆（2月离任）
市委老干部局
局长：胡　勇
市委保密机要局
局长：徐　炯
市委目标绩效办
主任：徐　驰

市人大常委会各委室

市人大常委会办公室
主任：岳　燕
市人大常委会研究室
主任：杨加盛
市人大常委会人事代表外侨工作委员会
主任：曾游江（8月任职）
李　艳（8月离任）
市人大常委会法制工作委员会
主任：杨昌勤
市人大法制委员会
主任委员：陈　建（10月离任）
市人大监察和司法委员会
主任委员：杨燕昭
市人大经济委员会
主任委员：廖明清
市人大教育科技文化卫生民族宗教委员会
主任委员：李树伦
市人大农业与农村委员会
主任委员：赖崇华
市人大城乡环境资源保护委员会
主任委员：王加宾
市人大预算委员会
主任委员：宋　梅
市人大社会建设委员会
主任委员：李　艳

市政府各部门

市政府办公室
主任：赖　刚
市发展改革委
主任：韩　杰
市经济和信息化局
局长：彭　盆
市教体局
局长：郭建国（1月任职）
廖仁军（1月离任）
市科技局
党组书记：梁　宁（8月任职）
局长：周　惠（10月任职）
王晨曦（8月离任党组书记、局长）
市公安局
局长：李东武
市民政局
局长：王建祥
市司法局
局长：张　勇
市财政局
局长：刘汉学
市人力资源社会保障局
局长：徐智勇
市规划和自然资源局
局长：李洪强（6月任职）
王泽文（1月离任）
市生态环境局
局长：骆仕明
市住房城乡建设局
局长：梅　斌
市交通运输局
局长：范纯文
市水利局
局长：邹成双
市农业农村局
局长：严明宇（1月任职）
肖　巍（1月离任）
市商务局
局长：李　红
市文广旅局
局长：王　枫（1月任职）
刘友洪（1月离任）
市卫生健康委
主任：蒋传德
市退役军人事务局
局长：王崇贵（2月任职）
邢光华（2月离任）
市应急管理局
局长：邢光华（1月任职）
严明宇（1月离任）
市审计局
局长：李旭锋（1月任职）
徐　琳（1月离任）
市国资委
主任：杨德志
市市场监管局
局长：袁利民（6月任职）
王世林（6月离任）
市经济合作局
局长：张文鹏
市统计局
局长：程志春
市信访局
局长：胡　刚（2月任职）
李秀英（1月离任）
市林业局
局长：江昌淆
市机关事务管理局
局长：周殿志（1月任职）
周吉勋（1月离任）
市金融工作局
局长：宋麒麟（2月任职）
王　枫（1月离任）
市医疗保障局
局长：王　绪（1月任职）
郭建国（1月离任）
市政务服务管理局
局长：周吉勋（1月任职）
王　绪（1月离任）

市政协各委室

市政协办公室
主任：付　聪（7月任职）
刘忠义（7月离任）
市政协研究室
主任：章亚梅
市政协提案委员会
主任：刘忠义（9月任职）
严开义（6月离任）
市政协经济科技委员会
主任：胡宝林
市政协农业和农村委员会
主任：陈明芳（12月离任）
市政协教体医卫委员会
主任：李秀英（6月任职）
李晓萍（6月离任）
市政协法制群团委员会
主任：黄海波
市政协文化文史和学习委员会
主任：陈建明
市政协民族宗教港澳台侨外事委员会
主任：杨　帆
市政协资源环境保护监督委员会
主任：王莉茹
市政协委员联络管理委员会
主任：刘雪萍

市委直属事业单位

市委党校
校长:高立新
常务副校长:尹　鸿
眉山日报社
社长、总编辑:邓　敏
市公务服务中心
主任:王麒铭
市档案馆
馆长:庞红梅
市党史和地方志编纂中心
主任:黄劲松

市政府直属事业单位

眉山职业技术学院
党委书记:代贤军
院长:徐井万
市住房公积金管理中心
主任:王　杰
市广播电视台
台长:涂　勇(2月任职)
王　军(2月离任)
市东坡文化旅游景区管委会
主任:陈仲文

垂直管理单位

市税务局
局长:张瑞琰
市气象局
局长:林　强
国家统计局眉山调查队
队长:冉晓天
市邮政管理局
局长:王建平

群众团体

市总工会
主席:鲁　力(2月任职)
来　建(2月离任)
常务副主席:王　艳
共青团眉山市委
书记:李永康
市妇联
主席:王学芳
市科协
党组书记:黄锦鸿
主任:岳志红(8月任职)
周　惠(8月离任)
市贸促会
党组书记:杨海涛
会长:周学梅
市工商联
主席:周　强
党组书记、常务副主席:邓　川
市文联
党组书记:李树伦
主任:王莉茹
市残联
主席:黄秀航
理事长:刘　艺
市红十字会
会长:戴林莉
常务副会长:侯　锐
市社科联
主席:王元珑
党组书记:常　伟

园　区

眉山高新区
党工委书记:车智勇(1月任职)
管委会主任:车智勇(1月离任)
甘眉工业园区
党工委书记:邓　强
管委会主任:周泮羽(7月任职)
杨　静(4月离任)
眉东新城
党工委书记:张志中(3月任职)
管委会主任:空缺
岷东新区
党工委书记:杨翔宇
管委会主任:黄世文

金融保险·市属企事业单位·其他

人民银行眉山市中心支行
行长:李玉辉
眉山银保监分局
局长:蒋成林(12月任职)
劳海燕(12月离任)
眉山发展控股集团有限公司
党委书记、董事长:胡明述
总经理:徐继红
眉山市国有资本投资运营集团有限公司
党委书记、董事长:廖宇勇
总经理:董勇刚
眉山天府新区投资集团有限公司
党委书记、董事长:赵飞宇
总经理:吴　军
国网眉山供电公司
总经理:赵　蕌
中车眉山车辆有限公司
党委书记、董事长:潘树平
总经理:曹　平
眉山市烟草专卖局(公司)
局长、经理:何梦皓
中国电信眉山分公司
总经理:杜　林
中国邮政眉山市分公司
总经理:张映东
中国移动眉山分公司
总经理:王永洪
中国联通眉山分公司
总经理:王康林
中国铁塔眉山分公司
总经理:罗　永
中国石油眉山销售分公司
党委书记:侯玉民
总经理:蒋志宏
市国动办
主任:潘春梅
市消防救援支队
支队长:何　涛
政治委员:孙　雄(9月任职)
易维东(9月离任)

民主党派·知联会

民革眉山市总支委员会
主委:宋洪芳
民盟眉山市委员会
主委:王进儒
民建眉山市委员会
主委:祝明洪
民进眉山市委员会
主委:向　东
农工党眉山市总支委员会
主委:彭　洪
致公党四川省直属眉山支部委员会
主委:曹　晖
九三学社眉山市委员会
主委:李建兴

市党外知识分子联谊会
会长：陈宏斌
市新的社会阶层人士联谊会
会长：吕　勇
市留学人员联谊会
会长：王　雷

眉山天府新区·各县（区）

眉山天府新区
党工委书记：刘先伟
主任：邹汝林
东坡区
区委书记：廖小宁
区人大常委会主任：商志忠（3月任职）
何万高（1月离任）
区政府区长：杨翔宇
区政协主席：郭建华
彭山区
区委书记：黄秀航
区人大常委会主任：杨兴弘
区政府区长：杨　静
区政协主席：杨　红
仁寿县
县委书记：王　岳
县人大常委会主任：杨　建
县政府县长：明　宇
县政协主席：何文华
洪雅县
县委书记：周代军
县人大常委会主任：尹斗芳
县政府县长：李忠云（3月任职）
周代军（3月离任）
县政协主席：李明清
丹棱县
县委书记：郭　红
县人大常委会主任：夏荣升
县政府县长：曾建军
县政协主席：杨　华
青神县
县委书记：刘今朝
县人大常委会主任：卢明春
县政府县长：邱　磊
县政协主席：陈开军

文献·文件
Literature and Documents

中共眉山市委工作报告

2023年1月31日

中共眉山市委

2022年，眉山市委坚定以习近平新时代中国特色社会主义思想为指导，深入学习贯彻中共二十大和习近平总书记对四川工作系列重要指示精神，全面落实省第十二次党代会和省委十二届一次、二次全会部署，按照省委“讲政治、抓发展、惠民生、保安全”工作总思路，坚持稳中求进的工作总基调，统筹疫情防控和经济社会发展，统筹发展和安全，团结带领全市党员干部迎难而上、拼搏实干，沉着应对打赢一场又一场硬仗，奋力推进成都都市圈高质量发展新兴城市建设。全市主要经济指标高于全省平均水平，其中，地区生产总值实现1635.5亿元，增长3.8%，增速居全省第7位；规上工业增加值增长7%，居全省第7位；一产增加值增长4.6%，居全省第2位；三产增加值增长2.9%，居全省第9位；全社会固定资产投资增长11.4%，居全省第2位；地方一般公共预算收入156亿元，增长13.2%，社会大局保持安全稳定。现将有关情况报告如下。

一、迎接中共二十大胜利召开，抓好大会精神学习宣传贯彻。把迎接和学习宣传贯彻中共二十大作为主题主线，部署开展“奋进新征程、建功新时代”大学习大实践大提升活动，在全市上下营造同心迎盛会、踊跃“学干比”的浓厚氛围。中共二十大胜利闭幕后，及时召开市委常委会（扩大）会议、全市传达学习大会、市委理论学习中心组专题学习会等进行深入学习，印发总体安排和通知，制定落实20项具体任务，组建11个市委宣讲团、135支基层宣讲小分队深入城乡开展宣讲，持续掀起学习宣传贯彻热潮，教育引导各级党员干部深刻领悟“两个确立”的决定性意义，切实增强“四个意识”、坚定“四个自信”、做到“两个维护”。坚定以国省战略指向标定眉山发展方向，不断丰富完善“三市一城”总体目标，部署开展10个方面23个重点课题研究，在此基础上筹备召开市委五届六次全会，作出关于深入学习贯彻中共二十大精神在新征程上开创全面建设社会主义现代化眉山新局面的决定，坚定以中国式现代化引领眉山现代化建设，确立了以“服务成都、依靠成都、融入成都”为战略牵引、“四化同步、城乡融合、全域协同”为发展路径、“制造强市、开放兴市、品质立市”为主攻方向的总体思路，系统部署了8个方面28项重点任务。

二、坚持落实是最有力的维护，深入学习贯彻习近平总书记来川视察重要指示精神。市委以最坚决的态度、最有力的举措、最扎实的作风，推动习近平总书记重要指示精神在眉山条条落地、事事见效。及时召开会议传达学习，迅速成立市委贯彻落实领导小组、组建4个专班、构建6大体系，细化18个方面376项任务，实行周调度、月统筹、常委会常态化研究推进，形成"146"全闭环贯彻落实机制。筹备召开市委五届五次全会，作出建设新时代更高水平"天府粮仓"示范区、传承弘扬三苏文化东坡文化两个决定，并强力推进落实。去年，全市战胜极端高温干旱天气，粮食播面达到303.4万亩，增长2%；粮食产量达到125.4万吨。三苏祠文物建筑保护利用经验全国推广，与故宫联袂推出吾家东坡文物特展，与西南大学联合编纂《苏轼书法全集》，携手东方演艺集团打造舞剧《东坡》，动画片《少年苏东坡传奇》收视率创同时段全国第一，东坡文化月、东坡文化节系列活动取得丰硕成果。

三、全力以赴拼经济搞建设，逆势攻坚稳住大盘大势。面对经济持续承压的严峻形势，市委把拼经济搞建设作为第一位的任务，坚持以项目组织经济工作，千方百计稳定经济增长。针对市场主体运行中的困难，全面落实中省稳经济系列政策措施，研究制定"房地产十七条""建筑业十二条""中小民营企业十条""服务业纾困解难十二条""决战四季度专项支持政策"等，为市场主体减税降费60亿元，发放消费券5000余万元，新注册市场主体3.9万户，开展"万名干部上门、万户企业暖心"专项活动，靶向施策为企业纾困减负。及时启动迎峰度夏应急响应，实行工业电力错避峰运行，最大限度保障重点企业用电需求。部署开展"拼搏五个月、夺取全年胜"九拼攻坚、"决战四季度、大干一百天"系列专项行动，推行从党政主官入手抓压力传导、从完善机制入手抓包保推进、从纾困减负入手抓增量提效"三抓三手"工作法，实行一体推进、一线工作、一月督办"三个一"推进机制，全市连续三个季度获评全省项目投资"双红榜"，全省项目投资工作暨"十四五"规划重大工程项目建设推进现场会、工业稳增长现场会等重要会议在眉山召开。

四、以制造强市突破年为载体，加快构建现代化工业体系。坚持以新型工业化为主导，高规格召开全市制造业发展大会，启动实施制造强市"三年提升行动"，出台"1+3"产业支持政策18条。围绕打造锂电、晶硅光伏、化工新材料3个千亿产业，采取"市领导包片+驻外分局+小分队"模式，保持精准招商强劲攻势，全市新签约制造业项目186个、总投资1282亿元，新能源新材料产业产值达到1000亿元，锂电产业形成覆盖上游材料到动力电池的全产业链。深化创新驱动，全市科研经费投入增长42.2%，增速居全省第1，组建新能源新材料产业学院，启动建设新能源新材料融合创新中心，3户企业被认定为国家专精特新"小巨人"企业，7户企业入选全省"贡嘎培优"企业。全年完成工业投资414亿元、增长23.3%，其中"1+3"主导产业实现产值1611亿元。新增规上企业130户，全市百亿产值企业达到2户，通威光伏成为眉山首个全省工业50强企业。3个园区获批省级化工园区，眉山高新区、甘眉工业园区成功创建省级首批"5+1"重点特色园区。

五、深化成眉同城发展，全面提升开放质效增强发展活力。坚持"服务成都、依靠成都、融入成都"，积极推动成眉同城全面提速、整体成势。交通同网上，市域铁路S5线、天眉乐高速等12个重大项目如期开工，虎渡溪航电工程等6个续建项目加快推进，天府大道眉山段等17个交通项目竣工通车，成眉间日开行动车增至105列，成眉公交实现"一码通乘"。产业合作上，42个成眉合作重点项目竣工投产，57家企业与川大、电子科大等高校开展产学研合作，15项成眉合作重大科技成果示范转化，成眉配套企业达到401户。开放对接上，出台《关于协同推进优化成德眉资区域营商环境的决定》，获批设立中国（眉山）跨境电子商务综合试验区，保税物流中心（B型）建设主体完工，眉山国际铁路港累计开行国际班列36列，166个政务服务高频事项跨区域通办，外贸进出口总额119.2亿元、增长48.5%，总量、增速均居全省第6位，被评为全省首批开放发展示范市。

六、加快城市建设和更新改造步伐，着力打造高品质生活宜居城市。高标准完成城市新中心策划规划，启动编制各类专项规划，开工建设18条市政道路、城市艺术中心、太和公园、太和老镇历史文化街区（核心区）等标志性工程。开展城市改造提升三年行动，开工改造城镇老旧小区720个，完成既有住宅增设电梯200部，加快推进小北街特色商业街区、东坡步道一期等项目。积极申报国家历史文化名城，保护提升太平古街、四川国际电台等历史文化街区，加快三苏祠提升和江口沉银博物馆建设。发射以智慧城市为主题的10颗卫星。"东坡醉月地"获评第二批国家级夜间文化和旅游消费集聚区。

七、打造新时代更高水平"天府粮仓"示范区，不断夯实乡村全面振兴基础。规划构建"一核三带十片"粮食高产高效空间布局，部署耕地保护、农田建设、科技引领等六大工程，加快建设"美田弥望、稻谷飘香、物阜民丰、幸福和乐"的天府粮仓"示范区"。深入实施耕地恢复"三年行动"，大力实施"1611"粮食扩面行动，腾退草坪果园1.8万亩、复耕撂荒地6.1万亩、果园间套种粮10万亩、复合种豆12万亩。建立"田长制"队伍1.02万人，在全省率先推广"田长制智慧管理系统"。粮食安全党政同责工作考评获全省第2。落实稳定生猪生产政策，出栏生猪222.6万头、增长5.1%。持续做强做优东坡泡菜、眉山春橘、竹等特色优势产业，成功举办泡博会、竹博会，全市"味在眉山"销售收入突破1200亿元。完成21个乡镇级片区规划编制，建成美丽宜居乡村386个，农村生活污水、生活垃圾有效治理行政村分别达90%、100%。完成农村公路改扩建610千米，获评"四好农村路"省级示范市。常态化开展防止返贫动态监测和帮扶，14.07万脱贫人口和8105名防返贫监测对象无一户一人返贫致贫。扎实做好省内对口帮扶阿坝州金川县、茂县工作，全年落实帮扶资金4339万元。

八、践行以人民为中心的发展思想，不断提高民生保障水平。见人见事解决群众急难愁盼，20件115个民生实事项目全面完成。扎实做好高校毕业生、农民工等重点群体就业，城镇新增就业3.5万人。清华附中落户眉山，四川大学眉山校区开工建设，新（续）建公办学校29所，新增学位1.83万个。国家区域医疗中心落户眉山，省儿童医院正式开诊，西南医科大学附属天府医院完成主体工程。扎实做好"一老一小"工作，入选全国首批婴幼儿照护服务示范城市候选名单。深入实施城乡基层治理攻坚“五大工程”，统筹推动助老餐厅、片区物业服务、智慧停车、美丽庭院等15类3万余件民生实事落地见效。先后两次调整城乡低保标准，为兜底对象11.07万人发放困难群众救助资金4.97亿元，被评为全国社会救助工作先进单位。为全市5.06万名困难群体代缴养老保险，建立普惠性商业补充医疗保险“东坡惠民保”，首年参保率居全省第1。打赢洪雅“7·15”、东坡“9·29”疫情阻击战，得到省委晓晖书记两次批示肯定。持续抓好安全生产、防汛减灾、森林防灭火等重点领域风险隐患排查，针对房地产、金融、债务、劳动社保等领域风险，先后组织开展“守底线、保安全”攻坚月、平安眉山建设百日提升、“问题楼盘”信访专项攻坚等行动，全市安全稳定形势总体平稳。

九、扛牢生态环境保护政治责任，推进经济社会发展全面绿色转型。牢固树立和践行绿水青山就是金山银山的理念，走好生态优先绿色发展之路。扎实抓好第二轮央督反馈问题整改，13项问题已完成整改5项，其余8项正按时序有力推进。事不避难、义不逃责推进黑龙滩生态环境问题整改，细化23条具体措施，明确8个时间节点，其中19条已按期完成。实施大气污染防治“八大攻坚行动”，全面消除重污染天气。严格落实河（湖）长制，加强重点流域治理，15个国省考核断面首次全面达到优良水质。强化土壤污染重点风险源监管，入选“十四五”时期国家“无废城市”建设试点。有序开展“碳达峰”十大行动，坚决遏制“两高”项目盲目发展，挖掘能耗存量48万吨，甘眉工业园区成功创建省级绿色低碳优势产业重点园区，彭山经开区、青神经开区被纳入全省17个近零碳排放园区试点。丹棱县创成国家生态文明建设示范区。

十、认真践行新时代党的建设总要求，坚定不移推进全面从严治党。始终把党的政治建设摆在首位，推动政治监督具体化、精准化、常态化，扎实开展新一届市委巡察工作，查处违反政治纪律24人，问责履行主体责任不力的党组织5个。严格按照规定要求做好党务公开工作。坚持不懈用党的创新理论凝心铸魂，开展8次市委理论学习中心组集体学习，组织“听总书记话、走新时代路”专题培训，对722名县处级领导干部进行轮训。鲜明“政治过硬、实干实绩、群众公认”导向，从疫情防控、经济建设等一线提拔干部41名，实施“兴眉优培”工程，对102名优秀年轻干部进行重点培养，选派252名干部上挂中省单位、驻外招商、援助藏区。鲜明大抓基层导向，分11个领域量化基层党建工作标准，全覆盖建立4687个村民小组党支部、1391个小区（片区）党组织，新组建交通运输、快递、科技创新综合（行业）党委，“两新”党组织覆盖率动态保持在92%以上。出台人才新政12条，连续3年入围中国最具人才吸引力百强城市。加强重点阵地风险隐患排查治理，全年未发生重大负面舆情事件。保持正风肃纪反腐高压态势，立案查处1229件1238人，移送检察机关33人，查处违反中央八项规定精神问题163件316人，处分242人，巩固了风清气正的良好政治生态。

一年来，市委充分发挥总揽全局、协调各方作用，支持市人大及其常委会依法行使职权，全面加强对“一府一委两院”工作的监督。支持市政协依照章程履行职能，在全省率先出台加强和改进新时代政协工作十条措施。充分发挥统一战线作用，支持各民主党派开展“矢志不渝跟党走、携手奋进新时代”政治交接主题教育。统筹抓好群团和党管武装工作，工会、共青团、妇联等群团组织桥梁纽带作用更加彰显，双拥共建良好局面持续巩固。扎实推进法治眉山建设，“八五”普法全面开展，常态化推进扫黑除恶斗争，政法队伍教育整顿成果持续巩固，全国禁毒示范城市顺利通过验收。

去年，眉山市委各项工作取得新成效、新突破，但我们也清醒地认识到，对标中央、省委最新部署要求，工作还存在差距和不足。一是高质量发展任务依然艰巨。产业体系、产业要素、产业生态、产业结构仍处于成长期和调整优化期，产业链条短、抗风险能力不强，创新能力较弱，人才支撑不足，缺少支持创新创业的社会化服务平台。二是民生供给质量还不高。城乡公共服务体系不够完善，教育、医疗、文化、养老等还有短板。三是全面从严治党存在薄弱环节。从源头上整治形式主义、官僚主义措施不多，少数干部担当意识不强、能力本领不能完全适应新任务新要求等。对此，市委将高度重视，认真研究解决。

今年是全面贯彻落实中共二十大精神的开局之年，也是全面开启眉山现代化建设的起步之年。我们将坚定以习近平新时代中国特色社会主义思想为指导，深入学习贯彻中共二十大和习近平总书记对四川工作系列重要指示精神，全面落实省第十二次党代会和省委十二届二次全会精神，按照省委“讲政治、抓发展、惠民生、保安全”工作总思路，以制造强市攻坚年、服务业提升年为重点，统筹抓好经济社会发展各项工作，加快建设成都都市圈高质量发展新兴城市，为现代化四川建设开好局起好步贡献更多眉山力量。

眉山市人民代表大会常务委员会工作报告

2023年1月4日在眉山市第五届人民代表大会第三次会议上

眉山市人大常委会代理主任 肖忠良

各位代表：

受市五届人大常委会委托，我向大会报告工作，请予审议。

2022年主要工作

2022年，市人大常委会在市委坚强领导下，深入学习贯彻中共二十大精神和习近平总书记对四川工作系列重要指示精神，坚定不移坚持党的全面领导，坚定不移运用法治思维和法治方式推动工作解决问题，坚定不移服务成都都市圈高质量发展新兴城市建设，坚定不移把善抓落实追求一流作为工作主旋律主基调，重点抓了6个方面20项工作。

一、深入学习贯彻习近平总书记来川视察重要指示精神，坚定扛起人大使命担当

1. 深刻领悟总书记关于“在新时代打造更高水平天府粮仓”的殷殷嘱托，推动切实保护好产粮宝地。习近平总书记亲临眉山视察，强调要严守耕地红线，把粮食生产抓紧抓牢。我们深入贯彻落实市委关于打造新时代更高水平“天府粮仓”示范区的决策部署，以开展乡村振兴促进法、四川省乡村振兴促进条例和粮食安全保障条例执法检查为抓手，推动完善产业体系、完善耕地保护制度、完善粮食生产储备体制机制和激励政策，积极呼吁设立粮食生产基金，督促加快高标准农田建设、提升耕地保护水平。开展整治撂荒地、秋粮收购专题调研，召开涉农基层代表、种粮大户座谈会，推动提升种粮规模化组织化社会化程度，提升粮食生产综合效益。

2. 深刻领悟总书记关于“要敬仰中华优秀传统文化，坚定文化自信”的殷殷嘱托，推动切实擦亮三苏文化“金字招牌”。深入贯彻落实市委关于传承弘扬三苏文化、东坡文化的决策部署，坚持把推动塑造三苏文化作为引领风尚、教育人民、服务社会的重要支点，大力推进三苏遗址遗迹保护条例贯彻实施，开展三苏文物保护、东坡文化进校园、公共文化设施建设等专题调研，跟踪监督非物质文化遗产法执法检查审议意见办理，推动加快三苏祠内部功能提升和外部空间拓展、争创国家一级博物馆，推动落实非遗传承人专项补助。总结形成的《坚持一高三好 发挥人大作用 推动历史文化遗产穿越时空为眉山代言》经验材料，被省人大常委会办公厅专刊通报推广。

二、主动服务发展大局，依法助力拼经济搞建设

3. 持之以恒推进制造强市建设。坚持把助力制造强市摆在突出位置，紧紧围绕“再造一个工业眉山”，开展制造强市、食品加工产业发展等专题调研，深入30余个重点企业和项目，认真倾听生产经营、技术改造、研发投入等方面存在的困难和建议，督促有关单位认真研究办理，实实在在解决了一批企业反映的具体问题。组织部分全国和省人大代表集中视察制造业发展，针对主导产业支撑不足、园区承载能力不强、区域发展不平衡等短板，提出工作建议15条。听取审议道路交通安全工作、数字经济发展情况报告，推动畅通高质量发展“大动脉”，着力解决数字经济基础较弱、创新能力不强等问题。

4. 强化计划预算审查监督。听取审议国民经济和社会发展计划执行情况报告，跟踪经济运行情况，推动大会批准计划的全面落实。突出绩效导向，听取审议预算执行情况报告，依法批准决算和预算调整。听取审议审计工作报告、审计查出问题整改情况报告，跟踪推动86个突出问题务实整改，对2个县2个部门整改情况进行满意度测评。出台关于加强国有资产管理情况监督的决定，听取审议国有资产管理情况综合报告，为管好用好国有资产加上一道“安全门”。深化预算联网监督，支持丹棱县建好全国人大常委会预算工委基层联系点，全国人大常委会预算工委予以高度肯定。

5. 推动打造法治化营商环境新高地。法治是最好的营商环境。我们深入贯彻区域协调发展战略，针对区域营商环境建设中的难点问题，作出关于协同推进优化成德眉资区域营商环境的决定，推动共建统一开放的区域市场环境、高效便捷的区域政务环境、公平公正的区域法治环境。听取审议法治政府建设工作报告，促进政府依法行政。首次听取审议市监委专项工作报告，聚焦整治群众反映强烈问题，提出强化监督检查、注重标本兼治等审议意见。加大备案审查工作力度，备案审查规范性文件69件，督促纠正1件；对6件党内规范性文件提出合法性审查意见。

6. 真心真情做深做实联系指导工作。按照市委安排，常委会领导带着责任、带着感情，每月深入联系片区、联系点位和联系项目，宣传市委决策部署，现场与有关方面一起查短板、拉长板，谋方子、商路子，督促加速推进项目建设，协调解决规划、审批、融资、推进中的具体问题20余个。

三、积极回应群众关切，扎实推动把好事办好实事办实

7. 切实维护群众舌尖安全。农产品质量安全事关人民群众健康，是最基本的民心工程、民生工程。我们加快推进农贸市场管理地方立法，通过人代会票决，将农贸市场达标提升纳入市政府年度重点民生项目，督促政府2022年投入1亿多元完成33个农贸市场的达标提升。常委会领导带队，直接深入农业企业、农贸市场、批发市场暗访、座谈，深入了解农产品检测、加工、销售等方面存在的问题，提出农产品批发市场必须检、零售市场分步检、财政资金奖补检等监督建议，督促常态开展"你点我检"活动，抓好源头管理，健全追溯体系，筑牢农产品质量"防火墙"。

8. 促进教育高质量发展。教育是国之大计、党之大计，教师是立教之本、兴教之源。我们开展教师法执法检查，实地调研20余所学校，走访一线教师、家长等130余人，梳理出28个问题反馈市政府，特别强调要落实立德树人教育理念，加强师德师风建设，提高教师政治素质和业务能力，完善教师管理体制机制，培育更多名师名校名校长。开展家庭教育促进法实施情况专题调研，促进未成年人健康成长。监督推进"新（续）建公办中小学10所"民生票决项目，建成投用8所，新增学位1.1万余个。全覆盖调研全市托育示范机构建设情况，推动解决项目选址、设计、收费等问题，眉山与成都被省卫健委推荐为全国首批婴幼儿照护服务示范城市。

9. 特别关注人民群众身心健康。听取审议新冠肺炎疫情常态化防控工作报告，督促加快疾病防控体系建设，提升疫情防控能力和水平。持续跟踪医疗保障工作专题询问审议意见办理落实，开展医疗保障服务、乡村卫生体系建设专题调研，推动"为29.9万名糖尿病、高血压患者提供门诊用药保障""将200个村卫生室纳入医保定点范围"民生票决项目超额完成。听取审议全民健身工作报告，提出将全民健身经费单项列入财政预算，对健身场地、设施、公共体育场馆开放时间提出量化指标，推动增强人民体质、提高生活质量。开展安全生产法执法检查，提出筑牢安全生产法治理念、压实主体责任等审议意见，推动守住安全底线。

10. 持续推进人居环境改善。听取审议关于城镇老旧小区改造情况报告，推动解决资金来源单一、后期管护不到位等问题，全市开工改造老旧小区720个、完成324个，工作经验全国交流。开展眉山市集中式饮用水水源地保护条例立法后评估，启动黑龙滩水库保护立法调研。开展大气污染防治法、长江保护法执法检查，先后深入50余个重点项目和敏感区域，收集各类问题30余个，提出科学治理、协同推进、严格执法等审议意见，积极为眉山蓝天碧水、繁星闪烁贡献力量。听取审议林长制工作报告，提出压实责任、深化改革等审议意见，推动守住护绿底线、稳住增绿中线、夯实活绿主线。

四、充分发挥制度优势，大力推进全过程人民民主

11. 着力将全过程人民民主落实到履职各方面。坚持开门立法，与西南财经大学续签合作协议，聘用11名地方立法咨询专家，充分发挥基层立法联系点作用。坚持开门监督，提出监督要以助力发展、改善民生、维护稳定、增进团结的一流成效来检验，特别要深度调查研究，充分听取各方面意见，真正做到民有所呼、我有所应。2022年，常委会先后召开座谈、论证等会议30余次，征集社会各界意见建议200余条，全部认真研究吸纳。

12. 着力将全过程人民民主落实到履职全过程。提出立法计划、年度监督议题，坚持广泛征求意见，并把代表建议作为重要依据。常委会每次执法检查、视察调研和督办审议意见落实情况，都邀请基层市人大代表参与。常委会会议坚持邀请有关代表列席，会前召开座谈会，听取意见建议。2022年，常委会先后邀请基层市人大代表参加各类活动100余人次。

13. 着力构建推进全过程人民民主的有效载体。全面落实省委民生实事项目人大代表票决制工作部署。把票决制作为推进全过程人民民主的重要抓手，认真总结试点经验，印发监督方案，坚持动态监督、常态反馈，听取审议民生实事票决项目推进情况报告。加强县乡票决制工作指导，推动民生项目与群众需求精准对接。2022年，市县乡三级票决实施的213个民生项目全部完成，切实解决了一批群众急难愁盼的"关键小事"。

五、深化拓展代表工作，创新推动代表履职尽责

14. 坚持把基层代表作为"座上宾"。换届以后，我们把创新做实代表工作作为开局第一课，抓实抓细。落实常委会组成人员联系基层市人大代表制度，通过走访座谈、电话微信等方式保持经常性联系，虚心听取意见建议，逐条研究、及时反馈。建立列席常委会会议代表座谈会制度，召开代表座谈会4次，25名代表聚焦经济发展、环境保护、乡村振兴等热点问题，提出意见建议50余条。建立专门委员会对口联系代表机制，组建法制、经济、社会建设等8个代表专业小组，充分发挥代表专业优势。探索乡镇人大代表履职评价机制，通过量化履职内容、评分标准、结果运用，划出代表履职"硬杠杠"，受到省人大常委会领导批示肯定。

15. 坚持全力推进代表建议办理。建立代表提出建议前的沟通协调机制，完善代表建议提出、交办和督办工作流程，推进内容高质量、办理高质量。确定16件事关眉山发展全局和群众切身利益的代表建议，由常委会领导牵头重点督办，专门委员会对口跟踪督办。听取审议代表建议办理情况报告，推动129件建议全部按期办结，代表的真知灼见真正转化成了具体政策和举措。

16. 坚持纵深推进代表履职平台建设。出台进一步规范和加强代表"家站"建设运行的实施意见，推进代表"家站"建设提档升级，打造代表之家35个、代表联络站380个。省人大常委会办公厅组织12家省级主流媒体集中采访，刊发宣传报道20余篇，其中人民权力报整版推广。深入开展"我为群众办实事——人大代表在行动"主题活动，组建代表服务队60支，开展志愿活动600余次，走访接待群众10万余人，帮助解决困难问题2900余个。省人大常委会领导批示"有情怀，接地气，解难题，效果好"。

六、全面加强自身建设，鲜明追求一流工作标尺

17. 大力锻造政治坚定的忠诚品格。坚定落实第一议题制度，2022年专题学习13次。坚定落实党管干部原则，2022年依法任免国家机关工作人员75人次，全部满票通过。坚定落实请示报告制度，2022年向市委请示报告12件次，切实把党的领导贯穿到人大工作各方面全过程。

18. 大力坚持尊崇法治的工作理念。过去一年，我们特别

强调运用法治思维和法治方式推动工作解决问题。坚持常委会会前学法。特别强调立法不在多,核心在于精、在于务实管用,着力解决实际问题;监督要依照法定职责、限于法定范围、遵守法定程序,力求所有工作都在法治轨道上运行。

19. 大力营造发扬民主的浓厚氛围。人民代表大会制度是我国的根本政治制度。我们严格落实民主集中制原则,高度重视尊重民意、汇集民智,坚持重要事项、重点工作,都充分征求和听取意见,集体讨论决定。

20. 大力弘扬务实担当的工作作风。深入开展"奋进新征程、建功新时代"大学习大实践大提升主题活动,强调要始终如一坚持党的领导、坚持依法履职,勇于担当、善于作为,注重细节、追求一流,机关工作标准、工作作风、工作质效有了新的提升。

过去一年,市委切实加强对人大工作的全面领导,召开市委人大工作会议,为人大依法履职提供了坚强保障。市政府、市监委、市法院、市检察院和社会各界大力支持、密切配合,为人大依法履职营造了良好环境。全体市人大代表坚决贯彻市委决策部署,依法执行代表职务,引领在前、冲锋在前、战斗在前,在各条战线、各自岗位上发挥了积极作用,以实际行动践行了代表人民、为了人民、服务人民的光荣使命。在此,我代表市人大常委会,表示崇高的敬意和衷心的感谢!

回顾一年的工作,我们也清醒地认识到,工作中还存在一些差距和不足,主要表现在立法质量还需要进一步提高,监督质效还需要进一步增强,代表作用还需要进一步发挥。我们将在今后的工作中努力加以改进。

2023 年主要任务

2023 年,市人大常委会将在市委的坚强领导下,坚持以习近平新时代中国特色社会主义思想为统揽,全面学习、全面把握、全面落实中共二十大精神和省委十二届二次全会、市委五届六次全会精神,坚持党的领导、人民当家作主、依法治国有机统一,深入践行和发展全过程人民民主,依法履职尽责,主动担当作为,奋力书写无愧时代、无愧组织、无愧人民的人大答卷。

一、始终不渝坚定政治方向,持续深入学习贯彻中共二十大精神

坚持用党的创新理论凝心铸魂。始终把深入学习贯彻中共二十大精神和习近平总书记对四川工作系列重要指示精神,作为首要政治任务。深刻领悟"两个确立"的决定性意义,增强"四个意识"、坚定"四个自信"、做到"两个维护",不断提升政治判断力、政治领悟力、政治执行力。

坚持以宪法法律为遵循。忠实履行宪法法律赋予的职责,带头尊法学法守法用法。坚决贯彻党管干部原则,依法做好人事任免工作。

坚持纵深推进全过程人民民主。积极搭建民主平台、丰富民主形式,扩大人民有序政治参与,推动全过程人民民主取得新进展、新成效。

二、始终不渝锚定履职航向,持续精准服务发展大局

坚决贯彻市委决策部署。坚持围绕中心、服务大局、突出重点,出台黑龙滩水库保护条例,听取审议天府粮仓建设、传承弘扬三苏文化东坡文化工作报告,开展中医药法、旅游法执法检查。

靶向助力制造强市建设。加快优化营商环境立法,听取审议制造强市用工保障、法治政府建设工作报告和"十四五"规划纲要实施情况中期评估报告,开展金融支持制造业发展专题调研。

依法管好人民的"钱袋子"。听取审议计划、预算执行情况报告和审计工作报告,深化预算联网监督,探索重点预算项目穿透式审查监督,充分发挥财政资金使用效益。听取审议国有资产管理综合情况、国有自然资源资产管理情况报告。

三、始终不渝聚焦民生指向,持续推动及时回应民生关切

推动食品检测持续加码。听取审议农贸市场食用农产品快速检测工作报告,持续守护舌尖安全,努力让老百姓的一日三餐吃得更加放心。

推动不断增强群众安全感。听取审议刑事审判、打击治理电信网络诈骗违法犯罪工作报告,开展老年人权益保障法执法检查,维护群众合法权益。

推动加快筑牢眉山生态本底。加快大气污染防治地方立法,听取审议全市环境状况和环境保护目标完成情况报告,开展水土保持法执法检查,推动筑牢高质量发展的绿色本底。

四、始终不渝鲜明实干导向,持续加强人大自身建设

持续锤炼忠诚的硬品质。坚持第一议题制度、常委会会前学法制度,坚持重大事项向市委请示报告,切实做到市委工作重心在哪里,人大工作就跟进到哪里,作用就发挥到哪里。

持续锻造高强的硬本领。全面学习贯彻习近平总书记关于坚持和完善人民代表大会制度的重要思想,坚持把调查研究作为基本功,不断提高解决实际问题的能力。加强代表工作能力建设,出台市人大代表学习培训工作办法,建好人大代表履职平台。

持续强化务实的硬作风。鲜明抓落实、争一流,重程序、重效率、重效果,持续擦亮善抓落实、务求实效、追求一流的闪亮底色。

各位代表!立身百行,以学为基。学习贯彻习近平新时代中国特色社会主义思想,是人大工作最根本、最持久、最强大的动力源泉。我们要站稳政治立场,胸怀国之大者,心系民之小事,聚焦"三市一城"建设,切实践行植根人民、代表人民、服务人民、推动发展的光荣使命。

新征程充满光荣和梦想。宏伟蓝图鼓舞人心,声声号角催人奋进。让我们在市委的坚强领导下,坚守初心、牢记使命,依法履职、踔厉奋发,为开创全面建设社会主义现代化眉山新局面贡献人大智慧和力量!

政府工作报告

——2023年1月3日在眉山市第五届人民代表大会第三次会议上

眉山市人民政府市长　黄　河

各位代表：

现在，我代表市人民政府，向大会报告工作，请予审议，并请市政协委员提出意见。

一、感恩前行　笃行实干的2022

6月8日，习近平总书记亲临眉山视察，眉山人民深切感受到领袖关怀、巨大鼓舞。这是新中国成立后，党和国家最高领导人首次莅眉，在全市发展史上具有重要的里程碑意义。在永丰村，总书记叮嘱我们要“在新时代打造更高水平的‘天府粮仓’”。在三苏祠，总书记指出“一滴水可以见太阳，一个三苏祠可以看出我们中华文化的博大精深”。总书记的重要指示既是方向指引，也是战略领航。我们坚定以习近平新时代中国特色社会主义思想为指导，深入学习贯彻中共二十大精神，承关怀而奋起、以行动报重托，全力推动总书记重要指示精神在眉州大地落地生根、开花结果。

2022年，是极不寻常的一年。百年变局加速演进，宏观经济复杂严峻。眉山面临多轮疫情、房地产下行、高温限电“三重冲击”，环保整改攻坚期、主动转型阵痛期、财政收支承压期“三期叠加”。我们在市委的坚强领导下，知重负重、迎难而上，认真落实省委“讲政治、抓发展、惠民生、保安全”要求，聚力“三市一城”建设，较好完成市五届人大二次会议确定的十件大事和十个方面工作。全市主要经济指标增速均超过全省平均水平，地区生产总值增长3.3%左右（预计，下同），总量突破1600亿元，地方一般公共预算收入增长13.2%，在重重压力下实现了来之不易的增长。

2022年，是极力拼搏的一年。把“拼”的精神、“闯”的勇气、“干”的劲头贯穿全年始终。创新市领导包保县（区）机制，成立招商引资、对上争取、项目推进委员会，下深水解决关键问题。推行“亮比赛”工作机制，实施夺取全年胜“九拼攻坚”行动，锚定目标锻长补短，连续3个季度获评全省项目投资“双红榜”，全省抓项目促投资现场会、工业稳增长现场会等重要会议在眉召开，对上争取同比增加106亿元。坚持言必信、行必果，以钉钉子精神把“十件大事”一件件办实办好。争分夺秒拼经济、搞建设，杉杉锂电项目从开工到投产仅7个月，中创新航项目用地报批速度刷新全省纪录，市域铁路S5线以全省同类项目最快审批速度实现开工，眉山以奔跑姿态拼出跨越发展加速度。

2022年，是极具突破的一年。制造强市乘势突破。锂电产业一年多时间实现从无到有、从小到大的跨越巨变，53个覆盖上下游全产业链的高端项目集聚眉山。新能源新材料成为眉山首个千亿产业。通威太阳能成为眉山首个全省工业50强企业，信利集团成为我市第2家百亿企业，5家民企上榜四川民企百强。研发投入增长42.5%，增速居全省第1。战略性新兴产业占比超30%。工业税收首次超过房地产业。开放兴市乘势突破。获评全省首批开放发展示范市。实行产业链招商，用好产业发展基金，扛起锂电、晶硅光伏招商大旗，两次斩获全省制造业招商引资百日攻坚“流动红旗”，新签约协鑫能源、天奈科技等项目超200个，到位资金超860亿元，其中制造业项目占比突破90%。品质立市乘势突破。城市新中心7大重点项目全面开工。全省第一个国家区域医疗中心落户眉山。省儿童医院正式开诊，是全国唯一一个走出省会城市的省级儿童医院。全市第一所“985”高校川大眉山校区开工建设。全省第一所清华附中落户眉山。一个个乘势而起的大产业、大项目、大企业，挺起高质量发展新兴城市的脊梁，眉山城市知名度、美誉度大幅提升。

2022年，是极富成效的一年。成功创建中国（眉山）跨境电子商务综合试验区，成功争取全国农村综合性改革试点，被推荐为全国首批婴幼儿照护服务示范城市。眉山天府新区深入实施创新驱动发展战略，成功纳入成德眉资同城化综合试验区，发射以智慧城市为主题的卫星10颗。东坡区获评天府旅游名县、全国投资潜力百强区。彭山区产业发展取得历史性突破，助力眉山动力电池整装项目“零”的突破。仁寿县顶住多重困难挑战，有力有效推进各项工作，获评全国县域高质量发展百强县、全国综合实力百强县。洪雅县绿色发展成效明显，瓦屋山上榜全国春节热门景区前十名，营业收入首次迈入亿元大关。丹棱县坚定走生态优先、绿色发展道路，获评国家生态文明建设示范区。青神县获评中国晚熟柑橘出口示范区、省级全域旅游示范区，青神经开区成功扩区。眉山高新区、甘眉工业园区成功创建四川省首批“5+1”重点特色园区。一年奋发努力换回眉山发展累累硕果。

（一）坚持产业提质，转型发展迈出更快步伐。

投资高举高打。全社会固定资产投资增长 11.2%，稳居全省第 2。坚持以投资优化经济结构，推动产业转型，工业投资完成 400 亿元、增长 20%，对投资增长的贡献首次超过房地产业。加大民生投入，民生投资增长 24%。强化重点项目调度，197 个省市重点项目完成投资 800 亿元。工业加快升级。深入实施制造强市突破年行动，规上工业增加值增长 6.5%。新增规上工业企业 130 户，总户数达 829 户。聚力先进制造，“1+3”产业规模超 1500 亿元，占工业比重 67% 以上。锦源晟、杉杉锂电等 150 个先进制造项目竣工，通威太阳能、千禾味业等 7 户企业入选全省“贡嘎培优”企业。成立天府新能源新材料产业学院，建立“1+3”产业研究院培育库，获省科技进步一等奖 2 项，博雅新材料等 3 户企业被认定为国家专精特新“小巨人”企业，国家高新技术企业突破 150 家。聚力平台升级，甘眉工业园区获评四川省绿色低碳优势产业重点园区。眉山高新区、甘眉工业园区、彭山经开区获批省级化工园区，产值增速分别达 21.6%、31%、65%。农业稳产增效。加快打造新时代更高水平“天府粮仓”示范区，深入实施“1611”粮食扩面行动，粮食产量 129.6 万吨，粮食安全党政同责工作考评全省第 2。一产增加值增长 4.2%。落实“长牙齿”耕地保护硬措施，新建成高标准农田 13.2 万亩。生猪出栏 225 万头。全国首个香辛料领域 ISO 国际标准获批立项。泡菜产业销售收入突破 220 亿元。全国晚熟柑橘集群项目建设中期绩效考核居全国第 2，柑橘产业实现综合产值 120 亿元。“味在眉山”销售收入突破 1200 亿元。竹产业综合产值突破 100 亿元。服务业恢复发展。三产增加值增长 2.5%，社会消费品零售总额增长 1.5%。出台支持服务业纾困解难 12 条等政策，举办金秋眉山消费季等活动 124 场次，发放消费券 5000 余万元。“东坡醉月地”获评第二批国家级夜间文化和旅游消费集聚区。丹棱幸福岭民宿获评联合国“亚洲都市景观奖”。创建国家级文旅品牌 5 个、天府旅游名牌等省级旅游品牌 12 个。彭祖山、老峨山创成 4A 级景区。成功举办泡博会、竹博会。存贷款金额首次突破 5000 亿元大关，贷款余额增长 19.6%，居全省第 2。

（二）坚持改革开放，对外合作取得更好成果。

各项改革纵深推进。扎实推进财税改革，为市场主体减税降费 60 亿元。完成国企改革三年行动，市场竞争力进一步提升。出台财税金融、要素保障等一揽子支持政策，推动“个转企”513 户、“小升规”404 户，新注册市场主体 3.9 万户。成眉同城发展提速。国为制药等 42 个成眉合作重点项目竣工投产。15 项成眉合作重大科技成果示范转化。51 所中小学（幼儿园）与成都结对发展。发布第三批 66 项“同城化无差别”受理事项清单，166 个高频事项实现跨区域通办。交通会战全面推进。天眉乐高速等 12 个项目如期开工。成乐扩容青龙段、虎渡溪航电工程等 6 个续建项目顺利推进。天府大道眉山段、丹蒲快速路等 16 个项目建成通车。成眉间日开行动车增至 105 列。开放平台上档升级。保税物流中心（B 型）主体完工，国家级开放平台增至 5 个。陆海新通道眉山集散中心揭牌运营，眉山国际铁路港累计开行国际班列 36 列。外贸进出口总额突破 100 亿元，增长 37.5%。

（三）坚持统筹协调，城乡环境展现更新面貌。

城市环境更加宜居。城市新中心建设全面启动，城市艺术中心、太和公园、18 条市政道路等标志性工程开工建设。实施城市更新改造行动，入选全省城市更新试点城市，完成改造提升项目 21 个。开工改造城镇老旧小区 720 个，既有住宅增设电梯 200 部。33 个农贸市场完成提升改造。“东坡步道·大家之路”开工建设。乡村振兴谱写新篇。纵深推进“三大革命”，实施厕所革命示范村 69 个，生活污水有效治理行政村达 90%，生活垃圾有效治理行政村保持 100%，建成“美丽眉山·宜居乡村”54 个。完成农村路灯照明工程 8865 组。新（改）建农村公路 610 千米，获评“四好农村路”省级示范市，彭山区获评“四好农村路”全国示范县，丹棱县获评全省首批“交通强县”。洪雅县中山镇获评全国农业产业强镇。东坡区万胜镇、仁寿县汪洋镇获评“省级百强中心镇”。洪雅县自新村、丹棱县幸福村获评中国传统村落。生态质量稳步改善。全面消除重污染天气。15 个国、省考核断面水质优良率达 100%。化肥农药施用量连续 6 年负增长。扎实推进第二轮中央生态环境保护督察反馈问题整改。洪雅县挂牌成立全省第一个、全国第二个森林碳汇管理局。

（四）坚持发展为民，社会事业迈向更高水平。

疫情防控精准科学。打赢洪雅“7·15”、东坡“9·29”疫情阻击战，适时调整优化防控措施，最大限度保护人民群众生命安全和身体健康。教体文卫全面提质。大力提升城乡教育水平，新（续）建公办学校 29 所，新增学位 1.8 万余个。“双规范双减”有效落实。公众对教育总体满意度居全省第 2。新（扩）建体育公园 11 个，建成公共球场 46 片，眉山市水上运动营地完成主体建设。聚焦“一心三地”目标，传承弘扬三苏文化、东坡文化，开创性举办东坡文化月系列文化惠民活动。动画片《少年苏东坡传奇》全国首播。江口沉银遗址完成第五期发掘。成功创建三甲医院 1 家、三乙医院 2 家，西南医科大学附属天府医院加快建设。社会保障不断增强。坚持对拖欠农民工工资问题实行动态清零，发放稳岗返还资金 6228 万元，城镇新增就业 3.5 万人，城镇登记失业率 3.1%。为 5.1 万名、23.7 万名困难群众代缴基本养老、医疗保险。发放救助资金 5 亿元，救助困难群众 160.5 万人次，社会救助工作获评全国先进。推出普惠型“东坡惠民保”，227 个村卫生室被纳入医保定点。建成婴幼儿照护服务机构 33 个，可提供托位 3160 个。建成社区养老服务综合体 5 个、区域性养老服务中心 7 个，创建全国示范性老年友好型社区 3 个。安全稳定形势向好。加强社会治安防控体系建设，常态化推进扫黑除恶斗争、重拳打击电信网络诈骗、养老诈骗等取得实效。有效防范化解经济金融风险。代表四川接受国务院安委会安全生产和消防工作巡查考核。推行首席安全官、安全员制度，食品药品、安全生产等领域保持稳定，防汛减灾、地质灾害防治、气象灾害防御、森林防灭火、网络安全等工作扎实推进，牢牢守住不发生区域性系统性风险底线。

各项事业全面进步。国防动员、人民防空、退役军人事务工作不断加强。支持工会、共青团、妇联、工商联、残联、侨联、科协、红十字会、贸促会等群团组织开展工作。审计、统计、供销、档案、保密、消防、地方志、民族宗教、广播电视、公益慈善、关心下一代、机关事务管理等工作取得新成效。

（五）坚持务实担当，政府建设实现更大提升。

政治建设全面加强。深入学习宣传贯彻中共二十大精神，持续巩固提升党史学习教育成果，扎实开展“两新三大”活动，增强理论武装、发展实践、服务群众能力，坚定拥护“两个确立”，坚决做到“两个维护”。政务服务不断优化。营商环境测评进入全省第一方阵。全面推行“一网通办”，实行“小时清单”服务模式，企业开办实现“4小时1环节0成本”。大力推广电子保单保函，为交易主体减轻现金压力22.4亿元。作风建设走深走实。深化“八五”普法，深入推进法治政府建设。深化政务公开，持续精文简会，驰而不息整治“四风”。严控“三公”经费，持续压减一般性支出。政府系统党风廉政建设进一步加强。认真办理人大代表建议124件、政协委员提案219件。

各位代表，这些成绩的取得，是省委、省政府和市委坚强领导的结果，是市人大、市政协监督支持的结果，是全市人民团结奋斗的结果。在此，我代表市人民政府，向全市人民，向人大代表、政协委员、各民主党派、工商联、无党派人士、各人民团体、离退休老同志，向驻眉山人民解放军指战员、武警部队官兵、政法干警、消防指战员和民兵预备役人员，向关心支持和参与眉山建设发展的社会各界人士，表示衷心的感谢和崇高的敬意！

在看到成绩的同时，我们也清醒地认识到，全市经济社会发展仍存在一些问题和不足：转型发展任重道远，创新驱动能力不强，产业人才支撑不足，小微企业生存困难，对外开放还需加力，营商环境还需优化，民生事业还有短板，政府自身建设还有差距。对此，我们一定高度重视，努力加以解决。

二、牢记嘱托　踔厉奋发的2023

今年是全面贯彻落实中共二十大精神开局之年，做好今年工作，意义重大、任务艰巨。我们要坚决贯彻落实习近平总书记来川莅眉视察重要指示精神，坚持稳中求进工作总基调，完整、准确、全面贯彻新发展理念，主动融入新发展格局，更好统筹疫情防控和经济社会发展，更好统筹发展和安全。按照省委十二届二次全会确定的总牵引、总抓手、工作总思路，在市委的坚强领导下，保持发展定力、战略定力，锚定建设成都都市圈高质量发展新兴城市奋斗目标，以“服务成都、依靠成都、融入成都”为战略牵引，坚定“四化同步、城乡融合、全域协同”发展路径，突出“制造强市、开放兴市、品质立市”主攻方向，全力提振发展信心，推动经济运行整体好转，确保全年GDP增速进入全省第一方阵，主要经济指标增速高于国省平均水平。

今年要突出抓好十件大事：

1. 以东坡区永丰片区为核心，加快建设“一核三带十片”新时代更高水平“天府粮仓”示范区。

2. 传承弘扬三苏文化、东坡文化，推进三苏祠创建国家一级博物馆，加快申创国家历史文化名城。

3. 聚力“制造强市攻坚年”，以创新赋能先进制造，完成眉山新能源新材料融合创新中心主体工程建设，打造成渝地区新能源新材料制造基地。

4. 加快城市新中心建设，完成城市艺术中心、太和公园主体工程。

5. 深化城市有机更新，完成城镇老旧小区改造320个。

6. 加快四川省儿童医院（国家区域医疗中心）二期工程建设。

7. 加快川大眉山校区建设，完成一期项目主体封顶。

8. 加快推进市域铁路S5线建设。

9. 提速眉山国际铁路港、岷江航电建设，加快构建“铁公水”立体交通体系。

10. 守住生态环境“只能更好、不能变坏”底线，确保环境空气质量进入全国重点城市前100名。

今年要重点抓好十个方面工作：

（一）超常力度抓投资、调结构，厚植跨越发展强劲动能。

我们要牢记习近平总书记关于“增强投资对优化供给结构的关键作用”的殷殷嘱托，坚持以项目组织经济工作，充分发挥有效投资的关键作用。

全力以赴抓争取。抢抓当前最大的政策红利，把对上争取作为“一把手”工程，强化储备、申报、汇报、落地全流程管理。围绕国家战略、市场风口、眉山实际，拓宽视野谋划项目，储备库投资额动态保持在2万亿元以上。突出快、准、实，不遗余力争取更多平台、项目纳入国省盘子，在中省预算内投资、地方政府专项债、政策性开发性金融工具争取上实现更大突破。做实前期工作，坚决避免“资金等项目”。坚持“争建并重、以建促争”，加快形成发展新支撑。

千方百计抓招引。突出产业链招商，围绕“1+3”产业，全力招引链主企业和延链补链强链固链项目，配套引进研发设计、高端物流、平台运营等生产性服务业项目。突出头部企业招商，力争引进“三类500强”或投资20亿元以上重大工业项目20个。突出主题招商，紧盯长三角、珠三角、京津冀等重点区域，积极承接优质产业转移。突出商协会招商、市场化招商，创新资本招商，用好产业引导基金。加大项目落地考核，确保到位资金900亿元以上。

只争朝夕抓推进。坚持节约集约、聚焦重点，全力做好人才、金融、能耗、土地、水电气等要素保障。改进竞技拉练制度，严格“亮比赛”、逗硬“红黑榜”。开工建设天华二期等新签约项目57个，加快推进石大胜华锂电新材料等新建项目87个，竣工投产通威太阳能电池等项目60个，229个省市重点项目完成投资820亿元。持续优化投资结构，力争全社会固定资产投资增长10%。

（二）超常站位抓“三农”、促振兴，建设新时代更高水平“天府粮仓”示范区。

我们要牢记习近平总书记关于“在新时代打造更高水平的‘天府粮仓’”的殷殷嘱托，坚持农业现代化固本，持续擦亮眉山农业金字招牌。

保障粮食安全。坚决抓好耕地保护，健全四级“田长制”责任体系，实施耕地恢复“三年行动”，新增耕地2万亩、垦造水田1万亩、新建高标准农田10万亩以上。投入7亿元支持“天府粮仓”示范区打造，加快水稻技术推广研究中心等项目建设，推进东坡区永丰示范片、仁寿县“天府粮仓”丘区示范片、青神县粮油现代农业园区示范片建设。确保粮食播面297.5万亩、产量127.5万吨以上。

建设美丽乡村。持续推进巩固拓展脱贫攻坚成果同乡村振兴有效衔接。大力实施乡村建设行动，改善农村人居环境。新改建农村无害化卫生厕所2万户，建设“美丽眉山·宜居乡村”30个。做实农村客运“金通工程”，新改建农村公路800千米，支持丹棱县创成“四好农村路”国家级示范县，实施农村路灯照明工程6000组。发展壮大新型农村集体经济。

做优特色农业。以现代农业园区为载体，加快打造都市现代农业，启动省级农业高新技术（示范）园区创建。持续做强生猪、泡菜、春橘等特色支柱产业，提质增效茶叶、藤椒、设施葡萄等优势产业。加快推进通内斯等重大项目建设，确保生猪出栏225万头以上。培育“东坡大米”“东坡肉”品牌。强化新型职业农民培育，推动农业适度规模经营，提升现代农业种业、科技装备、烘干冷链物流水平。深化农旅融合发展，积极培育乡村休闲、康养、研学等新产业新业态。

（三）超常定力抓制造、促转型，奋力打造成渝地区新能源新材料制造基地。

我们要牢记习近平总书记关于“加快建设制造强国”的殷殷嘱托，坚持新型工业化主导，突出区域化、绿色化、智能化、集群化，加快建设现代化“工业眉山”。

聚力新能源新材料产业集群发展。打造千亿锂电产业，引领成都都市圈锂电产业发展，形成协同共兴的产业生态圈。坚定不移招大引强，引进行业龙头5个以上。加快推进中创新航、美国雅保等项目建设。打造千亿晶硅光伏产业，夯实成乐眉光伏产业带核心地位。聚焦电池、组件及配件等环节延链补链，推动通威光伏研究院建设，开展光伏关键共性技术研究。推进智能光伏示范试点，拓展光伏应用场景。加快通威太阳能电池、丹棱异质结电池、江苏美科等项目建设。打造千亿化工新材料产业，建设全省一流的化工新材料产业集群。加快推进聚乳酸、金象赛瑞氰胺等项目建设。力争新培育200亿元以上企业2户，确保新能源新材料产业规模突破1250亿元。

促进重点产业加快发展。协同推进国家级成渝地区电子信息先进制造集群建设，强化数字经济产业发展，大力推动华赐半导体、眉山科技示范园等项目建设，力争电子信息产业规模突破300亿元。围绕轨道交通、成套设备等领域，打造“专精特新”装备制造基地，加快西南表面处理循环经济产业园、绿色铸造产业园建设。聚焦现代中药、生物制品、医药大健康等领域，打造西南生物医药重要研发生产基地。

推动传统产业转型发展。围绕预制菜、泡菜、调味品、畜乳制品等特色产业提档升级，打造成都都市圈“中央厨房”供给体系，加快漫味龙厨调味品、幺麻子藤椒产业园等重大项目建设，力争农产品及食品加工产业规模突破500亿元。推动传统建材产业向绿色低碳、高性能、装配式等新型建材方向发展，加快川威装配式建筑产业园、蜀道集团钢构智造等项目建设。

夯实园区发展支撑。优化园区产业布局，打造“镇园之宝”。推进眉山高新区、甘眉工业园区、彭山经开区“三位一体”建设，加快甘眉工业园区创建国家级经开区，推进眉山高新铁路物流港建设。强化电力、天然气供应保障，实施眉山西500千伏输变电工程、乐山—眉山天然气长输管线工程等项目，加快发展天然气发电、抽水蓄能。推进园区污水处理、公共服务等提标升级。加快园区标准化建设，深化“亩均论英雄”改革，加大“腾笼换鸟”力度，确保低效工业用地处置率40%以上。

（四）超常魄力抓三产、促消费，加快建设成都都市圈消费副中心。

我们要牢记习近平总书记关于“增强消费对经济发展的基础性作用”的殷殷嘱托，把提振消费信心、激活消费市场摆在优先位置，加快聚集人气、商气、烟火气。

着力恢复和扩大消费。推进国家夜间文旅消费集聚区建设，完善“一湖一江多节点”东坡特色夜间经济空间布局。积极推进东坡岛商业水街提升改造，打造10个消费新场景。深化“寻美乡村·乐游眉山”乡村旅游、“约惠东坡·乐购生活”主题促销。加快县域商业体系建设，推动大型商贸流通企业、电商平台企业等向乡村延伸。培育壮大直播带货、社区电商、智慧零售等消费新业态。加大汽车等大宗商品消费支持力度。开发多层次康养产品，促进养老服务消费多元化。

全力提速服务业发展。聚焦补短板、调结构、做增量，把服务业招商摆在更加突出位置，重点招引龙头型基地型仓储物流中心、区域结算中心等总部经济项目，新引进5亿元及以上服务业项目不少于5个。推广工业企业主辅分离，新增限额及规模以上服务业市场主体158户。争取商业保理等地方金融组织牌照，新设金融机构2家以上。加快上市企业培育，新增1家以上。全面推进乡村振兴金融创新示范区建设试点。力争金融业增加值突破100亿元。

促进房地产业平稳发展。围绕需求端发力，因地制宜推出高品质刚性和改善性住房，满足新市民、青年人等群体多元化购房需求。针对性做好城市营销，提升眉山美誉度和吸引力。用好房地产金融政策，加大公积金支持力度。加强房地产领域风险防范，扎实做好保交楼、保民生、保稳定工作。

（五）超常决心抓创新、强驱动，做强产业蝶变的核心引擎。

我们要牢记习近平总书记关于“加快实施创新驱动发展战略”的殷殷嘱托，坚持信息化引领，推动“科技—产业—金融”良性循环。

创新赋能制造业发展。支持通威全球创新基地、顺应动力电池材料研究院等创建国省级研发平台，鼓励杉杉锂电等企业在眉设立工程（技术）研究中心，打通“科研 + 企业 + 产业”创新链。开展一批硬核科技项目“揭榜挂帅”试点，突破产业关键核心技术20项。加快推进数字产业化、产业数字化，创建“5G + 工业互联网”示范工厂，推广德恩云智造工业互联网平台。新增高新技术企业20家，高新技术产业营业收入增长20%以上。

推进成眉创新合作。深度融入西部（成都）科学城，推进天府大道科创走廊建设，加快建设成眉协同创新中心和眉山“科创通”平台。建设眉山区域性数字化转型促进中心。大力推广“天府科创贷”。深化“成都总部研发 + 眉山中试研发和应用制造”产业转化模式，促进产学研融合，实行柔性弹性引才。

加大科技研发投入。改革和健全财政性科技投入机制，促进规上企业研发活动全覆盖，全社会研发投入增长25%以上。全面落实“科创16条”、高新技术企业税收优惠。大力实施产业基础再造工程，推动一批新材料、新技术、新产品研发及应用产业化项目。实施“科创汇眉”行动，大力引进“1 + 3”产业创新团队和实用新型人才。做好知识产权保护，支持研发成果在眉转化。

（六）超常举措抓开放、促改革，把区位优势转化为发展胜势。

我们要牢记习近平总书记关于“坚持深化改革开放”的殷殷嘱托，在更高层次、更大范围集聚优质资源。

加速成眉同城。共建成眉“产业协作圈、开放合作圈、宜居生活圈”。协同推动《成都都市圈发展规划》119项重点任务，实施成都都市圈建设新一轮三年行动。加快成德眉资同城化综合试验区建设。以眉山天府新区为桥头堡，推进成眉毗邻区域协同发展。积极推进成眉“断头路”建设。强化与成都国际铁路港协作，做强都市圈物流能级。持续推进成德眉资公积金同城化，推进二级以上公立医院检查检验结果互认互通。共建都市圈联合招商机制，协同开展全球招商推介。

提升开放水平。用好做实现有开放平台，持续深化开放发展示范市建设。新培育外向型企业20户，力争进出口总额大幅提升。抢抓成昆铁路复线开通机遇，促进南向开放。持续实施综合交通大会战，完成投资160亿元。新开工洪雅通用机场、川零公路等15个项目，建成眉山南环线西段、锦江大道、瓦屋山快速通道等6个项目，全力推进天眉乐高速、尖子山航电等15个续建项目。

深化重点改革。持续深化“放管服”改革，加快数字赋能，拓宽电子证照运用场景。推动出台《眉山市优化营商环境条例》。扩大跨区域通办事项范围。聚焦并联审批、极速审批，强化流程优化、效率提升。深化财税金融改革，大力减税降费，优化“政银担”合作模式。深化国企改革，推动提质增效。实施民营企业“雁阵培育”行动，切实做好中小微企业和个体工商户纾困，帮助更多民营企业提振信心、渡过难关，力争民营经济增加值增速高于全省平均水平。大力推动“转企升规”，完成“个转企”390户以上。深化统计改革，扎实做好第五次全国经济普查工作。

（七）超常努力抓品质、聚人气，建设更高能级的新兴城市。

我们要牢记习近平总书记关于“打造宜居、韧性、智慧城市”的殷殷嘱托，坚持城镇化带动，让城市更加可观、可读、可感。

加快城市新中心建设。高质量编制控制性详细规划，完成市域铁路S5线眉山北站TOD一体化设计。加快推进城市新中心“南都会”标志性项目建设，完成18条市政道路、太和公园湖区景观建设。围绕医疗健康、金融服务、商务办公、总部经济开展招商。开街运营太和老街核心区。

加快城市有机更新。推进城市更新改造行动，积极争取国家城市更新试点。建设一批市政道路、供排水管网、停车场等公共设施改造项目。加强既有住宅增设电梯工作。提升老城区社区卫生服务中心医疗服务能力。推进小北街特色商业街区更新改造。实施“东坡步道·大家之路”二期项目。

加快推进新型城镇化。推进以县域为重要载体的城镇化建设，常住人口城镇化率同比提高1.5个百分点。支持东坡区创建全国百强区、仁寿县创建全国县域经济百强县。强化县城和中心镇联动发展，支持柳江、仁美、西龙创建“省级百强中心镇”，巩固提升万胜、汪洋创建成果。大力探索农业转移人口市民化配套措施，深化灵活就业人员参加住房公积金制度试点。加大农村地区公共服务设施建设，加快30个已编制规划中心村建设。深化建筑业改革发展试点，完成50家建筑企业升规入统。

（八）超常格局抓文化、强自信，大力传承弘扬三苏文化、东坡文化。

我们要牢记习近平总书记关于“要敬仰中华优秀传统文化，坚定文化自信”的殷殷嘱托，坚持以文塑城、以文化人、以文兴业，加快文旅融合发展。

繁荣文化事业。打造东坡特色新型公共文化空间。依托三苏祠建设苏门家风家教馆，争创全国全省家风家教实践基地。加快推进江口沉银博物馆建设。深入开展东坡文化月、东坡文化“六进”等系列活动。完成舞剧《东坡》创编，在国家大剧院首演。完成市文化馆、市图书馆新馆和市融媒体中心项目主体工程建设，积极构建“书香眉山”全民阅读服务体系。

深化文旅融合。锚定“一心三地”目标，打造长江国家文化公园代表性示范项目，塑造“一江两岸·三苏故里”文旅品牌。完成三苏故里文化旅游片区规划，启动一期建设。全力推进全国三苏文物主题游径建设眉山示范带工作，加快打造东坡文化研学旅行目的地。支持仁寿县创建天府旅游名县、柳江玉屏旅游度假区创建省级旅游度假区。统筹推出“东坡足迹行”“遇见永丰村”等文旅精品路线。

赓续城市文脉。一体推进文物和文化遗产保护活化利用，加快推进三苏祠外部空间拓展和环境提升。推进“苏东坡传说”申报国家级非遗。做好东坡泡菜、东坡肘子等非遗项目生产性保护。提速眉州古城墙遗址公园建设，加快实施太平古街历史文化街区保护整治，完成四川国际电台历史文化街区有机更新。

（九）超常付出抓民生、办实事，让发展更有温度幸福更有质感。

我们要牢记习近平总书记关于“老百姓的事，要实实在在干，干一件是一件，干一件成一件”的殷殷嘱托，用心用情托起眉山人民“稳稳的幸福”。

抓好就业创业。加快推进技能人才队伍建设，强化企业用工保障。健全覆盖城乡的公共就业服务体系，建成农民工综合服务站200个以上，促进“游子归乡”，千方百计帮助更多返乡人员留眉就业创业。统筹做好高校毕业生、残疾人、退役军人、零就业家庭等群体就业帮扶。开发公益性岗位4000个。城镇新增就业3万人，城镇登记失业率低于国省平均水平。完善创业服务体系，推动创业孵化基地提档升级。

强化社会保障。全力推进省定民生实事项目和重点民生工程。优化完善多层次医疗保险，健全分层分类社会救助体系，加强低收入人群动态监测和常态化帮扶，保障困难群众衣食冷暖。强化村（社区）居家养老服务能力，推进助餐服务网络建设，开展适老化改造1000户。落实三孩生育政策，持续推进公办示范婴幼儿照护服务机构建设，抓好“快乐小东坡”未成年人保护工作品牌打造，争创国家儿童友好城市建设试点。做好退役军人保障和优抚安置，推动全国双拥模范城建设。

优化公共服务。深化学区制改革，优化教育资源配置，大力实施“三名”工程，全面提升基础教育质量。完善学生心理健康和法治教育家校社联动机制，提升校园安全治理水平。建好清华附中天府学校。新（续）建公办幼儿园、中小学20所。加大特殊教育学校扶持力度。建成水上运动营地、城市新中心体育公园、东坡岛智慧体育公园。实施乡村振兴体育健身示范村项目10个。加快打造“健康眉山”，启动市公共卫生临床医疗中心建设。加强基层医疗卫生保障体系建设，加大基本药物供给、人才引进和设施设备投入力度。推进中医药强市建设。

改善生态环境。坚决打好蓝天、碧水、净土保卫战，切实解决人民群众关心的生态环境问题。借鉴河(湖)长制经验做法,加强大气污染物分区精准管控,开展工业领域大气污染整治提升三年行动,强化“三源”整治,抓好“两降两控”。开展重点流域达标巩固、小流域深度治理、入河排污口排查整治行动,确保17条市级河(湖、渠系)保持优良水体及以上。加强土壤污染源头防控,推进“无废城市”建设。扎实抓好第二轮中央生态环境保护督察反馈问题整改。提高新能源汽车和充电桩保有量,倡导绿色低碳生产生活方式。

(十)超常思维抓安全、保稳定,建设更高水平的平安眉山。

我们要牢记习近平总书记关于“安全和发展要同步推进”的殷殷嘱托,树牢底线思维、极限思维,让群众生活更安心。

防范化解重大风险。认真落实新阶段防控举措,因时因势优化疫情防控措施,着力保健康、防重症。强化金融风险监测预警,稳妥化解地方法人金融机构风险。把安全生产15条硬措施落到实处,全面推广“1+N”专委会工作机制和首席安全官制度。持续抓好森林防灭火工作,完善灾害防治体系。推进化工园区安全整治。强化城镇燃气、道路运输、食品药品、特种设备安全监管。

提升基层治理水平。推动城乡基层治理和市域社会治理“双线融合”。推进第三批省级城乡社区治理试点,创建全国市域社会治理现代化试点合格城市。实施城乡基层治理攻坚“五大工程”,健全“五社联动”机制,创新政策供给、项目投放、资源下沉统筹制度。推进市、县两级“一站式”多元解纷平台实体化运行。探索建立城乡居民诉求响应机制。提升小区物业管理水平。巩固全国文明城市创建成果,深化新时代文明实践中心(所、站)建设,推进志愿服务制度化常态化。

深化平安眉山建设。坚持和发展新时代“枫桥经验”,深入开展矛盾纠纷排查化解,深化“七无”平安村(社区)建设。深入推进常态化扫黑除恶斗争,打赢禁毒人民战争,坚决遏制电信网络诈骗等突出违法犯罪。全面推进各项社会事业发展。

三、砥砺奋进 建设人民满意政府

使命呼唤担当,实干成就未来。新征程对政府治理体系和治理能力提出新的更高要求。我们必须持之以恒强化政府自身建设,更好地为全市人民服务。

(一)以忠诚为民诠释初心。深学细悟习近平新时代中国特色社会主义思想,全面领会落实中共二十大精神,深刻领悟“两个确立”的决定性意义,切实增强“四个意识”、坚定“四个自信”、做到“两个维护”,把领袖的深切关怀转化为跨越发展的奋进力量,把领袖的殷殷嘱托转化为为民务实的自觉行动。

(二)以团结奋斗成就作为。向团结要战斗力,树立系统观念、自觉服从大局,把本地区本部门工作放到更高格局、更大维度中谋划和推进。向激情要战斗力,激发全社会干事创业活力,让干部敢为、地方敢闯、企业敢干、群众敢首创。向创新要战斗力,勇于革故鼎新、打破惯性思维,以超常规方式把超常规事业干成,推动工作又好又快。

(三)以依法行政护航发展。加强法治政府建设,坚持依法决策、科学决策、民主决策,全面深化政务公开,努力使尊法学法守法用法在全社会蔚然成风。自觉接受人大及其常委会监督、政协民主监督,主动接受监察监督和社会舆论监督。高质量办好人大代表建议、政协委员提案,广泛听取各民主党派、工商联、无党派人士、人民团体意见和建议。

(四)以作风建设涵养正气。严格落实全面从严治党要求,锲而不舍落实中央八项规定精神,大力整治形式主义、官僚主义。聚焦重点领域,加强审计监督。大力传承弘扬三苏好家风,清白做人、勤俭齐家、干净做事、廉洁从政。坚持“过紧日子”,严格控制“三公”经费支出,以政风带社风优民风。

各位代表,新征程任重道远,新时代催人奋进。让我们更加紧密地团结在以习近平同志为核心的党中央周围,凝心聚力、奋勇争先,为开创现代化眉山建设新局面、全面建设社会主义现代化四川作出更大贡献!

牢记殷殷嘱托 携手团结奋斗
为谱写中国式现代化眉山新篇章贡献政协更大的智慧和力量

（审议稿）

——在政协第五届眉山市委员会第三次会议上的报告

眉山市政协主席 黄剑东

（2023年1月3日）

各位委员，同志们：

我代表政协第五届眉山市委员会常务委员会，向大会报告工作，请各位委员审议，请同志们提出意见。

2022年工作回顾

2022年，是党和国家历史上具有里程碑意义的一年，也是眉山政协事业守正创新、蓬勃发展的一年。在市委的坚强领导和省政协的大力指导下，市政协及其常委会团结带领全体委员，深入学习贯彻中共二十大和习近平总书记来川莅眉视察重要指示精神，全面贯彻落实省委、市委各项决策部署，围绕中心、服务大局，踔厉奋发、勇毅前行，为眉山“三市一城”建设作出了积极贡献。

全省政协系统“双助”活动总结交流会等10次重要会议在眉山召开。在省政协专题议政性常委会、研讨会、经验交流会等发言12次。获得《人民政协报》宣传工作先进单位、全省政协宣传思想工作第三名、反映社情民意信息工作先进单位。全市政协系统13个单位和28名个人获全国政协、省政协表彰（表扬）。全年形成调研专报、社情民意信息74件，全国政协、省政协采用25件，省政协、市委、市政府主要领导批示30件次。

一、始终高举伟大旗帜，加强党的全面领导实现新提升

我们深入贯彻新时代党的建设总要求，把坚持和加强党对政协工作的全面领导作为根本政治原则，把坚持和发展中国特色社会主义作为共同思想政治基础，在伟大旗帜指引下奋勇向前。

（一）坚决拥护“两个确立”，政治引领更加坚强有力。我们把学习宣传贯彻中共二十大精神作为当前和今后一个时期的首要政治任务。坚持学习领会入脑入心，深刻领悟“两个确立”的决定性意义，切实增强“四个意识”、坚定“四个自信”、做到“两个维护”。坚持培训宣讲走深走实，依托市政协两级党组、5个支部、9个专委会，开展培训宣讲25场次，确保全覆盖；依托27个界别、349名委员，将宣讲工作引向深入。坚持贯彻落实见行见效，推动中共二十大决策部署在政协具体化，切实把学习成效转化为做好政协工作的政治自觉、思想自觉、行动自觉。

（二）坚决扛起使命责任，贯彻落实更加坚定有效。2022年6月，习近平总书记来川莅眉视察并作出重要指示，饱含着党的核心、人民领袖对四川的高度重视和深切关怀，为我们擘画了蓝图、指明了方向。全市政协系统始终牢记总书记的殷殷嘱托，结合省第十二次党代会、省委十二届二次全会精神和省政协关于“坚决维护核心、倾力服务中心、坚守为民初心、广泛凝聚人心”的要求，全面贯彻落实市第五次党代会的各项决策部署，深入调研视察、协商建言、凝心聚力，确保总书记的重要指示精神在眉山落地生根、开花结果。

（三）坚决破解“两个薄弱”，工作基础更加扎实稳固。习近平总书记在中央政协工作会议上明确要求，“重点解决市县政协基础工作薄弱、人员力量薄弱的问题”，我们认真贯彻落实中央、省委关于加强和改进新时代市县政协工作的部署要求，积极争取市委支持，迅速出台“十条措施”，在全省第一个出台市级层面贯彻意见，六区县均先后出台有关贯彻落实文件，形成了市县联动、合力共进的格局，夯实了工作基础、增强了工作效能。眉山的相关经验在省政协贯彻落实中央、省委政协工作会议精神“回头看”工作座谈会上进行了交流。

二、聚焦服务中心大局，深入推进协商民主得到新发展

我们坚定发展全过程人民民主，推进协商民主广泛多层制度化发展，充分发挥专门协商机构重要作用，全面提升政协服务中心大局贡献率。

（一）精准协商建言，全力服务制造强市。市政协2022年度协商议题中，助推制造业发展、项目投资类议题占比超过50%。把“加快推进‘1+3’产业高质量发展”作为本届政协第一次常委会专题议政主题，形成延链强链、人才招引、科技创新等多项有分量的协商成果。搭建成都都市圈跨区域协商平台，举办成德眉资四市政协助推制造业高质量发展专题协商会，协商成果报四市党委政府和省同城办决策参考。试点推开市县政协委员跨界别服务企业活动，最大限度整合各界别委员力量，多方面为7户企业解决问题和诉求26项，助力企业更好更快发展。积极牵线协调，促进产教融合发展，助推眉山职业技术学院与通威太阳能、四川锦源晟新能源公司等企业达成合作。协助市委、市政府建设天府新能源新材料产业学院，助力构建现代产业体系。

（二）强化履职载体，奋力助推乡村振兴。把“双助”活动作为重要载体，形成“四个一”工作法，明确43个“双助”活动重点村，1953名市县政协委员、机关干部全员参与，形成543项帮扶清单，协调产业项目323个，村集体经济增收500万元以上，树立了“双助事业、永丰之路”眉山品牌。围绕耕地保护、粮食生产、特色产业发展等深入调研，积极建言献策，保护耕地抓牢粮食生产等建议被省政协采纳。向市委报送的《抢抓机遇、乘势而上建设新时代更高水平的“天府粮仓”示范区》《探索中国式农业农村现代化眉山路径》《关于〈东坡区永丰片区乡村振兴专项规划〉的建议》，转化为市委决策部署。

（三）发挥特色优势，大力弘扬东坡文化。市政协主动汇报、积极争取，得到省政协对东坡文化的高度重视和大力支持，经省政协党组建议，“三苏文化”被写入省委十二届二次全会决定。主动作为，为成功举办十二届东坡文化节发挥了积极作用。在习近平总书记来川莅眉视察当月，汇集名家精品，首次以东坡文化为主题在省政协举办“吾家蜀江上”书画展，是去年第一个在省政协举办书画展的市州，取得了良好的反响。在省政协“牢记嘱托·同心奋进”主题读书活动中，市政协先后两次作为轮值群主，分别以东坡文化和耕读文化作主题报告，线上直播收看超10万人次，工作经验被省政协推广。参加省政协“三苏文化与治国理政理念和思维”研讨会，积极交流发言，助推东坡文化创造性转化、创新性发展。坚持把东坡文化作为“书香政协”建设重点，在委员读书活动中，建立61个读书群，举办读书分享会34场。紧扣“一心三地”建设，提出的“打造弘扬传承东坡文化总部基地”等建议被省政协和市委采纳。围绕“品质立市”，以“加快建设城市新中心”为主题开展常委会专题议政，形成了“以东坡文化赋能城市建设”等重要协商成果。全力配合省政协，推动组建18个东坡遗址遗迹地“三苏文脉、东坡文化”传承弘扬联盟；开展东坡足迹行活动，加强了对外交流、扩大了眉山影响。

三、秉持为民履职情怀，助力增进民生福祉取得新成效

我们始终坚持以人民为中心的发展思想，践行人民政协为人民的履职理念，不断拓展协商于民、服务于民、造福于民的履职实效，以真情实意践行为民宗旨，以真绩实效增进民生福祉。

（一）调动各界力量，用心用情办实事做好事。扶危济困尽显委员大爱，持续开展委员爱心助学活动，为32名困难学生送上助学金。开展抗击疫情一线医务人员及家属慰问活动，视频连线慰问援吉援沪医务人员，为他们送去慰问金10万元。疫情面前尽显委员担当，以罗永田、祝光伦、王永树等为代表的广大委员积极捐款捐物，倾情助力疫情防控。以马宇、汤学全、乔璐等为代表的政协委员，立足岗位、勇于担当投身防疫一线。

（二）畅通民意渠道，解决群众急难愁盼问题。反映的眉山市妇女儿童医院新院区公共交通出行、通惠街道社区卫生服务中心片区公交盲点、西来堰大桥、苏辙小学交通拥堵等建议，得到迅速解决。提出的加强瓦屋山镇群众饮用水保障等建议，被采纳并加快落实解决。关注“一老一小”，积极反映群众愿望，全力助推建成旭光小区助老餐厅；开展公办幼儿园延时服务、幼儿托育服务等调研，积极建言献策，助力提高人民生活品质。反映的关于鼓励生育的建议措施，得到全国政协采用。

（三）加强民主监督，推动惠民之举落地落实。把协商、监督、参与、合作融于一体，常态化开展巡河工作，落实“河长制”工作责任。开展成德眉资四市应急联动同城化发展、农产品质量安全体系建设等联合调研视察，助推四市联合落实。开展岷江流域东坡区段生态环境保护情况等视察活动，形成了“深入推进全市‘十年禁渔’工作”等一批有质量的监督建议。发挥协商式监督作用，推动政协提案与公益诉讼检察建议衔接转化，开展重点提案督办9件，确保落地见效，更好惠及群众。

四、致力广泛凝聚共识，汇聚力量团结奋斗开创新局面

我们始终坚持大团结大联合，突出团结民主两大主题，强化凝心聚力工作理念思路、平台载体、方式方法，努力画出最大同心圆，形成强大向心力。

（一）积极拓展凝心聚力载体，充分发挥统一战线作用。加强委员联系界别群众，推动委员深入群众履职。市县政协建立21个委员工作室，开展宣传政策、收集社情民意、为民服务等工作，有效发挥委员工作室联系服务群众触角和纽带作用。联合高校举办2期委员专题培训，进一步增强委员履职能力。加强全市政协系统书画院建设工作，以书画为媒，拓宽团结联谊渠道，聘请全国名家为政协书画院名誉顾问，邀请企业家委员参与书画院工作，先后在市内外开展11次书画展览活动，获得一致好评，以群众喜闻乐见的形式，把党的主张转化为群众的共识和自觉行动。

（二）扎实开展“有事来协商”，架起服务群众连心桥。深入推进“有事来协商”工作，着力把政协制度优势转化为治理效能，助力提升基层治理水平。面向基层广泛开展小微协商活动，搭建157个协商平台，全年开展小微协商106次，解决基层问题172个，提出意见建议326条，委员参与737人次。“有事来协商”成为基层化解矛盾、协调关系、意见表达、凝聚共识的重要抓手和重要平台。

（三）建设“活力开放和谐”机关，凝聚共同奋进强大合力。坚持在抓好自身建设中提升履职能力水平，深入开展“活力开放和谐”机关建设。紧密结合“奋进新征程、建功新时代”大学习大实践大提升活动，依托政协大讲堂、青年理论学习组等开展学习活动19次。丰富机关活动形式，组织开展庆“七一”朗诵比赛、“书香政协，今天我们来读”、趣味运动会等活动，努力呈现工作有活力、学习有活力、生活有活力，思想开放、方法开放、成果开放，平等交流、团结民主、氛围和谐的生动局面。

各位委员，同志们，过去一年的工作和成效，是在习近平新时代中国特色社会主义思想引领下，是在市委的坚强领导和省政协大力指导下，是在市人大常委会、市政府和各方面大力支持下，是政协各参加单位、各级组织和广大政协委员共同努力的结果。在此，我代表市政协常委会向大家表示衷心的感谢！

同时，我们也清醒地看到工作的不足：建言资政质量和水平还需要进一步提升，协商成果落地见效还需要进一步加强，民主监督和委员联系服务界别群众制度机制还需要进一步完善，等等。这些都要在今后的工作中认真研究并加以改进。

2023年工作建议

2023年，市政协将坚持党的领导、统一战线、协商民主有机结合，坚持发扬民主和增进团结相互贯通、建言资政和凝聚共识双向发力，着力提高深度协商互动、意见充分表达、广泛凝聚共识水平，以新时代奋斗者的姿态和干劲，奋力助推全市各项事业乘风破浪、奋勇前进。

一、全面贯彻中共二十大精神，在强化理论武装上持续用力

深入学习贯彻中共二十大精神，牢牢把握“两个确立”这个最根本政治保证，在全面学习、全面把握、全面落实上下功夫。全面贯彻落实省委十二届二次全会和市委五届六次全会精神。以政协党组理论学习中心组为主导，依托政协大讲堂、青年理论学习组、委员读书活动等，持续深入开展形式多样的学习研讨、宣传宣讲活动，把全市各界的思想和行动统一到中共二十大精神上来，把智慧和力量凝聚到实现中共二十大确定的目标任务和市委的部署要求上来。

二、践行全过程人民民主，在专门协商机构建设上持续用力

把协商民主贯穿政协履职全过程各方面，完善协商内容，丰富协商形式，健全各种制度化协商平台。进一步规范全体会议、专题议政性常委会会议、专题协商会，灵活经常性开展协商座谈会、对口协商、提案办理协商、界别协商等协商活动。扎实推进“有事来协商”工作，着力提高覆盖面、在线率、影响力。发挥协商式监督优势，提高民主监督议题比例，增强监督实效。提高深度协商互动，加强专门协商机构制度化、规范化、程序化等功能建设，推动协商民主广泛多层制度化发展。

三、努力提升政协贡献率，在围绕中心服务大局上持续用力

聚焦中央、省委和市委决策部署，精心选择协商议题，积极建言献策，不断提升政协服务中心大局贡献率。聚焦加快构建新发展格局，围绕市委、市政府重点工作，举行2次高质量专题议政性常委会会议，每两月至少举行1次重要协商活动。围绕成渝地区双城经济圈、成都都市圈建设，积极搭建跨区域协商平台，助推眉山“进城入圈”。围绕四化同步、城乡融合，加快推进新型工业化、信息化、城镇化和农业现代化，深入开展调研协商。围绕大力传承三苏文脉、弘扬东坡文化，助推“一心三地”建设。围绕乡村振兴，深入推进“双助”活动，助力打造更高水平“天府粮仓”示范区。

四、高标准加强自身建设，在推进履职能力提升上持续用力

不断强化政协党组领导责任，持续抓好政协委员和政协机关干部“两支队伍”建设。积极推进“活力开放和谐”政协机关建设，加强“书香政协”建设。完善委员履职考核机制，常态化开展委员学习培训，加强履职服务和管理。完善委员联系界别群众制度机制，畅通社情民意汇集反映渠道，扎实做好强信心、聚人心、筑同心工作，汇聚团结奋斗的强大合力。

各位委员，同志们！风鹏正举九万里，奋楫扬帆正当时。让我们更加紧密地团结在以习近平同志为核心的党中央周围，坚定拥护“两个确立”、忠诚践行“两个维护”，在市委的坚强领导和省政协的大力指导下，团结拼搏、守正创新，苦干实干、奋发进取，为谱写中国式现代化眉山新篇章贡献政协更大的智慧和力量！

中共眉山市委关于深入贯彻习近平总书记来川视察重要指示精神建设新时代更高水平“天府粮仓”示范区的决定

（2022年8月30日中国共产党眉山市第五届委员会第五次全体会议通过）

今年6月8日，习近平总书记来川视察，第一站调研眉山，这是新中国成立后党和国家最高领导人首次来眉，在我市发展史上具有重要的里程碑意义。调研中，总书记十分关心耕地保护和粮食安全工作，作出在新时代打造更高水平“天府粮仓”的重要指示。为深入贯彻总书记来川视察重要指示精神，全面落实中央、省委决策部署，中共眉山市委五届五次全体会议就建设新时代更高水平“天府粮仓”示范区进行了认真研究，作出如下决定。

一、牢记习近平总书记殷殷嘱托，坚定扛起“天府粮仓”首提地的使命担当

（一）深刻领会总书记关于“保护好这片产粮宝地”的谆谆教导，把建设新时代更高水平“天府粮仓”示范区作为服务“国之大者”的重大政治任务。耕地保护和粮食安全，是习近平总书记反复强调的“国之大者”。此次调研眉山，总书记对我市坚持粮食种植助力保障国家粮食安全的做法表示肯定，指出成都平原自古有“天府之国”的美称，强调要把粮食生产抓紧抓牢，首次提出在新时代打造更高水平“天府粮仓”的重要要求。总书记的重要指示，对四川服务全国粮食生产大局作出精准定位，把成都平原纳入国家粮食安全区域格局，赋予了我们光荣而重大的时代使命。成都平原历来就是国家重要的产粮基地和战略大后方，眉山作为成都平原的重要组成部分、全省粮食主产区，我们要始终心系“国之大者”，全力提升耕地保护和粮食综合生产能力，为全国全省粮食生产贡献更多力量。

（二）深刻领会总书记关于“积极发展绿色农业、生态农业、高效农业”的重要要求，把建设新时代更高水平“天府粮仓”示范区作为加快农业现代化的重大战略支撑。习近平总书记深刻指出，农业的根本出路在于现代化，要不断提高综合生产能力。调研中，总书记强调要加强现代农业科技推广应用和技术培训，把种粮大户组织起来，积极发展绿色农业、生态农业、高效农业。眉山地处水旱从人的天府之国，自古有“坤维上腴、岷峨奥区”的美誉，农业生产条件优越、发展基础扎实，是全省乃至全国重要的农副产品供应基地。我们要紧扣都市现代农业发展目标，以“天府粮仓”建设为突破，加快完善现代化农业产业体系、生产体系、经营体系，不断提高综合效益和竞争力，持续擦亮眉山农业金字招牌。

（三）深刻领会总书记关于“让老百姓过上更加美好的生活”的殷切重托，把建设新时代更高水平“天府粮仓”示范区作为推动共同富裕的重大实践载体。人民群众的安危冷暖，始终是总书记最深切的牵挂。调研中，总书记仔细察看农村人居环境改善、乡村卫生体系建设等情况，真切指出大家收入高了、日子好了，脱贫之后要接续推进乡村振兴、不断发展下去，专门叮嘱要全心全意把老百姓的事一件一件办好，让老百姓过上更加美好的生活。总书记的重要指示，饱含着对人民的似海深情、如山厚爱。我们要坚持以人民为中心的发展思想，把促农增收作为“天府粮仓”示范区建设的重要任务，探索一条保障粮食安全与实现共同富裕有机统一、相融互促的有效路径。

二、对标对表、找准定位，明确建设新时代更高水平“天府粮仓”示范区的总体要求

（一）指导思想

坚定以习近平新时代中国特色社会主义思想为指导，深入贯彻总书记来川视察重要指示精神，认真落实中央、省委关于耕地保护和粮食安全、全面推进乡村振兴的决策部署，把确保粮食安全作为拥护“两个确立”、践行“两个维护”的重大检验，压紧压实党政责任，把提高农业综合生产能力放在更加突出位置，大力实施“藏粮于地、藏粮于技”战略，坚持问题导向、模式创新、内涵增长，以改革创新精神破解难题，着力调动各方种粮积极性，不断提高土地产出率、资源利用率和劳动生产率，最大限度保耕地、多种粮、产好粮，最大力度延伸产业链条、提高综合效益、促进增收致富，努力实现“政策保底、经营增效、农民省心”，推进都市现代农业、绿色农业、智慧农业发展，坚决把总书记耳提面命的殷殷嘱托落到实处、见到实效。

（二）基本原则

——坚持粮地一体、严守红线。严格落实“长牙齿”硬举措，守死看牢耕地保护红线，坚决遏制耕地“非农化”、基本农田“非粮化”，推动应耕尽耕、应种尽种，确保耕地总量稳中有升、质量稳中向好、农田就是良田，最大限度扩大种粮面积、提高粮食产量。

——坚持因地制宜、粮经统筹。全面加强对粮食生产功能区、重要农产品生产保护区的管控，科学统筹粮食生产和特色产业发展，合理布局粮食用地、经济作物用地，积极探索推广粮经复合发展新模式，确保“米袋子”“菜篮子”“果盘子”长期稳定供应。

——坚持绿色生态、高质高效。围绕标准化生产、种养结合、循环生态，强化农业面源污染治理、土壤修复改良、绿色生产技术设备推广，加快构建更加协调、高效、可持续的全产业链现代粮食生产体系，确保粮食产量稳中有增、品质效益持续提升。

——坚持多方参与、共建共享。突出政府引导、市场主导、主体多元，推进粮食生产全周期社会化服务，提升种粮组织化社会化程度，构建农企利益联结机制，充分激发农户种粮积极性，确保种粮有奔头、农民有赚头。

（三）目标任务

到2025年，以粮食为核心的现代化农业产业体系更加完备、生产体系更加完善、经营体系更加高效，粮食播种面积和产量稳步提升、综合效益明显提高，创造全省乃至全国可复制、可推广的经验，基本建成“美田弥望、稻谷飘香、物阜民丰、幸福和乐”的新时代更高水平“天府粮仓”示范区。到2030年，全市粮食等主要农产品供给保障有力、资源利用高效、产地环境良好、生态系统稳定、农民生活富裕、田园风光优美的都市现代农业发展新格局基本形成。

——在集成化配套上实现突破，高标准农田建设争当示范。“田、土、水、路、电、管”等基础设施全面完善，高标准农田建管护常态长效机制全面构建、整区域示范区加快建设，到2025年全市高标准农田占比位居全省前列。

——在科技化支撑上实现突破，粮食亩均产量走在前列。种业、科研等技术平台持续提升，数字技术加快应用、全面渗透，粮食生产高层次人才队伍力量充足、能力过硬，粮食单产技术难关不断攻克，探索发布一批技术规程标准，到2025年全市粮食单产保持全省领先、达到全国先进水平。

——在社会化服务上实现突破，适度规模经营大幅提升。现代化粮食生产服务体系不断完善，生产主体组织化、规模化程度明显提升，各类支持引导政策规范健全，到2025年全市粮食生产规模经营率进一步提升。

——在生态化发展上实现突破，生产方式更加绿色高效。绿色生产技术与传统农业生产紧密结合，化肥持续减量、绿色循环种养全面推广，环境健康、产品安全、排放低碳的绿色生态农业体系加快完善，到2025年现代农业发展方式不断创新。

——在融合化提升上实现突破，综合经济效益显著增强。增粮优果、增粮优菜、增粮优猪等融合生产形态全面呈现，农业精深加工实现集群发展，农旅融合业态成为增长支撑，到2025年全市规模种粮综合亩均纯收益大幅提升。

——在品牌化培育上实现突破，“东坡大米”驰名全国。粮食产地加工、精深加工能力不断增强，特色农副产品更加优质，企业自主品牌数量和知名度不断提升，到2025年“东坡大米”区域公用品牌在全国全省影响力明显提升。

三、科学规划、良田粮用，着力构建“一核三带十片”粮食绿色高产高质高效示范引领新格局

（一）突出“一核”引领，打造永丰核心样板区。以永丰片区为核心，规划建设现代农业园区产业走廊、都市农景生态走廊、水稻技术推广研究中心、巴蜀农耕文化研学中心，充分发挥引领“天府粮仓”建设的综合示范作用。

（二）强化“三带”联动，打造现代灌溉主产区。围绕打造岷江流域、黑龙滩灌区、青衣江流域粮食生产示范带，规划建设现代高效粮食灌溉主产区，即：在岷江流域布局建设30万亩以稻菜、稻药轮作、稻田高效种养为特色的粮食产业带；在黑龙滩灌区布局建设60万亩以稻麦、稻油、玉米大豆带状复合种植为特色的粮食产业带；在青衣江流域布局建设10万亩以稻菜、稻麦、稻油轮作为特色的粮食产业带。

（三）筑牢“十片”支撑，打造高标农田集中区。按照“集中连片、旱涝保收、节水高效、稳产高产、生态友好”的标准，重点在岷江流域和通济堰灌区建设4个以稻菜、稻药为主导产业的万亩以上集中区，在黑龙滩灌区建设4个以稻麦、稻油、玉米大豆带状复合种植为主导产业的万亩以上集中区，在青衣江和安溪河流域建设2个以稻麦、稻油为主导产业的万亩以上集中区。

在重点抓好“一核三带十片”示范引领的同时，坚持全面统筹、属地负责、整体提升，分品种抓增产潜力、分区域挖扩面空间，扎实推进其他区域耕地保护、粮食生产等工作，全域建设“天府粮仓”示范区。

四、聚焦关键、创新突破，全面实施“天府粮仓”建设六大工程

（一）实施耕地保护工程，守牢天府产粮宝地。全面落实耕地保护责任，确保耕地面积只增不减、质量只升不降，坚决守牢耕地和基本农田保护红线。实施耕地恢复“三年行动”，科学编制耕地进出平衡方案，逐步实现平坝、丘陵地区宜粮园地、林地、草地有序还耕。全面落实最严格的规划管控和用途管制措施，完善四级“田长制”责任体系，全面推广建设“田长制智慧管理系统”，建立耕地和永久基本农田标识标牌，发放耕地“电子身份证”。动态掌握承包地数量和利用情况，建立耕地种植情况逐级报备制度，落实常态巡查，严格执法监管，实行“红黄牌”管理、提级审计追责，严厉查处违法违规占用耕地行为。

（二）实施农田建设工程，打造天府高产良田。推进新一轮高标准农田建设，分区域制定技术规程、管护机制，实行应建尽建、提标改建，尽快把永久基本农田全部建成高标准农田，逐步把全域耕地建成高标准农田，形成“十里稻田成片、百里稻花飘香”景象。持续开展耕地质量提升行动，统筹开展全域土地综合整治等项目建设，推进耕地耕作层土壤剥离再利用，推广测土配方施肥等技术，不断优化粮食种植条件。持续开展新型农村水务试点，加大灌区续建配套和末级渠系改造力度，因地制宜发展管道供水节水灌溉，补齐水利薄弱短板。探索高标准农田建设综合平衡融资模式，创新种粮大户“点单式”全程参与高标准农田建设等机制，探索推广高标准农田有偿使用，引导社会主体参与到建设中来。

（三）实施科技引领工程，提升天府现代粮技。成立粮油类院士（专家）工作站和科技小院，积极引进科研院校高层次技术服务团队，发挥科技特派员作用，建立水稻、玉米、小麦科研中心和产学研联盟。加强基层农技推广组织建设，探索专业技术人员聘用制，畅通粮食产业技术人才聘用晋升“绿色通道”，建立农技人员常态培训机制。持续推动国家级杂交水稻制种基地建设，开展粮食种植“一优两高”生产竞赛，试行商业化育种模式，推广高效栽培、智能农机装备等新技术，全面提升机械化、数字化、智能化水平。推广病虫害绿色防控、化肥农药减施增效技术，创新农业废弃物资源化利用，建立农业生态循环系统。完善灾害监测预警、应对防范机制，最大限度减少灾害损失。因地制宜推进果园抽密改稀、间种套种，推广稻菜、稻油、稻药轮作等“钱粮双丰收”复合种植新农艺，做到首保“米袋子”，同保“菜篮子”“果盘子”“油瓶子”和农民的“钱袋子”。

（四）实施主体培育工程，壮大天府职业农人。建立完善农业社会化服务体系，促进小农户与现代农业有机融合，切实解决城镇化、老龄化发展后“谁来种地”问题。突出抓好粮油类家庭农场、农民合作社和龙头企业等经营主体，大力实施粮食规模种植业主培育计划，建立领导干部和技术人员联系帮扶种粮大户机制，强化奖补、金融、保险等政策支持，到2025年力争培育粮食规模种植大户1000个。探索种粮农民职业化，完善认证、培训、激励、扶持制度体系。建立社会化服务组织联盟和信息平台，支持鼓励国有公司、龙头企业组建全方位社会化服务组织和区域性农业全产业链综合服务中心，向种粮大户、专业合作社和小农户提供育播、统防、烘储、加工、劳务等服务。积极开展田型调整，鼓励通过出租（转包）、入股等方式流转土地经营权，推广“保底＋分红”利益联结机制，促进适度规模经营。

（五）实施示范带动工程，做强天府粮食园区。按照“以水定产、依水建园”的思路，规划建设粮油类现代农业园区，支持各地争创国省级涉农园区，力争三年创建国省级园区（示范区）3个以上。创新财政、金融、用地、人才等资源整合投入机制，加大粮油类园区扶持力度，对认定的县级以上粮油类现代农业园区，给予政策、项目和资金倾斜。加强储粮基础设施和粮油应急保障体系建设，强化粮食储备安全管理。合理设置粮食园区内功能板块，开展大田高产攻关示范行动，统筹设立高产攻关田、落实主推技术科技示范户，形成品种鲜明、布局合理、设施完备的粮食生产示范区。

（六）实施延链融合工程，擦亮天府农耕品牌。搭建粮食生产数字化溯源平台，完善农产品标准化品控体系，精选优质水稻品种，全过程生态绿色种植，打造一批在全国叫得响的拳头产品。积极引育精深加工龙头企业，鼓励开发营养健康、口味好的新产品和功能性大米，开展“企业＋基地＋农户”订单式生产销售，延伸“农头工尾、粮头食尾”产业链，到2025年全市年粮食加工产值实现150亿元以上。培育“东坡大米”公用品牌和“东坡大米＋东坡肉”“东坡大米＋东坡泡菜”等主食品牌，加大品牌营销力度，强化品牌监测监管，提升质量安全水平，组织优质粮油企业和产品参加国际国内知名展会和线上营销活动，不断提升品牌影响力。积极构建米粉、米线、米酒等主食加工业产业体系，全力打造成都都市圈“中央厨房”供给体系，加快推进主食加工业发展壮大。拓展农业生态价值，深入挖掘在地农业文化遗产，打造竹里稻香、桔香稻田等一批田园景观，积极推进农旅融合，提升综合效益。

五、加强领导、完善机制，形成新时代更高水平“天府粮仓”示范区建设的强大合力

（一）压实工作责任。充分发挥市建设新时代更高水平“天府粮仓”工作领导小组作用，加强组织领导和统筹协调。眉山天府新区、各县（区）相应成立领导小组，市级相关部门组建工作专班，将“天府粮仓”建设列入重要议事日程，建立“一把手”首要负责、直接谋划、定期督办机制，协调解决工作推进中的重大问题。严格落实耕地保护和粮食安全党政同责。依托“一核三带十片”，建立粮食生产宣传教育基地，引导广大干部群众树牢粮食安全意识，形成齐抓共建合力。

（二）坚持常态推进。制定“天府粮仓”示范区建设专题规划和年度实施方案，实行标准化、清单化、项目化管理，细化制定年度推进任务，加快实施一批重大项目。组织开展拉练比拼，定期开展明察暗访，对推进不力、建设效果不明显的予以通报，并限期整改。对未完成粮食生产、耕地保护任务的县（区）、乡镇（街道），取消所在地当年度评先评优资格。

（三）健全扶持政策。把“天府粮仓”建设纳入各级党校（行政学院）培训内容。制定专项扶持办法，市、县（区）两级财政设立“天府粮仓”建设专项资金，重点支持高标准农田建设、企业培育、农机购置、作物保险、政府收储、质量管控、品牌提升等。按照中省要求逐年提高土地出让收入用于农业农村的比例，每年新增部分主要用于“天府粮仓”示范区建设。

（四）强化考核激励。每年表扬一批粮食生产工作成效突出的集体和个人。按规定申报开展建设新时代更高水平“天府粮仓”表彰活动，对贡献突出的社会化服务组织、种粮大户、专业合作社、企业等给予表彰奖励。筹建全市“天府粮仓”专项补偿基金，对年度考核结果不合格的县（区），调减第二年专项扶持资金和补偿基金。

中共眉山市委关于深入贯彻习近平总书记来川视察重要指示精神　传承三苏文脉弘扬东坡文化的决定

（2022年8月30日中国共产党眉山市第五届委员会第五次全体会议通过）

今年6月8日，习近平总书记来川视察，亲临三苏祠调研，对东坡文化给予高度评价，并就坚定文化自信、传承弘扬中华优秀传统文化作出重要指示。这是领袖的关怀、巨大的鼓舞，是方向的指引、战略的领航。为深入贯彻落实习近平总书记来川视察重要指示精神，抢抓四川新时代文化强省建设重大机遇，中共眉山市委五届五次全体会议就传承三苏文脉、弘扬东坡文化进行了认真研究，作出如下决定。

一、学深悟透习近平总书记重要指示精神，增强传承三苏文脉弘扬东坡文化的政治自觉、思想自觉和行动自觉

（一）深刻领会总书记关于“敬仰中华优秀传统文化”的重要指示精神，以尊崇敬仰的态度传承弘扬东坡文化。总书记指出：“一滴水可以见太阳，一个三苏祠可以看出我们中华文化的博大精深。我们说要坚定文化自信，中国有‘三苏’，这就是一个重要例证。”东坡文化经两宋确立、元明清传承、现当代弘扬，汲传统之精华、综各家之学说、融自身之实践、开时代之生面，千年文脉贯通古今，是中华优秀传统文化的重要组成部分，是华夏儿女的共同精神财富，是巴蜀文化的杰出代表，是诗书眉山的响亮名片。要深刻领会总书记重要指示精神，提高政治站位，坚定文化自信，增强对东坡文化的根脉认同，始终保持敬仰之心，潜心做好东坡文化传承弘扬工作。

（二）深刻领会总书记关于“善于从中华优秀传统文化中汲取治国理政的理念和思维”的重要指示精神，以观照当代的自觉汲取精髓智慧。总书记强调：“在漫长的历史进程中，中华民族创造了独树一帜的灿烂文化，积累了丰富的治国理政经验。”东坡文化中“民者，天下之本”的民本思想，“君子为国，正其纲纪，治其法度”的法治观念，“丰凶皆病”的忧患意识，“不残鸟雀”的朴素生态观，“视天下如一家”的大同情怀等治国理政的理念和思维，具有永不褪色的历史价值和时代意义。要深刻领会总书记重要指示精神，持续深入挖掘，系统研究提炼，注重活化转化，为推动眉山高质量发展提供智慧启迪。

（三）深刻领会总书记关于“推动全社会注重家庭家教家风建设”的重要指示精神，以润物无声的方式增强家国情怀。总书记指出，“家风家教是一个家庭最宝贵的财富，是留给子孙后代最好的遗产”。苏门父严、母慈、子孝、兄友、弟恭，其“读书正业、孝慈仁爱、非义不取、为政清廉”家风家教，承载着中华儿女美好的道德追求，与社会主义核心价值观高度契合，滋养了一代又一代眉山人。要深刻领会总书记重要指示精神，注重家风家教，做到古为今用、成风化人，更好地涵养浩然正气、滋养百姓精神、培养子孙后代。

（四）深刻领会总书记关于“积极推进文物保护利用和文化遗产保护传承”的重要指示精神，以守正创新的精神保护传承文化遗产。总书记强调，“文物和文化遗产承载着中华民族的基因和血脉，是不可再生、不可替代的中华优秀文明资源”。眉山历史底蕴深厚，文化遗产丰富。尤其是三苏祠，不仅是先贤祠堂、眉山地标，还是展示传承东坡文化的重要载体、文化遗产保护的优秀典范。要深刻领会总书记重要指示精神，整合资源力量，加大保护力度，构建文化遗产保护传承体系，让更多历史文物和文化遗产“活”起来。

二、把握总体要求，明确传承三苏文脉弘扬东坡文化的目标任务

（一）指导思想

坚定以习近平新时代中国特色社会主义思想为指导，深入贯彻总书记来川视察重要指示精神，认真落实省第十二次党代会决策部署，坚持以文塑城、以文化人、以文兴业，以传承三苏文脉、弘扬东坡文化为核心，进一步塑造坚定文化自信的“眉山载体”，把东坡文化融入城市规划建设管理，用东坡文化滋养眉山人民，推动文化大发展、大繁荣，建设新时代文化强市，用璀璨文化之光照亮高质量发展之路。

（二）基本原则

——保护第一，合理利用。坚持强化系统保护，全面加强对三苏遗迹遗址的保护利用。正确处理历史与当代、保护与利用、传统与创新、资源与环境的关系，切实做到在保护中发展、在发展中保护。

——传承创新，融合发展。坚持守正创新，不忘本来、吸收外来、面向未来，深入挖掘时代价值，积极开展活化利用，不断强化交流互鉴，推动东坡文化在融入时代和社会进步中传承创新，实现创造性转化、创新性发展。

——区域联动，增强合力。坚持大局观念、系统思维，树牢大东坡、大文化理念，强化资源统筹，优化空间布局，发挥各自优势，整体推进东坡文化传承弘扬，形成市县两级联动、区域协同配合的强大合力。

——政府主导，市场推动。坚持政府和市场两手发力、双轮驱动，创新完善东坡文化发展政策，营造良好的文化发展环境，积极构建市场竞争有序、企业活力迸发、资源高效利用的东坡文化传承弘扬工作格局。

（三）发展目标

锚定“一心三地”目标，统筹文化事业与文旅产业高质量发展，坚定文化自信，一体推进文化遗产保护、挖掘活化、教育传承、转化利用，打造东坡文化传承发展中心，建设全球苏学研究高地、优秀传统文化教育基地、知名人文旅游胜地。

到 2025 年，完成三苏祠内部功能提升和外部空间拓展，三苏祠成功创建国家一级博物馆；传承历史文脉，塑造城市气质，提升文化魅力，力争成功申报国家历史文化名城。

到 2030 年，三苏文旅资源充分整合，“一江两岸·三苏故里”文旅格局基本形成，成功创建 AAAAA 级景区，眉山成为巴蜀文旅走廊重要节点。

三、加强历史文化遗产保护，打造东坡文化传承发展中心

（一）推动三苏祠提档升级。加快推进三苏祠古建筑维修、馆藏文物保护、三苏藏品征集、展陈改造提升等，推动三苏祠博物馆创建国家一级博物馆。加快推进三苏祠外部空间改造拓展、周边环境整治和建筑风貌更新工作。将三苏祠打造成集文物保护、文化传承、活化利用于一体、具有全国影响力的优秀传统文化传习基地。

（二）实施传承弘扬文化重点项目。规划建设综合性博物馆、美术馆，加快建设文化馆、图书馆（新馆）。提速推进眉州古城墙遗址公园、东坡步道等重点项目，恢复一批具有代表性的历史建筑，将东坡文化融入城市街区、公园绿地、建筑形态，让东坡文化和城市生活融为一体。

（三）加强遗址遗迹保护。编制三苏遗址遗迹保护利用规划，结合落实中华文明探源工程和“考古中国·川渝地区巴蜀文明进程研究”，切实加强蟆颐山、短松冈、连鳌山、中岩寺等三苏遗址遗迹保护。积极推动三苏文物主题游径建设。加强苏东坡传说等非物质文化遗产系统性保护利用。加强与故宫等国内知名博物馆（院）合作，不断提升展陈水平。

四、挖掘东坡文化内涵价值，建设全球苏学研究高地

（一）搭建高规格学术平台。推动中国苏轼研究学会登记注册，将会刊《苏轼研究》创办为公开出版的学术期刊。深化与四川大学、成都中医药大学合作，新建东坡文化研究院、东坡中医药文化研究院。推动三苏文化研究院创建四川省重点中华文化研究院。深化东坡书法、两宋眉州八百进士等文化研究。建设三苏文化大数据库。做强东坡书院，以讲学论道、体验传习、重温古典等为教学内容，打造国内知名的优秀传统文化书院。

（二）开展高质量课题研究。编制东坡文化保护传承弘扬规划，依托苏轼研究会、苏轼研究中心、东坡司法法学研究所，创新开展在中华优秀传统文化中汲取治国理政理念和思维、马克思主义中国化与中华优秀传统文化、三苏法治文化专项研究，深入开展三苏家风以及东坡家国情怀、民本思想、廉政思想、法治思想等应用型研究，开辟新时代苏学研究的新视野、新境界。

（三）汇聚高层次专业人才。深入实施眉州文艺名家培育计划，制定专门政策措施，依托高校、科研院所等机构，灵活引进文艺创作、文化创意、文博策展、文物考古等专业人才，积极培养本土人才，锻造一支数量足、结构优、学术精、影响大的专业队伍，强化传承三苏文脉、弘扬东坡文化的人才支撑。

（四）推动高水平传播交流。举办好东坡文化节、东坡文化学术高峰论坛，发挥品牌活动的辐射引领作用。积极参与“走读四川”品牌工程，深入实施东坡文化作品翻译工程，加强东坡文化对外交流互鉴，讲好东坡故事。以东坡文化为源头活水，创作一批具有全国影响的影视、舞台剧、动漫、音乐、文学等东坡题材文艺精品。积极组织“网络大 V”走进眉山、走近东坡。做大做强东坡文化讲师团，加强东坡文化推广普及。

五、着眼以文化人成风化俗，建设优秀传统文化教育基地

（一）建设东坡文化干部教育基地。充分汲取东坡文化中蕴含的治国理政理念和思维，依托党校（行政学院）、三苏祠等，打造精品课程、现场教学点，编写干部教育培训读本。持续办好东坡文化大讲堂、东坡文化干部培训班，邀请名人名家现场授课，以优秀传统文化砥砺初心、陶冶情操、滋养成长。

（二）培育和践行社会主义核心价值观。大力弘扬东坡家国情怀，广泛开展东坡文化进校园、进机关、进社区、进农村、进家庭、进企业活动。以全国文明城市常态长效建设、国家历史文化名城申报为载体，通过以文培元、以文立心、以文铸魂，进一步增强家国情怀。

（三）推动全社会注重家庭家教家风建设。进一步梳理三苏家风家教脉络，在三苏祠建设苏门家风家教馆，打造三苏家风家教流动展馆，积极争创全国全省家风家教实践基地。常态化开展传承弘扬三苏好家风、好家风故事会、好家训诵读会等活动。深化文明家庭创建。深入挖掘传承三苏廉洁文化资源，引导党员干部廉洁从政、廉洁修身、廉洁齐家。

（四）打造东坡文化研学传习基地。突出青少年群体，精心编撰教材，设计特色课程，打造精品游学线路，积极开展青少年书画传习、经典诵读、传统礼仪和技艺展示等活动，在中小学广泛开展“诵东坡、爱眉山”主题活动，营造敬仰传承优秀传统文化的浓厚氛围。

六、推动文旅融合发展，建设知名人文旅游胜地

（一）创建5A景区。以三苏祠为核心，聚焦“形态、业态、文态、生态、心态”，串联岷江两岸三苏遗址遗迹，整合三苏祠、东坡岛、蟆颐山等文旅资源，加快三苏故里文化旅游片区策划和规划工作，分步实施AAAAA级景区创建。

（二）打造精品线路。抢抓长江文化公园、巴蜀文旅走廊建设机遇，积极融入“大峨眉”“大熊猫”“大遗址”“大灌区”文旅品牌建设，打造三苏遗址遗迹游、东坡美食体验游、东坡文化研学游等精品旅游线路，做好“文旅＋”“＋文旅”。深化区域合作，打造点对点、跨区域的“东坡足迹行”精品线路。

（三）发展文旅产业。实施东坡文化业态培育行动，建设文化产业园区、文化创意基地，加强东坡文创品牌建设。推动传统城市商业街区业态调整更新，充分挖掘康养、演艺、研学、餐饮等方面潜力，培育东坡美食、文创演艺、夜间经济等文化旅游消费新场景，不断强化文旅产业支撑。

七、强化组织保障，确保工作实效

（一）加强组织领导。充分发挥市东坡文化传承弘扬发展工作领导小组作用，加强对东坡文化传承弘扬工作的组织领导。进一步理顺管理体制机制，充实工作力量。将传承三苏文脉、弘扬东坡文化工作纳入市委、市政府目标绩效管理，细化任务分解，严格考核奖惩。

（二）完善支持政策。加大文化旅游发展政策支持力度，重点从产业用地、财税支持、投融资、市场准入等方面给予政策扶持。用好市级文化产业发展专项资金、市级文化和旅游发展专项资金。市、县（区）两级财政设立“传承弘扬东坡文化”专项资金，支持重点项目建设。

（三）深化改革创新。坚持“总体规划、分步实施、市区联动、企业主体、市场化推进”，加强文化体制机制创新，深化文化领域要素市场化配置改革，做大做强国有文化企业。积极引导社会力量参与东坡文化传承弘扬工作。

（四）狠抓推进落实。全市各级各相关部门要增强文化自觉，强化文化担当，把传承三苏文脉、弘扬东坡文化列入重要议事日程，对照任务、细化措施、倒排工期、强力推进，做到资源共享、品牌共创、产业共促，形成传承三苏文脉、弘扬东坡文化的强大合力。

中共眉山市委关于深入学习贯彻中共二十大精神在新征程上开创全面建设社会主义现代化眉山新局面的决定

（2022年12月28日中国共产党眉山市第五届委员会第六次全体会议通过）

中共二十大召开于百年变局加速演进、百年大党再启新征程的历史节点，擘画了以中国式现代化全面推进中华民族伟大复兴的宏伟蓝图。眉山作为习近平总书记亲临视察地，更应在学习领悟上走在前，在贯彻落实上当标兵。为深入学习贯彻中共二十大精神，认真落实省委十二届二次全会决策部署，在新征程上开创全面建设社会主义现代化眉山新局面，中共眉山市委五届六次全体会议作出如下决定。

一、全面准确学习领会中共二十大精神，坚定用以统揽新时代新征程眉山工作全局

学习宣传贯彻中共二十大精神是当前和今后一个时期的首要政治任务。要在深学细悟、融会贯通上下功夫，全面理解把握大会提出的新思想新论断、作出的新部署新要求，确保眉山各项事业始终沿着习近平总书记指引的方向坚定前行。

（一）坚定拥护“两个确立”、坚决做到“两个维护”。过去五年党和国家事业发展取得的重大成就和新时代十年伟大变革举世瞩目、彪炳史册，根本在于党确立习近平同志党中央的核心、全党的核心地位，确立习近平新时代中国特色社会主义思想的指导地位。实践充分证明，“两个确立”是党在新时代取得的重大政治成果，是我们战胜一切艰难险阻、应对一切不确定性的最大确定性、最大底气、最大保证。必须自觉做“两个确立”的忠诚拥护者、“两个维护”的坚定践行者，不断提高政治判断力、政治领悟力、政治执行力，始终在思想上政治上行动上同以习近平同志为核心的党中央保持高度一致。

（二）深刻领悟、自觉运用习近平新时代中国特色社会主义思想的世界观和方法论。习近平新时代中国特色社会主义思想是当代中国马克思主义、二十一世纪马克思主义，深刻回答了中国之问、世界之问、人民之问、时代之问，是不断夺取新时代新征程各项事业伟大胜利的思想灯塔和行动指南。中共二十大深刻阐述了开辟马克思主义中国化时代化新境界的重大问题，深化了我们党对坚持和发展马克思主义的规律性认识。必须学懂弄通做实习近平新时代中国特色社会主义思想，坚持好、运用好贯穿其中的立场观点方法，深刻领会“两个结合”“六个必须坚持”，切实转化为坚定理想、锤炼党性和指导实践、推动工作的强大力量，为推动新时代眉山各项事业发展提供思想引领。

（三）坚定不移走中国式现代化道路。中共二十大报告深刻阐明中国式现代化的中国特色，揭示中国式现代化的本质要求，强调推进中国式现代化建设的重大原则，把我们党对中国

式现代化的认识提升到了一个新的高度。眉山基础差、底子薄、欠发达，要与全国、全省同步实现现代化，面临着做大总量、做优质量的双重任务。必须坚定以中国式现代化引领眉山现代化建设，立足市情实际，加快锻长补短，全力后发追赶，努力在全面建设社会主义现代化的新征程上担当作为、走在前列。

（四）深入贯彻党和国家事业发展的重大部署。中共二十大锚定全面建设社会主义现代化国家的目标任务，对构建新发展格局、实施科教兴国战略、发展全过程人民民主、全面依法治国、推进文化自信自强、增进民生福祉、推动绿色发展、推进国家安全体系和能力现代化等作出战略部署。必须始终胸怀"国之大者"，深化完善眉山现代化建设的思路举措，一步一个脚印把中共二十大作出的重大决策部署付诸行动、见之于成效。

（五）落实以伟大自我革命引领社会革命的重要要求。中共二十大深刻指出全面从严治党永远在路上、党的自我革命永远在路上，强调坚持加强党的全面领导和党中央集中统一领导，对推进新时代党的建设新的伟大工程作出系统部署，体现了我们党对解决大党独有难题、跳出治乱兴衰历史周期率的清醒和坚定。必须弘扬伟大建党精神，牢记"三个务必"，以党的政治建设统领党的建设各项工作，为眉山高质量发展提供坚强保证。

今年6月8日，习近平总书记来川视察，亲临眉山调研，对耕地保护、粮食生产、乡村振兴、传承弘扬中华优秀传统文化等工作作出重要指示。这是领袖的关怀、方向的指引、巨大的鼓舞，在眉山发展史上具有重要的里程碑意义。落实是最有力的维护。必须把中共二十大精神与习近平总书记来川视察重要指示精神贯通起来，一体学习、一体贯彻、一体推进，坚决把习近平总书记的谆谆教导落实到具体行动、转化为生动实践。

二、认真贯彻落实省委十二届二次全会精神，全面推进中国式现代化眉山新实践

省委十二届二次全会高举习近平新时代中国特色社会主义思想伟大旗帜，坚定贯彻落实中共二十大和习近平总书记来川视察重要指示精神，坚持以中国式现代化引领四川现代化建设，把"国之大者"与省情实际相联系，在更高起点更大格局上谋划推进四川发展，明确的总牵引定标指向、总抓手观势谋要、总思路抓纲带目，作出的系列战略部署科学务实，为谱写四川发展新篇章提供了行动指南。要深入贯彻省委全会精神，主动在全国全省发展大局中找定位、强担当、抢机遇，奋力开创全面建设社会主义现代化眉山新局面。

（六）锚定现代化眉山建设的目标愿景。紧扣到2035年与全国全省同步基本实现社会主义现代化的总目标总任务，坚持步步为营、锻长补短、紧追紧赶，努力走出一条服务国省大局、符合眉山实际、顺应群众期盼的现代化发展之路。未来五年，要对标中共二十大提出的目标任务，按照"讲政治、抓发展、惠民生、保安全"工作总思路，只争朝夕、奋发进取，加快建设"经济繁荣、百姓富庶、文化昌盛、生态秀美、和乐安宁"的现代化成都都市圈高质量发展新兴城市。经济繁荣，地区生产总值突破2500亿元，工业总产值达到5000亿元，中心城区能级规模进一步提升，县域经济实力显著增强。百姓富庶，城乡居民人均可支配收入进入全省前列，城乡基本公共服务均等化水平明显提升，乡村振兴取得新的实质性进展。文化昌盛，三苏文化、东坡文化传播力影响力显著增强，文化旅游热度全面提升，群众精神文化生活更加丰富，成功申建国家历史文化名城。生态秀美，空气优良天数达85%以上，主要流域国省考核断面稳定达到优良水质标准，成功创建国家"无废城市"，全面绿色转型取得明显成效。和乐安宁，全过程人民民主深入发展，更高水平法治眉山、平安眉山建设不断深化，治理体系和治理能力现代化水平迈上新台阶。

（七）扛牢服务国省战略全局的使命担当。牢记习近平总书记殷殷嘱托，扛起省委赋予的时代使命，更好以一域服务全局。担当服务保障国家粮食安全的使命任务，把保地稳粮摆在突出位置，聚力建设新时代更高水平"天府粮仓"示范区。担当推进文化自信自强的使命任务，以传承弘扬三苏文化、东坡文化为重点，加快建设文化强市。担当建设先进制造完整产业链重要聚集地的使命任务，突出集群集约发展，打造成渝地区新能源新材料制造基地。担当筑牢长江上游生态功能重要承载地的使命任务，持续抓好污染防治攻坚和生态环境突出问题整治，建成国家生态文明建设示范市。担当打造内陆改革开放新高地的使命任务，一体提升开放通道、平台、环境，建设成渝地区重要的高水平开放门户。

（八）聚焦建设成都都市圈高质量发展新兴城市，坚定"服务成都、依靠成都、融入成都"战略牵引。准确把握省委突出成渝地区双城经济圈建设总牵引、建强现代化成都都市圈的战略考量，共建成眉同城发展生态圈，在同频共振中加快眉山发展。以服务成都为引领，围绕产业建圈强链，充分发挥眉山产业比较优势，突出"成都研发+眉山制造""成都主链+眉山配套"，加快构建错位协同、互利共赢的成眉产业协作圈。以依靠成都为支撑，联动成都国际铁路港、国际空港，一体拓展开放通道、提升开放平台、做强开放经济，更好融入"一带一路"、西部陆海新通道建设，加快打造互联互通、接轨全球的成眉开放合作圈。以融入成都为目标，主动承接中心城市功能疏解，积极探索区域共建、资源共用、利益共享机制，推动城市提能、品质提升、服务提档，加快形成有特色、无落差的成眉宜居生活圈。

（九）围绕增强转型发展内驱动力，坚定"四化同步、城乡融合、全域协同"发展路径。聚焦解决眉山发展不足、结构不优等矛盾问题，统筹兼顾、系统施策，加快眉山现代化建设进程。着力推进四化同步，坚持新型工业化主导、信息化引领、城镇化带动、农业现代化固本，推动四化在时间上同步演进、空间上一体布局、功能上耦合叠加，加快实现发展动能和质量效率的整体性重塑。着力推进城乡融合，坚持以工促农、以城带乡，推动城乡规划、基础设施、要素配置一体布局，构建互促互补、协调发展、全面融合的新型城乡关系。着力推进全域协同，充分考虑各地禀赋条件和发展差异，以区域布局统筹生产力布局。支持眉山天府新区建设科技引领创新发展先行区和公园城市样板区，东坡区建设新时代更高水平"天府粮仓"核心区和全国综合实力百强区，彭山区建设开放发展先行区和全省锂电池及材料产业生产基地，仁寿县建设高质量全国百强县和成都都市圈先进制造基地，洪雅县建设"两山"转化绿色发展先行区，丹棱县建设"城乡融合·共同富裕"先行区和高效太阳能电池制造基地，青神县建设国际竹艺名城和全国特色先进机械制造产业聚集区，眉山高新区建设先进制造业创新发展先行区和成都都市圈绿色化工新材料生产基地，甘眉工业园区建设绿色低碳优势产业发展先行区和成渝地区锂电光伏重要生产基地，形成高效分工、协同配套、有序竞争的区域发展格局。

（十）坚持重点突破带动整体提升，坚定“制造强市、开放兴市、品质立市”主攻方向。聚焦高质量发展主题，保持“打基础、补短板、扬优势、利长远”的战略定力，推动“三市一城”建设不断创新突破。围绕“再造一个工业眉山”，始终把发展经济的着力点放在实体经济上，坚持先立后破、不立不破，坚持抓大不放小、喜新不厌旧，着力破解协同不足、要素趋紧、创新不强等难题，推动制造业高端化、智能化、绿色化发展。围绕更大范围集聚资源要素，突出提升开放流量，加快构建现代化综合交通物流体系，引育更多具有支撑性、引领性的企业和项目，营造市场化、法治化、国际化营商环境，激发新兴城市开放活力。围绕实现城市品质和能级“双提升”，坚持以城市建设带动城市发展，加快推进重点片区建设和老城有机更新，完善配套功能，提升文化韵味，丰富消费业态，打造吸引人口和产业的强磁场。

三、打造新时代更高水平“天府粮仓”示范区，引领推进乡村全面振兴

坚持农业农村优先发展，扛牢保地稳粮政治责任，持续做强农业、做美乡村，走出一条服务粮食安全与全面推进乡村振兴相融互促的眉山路径。

（十一）守牢耕地保护和粮食安全底线。突出“一核三带十片”，大力实施保地稳粮“六大工程”，打造美田弥望、稻谷飘香、物阜民丰、幸福和乐的“天府粮仓”示范区。实行最严格的耕地保护制度，全面落实四级“田长制”，推广运用智慧管理系统，严厉查处违法违规占用耕地行为，坚决遏制“非农化”，严格管控“非粮化”。实施耕地恢复行动，加强高标准农田建设，不断提高耕地质量。强化粮食生产新品种培育、新技术推广，加强国家级杂交水稻制种基地建设，加大粮油类现代农业园区扶持力度，不断提高烘干、加工、仓储、物流能力。完善种粮激励政策，推广轮作复合种植模式，健全全过程社会化服务体系，培育新型农业经营主体，打造“东坡大米”公用品牌，不断提升种粮综合效益。

（十二）做优做强都市现代农业。坚持稳产保供与提升效益并重，稳定发展生猪产业，持续做强泡菜、春橘、竹特色产业。提质增效禽蛋、水产种苗、葡萄、藤椒、油茶等传统优势产业。推动产加销全面贯通，引优培强龙头企业，大力发展标准化生产和加工营销，不断延长产业链条。促进农文旅深度融合，挖掘农业生态价值，积极培育乡村休闲、康养、研学等新产业新业态。完善农企利益联结机制，推动小农户与现代农业深度融合，促进农民致富增收。坚持质量兴农、绿色兴农、品牌强农，加大绿色生产技术设备推广和“三品一标”认证力度，完善全产业链质量安全追溯体系，打造一批农产品品牌、企业品牌、区域品牌。

（十三）建设宜居宜业和美乡村。完善防返贫监测帮扶机制，充分发挥衔接资金使用效益，巩固拓展脱贫攻坚成果。深入推进农村人居环境整治提升五年行动，深化农村污水、垃圾、厕所“三大革命”，加大美丽眉山·宜居乡村、美丽庭院建设，以点带面提升农村面貌。提标实施“六网”基础设施建设，开展农村公路改造提升三年行动，争创“四好农村路”建设市域突出单位。深化学区制、片区医疗次中心、区域养老服务中心、公园式婚姻登记中心改革，实施一批普惠性、兜底性民生工程，推动优质公共服务下乡进村。

四、大力传承弘扬三苏文化、东坡文化，引领推动文化事业和文化产业繁荣发展

实施文脉赓续工程，一体推进文化遗产保护、挖掘活化、教育传承、转化利用，再创千载诗书城文化辉煌，塑造坚定文化自信的“眉山载体”。

（十四）聚力建设“一心三地”。打造东坡文化传承发展中心，加强三苏遗址遗迹保护利用，加快三苏祠提档升级、创建国家一级博物馆，提速建设江口沉银博物馆和太和老镇、太平古街等历史文化街区。打造全球苏学研究高地，搭建东坡文化综合学术研究平台，加大东坡文化、长寿文化、大雅文化、竹文化等挖掘力度，创作更多文化艺术精品。打造优秀传统文化教育基地，加快建设市图书馆、文化馆、美术馆、融媒体中心，规划建设眉山市博物馆，建强东坡文化讲师团，广泛开展东坡文化“六进”“颂东坡读经典”等活动，持续举办东坡文化节、东坡文化月和东坡文化学术高峰论坛。打造知名人文旅游胜地，融入长江国家文化公园、巴蜀文旅走廊，积极推动三苏文物主题游径建设，推出三苏遗址遗迹游、东坡文化研学游等精品线路，支持三苏故里文化旅游景区、瓦屋山创建AAAAA级景区，争创天府旅游名牌。

（十五）培育践行社会主义核心价值观。弘扬东坡家国情怀，以优秀传统文化滋养群众精神。巩固拓展全国文明城市创建成果，加大道德领域先进典型宣传力度，开展“德耀眉州”活动，深化拓展新时代文明实践。推动理想信念教育常态化制度化，深化学前教育、义务教育、高中教育思想政治理论课建设，把传授知识同修德明心结合起来，提升未成年人思想道德建设水平。健全完善志愿服务体系，培育志愿服务文化，打造“东坡故里·大爱眉山”志愿服务品牌。推动全社会注重家庭家教家风建设，深化乡风文明建设十大行动，推进移风易俗。弘扬诚信文化，推动诚信建设。加强宣传引导，规范管理各类媒体，传递正能量、唱响主旋律。

五、坚持以新型工业化为主导，着力建设成渝地区新能源新材料制造基地

坚定制造强市首位战略，持续壮大工业规模、提升产业核心竞争力，加快构建主导产业突出、集群成链发展的现代工业体系，不断夯实经济平稳健康发展的根本支撑。

（十六）培育壮大主导产业。持续实施“制造强市三年提升”行动，突出发展新能源新材料产业，同步壮大电子信息、高端装备制造、医药食品产业，重点打造锂电、晶硅光伏、绿色化工三大千亿产业集群。深度融入宜眉成遂雅锂电产业带、成眉乐光伏产业带建设，持续深化甘眉两地战略合作，合力打造新能源新材料先进制造业集群。保持精准招商强劲攻势，深化“市领导包片＋驻外分局＋小分队”模式，完善“一把手”常态化招商和产业项目评估机制，瞄准链主企业和产业链关键企业，不断延链补链强链。实施“雁阵培育”计划，打造一批“珠峰攀登”“贡嘎培优”企业，培育更多专精特新“小巨人”、单项冠军和“瞪羚”企业。健全产业引导基金多渠道募集机制，强化对重点产业的扶持力度。

（十七）提升科技创新能力。围绕共建成德眉资创新共同体，主动融入西部（成都）科学城建设，规划建设天府眉山科创中心，合力打造天府大道科创走廊。鼓励企业与科研院所组建

创新联合体，新建一批工程（技术）研究中心、院士（专家）工作站、企业技术中心、科技成果转化中试熟化平台，打造新能源新材料领域技术创新策源地。加强成眉协同创新中心和“科创通”平台建设，培育一批国省级科技孵化器，构建全链条科技成果转化体系。支持骨干企业主导和参与产业技术标准体系建设，争创“中国质量奖”“天府质量奖”。加大高新技术企业培育认定，完善企业研发投入和技术改造激励机制，探索建立科技型企业“白名单”，支持金融机构创新和推广“科创贷”“科技券”等科技金融产品，强化知识产权保护、管理和服务，营造良好创新生态。

（十八）打造集约高效园区。坚持“突出主业、有保有压、有进有退”，推进工业园区及功能区优化整合，有序调整产业结构，促进产业集约集群发展。实施工业园区标准化建设，完善项目准入机制，打造成渝地区一流特色化工园区。加快重点园区提档升级，推动眉山高新区、甘眉工业园区争创国家级高新区（经开区），推进彭山经开区、眉山高新化工园区扩（移）区调位。深化“亩均论英雄”和“标准地”改革，推行弹性年期出让和标准厂房建设，加快清理处置园区闲置低效工业用地，有序推进园外企业搬迁入园，提高园区综合承载能力。

（十九）数字赋能融合发展。聚焦5G、大数据等新一代信息技术发展应用，加快推进下一代互联网规模部署，建设全省工业互联网产业基地。加快传统企业技改升级和智能化改造。提速创新“眉山智造”，实施智能工厂建设、千企上云、智慧园区应用三大行动，扩大数字技术应用场景。培育区域级工业互联网平台，建设工业互联网标识解析节点。推进政企数据融合应用和协同创新，深化数字技术在城市智慧治理等领域应用推广。推动现代服务业与先进制造业融合发展，大力培育科技服务、信息服务、现代物流、商贸金融等生产性服务业。

六、深入推进以人为核心的新型城镇化，加快完善现代化基础设施体系

坚持以人为本，加快实施城镇功能补短和基础设施提升行动，不断提升城镇品质、增强综合承载能力，构建主城牵引、县城带动、中心镇特色发展的新型城镇化格局。

（二十）加快主城提能更新改造。提速城市新中心建设步伐，坚持形态、业态、文态、生态、心态“五态”融合，加快推进道路交通、地下空间、综合能源、城市产业、生态景观建设，促进东彭融合，推动城市能级快速提升。加快城市有机更新步伐，规划建设全域公园和绿道系统，有序改造老旧街区、老旧小区，整合利用边角地、夹心地完善公共服务设施，加强城市道路、地下管网和交通堵点治理，配套建设公共停车场，积极争取国家城市更新试点，建设宜居、韧性、智慧城市。

（二十一）推进以县城为重要载体的城镇化建设。根据各县（区）人口规模和发展定位，统筹实施产业配套提级、市政设施提档、生态环境提质等补短强弱工程，促进县域经济高质量发展。加快中心镇特色发展，分类推进中心镇和副中心镇建设，优化布局公共服务资源，提档升级交通、信息、电力等基础设施，培育壮大特色产业规模，发挥好中心镇功能支点作用。完善农业转移人口市民化配套政策，深化县域内城乡融合发展综合改革。

（二十二）完善现代化基础设施体系。突出畅联“双机场”、融入都市路网、通达陆海新通道，以交通建设为重点，构建现代化基础设施体系。加快建设市域铁路S5线，提升成眉动车公交化运行水平，打造轨道上的都市圈。提速建设天眉乐、乐资、新峨等高快速路网，尽快打通成眉“断头路”。融入大峨眉交旅融合示范区建设，实施旅游路、产业路、美丽乡村路提质扩面工程，提升全域路网水平。积极推进岷江航电和通用机场建设，加快建设眉山国际铁路港、眉山高新铁路物流园，争创国家物流枢纽承载城市。推进喜鹊寺水库、广福水库、玉溪河饮水等重点水源工程建设，实施大中型灌区现代化改造提升工程，加快丹棱天然气开发利用，积极布局建设5G、特高压、新能源充电桩等新型基础设施，提升全域安全供水和能源保供能力。

七、全面深化改革开放，激发高质量发展动力活力

坚持向改革要动力、向开放要活力，持续优化人才发展环境，不断塑造高质量发展新动能新优势。

（二十三）打好重点领域改革攻坚战。深化经济区与行政区适度分离，加快同城化综合试验区建设，探索统计分算、税收分成机制。深化“放管服”改革，推进“一网通办”“同城通办”，推行“承诺制＋备查制＋并联审批”，打造全国一流、全省领先的营商环境高地。深化国有企业战略性重组和专业化整合，推动市场化经营机制长效化制度化，不断提升企业核心竞争力。坚持国企民企一视同仁、平等对待，毫不动摇支持民营经济发展，探索设立“企业倍增奖”“突出贡献奖”，进一步激发民营经济活力。

（二十四）建设成渝地区高水平开放门户。主动融入“一带一路”和西部陆海新通道建设，建立完善沿线城市合作机制，推动国际班列增量扩容。实施开放平台提能行动，建好用好已有的国省级开放平台，进一步扩大外贸规模、丰富外贸业态，创成保税物流中心（B型），争取设立综合保税区、海关机构。加大“三类500强”企业招引力度，打造眉山制造海外展销平台，持续扩大外资外贸规模。积极对接驻川渝领事机构和国（境）外商会驻川渝机构，扩大国际友城朋友圈，持续办好泡博会、竹博会等活动，不断提升眉山对外美誉度和影响力。

（二十五）打造都市圈消费副中心。紧盯都市圈消费需求，聚焦近郊一站式购物娱乐，塑造一批区域性消费品牌，在开放发展中提振壮大服务业。在主城区布局引进一批大型生活、娱乐、休闲消费设施，推出系列特色消费街区，形成消费引爆点，提升城市烟火气。大力发展品牌潮购、文创手工、农耕体验等业态，丰富完善“竹＋”消费新场景，打造提升“东坡醉月地”夜间经济品牌。擦亮“中国川厨之乡”品牌，深入挖掘东坡美食文化内涵，实施特色餐饮企业培优计划，加快世界川菜产业园建设，整合东坡泡菜、眉山春橘、调味品等特色资源，推动东坡美食产业集聚发展。

（二十六）深入实施人才强市战略。紧扣重点领域需求分类实施人才专项，以“眉州英才”工程为统揽，深入推进头雁入眉、科创汇眉、英才助眉、新时代工匠培育行动，培养造就更多领军将才、产业英才、技能匠才、行业干才、青年俊才。大力推进“柔性引才”“飞地引才”，深化拓展市校战略合作，探索跨领域、跨区域人才联合培育机制，统筹推进人才“引、育、用”一体发展。坚持事业留人、环境留人、待遇留人，细化完善人才安居、子女就学、家属就业等服务措施。深化人才发展体制机制改革，向用人主体授权、为人才“松绑”，构建充满活力的人才发展体制机制。

八、紧扣促进共同富裕，持续改善民生增进福祉

认真践行以人民为中心的发展思想，坚持“老百姓的事，要实实在在干，干一件是一件，干一件成一件”，努力建设共同富裕美好眉山。

（二十七）促进充分就业合理分配。完善就业促进机制，统筹做好脱贫人口和高校毕业生、农民工、退役军人等重点群体就业。推动创业带动就业，在重点项目建设中加大以工代赈力度，强化灵活就业和新就业形态劳动者权益保障。持续培育眉山特色劳务品牌，做好“1+3”主导产业发展用工保障，推进就地就近就业。引导群众通过知识、技术转化获得合理收入，多渠道增加城乡居民经营性、财产性收入。完善工资合理增长机制，实施中等收入群体递增计划，推动更多低收入群体跨入中等收入行列。引导支持有意愿有能力的企业、社会组织和个人积极参与公益慈善事业，兜牢保险、救助、福利、慈善有效衔接的民生底线。

（二十八）建设教育强市。优化城乡教育资源均衡布局，深化与成都、重庆等地知名学校的联合办学，加快公办学校建设进度和学位供给，提速建设四川大学眉山校区、清华附中，推动学前教育普及普惠、义务教育优质均衡、高中教育整体提升、职业教育提质培优。全面推进教师评价改革、学联体改革，大力培育名师、名校、名校长，弘扬尊师重教的社会氛围。紧紧围绕制造业发展，深化“三名工程”和“双高计划”院校培育，不断优化新能源新材料产业学院办学硬件、专业设置、师资力量。引导规范民办教育发展，加强社区教育、老年教育、特殊教育和继续教育，办好各级开放大学。建设学习型社会，打造书香眉山。

（二十九）构建优质均衡公共服务体系。深入推进“健康眉山”建设，以建设国家区域医疗中心为引领，统筹推进综合、中医、妇幼三大区域医疗中心建设，辐射带动全域紧密型医共体改革升级。加快西南医科大学附属天府医院等重点项目建设，推动更多医疗资源扩容提质。创新医防协同、医防融合机制，加强疾病预防控制体系和重大突发公共卫生事件医疗救治体系建设。推进中医药传承创新发展。开展积极应对人口老龄化综合创新试点、全国未成年人保护示范创建，推动青年发展型城市、国家儿童友好城市建设。实施体育设施补短工程，建设水上运动基地、举摔柔基地。

（三十）推进美丽眉山建设。扎实推进央督反馈问题整改，持续打好蓝天、碧水、净土保卫战。全面落实河湖长制、林长制，健全“三线一单”生态环境分区管控制度。实施保护天然林工程，加强黑龙滩、七里坪等重点区域生态和生物多样性保护，高质量建设大熊猫国家公园、龙泉山城市森林公园。实施“碳达峰十大行动”，加快产业园区循环化改造，有序腾退“两高一低”项目，引导企业参与水权、用能权、碳排放权交易。

九、提升现代治理水平，营造团结和谐、安全稳定发展环境

坚持党的领导、人民当家作主、依法治国有机统一，以高效能治理保障高质量发展、促进高水平安全。

（三十一）发展全过程人民民主。加强和改进新时代人大工作，支持和保证人大及其常委会依法行使职权，深化县以下民生实事项目人大代表票决制，丰富人大代表联系人民群众的内容和形式。发挥人民政协作为专门协商机构作用，完善人民政协民主监督和委员联系界别群众制度机制，深化“有事来协商”平台建设，提高建言资政和凝聚共识水平。巩固和发展最广泛的爱国统一战线，支持各民主党派、工商联、无党派人士积极发挥作用，做好民族、宗教、党外知识分子、新的社会阶层人士、民营经济人士和港澳台侨等工作。有效发挥工会、共青团、妇联等群团组织桥梁纽带作用，形成同心同向的强大合力。

（三十二）深化法治眉山建设。全面贯彻实施宪法，维护宪法权威。完善地方立法工作格局，坚持“小切口”立法，以良法促发展保善治。加快法治政府建设，推动行政执法标准化，规范行政处罚自由裁量权，完善行政执法监督和基层综合执法等体制机制。深化司法体制综合配套改革，全面落实司法责任制，规范司法权力运行。健全“1+N”执法司法活动制约监督机制，加强检察机关法律监督工作。加快法治社会建设，深化法律“七进”，加强法治文化建设，完善现代公共法律服务体系，增强全民法治观念。加快创建全省对外开放法治示范区。

（三十三）加强和创新基层社会治理。健全市、县两级城乡基层治理委员会工作机制，深化“块统条推”乡镇（街道）管理体制和村（社区）减负提能改革，深入实施“五大工程”，见人见事解决群众急难愁盼问题。完善“一核引领、三治融合”的基层治理体系，充分发挥党组织统筹协调和推动落实作用。深化市域社会治理现代化试点，加强基层力量、基础要素、基本能力建设。建立城乡居民诉求响应长效机制，探索微网格、“邻里长”精细化治理。持续推进“五社联动”，加强专业化社会工作人才队伍建设。坚持和发展新时代“枫桥经验”，加强和改进信访工作，畅通和规范群众诉求表达、利益协调、权益保障通道，稳步推进“一站式”多元解纷眉山新实践。

（三十四）全方位筑牢安全底线。坚定维护国家政权安全、制度安全、意识形态安全和网络安全，扎实开展反渗透反邪教反暴恐斗争。深化国防动员体制改革，加强国防动员和后备力量建设，做好新时代退役军人和双拥工作。完善社会稳定风险评估机制。加强经济、金融、项目等领域风险预警、防控机制和能力建设，坚决守住不发生系统性区域性风险底线。高效统筹疫情防控和经济社会发展。常态化推进扫黑除恶，加强禁毒防艾综合防治，依法打击各类违法犯罪活动。完善公共安全体系，持续排查整治安全生产隐患，提高防灾减灾救灾和重大突发公共事件处置保障能力，积极争创省级安全发展示范城市。

十、纵深推进全面从严治党，强化全面建设现代化眉山的政治保证

认真落实新时代党的建设总要求，压紧压实全面从严治党主体责任，把各级党组织建设得更加坚强有力，以高质量党建引领高质量发展。

（三十五）全面系统整体加强党的领导。坚持把党的政治建设摆在首位，健全拥护“两个确立”、做到“两个维护”的制度机制，完善习近平总书记重要指示批示和中央、省委重大决策部署全闭环贯彻落实机制。把党的领导贯穿到现代化建设各方面全过程，健全落实党的领导制度体系，完善党内法规制度体系，严格执行民主集中制、重大事项请示报告制度。严明政治纪律和政治规矩，严肃党内政治生活，全覆盖开展政治巡察，建立政治生态监测评价预警机制，巩固发展风清气正的党内政治生态。

（三十六）深学细悟党的创新理论。深入实施习近平新时代中国特色社会主义思想凝心铸魂计划，制定开展党的创新

理论学习教育计划，坚持不懈用以统一思想、统一意志、统一行动。按照党中央统一部署，深入开展主题教育。常态化长效化开展党史学习教育，用好红色西山、三苏文化等党性政德教育资源，引导党员干部坚定信仰信念。完善党员干部教育培训机制，发挥党委（党组）理论学习中心组领学促学作用，巩固县级党校分类建设成果，推动党的思想建设全面加强。

（三十七）建设高素质干部队伍和坚强战斗堡垒。坚持"以实干论英雄、凭实绩用干部"，鲜明政治过硬、实干实绩、群众公认导向，锻造一支堪当时代重任的高素质干部队伍。深入实施"兴眉优培"计划，加强干部实践锻炼、专业训练，强化干部梯次培养储备。健全干部能上能下机制，落实激励干部担当作为政策措施，完善干部全方位管理和经常性监督机制。围绕增强基层党组织政治功能和组织功能，完善常态教育、运行管理、组织保障、创先争优"四大体系"，进一步提高机关、国有企业、事业单位以及新经济组织、新社会组织、新就业群体党的建设质量。提高发展党员质量，加强和改进党员特别是流动党员教育管理，探索激励党员发挥先锋模范作用的有效机制。

（三十八）持之以恒正风肃纪反腐。坚持严的基调，把纪律和规矩挺在前面，确保党的各项纪律全面从严。锲而不舍落实中央八项规定精神，坚决防止"四风"问题反弹回潮，重拳惩治、精准施治由风及腐、风腐一体问题，重点纠治形式主义、官僚主义顽疾，坚决破除特权思想和特权行为，持续用力为基层减负。弘扬党的优良传统，走好新时代群众路线，推动密切联系群众和为群众办实事常态化。推进政治监督具体化、精准化、常态化，深化全面从严治党履责提示，加强各类监督统筹衔接，切实提高对"一把手"和领导班子监督实效。坚持零容忍反腐惩恶，一体推进不敢腐、不能腐、不想腐，坚决查处政治问题和经济问题交织的腐败，坚决治理政商勾连破坏政治生态和经济发展环境问题，坚决整治权力集中、资金密集、资源富集领域和群众身边的腐败问题。加强新时代廉洁文化建设，持续开展"清风扬眉·向阳而生"专项行动，传承弘扬三苏好家风，引导党员干部"清白做人、勤俭齐家、干净做事、廉洁从政"。

全市各级党组织和党员干部要更加紧密团结在以习近平同志为核心的党中央周围，凝心聚力、守正创新，踔厉奋发、勇毅前行，为开创现代化眉山建设新局面而团结奋斗！

文件目录

2022 年中共眉山市委重要文件一览表

表 49

序号	文件字号	文件标题	发文日期
1	眉委发〔2022〕1 号	中共眉山市委关于深入学习贯彻党的十九届六中全会精神巩固拓展党史学习教育成果的决定	2022 年 1 月 6 日
2	眉委发〔2022〕2 号	中共眉山市委关于以"双碳"战略为引领推进制造强市加快"1＋3"产业绿色低碳高质量发展的决定	2022 年 1 月 6 日
3	眉委发〔2022〕3 号	中共眉山市委、眉山市人民政府关于印发《眉山市制造强市"三年提升行动"实施方案（2022—2024 年）》的通知	2022 年 3 月 16 日
4	眉委发〔2022〕5 号	中共眉山市委、眉山市人民政府关于加快都市现代农业高质量发展推进乡村全面振兴的意见	2022 年 4 月 20 日
5	眉委发〔2022〕6 号	中共眉山市委、眉山市人民政府关于印发《眉山市法治宣传教育第八个五年规划（2021—2025 年）》的通知	2022 年 4 月 25 日
6	眉委发〔2022〕7 号	中共眉山市委、眉山市人民政府关于深化和创新城乡基层治理建设高品质美好生活家园的意见	2022 年 5 月 16 日
7	眉委发〔2022〕10 号	中共眉山市委、眉山市人民政府关于印发《眉山市法治政府建设实施方案（2021—2025 年）》的通知	2022 年 6 月 17 日
8	眉委发〔2022〕13 号	中共眉山市委关于深入贯彻习近平总书记来川视察重要指示精神建设新时代更高水平"天府粮仓"示范区的决定	2022 年 9 月 2 日
9	眉委发〔2022〕14 号	中共眉山市委关于深入贯彻习近平总书记来川视察重要指示精神传承三苏文脉弘扬东坡文化的决定	2022 年 9 月 2 日
10	眉委发〔2022〕16 号	中共眉山市委、眉山市人民政府关于印发《眉山市品质立市实施方案（2022—2025 年）》的通知	2022 年 10 月 28 日
11	眉委发〔2022〕18 号	中共眉山市委关于深入学习贯彻中共二十大精神在新征程上开创全面建设社会主义现代化眉山新局面的决定	2022 年 11 月 9 日

2022 年中共眉山市委办公室重要文件一览表

表 50

序号	文件字号	文件标题	发文日期
1	眉委办发〔2022〕3 号	中共眉山市委办公室、眉山市人民政府办公室关于印发《眉山市市本级重大经济事项决策实施细则（试行）》的通知	2022 年 3 月 28 日
2	眉委办发〔2022〕4 号	中共眉山市委办公室、眉山市人民政府办公室印发《关于深化应急管理综合行政执法改革的实施方案》的通知	2022 年 5 月 6 日
3	眉委办〔2022〕23 号	中共眉山市委办公室关于印发《眉山市全面拓展新时代文明实践中心建设工作实施方案》的通知	2022 年 5 月 18 日

2022 年眉山市人民政府重要文件一览表

表 51

序号	文件字号	发文标题	发文日期
1	眉府发〔2022〕1 号	关于做好眉山市 2022 年重点项目工作的通知	2022 年 1 月 13 日
2	眉府发〔2022〕3 号	关于印发《眉山市“十四五”数字经济发展规划》的通知	2022 年 1 月 19 日
3	眉府发〔2022〕4 号	关于印发《眉山市“十四五”水安全保障规划》的通知	2022 年 1 月 20 日
4	眉府发〔2022〕5 号	关于授予张文成等 4 名同志眉山见义勇为勇士称号的决定	2022 年 2 月 9 日
5	眉府发〔2022〕6 号	关于印发《眉山市“十四五”消防事业发展规划》的通知	2022 年 2 月 10 日
6	眉府发〔2022〕7 号	关于印发《眉山市“十四五”金融发展和改革规划》的通知	2022 年 2 月 10 日
7	眉府发〔2022〕8 号	关于印发《眉山市“十四五”都市现代农业规划》的通知	2022 年 2 月 11 日
8	眉府发〔2022〕9 号	关于印发《眉山市“十四五”社会治理创新发展规划》的通知	2022 年 2 月 14 日
9	眉府发〔2022〕10 号	关于印发《眉山市“十四五”卫生健康发展规划》的通知	2022 年 2 月 15 日
10	眉府发〔2022〕12 号	关于印发《眉山市“十四五”知识产权发展规划》的通知	2022 年 3 月 1 日
11	眉府发〔2022〕13 号	关于印发《眉山市“十四五”综合交通运输发展规划》的通知	2022 年 3 月 7 日
12	眉府发〔2022〕14 号	关于印发《眉山市“十四五”粮食安全规划》的通知	2022 年 3 月 11 日
13	眉府发〔2022〕15 号	关于印发《眉山市“十四五”先进制造业发展规划》的通知	2022 年 3 月 11 日
14	眉府发〔2022〕16 号	关于印发《眉山市“十四五”新型基础设施建设规划》的通知	2022 年 3 月 14 日
15	眉府发〔2022〕17 号	关于印发《眉山市“十四五”生态环境保护规划》的通知	2022 年 3 月 28 日
16	眉府发〔2022〕18 号	关于印发《眉山市“十四五”服务业发展规划》的通知	2022 年 3 月 28 日
17	眉府发〔2022〕19 号	关于印发《眉山市“十四五”电网发展规划》的通知	2022 年 4 月 2 日
18	眉府发〔2022〕20 号	关于印发《眉山市天然气管网“十四五”规划》的通知	2022 年 4 月 2 日
19	眉府发〔2022〕21 号	关于印发《加快“1 + 3”产业绿色低碳高质量发展支持政策（试行）》的通知	2022 年 4 月 2 日
20	眉府发〔2022〕22 号	关于印发《眉山市“十四五”文化和旅游发展规划》的通知	2022 年 4 月 2 日
21	眉府发〔2022〕23 号	关于印发《眉山市“十四五”城镇发展规划》的通知	2022 年 4 月 6 日
22	眉府发〔2022〕24 号	关于印发《眉山市“十四五”教育事业发展规划》的通知	2022 年 4 月 7 日
23	眉府发〔2022〕25 号	关于印发《眉山市“十四五”应急体系规划》的通知	2022 年 4 月 8 日
24	眉府发〔2022〕26 号	关于印发《眉山市“十四五”科技创新规划》的通知	2022 年 4 月 12 日
25	眉府发〔2022〕27 号	关于印发《眉山市 5G 通信基础设施专项规划（2020—2030）》的通知	2022 年 4 月 13 日
26	眉府发〔2022〕28 号	关于印发《眉山市人民政府常务会议议事决策规则》的通知	2022 年 4 月 22 日
27	眉府发〔2022〕29 号	关于做好眉山市 2022 年第二批重点项目工作的通知	2022 年 4 月 26 日
28	眉府发〔2022〕30 号	关于推进新时代残疾人事业高质量发展的实施意见	2022 年 5 月 9 日
29	眉府发〔2022〕31 号	关于印发《眉山市全民健身实施计划》的通知	2022 年 5 月 18 日
30	眉府发〔2022〕32 号	关于印发《眉山市贯彻落实四川省人民政府〈进一步稳定和扩大就业十五条政策措施〉实施方案》的通知	2022 年 5 月 24 日
31	眉府发〔2022〕33 号	关于命名耕地保护年度“先进县区”“先进乡镇”的通知	2022 年 5 月 31 日
32	眉府发〔2022〕34 号	关于印发《进一步加强统计调查基层基础工作的意见》	2022 年 6 月 21 日
33	眉府发〔2022〕35 号	关于印发《眉山妇女发展纲要（2021—2030 年）》和《眉山儿童发展纲要（2021—2030 年）》的通知	2022 年 7 月 8 日
34	眉府发〔2022〕36 号	关于印发《市域（郊）铁路 S5 线眉山段资金筹集方案》的通知	2022 年 5 月 30 日
35	眉府发〔2022〕37 号	关于印发《市域（郊）铁路 S5 线眉山段成本规制办法》的通知	2022 年 5 月 30 日
36	眉府发〔2022〕38 号	关于印发《进一步优化营商环境推动高质量发展的实施方案》的通知	2022 年 7 月 22 日
37	眉府发〔2022〕39 号	关于印发《眉山市“十四五”残疾人保障和发展规划》的通知	2022 年 8 月 12 日
38	眉府发〔2022〕40 号	关于印发《眉山市防汛减灾专项整治实施方案》	2022 年 8 月 12 日
39	眉府发〔2022〕41 号	关于印发《全面贯彻落实〈四川省人民政府关于开展“决战四季度 大干一百天”攻坚行动的通知〉责任分工方案》的通知	2022 年 9 月 23 日
40	眉府发〔2022〕42 号	关于印发《眉山市重大行政决策程序规定》的通知	2022 年 10 月 21 日
41	眉府发〔2022〕43 号	关于印发《眉山市“一老一小”整体解决方案》的通知	2022 年 11 月 21 日
42	眉府发〔2022〕44 号	关于印发《眉山市行政许可事项清单（2022 年版）》的通知	2022 年 11 月 29 日
43	眉府发〔2022〕45 号	关于印发《眉山市现代物流体系规划建设》的通知	2022 年 12 月 15 日
44	眉府发〔2022〕46 号	眉山市人民政府 2023 年森林防火命令	2022 年 12 月 30 日

2022年眉山市人民政府办公室重要文件一览表

表52

序号	文件字号	发文标题	发文日期
1	眉府办发〔2022〕1号	关于印发《眉山市农贸市场达标提升工程三年行动方案（2022—2024年）》的通知	2022年1月12日
2	眉府办发〔2022〕2号	关于印发《眉山市建立乡村医生养老保障补助机制的实施方案》的通知	2022年1月6日
3	眉府办发〔2022〕3号	关于促进3岁以下婴幼儿照护服务发展的实施意见	2022年1月14日
4	眉府办发〔2022〕4号	关于印发《眉山市开展"两病"门诊用药保障专项行动示范城市工作实施方案》的通知	2022年1月14日
5	眉府办发〔2022〕5号	关于印发《眉山市突发地质灾害应急预案（试行）》的通知	2022年4月18日
6	眉府办发〔2022〕6号	关于印发《眉山市中医药强市建设行动方案（2021—2025年）》的通知	2022年1月19日
7	眉府办发〔2022〕7号	关于印发《眉山市食品安全突发事件应急预案（2021年修订）》的通知	2022年1月21日
8	眉府办发〔2022〕8号	关于印发《眉山市教育领域市与县财政事权和支出责任划分改革方案》的通知	2022年1月24日
9	眉府办发〔2022〕9号	关于印发《眉山市药品安全突发事件应急预案（试行）》的通知	2022年1月27日
10	眉府办发〔2022〕10号	关于印发《2022年〈政府工作报告〉重点工作任务分工》的通知	2022年2月8日
11	眉府办发〔2022〕11号	关于印发《眉山市产业发展投资引导基金管理暂行办法》的通知	2022年2月22日
12	眉府办发〔2022〕12号	关于印发《2022年省政府工作报告重点工作任务责任分工》的通知	2022年2月25日
13	眉府办发〔2022〕13号	关于印发《眉山市突发事件能源供应保障应急预案（试行）》的通知	2022年3月10日
14	眉府办发〔2022〕14号	关于印发《眉山市油气供应中断应急预案（试行）》的通知	2022年3月10日
15	眉府办发〔2022〕15号	关于印发《眉山市生态保护红线内矿业权分类退出工作方案》的通知	2022年3月16日
16	眉府办发〔2022〕16号	关于印发《眉山市促进3岁以下婴幼儿照护服务发展工作方案》的通知	2022年3月26日
17	眉府办发〔2022〕17号	关于印发《眉山市加快发展新经济培育壮大新动能的实施方案》	2022年3月29日
18	眉府办发〔2022〕18号	关于印发《眉山市重污染天气应急预案（试行）》的通知	2022年4月15日
19	眉府办发〔2022〕20号	关于印发《眉山市突发事件应急物资装备保障应急预案（试行）》的通知	2022年4月26日
20	眉府办发〔2022〕22号	关于印发眉山市市级财政预算执行审批管理办法的通知	2022年4月29日
21	眉府办发〔2022〕23号	关于印发《眉山市科学绿化实施方案》的通知	2022年5月17日
22	眉府办发〔2022〕26号	关于印发《眉山市防汛抗旱应急预案（2022年修订）》的通知	2022年6月1日
23	眉府办发〔2022〕27号	关于印发《眉山市政府系统值班工作规范》的通知	2022年6月2日
24	眉府办发〔2022〕28号	关于印发2022年眉山市政务公开重点工作安排的通知	2022年6月13日
25	眉府办发〔2022〕29号	关于加强农产品质量安全工作的通知	2022年6月14日
26	眉府办发〔2022〕30号	关于印发《眉山市服务业高质量发展三年行动计划（2022—2024年）》的通知	2022年6月16日
27	眉府办发〔2022〕31号	关于印发全市自建房安全专项整治功能能够在方案的通知	2022年6月17日
28	眉府办发〔2022〕32号	关于印发眉山市城市有机更新实施办法的通知	2022年6月17日
29	眉府办发〔2022〕33号	关于印发眉山市灵活就业人员参加住房公积金制度试点方案的通知	2022年6月21日
30	眉府办发〔2022〕34号	关于印发《眉山市生态保护红线内矿业权退出方案》的通知	2022年6月22日
31	眉府办发〔2022〕35号	关于印发《眉山市中长期人口发展行动计划》的通知	2022年6月24日
32	眉府办发〔2022〕36号	关于印发《眉山市支持电网建设十五条措施》的通知	2022年7月5日
33	眉府办发〔2022〕37号	关于印发《眉山市突发事件通信保障应急预案（试行）》《眉山市通信网络事故应急预案（试行）》的通知	2022年7月27日
34	眉府办发〔2022〕38号	关于印发《眉山市突发公共卫生事件应急预案（试行）》的通知	2022年8月16日
35	眉府办发〔2022〕39号	关于印发《眉山市突发事件医学救援应急预案（试行）》的通知	2022年8月16日
36	眉府办发〔2022〕40号	关于印发《乡村振兴金融创新示范区建设眉山试点方案（试行）》的通知	2022年8月18日
37	眉府办发〔2022〕41号	关于市政府部分领导同志分工调整的通知	2022年9月8日
38	眉府办发〔2022〕42号	关于印发《眉山市粮食应急预案（2022年修订）》的通知	2022年9月20日
39	眉府办发〔2022〕43号	关于印发《眉山市网络安全事件应急预案》的通知	2022年9月22日
40	眉府办发〔2022〕44号	关于印发眉山市市级政务信息化项目管理办法的通知	2022年10月8日
41	眉府办发〔2022〕45号	关于印发《眉山市税费征管保障实施细则》的通知	2022年12月19日
42	眉府办发〔2022〕46号	关于印发《眉山市突发生态环境事件应急预案（试行）》的通知	2022年10月17日
43	眉府办发〔2022〕47号	关于印发《赋予乡镇（街道）县级行政力事项清单》的通知	2022年12月1日

统计资料

Statistical Data

2022年眉山市国民经济和社会发展统计公报

2022年，面对疫情反复、高温限电等多重冲击，全市上下坚定以习近平新时代中国特色社会主义思想为指导，深入学习贯彻中共二十大精神和习近平总书记来川莅眉视察重要指示精神，认真落实中省各项决策部署，坚持“讲政治、抓发展、惠民生、保安全”工作总思路，高效统筹疫情防控和经济社会发展，实现经济在承压中企稳回升，高质量发展取得新成效。

一、综合

（一）地区生产总值

根据市（州）地区生产总值统一核算结果，2022年，眉山市地区生产总值1635.51亿元，增长3.8%。其中，第一产业增加值242.31亿元，增长4.6%；第二产业增加值657.61亿元，增长4.6%；第三产业增加值735.59亿元，增长2.9%。三次产业对经济增长的贡献率分别为18.6%、47.0%、34.4%，分别拉动GDP增长0.7个、1.8个、1.3个百分点，三次产业结构调整为14.8∶40.2∶45.0。人均地区生产总值55273元，增长3.8%。

（二）民营经济

全年民营经济增加值935.18亿元，增长3.8%，占GDP比重57.2%，对GDP增长的贡献率55.2%，拉动GDP增长2.1个百分点。年末工商登记个体工商户19.73万户，私营企业4.44万户。民间投资增长7.0%，占全社会固定资产投资比重64.0%。

（三）物价

全年居民消费价格总指数（CPI）同比上涨2.1%。其中，食品烟酒价格上涨1.7%，衣着价格上涨1.6%，居住价格上涨0.4%，生活用品及服务价格上涨1.2%，交通和通信价格上涨6.1%，教育文化和娱乐价格上涨3.3%，医疗保健价格上涨0.7%，其他用品和服务价格上涨1.5%。商品零售价格总指数上涨3.0%。

（四）人口

年末常住人口296.1万人，城镇化率51.61%。户籍总人口338.61万人，其中，城镇人口132.73万人。

二、农业

全年农作物总播种面积495.08万亩，增长2.0%。其中，粮食作物播种面积303.44万亩，增长2.0%；油料作物播种面积89.43万亩，增长1.4%；蔬菜及食用菌播种面积76.12万亩，增长4.1%。

全年粮食产量125.43万吨，下降1.6%。其中，小春粮食产量6.64万吨，增长1.2%；大春粮食产量118.79万吨，下降1.8%。经济作物中，蔬菜及食用菌产量148.73万吨，增长2.8%；油菜籽产量12.85万吨，增长7.3%；茶叶产量2.53万吨，增长2.9%；水果产量138.14万吨，增长9.6%。

全年肉类总产量24.1万吨，增长5.5%。其中，猪肉产量16.51万吨，增长5.7%；牛肉产量3408吨，增长6.2%；羊肉产量6463吨，增长4.2%。牛奶产量15.36万吨，增长2.8%。禽蛋产量6.19万吨，增长14.1%。生猪存栏下降2.3%，生猪出栏增长5.1%，羊出栏增长3.7%，家禽出栏增长3.7%。

全年水产品养殖面积20.74万亩，与去年持平；水产品产量14.43万吨，增长3.3%。

2022年农业机械总动力225.48万千瓦，机耕作业面积389.4万亩，主要农作物耕种收综合机械化水平76.0%。全年新建提灌站15座，新增提灌机械15台，新增提灌机械总动力252.5千瓦。

三、工业和建筑业

年末规模以上工业企业829户，规模以上工业增加值增长7.0%。纳入统计监测的工业产品中，81类产品产量同比实现增长，增长面为48.8%。规模以上工业产销率94.7%，实现营业收入2228.5亿元，增长9.5%；实现利润总额122.1亿元，增长3.8%。

全年建筑业增加值163.12亿元，增长4.0%。年末具有资质等级的建筑企业343户，增长19.5%。新签合同额569.28亿元，增长5.8%。房屋建筑施工面积1618.4万平方米，下降3.0%。房屋建筑竣工面积655.55万平方米，下降12.8%。

四、固定资产投资和房地产开发

全年全社会固定资产投资增长11.4%。按产业分，第一产业投资增长2.1%，第二产业投资增长23.2%，第三产业投资增长7.6%。按构成分，建筑安装工程类投资增长8.6%，设备工器具购置类投资增长27.4%。

全年房地产开发投资增长1.4%。商品房施工面积3924.82万平方米，增长1.8%。商品房销售面积859.88万平方米，下降10.0%。

五、国内贸易和对外经济

全年实现社会消费品零售总额639.75亿元，增长1.6%。其中，限额以上企业（单位）实现消费品零售额208.99亿元，增长7.0%。按经营地分，城镇市场实现消费品零售额404.54亿元，增长3.9%；乡村市场实现消费品零售额235.20亿元，下降2.2%。按消费形态分，商品零售551.17亿元，增长1.8%；餐饮收入88.57亿元，增长0.1%。

全年进出口总额119.24亿元。其中，进口额39.91亿元，出口额79.34亿元。外商投资实际到位资金10067.53万美元。

六、交通、通信和邮电

全年累计完成公路客运量794.52万人次，旅客周转量30507.67万人千米；公路货运量9287.42万吨，货物周转量777471.07万吨千米，客货运输总周转量780521.84万吨千米，增长3.2%。机动车保有量92.53万辆，其中，大型车1.92万辆，小型车47.11万辆，新能源汽车保有量1.04万辆。

全年电信业务总量36.17亿元（按2021年不变单价），增长18.8%。固定电话用户76.28万户，增长5.4%。移动电话用户389.99万户，增长14.05%。宽带用户139.09万户，增长11.75%。

全年邮政业务总量14.94亿元，增长10.4%。快递业务量12979.81万件，增长10.5%；快递业务收入7.19亿元，增长7.2%。

七、财政、金融和保险

全年地方一般公共预算收入156.09亿元，增长13.2%，其中税收收入76.54亿元，下降12.6%。地方一般公共预算支出310.71亿元，增长12.2%。

年末金融机构本外币存款余额3187.68亿元，增长12.5%。其中，人民币存款余额3184.07亿元，增长12.6%。金融机构本外币贷款余额2215.92亿元，增长21.0%。其中，人民币贷款余额2215.72亿元，增长21.0%。

年末有保险公司34家，其中，财险公司15家、寿险公司19家。全年原保险保费收入78.52亿元，下降0.6%。其中，财产险公司原保险保费收入20.54亿元，增长8.4%；人身险公司原保险保费收入57.98亿元，下降3.5%。全年各保险公司赔付支出22.20亿元，下降4.4%。其中，财产险公司赔款支出11.51亿元；人身险公司赔付支出10.68亿元。

八、科技、教体、文化和卫生健康

全年组织实施市级以上科技计划项目60项，向上争取到位无偿科技项目资金4878.93万元。获得专利申请授权3005件。新增国家高新技术企业51户。新增省级工程技术研究中心1家，瞪羚企业2家。

年末有各类学校774所。其中，幼儿园416所，小学171所，初级中学138所，高级中学26所，中等职业学校16所，特殊学校7所。各类学校在校学生42.8万人。其中，幼儿园学生8.71万人，小学学生17.18万人，初级中学学生8.26万人，高级中学学生4.61万人，中等职业学校学生3.98万人，特殊学校学生0.06万人。各类学校专任教师总数3.05万人。其中，幼儿园专任教师0.58万人，小学专任教师1.15万人，初级中学专任教师0.72万人，高级中学专任教师0.4万人，中等职业学校专任教师0.18万人，特殊学校专任教师0.02万人。各类学校校舍面积552.45万平方米。

全年举办运动会20场次，参与运动会4.54万人次。体育协会133个，教育系统体育场地2156个。

年末有文化馆7座，文化站133个，博物馆17座，公共图书馆7座，公共图书馆藏书量104.86万册。广播电视台6座，有线广播电视传输干线450千米，有线广播电视用户15.2万户。公共广播节目、电视节目播出时间分别为2.6万小时和3.8万小时。

年末有医疗卫生机构2151个，实有床位数21561张。医疗卫生机构技术人员21845人。其中，执业（助理）医师9049人，注册护士9197人。门急诊人数1603.46万人次，实际占用总床日数586.88万日，病床使用率77.8%。

九、人民生活和社会保障

全年全体居民人均可支配收入31751元，增长4.9%。城镇居民人均可支配收入43949元，增长4.3%；农村居民人均可支配收入23099元，增长6.1%。全体居民人均消费支出21531元，增长3.6%。城镇居民人均消费支出26887元，增长2.9%；农村居民人均消费支出17731元，增长4.5%。

全年参加城乡基本养老保险207.43万人，工伤保险56.71万人，失业保险27.12万人，城乡居民基本医疗保险254.13万人，城镇职工基本医疗保险41.23万人。发放养老金108.67亿元，失业金0.42亿元，支出城乡居民基本医疗保险待遇23.55亿元，城镇职工基本医疗保险待遇8.21亿元（含个人账户）。

全年城镇新增就业34681人，失业人员实现再就业6400人，就业困难人员实现就业3361人，城镇登记失业率3.05%。组织各类就业、创业培训2.02万人次，发放小额担保贷款1.59亿元。

年末城乡低保保障人数9.34万人，支出保障金2.83亿元。城乡特困供养人员1.82万人，集中供养率100%。老龄人口77.22万人，新增、改扩建敬老院1所，新增床位200张，每千老年人口养老床位数35.5张，老年学校7所。城市社区综合服务设施覆盖率100%。全年福利彩票销售额2.77亿元，筹集福彩公益金0.85亿元。

十、资源、环境和安全生产

全年水资源总量48.25亿立方米。水库总数290座，整治病险水库3座，水利建设总投资10.5亿元。

年末森林面积35.88万公顷，森林覆盖率50.25%。

全年空气质量优良天数283天，城市空气质量达标率77.5%。PM_{10}年平均浓度48.8微克/立方米，$PM_{2.5}$年平均浓度37.8微克/立方米。

全年各类生产经营性事故36起，死亡36人。其中，工矿商贸事故死亡10人。全年产品质量合格率91.6%。

十一、司法和公证

全年律师代理案件6056件，法律援助2912件，法院受理案件4.49万件，结案4.39万件。年末有公证处8家，办理公证业务2.12万件。年末有调解人员0.96万人，化解纠纷1.15万件。

注：

1. 本公报中，各项数据为初步统计数据，正式数据以《眉山统计年鉴（2023）》为准。部分数据采取四舍五入收舍小数后，总计与分项合计可能存在尾数差异。

2. 在表述某个指标“增长”或“下降”时,如无特别说明,指的是与上年相比。

3. 物价、林业、渔业、农业机械、交通运输、工商登记、邮政、电信、财政、金融、旅游、对外贸易、保险、教育体育、科技、文化、卫生健康、人民生活、社会保障、资源、环境、安全生产、司法和公证等统计资料来源于相关部门。

4. 地区生产总值、分产业分行业增加值绝对数按当年价格计算,增长速度按可比价格计算。

5. 主要农作物包括水稻、玉米、小麦、油菜。

6. 教育数据未包含高等教育。

眉山市统计资料

2018—2022 年眉山市规模以上工业企业总产值一览表(按登记注册类型分)

表 53　　单位:万元

分类	2018 年	2019 年	2020 年	2021 年	2022 年
工业总产值(现价)	13952364	15686626	16986693	20996752	17928421
在总计中:					
国有控股企业	1310683	1429964	1674841	2370457	1917310
在总计中:					
国有企业	10906	10599	339182	148597	61000
股份合作企业	4420	3964	—		—
联营企业	—	—	13725		18235
股份有限公司	498854	465351	174345	172531	3048646
有限责任公司	5041374	5329656	4477494	6576430	6619209
私营企业	7597740	8586136	10914127	12840993	9661255
外商及港澳台商投资企业	799070	880604	1067820	1227145	1263877
其他企业	—	—	—	—	—
在总计中:					
轻工业	5503557	5709066	5955218	6555107	4962348
重工业	8448807	9977560	11031475	14441645	12966073

2018—2022 年眉山市规模以上工业企业总产值一览表(按地区分)

表 54　　单位:万元

地区	2018 年	2019 年	2020 年	2021 年	2022 年
全　市	13952364	15686626	16986693	20996752	17928421
东坡区	2998411	3315873	7510644	9578152	9032120
彭山区	3234177	3755281	3969207	4645570	3606586
仁寿县	3192840	3457086	3805161	4647128	3341538
洪雅县	405320	422625	435672	559025	492078
丹棱县	384793	469714	518010	649054	644468
青神县	989261	697954	748000	917823	811632
甘眉园区	1561046	2254991	—	—	—
高新化工园区	1186515	1313103	—	—	—

2022 年眉山市及各县(区)全部规模以上工业企业主要指标一览表

表 55

地区	企业单位数(个)	亏损企业(个)	资产总计(万元)	流动资产合计(万元)	负债合计(万元)	营业收入(万元)
全　市	841	138	20851444	9367870	11478296	18016832
东坡区	283	40	8686288	4012020	4658599	8843644

续表 55

地区	企业单位数(个)	亏损企业(个)	资产总计(万元)	流动资产合计(万元)	负债合计(万元)	营业收入(万元)
彭山区	175	35	3843182	1844045	2034802	4086468
仁寿县	208	25	5120598	1863639	2867050	3122243
洪雅县	57	15	1129257	462397	754489	545633
丹棱县	61	15	652434	360393	373940	680362
青神县	57	8	1419685	825376	789416	738481

2021—2022 年眉山市及各县(区)国内生产总值一览表

表 56

	国内生产总值(万元)					人均国内生产总值(元)
		第一产业(万元)	第二产业(万元)	工　业(万元)	第三产业(万元)	
2021 年						
眉山市	15565165	2297986	6220292	4678688	7046887	52629
东坡区	5334761	626884	2189429	1666997	2518448	58931
彭山区	1976561	183771	944748	781388	848041	60178
仁寿县	5035730	984181	1936656	1325382	2114893	45347
洪雅县	1415623	226318	428924	336939	760381	47825
丹棱县	798752	150174	295863	227252	352715	53554
青神县	1003739	126658	424673	340729	452408	59693
2022 年						
眉山市	16355136	2423066	6576120	4948152	7355950	55273
东坡区	5722689	663401	2396458	1829117	2662830	63199
彭山区	2095431	194130	1032673	852820	868628	63710
仁寿县	5199836	1036643	1956689	1332671	2206504	46803
洪雅县	1472829	237729	444362	346668	790738	49758
丹棱县	834150	157624	310965	239303	365561	55871
青神县	1030201	133539	434973	347573	461689	61212

2022 年眉山市及各县(区)民营经济增加值一览表

表 57　　单位:亿元

地区	民营经济增加值			
		第一产业	第二产业	第三产业
眉山市	935.18	48.24	413.83	473.12
东坡区	317.20	8.95	151.22	157.03
彭山区	120.38	2.80	56.03	61.55
仁寿县	299.80	23.49	134.21	142.09
洪雅县	87.87	5.48	27.78	54.61
丹棱县	49.50	3.76	21.18	24.56
青神县	60.43	3.76	23.40	33.27

2022 年眉山市农业情况统计表（一）

表 58

地区	森林覆盖率（%）	乡村农业从业人员（人）	农业机械总动力（万千瓦）	拖拉机拥有量（台）	年末实有耕地（万亩）	粮食总播种面积（公顷）	粮食总产量（吨）
眉山市	50.25	72.02	225.48	6149	214.27	202292	1254302
东坡区	42.28	22.50	59.36	3194	42.55	39027	298750
彭山区	37.82	6.15	25.54	1777	12.78	12923	95540
仁寿县	38.43	27.54	75.85	447	120.74	118054	640470
洪雅县	72.94	8.15	23.34	225	19.97	14756	102226
丹棱县	60.00	3.64	23.02	8	5.88	8004	53530
青神县	48.60	4.04	18.38	498	12.35	9529	63787

2022 年眉山市农业情况统计表（二）

表 59

地区	粮食总产量						
	稻谷产量（吨）	小麦产量（吨）	玉米产量（吨）	油菜籽产量（吨）	蔬菜产量（吨）	水果产量（吨）	茶叶产量（吨）
眉山市	783724	26424	305376	128496	1487273	1381448	25296
东坡区	263954	1150	25200	41228	733192	221209	659
彭山区	78865	530	9864	10971	48123	84816	21
仁寿县	275340	24393	228804	49387	516858	761412	18
洪雅县	74736	—	21250	12029	81134	6872	20271
丹棱县	41650	—	10233	7983	30633	222205	3585
青神县	49179	351	10025	6898	77333	84934	742

2022 年眉山市农业情况统计表（三）

表 60

地区	畜牧产品产量												
	牛年末存栏（头）	羊年末存栏（只）	生猪年末存栏（头）	能繁母猪年末存栏（头）	生猪出栏（头）	山羊出栏（只）	牛出栏（头）	小家禽出栏（万羽）	肉类总产量（吨）	猪、牛、羊肉产量（吨）	家禽肉产量（吨）	牛奶产量（吨）	禽蛋产量（吨）
眉山市	59168	344088	1465289	149856	2226330	442336	27452	3942	241045	174990	57954	153613	61942
东坡区	5918	40321	366665	37000	521130	43816	2656	1264	57597	39094	17998	22436	15699
彭山区	2572	19627	94201	9988	130935	21784	1021	360	17362	10358	5151	—	7317
仁寿县	12898	228428	672225	67000	1057477	307180	6540	1386	109238	83411	21679	—	25510
洪雅县	30640	32219	118495	12975	186043	39020	12201	331	21249	16080	4758	125381	3124
丹棱县	1611	16030	109012	11993	162043	18555	646	225	16572	12597	3430	—	4917
青神县	5529	7463	104691	10900	168702	11980	4389	376	19027	13449	4940	5796	5375

2022 年眉山市农业情况统计表（四）

表 61

地区	水产品养殖面积（公顷）	水产品产量（吨）	农村用电量（万千瓦小时）	农用化肥使用量（吨、折纯）	农药使用量（吨）	茶园面积（公顷）	果园面积（公顷）
眉山市	13831	144313	184287	107261	2508	340159	1271583
东坡区	3125	47011	25934	30834	688	9900	337500
彭山区	1230	21320	24075	10256	284	542	108130

续表61

地区	水产品养殖面积（公顷）	水产品产量（吨）	农村用电量（万千瓦小时）	农用化肥使用量（吨、折纯）	农药使用量（吨）	茶园面积（公顷）	果园面积（公顷）
仁寿县	6832	55387	86258	52508	1258	300	546308
洪雅县	1089	6459	26980	6965	59	252652	10572
丹棱县	693	5772	10768	3645	140	50762	186940
青神县	862	8364	10272	3053	79	26003	82133

2022年眉山市及各县（区）全社会固定资产投资与商品房开发销售情况表

表62　单位：万元、万平方米

	眉山市	东坡区	彭山区	仁寿县	洪雅县	丹棱县	青神县
一、全社会投资（万元）	11889535	3804182	1890859	4160734	945216	569353	519191
其中：固定资产项目投资	7037529	2420009	1069618	1905902	703973	502531	435496
其中：房地产投资	4852006	1384173	821241	2254832	241243	66822	83695
（一）按构成分							
建安工程	9638636	2963025	1724373	3211351	800402	481221	458264
设备工器具购置	835611	395348	82771	219750	76046	50012	11684
其他费用	1415288	445809	83715	729633	68768	38120	49243
（二）按产业分							
（1）第一产业	269227	45242	45325	48746	30673	60163	39078
（2）第二产业	3231753	1452908	408562	755521	198253	241535	204974
其中：工业	3231753	1452908	408562	725521	198253	241535	204974
（3）第三产业	8388555	2306032	1436972	3386467	716290	267655	275139
其中：交通运输	866442	76279	257845	357298	98298	64465	12257
二、商品房开发与销售情况（万平方米）							
1. 商品房施工面积	3924.82	976.60	837.11	1789.34	195.91	52.03	73.83
其中：新开工面积	478.22	149.13	126.83	157.21	41.46	1.36	2.23
其中：住宅	2834.48	666.15	672.31	1253.56	133.71	43.20	65.55
2. 商品房竣工面积	134.54	35.75	18.05	71.57	9.16	—	—
其中：住宅	94.49	22.94	17.92	47.34	6.29	—	—
3. 商品房销售面积	782.00	216.95	214.19	261.77	49.37	13.62	26.08
其中：住宅	94.49	22.94	17.92	47.34	6.29	—	—
（1）现房销售面积	117.42	63.95	28.72	17.99	6.09	0.66	—
其中：住宅	68.44	31.08	21.46	13.05	2.84	0.02	—
（2）期房销售面积	664.58	153.00	185.47	243.78	43.28	12.96	26.08
其中：住宅	571.64	128.48	167.65	204.61	32.71	12.30	25.92

2021—2022年眉山市及各县（区）全社会固定资产投资额情况表

表63　单位：万元

年份	眉山市	东坡区	彭山区	仁寿县	洪雅县	丹棱县	青神县
2021	13229731	4185463	2166550	4541609	1070242	619318	646549
2022	11889535	3804182	1890859	4160734	945216	569353	519191

2021—2022 年眉山市公路运输情况表

表 64

年份	货运量（万吨）	货物周转量（万吨千米）	客运量（万人）	旅客周转量（万人千米）
2021	10319	750319	1588	61510
2022	9287	777471	803	30626

2021—2022 年眉山市营业性运输工具实有数情况表

表 65

指　标	计量单位	2021 年	2022 年
一、运营性汽车数	辆	22345	21506
# 客车	辆	4034	4526
货车	辆	18311	16980
二、运营船舶	辆	144	48
# 机动船	辆	144	48
# 客船	辆	127	31
拖船	辆	1	—
驳船	辆	16	17

2021—2022 年眉山市公路里程表

表 66　　单位：千米

地区	2021 年			2022 年		
	公路总里程	等级公路里程	高速公路里程	公路总里程	等级公路里程	高速公路里程
眉山市	8748	7705	459	9266	8061	460
东坡区	1482	1340	108	1531	1380	108
彭山区	832	747	39	864	793	39
仁寿县	3768	3050	244	4078	3286	245
洪雅县	1398	1338	56	1416	1285	56
丹棱县	580	562	10	596	562	10
青神县	689	668	2	782	755	2

2021—2022 年眉山市邮电通信情况表

表 67

地区	2021 年					2022 年				
	年末固定电话用户（万户）	年末移动电话用户数（万户）	年末宽带接入用户数（万户）	邮政业务总量（万元）	电信业务总量（万元）	年末固定电话用户（万户）	年末移动电话用户数（万户）	年末宽带接入用户数（万户）	邮政业务总量（万元）	电信业务总量（万元）
眉山市	72.36	341.96	124.47	135357.42	304451.58	76.28	389.99	139.09	149396.99	361666.35
东坡区	24.71	115.22	38.10	69089.77	113181.12	26.29	129.10	42.55	67415.50	152248.35
彭山区	7.89	37.26	14.64	17508.81	31296.48	8.37	38.85	15.21	21941.65	33922.56
仁寿县	23.95	117.14	44.03	22095.15	98748.78	25.11	139.50	50.90	27464.06	109567.10
洪雅县	7.51	35.15	13.53	8619.28	29900.97	7.77	40.15	15.03	8957.14	32812.47
丹棱县	4.06	18.18	6.97	11036.45	15410.00	4.25	20.76	7.47	12485.99	16332.27
青神县	4.24	19.01	7.22	7010.95	15914.23	4.48	21.63	7.94	11132.65	16783.10

2021—2022 年眉山市社会消费品零售总额情况表

表 68　　单位：万元

年份	社会消费品零售总额	按经营地分组		按行业分组	
		城镇	乡村	批发和零售业	住宿和餐饮业
2021	6297249	3984105	2313143	5382210	915038
2022	6397453	4045442	2352011	5506918	890535

2022 年眉山市文化基本情况表

表 69　　单位：个、千册

地区	文化事业机构数（含文物）	艺术表演团体	文化馆数	文化站	博物馆、展览馆	剧场、影剧院	年末实有公共图书馆	年末公共图书馆总藏量
眉山市	190	1	7	133	6	1	7	1048.61
市本级	14	—	1	—	2	1	1	182.00
东坡区	35	1	1	26	—	—	1	89.90
彭山区	20	—	1	13	1	—	1	109.96
仁寿县	67	—	1	62	—	—	1	146.23
洪雅县	24	—	1	15	1	—	1	61.42
丹棱县	13	—	1	7	1	—	1	320.10
青神县	17	—	1	10	1	—	1	139.00

2022 年眉山市卫生基本情况表

表 70

机构名称	机构数（个）	床位数（张）	人员数（人）	卫生技术人员（人）	其他技术人员（人）	管理人员（人）	工勤人员（人）
总计	2151	21561	27378	21845	928	728	2385
一、医院	78	14464	14530	12246	534	464	1407
综合医院	36	5921	7093	6110	325	164	527
中医医院	9	3121	3665	3103	121	126	369
中西医结合医院	—	—	—	—	—	—	—
专科医院	33	5422	3772	3033	88	174	511
精神病医院	8	2763	685	469	17	30	172
二、社区服务中心（站）	20	1152	1498	1274	62	42	140
三、卫生院	69	5276	4706	3921	198	116	526
四、诊所、卫生所、医务室	567	—	1708	1636	1	26	49
五、村卫生室	1391	—	2414	716	—	—	—
六、急救中心（站）	1	—	11	1	—	8	2
七、采供血机构	3	—	194	154	6	9	25
八、妇幼保健院（所、站）	7	651	1631	1365	62	31	174
九、专科疾病防治院（所、站）	1	18	44	35	1	1	8
十、疾病预防控制中心	8	—	532	401	59	30	46
十一、卫生监督所（中心）	5	—	86	76	4	—	6

2022 年眉山市体育基本情况表

表 71　　单位：万元、个

地区	体育彩票销售额	体育协会个数	公共体育场地个数	公共体育馆个数
眉山市	41022	133	5	7
东坡区	19484	21	2	2
彭山区	5141	26	1	1
仁寿县	9161	23	1	1
洪雅县	4379	10	1	1
丹棱县	1817	10	—	1
青神县	1040	11	—	1

2018—2022 年城镇居民人均可支配收入情况表

表 72 单位:元

年份	眉山市	东坡区	彭山区	仁寿县	洪雅县	丹棱县	青神县
2018	33697	34860	34654	32758	32609	31962	32759
2019	36743	38065	37794	35687	35557	34781	35707
2020	38892	40330	40016	37757	37603	36764	37743
2021	42137	43698	43313	40947	40724	39815	40913
2022	43949	45642	45171	42646	42471	41447	42693

2018—2022 年农村居民人均可支配收入情况表

表 73 单位:元

年份	眉山市	东坡区	彭山区	仁寿县	洪雅县	丹棱县	青神县
2018	16563	18343	18390	14937	17259	17973	17693
2019	18177	20156	20187	16413	18941	19770	19399
2020	19730	21887	21944	17828	20564	21441	21134
2021	21771	24175	24259	19686	22693	23638	23331
2022	23099	25685	25666	20916	24020	25080	24755

2021—2022 年眉山市城镇失业人员情况表

表 74 单位:人、%

地区	2021 年			2022 年		
	城镇登记失业人员数	登记失业人员再就业人数	城镇登记失业率	城镇登记失业人员数	登记失业人员再就业人数	城镇登记失业率
眉山市	14358	7111	2.98	14618	6400	3.05
东坡区	6419	1956	3.00	7041	1665	3.26
彭山区	1994	1057	3.04	1992	1072	3.14
仁寿县	4028	1923	2.90	3831	1633	2.70
洪雅县	832	1001	3.02	740	1049	3.15
丹棱县	601	590	3.10	524	492	3.10
青神县	484	584	3.03	490	489	3.01

2021—2022 年眉山市社会保险参保人数情况表

表 75 单位:人

地区	2021 年			2022 年		
	职工基本养老保险参保人数	失业险参保人数	基本医疗保险参保人数	职工基本养老保险参保人数	失业险参保人数	基本医疗保险参保人数
眉山市	645785	252181	3015372	605856	271170	2953736
市本级	87255	50707	80208	82471	53713	84361
眉山天府新区	5787	4100	—	25452	11138	293441
东坡区	164312	65359	762973	162874	72837	746354
彭山区	89619	30449	291543	58991	26125	230582
仁寿县	184502	59571	1241117	165409	61776	973421
洪雅县	55782	19664	306866	52769	20735	299702
丹棱县	25426	10187	155575	26010	11462	152137
青神县	33102	12144	177090	31880	13384	173738

索 引

INDEXES

编制说明

一、本索引为《眉山年鉴(2023)》的内容分析索引。通过本索引所选的主题词条,可以对具有独立检索意义的完整资料进行检索。

二、本索引由主题索引和表索引两部分组成,每个部分的索引按汉语拼音字母(同音字按声调)顺序排列。索引词条用宋体字标明。主题索引中,数字表示该词条内容所在页码,后面的拉丁字母(a、b、c)表示栏别(从左到右)。表索引仅对内文表格标题进行索引,数字表示该表格所在页码。

三、内文中的"大事记""文献·法规·文件"类目,以及随文照片和彩色图片未做索引。

主题索引

A

B

C

D

E

F

G

H

J

K

N

P

Q

S

T

W

X

Y

Z

表索引